图书在版编目（CIP）数据

中国法律史 / 赵晓耕主编 . -- 北京：高等教育出版社，2019.4（2021.12重印）
ISBN 978-7-04-051642-5

Ⅰ. ①中… Ⅱ. ①赵… Ⅲ. ①法制史 - 中国 - 高等学校 - 教材 Ⅳ. ①D929

中国版本图书馆CIP数据核字(2019)第055819号

Zhongguo Falü Shi

| 策划编辑 | 程传省 | 责任编辑 | 程传省 | 封面设计 | 杨立新 | 版式设计 | 徐艳妮 |
| 责任校对 | 王 雨 | 责任印制 | 刘思涵 | | | | |

出版发行	高等教育出版社	网　　址	http://www.hep.edu.cn
社　　址	北京市西城区德外大街4号		http://www.hep.com.cn
邮政编码	100120	网上订购	http://www.hepmall.com.cn
印　　刷	中农印务有限公司		http://www.hepmall.com
开　　本	787 mm × 1092 mm 1/16		http://www.hepmall.cn
印　　张	24.25		
字　　数	580千字	版　次	2019年4月第1版
购书热线	010-58581118	印　次	2021年12月第4次印刷
咨询电话	400-810-0598	定　价	53.00元

本书如有缺页、倒页、脱页等质量问题，请到所购图书销售部门联系调换
版权所有　侵权必究
物 料 号　51642-00

全国高等学校法学专业核心课程教材

中国法律史

Chinese Legal History

主　编　赵晓耕
副主编　霍存福　侯欣一
撰稿人　（以姓氏笔画为序）
　　　　朱　腾　刘晓林　肖洪泳　沈玮玮
　　　　张　生　陈会林　范忠信　赵晓耕
　　　　侯欣一　聂　鑫　霍存福

高等教育出版社·北京

作者简介

赵晓耕 法学博士,中国人民大学法学院教授、博士生导师。中国人民大学刑事法律科学研究中心副主任兼刑法史研究所所长、中国法律文化研究中心副主任;"马克思主义理论研究和建设工程重点教材"《中国法制史》首席专家。兼任中国法律史学会执行会长,中国法学会法治文化研究会副会长,董必武法学思想研究会常务理事,中国儒学与法律文化研究会常务理事等。主要从事中国法律史和法律文化的科研与教学工作。在《法学研究》《法学家》等学术期刊上发表论文数十篇,著有《中国法制史》《韩非子》《宋代法制研究》《传统司法的智慧——历代名案解析》《中国古代土地法制述略》等。

肖洪泳 法学博士,湖南大学法学院副教授、硕士生导师。湖南大学法治与人权研究中心副主任、罗马法系研究中心私法研究所所长。主要从事中国法律史、中西法律思想比较、罗马法等的科研与教学工作。在《读书》《法学家》《社会科学》等学术期刊上发表论文数十篇,著有《法律史:立场、方法与论域》等。

朱　腾 法学博士,中国人民大学法学院副教授、博士生导师。兼任老庄与法律文化研究会秘书长、中国法律史学会理事等。主要从事中国法律史的教学与科研工作。在《中国法学》《法学家》《法学评论》等学术期刊上发表论文二十余篇,著有《渗入皇帝政治的经典之学:汉代儒家法思想的形态与实践》《国家形态·思想·制度——先秦秦汉法律史的若干问题研究》(合著)等。

刘晓林 法学博士,历史学博士后,吉林大学法学院教授、博士生导师。兼任中国法律史学会常务理事,东方法律文化分会理事,吉林省法学会法治文化建设研究会副会长等。主要从事中国法律史、中国刑法史的教学与科研工作。在《法学研究》《法学家》《政法论坛》等学术期刊上发表论文三十余篇,其中被《中国社会科学文摘》《人民大学复印报刊资料·法理学、法史学》《新华文摘》全文转载、摘录十余篇,著有《唐律"七杀"研究》等。

霍存福 法学博士,沈阳师范大学特聘教授、博士生导师。沈阳师范大学法律文化研究中心主任、《法律文化论丛》主编。兼任中国法律史学会执行会长,辽宁省法学会学术委员会主任、法治文化研究会会长。曾获得国务院政府特殊津贴,被评为教育部跨世纪优秀人才、首批"当代中国法学名家"。主要从事法律史、法律文化的教学与科研工作。在《法学研究》《法学家》《现代法学》等学术期刊上发表论文百余篇,著有《权力场——中国人的政治法律智慧》《复仇·报复刑·报应说:中国人法律观念的文化解说》《唐式辑佚》《汉语言的法文化透视》等,译有《唐令拾遗》(合译)。

陈会林 法学博士,中南财经政法大学法学院副教授、硕士生导师。兼任中国法律史学会理事,湖北省法学会法律文化研究会常务理事、秘书长(2009—2014)。主要从事法律史、法律文化的教学与研究工作。在《光明日报(理论版)》《法学》《北方法学》等学术期刊上发表论文六十余篇,著有《法理学》《地缘社会解纷机制研究——以中国明清两代为中心》《传统社会的纠纷预防机制——以明清地缘社会为中心》《国家与民间解纷联接机制研究》《祥刑致和:长江流域的公堂与断案》等。

范忠信 法学博士,杭州师范大学法学院教授、博士生导师。杭州师范大学法治中国化研究中心主任。曾任中国法律史学会执行会长(第八届)。主要从事中国法律文化的教学与科研工作。在《中国社会科学》《中国法学》《法学研究》等学术期刊上发表论文数十篇,著有《情理法与中国人》《中国法律传统的基本精神》《中西法文化的暗合与差异》等,部分专著、论文被翻译成外文在国外传播。

张　生 法学博士,中国社会科学院法学研究所研究员、博士生导师,法制史研究室主任。兼任中国法律史学会会长、中国法学会法学教育研究会常务理事。主要从事中国法律史的教学与科研工作。在《法学研究》《法学家》《政法论坛》《法制史研究》《行政法研究》《人文杂志》《江西社会科学》等学术期刊上发表论文三十余篇,著有《中国近代民法法典化研究(1901—1949)》《民国初期民法的近代化——以固有法与继受法的整合为中心》,曾获得"中国政法大学杰出青年教师"称号(2003年)、"北京市优秀教师"称号(2004年)、中国社会科学院法学研究所"十佳教师"称号(2017年)。

聂　鑫 法学博士,清华大学法学院教授、博士生导师。兼任中国法律史学会常务理事,中国法学会比较法研究会、宪法学研究会、法学教育研究会理事。主要从事中国法律史、比较法的教学与科研工作。在《中国社会科学》《中国法学》《法学研究》等学术期刊上发表论文数十篇,著有《中国法制史讲义》《中华民国(南京)宪法研究》《中国近代国会制度的变迁——以国会权限为中心》《中西之间:历史与比较法视野下的法律现代化问题》

等,译有《别了,孟德斯鸠:新分权的理论与实践》。

侯欣一　法学博士,天津财经大学法学院教授、博士生导师。天津财经大学近现代法研究中心主任。兼任中国法律史学会执行会长,儒学与法律文化研究会执行会长,中国法学会法治文化研究会副会长,教育部法学教学指导委员会委员,天津市法学会副会长。主要从事中国法律史的教学与科研工作。在《中国法学》《法学研究》《中外法学》等学术期刊上发表论文数十篇,著有《从司法为民到人民司法:陕甘宁边区大众化司法制度研究》《创制、运行及变异:民国时期西安地方法院研究》等。

沈玮玮　法学博士,华南理工大学法学院副教授、硕士生导师。华南理工大学法学院法制史教研室主任。兼任中国法律史学会理事,广东省法学会宪法学研究会理事,广州市法学会诉讼法学研究会理事。主要从事中国法律史的教学与科研工作。在《政法论坛》《当代法学》《华东政法大学学报》等学术期刊上发表论文数十篇,著有《持法深者无善治:中国古代立法繁简之变》《人民司法:司法文明建设的历史实践(1931—1959)》《中国法律史新识》等。

编写说明

教育部高等学校法学学科教学指导委员会在2018年重新审核法学专业核心课程时，将"中国法制史"的专业课程名称改为"中国法律史"。名称虽一字之差，但对教材的内容及体例却有着不同的要求。这一变化成为编写本教材的一个推动因素。

本教材系统介绍了中国近五千年的法律发展历史，从制度和思想两方面阐述了法律史学科的基本理论和主要内容。全书以历史时序为经，以王朝的法律思想、立法概况、主要法律制度、司法制度为纬，对中国传统法律进行系统论述。在体例上，每章设置关键词、思考题等内容，注重吸收国内外法律史学研究的新成果，开阔学生的法律文化视野，培养学生的理论分析能力。

除导论外，全书共分十二章，分别对先秦、秦、汉、魏晋南北朝、隋唐、宋元辽金、明、清、中华民国时期、中华人民共和国等不同时期的法律思想及法律制度进行了介绍。

在以往教材编写成果的基础之上，本教材在内容和时序上进一步扩充了法律史学科知识的广度与深度。首先，在内容上融合法律制度史与法律思想史。法律制度史与法律思想史有着无法割裂的密切关系。任何法律制度都是在一定的法律思想指导下产生的。同样，一个在社会中占统治地位的法律思想，总要体现在该社会所制定的法律制度中，既有的法律制度又会在实践中随着时间的推移促进法律思想的进一步演进。因此，可以说法律制度史与法律思想史的融合构成了中国法律史。将法律制度史与法律思想史统编入教材，并将思想史内容放在每章的开头，向读者介绍各个王朝的正统法律思想是什么、主要的思想派别或思想家有哪些，以帮助读者在学习中国法律史的过程中，对各项制度有更为深入的理解，对各个王朝的不同法制特点亦有更加透彻的认识。其次，时间跨度延伸至共和国时期。1949年中国共产党人推翻了南京国民政府统治，取得了中国革命的全面胜利。这次社会巨变导致了政权性质、社会结构、社会组织以及意识形态等方面的根本改变，也开启了中国法律发展的新篇章。从1954年第一部《宪法》及众多其他规范性法律文件被制定开始，法制建设工作逐步展开。但在"文革"期间，全国人民代表大会会议停止十年，立法和司法工作全面停滞，社会主义法制遭到严重破坏。1976年粉碎"四人帮",中国共产党领导全国人民拨乱反正,国家各项工作逐步恢复。1997年9月,党的十五大正式提出"依法治国,是党领导人民治理国家的基本方略"。1999年,九届全国人大二次会议通过《宪法修正案》,将"依法治国,建设社会主义法治国家"载入宪法。依法治国基本方略和建设社会主义法治国家得到实践,中国特色社会主义法律体系逐步建立并进一步完善。

本书由赵晓耕任主编,霍存福、侯欣一担任副主编,各章节撰稿人及撰写分工如下(以撰写章节先后为序):

赵晓耕(中国人民大学)	导论、第九章
肖洪泳(湖南大学)	第一章
朱　腾(中国人民大学)	第二章
刘晓林(吉林大学)	第三、四、五章
霍存福(沈阳师范大学)	第六章
陈会林(中南财经政法大学)	第七章
范忠信(杭州师范大学)	第八章
张　生(中国社会科学院)	第十章第一、二、三节
聂　鑫(清华大学)	第十章第四节
侯欣一(天津财经大学)	第十一章
沈玮玮(华南理工大学)	第十二章

全书由主编赵晓耕负责统稿、审定,中国人民大学法律史博士研究生逯子新、姜翰协助完成相关具体编辑事项。

因编者水平有限,不足之处在所难免,望读者不吝赐教,以便再版时修正。

编者
2018年8月

目录

导论　　1
　　一、中国法律史的内涵　　2
　　二、中国法制发展概述　　3
　　三、学习中国法律史的意义　　5
　　四、本教材编写特色　　6

第一章　先秦时期的法律思想与制度　　8
第一节　中国法律文明的孕育　　8
　　一、中国早期文明国家的形成　　8
　　二、起源于祭祀的礼　　9
　　三、起源于战争的刑　　10
　　四、德、礼、刑思想的滥觞　　11
第二节　立法及其主要内容　　13
　　一、传说时期的立法及其内容　　13
　　二、夏商时期的立法及其内容　　14
　　三、西周时期的立法及其内容　　15
第三节　司法制度　　20
　　一、传说时期的司法制度　　20
　　二、夏商时期的司法制度　　21
　　三、西周时期的司法制度　　22
第四节　诸子百家与春秋战国的法律变革　　24
　　一、礼崩乐坏的春秋战国　　24
　　二、诸子百家的崛起　　25
　　三、法家的胜出与法律变革　　29

第二章　秦代的法律思想与制度　　35
第一节　秦代法制所体现的思想特点　　35
　　一、法家学说　　35
　　二、阴阳五行说　　36
　　三、儒家学说　　37

第二节 立法背景与法律形式　37
　　一、律　38
　　二、令　38
　　三、式　39
　　四、法律答问　39
　　五、法律文告　39
　　六、程、课、廷行事　39
第三节 秦代法律制度的主要内容及特点　40
　　一、刑事法律制度　40
　　二、民事法律制度　43
　　三、经济法律制度　45
　　四、行政法律制度　47
　　五、秦代法制的特点　48
第四节 秦代司法制度　50
　　一、司法机关　50
　　二、审判制度　50
　　三、监狱制度　53
　　四、监察制度　53

第三章　汉代的法律思想与制度　55

第一节 思想特点及代表人物　55
　　一、黄老思想及其发展　55
　　二、"儒法合流""德主刑辅"与"礼法合一"　56
　　三、董仲舒与"春秋决狱"　57
第二节 背景及立法　58
　　一、"汉承秦制"与汉代法律体系　58
　　二、法律形式的丰富与完善　59
第三节 主要内容与特点　61
　　一、刑事法制　61
　　二、民事法制及其他方面　66
第四节 司法制度　68
　　一、司法机构　68
　　二、诉讼与审判　71

第四章　魏晋时期的法律思想与制度　74

第一节 法律思想及代表人物　74
　　一、张斐、杜预与"引经注律"　74
　　二、"礼律融合"及其表现　75
　　三、肉刑复废　76
第二节 背景及立法　79

　　　　　一、曹魏时期　　79
　　　　　二、两晋时期　　80
　　　　　三、南朝　　80
　　　　　四、北朝　　81
　　第三节　主要内容与特点　　82
　　　　　一、刑法原则　　82
　　　　　二、刑罚体系　　84
　　　　　三、法制发展的特点　　84
　　第四节　司法制度　　86
　　　　　一、司法机构　　86
　　　　　二、诉讼与审判　　87

第五章　隋唐时期的法律思想与制度　　90
　　第一节　思想特点　　90
　　　　　一、德礼为政教之本，刑罚为政教之用　　90
　　　　　二、务在宽简　　91
　　　　　三、稳定划一　　91
　　第二节　背景及立法　　92
　　　　　一、法律形式　　92
　　　　　二、律典沿革　　93
　　　　　三、《唐律疏议》的篇章结构　　96
　　第三节　主要内容与特点　　98
　　　　　一、刑事法制的主要内容　　98
　　　　　二、《唐六典》及其性质　　107
　　第四节　司法制度　　107
　　　　　一、司法机构　　107
　　　　　二、诉讼与审判　　109

第六章　宋辽金元时期的法律思想与制度　　114
　　第一节　两宋的法律思想　　114
　　　　　一、新政、变法及其思想　　114
　　　　　二、程朱理学及其法律思想　　118
　　第二节　宋代社会转型与法律变化　　122
　　　　　一、经济社会结构的变化　　122
　　　　　二、思想意识领域的变化　　123
　　　　　三、法制及其思想的变化　　123
　　第三节　宋代立法及其主要内容　　125
　　　　　一、法律编纂　　125
　　　　　二、法律形式　　126
　　　　　三、法律内容的主要变化　　127

第四节　宋代司法制度　134
　　一、司法机构　134
　　二、审判制度　135
　　三、监察制度　137
第五节　辽金两代立法概况及法制特点　138
　　一、辽代立法概况及法制特点　138
　　二、金代立法概况及法制特点　139
第六节　蒙元时期的法律思想　140
　　一、耶律楚材的法律思想　140
　　二、刘秉忠的法律思想　142
　　三、郝经的法律思想　144
　　四、许衡的法律思想　145
第七节　元代立法及其主要内容　147
　　一、立法原则　147
　　二、法律形式与主要法典　148
　　三、法制的变化　150
第八节　元代司法制度　152
　　一、司法机构设置的特点　152
　　二、诉讼制度的变化　152

第七章　明代的法律思想与制度　154

第一节　明代的法律思想　155
　　一、朱元璋重典治国的法律思想　155
　　二、王阳明的"心学"与法律和社会治理思想　157
　　三、张居正"以法制天下"的法律思想　161
　　四、海瑞"借法度辅德礼"的治吏与息讼思想　162
　　五、丘濬对中国帝制中期正统法律思想的总结　164
第二节　明代的法律形式及立法活动　167
　　一、律:《大明律》　167
　　二、令:《大明令》　169
　　三、大诰:《明大诰》　169
　　四、条例:《问刑条例》等　170
　　五、会典:《明会典》　170
　　六、榜文:《教民榜文》等　171
　　七、礼:《大明集礼》等　171
第三节　明代法律制度的内容与特点　172
　　一、明代的刑事法制　172
　　二、明代的民事法制　177
　　三、明代的行政法制　182
第四节　明代的监察法制　184

一、监察法规更加完善　　184
　　二、监察机关及其职能的变化　　185
第五节　明代司法制度　　186
　　一、司法机关及司法体制的变化　　186
　　二、诉讼制度的变化　　190
　　三、审判制度的发展变化　　191

第八章　清代的法律思想与制度（上）　　194
第一节　法律思想与立法概况　　194
　　一、清统治集团的法律思想　　194
　　二、立法概况与法律形式　　195
第二节　清代的刑事法制　　197
　　一、刑事法制的主要特征　　197
　　二、刑法原则的发展变化　　200
　　三、清代的刑罚制度　　201
第三节　清代的民事法制　　202
　　一、民法渊源与民事法规　　202
　　二、身份与主体制度　　202
　　三、物权与债契制度　　204
　　四、婚姻家庭继承制度　　205
第四节　清代的行政法制　　206
　　一、清代的政治与行政体制　　206
　　二、清代的经济管理法制　　207
　　三、官吏管理与监察制度　　209
　　四、清代的民族管理法制　　210
第五节　清代的司法制度　　211
　　一、"三法司"与中央司法制度　　211
　　二、地方司法与特别司法体制　　211
　　三、诉讼与审判制度　　213

第九章　清代的法律思想与制度（下）　　215
第一节　清末法律思想及代表人物　　215
　　一、清末法律思想观念的变化　　215
　　二、代表人物的法律思想　　217
第二节　清末变法修律的时代背景　　225
　　一、不平等条约对清末变法修律的影响　　225
　　二、领事裁判权制度及其后果与影响　　228
第三节　清末变法修律的主要内容　　230
　　一、宣布"预备立宪"　　230
　　二、"改革官制谕"与单行行政法规的制定　　233

三、刑律的修订　　235
　　　四、商事单行法规及《大清商律草案》的修订　　240
　　　五、民律草案的修订　　245
　　　六、诉讼律的制定　　247
第四节　清末司法制度的变化　　249
　　　一、司法机构改革　　249
　　　二、诉讼审判制度的改革　　250
　　　三、狱政改革与"模范监狱"的设立　　251

第十章　中华民国时期的法律思想与制度　　253

第一节　法律思想及代表人物　　253
　　　一、近代化变迁与折中的法律思潮　　253
　　　二、董康"拓展新知"与"借鉴旧制"相结合的法律思想　　253
　　　三、黄右昌对近代民法学的贡献　　255
第二节　南京临时政府时期的法律　　256
　　　一、《中华民国临时政府组织大纲》与南京临时政府的建立　　256
　　　二、共和国的法制基础:《中华民国临时约法》　　257
　　　三、推行社会革新的法令　　259
第三节　北京政府时期的法制　　261
　　　一、法制特点　　261
　　　二、宪法性法律与法统的废弃　　262
　　　三、刑事法律　　266
　　　四、民商事法律　　268
　　　五、司法制度　　270
第四节　南京国民政府时期的法律思想与制度　　272
　　　一、思想特点及代表人物　　272
　　　二、立法概况及六法全书体系　　277
　　　三、法律制度的主要内容与特点　　279
　　　四、司法制度　　286

第十一章　中华人民共和国的法律思想与制度（上）　　294

第一节　新民主主义法律思想　　294
　　　一、马克思主义法律思想在中国的传播　　294
　　　二、陈独秀对中国传统法律文化的批判　　295
　　　三、毛泽东的宪法思想　　296
　　　四、谢觉哉的司法思想　　297
第二节　根据地政权法律制度概述　　299
　　　一、根据地政权法律制度产生之条件　　299
　　　二、根据地政权法律制度之沿革　　300
　　　三、根据地政权法律制度的性质　　301

　　　　　四、根据地政权法律制度的特点　　302
第三节　主要内容与特点　　304
　　　　　一、宪法与行政法律制度　　304
　　　　　二、民事法律制度　　312
　　　　　三、劳动与经济法律制度　　317
　　　　　四、刑事法律制度　　321
第四节　司法制度　　325
　　　　　一、工农民主政权的司法制度　　325
　　　　　二、抗日民主政权的司法制度　　327
　　　　　三、解放区民主政权的司法制度　　330

第十二章　中华人民共和国的法律思想与制度（下）　　333

第一节　领导集体及法律思想　　333
　　　　　一、毛泽东思想指引下的党的第一代中央领导集体的法律思想　　333
　　　　　二、邓小平理论指引下的党的第二代中央领导集体的法律思想　　334
　　　　　三、"三个代表"重要思想指导下的党的第三代中央领导集体
　　　　　　　的法治思想　　335
　　　　　四、科学发展观指导下的中央领导集体的法治思想　　336
　　　　　五、习近平新时代中国特色社会主义思想指导下的中央领导集体
　　　　　　　的法治新理念新思想新战略　　337
第二节　法制建设及法治进程　　338
　　　　　一、中华人民共和国法制的发展与挫折（1949—1976年）　　338
　　　　　二、中国特色社会主义法律体系的形成（1977—2010年）　　338
　　　　　三、中国特色社会主义法律体系新时期（2011年至今）　　339
第三节　法律门类及内容意义　　340
　　　　　一、宪法与宪法性法律　　340
　　　　　二、行政法律制度　　342
　　　　　三、刑事法律制度　　344
　　　　　四、民商事法律制度　　348
　　　　　五、经济法律制度　　352
　　　　　六、社会法律制度　　353
　　　　　七、军事法律制度　　355
　　　　　八、涉外法律制度　　357
　　　　　九、地方法制建设　　358
第四节　司法制度与改革发展　　360
　　　　　一、改革开放之前司法制度的建设历程　　360
　　　　　二、改革开放以来司法制度的改革发展　　363

参考文献　　370

导论

法律制度作为一个国家在一定时期内物质生活与社会生活条件的综合反映,集中体现了一个民族最普遍、最统一的自身价值观念与诉求,反映着当时人们对于自然、社会以及人与人关系的思索与选择。在人类历史上,不同地域、时代、民族的国家、政权在自身存续发展的过程中,都曾经自觉或不自觉地将各自的民族精神与价值观念熔铸于法律制度之中,并由此形成了人类社会丰富多彩的法律文化体系。这些特色鲜明的法律文化体系,既是人类历史文化的重要组成部分,也是留给后人宝贵的文化遗产和精神财富。

中国是世界四大文明古国之一,中华传统文化在数千年的历史演变中博大精深、源远流长。相较于世界四大文明古国中的古巴比伦、古埃及、古印度,中华文明一直未曾中断,连绵不绝。虽然在中国历史上也存在多次外族入侵,由少数民族统治中原的情况,但结果都是少数民族文化被博大精深的中国汉文化同化、包容,最终成为中华文化的组成部分。从唐尧虞舜的传说时代,到夏、商、西周直到明、清,在中华传统文化数千年的发展过程中,中国传统法律文化同样也保持了发展的连续性,成为东方法律文化的代表,与西方法律文化并存于世界。

公元前21世纪夏王朝的建立,开启了中国古代法制不断积累、完善、发展的辉煌历程。夏、商、西周三代的漫长时间里,不成文的习惯法占据着主导地位。至春秋中期,随着公开、成文的制定法的出现,具有成文法特征的传统帝制时期的法律制度开始形成。经历几千年的积累,中国古代法律体制,即所谓"中国传统法律制度",发展成体系完整、内容全面、风格特异、义理精深的庞大的法律体系。就立法而言,自秦汉至明清数千年间,历代主要政权在其建立之初几乎都制定过大而全的基本法典,作为国家法制的基础。除以律为主的基本法典之外,历史上还出现过令、格、式、科、比、敕、例等多种多样的法律形式,作为成文法典的补充。就立法规模之宏大、立法内容之丰富、法律形式之多样而言,中国古代法制在整个世界古代史上都是首屈一指的。除立法之外,中国古代的司法制度同样富有特色。夏商以后,我国古代的司法体制、诉讼制度等逐渐趋于完善。自秦代开始,一整套上至中央下至地方的完善司法体制以及具有鲜明中国特色的审判制度逐步建立,并在其后得到进一步发展,产生了会审制度、调解制度、回避制度以及原情断罪、矜老恤幼、亲亲相隐等一系列具有中国古代特色的诉讼审判制度和原则。可以说,中国古代法制在立法技术、司法体制等方面均达到了相当高的程度。与之相伴而行的传统法律思想,更增加了传统法律文化的独特面貌。几千年的法律文化发展演变,其中的变化与背后的逻辑并不能简单地用朝代的更替与政权的变更来解释。从某种意义上说,中国法律史的每一次变迁和转折,反映的是中华民族在不同的历史阶段对于自然、社会、人与人关系等根本性问题的思考和选择。研究中国历史上的法律制度、法律思想的变迁，正是从法律的角度去理解和阐释中华传统文化，发掘几千年以来流传下来的宝贵遗产，这也正是法律史学科的基本任务和历史使命。

一、中国法律史的内涵

晚清实施近代法学教育以来，中国历代刑律与法制等内容即成为法政科课程。民国以后，相关法科课程当中继续延续了"法制史"等科目，此后"中国法制史"成为一种传统上的惯用说法。然就其本身而言，"法制史"一词的使用，往往容易被理解为仅以"法律制度"作为研究对象的制度史，并不能很好地兼容"法律思想"的内容，故而采取"法律史"的名称加以代替。换言之，"法律史"是同时包含了"法制史"与"法律思想史"两个分支的集合性概念。本教材采取"中国法律史"的名称，既是顺应学科发展的趋势，同时也体现了编写的自身特色。

所谓中国法律史，一般在两个意义上加以使用：一是作为一个历史概念，指的是中国法律制度与法律思想发展的历史本身，是一种历史存在。就此意义而言，"中国法律史"与"中国政治史""中国经济史""中国科技史"等并无不同，都指向过去时空中存在的东西，"中国法律史"即"中国历史上的法律"。二是作为一个学科概念，指的是研究中国历史上法律制度、法律思想、法律文化，传播法律史知识的现代专门学科，即"中国法律史学"。作为社会科学领域的分支学科，其最大的特点在于其是同时带有法学与历史学双重特性的交叉学科。换言之，中国法律史既是历史学的一个分支、一门专史，同时也是法学领域重要的基础学科，属于理论法学的范畴。因此，中国法律史具有历史学与法学的双重维度。

就目前而言，中国法律史是一门以法律制度为主线，综合研究中国历史上各主要政权的法律制度、法律思想及法律文化发展、演变的学科。具体而言，中国法律史的研究对象应该包括以下几个方面：

第一，中国各个历史时期的立法活动、立法成果，包括立法体制、立法活动及其社会背景、立法根据、立法技术，以及由立法产生的各种形式的法律规范。一些非经国家机关正式制定，而在司法实践中起规范与调节作用的习惯判例，以及调节家族内部关系、乡里关系的所谓"家法族规"、乡规民约等特殊形式的一般社会规范，也应该为中国法律史的研究所关注。上述各种静态的规范，是研究中国历史上法律制度发展演变的基本依据，通过这种研究可以了解和描述某一时期某个政权的最基本的法制状况，从而为更深入的研究提供基础。

第二，中国各个历史时期的司法状况，包括各种类型政权的司法机关、司法体制、诉讼制度、诉讼原则、狱政管理、具体的司法活动，以及与司法密切相关的司法设施，如职官、监狱等。历史上司法活动中所产生的司法档案，以及有典型意义和重要影响的案例，也应是研究中国法律史的重要资料。通过此种研究，有助于更深入地了解某一时期的法律执行情况和实际法制状况。

第三，中国各个历史时期各种类型政权的宏观法制与法律思想状况，包括宏观立法情况、立法与司法的联系、法律的执行情况、法制的整体社会效益等。此种研究有助于对特定时期或特定政权的法制总体情况作出评价。

第四，中国各个历史时期，对法律制度产生过重要影响的哲学思想、政治法律思想和学说。特别是一些与具体法律制度的形成、发展、演变密切相关的思想因素，应是中国法律史着重研究探讨的问题,只有结合特定时期的政治经济以及思想文化各方面的因素,进行综合研究,才能真正了解法律产生演变的动因,对法律的内涵作出深入透彻的分析,从而达到法律史研究的目的。

第五,中国各个历史时期社会各个阶层的价值观念、风俗习惯以及宗教等文化传统。这些内容是全面深入研究和了解历史上的法律制度、思想与文化所不能回避的问题。

二、中国法制发展概述

中国传统的法律制度是中国传统文化的一个重要组成部分,经过几千年的发展和积累,不仅形成了严谨的体系和广博的内容,也形成了独具特色的中华法系,在世界上占有重要的地位。中国法制历史发展脉络、渊源承继关系清晰,按照发展的阶段,大致可以划分为早期法制、古代法制、近现代法制三个大的部分。

(一) 中国早期法制

中国早期法制一般是指夏、商、西周时期的法制,在时间上是指自公元前21世纪到公元前770年这一历史阶段。中国早期法制的突出特点是以习惯法为基本形态,法律是不公开、不成文的。

在中国早期法制中,夏、商是奠基时期。自公元前21世纪夏启建立夏王朝开始,夏王朝前后存在了约五百年时间。在此期间,中国早期的刑罚制度、监狱制度都有了一定的发展。商代以后,也维持了将近五百年的时间。在继承夏代法制经验的基础上,商代在罪名、刑罚以及司法诉讼制度等方面取得了长足进展。

中国早期法制的鼎盛时期是在西周。在西周政权存续的五个多世纪里,中国传统的统治方式、治国策略以及基本的政治制度初步形成。从法律上看,西周法制的形式和内容都达到了早期法治的顶峰。西周时期所形成的"以德配天,明德慎罚"的法制指导思想,"老幼犯罪减免刑罚""区分故意和过失"等法律原则以及"刑罚世轻世重"的刑事政策,都是代表当时世界最高水平的法律思想与制度,对中国后世的法制产生了重要影响。

(二) 中国古代法制

中国古代法制一般是指春秋以后至鸦片战争以前中国各主要王朝的法律制度,在时间上是指自公元前770年至公元1840年这两千余年的法制历史。春秋以降,中国法律开始由原来的不公开、不成文法的状态过渡到以成文法为主体的状态。在其后的两千多年中,无论是法律伦理、立法技术、法制规模,还是法律内容、司法体制等,各个方面都有了巨大的发展。我们通常所说的"传统法律制度(文化)",其主体就是在这一时期形成、发展和成熟的。根据法制发展状况,可以把这一历史时期划分为以下几个发展阶段。

1. 春秋战国时期。这是由早期习惯法向成文法转变的重要阶段。春秋战国作为中国历史上大动荡、大变革的时代,西周以前的法律不合理的状况被打破,以成文法为主体的新的法律体制开始建立起来。在春秋中期开始的诸侯国制定并公布成文法运动中,魏国李悝制定的《法经》是这场成文法运动的最突出成果,对后世影响深远。此外,对中国古代社会政治法律影响最大的两大思想流派——儒家和法家的主要政治法律思想,也都在这一时期形成。

2. 秦汉时期。这是中国古代成文法法律体系全面确立时期。公元前221年,秦始皇统一中国,建立了中国历史上第一个以中央集权为特征的统一的帝制王朝。秦代奉行法家学派的"法治""重刑"理论,在实践中贯彻得比较彻底。秦以后的两汉时期,在秦代法制的基础上进一步发展。汉代法律从风格上可以分为前后两个时期:前期是指汉武帝"罢黜百家,独尊儒术"以前,主要是汉承秦制,形成了一套与秦法治并无太大差别的法律体制;后期则是指在"罢黜百家,独尊儒术"以后,在指导思想上接受儒家理论,从此汉代法律制度在理论制度上开始儒家化。

3. 三国两晋南北朝时期。这一时期是中国历史上第二次大变革的时代,也是中国传统法律思想与法律制度迅速发展的阶段,在时间上是指自220年曹魏立国到589年隋文帝统一。法律制度在动荡的年代里得到了巨大的发展,立法技术不断提高,法律理论有了明显发展,具体法律制度的儒家化得到加强,一些重要的制度,比如"八议""官当""重罪十条"等,已经上升为成熟的法律条文,为隋唐时期中国古代法制走向成熟奠定了重要基础。

4. 隋唐时期。这是中国传统法制的成熟定型阶段,在时间上是指自581年隋代建立到960年北宋建立以前。经过近三千年的积累,中国古代社会的各个组成部分都已经比较成熟,中国古代社会进入鼎盛时期。在几千年立法、司法经验的基础上,隋唐的立法技术进一步提高,以《唐律疏议》为代表的优秀法典相继问世。在法律内容上,汉代中期开始的法律儒家化过程持续了八百余年,到隋唐时期,以《唐律疏议》的制定完成为标志,中国古代道德与法律的融合以"律疏"的形式基本完成。与此同时,中国古代的司法体制、诉讼制度也达到很高水平。特别需要提出的是,《唐律疏议》作为中国古代法制、中华法系的代表作,达到了中国古代法制的最高水平,在中国法律史和世界法律史上都占有重要地位。

5. 宋元明清时期。这是中国古代法制不断完善的时期,在时间上是指自960年到1840年鸦片战争以前。宋明清时期,基本法典仍是国家法制的基础,国家法律的基本精神、主体框架仍然由《宋刑统》《大明律》《大清律例》等基本法典确定,但敕、条例等法律形式在司法实践中发挥着实际而具体的调节作用。作为大原则的律,相对稳定,较少修改,而起到实际作用的条例等附属立法,则因时因地被频繁修订。这种立法上的变化说明,到中国传统社会后期,统治者已经能够更加娴熟地运用各种法律形式和手段来调节社会。与此同时,随着皇权不断强化,中国传统法制中维护皇权、加强专制的特质也越来越突出地显现出来。另外,元代和清代的带有民族歧视性的、适用于少数民族地区的法律,也是这一时期法制的一个特点。

(三) 中国近现代法制

1840年鸦片战争以后,中国社会开始遭受西方列强的大规模侵略和欺凌,在内忧外患之际,中国社会开始了艰难的转型。从法律上看,这种转变的突出特点是:存在了数千年的中国传统法律体制、法律观念开始瓦解,而源自西方近现代意义上的法律制度开始在中国土地上艰难生长。一般来说,中国近现代法制变迁大致可以划分为以下几个阶段。

1. 清末变法。历史上习惯把1840年鸦片战争至1911年清王朝灭亡这段时间称为清末。19世纪50年代以后,随着太平天国运动对清廷的全面冲击,加之国外列强的压迫,中国逐步沦为半殖民地的传统帝制社会,表现在法律领域,则是清廷对传统法制一系列的变革与西方列强在华领事裁判权的确立。特别是在清廷存在的最后十年，即1901—1911年中，清廷被迫进行了君主立宪与广泛的法律改革，大量引进西方近现代法律学说与法律制度，对清代原有的法律体系进行改造，中国法制踏上了近代化之路。

2. 民国南京临时政府时期。1911年10月，中国爆发著名的辛亥革命。1912年1月1日，中华民国南京临时政府宣告成立。在以孙中山为核心的革命党人的领导下，南京临时政府在几个月的时间内进行了一系列立法活动，初步奠定了民国时期法制的基础。

3. 民国北京政府时期。1912年3月，袁世凯在北京建立了由北洋军阀控制的北京政府，习惯上称之为北洋政府。作为军阀政权的北洋政府，为应付时局，也进行了一系列立法活动，这些立法在客观上为以后南京国民政府的法制建设提供了一定的有利条件。

4. 民国南京国民政府时期。从1927年到1949年，是国民党建立的南京国民政府统治时期。南京国民政府建立以后，进行了广泛立法，颁布大量的法律、法令以及判例、解释例，形成了"六法体系"。但国民党政权的法律制度带有明显的双重性特点，即在立法文本上比较完善，但在司法实践上，由于党国一体制以及政治上的一党专政，对法治理念多有背离。

5. 革命根据地时期及新中国成立以后。1921年以后，中国共产党在各个革命根据地所创建的法律制度，以及新中国成立以后的法治发展，也是中国法律史重要的组成部分。在新民主主义革命时期，中国共产党在各个革命根据地创造性地进行了一系列的立法建制活动，取得了丰硕的法制成果，为新中国的法制建设奠定了基础。1949年新中国成立以后，在社会主义过渡和建设时期，中国共产党领导全国人民进行了广泛的法制建设，宪法、民法、刑法、诉讼法等重要法律相继出台，为中国特色社会主义法治体系的建立奠定了基础。新中国成立以来的法制建设并非一帆风顺，而是在曲折中不断发展，在取得法制成果的同时，也留下了一些深刻教训，值得我们反思。

三、学习中国法律史的意义

中国法律史作为历史学与法学的交叉学科，既是历史学的分支，又是法学学科里面一门重要的基础课程，属于理论法学的范畴。1997年原国家教育委员会确定中国法制史为全国法学学科本科学生14门必修的核心课程之一。就中国法律史本身而言，无论是学科定位还是研究方法，更应该强调其法学属性。换言之，只有法学的中国法律史才能够充分发挥学科自身的目的和意义。法学的中国法律史之特点在于，一方面立足于史实的还原，将其作为进一步研究的基础，同时又避免过分陷入史料的细枝末节，使得研究领域呈现出高度破碎化；另一方面将视野聚焦于法律本身，带有古为今用、面向现实的问题意识，在具体问题的基础上进一步上升到对更高层次问题的思考，并与法学其他学科尤其是应用法学领域的研究发生联系，为现实法律问题的解决提供理论支持。因此，学习中国法律史之初，就应当重视其法学属性，树立正确的学科定位。简言之，学习中国法律史的意义主要在于以下几个方面：

第一，学习中国法律史，有助于加深对中国传统法律的认识和理解。中国法律史涉及中国上下几千年的悠久历史，浓缩了中国传统法律诞生、演变、发展的历程。学习中国法律史，有助于我们从历史的角度，审视和把握历史上不同时期中国各项法律制度、法律思想以及法律文化，尤其是从长时段、整体性上理解中国传统法律，"以史为鉴，可以知兴替"，这是其他学科难以达到的。

第二,学习中国法律史,有助于为现代化法制发展提供借鉴。不可否认,清末以来的变法修律在一定程度上削弱了中国传统法律的当代影响,但一方面,中国传统法律当中的价值追求,尤其是具有相对独立性的法律思想与文化,对于现代法制建设仍具有根深蒂固的潜在影响和借鉴价值。例如传统法律当中的"明德慎罚""矜老恤幼""法深无善治"等思想观念在现代社会同样具有启示意义。另一方面,中国近现代法制,尤其是新中国成立以来的法制发展同样是中国法律史关注的领域。这一时期的法制发展与当下的法制建设密不可分,其间取得的经验与教训值得我们学习、借鉴。

第三,学习中国法律史,有助于加深对其他法学学科的理解。中国法律史作为法学学科中的基础法学,是学习其他法学分支学科的基础。一方面,任何法学的二级学科,如宪法、刑法、民法、行政法、诉讼法等都有其发展的历史,不了解其自身的发展演变历程,就不可能真正理解其当下的运作逻辑。另一方面,中国法律史学作为理论法学,势必要为应用法学提供理论支持。虽然中国传统法律制度、法律思想与法律文化并不能直接应用于当下社会的法律实践,但是在理论层面却能够提供大量专业资源,为当下的其他法学学科发展提供良好的理论支撑。中国法学的发展,不仅要吸收世界各国先进的法学成果,同时也必须从中华传统法制文明中吸取有益的经验,真正立足于本土,解决中国问题,贡献中国方案。

四、本教材编写特色

法律史作为一个学科,早在20世纪初便被中国学者所接受。20世纪20年代,中国法学教育工作逐渐形成体系,法律史作为法学领域一门基本课程的地位也随之确立。随着法律史教学的开展、普及,有关中国法律史的教材也日渐增多,既有各种私家著述,亦有统一规划的面向高等教育的重点系列教材,内容涵盖中国历史上各个时期、各个方面的法律制度及相关的各种文化现象,在广度、深度、质量、水平等方面都取得了极大成就。在以往教材编写的成果之上,本部教材在内容和时序上进一步扩充法律史学科知识叙述的广度与深度,在以下两个方面进行了调整:

(一) 内容融合制度史与思想史

称为"法律史"还是"法制史",曾是本学科的一个重要议题。20世纪90年代之前,国内硕士点和博士点通常是"法制史"学科点,但是到了21世纪初期,国内各大重点高校纷纷将学科名称改为"法律史"。现今的中国法学学科划分通常认为,法律史大于法制史,法律史通常包括制度史与思想史。相应地,在教材编写规划上,从前也遵循着制度史与思想史分别编纂教材的方式。然而,制度史与思想史却有着无法割裂的密切关系,任何法律制度都是在一定的法律思想指导下产生的。同样地,一个社会中占统治地位的法律思想,总要体现在该社会所制定的法律制度中,既有的法律制度又会在实践中随着时间的推移促进法律思想的进一步演进。因此,可以说法律思想史与法律制度史的融合构成了中国法律史。

本教材将思想史与制度史统编入教材,将思想史内容放在每章的开头,向读者介绍各个王朝的正统法律思想是什么,主要的思想派别或是思想家有哪些,能够帮助读者在学习中国法律史的过程中对各项制度有更为深入的理解,对各个王朝的不同法制特点亦有更加透彻的认识,也可以让读者在纵向时序上对法律思想史的发展脉络有较为清晰的把握。

（二）时间跨度延伸至共和国时期

1949年中国共产党人推翻了南京国民政府统治,取得了中国革命的全面胜利。这次社会巨变引发了政权性质、社会结构、社会组织以及意识形态等政治方面的根本改变,也开启了中国法律发展的新篇章。在新中国成立以后的近半个世纪里,中国的法制建设历程曾随着中国国运兴旺昌盛而繁荣发展,也曾在国家的动荡中衰颓和凋零,经历了一个轨迹十分明显的曲折发展的过程。

从1954年第一部《宪法》及众多其他规范性法律文件被制定开始,法制建设工作逐步展开。但在"文革"期间,全国人民代表大会会议停止10年,立法和司法工作全面停滞,社会主义法制遭到严重破坏。1976年粉碎"四人帮",中国共产党领导全国人民拨乱反正,国家各项工作逐步恢复。1997年9月,党的十五大正式提出"依法治国,是党领导人民治理国家的基本方略"。1999年,九届全国人大二次会议通过《宪法修正案》,将"依法治国,建设社会主义法治国家"载入宪法。依法治国基本方略和建设社会主义法治国家得到实践,中国特色社会主义法律体系逐步建立并进一步完善。

可以说,这一段历史在以往的教材编写中一直未能得到足够的重视。1949年之后的法制建设,深刻地影响着当下甚至未来的法制建设。通过对这一历史时期的学习,有利于读者把握新中国法制建设的经验与教训,同时也有利于读者进一步深刻地理解并反思当下的法制建设。

第一章 先秦时期的法律思想与制度

先秦时期(公元前21世纪－公元前221年)是指秦始皇统一六国、建立秦朝之前的历史时代,从传说中的三皇五帝,经历了夏、商、西周以及春秋、战国等重大历史阶段。在这一时期,中国的祖先创造了光辉璀璨的历史文明,其中夏商时期的甲骨文与殷商时期的青铜器,都是人类文明的重要历史标志。这一时期的大思想家孔子和其他诸子百家,开创了中国历史上第一次学术文化的繁荣,点燃了中国文明的思想烈火。随着从分散向统一的伟大历史进程的逐步迈进,中国法律文明得以孕育和发展壮大,奠定了中国传统法律的基本格局。

第一节 中国法律文明的孕育

一、中国早期文明国家的形成

法律的形成和发展,是从原始习惯逐步过渡到国家形态的法律这样一个历史过程。中国法律的起源或中国法律文明的早期孕育,充分呈现出这一基本特性。根据考古发掘,距今五六千年以降的新石器时代后期,黄河流域的仰韶文化、龙山文化、大汶口文化以及长江流域的河姆渡文化、良渚文化等,先后都已进入氏族公社的发达时期。而从历史传说和古书记载来看,这一时期开始形成了三个对立的较大部落联盟,即以炎帝、黄帝为中心的华夏部落联盟,以蚩尤为中心的东夷部落联盟,以及以三苗为中心的苗蛮部落联盟。在三大部落的战争冲突中,华夏部落联盟中的黄帝部落不断得以扩张,最终被众多部落、氏族拥戴为中原盟主,征东夷,讨苗蛮,尧、舜、禹相继成为这个中央部落联盟的首领。

出于战争和组织生产的需要,部落联盟内部逐渐形成一些公共职能,由此开始出现一些承担公共职能的人员或机构,凌驾于社会之上的公共权力日益进入人们的视野。而"国家的本质特征,是和人民大众分离的公共权力"[1],这就表明这一时期的部落联盟已经初步具备了文明国家的雏形。从史书记载来看,黄帝"官名皆以云命,为云师。置左右大监,监于万国……举风后、力牧、常先、大鸿以治民"[2]。而舜任部落首领以后,进一步采取措施完善公共管理职能、建设公共管理机构,任用了由其直接统辖的高级职官二十二人,分管工程、农业、狱讼、祭祀、手工业等,并且划分全国地方行政单位,设立地方行政长官。

---

[1]《马克思恩格斯选集》(第4卷),人民出版社1972年版,第114页。
[2]《史记·五帝本纪》。

值得注意的是,这一时期的部落联盟既然建立在联合这一政治基础上,公共权力并没有被异化为后来"家天下"的权力私有性与专断性。在重大决策尤其是职官的任用方式方面,作为部落联盟首领的尧、舜、禹不仅有着"禅让"帝位的传闻美谈,而且在很大程度上都要咨询甚至听从"四岳"的意见。譬如尧担任部落联盟首领期间,"四岳"荐举鲧治理洪水,尧认为不可,而"四岳"再强行请试,直至试而无功方才罢休。这充分表明,古代中国政治文明形成之初,并未陷入君主专制的藩篱,而是有着相当强烈的原始民主色彩。美国19世纪杰出的社会科学家摩尔根(Lewis H.Morgan)在考察古代希腊社会时,认为希腊早期经历了从氏族社会向政治社会的过渡,而氏族社会的制度体系大致按照四个完备的组织阶段依次递升:一是氏族,以血缘为基础;二是胞族,可能是由从一个母氏族分化出来的兄弟氏族结合成的;三是部落,由几个胞族组成,同一部落的成员操同一种方言;四是民族,由几个部落组成,它们合并在一起构成一个氏族社会,并占据共同的领域。在摩尔根看来,"每一个氏族、每一个胞族、每一个部落,都是一个组织完备的自治团体;当几个部落联合成为一个民族时,其所产生的组织原则也将同该民族的各个组成部分的活动原则相协调"[①],氏族制度由于建立在这些组织完备的自治团体的基础上,因此在本质上是民主制度。摩尔根这样的观点,大致也符合中国早期文明的基本情形。正因为如此,先秦时期的夏、商、周三代虽然带有"家天下"的浓厚倾向,但其主流的政治体制,即分封制或封建制,仍然有着贵族民主制的强烈印记,这与秦始皇建立帝制之后的君主专制还是不可同日而语的。

随着部落联盟对内、对外事务的日益扩张,迫切需要形成稳定的规则和程序,部落联盟早期那种自发形成的习俗或习惯已经难以为继。这就需要在既有的习俗秩序上固化或改造已有的习惯,并以部落联盟的强制力确保其得以实施,作为文明国家所特有的强制性规则体系的法律也就这样登上了历史舞台。而在这一历史过程中,中国法律的起源主要依赖两条途径:一是氏族、部落、部落联盟最初依托血缘纽带不断扩展,逐渐形成的祖先崇拜、祭祀活动造就了覆盖社会生产、生活各个领域的习俗或习惯,这就是礼;二是伴随部落、部落联盟不断的兼并战争,既需要创造规则对内发号施令,又需要采取措施对外进行威慑和镇压,从而产生了刑。《左传》说的"国之大事,在祀与戎",深刻表明了祭祀与战争对于中国早期文明所具有的关键意义,因此其所导源出来的礼与刑也就理所当然地构成了整个先秦时期中国法律文明的核心内容。而最终将礼、刑统合起来加以运用的基本指导思想,就是影响中国法律文明最为深远的关键概念——德。

二、起源于祭祀的礼

中国文明最初发端于黄河流域与长江流域中下游,这里土地肥沃,四季分明,以种植、养殖业为主的农耕经济具有得天独厚的自然条件,得以迅速发展起来。农耕经济的生产方式,逐渐形成各氏族、各部落聚族而居、安土重迁的生活习俗,遂使血缘因素成为部落管理机制中最为重要的社会纽带,那种自然而然形成的祖先崇拜与祭祀活动逐步发展成为一定的典礼和仪式,从而赋予了中国法律文明极其强烈的礼法色彩。

[①] [美]路易斯·亨利·摩尔根:《古代社会》(上册),杨东莼、马雍、马巨译,商务印书馆1977年版,第242页。

"礼,履也。所以事神致福也。"①许慎的解释充分反映了礼源于祭祀这一历史事实。依赖血缘纽带这一社会关系,华夏先民必将视祖先为英雄,其死后也就成为具有超人力量的神灵,现世子孙通过定期对祖先的祭祀活动,与祖先沟通情感,并祈求祖先对自己的佑护。这种祭祀活动从家庭起步,不断上升、扩展到整个氏族、部落、部落联盟。在这一上升、扩展过程中,典礼与仪式不断为部落、部落联盟的公共权力所改写,日益成为严格的礼仪和程序规则。从对参与祭祀者的身份限制,到祭祀活动的具体实施,包括祭祀参与者的位置、祭祀管理的分工、祭祀的语言与动作等,都逐步转变成相当严格的习俗与规则。而这些,正是部落、部落联盟社会中世俗身份、地位与作用的真实反映。因此,部落、部落联盟必须凭借公共权力这一强制力,保证这些礼仪和程序规则能够得到贯彻和实施。这样长期发展下来,礼不仅涵盖了社会生产、生活的所有领域,而且受到国家强制力的保护,成为中国法律文明的重要渊源。

中国早期的礼究竟是什么样子?没有确切的文字记载可以佐证。后世记录较为详尽的礼,当为周礼,至于殷商王朝的礼,史书大都暧昧不明。孔子说:"夏礼,吾能言之,杞不足征也。殷礼,吾能言之,宋不足征也。文献不足故也。足,则吾能征之矣。"②又说:"殷因于夏礼,所损益可知也;周因于殷礼,所损益可知也……"③可见夏商时期的礼,到了孔子所在的时代,因为文献记载不详,已经只能口述而无法详加引证了。那么在"三皇五帝"所谓的传说时代,礼就更无文献记载的可能了。但是我们可以确定,夏、商、西周的礼既然具有历史沿袭关系,其前应该也是因袭和改造过来的,所以司马迁也说:"缘人情而制礼,依人性而作仪,其所由来尚矣。"④因此,礼源远流长,应与人类社会同其久远,三代以前的礼,虽很简略,但已初具规模,并且已经具有了习惯法的性质,这为后来礼的内容和精神方面的转化,奠定了重要的历史基础。

三、起源于战争的刑

中国古代以法为刑,刑、法、律在某种意义上可以互训,这在中国古代文献中可谓司空见惯。《尔雅》说:"刑,法也。"《说文》曰:"法,刑也。"《唐律疏议·名例》云:"法,亦律也。"所以曾有学者断言:"在历史上,中国刑法史是法制史的重心。除了刑法史的法制史,便觉空洞无物。"⑤造就中国古代法律这一特点的关键,是法律起源于战争,而战争无疑属于一种凭借武力的征服,而这当然就为需要强制力支持的刑罚提供了重要保证。对此,中国古人早有深刻的认识,提出了"刑起于兵"或"兵刑合一"的学说。

《国语·鲁语》最先将刑罚与征伐混为一谈,其所提出的"大刑用甲兵"明显反映出战争就是最为严厉的刑罚制裁。而《商君书》说"刑者,武也"⑥,又言"内行刀锯,外用甲兵"⑦,亦显然将战争与刑罚视为一体。后世史书大多认可此种学说。《辽史·刑法志上》更是明言:"刑

---

① 《说文解字》。
② 《论语·八佾》。
③ 《论语·为政》。
④ 《史记·礼书》。
⑤ 蔡枢衡:《中国刑法史》,中国法制出版社 2005 年版,序、第 4 页。
⑥ 《商君书·修权》。
⑦ 《商君书·画策》。

也者,始于兵而终于礼者也。鸿荒之时,生民有兵,如蠚逢螫,自卫而已。蚩尤惟始作乱,斯民鸠义,奸宄并作,刑之用,岂能已乎?"班固在《汉书·刑法志》中引用了《国语》"大刑用甲兵"这一说法,专门从法律起源的角度梳理了"刑起于兵"的历史渊源:"自黄帝有逐鹿之战以定火灾,颛顼有共工之陈以定水害。唐虞之际,至治之极,犹流共工,放驩兜,窜三苗,殛鲧,然后天下服。夏有甘扈之誓,殷、周以兵定天下矣。天下既定,戢臧干戈,教以文德,而犹立司马之官,设六军之众,因井田而制军赋。"这一描述,是对先秦时期"刑起于兵"这一历史过程最为简明扼要的高度概括。

班固的描述,比较真实地再现了先秦时期从部落到国家这一历史演进过程中所伴随的征战或战争。从黄帝、炎帝联手的华夏部落联盟与东夷、苗蛮两大部落联盟争战,一直到周文王、周武王联合诸侯推翻商朝的统治,部落之间的战争频繁发生,史不绝书。在这种征战过程中,无论是处于中央盟主地位的部落、部落联盟或王朝讨伐不愿臣服或犯上作乱的部落或诸侯,还是处于臣服地位的部落或诸侯选择向中央盟主宣战或采取敌对行动,镇压或讨伐的目的都在于既要削弱对方的力量以迫使其臣服,又要杀一儆百以巩固或提升自身的地位或影响,这就需要采用相当残酷的刑罚手段迫使战败方的人员服从。司马迁说舜"流共工于幽陵""放驩兜于崇山""迁三苗于三危""殛鲧于羽山""四罪而天下咸服"[①],正是这个意思。

而在这些征战过程中,早期部落秩序的维系方式也就逐步发生变化,得以改写。那种通过个体对群体的依赖或者依靠群体的舆论与习俗的部落内部秩序,开始受到冲击,难以为继。本来用于对待异族俘虏的刑罚手段,譬如剥夺生命以及实施肉体处罚,也就日益被引入部落内部管理。一种作为强制性行为规范的"刑法",开始在部落内部渐具雏形,应运而生。史载:夏启即天子之位,有扈氏不服,启兴兵讨伐,大战于甘,在作战之先,启作《甘誓》曰:"嗟! 六事之人,予誓告女:有扈氏威侮五行,怠弃三正,天用剿绝其命。今予惟共行天之罚。左不攻于左,右不攻于右,女不共命;御非其马之政,汝不共命。用命,赏于祖;不用命,僇于社。"[②] 从启这一誓词来看,采用刑罚手段以整饬内部军心、统一内部军事行动的目的是一目了然的。

所以,随着先秦时期部落征战的历史演进,刑罚手段无论是在对外关系还是对内关系上都发挥着举足轻重的作用,遂使刑事法律规范日益受到统治者的青睐和重视,与刑罚相关的思想观念和法律制度成为中国法律文明起源的重要标志,并一直占据中国古代法律文明的核心地位。

四、德、礼、刑思想的滥觞

"德"之一词,实为中国文明之关键概念,也是中国法律文明的独特精神品质与基本指导思想。过去主流的观点一般认为,"德"的提出乃西周取代殷商带来的社会与思想革命。这种观点有两点值得注意:一是西周取代殷商提出"德"这一观念,主要的目的在于重新解释夏商时期的"天命"观念,也就是通过"皇天无亲,惟德是辅"[③] 解释西周取代殷商的合理性;

[①]《史记·五帝本纪》。
[②]《史记·夏本纪》。
[③]《尚书·蔡仲之命》。

二是西周对"德"观念的解释,主要是赋予其一种内在精神。这并不意味着"德"这一观念在西周以前是可有可无的,甚至是不存在的。事实上,"德"字本为"悳"之借字,其本字当为"悳"字。许慎解释道:"悳,外得于人,内得于己也。"①从许慎的解释来看,德不仅可通"得",而且有外在与内在两个方面:"内得于己"大致就是作为一种内在精神的道德品质;"外得于人"应是从外在世界的一种获取或获得。在这个意义上,西周时期对"德"的阐发,重在发挥"内得于己"这一面;而"外得于人"这一面的"德",应与中国文明同步发端或起源。郭沫若在《周彝中之传统思想考》一文中便认为"得之于外"主要在于"崇祀鬼神,帅型祖德"②。这可能表明,"德"应与起源于祭祀祖先与鬼神的"礼"是孪生兄弟,二者是相辅相成的。既然"德"肇端于祭祀祖先与鬼神,也就必然会在"外得于人"的基础上日益强调"内得于己",以此获得社会大众的支持与认可。班固说的"故不仁爱则不能群,不能群则不胜物,不胜物则养不足。群而不足,争心将作,上圣卓然先行敬让博爱之德者,众心说而从之"③,就是这个道理。因此,"圣人取类以正名,而谓君为父母,明仁爱德让,王道之本也。爱待敬而不败,德须威而久立,故制礼以崇敬,作刑以明威也"④。可见,德的观念不仅先于礼、刑的观念,还是制礼、作刑需要保障的基本目的。也正因为礼、刑逐渐成为主要的外在调控手段,德的观念也就从"外得于人"这一面相向"内得于己"这一面相转化,并逐步发展成为礼、刑的指导思想,这是西周"德"这一观念革命的真实目的与本质。

更重要的是,在"外得于人"向"内得于己"的思想转换中,"天人合一"观念发挥了极其重要的作用。从"三皇五帝"的传说时期直至夏商频繁使用的"天讨""天罚"这些观念深刻反映了德的"外得于人"这一面相,而西周"德"的观念革命,正是要从外在的"天"转向内在的"人",这才有"皇天无亲,惟德是辅"的观念转型。因此班固所说的"圣人因天秩而制五礼,因天讨而作五刑"⑤,是对这一观念转型的深层解释。也正是这一观念转型,奠定了中国法律文明最为根本的思想特征。

所以,德在中国文明的早期与礼往往没有什么区别,德总是"意味着规范性的社会行为方式及其原则"⑥,但随着制礼、作刑这一社会进程的演进,德的外在方面便演化为礼;而礼不足的地方,便再上升为刑。这样,"'德'更趋内向(精神),而'礼'更趋外在(规范)"⑦,德、礼这一基本关系便成为影响中国后世深远的文化动力,德、刑的关系同样也不例外。

也正是因为德这一观念的历史转化,礼也从最初的礼仪(礼之仪)逐渐朝着礼的内在精神(礼之义)这一方向发展,使得礼日益兼其外在规范与内在精神两个面相。作为外在规范的礼仪,不断得以系统化与制度化。而使其系统化和制度化的动力,则来源于"德"这一观念的支持,从而使得礼逐渐成为一种以"亲亲、尊尊"为核心内容的内在精神。礼的这一历史转化与发展,进一步拓展出了刑的发展空间。其外在规范的一面,不断成为刑的构成来源,从而使得礼、刑关系成为先秦时期重要的思想内容。

礼作为先秦时期维护宗法血缘关系和宗法等级制度的一系列精神原则和言行规范,可

---

① 《说文解字》。
② 郭沫若:《金文丛考》,转引自郑开:《德礼之间——前诸子时期的思想史》,生活·读书·新知三联书店2009年版,第45页。
③ 《汉书·刑法志》。
④ 《汉书·刑法志》。
⑤ 《汉书·刑法志》。
⑥ 郑开:《德礼之间——前诸子时期的思想史》,生活·读书·新知三联书店2009年版,第93页。
⑦ 郑开:《德礼之间——前诸子时期的思想史》,生活·读书·新知三联书店2009年版,第94页。

以说贯穿了整个社会生产、生活领域。从礼的精神来看,其核心在于"亲亲"与"尊尊",强调等级名分与差别。从礼的规范或仪式来看,礼形形色色、纷繁复杂,通常有"五礼""六礼""九礼"之说。譬如"五礼",包括了吉、嘉、宾、军、凶五个方面的礼仪,其中,吉礼是指祭祀之礼,嘉礼是指冠、婚之礼,宾礼是指迎宾之礼,军礼是指行军作战之礼,凶礼是指丧葬之礼。可以说,礼在先秦时期尤其是西周时期实际上对全社会起着一种法律调节的作用,完全具备了法的性质与要素。

因此在先秦时期,礼的内容也就不断成为刑的重要组成部分,很多关于各种罪行的规定,主要是依据礼的精神和规范加以制定的。在这个意义上,被并列使用的礼与刑,相辅相成,互为表里,但又有各自的性质与功能。首先,礼是刑的重要来源,"礼之所去,刑之所取","出礼则入刑"[①];其次,礼是积极、主动的事先预防,而刑则是消极、被动的事后制裁,"礼禁未然之前,法施已然之后"[②];再次,礼的功能重在教化,而法的功能重在惩罚;最后,礼与刑都强调等级与差别,维护不平等的社会关系与秩序,即"礼不下庶人""刑不上大夫"[③]。这并不是说庶人无礼,大夫无刑,而是说礼、刑都有等级和差别,不同等级之间不能僭越。

第二节 立法及其主要内容

一、传说时期的立法及其内容

传说时期也就是三皇五帝时期,属于中国早期文明的部落征战与融合时期。这一时期的历史多为传闻,其立法亦不例外。《汉书·胡建传》载:"《黄帝李法》曰:'壁垒已定,穿窬不由路,是谓奸人。奸人者杀。'"颜师古为这一记载作注说:"李者,法官之号也,总主征伐刑戮之事,故称其书曰李法。"这一记载中的《黄帝李法》应属传说时期最早的立法了。从其内容来看,实际上是关于惩罚盗窃行为的法律规定,这与后来李悝制定《法经》首重盗贼方面的犯罪是一脉相承的。这一记载中的"李"如果的确为法官之号,即"李官",似乎也与后来传闻中的"皋陶为大理"[④]、夏代设"大理"这一中央司法官员有着某种程度的联系。

传说时期华夏部落的重要立法活动还有舜执政期间的皋陶作刑。皋陶属于尧舜部落联盟,在舜执政期间,曾被任命为法官,即"士""大理"。"帝曰:'皋陶,蛮夷猾夏,寇贼奸宄。汝作士,五刑有服,五服三就。五流有宅,五宅三居。惟明克允。'"[⑤]《竹书纪年》更为明载:"帝舜三年,命咎陶作刑。"皋陶作刑的具体内容已不可考,但《左传·昭公十四年》引《夏书》说:"昏、墨、贼,杀。皋陶之刑也。"可能就是皋陶作刑的一大内容。昏是"恶而掠美",相当于后来的强盗罪;墨是"贪以败官",相当于后来的贪贿罪;贼是"杀人不忌",相当于后来的杀人罪,三者当属财产、人身领域的重大犯罪行为。犯此三种罪行的人,都要处以死刑。

在传说时期,不仅华夏部落曾有立法之传闻,东夷部落、苗蛮部落亦有立法之历史记载,

---

① 《后汉书·陈宠传》。
② 《史记·太史公自序》。
③ 《礼记·曲礼》。
④ 《史记·五帝本纪》。
⑤ 《尚书·虞夏书》。

最为典型的就是苗民制刑。《尚书·吕刑》载:"苗民弗用灵,制以刑,惟作五虐之刑曰法。杀戮无辜,爰始淫为劓、刵、椓、黥。越兹丽刑并制,罔差有辞。"这一记载倘若可信,则先秦时期的墨、劓、剕、宫、大辟的"五刑"体系,应是对苗民制刑的继承和改造。蔡枢衡先生甚至依此认为"君权取代神权,苗族先于夏族"①。也就是说,苗民率先于华夏迈入世俗国家的文明门槛。

二、夏商时期的立法及其内容

(一) 夏代的立法及其内容

夏王朝是中国历史上第一个国家,史有明载。但目前我们所能发现的最早文字,当属商代的甲骨文,所以从依赖于文字可以佐证的"信史"而言,夏王朝是否为中国古代的第一个文明国家,应属存疑。《左传·昭公六年》载:"夏有乱政,而作禹刑。"可算是对夏代刑事立法的最早记载。"禹刑"的内容早已失传,后世说"夏刑三千条"②"大辟二百,膑辟三百,宫辟五百,劓、墨各千"③,可能多有附会。但夏代已经形成墨、劓、剕、宫、大辟的"五刑"体系,则很有可能。墨是一种在脸上刺字的刑罚,亦称黥刑;劓刑是一种割去罪犯鼻子的刑罚;剕刑是一种砍去罪犯手足的刑罚,亦称刖刑;宫刑是一种破坏罪犯生殖器的刑罚,男子"去势",女子"幽闭";大辟即死刑,是一种剥夺罪犯生命权的刑罚。这一"五刑"体系,除了死刑,均是残害人的肉体的刑罚制裁,所以属于肉体刑,后世称之为"旧五刑"。此外,《世本·作篇》还记载:"夏作赎刑。"《尚书·吕刑》也载:"训夏赎刑。"可以推知,以铜赎罪的刑罚方式在夏代也已经有了初步制定。

此外,《尚书·胤征》还曾提到了《政典》一书。后世有人认为,这应为夏代为政的典籍。《胤征》曾援引其一条具体规定:"先时者杀无赦,不及时者杀无赦。"大致是对违背天时、懈怠政令的官吏实行"杀无赦"的刑罚原则。这可以被视为夏代行政立法的代表。

(二) 商代的立法及其内容

商汤灭夏,便在夏代立法的基础上更定法律,制定《汤刑》。《左传·昭公六年》同样载有:"商有乱政,而作汤刑。"《汤刑》的制定非一朝一夕之功,应该自汤直至伊尹辅佐太甲期间,始有大成,并不断得以修订。除了《汤刑》作为基本法典,商代还有誓、令以及其他单行法规。《玉海》曾引《帝王纪》说:"汤令:未命之为士者,车不得朱轩及有飞软,不得乘饰车骈马、衣文绣……"

商代引人注目的立法活动还有《尚书·伊训》所载的《官刑》:"制官刑,儆于有位。曰:敢有恒舞于宫、酣歌于室,时谓巫风;敢有殉于货色、恒于游畋,时谓淫风;敢有侮圣言、逆忠直、远耆德、比顽童,时谓乱风。惟兹三风十愆,卿士有一于身,家必丧;邦君有一于身,国必亡。臣下不匡,其刑墨,具训于蒙士。"这套所谓"三风十愆"犯罪体系的法律规定,既属刑事立法,又带有"治理官吏"的行政立法色彩。

---

① 蔡枢衡:《中国刑法史》,中国法制出版社2005年版,第43页。
② 《唐律疏议·名例律》。
③ (汉)郑玄注:《周礼·秋官·司刑》。

三、西周时期的立法及其内容

(一) 主要立法活动

西周是中国上古文明的全盛时期,其思想观念、礼乐刑政、典章制度,经过儒家的宣扬与鼓吹,对中国后世的影响可谓无比深远。在立法思想方面,西周统治者继承了夏、商两代"天讨""天罚"的神权法思想,进而提出"以德配天""明德慎罚"的立法主张,并采用礼、刑并驾齐驱的法律形式,启动了中国古代礼法结合、道德与法律相互渗透和融合的历史进程。同时,西周也是宗法制度发展到了相当成熟的时期,从氏族社会的父系家长制到西周"封邦建国"的政治分封制度,宗法社会制度日渐完备,形成了周天子、各级诸侯、卿大夫、士等相互间的支配和依赖关系与等级结构。这为西周的立法活动提供了得天独厚的社会条件。

西周最早的立法活动可以追溯到文王建国之初,为加速推翻商王朝的大业,制定和颁行了"有亡荒阅"与"罪人不孥"等民事、刑事法规。"有亡荒阅"是有关搜捕逃亡奴隶、使之归于原主的法律规定,"罪人不孥"则针对商王朝"罪人以族"而制定,这为灭商建周发挥了重要作用,是周王朝立法活动的开端。

西周初期的主要立法活动应属《九刑》。《左传·昭公六年》记载:"周有乱政,而作九刑。"《九刑》现已失传,后世对其大致内容众说纷纭:有人认为《九刑》就是周公制定的九篇刑书;也有人认为,《九刑》是在墨、劓、剕、宫、大辟"五刑"体系的基础上,再加上鞭、扑、赎、流四种刑罚。后一种说法应该比较切合实际。《九刑》制定出来以后,随着社会的发展变化,又曾得到几次大的修正。

西周中后期的主要立法活动当为《吕刑》。穆王为稳定政局,增加财源,任命吕侯为司寇,对各种法律法令损益详定,制定出了《吕刑》。因为吕侯又称甫侯,所以《吕刑》也被称为《甫刑》。《尚书·吕刑》对此有着一定的历史记录,虽有后人的附会,但大致还是反映了《吕刑》的制定情况与相关内容的。简言之,《吕刑》的中心思想在于强调"德""刑"二字以及二者之间的关系,综合起来讲,就是"明德慎罚"。此外,《吕刑》也记载了不少刑罚原则与诉讼制度,尤其强调赎刑的运用。

除了作刑,西周还有一种全面而独特的立法活动,那就是制礼。《周礼》究竟系何人所作?有言周公的,也有说成王的,还有认为《周礼》系伪造的。但不管怎样,西周曾有制定礼制的系列活动,是毋庸置疑的。周礼的内容非常广泛、庞杂,上至国家的政治、经济、军事、文化制度,下至个人的言行举止以及社会风俗习惯、礼节仪式,可谓无所不包。但西周制礼的最大特点,是把"亲亲""尊尊"作为两条基本原则贯穿于整个礼制之中,从而实现了从"礼之仪"向"礼之义"的转化与飞跃,这对秦汉以后的中国历史产生了不可磨灭的历史影响。

(二) 刑事立法内容

西周的刑事立法与刑法制度在一定程度上继承了夏、商两大王朝的立法成果,但又有新的发展,无论是在罪名与刑名还是刑法原则与刑事政策方面,都有了相当大的进步,并对后世历代刑法的制定与适用产生了重要的影响。

首先,在罪名方面,有违反王命罪、诽谤周王罪、左道乱政罪等危害国家安全的犯罪;有疑众罪①、聚众罪、群饮罪等妨害社会秩序的犯罪;有杀人罪、伤人罪等危害人身安全的犯罪;有盗窃财物罪、获得有主物不归还罪等危害财产安全的犯罪;有不孝罪、杀亲罪等破坏家庭伦理的犯罪。

其次,在刑名方面,西周在继承夏、商两代"五刑"体系的基础上,已经系统形成墨刑、劓刑、剕刑、宫刑、大辟的"五刑"体系。"五刑"条文共有三千条,其中墨刑一千条、劓刑一千条、剕刑五百条、宫刑三百条、大辟二百条。西周还允许以不同数量的赎金(即赎刑)代替本应适用的"五刑",从而形成了所谓的"五罚"制度。"五刑",对应不同的赎金数量,分为五等:墨刑百锾,劓刑两百锾,剕刑五百锾,宫刑六百锾,大辟一千锾。此外,西周时期还形成了以"圜土之制""嘉石之制"为名的徒刑、拘役等刑罚方式。"圜土之制"的适用对象是那些违反法律或有罪过但又不至于适用"五刑"处罚的人,使其在狱中劳作,进行改造,以示耻辱。由于这是一种有期限的劳役刑,因此也可以说是中国早期的有期徒刑。"嘉石之制"的适用对象是比"圜土之制"的适用对象所犯罪行更为轻微的犯罪人,其具体处罚办法是"桎梏而坐诸嘉石,役诸司空"②。也就是束缚犯罪人的手脚,使其坐立于"嘉石"之上进行反省与悔改,然后交给司空,使其从事一段时期的劳役,期满后释放。坐石的时间有十三日、九日、七日、五日、三日五等,劳役的时间重则一年,轻则三月,亦分为五个等级。可见,"嘉石之制"已经具备了劳役刑的各种要素,大致是中国劳役刑制度的开端。

再次,在刑罚适用原则方面,西周在"明德慎罚"思想的指导下,制定了一系列较为明确的基本原则:

一是区分故意与过失、惯犯与偶犯原则。西周时期有了"三宥之法",即对于三种情况下的犯罪予以宽宥:"一宥曰不识,再宥曰过失,三宥曰遗忘。"③这说明当时对于犯罪在主观恶性上的差别,已经有了相当清晰和深刻的认识。另外,《尚书·康诰》亦曾记载周公教谕即将统治殷商遗民的康叔说:"人有小罪,非眚,乃惟终自作不典;式尔,有厥罪小,乃不可不杀。乃有大罪,非终,乃惟眚灾;适尔,既道极厥辜,时乃不可杀。"这里的"眚"是指过失,"非眚"是指故意,"惟终"是指惯犯,"非终"是指偶犯。故意犯罪与惯犯虽犯小罪,亦不可不杀;而过失行为与偶然犯罪虽犯大罪,亦不能杀。这说明,西周时期对故意犯罪、惯犯从重处罚,对过失犯罪与偶犯从轻处断,已经有了相当高的认识水平了。

二是老幼废疾犯罪减免处罚原则。《礼记·曲礼上》记载:"八十、九十曰耄;七年曰悼。悼与耄虽有罪,不加刑焉。"此外,西周还有"三赦之法":"一赦曰幼弱,再赦曰老旄,三赦曰蠢愚。"这不仅对老年人与未成年人的犯罪作了减免处罚的规定,还对蠢愚之类的人员采取减免处罚的做法,具有相当高超的立法水平。

三是罪责自负、不罚无罪原则。《左传》曾引《尚书·康诰》佚文:"父子兄弟,罪不相及。"④"父不慈,子不祗(敬),兄不友,弟不共(恭),不相及也。"⑤这说明,父子兄弟之间,罪责自负,有罪不相互株连。《尚书·无逸》亦记载周公告诫成王说:"不永念厥辟,不宽绰厥心,乱

---

① 《礼记·王制》:"作淫声、异服、奇技、奇器以疑众,杀。行伪而坚,言伪而辩,学非而博,顺非而泽以疑众,杀。假于鬼神、时日、卜筮以疑众,杀。"
② 《周礼·秋官司寇》。
③ 《周礼·秋官司寇》。
④ 《左传·昭公二十年》。
⑤ 《左传·僖公三十三年》。

罚无罪,杀无辜。"

四是罪疑从轻、从赦原则。早在三皇五帝的传说时期就有关于罪疑从轻、从赦的记载,譬如《尚书·大禹谟》说:"与其杀不辜,宁失不经。"西周继承和发扬了这一传统,在司法实践中贯彻罪疑从轻、从赦原则,对于疑难案件,采取从轻断或予以赦免的措施。《尚书·吕刑》曰:"五刑之疑有赦,五罚之疑有赦。"为了确保疑罪得以从轻、从赦处断,西周还有审理程序上的"三刺之法":"一刺曰讯群臣,再刺曰讯群吏,三刺曰讯万民。"① 这说明,西周对于司法审判,尤其是重大疑难案件,持有极其慎重的态度。

五是用刑适中、罚当其罪原则。出于"明德慎罚"的思想主张,西周在定罪量刑方面强调"中道""中正""中罚",要求宽严适中,不偏不倚。《尚书·立政》曾引周公盛赞周初司寇苏公的话说的"太史!司寇苏公式敬尔由狱,以长我王国。兹式有慎,以列用中罚"就正是这一方面的表现。这就要求审理案件要慎之又慎,不偏不倚,罚当其罪。

最后,在刑事政策方面,西周提出了"刑罚世轻世重"理论以指导法律实践。《尚书·吕刑》云:"刑罚世轻世重,惟齐非齐,有伦有要。"也就是说,刑罚的宽严与轻重必须根据时势的发展变化,也就是根据国家的具体政治情况、社会环境等因素予以确定。具体如何做到?孔颖达曾作注疏说:"刑新国,用轻典;刑平国,用中典;刑乱国,用重典。"这一理论的提出,是长期政治统治和用刑经验的高度结晶,并对中国后世影响深远。

(三)民事立法内容

西周在吸收夏、商两代政治经验的基础上,建立起一套以分封制、宗法制为核心内容的独特政治体制,从而使得其民事法律关系主要受到礼的规范的影响。但随着中后期宗法体制的松弛和演化,以私人所有权为中心的民事关系以及相应的民事规则也得到了进一步的发展。

首先,在民事主体方面,西周社会形成了奴隶主贵族、自由民与奴隶三个大的等级。在奴隶主贵族内部,周天子与被其分封的诸侯之间,形成了上下不同的等级。诸侯在封国内再分封,实行采邑制,受其分封的人称为卿大夫,同样也依次形成阶梯式或金字塔式的等级结构。奴隶主贵族内部的等级制推行爵位制,分为五等爵和六等爵两种,即王朝内部、周天子之下分为五等爵:公、侯、伯、子、男;诸侯国内实行六等爵制,即"君一位,卿一位,大夫一位,上士一位,中士一位,下士一位,凡六等"②。自由民是社会上最为广泛、人数最多的劳动者阶层,主要从事农业生产,也包括从事手工业、畜牧业、商业等的人员。自由民的人身地位是自由的,但必须向国家承担缴纳贡赋和服力役、兵役的义务。奴隶是西周社会中地位最为低贱的阶层,无人身权和财产权,不是法律上的权利主体,可以被任意虐待、买卖和杀戮。可以说,西周社会各阶层之间的法律地位完全不平等,各阶层所享有的民事权利和承担的民事义务迥然不同。

其次,在所有权方面,从理论上说,天下所有的一切,包括土地和人民,最终都归周天子所有,即所谓"溥天之下,莫非王土。率土之滨,莫非王臣"③。周天子通过"授民授疆土"的方式,将天下的土地和臣民分封给各诸侯,由各诸侯实际占有、使用和收益,并可进行再次分封,形成各级更小的领主。但是随着时代的发展变化,地方势力日益强大,"王室独尊"的政

---

① 《周礼·秋官司寇》。
② 《孟子·万章下》。
③ 《诗经·小雅·北山》。

治格局受到挑战，除了不能自由买卖的"公田"，开始出现完全由土地所有人自己控制，可以自由买卖、交换的"私田"，从而带来了土地私有化的汹涌潮流。这又促进了与私有制度密切相关的债、契约等民事制度的进一步发达。

再次，在债和契约方面，随着私有化观念的兴起，有关债权债务关系与民事契约关系的法律规则日益丰富起来。"债"在西周被称为"责"，"凡有责者，有判书以治，则听"①。也就是说，如果债权人有双方各执一半的债务契约，官府就可以受理这一债务纠纷进行审理。西周债的发生主要有两种原因：一是因侵权行为所发生的债，二是因契约关系所发生的债。前者是指不法侵害他人人身权或财产权而发生的债，受害人对此有权请求赔偿损失，而加害人必须承担因侵权产生的债务，主要是赔偿受害人的损失。从出土的西周青铜器曶鼎、散氏盘的铭文记载来看，因侵权所引发的债的诉讼并不少见。后者是西周最主要的债。契约在西周被称作"傅别""书契""质剂""判书""约剂"等，最常见的契约类型大致有：(1)买卖契约。"凡买卖者质剂焉，大市以质，小市以剂。"② 这不仅规定了买卖契约的形式——质剂，还区分了大买卖——质与小买卖——剂，足见西周市场贸易中买卖契约的活跃。(2)借贷契约。《周礼·天官·小宰》载："听称责以傅别。"这里的"傅别"就是借贷契约，需要借贷双方各执一半。(3)租赁期约。嗀攸从鼎铭文记载了一起因承租人攸卫牧违反契约规定，拒绝缴纳租金而引起的一场民事诉讼，其中就反映了当时的土地租赁以及租赁契约的情况。③ (4)保管契约。西周曾设"廛人"掌管市场交易中的质布、廛布等。贾公彦为《周礼·地官·廛人》中的"廛布"作注说："廛布者，货贿诸物邸舍之税者。谓在行肆，官有邸舍，人有置货物于中，使之出税，故云廛布也。"这就是说，廛布是一种官方因保管物品而专门收取的保管费用，表明西周时期的保管契约已经相当发达了。

最后，在婚姻、家庭、继承方面，西周的立法内容相当丰富，基本奠定了中国后世这一领域的立法基础。西周的婚姻制度遵循"一夫一妻"原则，允许纳妾，但一个男子只能有一个正妻。除了遵循"一夫一妻"以外，还要奉行"同姓不婚"与"父母之命，媒妁之言"两大原则。所谓"同姓不婚"，是指禁止同一姓氏的家族成员之间的通婚行为。所谓"父母之命，媒妁之言"，是指结婚决非男女双方当事人的个人之事，必须取得父母的同意和媒人的沟通，否则视为"淫奔"，为礼法所不容。

除了"一夫一妻""同姓不婚""父母之命，媒妁之言"这三项实质条件，西周时期婚姻的缔结或成立，还必须合乎一定的礼仪，即"婚姻六礼"。具体内容包括：(1)纳采，即男方请媒氏携带彩礼到女方家里提亲；(2)问名，即在女方家长答应议婚之后，男家请媒氏问明女方的生辰、身份等信息；(3)纳吉，即男家于祖庙卜问吉凶，并将卜到的吉兆随礼物告知女家；(4)纳征，即男家送聘财至女家，正式缔结婚姻，也称纳币；(5)请期，即男家携礼物至女家，确定婚期；(6)亲迎，即新郎至女家迎娶。

西周在解除婚姻方面也有一套完整的制度，主要为"七出三不去"。所谓"七出"，又称"七去"，是男子可以休妻的七项条件，即不顺父母、无子、淫、妒、有恶疾、口多言、盗窃。女子若有上述七种情形之一，丈夫即有正当的理由合法地休妻。所谓"三不去"，是指丈夫不能休妻的三种情形，即有所取而无所归、与更三年丧、前贫贱后富贵。有所取而无所归，是指女子

---

① 《周礼·秋官·朝士》。
② 《周礼·地官·质人》。
③ 参见胡留元、冯卓慧：《夏商西周法制史》，商务印书馆2006年版，第456—457页。

出嫁时尚有娘家可回,但休弃时已无本家亲人可依。与更三年丧,是指女子嫁入夫家后,与丈夫一起为公婆守孝三年。前贫贱后富贵,是指娶妻时贫贱,与妻婚后富贵发达。这三种情形,严禁丈夫单方面休离妻子。

西周的家庭、继承制度建立在婚姻制度与宗法制度的基石之上。通过婚姻形成的夫妻关系是构成家庭的基本纽带。西周实行夫妻地位的公开不平等,女子无独立人格,人身依附于丈夫。宗法制度的内容广泛,涉及祭祀范围、丧服等级、土地继承、爵位继承、婚姻禁忌和收族等各个方面,对西周的家庭、继承制度具有无比深刻的影响。在家庭之内,父母掌握财产权、子女的婚姻权、惩罚子女权,一家之内长幼尊卑不得逾越等级名分。在宗族之内,宗子掌握宗族大权,包括宗族祭祀权、共有财产权等,俨然宗族之内的司法官,其至高地位不得被他人僭越。依托这样的宗法家庭制度,西周继承制度的首要任务就在于确定家长权的人选,因而其继承包括宗祧继承、地位继承与财产继承。宗祧继承就是祭祀继承,祭祀继承人被称为嫡,确立祭祀继承人被称为立嫡,而立嫡的方法就是采用嫡长子继承制。地位继承也就是爵位继承,亦采用嫡长子继承制。至于财产继承,则完全附属于宗祧继承,直至私有观念的日益兴起,财产继承才逐渐有所松动。

(四) 经济立法内容

西周早期主要是发展农业生产,限制商业发展,实行商业官办政策。但到中后期,随着私田的逐渐增多,商业限制开始松动,商品经济得到了一定程度的发展,这就需要制定有关市场管理、商品价格和度量衡、税收等各项法律制度。

首先,在市场管理方面,一是有着比较严格的市场分类和设置。譬如王城之内,一日三市,分别称作朝市、大市和夕市。朝市,早晨开市,以商贾为主;大市,中午进行,以贵族之间的交易为主;夕市,傍晚进行,以贩夫贩妇为主。二是对市场的行政管理体制作了一定的规定,专门设置司市总管市场,司市之下分设质人、廛人、胥师、贾师、肆长、泉府、司门等属吏。三是对商品进行限制,严禁部分物资进入市场交易。四是禁止任意涨价,保护顾客。五是对度量衡进行检验核定,以求度量衡的统一。

其次,在税收管理方面,西周设置了市税与关税两种形式。市税是政府最为重要的财源,其中有五种最为显要,即绒布、总布、质布、罚布与廛布。绒布是市场房屋税;总布又称货物税,按物品总数一次征收;质布即质剂税,类似后世的印花税;罚布也可称为罚金税,是对违法商人所科的罚金;廛布是市场货物储存税。可见,西周的税种名目繁多,税收苛重。

最后,在农业、林业、矿业、手工业管理等方面,西周形成了初步的法律体系。一是划分井田,实行彻法征税,并制定了一系列相应的有关农田管理的法律规定。所谓彻法,就是"耕百亩者,彻取十亩以为赋"[①]。二是林业管理推行"以时入而不禁"[②],允许在法定的时间内出入山林取利。三是矿业、手工业实行生产官办或官营政策,这对中国后世的影响是极其深刻的。

(五) 行政立法内容

相比于夏商时期,西周国家的组织活动与组织能力都有了更大程度的发展和提高。无

---

① (汉)赵岐:《孟子注》。
② 《礼记·王制》。

论是行政管理体制还是职官管理制度,都有着比较完整的行政立法内容。

西周的行政管理体制建立在宗法制、分封制的基础之上,行政组织与宗法组织相结合,实行世卿世禄制度。在中央政府方面,周王既是国家政治权力的最高统治者和中央政府首脑,也是四方诸侯的共主和全国最大的家长或族长,其除了主持祭祀、分封诸侯的职权外,还拥有国家行政事务的最后决定权、军队统率权、官吏任命权与奖惩权。周王之下,设立卿事寮与太史寮两大中央政务机构。前者是中央政务机关,主管军政司法,以卿事为首脑;后者则行政与事务兼理,主要掌管册命、天时、历法、祭祀、占卜、文化、教育、图籍、记录史事、保管文书档案等。卿事即卿士,一般由太师、太保担任,相当于后世的丞相或宰相,总揽政务。卿士之下,设司徒、司马、司空、司寇、司士等职官。

西周的地方行政机构,与分封制密切相关。周王分封各类诸侯。诸侯国国君是地方行政组织的最高首领,在封国内有生杀予夺之大权。诸侯国的行政组织类似中央政府,当然规模要小,名称也不一定相同。掌管诸侯国军政大权的叫做"卿"或"正卿",一般大国三卿、小国二卿皆由周天子任命,次国三卿由周天子任命二卿、国君任命一卿。卿之下为外服百官,有司徒、司马、司空等。

西周的职官管理制度已经相当发达,高度重视国家行政官吏的任职条件,在官吏的选拔、考绩与任免等方面,形成了不少颇具特色的法律制度。首先,在官吏的选拔问题上,西周已经形成国家养士、国学选士、地方举士与诸侯贡士等基本途径。其中,国家养士是各类学校为国家培养各阶层官吏的后备力量;国学选士是从乡学开始,依次逐级选拔人才进一步深造,直至推荐择优而授官;地方举士是从最基层开始,根据德行与技艺两条主要标准向上逐级推荐人才;诸侯贡士其实也属于地方举士,是由诸侯向周天子荐举人才的一种制度。其次,在任官问题上,西周为了确认举士即举官的法律效力,规定了相当严格而隆重的任命仪式。再次,在官吏的考绩问题上,西周继承了尧舜时期与夏、商两代的考核传统,把"三有宅心""三有俊心"作为考核官吏政绩的标准。据说尧舜时代就有"三载考绩,三考,黜陟幽明,庶绩咸熙"[1]的官吏考核之记载,夏代已用"三宅"之法考核官吏,商代又在夏代的基础上提出了"克用三宅三俊"的考核主张。[2]西周继承和发展了夏商这一做法,不仅从政务、理民、司法三个方面考察官吏的理政才能,而且更注重考察他们的思想品质素养。最后,在监督官吏方面,西周已有负责纠察百官的职官——昚史,这是秦王朝设立御史制度的雏形。

第三节 司法制度

一、传说时期的司法制度

关于传说时期的司法制度,古代很多文献都有记载,但亦多不足信。黄帝时期"李法"之传闻,认为当时就设置有"李官"之司法官,应为中国古代司法官吏起源的最早记录,但难以佐证。目前比较公认的观点是,舜命皋陶作士的记载具有一定的可信度,"皋陶,蛮夷猾夏,

---

[1]《尚书·尧典》。
[2]《尚书·立政》。

寇贼奸宄,汝作士,五刑有服"①。这里的"士",后世经学家认为乃主掌狱法之事的司法长官,亦称为"大理"②。

如果说皋陶作士属于中国古代刑事司法机构与人员最早的起源,那么契作司徒可能就是中国古代民事司法机构与人员的萌芽。《尚书·尧典》记载:"契,百姓不亲,五品不逊。汝作司徒,敬敷五教,在宽。"司马迁在《史记》一书中亦同样援引了这一记载。可见,契作司徒主要是对百姓进行教化,当然也就包括了民事纠纷的解决。在这个意义上,契应是传说时期民事诉讼司法机构与人员的萌芽,"可以说,历史上契与皋陶齐名"③。

至于传说时期的具体司法制度尤其是诉讼程序如何,后世尽管有着一些零星的记载,但大多属于想象。譬如许慎在解说"法"字时提到:"灋,刑也;平之如水,从水;廌所以触不直者去之,从去。法,今文省。"又说:"廌,解廌兽也,似山牛,一角;古者决狱,令触不直;象形,从豸省。"再道:"荐,兽之所食草,从鹿,从草。古者,神人以廌遗黄帝,黄帝曰:'何食?何处?'曰:'食荐。夏处水泽,冬处松柏。'"④这就是黄帝曾用"廌"这一能明辨是非曲直的神兽来决断疑狱的传说,反映出当时司法的神判色彩。东汉的王充在批评儒家天人感应思想时,更为详细地记录了当时传闻的神兽决狱,并将其与皋陶联系起来:"皋陶治狱,其罪疑者,令羊触之,有罪则触,无罪则不触。斯盖天生一圣兽,助狱为验,故皋陶敬羊,起坐事之。"⑤从人类社会的文明进程来看,神判的确属于上古文明的常见现象,不独中国有,整个人类社会在原始阶段都曾使用过,甚至很多古代文明国家都公开承认神明裁判的合法性。因此,尽管神兽裁判也许是后世的想象或附会,但其背后所透露出来的神明裁判色彩,无疑是真实的。

二、夏商时期的司法制度

(一) 夏代的司法制度

夏代中央最高司法官称"大理",地方司法官则称"士",基层称"蒙士",分别掌管中央、地方和基层的司法审判工作。

夏代继续坚持传说时期的神明裁判,大肆宣扬"代天审判""代天行罚"的司法思想,司法制度仍然停留在不太成熟的初级阶段。

根据《竹书纪年》,"夏帝芬三十六年作圜土",这是关于夏代监狱设置的最早记录。《史记·夏本纪》也有夏桀囚禁商汤于夏台的记载。可见夏代的监狱称为"圜土",并有"夏台"之类的特别监狱。

(二) 商代的司法制度

商代的最高审判机构称为"司寇",其对重大案件的审判必须奏请商王批准,商王拥有

---

① 《尚书·舜典》。
② 譬如《史记·五帝本纪》载:"皋陶为大理,平,民各伏得其实。"《说苑·君道篇》载:"当尧之时……皋陶为大理。"
③ 李交发:《中国诉讼法史》,中国检察出版社2002年版,第25页。
④ 《说文解字》。
⑤ 《论衡·是应篇》。

生杀予夺与司法裁判的决定权。司寇以下,设有"正""史"等审判官员。地方与基层则仍然沿袭了夏代的做法,称司法审判官为"士"与"蒙士"。

商代的诉讼审判制度已有一定的发展,形成了较为严格的审级与程序,对重要案件的审理一般都要经过三级。对疑难案件的审理也相当慎重,主张先广泛征求意见,再予以定案。

商代的神判色彩更为浓厚,有所谓"殷人尊神,率民以事神,先鬼而后礼"①之类的说法,足见商代迷信鬼神的虔诚。所以商代经常假借神或天意来进行审判和处罚,而"卜筮决狱"就是这一时期神明裁判的典型代表。所谓卜筮决狱,就是通过向鬼神占卜的方法审理案件,决定刑罚。可以说,商人占卜,事无大小,都要依赖卜筮予以解决。在司法领域,从定罪到量刑,商人都要在神明面前卜问吉凶,依此结果作出司法决定。

商代的监狱继续称为"圜土"。此外,根据《史记·殷本纪》的记载,应该还设有"羑里"之类的特别监狱。

三、西周时期的司法制度

(一) 司法机构

西周的中央司法机构仍称为司寇,"使帅其属而掌邦禁,以佐王刑邦国"②,但已有大、小司寇之分。设大司寇卿一人,为六卿之一,"掌建邦之三典,以佐王刑邦国、诘四方"③,主管司法与刑事政策。小司寇中设大夫二人,具体负责案件的审理。司寇之下,还设有士师、乡士、遂士、县士、方士、讶士、朝士、司民、司刑、司刺、司约、司盟、掌囚、掌戮等属吏。值得注意的是,西周时期的司寇不仅是中央最高司法长官,也对不服从的各诸侯国、方国进行军事征讨与镇压,明显带有军事长官的印迹。同时,我们也可以看到,西周时期的司徒、司马、司空以及其他行政长官,也有权参与审判,尤其对民事或刑事轻微案件。这说明,西周时期的司法机构具有一定的独立性,但又存在着司法与行政没有完全分离的一面。此外,由于西周采用分封制,诸侯国内的司法具有相对独立性,其司法机构的设置一般也都类似于周王室。这是西周不同于秦汉以后的一大司法特点。

西周时期的监狱仍称"圜土",又可称为"囹圄",是对夏、商两代的继承和发展。

(二) 诉讼制度

从历史文献与考古资料来看,西周时期的诉讼审判制度已有比较明显的早期文明社会的特色,对案件的分类、控诉、审理、判决和执行等诉讼程序都有相应规定,并对中国后世影响深远。

第一,区分了民事案件与刑事案件,对其适用不同的审理程序与审理方式。凡民事案件被称为"讼":"讼,谓以财货相告者";刑事案件则被称为"狱":"狱,谓相告以罪名者"④。《周礼·地官·大司徒》更是明载了大司徒之职:"凡万民之不服教而有狱讼者,与有地治者听而断

---

① 《礼记·表记》。
② 《周礼·秋官司寇》。
③ 《周礼·秋官司寇》。
④ (汉)郑玄注:《周礼·秋官司寇》。

之;其附于刑者归于士。"可见西周时期不仅狱、讼有所区分,而且审理程序与方式也是不一样的:大司徒可以听断"不服教而有狱讼者",但"附于刑者归于士"则明显要求需要处以刑罚的案件必须转移给"士"这一司法官吏阶层进行管辖,大司徒无权审理。而大司寇对于狱、讼之审理,亦有程序与方式上的不同要求:"以两造禁民讼,入束矢于朝,然后听之。以两剂禁民狱,入钧金,三日乃致于朝,然后听之。"① 这里的"两造"是指双方当事人,"两剂"是双方当事人的诉讼请求,"束矢"是一百支箭,"钧金"是青铜三十斤。由此可见,西周时期对于刑事案件与民事案件的区分,已经有了相当深刻的思想认识和制度建设了。

第二,确立了三级三审制,并初步形成了会审制度。西周的司法审级可以分为两级和三级:一般案件实行地方、中央二审制但对于特别重大案件往往最后还要报周王裁决,从而形成了事实上的三审制。《礼记·王制》载:"成狱辞,史以狱成告于正,正听之;正以狱成告于大司寇,大司寇听之棘木之下;大司寇以狱之成告于王,王命三公参听之;三公以狱之成告于王,王三又(宥),然后制刑。"这就是说,史和正是一审机关,司寇是二审机关,周王是终审机关。而在周王终审之前,还要经过三公会审,最后才终审定案。这种三审终审制与三公会审制,是西周"明德慎罚"思想在诉讼制度上的充分反映。

第三,规定了告诉方式,建立起了较为完善的起诉制度。西周时期的民事案件与刑事案件,以当事人或受害人自诉为主。只要当事人或受害人告发,诉讼即告开始,起诉是司法机关受理案件的理由。对于轻微案件,可以口头形式向官府提出控诉;对于重大案件,则必须提交书面文状,并须缴纳一定的诉讼费用。同时,西周也对告诉进行严格限制,主要是子不得告发父亲和下级不得告发上级。此外,对于侵害国家利益的犯罪,西周于告诉之外,采用由国家机关或官吏进行纠举这一方式提起诉讼。

第四,高度重视审理,形成了较为完善的审判制度。相比于夏、商两代的神明裁判,西周的审判制度有了很大进步,从当事人出庭到最终判决的作出,均有相当严格的法律制度。一是两造具备,坐地对质。审讯开始以后,诉讼当事人出庭受审,一般不准他人代理。先由原告陈词,再由被告辩解,司法官兼听双方供词,作出公正判决。二是以"五听"判断当事人陈述的真伪。"五听"是审判案件时的五种观察方式,具体包括辞听、色听、气听、耳听与目听。辞听是"观其出言,不直则烦",即观察当事人陈述时的语言表达,如果语无伦次或前言不搭后语,说明所言可能有假;色听是"观其颜色,不直则赧然",即观察当事人陈述时的脸色,如果面红耳赤,说明所言非实;气听是"观其气息,不直则喘",即观察当事人陈述时的喘息或气息,如所言非实,则可能气息不畅甚至气喘吁吁;耳听是"观其听聆,不直则惑",即观察当事人对他人所言的听觉反应,如所言非实,则听觉迟钝;目听是"观其眸子,视不直则眊然",即观察当事人陈述时的目光,若所言非实,往往就会双目无神。② 可见,五听积累了司法心理学的一些经验,说明西周时期的司法技艺已经具有了相当高的水平。

第五,重视口供,形成了较为完备的证据制度。口供是西周审理案件的主要依据,因此不允许当事人任意更改供词,如果罪犯三次改变供词,就要受到惩罚。西周不仅重视口供,也很重视其他各类证据的运用。《礼记·王制》云:"有旨无简不听。"即在只能证明作案动机而缺少真凭实据的情况下,不能仅仅根据动机定案。所以西周时期审判案件,不仅需要当事

---

① 《周礼·秋官司寇》。
② (汉)郑玄注:《周礼·秋官司寇》。

人的陈述或口供,还需要其他相关的物证、书证等予以印证或佐证。譬如有关土地争议的纠纷,应"以图正之"①;有关债务纠纷,则"有判书以治","正之以傅别、约剂"②。除此以外,西周还非常重视当事人之间的盟誓,以之作为证据加以使用。为了保证证据的真实性、客观性,西周还初步建立起了证据检验、勘验制度。《礼记·月令》载:"孟秋之月,……命理瞻伤、察创、视折、审断,决狱讼。"这是对检验采证情况的真实记录。

第六,重视判决,初步确立起了"读鞫""乞鞫"制度。西周时期审理民事、刑事案件,都要将判决内容作成判决书,称为"成劾"。按照相关法律要求,审判官在作出判决以后,应该当众宣读判决,称为"读鞫"。在宣读判决以后,如果当事人认为判决有误或有冤屈,可以请求重新审理或上诉,称为"乞鞫"。提出重新审理或上诉的期限,根据里程的远近有明确的法律规定:"凡士之治有期曰:国中一旬,郊二旬,野三旬,都三月,邦期。期内之治听,期外不听。"③

第七,严格司法,建立起了较为成熟的司法官法律责任制度。西周在"以德配天""明德慎罚"思想的指导下,不仅要求司法官具有良好的道德品质和专业素养,而且建立起了比较成熟的司法官法律责任体系,这在《尚书·吕刑》中被称为"五过之疵":"……五罚不服,正于五过。五过之疵:惟官、惟反、惟内、惟货、惟来。其罪惟均,其审克之。""惟官"是畏惧权势,秉承上司旨意、官官相护而枉法裁判;"惟反"是利用职权公报私仇;"惟内"是为亲徇私而枉法裁判;"惟货"是接受他人贿赂、贪赃受财或敲诈勒索而枉法裁判;"惟来"是受人请求而枉法徇私。这五种行为,都要受到法律的严厉制裁,其惩罚的原则是"其罪惟均",即以所涉之案应处的刑罚加以制裁。

第四节　诸子百家与春秋战国的法律变革

一、礼崩乐坏的春秋战国

公元前770年,因宫廷权力斗争,申侯、缯侯等王室贵族勾结犬戎蛮族侵入西周,杀幽王于骊山,周平王东迁雒邑,史称东周。从东周开始至公元前476年的二百四十余年间,史称"春秋"。自公元前475年(即周元王元年)至公元前221年秦始皇统一六国期间,史称"战国"。春秋战国时期,周天子式微,失去其天下共主的地位,宗法分封制日趋衰落,地方诸侯日渐崛起,兼并战争如火如荼,"礼乐征伐自天子出"遂为"礼乐征伐自诸侯出"所取代,可谓礼崩乐坏,天下大乱。

导致春秋战国发生这一形势变化的因素中,经济基础的改变应属重大推动力量。随着社会生产力与生产技术的日益提高,西周原来以井田制作为核心内容的土地国有制不断受到挑战,私田的兴起逐步打破了原来建立在公田基础上的社会秩序,各诸侯国纷纷启动田制改革,如公元前685年齐国"相地而衰征"④,公元前654年"晋于是乎作爰田"⑤,公元前594

---

① 《周礼·地官司徒·小司徒》。
② 《周礼·秋官司寇·朝士》。
③ 《周礼·秋官司寇·朝士》。
④ 《国语》卷六《齐语》。
⑤ 《左传·僖公十五年》。

年鲁国推行"初税亩"①,公元前548年楚国"书土田""量入修赋"②,公元前528年"郑子产作丘赋"③,等等。这些都说明井田制已遭破坏,一种新型的土地私有制开始形成。

由于土地私有制的兴起,原来的分封采邑制度和世卿世禄制度都已成为社会发展的障碍,不能适应各诸侯国兼并战争的需要。各诸侯国开始采用郡县制,官吏由国君任免,这就逐步确立起君主集权制,西周原有的宗法分封制度便难以为继了。

宗法分封制的土崩瓦解,当然也就意味着建立在这一基础之上的礼治面临着严峻挑战。以"亲亲""尊尊"为核心内容的礼治原则遭受破坏,用孟子的话说,就是"世衰道微,邪说暴行有作,臣弑其君者有之,子弑其父者有之"④。鲁国的季氏甚至僭越使用周天子的礼乐规格而"八佾舞于庭",孔子对此忍无可忍而大发雷霆道:"是可忍也,孰不可忍也!"⑤

既然传统的礼乐秩序已经遭受破坏和颠覆,寻找新的出路便成为春秋战国时期最为重要的历史使命。这就需要思想上的革故鼎新与政治上的推陈出新,各诸侯国为站稳脚跟、扩展势力以争夺天下,无疑也会破除一切陈规陋习,启动思想与社会革命。正是在这一社会背景与历史趋势下,中国迎来了诸子崛起、百家争鸣的伟大思想时代,并在各种思想派别与政治势力的推动下,发起了一场场摧枯拉朽的法律变革,为秦始皇统一六国以及秦汉帝国的到来准备了充足的历史条件。

二、诸子百家的崛起

春秋战国时期礼崩乐坏,天下裂变,社会发生了急剧的变化,各学派激烈争辩,著书立说,阐述各自的思想和政治主张,力图为乱世开出药方,诸子百家迅速崛起,其中主要的有儒、道、墨、法、名、阴阳、兵、纵横、农、杂等家。由于原来的礼治深受破坏而难以为继,依托法律进行政治治理的思想观念日渐抬头和强大起来,关于法的学说开始成为诸子百家重要的思想内容。可以说,无论是当时最为显赫的儒家、道家、墨家和法家,还是受众较少的杂家、名家、阴阳家等,都从不同的立场或侧面对法的起源、法的本质、法的作用以及法与其他社会现象之间的关系等问题做了深入而系统的探讨,为中国后世正统法律思想或意识形态的形成奠定了坚实的基础。

(一) 儒家的法律思想

儒家是古代中国最有影响力的学派,长期被视为中国思想的核心。儒家思想由孔子创立,经过子思、孟子与荀子的发展,在春秋战国时期颇为引人注目。儒家思想以德、仁、礼为关键概念,并以此建构法律思想。值得特别注意的是,随着春秋战国时期的发展变化,儒家思想逐渐向强调法律的方向前进,这不仅有荀子"隆礼重法"思想可以佐证,而且从荀子两个影响最为深远的学生——韩非与李斯——最终都名列法家的门墙,更可管窥一斑。

总体来说,面对春秋战国时期礼崩乐坏的社会局面,儒家的法律思想建立在孔子所谓

---

① 《春秋·宣公十五年》。
② 《左传·襄公二十五年》。
③ 《左传·襄公二十五年》。
④ 《孟子·滕文公下》。
⑤ 《论语·八佾》。

"从周""复礼"这一认识基础上,因此推崇德、礼对于社会秩序所具有的决定性意义,应是儒家法律思想的核心与灵魂。孔子说:"为政以德,譬如北辰居其所而众星共之。"[1]这就将德提高到政治治理的最高理念地位了。所以,在孔子看来,没有德、礼的指引,政、刑这些法律手段不仅不能解决社会的根本问题,"道之以政,齐之以刑,民免而无耻;道之以德,齐之以礼,有耻且格"[2],而且刑罚的适用也会丧失其正当性,"礼乐不兴,则刑罚不中;刑罚不中,则民无所措手足"[3]。荀子同样推崇礼为治世之道与天下的根本,他说:"礼义者,治之始也。"[4]"礼者,治辨之极也,强固之本也,威行之道也,功名之总也。王公由之,所以得天下也;不由,所以陨社稷也。"[5]这些都是高度崇礼的表现。正因为如此崇礼,所以荀子尽管"重法",但还是认为"礼尊法卑",礼是法的标准与指引纲领,即所谓"礼者,法之大分,类之纲纪也"[6]。

既然如此重视德、礼尤其是德的指引作用,儒家政治法律思想体系的基础也就可以归于"仁"或"仁政"这一理想追求。孔子的德落到实处,就是仁。仁既是每个人修身养性的道德目标,也是统治者治国理政的基本原则。而孟子则将仁政作为他改造社会、重建秩序的根本方案。他所看重的"王道",无非就是"以德行仁"的仁政之道。孟子认为,仁政决定人心向背,是战无不胜的根本保证,甚至"可使制梃以挞秦楚之坚甲利兵矣"[7]。基于仁政的理想,孟子甚至认为"民贵君轻",暴君可以被放伐。他还设计了一系列保障民生、轻徭薄赋、减轻刑罚的法律制度,譬如"罪人不孥"[8],为民制产以惠民、富民,减少赋税,恢复井田制,等等。

德、仁、礼政治理想的实现,当然取决于为政者的道德品质与素养,所以儒家思想总是致力于鼓吹"人治"或"治人"。孔子认为,完成德政、礼治的关键是"为政在人"[9]。这就不仅需要得贤才以治理国家,而且要求执政者率身而正、以身作则。所以孔子说:"政者,正也。子帅以正,孰敢不正?"[10]也就是说,执政者自身的道德品行直接关系到国家治理秩序的好坏,"其身正,不令而行;其身不正,虽令不从"[11]。孟子更加强调"仁者宜在高位",认为执政者的表率作用是巨大的,"君仁,莫不仁;君义,莫不义;君正,莫不正。一正君而国定矣"[12]。他进而主张"徒善不足以为政,徒法不能以自行"[13],认为只有尊贤使能,才能天下大治,否则仅凭法律制度则寸步难行。荀子尽管重视法治,但还是强调"有治人,无治法"[14],认为治理国家的关键在于人,而不单纯在于法。这就不仅需要好的立法者,更需要好的执法者来执行或实

---

[1]《论语·为政》。
[2]《论语·为政》。
[3]《论语·子路》。
[4]《荀子·王制》。
[5]《荀子·议兵》。
[6]《荀子·劝学》。
[7]《孟子·梁惠王上》。
[8]《孟子·梁惠王下》。
[9]《礼记·中庸》。
[10]《论语·颜渊》。
[11]《论语·子路》。
[12]《孟子·离娄上》。
[13]《孟子·离娄上》。
[14]《荀子·君道》。

施法律,"故法不能独立,类不能自行;得其人则存,失其人则亡"①。

从德教、礼治到仁政、人治,儒家事实上都对人的内在德性充满了自信。"正是基于这种自信,孔子认为单纯运用刑罚来治理国家,不是一种正确的选择,而只有通过教育或教化来治理国家,才能将社会的要求变成人们自己的思想与自觉的行动"②,所以孔子认为"不教而杀谓之虐"③,这就开启了法律教化主义的观念大门。孟子继承和发展了孔子这一学说,继续反对"不教而杀",提出了"教而后诛"的法律原则。荀子出于"性恶"与"化性起伪"的人性论主张,既强调教育或教化的地位,也坚持"教而后诛"的理论立场,所以他在孔孟反对"不教而诛"的基础上,还反对"教而不诛","故不教而诛,则刑繁而邪不胜;教而不诛,则奸民不惩……"④。可以说,儒家关于法律与教化关系的认识,成为其法律思想的重要内容与特色之处,对中国后世的影响可谓十分深远。

(二) 道家的法律思想

先秦道家由老子定型,庄子继承并发扬壮大。如果说儒家力图抓住"德"这根救命稻草以复礼治、推行仁政,那么道家恰恰相反,认为天下大乱的根源在于"道"的丧失,即所谓"大道废,有仁义"⑤,"故失道而后德,失德而后仁,失仁而后义,失义而后礼。夫礼者,忠信之薄而乱之首"⑥。道作为宇宙万物的本源,自身又以"自然"为其根本,故万事万物皆宜法道而行,即所谓"人法地,地法天,天法道,道法自然"⑦。法律作为人类社会的创造物,理所当然也应该取法于道。

既然道法自然,也就意味着天道无为,故而人类社会的政治生活,也当"无为而治"。面对礼崩乐坏的春秋战国,道家不是像儒家那样梦想"从周"与"复礼",而是认为乱世就是由人们过度沉迷于无限的欲望之中以及统治者的过度有为与酷政苛法造成的。要走出这一困境,就应该顺应自然,遵循无为,减少妄为,"我无为而民自化,我好静而民自正,我无事而民自富,我无欲而民自朴"⑧。出于这种无为主张,老子认为统治者制定的法令越多,违法犯罪的行为也就越多,社会也就越发混乱,即所谓"法令滋彰,盗贼多有"⑨。老子甚至以此认为滥用死刑、大肆杀戮也是没有意义的,因为"民不畏死,奈何以死惧之"⑩。庄子在老子的基础上进而主张绝对无为,否定一切仁义礼法,将法律、教化与军事、音乐、礼制并列为"五末",认为"赏罚利害,五刑之辟,教之末也;礼法度数,形名比详,治之末也"⑪。所以庄子希望取消道德、法律、制度等所有社会规范以及一切人类文明创造物,走上了法律虚无主义的漫漫长途。

---

① 《荀子·君道》。
② 肖洪泳:《中国古代死刑观的人性基础》,载《法学家》2012 年第 6 期。
③ 《论语·尧曰》。
④ 《荀子·富国》。
⑤ 《道德经》第十八章。
⑥ 《道德经》第三十八章。
⑦ 《道德经》第二十五章。
⑧ 《道德经》第五十七章。
⑨ 《道德经》第五十七章。
⑩ 《道德经》第七十四章。
⑪ 《庄子·天道》。

(三) 墨家的法律思想

墨家在先秦具有显著影响,甚至曾与儒家分庭抗礼,所以连韩非子都说:"世之显学,儒、墨也。"① 墨家学派的创始人是墨子,名翟,曾游历各诸侯国。面对春秋战国时期的混乱局势,墨家以"兼爱"与"非攻"为基本精神,并身体力行,以严格的组织与纪律加以贯彻。

要实现"兼爱"与"非攻",墨家认为就要"尚同",即"一同天下之义"②。如何"一同天下之义"?墨子认为,只有选立天子才能做到。因为天下大乱,是"生于无政长",所以必须"选天下之贤可者,立以为天子",并自天子而下,选贤可者立为三公、正长,然后"发政于天下之百姓"。③ 因此,在墨子看来,刑罚或法律就是"一同天下之义"的保障措施,所谓"圣王为五刑,请以治其民。譬若丝缕之有纪,罔罟之有纲,所[以]连收天下之百姓不尚同其上者也"④。

天子之所以能够做到"一同天下之义",在墨子看来,是因为天子最终也要"尚同于天"。天是超越现实与人类社会的一种神秘力量,具有主宰人间善恶的最高权威。天子应该效法"天志"制定法律,"以天为法,动作有为必度于天,天之所欲则为之,天所不欲则止"⑤。墨子认为,只有顺应"天志"制定出来的法律,才会是"良法","观其刑政,顺天之意,谓之善刑政;反天之意,谓之不善刑政"⑥。

正是基于"天志",墨子才充分肯定法律或法仪的作用。他说:"天下从事者,不可以无法仪。无法仪而其事能成者,无有也。"⑦ 墨子非常形象地打了一个比喻,"百工为方以矩,为圆以规,直以绳,正以县,[平以水]","皆有法所度",因而"今大者治天下,其次治大国,而无法所度,此不若百工辩也"。⑧

正因为法律或法度如此重要,墨子进而主张"赏当贤,罚当暴,不杀不辜,不失有罪"⑨,强调执法与司法必须公正不阿,不徇私情,严格按法律办事。墨家这种依法办事的执法与司法观念,在整个古代中国的法律思想与观念体系里都是难能可贵的。

(四) 其他诸子的法律思想

除了儒、法、道、墨,先秦诸子百家中对法律思想有所发挥并有较大影响的,还有名家、阴阳家、杂家等。名家是先秦时期以思维的形式、规律和名实关系为研究对象的哲学派别,其在论辩中比较注重分析名词与概念的同异,重视名与实的关系。名家的主要代表有邓析、惠施、公孙龙等。作为一个学派,他们并非有着共同的政治思想或法律主张,而仅仅在于他们都以"名"作为研究对象,并以此与其他学派相区别。但我们可以肯定的是,一些史籍既然记载过名家一些代表的立法活动,譬如邓析、惠施⑩,那么他们对法律的认知应该不会是一片

---

① 《韩非子·显学》。
② 《墨子·尚同上》。
③ 《墨子·尚同上》。
④ 《墨子·尚同上》。
⑤ 《墨子·法仪》。
⑥ 《墨子·天志中》。
⑦ 《墨子·法仪》。
⑧ 《墨子·法仪》。
⑨ 《墨子·尚同中》。
⑩ 《左传·定公九年》载:"郑驷歂杀邓析,而用其竹刑。"这说明邓析曾经制作过"竹刑"。而《吕氏春秋·审应览·淫辞》曾有"惠子为魏惠王为法"之记载。

空白。所以有人认为，名家可能还没有形成系统的法律思想，"只有一种粗陋的法律观"[①]，而这种法律观因为强调名的重要性而忽视甚至无视实的存在，使得他们陷入了相对主义的泥潭，从而大大损伤了其法律思想盛放的可能性。但从法家"刑名法术之学"这一称呼以及儒家"正名"这一追求来看，名家对名的重视与探索对先秦时期法律思想的历史演进无疑是有莫大促进作用的。

阴阳家是盛行于战国末期的一种哲学流派，齐国人邹衍是其创始人，其学问被称为"阴阳说"。其核心内容是"阴阳五行"，其中的"五德终始"对后世影响甚大。阴阳家对法律思想影响最为深远的方面在于，他们提出的春夏行德、秋冬行刑的"德刑时令说"，经过董仲舒的思想改造，几乎成为中国后世根深蒂固的司法观念。

杂家也是战国末期形成的一个学术派别，以吕不韦编撰的《吕氏春秋》为代表思想。杂家的法律思想是在吸收、改造诸子百家法律思想的基础上形成的，其体系十分庞杂。从政治法律思想来看，杂家首先吸取了分封制与德治的基本经验，主张建立统一而又开明的君主专制制度。基于这一主张，杂家反复强调德治的重要性，"德也者，万民之宰也"[②]。这就不仅需要君主进行良好的道德修养，尊重和启用贤人，而且法律或刑罚的运用也必须遵循德的指引。但与儒家德政思想不同的是，杂家又强调法律的重要作用，主张"同法令"[③]。同时，杂家还充分吸收了道家的"无为"之术，并加以理论化，为君权的伸张和运用提供了重要的思想条件。

三、法家的胜出与法律变革

诸子百家的崛起，是随周王室的式微、天下裂变这一政治局面开始的。在诸侯争霸、列国争雄的现实面前，富国强兵成为所有诸侯国的最大梦想。而要实现富国强兵，就必须大刀阔斧地进行政治法律改革，法家的思想顺应了这一历史趋势，从而在百家争鸣的宏大舞台上战胜了所有的论战对手，引领了列国的法律变革，最终伴随大秦帝国的金戈铁马，成为帝制政治的最初意识形态。

（一）法家思想的胜出

法家是先秦时期提倡法制或"法治"的重要学派，亦称为"刑名法术之学"，以富国强兵为己任。法家的思想者们不是纯粹的理论家，而是积极入世的行动派，其思想也着眼于法律的实际效用。从历史渊源来看，法家成熟很晚，但成型很早，最早可追溯至夏商时期的理官，经过管仲、子产、李悝、吴起、商鞅、慎到、申不害等人大力发展，至战国末期，经韩非对他们的学说加以总结、综合，法家正式步入思想的巅峰时期。

法家思想的核心是"以法治国"或"法治"，商鞅主张"缘法而治"[④]，认为"民本，法也"[⑤]，只有法治才可以达到王天下的政治目的。韩非子更是明确提出并论证了"以法为

---

① 胡旭晟：《解释性的法史学——以中国传统法律文化的研究为侧重点》，中国政法大学出版社2005年版，第243页。
② 《吕氏春秋·精通》。
③ 《吕氏春秋·不二》。
④ 《商君书·君臣》。
⑤ 《商君书·画策》。

本"①,认为法律乃判断一切的标准。为了推行和贯彻"以法治国",法家建立起了庞大的"法治"理论体系:一是"法自君出",确立起法律至高无上的权力基础;二是"刑无等级",树立起法律的普遍性、统一性与平等性;三是"重刑轻罪""以刑去刑",以严刑峻法保障社会秩序;四是"以法为教""以吏为师",巩固法律意识形态;五是"法不阿贵",严格执法与司法,确保法律的全面实施与贯彻。

由此可见,法家这种"以法治国"的"法治"理论,在群雄争霸的春秋战国时期,具有集权君王以号令天下的巨大能量,必将获得各诸侯国的青睐,其最终胜出当然也就水到渠成。但是法家最终胜出的原因,不仅仅限于其"法治"理论本身,还与其"法治"理论立足的三个重要基石或支柱密切相关:

一是"不法古,不循今"的历史进化观与变法观。与儒家、道家都设想过去才是最美好的黄金时代相反,法家认为人类社会是发展变化的,而且越变越好。商鞅说:"圣人不法古,不修今,法古则后于时,修今则塞于势。"②韩非更是划分了"上古之世""中古之世"与"近古之世",指出当今之世倘若继续效法过去,则必为天下耻笑,因此"圣人不期修古,不法常可"③。这就需要因时因势变法,不可胶柱鼓瑟。

二是"趋利避害"的人性论。管仲早就指出:"人情不二,故民情可得而御也。"④而这"可得而御"的民情就是"莫不欲利而恶害"⑤。商鞅则对人的这一欲利恶害的本性进行了细致刻画,而慎到明确将这一人性描述概括为"人莫不自为也"⑥。韩非深入发展了这一思路,认为人的好利恶害属于人的本能和欲望,不可能也不应该对其加以消除或灭绝,只能通过法律手段对其加以引导和约束,这就需要"刑、德二柄":"杀戮之谓刑,庆赏之谓德。为人臣者畏诛罚而利庆赏,故人主自用其刑、德,则群臣畏其威而归其利矣。"⑦法家这种人性观理性、务实,很容易为统治者或执政者所接受和吸纳。

三是"废私兴公"的国家利益观。法家虽然认为趋利避害乃人的本性,并且不可消除或灭绝,但以法治国的重要目标是要废私兴公,追求国家的整体利益。为达此目标,商鞅甚至提出了"弱民"之术,认为"民弱国强,民强国弱。故有道之国,务在弱民"⑧。这样,法家就将统治者的利益凌驾于全体社会成员之上,为列国争霸的国家崛起奠定了重要的思想基础。

法家这些法律思想顺应了春秋战国的时代潮流,引领列国纷纷变法图强,启动了一场场惊心动魄的法律变革,为大秦帝国的崛起铺就了康庄大道。

(二) 列国的法律变革

春秋初期,各诸侯国大致都沿用西周的法律。但随着周王室的权力式微与各诸侯国的崛起,加上经济基础与社会结构的发展变化,既有的西周法律已经难以为继,建立一种新的法律秩序的呼声日益高涨,法家思想逐渐成为各诸侯国法律变革的指导思想,制定成文法并

---

① 《韩非子·饰邪》。
② 《商君书·开塞》。
③ 《韩非子·五蠹》。
④ 《管子·权修》。
⑤ 《管子·版法解》。
⑥ 《慎子·因循》。
⑦ 《韩非子·二柄》。
⑧ 《商君书·弱民》。

公之于世的历史趋势已然不可阻挡。随着成文法的制定与公布,"刑不可知,则威不可测"[①]的壁垒得以打破,原有的法律体系不断瓦解,新的法律制度逐步建立,声势浩大的变法、立法活动如雨后春笋,给春秋战国时期带来了崭新的社会活力,为秦汉以后中国法律传统的定型奠定了重要的思想与制度基础。

最先引领法律变革的是齐国的管仲,他于公元前7世纪初辅佐齐桓公"九合诸侯,一匡天下"[②],使其成为春秋战国时期第一个公认的霸主。齐桓公授权管仲大刀阔斧地进行政治、经济与法律改革,取得了一系列辉煌的成就,管仲因此也被后世誉为"法家先驱"。管仲的主要改革措施是:在全国划分政区,"三其国而五其鄙",使士、农、工、商各就其业,并与军事战斗体制相结合。其中,"三其国"就是将国都划分为二十一乡,士居十五乡,工居三乡,商居三乡;而"五其鄙"就是将鄙野(国都之外的广大地区)分为五属,分设官吏管理;建立人才选拔制度,士经三审选,可为"上卿之赞";按土地分等征税,禁止贵族掠夺私产;发展盐铁业,铸造货币,调剂物价;实行粮食"平准"的政策,即"民有余则轻之,故人君敛之以轻;民不足则重之,故人君散之以重,凡轻重敛散之以时,则准平。……故大贾畜家不得豪夺吾民矣"[③]。管仲的各项改革举措,使齐国国富兵强而率先称霸天下,并引领了春秋战国时期法律变革的风潮。

继齐国管仲变法不久,楚国在楚文王执政期间,进行了一定程度的法律改革。楚文王正式建立县制,开中国郡县制之历史先河。《左传·昭公七年》还有"先君文王,作《仆区》之法,曰盗所隐器,与盗同罪"之记载,说明楚文王还专门颁行了惩罚逃亡、隐匿之类犯罪的"《仆区》之法",其中就有一条相当明确的专门规定,即"盗所隐器,与盗同罪"。也就是盗取已经隐藏好的所盗之物,与盗窃同罪处罚。后来的楚庄王又作"《茆门》之法",规定群臣、大夫、诸公子入朝,车马不得进入宫门,否则予以惩罚。当然,楚国变法的高峰还是公元前4世纪初的吴起变法。吴起投奔楚国之后,楚悼王任命吴起为宛城太守,一年后升任令尹,开始了暴风骤雨般的变法。吴起一是着手制定法令,并公布于众,以确立起法治的权威性;二是减爵禄,进而废除贵族世卿世禄制;三是削减大臣权力,整顿吏治;四是注意耕战并重,亦兵亦农,禁止丁民游手好闲,不务耕作;五是改"两版垣"为四版筑城法,加强首都建设。经过变法运动,楚国经济、军事等方面得到一定发展,国力逐渐强盛,并间接影响了后来秦国的商鞅变法。

晋国不仅是法家思想的重要发源地,也是厉行变法的典型代表。早在晋文公称霸期间,就曾作"《被庐》之法"。后来赵盾(即赵宣子)为晋国执政时,又专门制定了所谓的"常法":"宣子于是乎始为国政,制事典,正法罪,辟刑狱,董逋逃,由质要,治旧洿,本秩礼,续常职,出滞淹。既成,以授大傅阳子与大师贾佗,使行诸晋国,以为常法。"[④]从《左传》的这一记载来看,这个所谓的"常法"内容相当丰富,几乎是当时晋国的治国大法。晋平公在位时,范宣子任晋国执政,又曾制定刑书,但据说只供朝廷采用,没有向社会正式公布。直到赵鞅执政,晋国再次雷厉风行地进行变法,"赋晋国一鼓铁,以铸刑鼎,著范宣子所谓刑书焉"[⑤]。这是晋

---
① (唐)孔颖达疏:《左传·昭公六年》。
② 《史记·管晏列传》。
③ 《汉书·食货志下》。
④ 《左传·文公六年》。
⑤ 《左传·昭公二十九年》。

国正式开始公布成文法。

郑国虽不属大国,却曾率先小霸。郑庄公为"春秋三小霸"之首,并曾反叛礼教,力图变法图强。公元前536年,郑简公在位,执政子产"铸刑书于鼎,以为国之常法"①,并遭到晋国以叔向为代表的旧贵族的反对,引发了一场法律变革的政治争论。公元前501年,郑献公在位,"郑驷歂杀邓析而用其竹刑"②。邓析为名家重要代表人物,其曾私刻"竹刑",最终为郑国执政大夫驷歂所杀,但其"竹刑"却为当局所采用。

上述列国的变法或立法活动,使得春秋战国时期的法律变革不断深入,最终迎来了魏国的李悝新政与秦国的商鞅变法,结出了丰硕的法律理论与实践果实,一个崭新的帝制时代的法律体系就要破土而出了。

(三) 李悝与《法经》

公元前403年,韩、赵、魏三家分晋,魏文侯成为魏国百年霸业的开创者,任李悝为相,在战国七雄中首先实行变法,改革政治。

李悝深谙法家治国之道,在政治、经济、军事等方面推出了一系列变革措施:政治上实行法治,推行"食有劳而禄有功,使有能而赏必行"③的基本原则,废除维护贵族特权的世卿世禄制度,奖励对国家有功的人;经济上推行"尽地力"和"善平籴"的政策,鼓励农民精耕细作,增强产量;军事上严格官兵考核并给予奖惩。李悝为了进一步实行变法,巩固变法成果,汇集各国刑典,著成《法经》一书,通过魏文侯予以公布,使之成为法律。

《法经》是我国最早的一部初具体系的法典,开创了我国古代帝制时期法典化的先河,秦汉以后历代法典都深受其影响。《法经》原文早已失传,但后世文献多有提及,其结构体系由《盗法》《贼法》《囚法》《捕法》《杂法》《具法》六篇组成。盗为财产方面的犯罪,贼为人身方面的犯罪,李悝认为"王者之政,莫急于盗贼"④,所以将《盗法》与《贼法》置先。而盗、贼的犯罪行为需要纠劾、抓捕,故而《囚法》与《捕法》紧随其后。盗、贼以外还会存在其他各类违法犯罪行为,因此以《杂法》加以囊括,主要包括"轻狡、越城、博戏、借假不廉、淫侈、逾制"六种行为,谓之"六禁"。最后一篇的《具法》,专门规定定罪量刑的相关原则,类似于现代刑法的总则部分。

可见,《法经》是李悝在梳理和总结春秋战国时期各诸侯国变法、立法经验的基础上,高屋建瓴创立出来的法典,其结构体系以及基本内容代表了中国法律制度发展的高超水平,对中国后世的立法产生了很大影响,在中国法律制度史上具有里程碑式的意义。

(四) 商鞅变法

如果说李悝的《法经》初步奠定了中国后世法典化的基础,那么商鞅变法就为大秦帝国的崛起以及中国律令体系的形成创造了决定性的条件。甚至可以说,商鞅变法的资源主要来自李悝的《法经》。商鞅本为卫国人,姓公孙氏,名鞅,曾在魏国伺机寻找变法的机会。后因秦国孝公发布求贤令,商鞅于公元前361年携《法经》入秦应聘,为孝公所赏识,主持秦国

---

① (晋)杜预注:《左传·昭公六年》。
② 《左传·定公九年》。
③ 《说苑·政理》。
④ 《晋书·刑法志》。

变法,前后共持续了21年。其变法的基本内容涉及政治、军事、经济、文化、社会各个领域,初步建构起了秦国法律体系的基本框架。

第一,改法为律,制定秦律。商鞅在《法经》六篇的基础上,改法为律,初步建立起了秦律体系。从云梦秦简与岳麓秦简所载秦代律令制度来看,"律"在秦国开始成为最为主要的法律形式已经得到证明。所以沈家本说"商鞅改法为律,谓改李悝之六法为盗律、贼律、囚律、捕律、杂律、具律也","改律之事,乃变法之大者也"①,的确是非常中肯的。

第二,整顿户籍,推行连坐法。商鞅"令民为什伍,而相(收)[牧]司连坐……民有二男以上不分异者,倍其赋"②。这说明,商鞅推行什伍的基层组织,并强制丁男分户,以此作为征取赋税和推行犯罪连坐的基本依据。

第三,奖励农耕与军战,增强国力。为鼓励和刺激农业生产,商鞅颁布《垦草令》,并对农业生产做出杰出贡献者予以奖励。同时,按军功授予爵位,以此打破世卿世禄制度。

第四,废井田,开阡陌。商鞅彻底废除了井田制,确立土地私有制,实行按田亩收税,准许土地买卖。

第五,废除分封制,推行县制。商鞅在秦国广泛设立县制,"集小(都)乡邑聚为县,置令、丞,凡三十一县"③。

商鞅在秦国的变法比较彻底,并取得了良好的社会效果,"行之十年,秦民大说(悦)"④。秦国的社会面貌为之一新,"民勇于公战,怯于私斗,乡邑大治"⑤。可以说,通过二十年左右的时间,商鞅变法为秦国的崛起奠定了重要基础。当然,商鞅变法最为重要的意义还是在于,随着秦国崛起而建立统一王朝时代的到来,商鞅改法为律而确立起来的律令体系,成为影响中国后世帝制时代法律体系的历史渊源。这一点,是无论如何强调都不为过的。

| 关键词 |

天讨天罚　明德慎罚　《禹刑》《汤刑》　嫡长继承制　圜土　《吕刑》　三赦三宥　六礼　七出三不去　五听　铸刑鼎　《法经》

| 思考题 |

1. 中国古代法律起源的历史过程与基本特点是什么?
2. 先秦时期的礼刑关系如何?
3. 先秦时期司法制度的发展过程如何?
4. 春秋战国时期诸子百家的法律思想具有哪些基本特点?

---

① (清)沈家本:《历代刑法考·附寄簃文存》(二),邓经元、骈宇骞点校,中华书局1985年版,第847页。
② 《史记·商君列传》。
③ 《史记·商君列传》。
④ 《史记·商君列传》。
⑤ 《史记·商君列传》。

5. 李悝《法经》具有哪些历史影响?

参考书目

1. 马雍:《〈尚书〉史话》,中华书局1982年版。
2. 蒋伯潜:《十三经概论》,上海古籍出版社1983年版。
3. 中国社会科学院考古研究所编:《新中国的考古发现和研究》,文物出版社1984年版。
4. 杨伯峻:《春秋左传注》第1—4册,中华书局1981年版。

第二章 秦代的法律思想与制度

战国中期,商鞅变法后的秦国迅速壮大,成为关东六国关注的焦点。面对这种局势,秦国以远交近攻的策略分化瓦解关东六国,逐一削弱其力量。至公元前238年秦王嬴政亲政时,秦国的国力已远超其他诸侯国。此后,嬴政一方面推崇商、韩之学,严厉打击嫪毐、吕不韦集团以加强王权,另一方面重用客卿,对东方诸国发起强大攻势。从公元前230年起,嬴政陆续消灭韩、赵、魏、楚、燕、齐六国,并于公元前221年建立了中国历史上第一个统一的帝国,而他本人也成为中国历史上第一个皇帝。秦王朝建立后,始皇在政治、经济、文化等方面采取了一系列措施以加强中央集权,但此类措施也激化了关中与关东这两个不同文化地域的矛盾,所以在始皇之强势的背后实际上已隐伏着王朝统治的危机。在始皇末期的政乱中即位的秦二世耽于逸乐,"督责益严",以至于"刑者相半于道,而死人日成积于市"①。结果,王朝统治的危机彻底爆发,秦王朝遂因割据势力纷起而灭亡。尽管如此,秦王朝的法律仍对汉以后的中国法律史产生了深远影响,可谓中国法律史上必须予以重视的一页。

第一节 秦代法制所体现的思想特点

秦代法制是先秦以来制度、思想长期演变的产物,其设计与其前及其时的学术流派倡导的某些治国策略有所关联。主要来说,至少不可忽视以下三家学术流派对秦代法制的影响。

一、法家学说

在先秦各学派中,法家对法律的重视程度可谓最高,其主要原因有二:第一,在人性上,法家认为,好利恶害即"饥而求食,劳而求佚,苦则索乐,辱则求荣"②是人的本性,因此与礼相比,法的行为引导功能显然更强。例如,韩非就指出:"凡治天下,必因人情。人情者,有好恶,故赏罚可用;赏罚可用则禁令可立,而治道具矣。"③第二,在历史观上,法家主张,各个时代有不同的时代精神,也需要不同的治理手段,所以在实力较量日益成为周秦之际的历史趋势的情况下,见效迅速的"法治"自然比"为邦百年,亦可以胜残去杀"④的德礼教化更符合

---

① 《史记·李斯列传》。
② 《商君书·算地》。
③ 《韩非子·八经》。
④ 《论语·子路》。

时代的要求,所谓"法与时转则治,治与世宜则有功"①。

基于此,法家设想了一套自成体系的"法治"理论。首先,推行"法治"意味着对礼治传统的挑战,必然会遭到既得利益集团和民众的抵触。法家意识到,"势"或者说强有力的君权实为"法治"成功的首要前提,遂大力提倡尊君。"君尊则令行"②"权者,君之所独制也"③"凡明主之治国也,任其势"④等语句所说的无非都是这一点。其次,君主无法凭借一人之力实施统治,官僚体系则为君主贯彻"法治"的必要媒介,但官僚群体亦有其私利,所以治官成了君主的重要任务,韩非就明言"明主治吏不治民"。⑤对此,法家学者构想了所谓的"术"论,既包括"因任而授官,循名而责实,操杀生之柄,课群臣之能"⑥的官僚任免及考课手段,也包括"藏之于胸中,以偶众端而潜御群臣"⑦的阴谋权术。最后,即使已具备强大的君权和严整的官僚队伍,如法自身缺乏各种特质,"法治"仍将困难重重。由此,法家强调"刑无等级",如《商君书·赏刑》认为"自卿相将军以至大夫庶人,有不从王令,犯国禁,乱上制者,罪死不赦";强调法律应当公开、明确,如《韩非子·难三》认为"法者,编著之图籍,设之于官府,而布之于百姓者也"。以这三方面的结合为基础,法家试图用法律调整社会生活的方方面面,并借此构建一个富有战斗力的"法治"国。

法家的这套理论为秦国统治者所推崇,并极其有效地推动了秦国统一大业的实现,自然也成了秦灭六国之后的基本政略。出土及传世文献传递出来的秦代法制之所以具有法网严密、烦苛细致的特点,其原因大概也就在于此。至秦二世时代,与韩非同出于荀子门下的李斯作为法家之学的坚定支持者,更提出了以"深督重责"为主旨的所谓"督责术":"夫贤主者,必且能全道而行督责之术者也。督责之,则臣不敢不竭能以徇其主矣。此臣主之分定,上下之义明,则天下贤不肖莫敢不尽力竭任以徇其君矣。是故主独制于天下而无所制也。"⑧如此严格地推行"法治"乃至于近乎严苛所导致的结果就是各地对秦王朝高压统治的不满,并最终酿成了秦末新战国局面的出现。秦帝国本身也在新战国时代首先回缩成一国,进而被消灭。

二、阴阳五行说

先秦的学者们经常用阴阳五行来解释宇宙的生成和运行,至战国时代的驺衍则进一步将阴阳五行导入政治学说中,提出了所谓的五德终始说:"称引天地剖判以来,五德转移,治各有宜,而符应若兹。"⑨这种学说认为,各王朝都能在金、木、水、火、土五行序列中找到自己的位置,一旦位置确定,就必须推行与之相适应的为政策略。秦始皇嬴政是五德终始说的信奉者,因此在秦王朝建立后,"始皇推终始五德之传,以为周得火德,秦代周德,从所不胜。

---

① 《韩非子·心度》。
② 《商君书·君臣》。
③ 《商君书·修权》。
④ 《韩非子·难三》。
⑤ 《韩非子·外储说右下》。
⑥ 《韩非子·定法》。
⑦ 《韩非子·难三》。
⑧ 《史记·李斯列传》。
⑨ 《史记·孟子荀卿列传》。

方今水德之始,改年始,朝贺皆自十月朔。衣服旄旌节旗皆上黑。数以六为纪,符、法冠皆六寸,而舆六尺,六尺为步,乘六马。更名河曰德水,以为水德之始。刚毅戾深,事皆决于法,刻削毋仁恩和义,然后合五德之数。于是急法,久者不赦。"① 可见,秦朝廷之所以对"法治"念念不忘,放大刑罚的力量,其背后除了法家思想的鼓动之外,也离不开阴阳五行说的辐射。

三、儒家学说

从学术争鸣的角度来说,先秦法家时常以儒家为辩论对象,斥儒家的礼治、德治主张为"心治"。但是,对朝廷统治者而言,"以法为教,以吏为师"的为政思路虽具有极为明显的法家倾向,却并不意味着排斥其他学术流派的观点。毋宁说某种思想只要有利于统治,就不会被彻底无视。司马迁之父司马谈在其著作《论六家之要指》中提到:"夫儒者以六艺为法,六艺经传以千万数,累世不能通其学,当年不能究其礼,故曰'博而寡要,劳而少功'。若夫列君臣父子之礼,序夫妇长幼之别,虽百家弗能易也。"② 这就是说,儒家之学失之繁琐,但它对等级、伦常秩序的思考远胜于其他学术流派。秦尽管结束了七国竞争的局面,但六国臣民对秦并未彻底服从,社会残败的现象仍是严重的现实问题。在这种情况下,强化君权、人伦可以说是秦代统治者必须面对的统治课题,儒家之学自然也就有了用武之地。秦律对爵制以及不同爵级享有者之间权利的差异化规定,以及对"伪听命书""伤乘舆马"等罪名的设立,均体现了等级意识和强化君权的目的;对"不孝""殴大父母""臣妾牧杀主"等行为的处罚则展示了秦统治者对伦常秩序的高度重视。由此可见,通说主张,作为中国古代法律思想之主要表现的儒法合流是从汉代开始的,但从秦代法制对等级、伦常秩序的有力维护来看,似乎也可以认为,儒法合流在秦代已有其雏形。③

第二节 立法背景与法律形式

推崇法家学说的秦王嬴政是一个权力欲颇为旺盛的君主,这一点在他统一六国之后要求改变其名号的事件上表现得极为明显。在先秦时代,虽然"皇"和"帝"二字频繁地出现于各类文献中,但如"三皇五帝"这一词汇所示,此二字基本上是分开使用并指称上古圣王的,现实政治世界中的君主则通过称"王"来显示其尊贵地位。然而,在"六王咸伏其辜,天下大定"④ 的情况下,嬴政认为,"王"这一曾为众多诸侯所使用的名号已无法与其独一无二的君主身份相适应,遂令群臣商议新名号以显示他对天下的完全掌控。群臣上奏曰:"昔者五帝地方千里,其外侯服夷服,诸侯或朝或否,天子不能制。今陛下兴义兵,诛残贼,平定天下,海内为郡县,法令由一统,自上古以来未尝有,五帝所不及。臣等谨与博士议曰:'古有天皇,有地皇,有泰皇,泰皇最贵。'臣等昧死上尊号,王为'泰皇'。"⑤ 在群臣看来,秦王统一天下并

---

① 《史记·秦始皇本纪》。
② 《史记·太史公自序》。
③ 有关这方面内容的详细阐述,参见杨振红:《从出土秦汉律看中国古代的"礼"、"法"观念及其法律体现——中国古代法律之儒家化商兑》,载《中国史研究》2010年第4期。
④ 《史记·秦始皇本纪》。
⑤ 《史记·秦始皇本纪》。

在辽阔的疆域内推行郡县制和"法治",他的功业超过了五帝,所以应以表示至尊地位的"泰皇"名号自居。嬴政显然认同群臣所说的功业,但又认为"泰皇"仍不足以显示其尊贵,遂将"皇"与"帝"二字连在一起以宣扬自己为超越三皇五帝的第一帝,中国古代的皇帝制度由此产生。这是一个由律令、朝觐礼仪、宗庙陵寝等要素构成的制度体系。在此体系之下,任何侵犯皇帝尊严的行为、思想言论都将受到严厉的惩治。不过,在嬴政称"始皇帝"的场合,值得注意的是"法令由一统"被强调的事实。也就是说,秦代的皇权要以法令为媒介来展示其存在,因此"法治"自然而然地成了秦代的重要国策。公元前219年,秦始皇在封禅泰山时所立的"泰山刻石"以极为明确的语句再次强调了法律在国家制度中的基础地位:"治道运行,诸产得宜,皆有法式。"① 由此可见,在秦代,皇帝权威与法律是密不可分地联系在一起的,这是秦长期遵循法家思想的必然,也是秦代的关键性立法背景。

然而,有关通过立法而逐渐形成的秦代法制的具体状况,以前由于史料缺乏,学界一直无从探知其详情,前人的最大努力也不过是从传世文献中辑佚秦代法制的只鳞片爪。1975年12月,考古工作者在湖北省云梦县睡虎地发掘了十二座战国末至秦统一时期的墓葬,其中的第十一号墓出土了一千一百五十五支竹简及八十片无法缀合的残简。这些竹简所载文字的大部分内容是法律,其中既有秦律的条文,也有对律文的解释及涉及治狱的文书程式。十一号墓的墓主人名喜,生于战国后期秦昭王四十五年(公元前262年),卒于秦王朝建立后的第五年即秦始皇三十年(公元前217年)。生前曾任安陆御史、安陆令史、鄢令史及鄢狱吏等与司法有关的职务,这大概就是其墓随葬大量记载法律之竹简的原因。秦简所抄写的法律虽然只不过是喜根据其为政所需而摘录的秦律的一部分,但无疑是秦的法律制度的真实反映。并且,秦简所反映的年代正是从秦国到秦王朝的这一历史阶段,表明秦国的法制已随着秦军的征服脚步而扩展到全国,且在秦王朝时期仍然被适用,所以这批竹简对于从整体上研究秦国和秦王朝的法律制度无疑具有极高的学术价值,也开启了学界研究秦律的新历程。如今,结合云梦睡虎地秦简(以下简称"秦简")、其他出土文献及传世文献,可以看到秦代的主要法律形式包括如下几种:

一、律

"律"是朝廷就某一专门事类正式颁布的法律。自商鞅改"法"为"律"之后,"律"便成为秦的主要法律形式。至秦统一六国后,秦律的数量更加繁多,仅秦简所载就有《田律》《仓律》《金布律》《除吏律》《戍律》等二十九种②,它们构成了秦代法制的主体。"律"在后世成为中国古代法的代表形式,其地位即由此奠定。但秦的"律"尚很分散,远未达到法典化的程度。

二、令

"令"是君主或皇帝针对一时之事而以命令形式发布的法律文件,它与"律"一样,也是

---

① 《史记·秦始皇本纪》。
② 详见睡虎地秦墓竹简整理小组编:《睡虎地秦墓竹简》,文物出版社1978年版。

秦时经常使用的一种主要法律形式,但其效力高于律。在嬴政与群臣"议帝号"时,群臣曾提议"命为'制',令为'诏',天子自称曰'朕'"①,得到了嬴政的认可。由此开始,"制"与"诏"成为皇帝命令的专称,不仅使之与其他人发布的命令区别开来,更赋予它最高威严,使之具有最高法律效力。自此以后,皇帝的诏令成为中国古代最基本的和效力最高的法律形式,充分显示出古代中国皇权的至高无上。

三、式

"式"是朝廷统一颁布的规定管理审理案件的准则以及书写审讯笔录、现场勘查笔录、查封笔录等法律文书程式的法律形式。"式"在文字上指"准则""标准""范例""模式"或"格式"。秦简所载的属于"式"的法律文献有《封诊式》二十五节②,从中可以看到秦代关于"治狱""讯狱"的要求和"爰书"(案件记录)的书写格式等。

四、法律答问

"法律答问"是朝廷和地方主管法律的官员对律令所做的权威性解释,它们与法律条文一样具有普遍的约束力。秦简《法律答问》共有一百八十七条③,多采用问答形式,对秦律的某些条文、术语以及律文的意图作出了明确解释,是对秦代律令条文的重要补充。

五、法律文告

"法律文告"是秦代各级官吏在其职权范围内发布的具有法律效力的文告,但其效力通常仅限于发布者职权所辖的特定地区和范围。秦简所载《语书》即属此种法律形式,它是秦王政二十年(公元前227年)四月初二南郡的郡守腾颁发给本郡各县、道的一篇法律文告④。

六、程、课、廷行事

从秦简来看,秦代还有"程""课""廷行事"等多种法律形式。秦简载有《工人程》三条⑤,是朝廷颁布的用来规定主管人员考核官营手工业生产者劳动数量与质量的法律。由其内容分析,"程"与"式"一样含有"标准"之意。秦简中还载有《牛羊课》一条⑥,其内容涉及牛羊畜。此外,秦简《法律答问》中有十余条直接以"廷行事"作为依据⑦,其所谓的"廷行事"即判案成例。由此可见,在秦代,各级司法官吏先前审判案件的某些成例也是法律的补充形式,这大约可视为汉代"比"或"决事比"的渊源。

---

① 《史记·秦始皇本纪》。
② 详见睡虎地秦墓竹简整理小组编:《睡虎地秦墓竹简》,文物出版社1978年版,第244—279页。
③ 详见睡虎地秦墓竹简整理小组编:《睡虎地秦墓竹简》,文物出版社1978年版,第149—243页。
④ 详见睡虎地秦墓竹简整理小组编:《睡虎地秦墓竹简》,文物出版社1978年版,第14—22页。
⑤ 详见睡虎地秦墓竹简整理小组编:《睡虎地秦墓竹简》,文物出版社1978年版,第73—75页。
⑥ 详见睡虎地秦墓竹简整理小组编:《睡虎地秦墓竹简》,文物出版社1978年版,第142—143页。
⑦ 详见睡虎地秦墓竹简整理小组编:《睡虎地秦墓竹简》,文物出版社1978年版,第214—220页。

总之,秦代的法律形式多种多样,内容亦十分丰富、详尽,虽远不如后世汉代"律""令""科"①"比"和唐代"律""令""格""式"那么整齐、简明,却已具备了它们的雏形,从而反映出秦代立法的高度发展,也体现了秦代统治者对法家之"法治"理念的落实。但另一方面,秦代法制条目繁杂,内容细碎,不仅"律"远未法典化,且各律令条文彼此重复甚至矛盾者颇多,从而体现出法制初创时期系统化程度低、逻辑严密性不强的特征②。

第三节 秦代法律制度的主要内容及特点

从商鞅变法开始,秦国的历代统治者都厉行"以法治国",秦王朝建立后,始皇又任用著名法家人物李斯为丞相来主持立法,因此秦代法律制度不仅在形式上条目繁多,法网严密,在内容上也相当广泛和具体,涉及诸如农业、手工业、商业、财政货币、徭戍赋税、军爵赏赐、官吏任免及什伍组织等社会生活的各个领域。可见,史籍对秦"事皆决于法"③的记载在很大程度上可谓有所本。

一、刑事法律制度

刑事法律制度是秦代法制的主体部分,后世中国古代法亦莫不如此,以下将从罪名、刑罚及定罪量刑原则三个方面略加介绍。

(一) 罪名

秦代法律所规定的罪名繁多,且尚无系统分类,更未形成较为科学的罪名体系。但大致而言,秦代的罪名不外乎以下五类:危害皇权罪、侵犯财产和人身罪、渎职罪、妨害社会管理秩序罪和破坏婚姻家庭秩序罪。

1. 危害皇权罪。维护皇权是秦代法制的首要任务,对危害皇帝及其集权统治的行为,秦律都处以严厉的刑罚。属于这一类的罪名很多,主要有:谋反;操国事不道;泄露皇帝行踪、住所、言语机密;偶语诗书、以古非今;诽谤、妖言;诅咒、妄言;非所宜言;投书及投寄匿名信;不行君令。

2. 侵犯财产和人身罪。秦代侵犯财产方面的罪名主要是"盗"。盗窃在当时被列为重罪,按盗窃数额量刑。除了一般意义上的盗,秦律还区分了共盗与群盗。前者指二人以上共同盗窃;后者则指聚众反抗政治统治,属于危害皇权的重大政治犯罪。侵犯人身方面的罪名主要是贼杀人、贼伤人。此处的"贼"与今义不同,而是故意或"杀人不忌"之意。此外,斗杀、

---

① 有关把科视作汉代的一种法律形式的问题,国内外学者已提出质疑,值得注意。详见[日]滋贺秀三:"汉唐間の法典についての二三考証",载《東方学》第17辑(后收入滋贺秀三:《中国法制史論集法典と刑罰》,创文社2003年版,第411–435页);张建国:"'科'的变迁及其历史作用",载《北京大学学报(哲学社会科学版)》1987年第3期(后收入张建国:《帝制时代的中国法》,法律出版社1999年版,第71–88页)。
② 秦简提供给我们的资料仅仅是到秦始皇三十年(公元前217年)为止的秦初法制状况,这些律文又是在一百余年间陆续增加、补充起来的,因此它存在上述种种缺陷自然是可以理解的。从有关史籍记载来看,秦代法制的真正系统化工作乃秦始皇三十四年(公元前213年)丞相李斯主持的修律,但李斯修律的详情和成果却只能期盼未来发掘的史料来揭示一二。
③《史记·秦始皇本纪》。

斗伤在秦代亦属侵犯人身罪。

3. 渎职罪。秦代的渎职罪主要有三类：一是官吏失职造成经济损失的犯罪，如秦简所载《厩苑律》《牛羊课》等的规定；二是军职罪；三是有关司法官吏渎职的犯罪，包括"不直"（指罪应重而故意轻判，或应轻而故意重判）、"纵囚"（指应当论罪而故意不论罪，以及设法减轻案情，故意使案犯达不到定罪标准，从而判其无罪）[①]、"失刑"（指因过失而量刑不当）[②] 等。

4. 妨害社会管理秩序罪。按秦简，这方面的罪名主要有三个：一是《田律》所规定的违令卖酒罪；二是《法律答问》及《徭律》所说的逃避徭役罪；三是《傅律》所载逃避赋税罪。

5. 破坏婚姻家庭秩序罪。秦代有关破坏婚姻家庭秩序的罪名有两类：一类是关于婚姻关系的，包括夫殴妻、夫通奸、妻私逃等；另一类是关于家庭秩序的，包括擅杀子、子不孝、子女控告父母、卑幼殴尊长、乱伦等。

（二）刑罚

秦代的刑罚种类颇多，大致而言，主要包括以下八大类：笞刑、劳役刑、流放刑、肉刑、死刑、耻辱刑、经济刑、株连刑。不过，从目前的史料来看，此类刑罚尚未形成完整的体系，呈现出过渡时期的特征。

1. 笞刑。笞刑是以竹、木板责打犯人背部的轻刑，是秦代经常使用的一种刑罚方法。秦简中有"笞十""笞五十""笞一百"等多种等级，大多针对轻微犯罪而设，也有的是作为减刑后的刑罚。

2. 劳役刑。劳役刑即剥夺罪犯人身自由，强制其服劳役的刑罚。在秦代主要包括以下几种：(1)城旦舂，即男犯筑城，女犯舂米，但实际从事的劳役并不限于筑城、舂米；(2)鬼薪、白粲，即男犯为祠祀鬼神伐薪，女犯为祠祀择米，但实际劳役也绝不止于为宗庙取薪、择米；(3)隶臣妾，即将罪犯及其家属罚为官奴婢，男为隶臣，女为隶妾，其刑轻于鬼薪、白粲；(4)司寇，即伺寇，意为伺察寇盗，其刑轻于隶臣妾；(5)候，即发往边地充当斥候，是秦代劳役刑的最轻等级。[③] 一般认为，秦代的劳役刑没有刑期。

3. 流放刑。包括迁刑和谪刑，都是将犯人迁往边远地区的刑罚。其中谪刑适用于犯罪的官吏，但两者都比后世的流刑要轻。

4. 肉刑。即黥（或墨）、劓、刖（或斩趾）、宫等四种残害肢体的刑罚。从秦简来看，秦的肉刑大多与城旦舂等较重的劳役刑结合使用[④]。

---

① 详见睡虎地秦墓竹简整理小组编：《睡虎地秦墓竹简》，文物出版社 1978 年版，第 191 页。
② 详见睡虎地秦墓竹简整理小组编：《睡虎地秦墓竹简》，文物出版社 1978 年版，第 165–166 页。
③ 有关秦汉时代的城旦舂等劳役刑的性质，近年来，我国台湾学者及日本东洋史学界已指出此类刑罚内含身份性。详见邢义田："张家山汉简《二年律令》读记"，载侯仁之主编：《燕京学报》（新 15 期），北京大学出版社 2003 年版（后收入邢义田：《地不爱宝：汉代的简牍》，中华书局 2011 年版，第 144–199 页）；[日]宫宅洁：《中国古代刑制史の研究》，京都大学学术出版会 2011 年版，第 77–138 页；[日]陶安あんど：《秦漢刑罰體系の研究》，东京外国语大学アジア・アフリカ语言文化研究所 2009 年版，第 54–80 页；[日]鹰取祐司："秦漢時代の刑罰と爵制の身分序列"，载《立命馆文学》第 608 号；等等。
④ 有关肉刑与劳役刑配合使用的问题，日本学者冨谷至先生认为，在秦简中，真正配合劳役刑适用的只有黥刑；刖和劓则只是黥刑的附加刑，不能单独配合劳役刑来适用。详见[日]冨谷至：《秦汉刑罚制度研究》，柴生芳、朱恒晔译，广西师范大学出版社 2006 年版，第 20–22 页。

5. 死刑。秦代的死刑执行方法很多①,主要有:(1)弃市,即所谓杀之于市,与众弃之;(2)戮,即先对犯人使用痛苦难堪的耻辱刑,然后斩杀;(3)磔,即裂其肢体而杀之;(4)腰斩;(5)车裂;(6)阬,又作坑,即活埋;(7)定杀,即将患疾疫的罪人抛入水中或生埋处死;(8)枭首,即处死后悬其首级于木上;(9)族刑,通常称为夷三族或灭三族,关于三族,有的认为是指父母、兄弟、妻子,有的认为是指父族、母族、妻族;(10)具五刑,即"当三族者,皆先黥、劓、斩左右止,笞杀之,枭其首,菹其骨肉于市。其诽谤詈诅者,又先断舌"②。此外,秦代还实行过凿颠、抽肋、镬烹、囊扑等死刑执行方法。

6. 耻辱刑。秦时经常使用"髡""耐""完"耻辱刑作为徒刑的附加刑③。"髡"是指剃光犯人的头发和胡须、鬓毛;"耐"与"完"是一刑二称,指仅剔去胡须和鬓毛,而保留犯人的头发。

7. 经济刑。秦代的经济处罚刑主要是"赀",赎刑也可归入这一范畴。"赀"是秦代用经济制裁来惩治官吏的一般失职行为和民人的一般违法行为的独立刑种。它包括三种:一是纯粹罚金性质的"赀甲""赀盾";二是"赀戍",即发往边地作戍卒;三是"赀徭",即罚服劳役。赎刑不是独立刑种,而是一种允许已被判刑的犯人用缴纳一定金钱或服一定劳役来赎免刑罚的办法。据秦简,秦代赎刑的适用范围非常广泛,从"赎耐""赎黥""赎迁"直至"赎宫""赎死"。

8. 株连刑。主要是族刑(见"死刑"条)和"收"。收,亦称收孥、籍家,就是在对犯人判处某种刑罚时,还同时将其妻子、儿女等家属籍没为官奴婢。

(三)定罪量刑原则

1. 以身高为确定刑事责任年龄的标准。秦律规定,凡属未成年人犯罪,不负刑事责任或减轻刑事责任。但据秦简,在判断是否成年时,秦律以身高为标准。男子以六尺五寸、女子以六尺二寸为成年,须负完全刑事责任(详见下文"民事权利主体");不足六尺者为未成年人,不负刑事责任④。

2. 确认主观意识状态,区分故意与过失(秦简称为"端"与"不端")。秦律十分重视人的主观意识状态,一方面注重区别有无犯罪意识,另一方面则明确区分故意与过失。前者,秦律将有无犯罪意识作为判定被告人的某些行为是否构成犯罪的重要依据;后者,秦律对被告人所实施的某些行为,虽不论故意还是过失均要追究刑事责任,但在定罪量刑上加以区别:故意和过失所构成的罪名不同,在量刑上也是故意从重,过失从轻。另外,司法官吏用刑不当,过失为"失刑"罪,处理从轻;故意则为"不直"罪,处理从重。

---

① 有关秦的死刑种类之繁多,日本学者富谷至先生曾提出异议,并认为秦律中的死刑可分成两类:一类是以行刑方法命名的腰斩、弃市和斩首等,另一类是根据尸体处理办法命名的枭首和磔等。仅从把犯人装上槛车游街后押往刑场,然后在众人面前砍头或者斩腰,并在长时间内不收尸这一死刑执行过程来说,秦律中的死刑完全可以归为腰斩和弃市两种。详见[日]富谷至:《秦汉刑罚制度研究》,柴生芳、朱恒晔译,广西师范大学出版社2006年版,第43—49页。其观点也得到了另一位日本学者水间大辅的大致认可,详见水间大辅:《秦汉刑法研究》,知泉书馆2007年版,第17—18页。
② 《汉书·刑法志》。
③ 有关肉刑、耻辱刑与劳役刑的关系,一直以来,国内外学界都认为前者为后者的附加刑,但近年来日本学者濑川敬也先生提出了不同的看法:他认为秦的刑罚制度以身体标志为主,以劳役为从。详见[日]濑川敬也:"秦代刑罚的再检讨——いわゆる劳役刑を中心に—",载《鹰陵史学》第24号;"秦汉时代的身體刑と劳役刑—文帝刑制改革をはさんで—",载《中国出土文字资料研究》第7号。
④ 揆诸《周礼》(贾公彦疏)所说"七尺谓年二十,六尺谓年十五",不足十五岁的人犯罪不负刑事责任。

3. 教唆同罪，教唆未成年人犯罪加重处罚。前者，如秦简记载，甲教唆乙盗窃，乙尚未既遂，就已被捕，则甲乙皆当"赎黥"①。后者，如秦简提到，甲教唆身高不满六尺的未成年人乙"盗杀人"，则甲当被处以磔刑②。

4. 诬告反坐。按秦律，对诬告他人者，当以所告之罪罪之。并且，在一般情况下，只有故意陷害他人才构成诬告罪，若是出于过失则不算诬告；但若诬告他人杀人，即使出于过失，也要以诬告论处。

5. 累犯加重，共同犯罪和集团犯罪加重。秦简《法律答问》指出，"耐为隶臣"者以应处司寇刑之罪诬告他人，其所受之刑并非司寇而是城旦③，这显然是累犯加重的一个事例。又，据秦简，凡五人以上的集团犯罪，即使盗窃仅一钱，也要比不足五人盗过六百六十钱的处刑重；而同样的盗窃犯，二人以上、五人以下的共同犯罪又比单人犯罪处刑重④，这些自然说明对共同犯罪和集团犯罪应当加重处刑。

6. 自首减免刑罚，消除犯罪后果减免刑罚。关于自首减刑，如秦简《法律答问》记载，携带所借官家物品逃亡，如自首，只以逃亡罪论处，免其盗窃罪⑤。关于消除犯罪后果减刑，如秦简规定，监领人犯而人犯逃亡，能自行捕获以及亲友代为捕获者，可以免罪⑥。

7. 实行连坐。连坐就是一人犯罪，全家、邻里和其他有关的人连同受罚。按其适用范围区分，秦代的连坐主要有全家连坐、什伍（即邻里）连坐、军队中士卒连坐、官吏间连坐四种，在秦简中尤以什伍连坐的律文最多。

二、民事法律制度

秦代没有现代意义上的民法，甚至没有专门的单行民事法规，但在秦简所载律文中则有若干民事立法。这些民事法规混杂在刑法和其他单行法规中，或作为惯例反映在《法律答问》中，其内容涉及民事权利主体和客体、所有权、债、婚姻家庭和继承等各个方面。

（一）民事权利主体

据秦代民事法律制度，其民事权利主体大致有以下几类：

1. 国家——皇帝。这是最完全的民事权利主体，大量的国家财产和土地、山林等社会的基本生产资料实质上都是皇帝的私产。国家经营农牧业，也垄断采矿、冶铁、铸钱等手工业，官府还经常与百姓发生买卖关系。

2. 有爵者、士伍或百姓。这是具有完全权利能力的民事权利主体。他们有完全的人身权利、财产权利和婚姻权利，还有单独立户的权利。

3. 作务、商贾、赘婿、后父。这是有限制权利能力的民事权利主体。他们没有完全的人身权，常与被剥夺了人身自由权的罪犯一样被发往边地；他们仅有受限制的财产权，作务和

---

① 详见睡虎地秦墓竹简整理小组编：《睡虎地秦墓竹简》，文物出版社1978年版，第152页。
② 详见睡虎地秦墓竹简整理小组编：《睡虎地秦墓竹简》，文物出版社1978年版，第180页。
③ 详见睡虎地秦墓竹简整理小组编：《睡虎地秦墓竹简》，文物出版社1978年版，第202页。
④ 详见睡虎地秦墓竹简整理小组编：《睡虎地秦墓竹简》，文物出版社1978年版，第150页。
⑤ 详见睡虎地秦墓竹简整理小组编：《睡虎地秦墓竹简》，文物出版社1978年版，第207页。
⑥ 详见睡虎地秦墓竹简整理小组编：《睡虎地秦墓竹简》，文物出版社1978年版，第205页。

商贾有完全的单独立户权,但在衣着、车乘方面受到严格限制;赘婿和后父则因入赘女家而丧失单独立户之权。

4. 隶臣妾。这也是有限制权利能力的民事主体。他们有一定的人身权,由于有服兵役的义务,因而有可能立功拜爵成为"有爵者";他们有一定的由法律确认的财产权,也有完全的婚姻权和自立门户的权利。

5. 人奴妾和官奴婢。这是完全不具有权利能力的人。作为私人或官府的奴婢,他们只是被买卖的客体,完全没有人身自由权利,也没有任何私有财产权和单独立户权,他们只具有不完全的婚姻权,因而不能作为民事权利主体。

关于民事权利主体的行为能力,从现有史料来看,由于秦代一般按身高来确定成年与否,因而也能以身高评判是否具有行为能力。但是,中国古代有行冠礼的风俗习惯,因此民事主体只有在冠礼以后才具有完全的行为能力。秦简《仓律》规定:"隶臣、城旦高不盈六尺五寸,隶妾、舂不盈六尺二寸,皆为小。"[①] 显然,男子身高六尺五寸(约一百五十厘米)以上,女子身高六尺二寸(约一百四十厘米)以上,是成年应傅(指到官府登记)的标准,也是成年冠礼的标准,更是民事主体(也是刑事责任主体)具有完全行为能力的标志。

(二) 民事权利客体

秦代法律规范和司法实践对物的各种分类,如"要式移转物"与"略式移转物"、"可有物"与"不可有物"、"代替物"与"不代替物"、"消费物"与"不消费物"、"主物"与"从物"、"原物"与"孳息物"等,虽然尚无明确的概念,但实际上已有相当清楚的意识[②]。

(三) 所有权

1. 所有权的分类。从现有史料来看,秦代存在两种所有权,即国家所有权与家户所有权。前者的客体极为广泛,其实质是皇帝所有权。后者则包括对土地、牲畜等生产资料的私人所有权和对房屋、衣被、家具等一切生活资料的私人所有权。不过,需要注意的是,此种所有权并非个人所有权,而是户和家族的所有权。

2. 所有权的取得和消灭。关于所有权的取得,秦律承认并保护先占取得、孳息取得、时效取得以及因赏赐、买卖和继承而取得财产所有权;关于所有权的消灭,秦律承认因所有物的灭失、转让以及所有权人的自愿放弃和依法籍没而使原所有权归于消灭。

3. 所有权的保护。在所有权遭到不法侵害时,秦律主要利用刑罚手段加以保护,但也时常根据情况采取某些民法措施,主要包括确认所有权、返还原物、赔偿损失、排除妨害、返还不当得利等五种。

(四) 债权

1. 债的发生。债权是所有权转移的一种形式。从现有史料看,秦律关于债的发生大致有五种情形:因契约所生之债、因非法侵害所生之债、因不当得利所生之债、因损失公物所生之债(主要针对官吏的失职行为)、因行政措施所生之债。

2. 债的担保。据秦简,秦代的债务关系也有担保人,相关的记载主要集中于《工律》和

[①] 睡虎地秦墓竹简整理小组编:《睡虎地秦墓竹简》,文物出版社1978年版,第49页。
[②] 详见栗劲:《秦律通论》,山东人民出版社1985年版,第473—481页。

《金布律》之中。其情形主要有三种,即官方经手人担保、民间经手人担保和共同担保。

3. 债务的变更、履行和消灭。秦律承认在债的关系继续存在的条件下,债权人与债务人双方都有发生变更的可能。当债务难以正常履行时,在秦律中就有付之于各种民事强制的规定。债务依秦律可由双方当事人协议解除,也可由债权人单方面宣布免除;在某些条件下,亦可因债务人死亡而归于消灭。

(五)婚姻与继承

秦律对婚姻的成立条件、婚姻的形式、夫妻双方的权利义务及婚姻的解除等都作了具体的规定。对于婚姻的成立和解除,秦律规定结婚只有到官府登记才有效,未经登记的婚姻是不受法律保护的;丈夫休妻也同样必须报官登记。有关夫妻间的权利义务关系,秦律虽然也维护男尊女卑和夫权,但因受儒家文化影响较小,因而对夫权有所限制,对妻子人身权利的保护力度也超过汉以后的历代王朝。比如,秦律一方面要求妻子忠于丈夫,另一方面也规定丈夫通奸有罪,即"夫为寄豭,杀之无罪"[1];又如,秦简《法律答问》指出,即使"妻悍",丈夫也不能随意殴打,否则将被处刑。[2]

在继承方面,秦代的继承范围很广,除最常见的财产继承之外,还有皇位继承、宗祧继承、官职继承、爵位继承及其他身份继承。秦律对继承人的确认则有法定继承和指定继承两种,同时对于继承的方法也有比较明确的规定。如,秦简《法律答问》就提到,爵位继承人需到官府登记,经官方认可后才有效[3]。

三、经济法律制度

秦代调节经济生活的法规种类繁多,内容庞杂。就秦简来看,它们主要表现为《田律》《仓律》《厩苑律》《牛羊课》《金布律》《工律》《工人程》《均工》《司空律》《关市》《效律》等法律条文。这些法律规范表明,秦代对国家经济生活的各个领域均以确定各专职管理职责的形式作出了详细的规定。

(一)农牧业管理与资源保护

农业是中国古代社会的立国之本,历朝历代都极为重视。秦代在中央和地方设置了"大田""都田啬夫""啬夫"等各级专司农事之职的官吏,并要求各专职官吏及时掌握农时,关注农业生产,以保证国家正常的农业收益。如,秦简《田律》就要求掌管农事之官书面报告受雨、抽穗的顷数和已开垦而没有耕种的田地顷数。为了保障农业生产,秦律还对农业劳动力的分配、劳动时间的安排以及农作物种子的选择、供应、播种量等提出了具体要求。如,秦简《司空律》就说,在外以劳役抵偿债务之人,农时应当归田,播种与管理禾苗时节各二十天。

秦代对畜牧业同样十分重视,专设有厩啬夫和牛长等官职,分别负责牛、马的饲养和管理。法律对畜牧业的管理也作了详细规定,如秦简《厩苑律》和《牛羊课》就严格设定了牲畜

---

[1] 《史记·秦始皇本纪》。
[2] 睡虎地秦墓竹简整理小组编:《睡虎地秦墓竹简》,文物出版社1978年版,第185页。
[3] 睡虎地秦墓竹简整理小组编:《睡虎地秦墓竹简》,文物出版社1978年版,第182页。

管理人员和饲养人员的责任及其奖惩措施。

此外,秦代还注意用法律形式来保护农田水利、山林、河鱼等自然资源。例如,秦律《田律》就说,春天二月,不准到山林中砍伐树木,不准堵塞水道,不准采割刚刚发芽的植物或捕捉幼兽、掏取鸟卵,等等。上述禁令须到七月才解除。

(二) 手工业管理

在中国古代,对于富国强兵而言,手工业几乎与农业同等重要,因而也受到历代统治者的高度重视。为此,秦代设置了官啬夫、工师、工室丞、曹长等官职负责官府手工业作坊的管理事宜。秦简中的《工律》《工人程》《均工》和《效律》等法律对手工业产品的规格、质量、生产定额以及劳动力的调配、劳动量的计算等都作了较为系统的规定。如,在产品规格上,《工律》要求需统一规格的产品,其大小、长短、宽厚都必须完全相同,不得参差不齐;在产品质量上,秦代对官营手工业产品要进行年度评比考查,如考查时被评为下等,罚工师一甲,罚丞、曹长各二甲;若连续三年被评为下等,则要加倍惩罚。在劳动定额和工作量的核算上,秦律根据季节、年龄、体力、性别、简单劳动和复杂劳动的差异而区别对待。

(三) 商业贸易

秦代虽然重农抑商,但也注意运用法律手段来调节商业贸易。据秦简,秦代已有专门调整商业市场的法律规范,《关市律》即为其中之一。现存史料表明,秦律对商业贸易的调节包括两方面:一是禁止和打击非法商业和非法经营;二是保护和规范合法商业。前者,如秦简《田律》就禁止农村售酒,《秦律杂抄》则禁止官吏利用为其配备的马匹或差役经商牟利。后者,如秦简《法律答问》规定,如窃贼盗得甲的衣服并将衣服出售于丙,然后被拿获,丙从窃盗手中合法买来的衣服不作为赃物追还;秦简《金布律》规定,除了不值一钱的小商品之外,市场上买卖的货物均须明码标价。

(四) 财政货币管理

为实现经济上的大一统,增强国力,秦统一六国后立即采取了统一货币等重要措施。秦简中的《金布律》等法规便是对这一政策的具体落实措施。

为统一货币,秦律规定,在全国范围内只允许使用国家所确定的货币,制币权由国家绝对垄断,民间私铸钱币属犯罪行为。秦代统一货币也包含统一货币的规格和比价,并用法律确保货币的流通。按秦简,秦时以金、钱、布为流通货币。《金布律》一方面对"布"的规格作了具体要求,不合规格者不得流通;另一方面又确定了货币的比价,即十一钱折合一布,若以出入钱来折合黄金或布,应按法律规定进行。同时,《金布律》还规定,在货币流通过程中,好坏钱应一起使用,百姓在交易中不得挑拣选择;市肆中的商贾及官家府库的吏亦不准对钱布有所选择。

从秦简来看,秦代有关财政审计方面的法律规定也相当丰富和详备,《效律》即秦时财政审计的主要法律规范之一。《效律》规定实行定期或不定期的账目检查。在检查账目时,要同时清查库存物资,做到账、物相等。此外,还有许多有关度量衡的标准、称量物资的方法和程序的详细规定。

四、行政法律制度

秦代虽然没有成文的行政法典,却有一系列单行的行政法规,诸如《置吏律》《除吏律》《除弟子律》《尉杂》《内史杂》《傅律》《徭律》《司空律》《军爵律》《屯表律》《戍律》《行书》《游士律》《属邦》《公车司马猎律》《中劳律》等。这些行政法规内容相当全面,几乎涉及当时行政活动的各个领域;并且,这些法规大多类型完整,结构严密,确定性程度高,为各个行政机关提供了行为准则,充分体现出秦代"事皆决于法"的特征。

(一) 机构设置

1. 中央机构。秦代朝廷的机构设置是"三公九卿"。"三公"指丞相、太尉、御史大夫三个最高职官。丞相总管全国行政事务,是皇帝之下的最高执政官;太尉是最高专职武官,执掌军政[①];御史大夫是丞相之副,掌管群臣奏章和下达皇帝诏令,兼理监察。"三公"率属吏组成丞相府、太尉府和御史府,构成对全国发号施令的总枢纽。"三公"以下是"九卿",即奉常(掌宗庙礼仪)、郎中令(掌皇帝侍从警卫)、卫尉(掌宫廷警卫)、太仆(掌宫廷御马和国家马政)、廷尉(掌司法)、典客(掌外交和民族事务)、宗正(掌皇族事务)、治粟内史(掌租税钱谷和财政收支)、少府(掌专供皇室需用的"山海池泽之税")。"九卿"构成中央各重要的行政职官和机构。

2. 地方机构和基层组织。秦代地方实行郡县制。郡以郡守为最高行政长官,执掌一郡全部政务,由朝廷任命、节制;郡守之下设郡尉,主管一郡军政事务。县以县令为行政长官(但不满万户的县不称"令"而称"长"),主管一县政务并兼理司法,由朝廷任免;其下设县丞和县尉,协助县令工作。县之下有乡、里、亭等基层行政组织。乡以"有秩"为主管官吏,其下设乡老、啬夫、游徼等职;里以"里正"或"里典"为主管官吏;里以下按什伍组织编制民户。此外,十里为一亭,设亭长,负责亭内侦查、拘捕人犯等警察事务。

(二) 官吏任用

秦简《为吏之道》云:"审民能,以任吏,非以官禄,决助治。"[②] 即对民人要严格考察其德、才,方可任用为官吏,不能让其白白享受官禄,而要使他能够助理政事。据此,秦统治者对官吏必须具备的基本条件作了较为明确的规定。揆诸《为吏之道》,这些条件大体包括:忠君敬上;廉洁奉公,以身作则;宽厚平和,严肃认真,果断坚决;讲求工作效益[③]。秦简《置吏律》《除吏律》还对任用官吏的时间、原则特别是违法任用管理的责任作了规定。

---

① 有关"太尉"一职,据秦汉史学家林剑鸣先生考证,在秦时,"太尉"一职虽然存在,却从未委任于任何人。换句话说,"太尉"一职处于虚有其位而实无其人的状态,秦的"三公"实际上只有其二,这体现了秦始皇分相权而独揽军权的设想。详见林剑鸣:《秦汉史》,上海人民出版社2003年版,第93—96页。
② 睡虎地秦墓竹简整理小组编:《睡虎地秦墓竹简》,文物出版社1978年版,第291页。
③ 一般认为,《为吏之道》实为十一号墓墓主人喜对自己的为官要求,其普遍性仍有待考证。但是,在新出简牍《岳麓书院藏秦简》中,也有些被总括为《为吏治官及黔首》的简文,它们在对官吏之为政素养的要求上与《为吏之道》颇为类似。这说明,《为吏之道》在供职于关东地区的秦的官吏群体中或许是有一定的代表性的。有关《为吏治官及黔首》的简文,详见朱汉民、陈松长编:《岳麓书院藏秦简》(一),上海辞书出版社2010年版,第108—149页。

(三) 官吏职责

秦律要求各级官吏严格执行职务。实际上,秦的各类经济法规和行政法规大多都是以各专职官吏之职责的形式出现的。例如,秦简中的《田律》《厩苑律》《仓律》《工律》《徭律》《效律》《内史杂》和《封诊式》中的《治狱》《讯狱》等各篇,都对各类专职官吏的职责作了明确规定。这表明秦代的行政立法已达到相当成熟的水平。

秦代还要求官吏必须通晓法律,并严格执行法律。《语书》就说:"凡良吏明法律令……恶吏不明法律令。"① 所以,《内史杂》要求各县各级官员抄写所需遵用的法律。秦律还规定各级官吏严格执法,如官吏"废令"或"犯令",即使已被免职或调任,仍要追究其法律责任。

(四) 官吏奖惩

秦代依据法家重赏重罚、罚重于赏的思想,非常重视对官吏的考核和奖惩。这方面律文在秦简中可谓俯拾皆是,尤以《田律》《仓律》《厩苑律》《效律》《除吏律》《牛羊课》等最为集中。从这些律文来看,秦代的考核、奖惩制度绝大多数是与职务规则制定在一起的,这说明秦代统治者在通过督责官吏以整顿吏治时,高度强调严明吏责,严格考核,诱以"厚赏",威以"重罚"。

五、秦代法制的特点

秦国是唯一明确以法家学说为政治指导思想的诸侯国,借此完成统一大业的秦王朝则是中国历史上第一个中央集权的帝国。这种独一无二的身份更兼周秦转变结束之初期阶段的历史背景,使得秦代法制表现出了若干值得注意的特点。

(一) 坚持"法治",重法轻儒

先秦法家从周秦转变时期政治、军事的实际状况出发,强调法是治理国家的唯一有效手段,而法自身作为一种固定、划一的行为准则,必然排斥以差别化为要素的德礼之教,因此法家以所谓的"心治"来概括儒家之学并予以鄙弃。从商鞅变法开始至秦王朝建立,秦提倡法家之学足有一百三十余年,秦代法制自然也体现出了浓厚的法家色彩并淡化宗法、血缘对法律的影响。比如,在秦王朝建立之后发生的"焚书"事件中,李斯就强调"法令出一""以吏为师",这显然是对《韩非子·五蠹》所说的"以法为教""以吏为师"的重申;又如,在秦律中,夫权、父权均受到了一定程度的限制,这与汉以后的法律截然不同,其原因大概可归结为秦律受儒家影响较轻。

当然,这并不意味着秦律对儒家之说抱以完全忽视的态度。事实上,秦律也严惩"不孝"罪,而且还提出了"议爵""议官""议真"等刑罚适用原则,这些都表明秦律也试图维护家族伦理以及社会等级。但是,与汉以后的法律相比,其程度可谓较轻,所以,如果说重法轻儒是秦律的一个特点,这恐怕是不过分的。

---

① 睡虎地秦墓竹简整理小组编:《睡虎地秦墓竹简》,文物出版社1978年版,第19页。

(二) 法网繁密与行政主义风格

法家既然重视法的功能,就试图把法渗入社会生活的各个角落,因此贯彻法家政略的秦人在各类事项上都设定了严格的法律规范。依秦简来看,"田律""仓律""厩苑律""工律"等名称就指向了这种依事设律的立法倾向。《晋书·刑法志》所说"汉承秦制,萧何定律……益事律兴、厩、户三篇"大概也是指汉初从秦传承而来的一事一律的立法风格。在此种情况下,再加上秦国扩张而带来的各类新问题及社会关系的复杂性,秦律的体系也可以说是理所当然的,因此汉人用"繁于秋荼,而网密于凝脂"[①]来描述秦律确实是有所本的。不过,另一个与此相关的问题是对秦律之"严苛"的评价。在这一点上,必须注意的是,此种评价基本上都出于汉代学者的宣扬,其中多少带有为新王朝立言而否定旧王朝以及对本朝之刑治和吏治表达不满并期盼改革的政治意图。试想,如果汉代学者口中或笔下的抨击真实可信,身处关中的秦人竟能长达一百数十年地安居于故地,那或许也是不太合理的。毋宁说,对秦人而言,倡导"以刑去刑"的秦律已成为其生活的一部分,本无所谓轻重,而汉代学者所说的恰恰代表着关东六国民众对秦律的抵触并夸大了此种情绪。当然,这并不是为秦律的重刑思想辩护,而是说对一种特定的历史现象,应以当时当地的眼光予以理解和进行过程性的剖析,不可随意指责古人并形成思维定势。

以"法网繁密"为前提,还有一个问题值得注意,即《田律》等秦简所提及的律名论。秦律的很多内容似乎都涉及官吏的日常行政行为,亦试图对官吏的职责权限予以明确。这鲜明地体现了秦律的内在理念之一是以社会治理为目的的行政主义,也以实际的条文解释了法家提出的"明主治吏不治民"和对官吏予以"循名责实"的思想。

(三) 过渡性色彩

秦律是在周秦转变之际逐渐形成的,自然会有先秦的残存,也是后世法制继续演进的起点,此即所谓过渡性色彩之意旨。在这一点上,最明显的莫过于肉刑和劳役刑问题。肉刑无疑是上古刑罚的主要内容,秦律中的肉刑当然也可被视为上古刑罚的遗迹,但秦律中的肉刑多与劳役刑配合使用,这又可谓汉代以后以劳役刑为中心的刑罚体系之建立的先声。在秦律中,各种劳役刑的刑名自然体现了这些刑罚在最初被创设时的含义,但在实际运行中,刑徒所服的劳役经常性地与其被判处的刑名不符,此类刑名自身所能发挥的标识劳役轻重的功能也逐渐趋于淡化,这正是汉代刑罚改革时确定刑期的重要背景。

当然,除了上述二者之外,秦律中还有其他体现过渡色彩的内容。比如,在秦律中,赀刑经常以"甲"或"盾"等为计量单位,这当然指示着该刑名的初始意图,也反映了周秦之际战争成为时代主题的事实。但是,在新出简牍《岳麓书院藏秦简》中,"甲""盾"等都被折合成了金钱[②],所以不能认为秦律中的赀甲、赀盾确实以"甲""盾"为外在表现,毋宁说应赀者为以甲、盾来显示的金钱数,这大概正是汉代罚金刑出现的原因之一。

综上所述,秦代法制是在吸收三代以来尤其是战国时期各诸侯国法制建设之经验的基础上产生的,也折射出了周秦之际历史变革的特有韵味。尽管秦代法制有其时代的局限性,

---

① 《盐铁论·刑德》。
② 如,《岳麓书院藏秦简》中的《数》简所载"赀、马甲类"曰:"赀一甲直(值)千三百卌四,直(值)金二两一垂,一盾直(值)金二垂。"朱汉民、陈松长编:《岳麓书院藏秦简》(二),上海辞书出版社 2011 年版,第 78 页。

但其继往开来的地位却是不容抹杀的。中华法系所包含的法家因素的创设在很大程度上也要归功于秦代法制,因此立足于中国古代法的演进对秦代法制予以客观的评价仍然是中国法制史学者的重要任务。

第四节 秦代司法制度

一、司法机关

秦代是中国历史上第一个中央集权的专制王朝,皇帝总揽一切大权,最高司法权自然也操纵在皇帝手中。皇帝一方面有权直接审判案件,另一方面又通过一整套处于其控制之下的司法机构来判决案件。

(一) 中央司法机关

秦代的中央司法机关主要是丞相、御史大夫和廷尉。丞相是最高行政长官,由于中国古代司法与行政并无严格的区分,因而丞相也时常负责审理皇帝交办的案件。御史大夫是丞相之副,除执掌群臣章奏和下达皇帝诏令之外,还负责监察和亲理诏狱。廷尉属九卿之一,专理司法,是秦代的中央最高审判机关和最高司法官,其职责是审理皇帝交办的案件和地方不能审理的重大案件,以及审核平决各郡的疑难案件。

(二) 地方司法机关

秦代地方司法机构分郡、县两级,司法机关与行政机关合二为一,主管一郡的郡守与主管一县的县令(或县长)也同时掌管郡、县的司法审判。县另设县丞,除负责文书、仓库事务外,还负责协助县令(或县长)办理狱讼案件。在基层则设有乡官,由有秩或啬夫负责乡的诉讼和赋税事务。

对于狱讼案件,若乡里不能决,则报县,由县令(或县长)、县丞审理;若县不能决,则报郡,由郡守审理;若郡不能决,则上报中央廷尉。

二、审判制度

(一) 诉讼的提起

从现有史料来看,秦代的诉讼案件一般采取以下两种方式向司法机构告诉:

1. "劾"(官诉)。劾即官吏纠举,指官吏非因个人被侵害,而是按其职责对犯罪人向司法机构提起的诉讼,类似于近现代的公诉。秦简《封诊式》所载"盗马""群盗""贼死""经死"即属此类。

2. "告"(举发)。告即为维护自己的利益而向司法机构提出诉讼,类似于近现代的自诉。秦简《封诊式》中的"争牛""告臣""黥妾"等均属此类。

（二）告诉的限制

秦律一方面运用奖惩手段利诱和强迫人们"告奸"，另一方面又对告诉设定了种种限制。

首先，秦律限制自告父母以及奴隶告主人。秦代将自诉案件分为"公室告"与"非公室告"。所谓"公室告"，是指对他人的杀伤和盗窃行为的控告；所谓"非公室告"，是指父母控告子女盗窃自己的财产，以及子女控告父母、奴隶控告主人肆意对自己施加私刑的行为。对于这两类告诉，只有"公室告"才予以受理。至于"非公室告"，不仅官府不予受理，而且若当事人坚持告发，则告者有罪；即便是他人接替告发，亦不在受理之列。

其次，秦律还禁止诬告和轻罪重告，在通常情况下，也不受理对已死亡被告的控告。对诬告，秦律实行反坐原则，同时对轻罪重告也予以处罚。

（三）案件的审理[①]

在秦代，当司法机关决定受理案件时，对案件的审理就已开始。从秦简看，这一阶段主要包括原被告双方到庭、询问、调查、做审讯记录等主要内容。

1. 原被告双方到庭。秦代与西周一样，在审讯案件时要求"两造具备"。在秦简《封诊式》所收录的二十三个治狱案件中，有二十个案例均提到了原告与被告。

2. 讯问。在案件审理过程中，讯问是必经程序，也是最重要的环节，它包括讯问告发人、被告人和证人，其中尤以讯问被告人以获得口供最为关键。为此，秦律允许司法官吏实行有条件的刑讯。

3. 调查。在秦代，"调查"包括三方面内容：一是为了案件的局部不清问题而专门进行的单项或几项调查工作，如秦简《封诊式》中的"覆"；二是现场勘验，如《封诊式》中的"穴盗""经死"等案的笔录即对此有所记载；三是法医检查或鉴定，这只在伤亡案件中才有必要，如《封诊式》所载"经死""贼死"两案的笔录即提到了此类工作。

4. 做审讯记录。秦律明确规定，在案件审讯时，须将审讯经过、在场人员、被告人的口供和所使用的证据等一一记录下来。这类审讯记录和在此基础上整理出来的案情报告在《封诊式》中均被称为"爰书"。"爰书"的内容大致如下：被审讯者的姓名、身份、籍贯、现居住地址，以及因何被控告；原告的诉词，被告的供述，司法官吏追问时他们的辩解词；被告人是否有前科；证人在讯问过程中提供的证词；有哪些证据；审讯过程中是否进行拷打。

（四）判决与再审

在审讯结束后，司法官吏将作出判决，并"读鞫"（亦即宣读判决书）。宣读后，当事人如服罪，则照判决书执行；如不服，可以要求再审，秦律称之为"乞鞫"。据秦简《法律答问》，乞鞫可由当事人提出，亦可由第三人提出。

[①] 有关秦代的审判制度，日本学者籾山明及宫宅潔二位先生提出了若干与我国大陆学者不同的观点，值得注意。详见[日]籾山明："秦代审判制度的复原"，徐世虹译，载刘俊文主编：《日本中青年学者论中国史》（上古秦汉卷），上海古籍出版社1995年版；[日]宫宅潔："秦汉时期的审判制度——张家山汉简《奏谳书》所见"，载[日]寺田浩明主编：《中国法制史考证》（第1卷丙编），徐世虹译，中国社会科学出版社2003年版。

(五) 证据制度

秦律在证据方面也有不少规定,主要包括:(1)以被告人口供作为主要定案依据;(2)官吏举告与民人告奸皆须举证;(3)广泛收集证据;(4)各种证据须详载于笔录;等等。这些证据制度在秦简《封诊式》所载各案件中均有所反映。

(六) 诉讼原则

在现有史籍和秦简中,虽未发现作为专门诉讼法规的《囚律》和《捕律》,但从秦简特别是《法律答问》和《封诊式》所记载的大量诉讼资料中,我们不但能够了解秦代诉讼的基本程序和若干细节,还可以窥见贯彻其中的基本诉讼原则。这主要包括:有罪推定原则、依法律和事实判决原则、有条件的刑讯原则。

1. 有罪推定原则。秦代诉讼最基本的原则是有罪推定原则,即刑事被告人一经被告发,在司法机关判决之前,就被推定为有罪,并以罪犯对待。从秦简的记载来看,在诉讼过程中,司法官吏不仅常常对未被判决的刑事被告人采取人身强制措施,还可以对任何刑事被告人的私有财产随时采取法律强制措施。同时,刑事被告人对诉讼负有举证责任,而司法官吏则有权刑讯刑事被告人。这实际上都是在以罪犯的身份对待刑事被告人。

2. 依法律和事实判决原则。虽然实行"有罪推定",但在诉讼过程中,秦律还是严格要求司法官吏认真查验证据,依事实适用法律,依据法律和事实对案件进行判决。从现存史料来看,秦代法律条文的一个重要特点,是对功过是非、犯罪行为的界限以及奖励和惩罚规定得比较明确、具体,这些规定乍看起来似乎过于死板,但贯穿其中的基本精神则要求司法官吏严格依法办事。同时,秦简《法律答问》一方面就法律的概念、原则和规范进行解释,另一方面对实施的各种违法犯罪依法应给予何种法律处置作出具体解答,均充分体现出依法律和事实判决的原则。而秦律针对法官责任所规定的失刑罪、不直罪和纵囚罪,则是对这一原则的保障。

3. 有条件的刑讯原则。以刑讯及肉体摧残或精神折磨的方法逼取当事人的口供,这是古代中国盛行的诉讼原则,秦代也不例外。秦简《封诊式》所载的《治狱》《讯狱》是现存最早的关于中国古代刑讯问题的法律规定。从这两则史料来看,秦代在一般情况下不提倡刑讯,认为"能以书从迹其言,毋笞掠而得人情为上;笞掠为下"[①]。但当司法官吏认为当事人回答问题不实、狡辩时,则允许刑讯,这说明秦律实行的是有条件的刑讯原则。其条件是:"诘之极而数訑(訑,音佗,意为欺骗),更言不服,其律当笞掠者,乃笞掠[②]。"即反复诘问到犯人词穷,多次欺骗,不断改变口供,仍拒不服罪,依法应当拷打的,就进行拷打。秦律还同时要求对刑讯的详情作出"爰书"加以记录。

作为中国古代第一个中央集权的专制王朝,秦在中国历史上具有承上启下的重要地位。其诉讼制度也同样如此,如皇帝严格控制司法权、行政与司法不分、严格限制子女和奴婢的诉讼权利、在审判过程中有条件地实行刑讯逼供、注重证据的使用、重视现场勘验和法医检验、明确司法官吏的责任以及"乞鞫"上诉等制度,均长久地为后世所沿用,可见其影响是极

---

① 睡虎地秦墓竹简整理小组编:《睡虎地秦墓竹简》,文物出版社 1978 年版,第 245—246 页。
② 睡虎地秦墓竹简整理小组编:《睡虎地秦墓竹简》,文物出版社 1978 年版,第 246 页。

为深远的。

三、监狱制度

由于"繁刑严诛,吏治刻深"[1],秦代的刑徒和监狱很多。除了需立即处死的囚犯之外,秦把大部分刑徒当作劳动力加以使用,因而在各种工程建设和官营手工业及农、牧场所均有大量刑徒。秦简中的许多律条中都有有关监狱管理的规定,比如有关工程建设管理的《司空律》,其内容主要就是管理刑徒的各种法律规范;其他如《工人程》《均工》《工律》《厩苑律》《行书律》《仓律》《金布律》也都有有关管理刑徒的内容。

从秦简所载律文来看,秦已形成一套较为严密的监狱管理制度。当时法律对囚犯饮食、衣着的供应标准和服劳役的办法,对是否加戴刑具以及加戴什么种类、什么规格的刑具,对不同等级、身份、年龄和不同犯罪性质的囚徒所应享受的不同待遇,都作了相当具体的规定。同时,由于刑徒众多,秦代还形成了一种利用轻罪刑徒监领重罪刑徒的管理办法。例如,按秦简《司空律》,秦代通常由罪行较轻的"城旦司寇"来监领城旦和其他应被监领的刑徒;若城旦司寇人数不够,则可用隶臣妾监领;一名城旦司寇或隶臣妾可以监领二十名其他刑徒。秦律还规定,若刑徒不服管理,要加重刑罚;狱吏管理不力或违反规定的,也要给予法律制裁。

四、监察制度

从史籍记载来看,秦已创立御史监察之制,在中央以御史府(台)为官署,以御史大夫为官长,对地方则派遣监御史。

秦的御史制度源于西周、春秋和战国时期的史官制度。在古语中,史是掌管文书之官的通称,御史就是在君主左右掌管文书档案记录等事项的官吏。至秦时,随着中央集权的君主专制制度的确立,原来在君主左右"掌赞书而授法令"[2]的御史遂发展为兼司纠察之任的监察官吏。

御史大夫属"三公"之一,是秦代的最高监察官,众御史之长。御史大夫率属吏组成御史府(台),构成秦代的中央监察机关。关于秦代御史府(台)的具体建制和活动方式,现有史料均未记载,但根据官制发展"汉承秦制"的公认定论,秦代御史府(台)的建置大略应是:御史大夫一人为官长,全面掌管群臣章奏和下达皇帝诏令,并监察文武百官;御史大夫之下设御史中丞二人,协助御史大夫问事,掌管朝廷的图籍秘书,并处理直达皇帝的一切奏章,在殿中察举违法官吏;御史中丞之下设御史(亦称侍御史)若干,主管地方送达中央的文件,并具体从事纠举办案。

秦在各郡还设有监御史。《汉书·百官公卿表上》云:"监御史,秦官,掌监郡。"这是由朝廷派往地方执行监察任务的官吏,其主要职责是对所在郡的官吏实行纠察,并参与治理刑狱。但监御史并不是地方官职,也不专驻地方,而是隶属于御史府(台),受御史大夫和御史

---

[1]《史记·秦始皇本纪》。
[2]《通典》卷二十四《职官六》。

中丞直接指挥和节制。

从上述内容可以看出,秦代的御史监察之制尚处于初创阶段,其御史大夫、御史中丞及其他御史虽领有纠察之责,辅佐皇帝监察百官,但仍负有其他各种行政事务,还不是专职的监察官员。不过,秦代开创的监察制度不仅为后世历代王朝所继承,而且,以御史监察百官还构成了中国古代政治制度和司法制度的一大特色,其历史影响是极为深远的。

关键词

法家　睡虎地秦墓竹简　秦律　法律问答　廷行事　爰书　城旦舂　鬼薪　白粲

思考题

1. 秦代的主要法律形式如何?
2. 秦代的刑罚体系如何?
3. 简述秦代的诉讼程序。

参考书目

1. 林剑鸣:《秦史稿》,上海人民出版社1981年版。
2. 翦伯赞:《秦汉史》,北京大学出版社1983年版。
3. 栗劲:《秦律通论》,山东人民出版社1985年版。

第三章　汉代的法律思想与制度

汉代分为西汉与东汉两个政权。其中,西汉以长安为都城,东汉以洛阳为都城。除去其间"王莽篡汉"的十七年,两汉也是中国古代存续时间比较长的政权。汉代是中国古代第一个盛世,其在政治、经济、文化以及人口、疆域等方面皆为历史发展过程中的巅峰。与之相应,以儒家文化为基础的汉文化圈逐渐形成,为华夏文明的延续和发展作出了巨大贡献。就世界范围来看,两汉政权与欧洲罗马帝国大致处于同一历史时期,且同为当时世界上最强盛的帝国。无论从法制思想方面还是法律制度方面,汉代皆是中国法律史上最为引人瞩目的时期。

第一节　思想特点及代表人物

一、黄老思想及其发展

汉初统治者面对秦代由大一统的极盛迅速转化为二世而亡,首先需要改变社会动荡、经济凋敝的局面;其次则要总结秦王朝统治的教训。汉初统治者将秦二世而亡的原因归结为法家治理模式的弊端:"李斯治法于内,事逾烦,天下逾乱,法逾滋而奸逾炽,……秦非不欲为治,然失之者,乃举措暴众,而用刑太极故也。"[①] 纠正法家弊端的直接措施就是选择与之截然相反的治理模式,"道莫大于无为"的黄老思想在这一背景之下被汉初统治者所采纳。另外,汉初统治集团成员大都出身于社会中下阶层,对于农民起义的原因感同身受。正如刘邦所言:"父老苦秦苛法久矣。"[②] 统治集团成员大多亲自参加了农民起义,因此,黄老思想容易被其接受。《史记·儒林列传》:"孝惠、吕后时,公卿皆武力有功之臣。孝文时颇征用,然孝文帝本好刑名之言。及至孝景,不任儒者,而窦太后又好黄老之术,故诸博士具官待问,未有进者。""黄老"相传为道家学派的创始人黄帝与老聃。黄老学派始于战国,其思想由于被汉初统治者采纳而盛于西汉。但汉初的黄老思想与先秦不同,其以道家学说为主同时广纳儒、墨、道、法、阴阳各家之说。《史记·外戚世家》载:"窦太后好黄帝、老子言,帝及太子诸窦不得不读黄帝、老子,尊其术。"又《史记·陈丞相世家》载:"陈丞相平少时,本好黄帝、老子之术。"由此可见汉初统治集团对于黄老思想的重视程度,他们将这种思想付诸治国实践,即《汉

[①]《新语·无为》。
[②]《史记·高祖本纪》。

书·刑法志》所载:"当孝惠、高后时,百姓新免毒酿,人欲长幼养老。萧、曹为相,填以无为,从民之欲,而不扰乱,是以衣食滋殖,刑罚用稀。"

"汉初的黄老之学以其清静无为、务德化民、约法省禁、顺应民心的精神特征而成为统治者首选的治国思想。"① "无为而治"的黄老思想在法制方面的具体表现主要是"轻徭薄赋"与"约法省刑"。其中,"轻徭薄赋"包含两方面的内容:一是减轻徭役,即减轻无偿为国家劳动的负担;二是减轻赋税,即减少向国家上缴的税金与税种。"约法省刑"亦包含两方面内容:一是废除秦代繁多的法令;二是减轻刑罚适用。"轻徭薄赋"与"约法省刑"的目的是"与民休息",使社会治理的基础得以稳定。"至武帝之初七十年间,国家亡事,非遇水旱,则民人给家足,都鄙廪庾尽满,而府库余财。京师之钱累百钜万,贯朽而不可校。太仓之粟陈陈相因,充溢露积于外,腐败不可食。众庶街巷有马,仟伯之间成群,乘牸牝者摈而不得会聚。"② 从实践效果来看,汉初"黄老无为"的治理模式为"文景之治"奠定了基础,但随着西汉社会的进一步发展,黄老思想的实际效用开始减弱甚至凸显弊端。

从统治集团主观意愿来看,"无为而治"只是王朝初建的过渡与缓和政策,最终愿望仍是建立大一统的中央集权。汉初经过七十年的"与民休息",社会矛盾有所缓和,但与之相应的是对内与对外的双重压力。对内,汉初分封的诸侯王势力逐渐强大,统治集团内部的离心倾向逐渐形成,地方与中央政权逐渐形成了紧张的关系;对外,匈奴不断侵扰边境,黄老无为的治理模式无力解决这一直接的外来威胁。"然文帝本修黄、老之言,不甚好儒术,其治尚清净无为,以故礼乐庠序未修,民俗未能大化,苟温饱完给,所谓治安之国也。其后匈奴数犯塞,侵扰边境。单于深入寇掠,贼害北地都尉,杀略吏民,系虏老弱,驱畜产,烧积聚,候骑至甘泉,烽火通长安,京师震动,无不忧懑。"③ 因此,文景之后的汉代统治者指导思想由黄老为主、附以儒法转向包含大一统、宗法等级思想的儒家学说,是历史发展的必然选择。

二、"儒法合流""德主刑辅"与"礼法合一"

随着汉初七十年的发展,统治集团的需求与社会环境皆发生了比较大的变化,这一时期逐渐形成并完善的法律思想被称为中国古代"封建正统法律思想"④。言其"正统",是说这些政治法律思想影响了自汉代中期开始直至隋唐明清的立法与司法。

汉武帝之前,占据主导地位的法律思想是综合儒、墨、道、法、阴阳各家之说以及殷周以来的天命神权思想的综合产物,但其中以黄老之说为主。汉武帝以后,法律思想发生了重大的变化,由汉初的以黄老为主、儒法为辅转变为以儒为主、礼法并用。董仲舒曾向汉武帝谏言:"春秋大一统者,天地之常经,古今之通谊也。今师异道,人异论,百家殊方,指意不同,是以上亡以持一统;法制数变,下不知所守。臣愚以为诸不在六艺之科、孔子之术者,皆绝其道,勿使并进。邪辟之说灭息,然后统纪可一而法度可明,民知所从矣。"⑤ 汉武帝认可董仲舒的观点,自此,儒学成为占据主导地位的国家指导思想,此即"春秋大一统"与"罢黜百家,独尊

---

① 徐世虹主编:《中国法制通史》(第2卷:战国 秦汉),法律出版社1999年版,第189页。
② 《汉书·食货志》。
③ 《风俗通义·正失·孝文帝》。
④ 参见张国华编著:《中国法律思想史新编》,北京大学出版社1991年版,第175页。
⑤ 《汉书·董仲舒传》。

儒术"。

汉武帝所尊之"儒术"并非先秦儒学,而是经过改造加工的新学,其内容杂糅了各家之说尤其是法家思想,"独尊儒术"的形成过程也就是我们所说的"儒法合流"。儒家思想之所以占据主导地位,除了统治者需要与社会变革的需求以外,另一方面的原因是儒家思想自身的发展。先秦儒学与其他各家之说相比,本身就具有更加开放、更加包容的特征,尤其是经过孟子、荀子进一步发展,吸收了各家学说当中能够与之兼容的思想,这是汉代儒法合流的思想基础。

董仲舒对"德"与"刑"、"礼"与"法"的关系做了集中的论述,这也是正统法律思想的核心内容。"故刑者德之辅,阴者阳之助也,阳者岁之主也。"① 在探讨德刑关系时,董仲舒明确指出"德"为阳、为主,而"刑"为阴、为辅。也就是说,"刑"只有辅助"德"才能体现其意义,"刑"不可过"德","故圣人多其爱而少其严,厚其德而简其刑,以此配天"②。若"刑"大于"德"必然重蹈秦二世而亡之覆辙。董仲舒说圣王治天下"爵禄以养其德,刑罚以威其恶,故民晓于礼谊而耻犯其上。武王行大谊,平残贼,周公作礼乐以文之,至于成康之隆,囹圄空虚四十余年,此亦教化之渐而仁谊之流,非独伤肌肤之效也"③。专任刑罚无法达到禁绝民众行恶之目的,秦时"刑者甚众,死者相望,而奸不息,俗化使然也"。教化为治本之计,主张"礼法合一","礼者,禁于将然之前;而法者,禁于已然之后"④。先以德礼进行教化,而后辅之以刑罚。"教,政之本也。狱,政之末也。"⑤ "德主刑辅""礼法合一"实际上是对孔子的"宽猛相济"⑥、荀子的"隆礼尊贤而王,重法爱民而霸"⑦ 等思想的继承与进一步发展。这种刚柔并济的治国之道,成为汉武帝之后汉代的主导思想,对后世历代王朝的立法与司法影响极大。

三、董仲舒与"春秋决狱"

"春秋决狱"又称"经义决狱",是两汉盛行的司法模式。其盛于汉代主要有三方面的原因:首先,儒学思想由于被统治者倡导而具有崇高地位,儒学之士能通一经者,往往被朝廷委以重任,而文法之吏听讼断狱,喜欢以儒学缘饰。其次,立法体例与立法技术虽然已有所发展,但律令条文尚缺乏客观明确的执行标准,有司断狱往往无法有效征引律条。加之汉初律令条文多简而要,自然无法适应变化的犯罪情态。最后,也是最为直接的原因是大儒董仲舒的倡导,导致了"春秋决狱"在两汉司法中盛行。

"春秋决狱"简单地说即以儒家经典《春秋》的原则和事例作为判案的依据,但所援引据以决狱之"经义"并不仅限于《春秋》,其他儒家经典如《诗经》《礼记》《论语》《孟子》《尚书》等均在援引之列。之所以称为"春秋决狱",是因为所引经义以《春秋》为主。相传《春秋》为孔子编订,其内容最能体现儒家微言大义:"夫《春秋》,上明三王之道,下辨人事之纪,别

---

① 《春秋繁露·天辨在人》。
② 《春秋繁露·基义》。
③ 《汉书·董仲舒传》。
④ 《大戴礼记·礼察》。
⑤ 《春秋繁露·精华》。
⑥ 《孔子家语·正论解》。
⑦ 《荀子·强国》。

嫌疑,明是非,定犹豫,善善恶恶,贤贤贱不肖,存亡国,继绝世,补敝起废,王道之大者也。"①

"春秋决狱"的主要原则是"原心定罪",其解决的主要是定罪量刑过程中"主客观相统一"的问题。"《春秋》之听狱也,必本其事而原其志。志邪者不待成,首恶者罪特重,本直者其论轻。……故折狱而是也,理益明,教益行。折狱而非也,暗理迷众,与教相妨。教,政之本也。狱,政之末也。其事异域,其用一也,不可不以相顺,故君子重之也。"②"原心"即原其本心。"本其事而原其志"是说根据行为而"原其本心",目的在于使主观心态与客观行为相统一;对于行为人主观心态评价的标准是儒家经义,评价的后果即给予相应的处罚。汉代人恒宽谓:"故春秋之治狱,论心定罪。志善而违于法者免,志恶而合于法者诛。"③

"春秋决狱"的兴起与董仲舒的提倡密不可分。董仲舒熟读《春秋》,善治公羊之学,汉景帝时期就是经学博士,讲经传道,学士皆以师尊之。"故胶东相董仲舒老病致仕,朝廷每有政议,数遣廷尉张汤亲至陋巷,问其得失。于是作春秋决狱二百三十二事,动以经对,言之详矣。"④《汉书·艺文志》记载有"《公羊董仲舒治狱》十六篇",宋初尚有董仲舒《春秋决事比》十卷,现皆不存,仅自《太平御览》《通典》中见有五件董仲舒引经义断狱事例。典型者如《太平御览》载:"董仲舒《决狱》曰:甲父乙与丙争言相斗,丙以佩刀刺乙,甲即以杖击丙,误伤乙,甲当何论? 或曰,殴父也,当枭首。论曰:臣愚以父子至亲也,闻其斗,莫不有怵怅之心,扶杖而救之,非所以欲诟父也。《春秋》之意,许止父病,进药于其父而卒。君子原心,赦而不诛。甲非律所谓殴父也,不当坐。"⑤从法律条文的规定来看,汉律上本就有"故"与"误"之分,董仲舒认为本案甲的行为"扶杖而救之,非所以欲诟父也",显然认定本案为"误伤"行为,这是很恰当的"法律解释"。本案董仲舒之断,并非机械式地引用律条,而是综合整个案情,除了看行为后果,更关注行为人的主观因素,力求达到主客观相统一;引《春秋》之义,认定甲意图救父而结果误伤己父,其主观心态即"志"是善的,动机是"救父";"殴父"并非出其本意,不以"殴父"之罪处罚具有相当的合理性。⑥

第二节 背景及立法

一、"汉承秦制"与汉代法律体系

两汉法制的起点是秦代法制,初期在继承秦制的基础之上"蠲削烦苛",之后又取秦制中"宜于时者"制定汉律。可见,不论"削"或"作",其基础都是秦制。从两汉法制发展的整体来看,汉律于汉高祖时初具规模,至汉武帝时大为扩充,"后汉二百年间,律章无大增减"⑦。但是两汉法制在秦制的基础之上形成了系统、完善的立法体系与法典体系,并影响了后世法制的发展。明初丞相李善长等对朱元璋说:"历代之律,皆以汉《九章》为宗,至唐始

---

① 《史记·太史公自序》。
② 《春秋繁露·精华》。
③ 《盐铁论·刑德》。
④ 《后汉书·应劭传》。
⑤ 《太平御览·刑法部六·决狱》。
⑥ 参见黄源盛:《中国法史导论》,元照出版有限公司2012年版,第200页。
⑦ 《魏书·刑罚志》。

集其成。今制宜遵唐旧。"① 可见中华法系的代表——唐律是以汉律为基础发展而来的,明清定律仍以之为基础。

刘邦初入关中时的"约法三章"已具有"立法"的性质:"汉兴,高祖初入关,约法三章曰:'杀人者死,伤人及盗抵罪。'蠲削烦苛,兆民大说。""三章之法"在稳定局势、争取民心等方面取得了立竿见影的效果,但这种临时的政策性口号显然不再适用于政权稳定后。"其后四夷未附,兵革未息,三章之法不足以御奸,于是相国萧何攈摭秦法,取其宜于时者,作律《九章》。"②萧何在秦律基础之上所作的《九章律》即我们通常所说的汉律。对于作律过程,《晋书·刑法志》有详细记载:"汉承秦制,萧何定律,除叁夷连坐之罪,增部主见知之条,益事律兴、厩、户三篇,合为九篇。"萧何在秦律六篇的基础之上,又补充了《户律》(有关户口管理、婚姻制度和赋税征收等方面的规定)、《兴律》(有关征发徭役、城防守备等方面的规定)和《厩律》(有关牛马畜牧和驿传等方面的规定)。这三篇都属于"事律",其中所包含的内容以现代法学理论来看即违反各种行政制度的罚则。③秦律《盗》《贼》《囚》《捕》《杂》《具》六篇增加《兴》《厩》《户》即为《九章律》篇目。除此之外,"叔孙通益律所不及,《傍章》十八篇,张汤《越宫律》二十七篇,赵禹《朝律》六篇,合六十篇"④。汉高祖为了维护朝廷尊严、树立皇帝权威,还命叔孙通参照秦代的朝廷礼仪制度制定《傍章》十八篇。汉武帝时,命张汤制定宫廷警卫,也就是保卫皇帝安全方面的法律——《越宫律》二十七篇;又命赵禹作有关朝见礼仪的《朝律》六篇。汉高祖时期制定的《九章律》《傍章》与汉武帝时期制定的《越宫律》《朝律》构成了历史上所称的"汉律六十篇"。这些律的具体内容皆已不存,我们只根据传世文献的记载以及清人沈家本所撰《汉律摭遗》和近人程树德所撰《汉律考》略有所知。至汉武帝时,立法数量已较为繁多,《汉书·刑法志》记载:"律令凡三百五十九章,大辟四百九条,千八百八十二事,死罪决事比万三千四百七十二事。文书盈于几阁,典者不能遍睹。"律令文书堆积如山,连司法官吏们都不可能全部看完。

汉武帝以后至西汉末年,始终延续了这种状况,如汉元帝时"今律令烦多而不约,自典文者不能分明";至汉成帝,"今大辟之刑千有馀条,律令烦多,百有馀万言,奇请它比,日以益滋,自明习者不知所由",虽然多次下诏"蠲除轻减""蠲除约省",但碍于前法不可轻易增损的传统,也只是"徒钩摭微细,毛举数事,以塞诏而已"⑤。东汉废止王莽新律,恢复西汉旧律,除去一些具体内容如释放奴婢、减轻刑罚以外,整体上与西汉相比没有大的变化。因此,汉律自汉高祖时初具规模,至汉武帝时大为扩充,之后直至两汉政权结束,基本没有大的变化。

二、法律形式的丰富与完善

中国古代的国家制定法,自秦汉以来开始呈现为以"律"为中心的发展趋势;两汉时期,基本法律形式包括律、令、科、比。

---

① 《明史·刑法志》。
② 《汉书·刑法志》。
③ 参见刘俊文撰:《唐律疏议笺解》(上),中华书局1996年版,第31页。
④ 《晋书·刑法志》。
⑤ 《汉书·刑法志》。

(一) 律

作为最基本的法律形式,汉律亦沿袭秦律而来。汉人许慎谓:"律,均布也。"清人段玉裁注:"律者所以范天下之不一而归于一,故曰均布也。"① "律"所表达的含义是稳定、统一、一致,与其他法律形式相比,律的特征是稳定性和普遍性,其并非针对特殊事件临时颁布,而是调整主要社会关系;也不能随时修订,而是由中央政府统一制定与修改,一般也经过皇帝批准而长期适用。除了前述"汉律六十篇"以外,我们自传世文献中还见有《尉律》《酎金律》《上计律》《左官律》等名称,另外,张家山汉简《二年律令》中还见有《金布律》《徭律》《置吏律》《效律》《传食律》《行书律》《田律》《均输律》《亡律》《史律》《告律》《钱律》《赐律》《爵律》《□(关)市律》等内容。可见,汉代的律多以单行法的形式呈现,虽然也有《九章律》等集中的律典,但体系化程度尚不高,也未作统一的法典汇编。

(二) 令

汉代的令是皇帝发布的命令,即"诏"或"诏令"。"天子诏所增损,不在律上者为令。"② 可见汉代律与令的关系比较密切,两者相互补充的趋势非常明显。令针对的是特殊事件,并根据具体需要随时发布,因此,汉代的令与律相比有三方面的区别:首先,效力方面,作为特别法的令,其效力比作为一般法的律更高。其次,内容方面,令涉及的范围比较广,如有关于审判、监狱与刑罚执行等方面的《廷尉挈令》《狱令》《棰令》,有关于官吏秩禄、荫袭的《品令》《秩禄令》《任子令》,有关于宗庙祭祀的《祀令》《斋令》,有关于皇帝警卫的《宫卫令》,有关于府库金钱布帛的《金布令》,有关于租赋规定的《田令》等。令所涉及的很多内容在律中都有规定,如《金布律》《田律》,可见,汉令所规范的内容基本上涉及社会生活的各方面,其涉及的范围远比律更加广泛。最后,令的体系化程度较之律更低。如淳谓:"令有先后,故有令甲、令乙、令丙。"颜师古曰:"如说是也。甲乙者,若今之第一、第二篇耳。"③ 如此编排的原因是令的数量过于庞大,不得不分类整理以便官吏翻检引用。

(三) 科

科也是汉代的一种法律形式。《广雅·释言》载:"科,条也。"《释名·释典艺》载:"科,课也。课其不如法者,罪责之也。"秦代所见的《牛羊课》等内容应当与汉科具有清晰的沿袭痕迹。《后汉书·桓谭传》载:"今可令通义理明习法律者,校定科比。"注云:"科谓事条,比谓类例。"科以具体条例的形式补充律令,对律令里面没有明确规定的内容,根据实际情况作单行规定。具体来说,遇有律令没有明确规定的案件,司法官员根据相似的条文拟订处理意见后上报皇帝,若获批准,此种判决就被用来处理相似案件,从而形成对有限律令条文的补充。《后汉书·陈忠传》载:"高祖受命,萧何创制,大臣有宁告之科,合于致忧之义。"又《汉书·梁统传》载:武帝"军役数兴,豪桀犯禁,奸吏弄法,故重首匿之科"。因此,科的适用性较之律令更强,但与之相应,其数量也更为庞杂:"汉兴以来,三百二年,宪令稍增,科条无限。"④ 就

---

① 《说文解字注》。
② 《汉书·宣帝纪》。
③ 《汉书·宣帝纪》。
④ 《后汉书·陈宠传》。

所规范的内容来看,科与律令有交叉之处。《晋书·刑法志》载:"科之为制,每条有违科。"即科作为一种法律形式,每条都标有违法的名目。目前所见汉科有首匿之科、亡逃之科、投书弃市之科等。从中可以看出,作为法律的一种载体,科在形式上是独立的,不依附律令,但在内容上往往与律令糅杂。

(四) 比

比为汉代的一种法律形式,其功能与科有相似之处,《后汉书·桓谭传》载:"今可令通义理明习法律者,校定科比。"注云:"科谓事条,比谓类例。"其中"类例"是用来作为司法判决依据的典型案例。《礼记·王制》载:"必察小大之比以成之。"郑玄注曰:"小大犹轻重,已行故事曰比。""比"又称为"决事比"。《周礼·秋官司寇》载:"凡庶民之狱讼,以邦成弊之。"郑玄注曰:"憨当为弊。邦成,谓若今时决事比也。弊之,断其狱讼也。"决事比的功能是"断其狱讼",其作为法律形式的性质十分清晰:"若今律其有断事,皆依旧事断之;其无条,取比类以决之,故云决事比。"汉代比的应用非常广泛,董仲舒曾作"春秋决狱二百三十二事"[①];据《汉书·刑法志》载,汉武帝时有"死罪决事比万三千四百七十二事";汉章帝时,"(陈)忠略依宠意,奏上二十三条,为决事比,以省请谳之敝"[②]。

比作为汉代独立的法律形式,与前述"春秋决狱"具有密切的关系。"春秋决狱"成为定制后与"决事比"逐渐融为一体,至后世逐渐转化成新的法律形式。汉章帝时陈宠任辞曹官,处理天下讼狱,将西汉以来的律令、案例等进行删定,编纂形成《辞讼比》和《决事都目》等两部书,系统地总结了汉代"比"类司法文书,将判例正式引入司法,并作为断案的依据。同时,东汉时期"比"与"春秋决狱"中的案例逐渐融合,形成除律令之外的法律形式。东汉末年,应劭在断案时就引用《尚书》经义作为依据,同时其还删改律令,又作《律本章句》《尚书旧事》《廷尉板令》《决事比例》《司徒都目》《五曹诏书》和《春秋断狱》等书,为魏晋时期"法典化"和隋唐时期新形式法律的形成奠定了重要的基础。

第三节 主要内容与特点

一、刑事法制

(一) 主要罪名

1. 危害政权罪。

(1) 首匿与通行饮食。首匿,即藏匿罪犯的首要谋划者。颜师古谓:"凡首匿者,言为谋首而藏匿罪人"[③];通行饮食,即为罪犯提供情报以及予以资助、提供饮食。首匿与通行饮食皆是针对谋反、谋大逆等直接危及政权的行为,如群盗、农民起义等,法律严厉禁止藏匿这些直接危及政权的犯罪行为,严惩为之提供便利与资助的行为,因此对首匿与通行饮食的

---

① 《后汉书·应劭传》。
② 《后汉书·陈宠传》。
③ 《汉书·宣帝纪》。

处罚都极重。"武帝值中国隆盛,财力有馀,征伐远方,军役数兴,豪桀犯禁,奸吏弄法,故重首匿之科。"①即使具有爵位以及高级官员,若犯首匿仍然处以极刑,如"修故侯福,清河纲王子……元康元年,坐首匿群盗弃市"②;又如"军正齐王平子心为廷尉,四年坐纵首匿谋反者下狱弃市"③。对于通行饮食,亦处以死刑。如《后汉书·郭躬传》载:"故亡逃之科,宪令所急,至于通行饮食,罪致大辟。"甚至多株连他人,"以法诛通行饮食,坐相连郡,甚者数千人"④。"通行饮食坐连及者,大部至斩万余人。"⑤

(2) 见知故纵、监临部主与沈命法。汉武帝时,"招进张汤、赵禹之属,条定法令,作见知故纵、监临部主之法。"颜师古注曰:"见知人犯法不举告为故纵,而所监临部主有罪并连坐也。"⑥张晏曰:"见知故纵,以其罪罪之。"⑦见知故纵针对的是民众,而监临部主针对的是官吏,尤其是官员对其所管辖的下级官吏必须严格监管。也就是说不论民众与官吏,见到或虽未见到但得知有人犯罪,特别是危及政权的犯罪必须举告,否则就是故意放纵犯罪,要与犯罪人同样处罚。《晋书·刑法志》载:"律之初制,无免坐之文,张汤、赵禹始作监临部主、见知故纵之例。其见知而故不举劾,各与同罪,失不举劾,各以赎论,其不见不知,不坐也,是以文约而例通。"我们自传世文献中见到很多高级官员由于"纵反"或"纵谋反"而被处死的记载,如"夏四月,少府徐仁、廷尉王平、左冯翊贾胜胡皆坐纵反者,仁自杀,平、胜胡皆要斩"⑧。又如"数岁,戾太子举兵,仁部闭城门,令太子得亡,坐纵反者族"⑨。作沈命法之意图与监临部主、见知故纵相同。"群盗起不发觉,发觉而捕弗满品者,二千石以下至小吏主者皆死。""沈,藏匿也。命,亡逃也。""沈匿不发觉之法。"⑩其立法意图是督促官吏缉捕盗贼,及时禁绝危及政权的行为。若群盗发而官吏未发觉或者未悉数捕获,郡守以下皆处以死刑。

2. 侵害皇权和危害皇帝人身安全罪。

(1) 不敬、大不敬。不敬与大不敬包含的内容非常广泛。张斐注曰:"亏礼废节谓之不敬。"⑪即没有达到礼节方面的严格要求,或者说"违仪失式"。其内容可从两方面理解:首先,关于"礼"与"节",中国古代有一整套详细的规定并以成文的形式颁布,如朝见皇帝的仪式、祭祀的仪式等,直接违背这些成文规定自然是不敬。如《汉书·冯奉世传》载:"大将军凤风御史中丞劾奏野王赐告养病而私自便,持虎符出界归家,奉诏不敬。"其次,不敬与大不敬还可以做扩张解释,这种解释的随意性非常大。如《晋书·五行志》载:"去年采择良家子女,露面入殿,帝亲简阅,务在姿色,不访德行,有蔽匿者以不敬论。"由于不敬而被处以死刑的记载非常普遍。《史记·张丞相列传》载:"通小臣,戏殿上,大不敬,当斩。""又有使掾陈平等劾中尚书,疑以独擅劫事而坐之,大不敬,长史以下皆坐死,或下蚕室。"

(2) 欺谩、诋欺、诬罔。欺谩是指欺骗皇帝、上奏不实。"欺"与"谩"皆含有不实之意。汉

---

① 《后汉书·梁统传》。
② 《汉书·王子侯表》。
③ 《汉书·百官公卿表》。
④ 《汉书·酷吏传》。
⑤ 《汉书·元后传》。
⑥ 《汉书·刑法志》。
⑦ 《史记·酷吏列传》。
⑧ 《汉书·昭帝纪》。
⑨ 《汉书·田叔传》。
⑩ 《史记·酷吏列传》。
⑪ 《晋书·刑法志》。

律规定:"诸上书及有言也而谩,完为城旦舂。"① 传世文献中还有因为向皇帝上奏计簿时弄虚作假而被剥夺爵位、封地的事例:"二年,侯贤坐为上谷太守入戍卒财物上计谩罪,国除。"② 诋欺是指欺骗、侮辱皇帝。《汉书·东方朔传》载:"(东方)朔擅诋欺天子从官,当弃市。"东方朔擅自诋欺天子从官即应当被处以极刑。诬罔是指污蔑、欺罔皇帝。《汉书·武帝纪》载:"乐通侯栾大坐诬罔要斩。"《汉书·昭帝纪》载:"夏阳男子张延年诣北阙,自称卫太子,诬罔,要斩。"可见欺谩、诋欺、诬罔三者含义有交叉,皆要求对皇帝绝对忠诚、尊敬,不得擅自欺骗与侮辱。

(3)左道。左道即邪术、邪道,以左道欺惑皇帝或民众者皆处以死刑。"(绥和元年)十一月庚子,定陵侯淳于长坐执左道下狱死。"③《汉书·杜周传》载:"背经术惑左道也……皆在大辟。"《汉书·李寻传》载:"……贺良等执左道,乱朝政,倾覆国家,诬罔主上,不道。贺良等皆伏诛。"

3. 危害中央集权罪。

(1)漏泄省中语。漏泄省中语即泄露与皇帝相关的朝廷机密,主要针对向地方诸侯或官吏泄露的行为,这种行为直接危及了中央集权。传世文献中所见的漏泄省中语多被处以死刑,如《汉书·元帝纪》载:"淮阳王舅张博、魏郡太守京房坐窥道诸侯王以邪意,漏泄省中语,博要斩,房弃市。"也有因漏泄省中语被捕而自杀的情况,如《汉书·百官公卿表》载:"楚相齐宋登为京兆尹,三年贬为东莱都尉,未发,坐漏泄省中语下狱自杀。"

(2)左官、阿党附益。汉代有左官律与阿党附益之法,其意图皆在于削弱地方诸侯的势力,避免其危及中央政权。《汉书·高五王传》载:"自吴楚诛后,稍夺诸侯权,左官附益阿党之法设。其后诸侯唯得衣食租税,贫者或乘牛车。"左官律主要禁止地方诸侯王私自选任官吏。"景帝中五年令诸侯王不得复治国,天子为置吏。"④ 与之相应,也不得擅自仕于诸侯。"诸侯有罪,傅相不举奏,为阿党。"⑤ "附益者,盖取孔子云'求也为之聚敛而附益之之义也,皆背于正法而厚于私家也'。"⑥《后汉书·光武帝纪》载:"诏有司申明旧制阿附蕃王法。"阿党与附益针对的具体对象有所不同:阿党是指诸侯王国的官吏与诸侯王私自结党,官吏包庇诸侯王而不予举奏;附益是指中央朝廷中的大臣与诸侯王私下交通。

(3)非正、出界、酎金律、事国人过律。非正、出界、酎金律、事国人过律都是以限制诸侯王为目的的重要法律措施,这些针对地方诸侯王所设的犯罪行为最为常见的处罚措施是剥夺爵位与封地。

非正,即非嫡系正宗继承爵位的,依律剥夺爵位免为庶人。《汉书·高惠高后文功臣表》载:"信都高后八年四月丁酉,侯侈以鲁太后子封,孝文元年,以非正免。"《汉书·外戚恩泽侯表》载:"平周侯丁满……元始三年,坐非正免。"

出界,即诸侯王擅自越出其封国国界。私出界轻者耐为司寇,重者诛,剥夺爵位与封地是最常见的处罚措施。设该罪的意图在于隔绝各地方诸侯王之间的直接交流。《史记·高祖功臣侯者年表》载:"四年,侯禄坐出界,有罪,国除。"《汉书·高惠高后文功臣表》载:"后四年,侯禄嗣,七年,孝景四年,坐出界,耐为司寇。户千五百。"

---

① 张家山汉简《二年律令·贼律》。
②《汉书·景武昭宣元成哀功臣表》。
③《汉书·天文志》。
④《汉书·百官公卿表》。
⑤《汉书·高五王传》。
⑥《汉书·诸侯王表》。

酎是祭祀使用的一种醇酒,金是诸侯所献的贡金。酒与金皆有明确的标准:"以正月旦作酒,八月成,名酎酒。"① 若诸侯在酎祭宗庙时所献酎酒与贡金不合标准,就要予以惩罚。武帝时为削弱诸侯王的势力,加重酎金的色量,"少不如斤两,色恶,王削县,侯免国。""至酎,少府省金,而列侯坐酎金失侯者百余人。"②《史记·高祖功臣候者年表》载:"元鼎五年,侯建德坐酎金,国除。"

事国人过律,即诸侯王役使其封国吏民超过法定限额。《汉书·高惠高后文功臣表》载:"孝文后三年,坐事国人过律,免。"

(二) 刑法原则

汉代刑法基本原则的内容有些源自儒家经典,有些则是在长期法律实践过程中的共性内容。汉法源于秦法,所以包括基本原则在内的很多内容都是沿袭前代。

1. 矜老恤幼。汉代对老弱病残犯罪都会给予相应优遇政策,这实际上是对战国时期"三赦"司法原则的继承。《周礼·秋官·司刺》中说:"一赦曰幼弱,再赦曰老耄,三赦曰蠢愚。"汉代标榜孝治,因此在矜老与恤幼等方面,主要体现在对犯罪行为人的年龄划分上,曾多次下诏书予以重申。关于"恤幼",汉高祖三年曾下诏书,规定八岁以下当拘捕者不系。汉成帝鸿嘉元年(公元前20年)下诏规定:"年未满七岁,贼斗杀人及犯殊死者,上请,廷尉以闻,得减死。"③ 关于"矜老",西汉时期赦免规定较多。汉高祖三年(公元前204年)曾下诏云:"高年老长,人所尊敬也;鳏寡不属逮者,人所哀怜也。其著令:年八十以上,八岁以下,及孕者未乳,师、朱儒当鞫系者,颂系之。"④ 也就是说八十岁以上、八岁以下或者肢体有残疾而当拘捕者不系之。至汉宣帝时又对八十岁以上凡有杀伤人罪者,免除刑事处罚。其下诏云:"朕念夫耆老之人,发齿堕落,血气既衰,亦无暴逆之心,今或罗于文法,执于囹圄,不得终其年命,朕甚怜之。自今以来,诸年八十非诬告杀伤人,它皆勿坐。"⑤ 这些内容对后世刑律影响很大,魏晋律与唐律基本上沿袭了汉律中矜老恤幼的规定。

2. 亲亲得相首匿。亲亲得相首匿的具体内容是在直系三代血亲(父母、子、祖孙)之间和夫妻之间,除犯谋反、大逆外,均可互相隐匿犯罪行为,此原则为汉宣帝时所定。该原则是"儒法合流"之后逐渐形成的,法家思想明确排斥亲属之间隐匿罪行,要求相互之间检举揭发。《商君书·禁使》中说:"至治,夫妻交友不能相为弃恶盖非而不害于亲,民人不能相为隐。"父隐子罪、子隐父罪者都需要连坐,同产、同居者亦需要检举揭发,不得隐匿罪状。汉初法律规定:"以城邑亭障反,降诸侯,及守乘城亭障,诸侯人来攻盗,不坚守而弃去之若降之,及谋反者,皆腰斩。其父母、妻子、同产,无少长皆弃市。其坐谋反者,能遍捕,若先告吏,皆除坐者罪。"⑥ 允许亲属之间通过相互告发、抓捕来减轻连坐的处罚。汉武帝独尊儒术之后,儒家经典逐渐受到重视。《论语·子路》载:"父为子隐,子为父隐,直在其中。"汉宣帝地节四年(公元前66年)根据这类内容,颁布诏书正式将"亲亲得相首匿"原则引入法律,即"父子之亲,

---

① 《汉仪》。
② 《史记·平准书》。
③ 《汉书·刑法志》。
④ 《汉书·刑法志》。
⑤ 《汉书·刑法志》。
⑥ 张家山汉简《二年律令·贼律》。

夫妇之道,天性也。虽有患祸,犹蒙死而存之,诚爱结于心,仁厚之至也,岂能违之哉！自今子首匿父母,妻匿夫,孙匿大父母,皆勿坐。其父母匿子,夫匿妻,大父母匿孙,罪殊死,皆上请廷尉以闻"①。自此,汉代"亲亲得相首匿"成了刑法中的重要原则之一。不过需要注意的是,地节四年诏书的颁布,只能说在法律上确定了"亲亲得相首匿"的原则,至于是否具体实施还有待考虑。汉律基本取自秦律旧法,"亲亲得相首匿"本身就是律法中摒弃的原则,虽然诏书颁布,但是仍不能迅速改变律令中的规定。由此看来,"亲亲得相首匿"原则只是以诏书的形式确立,并未有在立法和司法中起到明显的作用,东汉时期有很多"父告子""兄告弟""子告母"的案例,但汉代所确立的该项原则对后世刑律影响极大。

3. 贵族官员有罪先请。有罪先请是指贵族官僚犯罪后,一般司法官员无权审理,须通过廷尉直接上奏皇帝,由皇帝根据犯罪者与皇室关系的远近亲疏、官职与功劳的高低大小,决定刑罚减免与否。汉代曾多次颁布诏令,明确规定贵族官员有罪先请。《汉书·宣帝纪》载:"吏六百石位大夫,有罪先请。"又《汉书·平帝纪》载:"公、列侯嗣子有罪,耐以上先请。"可见"先请"的标准原则上是六百石以上官员以及公、列侯嗣子,但西汉时期也有例外的情况,如《汉书·高帝纪》载:"春,令郎中有罪耐以上,请之。"郎中是皇帝的侍卫官,虽然秩位仅"比三百石"②,但由于他们是皇帝的亲信,所以"有罪先请"。到了东汉,明确降低了先请的标准,《后汉书·光武帝纪》载:"吏不满六百石,下至墨绶长、相,有罪先请。"

(三) 文景时期的刑罚改革

文景时期的刑罚制度改革可算作汉代刑事法制发展最为瞩目的成就,其核心内容是从法定刑罚体系中去除肉刑。其间,刑罚制度的一系列改革措施不仅是汉初法律指导思想转化的具体表现,也为中国古代刑罚体系的转型以及"新五刑"的形成奠定了基础。文景时期的刑罚制度改革是汉初"除秦苛法"③"除三族罪、妖言令"④"除挟书律"⑤等一系列单行刑罚改革措施的延续,其直接的导火线是"缇萦救父"事件的发生。

《汉书·刑法志》载:"(文帝)即位十三年,齐太仓令淳于公有罪当刑,诏狱逮系长安。"齐太仓令淳于意被人告发收受贿赂,应当被处以肉刑,淳于意只有五个女儿,小女儿缇萦跟随父亲到长安向皇帝上书:"妾父为吏,齐中皆称其廉平,今坐法当刑。妾伤夫死者不可复生,刑者不可复属,虽后欲改过自新,其道亡繇也。妾愿没入为官婢,以赎父刑罪,使得自新。"缇萦反对肉刑的理由是断肢体、刻肌肤的肉刑使受刑人失去了改过自新的机会,并愿意没入为官婢来代替父亲受刑。皇帝很同情缇萦,遂下令曰:"制诏御史:盖闻有虞氏之时,画衣冠异章服以为戮,而民弗犯,何治之至也！今法有肉刑三,而奸不止,其咎安在？非乃朕德之薄,而教不明与！吾甚自愧。故夫训道不纯而愚民陷焉。《诗》曰:'恺弟君子,民之父母。'今人有过,教未施而刑已加焉,或欲改行为善,而道亡繇至,朕甚怜之。夫刑至断支体,刻肌肤,终身不息,何其刑之痛而不德也！岂称为民父母之意哉？其除肉刑,有以易之;及令罪人各以轻重,不亡逃,有年而免。具为令。"文帝的诏书实际上表达了两方面含义:首先,肉刑并没有

---

① 《汉书·刑法志》。
② 《汉书·百官公卿表》。
③ 《史记·淮阴侯列传》。
④ 《汉书·高后纪》。
⑤ 《汉书·惠帝纪》。

起到禁奸止邪的效果；其次，应当先教化而后诛罚，肉刑并没有体现德治。对于刑罚改革的具体措施，丞相张苍、御史大夫冯敬上奏："……臣谨议请定律曰：诸当完者，完为城旦舂；当黥者，髡钳为城旦舂；当劓者，笞三百；当斩左止者，笞五百；当斩右止，及杀人先自告，及吏坐受赇枉法，守县官财物而即盗之，已论命复有笞罪者，皆弃市。罪人狱已决，完为城旦舂，满三岁为鬼薪白粲。鬼薪白粲一岁，为隶臣妾。隶臣妾一岁，免为庶人。隶臣妾满二岁，为司寇。司寇一岁，及作如司寇二岁，皆免为庶人。其亡逃及有罪耐以上，不用此令。前令之刑城旦舂岁而非禁锢者，如完为城旦舂岁数以免。臣昧死请。"① 汉文帝将黥刑改为髡钳城旦舂，劓刑改为笞三百，斩左趾改为笞五百，斩右趾改为弃市，"旧五刑"体系中的墨、劓、刖等刑罚制度发生了直接的变化。但文帝刑罚改革的具体措施并未实现其意图，反而加重了劓刑、刖刑的执行效果，即"外有轻刑之名，内实杀人。斩右止者又当死。斩左止者笞五百，当劓者笞三百，率多死"。② 因此，景帝时进一步进行了改革，汉景帝两次下诏将劓刑由文帝时期的笞五百改为笞三百，又从笞三百改为笞二百，最后改为笞一百；将斩左趾由文帝时期的笞五百改为笞二百；同时颁布了《棰令》规范笞刑与刑讯的执行："笞者，棰长五尺，其本大一寸，其竹也，末薄半寸，皆平其节。当笞者笞臀。毋得更人，毕一罪乃更人。"

另外，文帝时期刑罚改革的具体措施，还有关于废除宫刑的记载。我们看到文帝除了"肉刑不用"还"除去阴刑"③，除了"去肉刑"还"除宫刑"④，但景帝时"赦徒作阳陵者死罪；欲腐者，许之"⑤。文帝时期"除宫刑"应该是将宫刑从法定刑罚体系中除去，而景帝时期"许之"的宫刑应当是一种替代刑，并不在法定刑罚体系之内。

文景时期刑罚改革的历史意义是非常明显的，从法定刑罚体系内正式废除了肉刑，顺应了历史发展的趋势，改变了墨、劓、刖、宫、辟的旧五刑体系。经过文景改革之后，汉代刑罚形成了死刑－笞刑－徒刑的结构，但其弊端仍非常明显："死刑既重，而生刑又轻，民易犯之。"⑥ 这一问题直到南北朝时期流刑出现后才得以彻底解决。

二、民事法制及其他方面

（一）契约制度

契约在汉代社会生活中使用得非常普遍，其内容包括交易双方的权利、义务关系，一般都有保人或中人佐证，若涉及"以财狱讼者"，一般都以契约作为法律依据。

汉代买卖契约称为"券"。《周礼·秋官·士师》载："凡以财狱讼者，正之以傅别、约剂。"郑玄注曰："若今时市买，为券书以别之，各得其一。"即汉代之"券"与周之"傅别""约剂"功能相似。从现有材料来看，契约中涉及的交易标的内容非常丰富，大量个人物品包括田宅、奴婢以及其他生活物品皆在交易之列。契约的形式要件基本相似，应写明的具体内容包括

---

① 《汉书·刑法志》。
② 《汉书·刑法志》。
③ 《汉书·晁错传》。
④ 《汉书·景帝纪》。
⑤ 《汉书·景帝纪》。
⑥ 《汉书·刑法志》。

买卖日期、标的(包括交易物品的位置与大致自然情况等)、价钱、双方姓名、中人等,对于中人的酬谢一般也明确写于契约中。

汉代的有息借贷也称为"贷子钱"。《史记·货殖列传》载:"吴楚七国兵起时,长安中列侯封君行从军旅,赍贷子钱,……无盐氏出捐千金贷,其息什之。"贵族富商多"为人起责,分利受谢"。① 颜师古注曰:"言富贾有钱,假托其名,代之为主,放与他人,以取利息而共分之;或受报谢,别取财物。"② 汉代对借贷利息有明确的规定:"民或乏绝,欲贷以治产业者,均授之,除其费,计所得受息,毋过岁什一。"③ 即年息不得超过本金的十分之一,若违反此规定,则为"取息过律"。约定利息高于法律规定的,要受到处罚。《汉书·王子侯表》载:"元鼎元年,(刘殷)坐贷子钱不占租,取息过律,会赦,免。"若是借贷一方逾期不还,仍要受到处罚。《史记·高祖功臣侯者年表》载:"四年,侯信坐不偿人责过六月,夺侯,国除。"

汉代没有土地的农民向官府或地主租种土地的情况非常普遍,租佃契约也越来越常见。由于土地在社会生产、生活中具有极其重要的地位,因此,汉代为鼓励农民生产,曾多次下诏减轻地租。《汉书·沟洫志》载:"今内史稻田租挈重,不与郡同,其议减。"颜师古注曰:"租挈,收田租之约令也。""租挈"即租佃契约。

(二) 婚姻与继承制度

汉代婚姻的成立与解除基本沿袭周制,婚姻的成立仍需遵循"六礼"。关于结婚年龄,规定"男三十而娶,女二十而嫁,阳数奇,阴数偶。男长女幼者,阳舒,阴促。男三十,筋骨坚强,任为人父;女二十,肌肤充盛,任为人母。合为五十,应大衍之数,生万物也"④。但未必严格依此执行:"人民嫁娶,同时共礼,虽言男三十而娶,女二十而嫁,法制张设,未必奉行。"⑤ 汉惠帝时期,为鼓励生育,曾下诏降低结婚年龄:"女子年十五以上至三十不嫁,五算。"⑥ 即女子到十五岁不嫁者就要强制征收五倍人口税。婚姻的解除亦袭周"七出三不去"之制,夫可以休妻,妻不可主张离婚,即"夫有再娶之义,妇无二适之文"⑦。男子私自休妻或女子私自改嫁皆要受到处罚。男子除娶妻之外,还可纳妾,但妻妾之间的尊卑关系不得改变,否则将予以处罚。《汉书·外戚恩泽侯表》载:"元寿二年,(孔乡侯傅晏)坐乱妻妾位免,徙合浦。"

汉代的继承分为身份继承与财产继承两类,两者有所不同。身份继承又叫宗法继承,仍沿袭周制采用嫡长子继承制:"方今汉家法周,周道不得立弟,当立子。"⑧ "圣人立制必有所定,所以防忿争,一统序也。春秋之义,立嫡以长。"⑨ 若违反嫡长子继承制则予以处罚,即前述的"非正"。财产继承则实行诸子均分,如《史记·陆贾列传》载:"(陆贾)乃病免家居。以好畤田地善,可以家焉。有五男,乃出所使越得橐中装卖千金,分其子,子二百金,令为生产。陆生常安车驷马,从歌舞鼓琴瑟侍者十人,宝剑直百金,谓其子曰:'与汝约:过汝,汝给吾人

---

① 《汉书·谷永传》。
② 《汉书·谷永传》。
③ 《汉书·食货志》。
④ 《白虎通德论·嫁娶》。
⑤ 《论衡·齐世》。
⑥ 《汉书·惠帝纪》。
⑦ 《后汉书·列女传》。
⑧ 《史记·梁孝王世家》。
⑨ 《前汉纪·孝成皇帝纪》。

马酒食,极欲,十日而更。所死家,得宝剑车骑侍从者。'"陆贾将千金均分给五个儿子,并与儿子约定赡养及安葬事宜,其所约定的内容已经具有了遗嘱的性质。

(三) 经济管理制度

1. 赋税。政府财政收入的主要来源是田税,汉初高祖时废除秦什税一之旧制,"约法省禁,轻田租,什五而税一"①。文帝时曾下诏免除田税:"农,天下之本,务莫大焉。今廑身从事,而有租税之赋,是谓本末者无以异也,其于劝农之道未备。其除田之租税。赐天下孤寡布帛絮各有数。"②景帝前元二年(公元前155年)恢复征收田税,税率降为"三十税一"。此后,仅有东汉初光武帝短时间内实施"什税一",但很快即恢复"田租三十税一如旧制"③。"三十税一"之制一直保持到东汉末年。

汉代除田税以外,还有人头税,包括口赋与算赋。汉初口赋征收对象为三岁至十四岁未成年人,后来改为七岁至十四岁出口赋钱;算赋的征收对象是十五岁到五十六岁的成年人,每人每年交纳一百二十钱为一算。

2. 均输与平准。均输与平准是汉武帝时期,为控制市场供求关系、平抑物价而采取的两项措施。均输就是在地方设均输官,由中央大司农领导,由均输官把当地应向中央缴纳的贡物直接转运到所置的地方发卖。均输既可以平衡各地的物资短缺现象,又可以使中央政府增加直接的财政收入。平准,就是调节市场的物资供求,稳定物价。依平准法规定,中央政府在京师设平准官,负责收购各地运来的货物和大司农所属各官掌管的全国各地的货物,根据市场的需求情况,贵则卖,贱则买,以调剂市场有无,平衡物价,使"万物不得腾跃,故抑天下之物",所以名曰"平准"。④均输和平准法的实施,使"官商大贾亡所牟大利"⑤,从而达到抑商的目的。

3. 盐铁官营。汉武帝时,为了增加政府财政收入并抑制商人资本,实行了全面的盐铁国家垄断经营,并设置专门管理的行政机构。"敢私铸铁器煮盐者,釱左趾,没入其器物。"⑥私自生产、经营盐、铁者,没收生产经营工具并予以严厉处罚。在全国各地置盐官、铁官,管理盐铁从煮制、冶炼到销售的全过程,完全将盐铁收归国家经营管理。

第四节 司法制度

一、司法机构

"汉承秦制",汉代官僚体制在秦的基础之上建立并有所发展,汉初司法机构也是沿袭秦的设置。需要说明的是,汉代乃至中国古代的司法机构并非现代意义上专门的司法机构,而

---

① 《汉书·食货志》。
② 《汉书·文帝纪》。
③ 《后汉书·光武帝纪》。
④ 《汉书·食货志》。
⑤ 《汉书·食货志》。
⑥ 《史记·平准书》。

是具有司法权或部分具有司法权的机构。汉代司法机构分为中央与地方两级。《汉书·刑法志》载:"高皇帝七年,制诏御史:'狱之疑者,吏或不敢决,有罪者久而不论,无罪者久系不决。自今以来,县道官狱疑者,各谳所属二千石官,二千石官以其罪名当报之。所不能决者,皆移廷尉,廷尉亦当报之。廷尉所不能决,谨具为奏,傅所当比律令以闻。'"基层官员遇有疑难案件的,应当报请所属二千石官;仍不能裁决的,应当报请廷尉;廷尉不能裁决的,由皇帝亲自决断。从中可以大致看出汉代司法机构的设置。

(一) 中央司法机构

皇帝享有最高与最终的决断权,其所作的判决是"终审判决"。皇帝所享有的司法权只是皇权的一部分,自秦"天下之事无小大皆决于上"[①]而制度化。皇帝的司法权除了表现为决断廷尉上奏的未决疑案以外,还经常亲自审判,如汉宣帝"时上常幸宣室,斋居而决事,狱刑号为平矣"[②]。又如"光武中兴,留心庶狱,常临朝听讼,躬决疑事"[③]。经皇帝决断的案件一般又形成"故事",成为以后相似案件审判的法律依据,因此,皇帝的司法权又包含了立法权的内容。另外,遇有立太子、灾异、祥瑞等事,皇帝通常下诏大赦,这也是司法权的具体表现。如汉宣帝"夏四月,凤皇集鲁郡,群鸟从之。大赦天下";"夏四月戊申,立皇太子,大赦天下"[④];汉成帝"六月丙寅,立皇后赵氏。大赦天下"[⑤]。

丞相是汉代的最高行政长官。汉高祖时设置丞相一人,高祖十一年(公元前196年)更名为相国,惠帝设置左、右丞相,文帝时复置一丞相,哀帝元寿二年(公元前1年)更名为大司徒。相国、丞相皆为秦官制,汉代沿袭,其主要职责是"掌丞天子助理万机"。汉武帝元狩五年(公元前118年)初设置司直,职责为"掌佐丞相举不法"。[⑥]丞相也具有一定的司法权,可以直接处罚官员。汉武帝元光四年(公元前131年)春,"(田)蚡言灌夫家在颍川,横甚,民苦之。请案之。上曰:'此丞相事,何请?'"[⑦]丞相田蚡对武帝说灌夫横行地方、危害百姓,"请案之"应当是请求皇帝依法予以处罚。武帝说"此丞相事",即依法处罚灌夫是丞相的职责。汉宣帝曾对黄霸说:"夫宣明教化,通达幽隐,使狱无冤刑,邑无盗贼,君之职也。"[⑧]"使狱无冤刑"是说丞相有明确的司法权,"邑无盗贼"则还包含一定的维护治安的职责。

御史大夫也为秦官制,被汉代沿袭,"掌副丞相"。"高皇帝以圣德受命,建立鸿业,置御史大夫,位次丞相,典正法度,以职相参,总领百官,上下相监临,历载二百年,天下安宁。"[⑨]御史中丞,"受公卿奏事,举劾按章"[⑩],接受官员奏事,按照法律规定举劾,可见其具有部分司法权。成帝绥和元年(公元前8年)御史大夫更名为大司空,哀帝建平二年(公元前5年)复为御史大夫,元寿二年(公元前1年)又改为大司空,御史中丞更名为御史长史。汉武帝时

---

① 《史记·秦始皇本纪》。
② 《汉书·刑法志》。
③ 《晋书·刑法志》。
④ 《汉书·宣帝纪》。
⑤ 《汉书·成帝纪》。
⑥ 《汉书·百官公卿表》。
⑦ 《汉书·灌夫传》。
⑧ 《汉书·循吏传》。
⑨ 《汉书·朱博传》。
⑩ 《汉书·百官公卿表》。

曾置侍御史,职责为"出讨奸猾,治大狱"[1]。

廷尉既是中央司法机构的名称,亦是机构长官的名称。景帝中元六年(公元前144年)更名为大理,武帝建元四年(公元前137年)复名廷尉,哀帝元寿二年(公元前1年)又改为大理,东汉光武以后复曰廷尉。《后汉书·百官志》载:"廷尉,卿一人,中二千石。本注曰:掌平狱,奏当所应。凡郡国谳疑罪,皆处当以报。正、左监各一人。左平一人,六百石。本注曰:掌平决诏狱。"廷尉主要负责审理皇帝下达的诏狱与地方上报的疑狱,其下设正、监、左右监协理断狱。《史记·张释之传》载,廷尉张释之坚持不将犯跸者处死,而是处以罚金,并对文帝说:"法者天子所与天下公共也。今法如此而更重之,是法不信于民也。且方其时,上使立诛之则已。今既下廷尉,廷尉,天下之平也,一倾而天下用法皆为轻重,民安所措其手足?唯陛下察之。"这既说明皇帝有权直接处死犯跸者,又说明廷尉有权独立决断案件。廷尉作为中央专门司法审判机关还附设监狱,《后汉书·百官志》载:"右属廷尉。本注曰:孝武帝以下,置中都官狱二十六所,各令长名世祖中兴皆省。"又《汉书·王章传》载:"书遂上,果下廷尉狱,妻子皆收系。"

中央其他机构与官员可根据具体情况参与司法活动,如《汉书·景十三王传》载:"天子遣大鸿胪、丞相长史、御史丞、廷尉正杂治钜鹿诏狱。"御史大夫可以与丞相、太尉等"杂治"重大疑难案件,御史中丞等亦经常与丞相长史、廷尉、郡守(二千石)等"杂治"重大疑难案件。

(二) 地方司法机构

汉代地方司法机关为州、郡、县三级,其性质皆为行政机关兼理司法职权。

汉武帝废除了秦监察御史制,将全国划分为外十二州与司隶校尉部,各州置刺史一人,受御史中丞管辖,地位低于地方太守。汉灵帝时废刺史制改为州牧制,州牧位居太守之上,职掌州军政大权,成为地方行政最高长官。《后汉书·百官志》载:"外十二州,每州刺史一人,六百石。本注曰:秦有监御史,监诸郡,汉兴省之,但遣丞相史分刺诸州,无常官。孝武帝初置刺史十三人,秩六百石。成帝更为牧,秩二千石。建武十八年,复为刺史,十二人各主一州,其一州属司隶校尉。诸州常以八月巡行所部郡国,录囚徒,考殿最。初岁尽诣京都奏事,中兴但因计吏。"注曰:"县邑囚徒,皆阅录视,参考辞状,实其真伪。有侵冤者,即时平理之。"州在地方司法体系中是最高一级司法机关,也是郡、县司法机构的上诉机关。

汉初,地方封国与郡县并存,封国的司法权相对独立,汉景帝时诸侯藩国改制,更新了官制,封国比同于郡县。《后汉书·百官志》载:"每郡置太守一人,二千石,丞一人。郡当边戍者,丞为长史。王国之相亦如之。每属国置都尉一人,比二千石,丞一人。本注曰:凡郡国皆掌治民,进贤劝功,决讼检奸。……秋冬遣无害吏案讯诸囚,平其罪法,论课殿最。"郡是州的下一级司法机关,又是县司法机构的上诉机关。

郡的下一级行政机构为县,县级长官名称根据辖区内户数确定:万户以上为令,以下为长。县令或县长"掌治民,显善劝义,禁奸罚恶,理讼平贼,恤民时务,秋冬集课,上计于所属郡国"[2]。县令或县长亦有司法审判职权,县内还有狱掾吏,协助县令或县长处理司法事务。县之下,仍沿袭秦制设乡、亭。乡一级有"三老掌教化;啬夫职听讼,收赋税;游徼徼循禁贼

---

[1]《汉书·百官公卿表》。
[2]《后汉书·百官五》。

盗"①。亭一级设亭长,主管亭一级各项事务。但乡、亭之吏大约只有调解权,而无审判权,因此,不能算一级独立的司法机构。

二、诉讼与审判

(一) 告劾

汉代诉讼程序的启动方式是告劾,其功能与现代法中的起诉相似。所谓"告劾",包括"告"与"劾"两种情况。前者是民众将违法行为告至官府;后者是具有纠劾职责的官吏的职务行为。汉代法律规定明知犯罪行为尤其是危及统治秩序的犯罪行为而不告发或不举劾的,与犯罪人同样处罚,即使基于过失未予告劾也要予以相应处罚,如"张汤、赵禹始作监临部主、见知故纵之例:其见知而故不举劾者与同罪,失不举劾各以赎论"②。汉代还有"自告"与"自劾",其性质与现代法中的"自首"相似,即自己告发自己或官吏自己弹劾自己。汉律规定:"有罪先自告,各减其罪一等。"但违背伦理的恶性犯罪即使自告仍不得减轻处罚:"杀伤大父母、父母及奴婢杀伤主、主父母妻子,自告者皆不得减。"③汉代"自告"与"自劾"的情况非常普遍,如《史记·衡山王传》载:"孝以为陈喜雅数与王计谋反,恐其发之,闻律先自告除其罪,又疑太子使白嬴上书发其事,即先自告,告所与谋反者救赫、陈喜等。"《汉书·陈汤传》载:"延寿、汤上疏自劾奏矫制,陈言兵状。"

告劾也受一定的限制。首先,虽然汉代有"诣阙告诉"即直接向皇帝申诉的规定,但原则上禁止越级告劾,要求告劾逐级进行。其次,禁止卑幼控告尊长。如汉律规定:"子告父母,妇告威公、奴婢告主、主父母妻子,勿听而弃告者市。"④子女、奴婢不得告父母、主人,否则将被处以死刑。再次,未满十岁的儿童以及服刑人员不得告诉,对其告诉官府也不得受理。如汉律规定:"年未盈十岁及系者、城旦舂、鬼薪白粲告人,皆勿听。"⑤最后,禁止诬告,诬告他人死罪者,刺面并服劳役;诬告他人其他犯罪的,以其所诬之罪予以处罚。如汉律规定:"诬告人以死罪,黥为城旦舂;它各反其罪。"⑥

(二) 逮捕与羁押

启动司法程序后,要对相关人员进行逮捕并予以羁押。需要说明的是,所逮捕并羁押的相关人员并不需要有确实证据证明犯罪嫌疑,如《汉书·魏相传》载:"相疑其有奸,收捕,案致其罪。"此处所载应当是官吏根据其职责怀疑有奸便予以收捕、羁押的状态一般要持续到刑罚执行,其目的在于保证案件询问以及之后诉讼程序的顺利进行。涉案人员被羁押期间需要佩戴刑具,但老、小、残疾、孕妇等特殊人可不戴刑具,称为"颂系"。《汉书·刑法志》载:"高年老长,人所尊敬也;鳏寡不属逮者,人所哀怜也。其著令:年八十以上,八岁以下,及孕者未乳,

---

① 《汉书·百官公卿表》。
② 《通典·刑法一·刑制上》。
③ 张家山汉简《二年律令·告律》。
④ 张家山汉简《二年律令·告律》。
⑤ 张家山汉简《二年律令·告律》。
⑥ 张家山汉简《二年律令·告律》。

师、朱儒当鞠系者,颂系之。"老、小、妇女等特殊人也可不予逮捕,而是派官吏前往住所讯问,如《后汉书·光武帝纪》载:"男子八十以上,十岁以下,及妇人从坐者,自非不道,诏所名捕,皆不得系。当验问者即就验。"一定级别以上的官员若涉案也可享有一定优遇,若需逮捕必须事先奏请皇帝,即"有罪先请"。宣帝时规定六百石以上的官员"有罪先请":"夏四月,诏曰:'举廉吏,诚欲得其真也。吏六百石位大夫,有罪先请,秩禄上通,足以效其贤材,自今以来毋得举。'"① 至光武帝,"有罪先请"的标准则降低至六百石以下:"庚辰,诏曰:'吏不满六百石,下至墨绶长、相,有罪先请。'"② 官员即使被逮捕,在羁押期间也享有优遇,一般不予佩戴刑具。对于民间细故之类的纠纷,一般采用调解的方式解决,其意图在于"争隙省息,吏人怀而不欺"③。

(三) 审理

对案件的审理称为"鞠狱",即根据法律规定对口供进行平断。《礼记·文王世子》载:"读书论法曰鞠。"正义曰:"读书,读囚人之所犯罪状之书。用法,谓以法律平断其罪。"汉代问罪的核心是获得犯人口供,司法官员定罪量刑的前提是供词:"汉世问罪谓之'鞠',断狱谓之'劾',谓上其鞠劾文辞也。"④《汉书·刑法志》载:"遣廷史与郡鞠狱。"如淳云:"以囚辞决狱为鞠,谓疑狱也。""今法具犯人口供于前,具勘语拟罪于后,即周之读书用法、汉之以辞决罪也。"⑤ 为了获得犯人口供,允许对之刑讯。汉景帝时颁布了《棰令》,已将刑讯制度化。讯问取得口供后,经三日要进行复审:"讯考三日复问之,知与前辞同不也。"⑥ 其目的是验证供词内容是否与前次有出入。

在讯问之后、判决之前,官员要向犯人或其家属宣读判决结果,此谓"读鞠"。犯人或其家属若不服判决,可要求再次审理,此谓"乞鞠"。汉律对之有详细规定:"罪人狱已决,自以罪不当,欲乞鞠者,许之。乞鞠不审,加罪一等;其欲复乞鞠,当刑者,刑乃听之。死罪不得自乞鞠,其父、母、兄、姊、弟、夫、妻、子欲为乞鞠,许之。其不审,黥为城旦舂。年未盈十岁为乞鞠,勿听。狱已决盈一岁,不得乞鞠。乞鞠者各辞在所县道,县道官令、长、丞谨听,书其乞鞠,上狱属所二千石官,二千石官令都吏覆之。都吏所覆治,廷及郡各移旁近郡,御史、丞相所覆治移廷。"⑦ 其中对"乞鞠"有一些限制性的规定:死罪只能由亲属乞鞠,不满十岁的人不得乞鞠;判决之后满一年的,不得乞鞠;若乞鞠不实,须在原判决基础之上加一等处罚。需要注意的是,"乞鞠"并非现代法中的"上诉",而是申请再次审理或者复审。

(四) 刑罚执行与录囚

"读鞠"之后,若犯人未提出异议,则进入刑罚执行阶段。具体的执行,根据判决刑罚的不同而有所差别。一般来说,审判结束后即进入刑罚执行阶段,但死刑执行须等到冬季:"春

---

① 《汉书·宣帝纪》。
② 《后汉书·光武帝纪》。
③ 《后汉书·吴佑传》。
④ 《尚书·吕刑》。
⑤ 《说文解字注》。
⑥ 《史记·酷吏列传》。
⑦ 张家山汉简《二年律令·具律》。

夏为德,秋冬为刑,先德后刑以养生。"① 汉代在秋冬两季固定的时间执行重刑,而在春季则赦免罪犯或允许罪犯以钱赎罪。除谋反大逆"决不待时"外,其他死刑犯必须在秋霜降之后冬至之前执行。

录囚即判决之后的复核审录,即监督、检查下级司法机关的决狱情况,核实罪状、平反冤狱及督办久拖未决案件。录囚为常规制度:"诸州常以八月巡行所部郡国,录囚徒。"②《汉书·何武传》载:"及武为刺史,行部录囚徒,有所举以属郡。"遇有灾异等现象时也会派员赴各地录囚,如《后汉书·孝和帝纪》载:"秋七月,京师旱。诏中都官徒各除半刑,谪其未竟,五月已下皆免遣。丁巳,幸洛阳寺,录囚徒,举冤狱。收洛阳令下狱抵罪,司隶校尉、河南尹皆左降。未及还宫而澍雨。"

关键词

黄老思想　约法三章　罢黜百家,独尊儒术　"亲亲得相首匿"　九章律
抑商政策　盐铁专卖　见知故纵　酎金律　春秋决狱

思考题

1. 汉代儒家思想对汉律产生了哪些影响?
2. 与秦律相比,汉代司法制度有哪些主要变化?
3. 汉代的法律形式对后世产生了什么影响?
4. 试述汉初刑罚改革的必然性及其弊端。
5. "春秋决狱"对后世产生了什么影响?

参考书目

1. 翦伯赞:《秦汉史》,北京大学出版社1983年版。
2. [日]大庭脩:《秦汉法制史研究》,林剑鸣等译,上海人民出版社1991年版。

---

① 《黄帝四经·十大经·观》。
② 《后汉书·百官志》。

第四章 魏晋时期的法律思想与制度

魏晋南北朝时期是继春秋战国之后的第二个大动荡时期,地方分裂割据。这一阶段时间跨度大致三百六十余年。这一时期的法律思想与制度皆有比较大的发展,儒家思想与法律进一步融合。儒家经典对法制的影响不仅体现在司法过程中的决狱,还进一步体现为立法过程中的解律。"礼律融合"成为这一时期法制发展的内在逻辑。与之相应,注释律学在魏晋南北朝时期有了快速的发展:立法方面,稳定的法典结构与体例逐步形成,并产生了新的法律形式,为隋唐乃至后世制定法体系的形成奠定了基础;司法方面,随着中央司法机构的发展、变化,中央司法系统也初步形成并对隋唐时期中央司法机构产生了直接的影响,同时还形成或完善了死刑奏报、直诉等颇具特色的诉讼制度。

第一节 法律思想及代表人物

一、张斐、杜预与"引经注律"

汉武帝"罢黜百家,独尊儒术"以来,儒家思想日渐成为主流意识形态并深刻影响着立法与司法,阐释儒家思想经典著作对于立法和司法的影响也越来越大,引经解律、引经注律的"律学"随之逐渐兴盛。汉代即有"叔孙宣、郭令卿、马融、郑玄诸儒章句十有余家,家数十万言。凡断罪所当由用者,合二万六千二百七十二条,七百七十三万二千二百余言,言数益繁,览者益难",最终导致"天子于是诏,但得用郑氏章句,不得杂用余家"[①]。这应当是两汉以来私家注律向官方注律的转折。晋武帝泰始年间《晋律》颁布后,张斐、杜预为之作注,经晋武帝批准后,律注与律文一并颁行。张、杜二人的注解与律文具有同等法律效力,被称为"张杜律"。魏晋时期,律学的研究对象与两汉已有不同,不再仅限于对法律起源、本质和作用等内容的一般论述,而是侧重于律典的体例、篇章结构和概念、术语的含义以及定罪量刑等具体问题。张斐与杜预的注释风格仍有差异:张斐对于晋律的解释主要侧重于体例、法律术语等内容,解释以精确见长。如《晋书·刑法志》载:"明法掾张斐又注律,表上之,其要曰:……其知而犯之谓之故,意以为然谓之失,违忠欺上谓之谩,背信藏巧谓之诈,亏礼废节谓之不敬,两讼相趣谓之斗,两和相害谓之戏,无变斩击谓之贼,不意误犯谓之过失,逆节绝理谓之不道,陵上僭贵谓之恶逆,将害未发谓之戕,唱首先言谓之造意,二人对议谓之谋,制

[①]《通典·刑法一·刑制上》。

众建计谓之率,不和谓之强,攻恶谓之略,三人谓之群,取非其物谓之盗,货财之利谓之赃:凡二十者,律义之较名也。"杜预则主要从法律思想、原则、内容等方面对晋律进行解释,如《晋书·杜预传》载:"(杜预)与车骑将军贾充等定律令,既成,预为之注解,乃奏之曰:'法者,盖绳墨之断例,非穷理尽性之书也。故文约而例直,听省而禁简。例直易见,禁简难犯。易见则人知所避,难犯则几于刑厝。刑之本在于简直,故必审名分。审名分者,必忍小理。古之刑书,铭之钟鼎,铸之金石,所以远塞异端,使无淫巧也。今所注皆纲罗法意,格之以名分。使用之者执名例以审趣舍,伸绳墨之直,去析薪之理也。'诏班于天下。"杜预"纲罗法意,格之以名分"的注律风格与其精通儒家经典尤其是精通《左传》具有非常密切的关系,"(杜预)既立功之后,从容无事,乃耽思经籍,为《春秋左氏经传集解》"①。

程树德在《晋律考序》中说,张斐、杜预注律"兼采汉世律家诸说之长,期于折衷至当"②。张、杜注律的历史影响非常大,可以说中华法系的代表之作——《唐律疏议》从形式与内容方面皆受到了《晋律注》的影响:从律条注释的形式来看,《永徽律疏》的出现,正是这种注律传统的延续和发展;从注解内容来看,我们也能发现《唐律疏议》中沿袭《晋律注》的痕迹。

二、"礼律融合"及其表现

魏晋南北朝时期法律思想发展的突出表现就是"以礼入律""礼律融合",这是正统法律思想形成与发展过程中最为重要的一个环节。汉武帝"罢黜百家,独尊儒术"之后,儒家思想对法制的影响不断深入,但汉代儒家之"礼"对法制的影响还是以司法为主,如"引经决狱"。魏晋以来,这一影响由浅入深地逐渐渗入立法当中。魏国初建之时,曹操曾下令:"夫治定之化,以礼为首。拨乱之政,以刑为先。"③其核心思想在于前半句,即"以礼为首",主张"礼"为"刑"的目的与依据。与之相同的还有诸葛亮,《三国志》的作者陈寿评价:"诸葛亮之为相国也,抚百姓,示仪轨,约官职,从权制,开诚心,布公道;尽忠益时者虽雠必赏,犯法怠慢者虽亲必罚,服罪输情者虽重必释,游辞巧饰者虽轻必戮;善无微而不赏,恶无纤而不贬;庶事精练,物理其本,循名责实,虚伪不齿;终于邦域之内,咸畏而爱之,刑政虽峻而无怨者,以其用心平而劝戒明也。"④可见诸葛亮仍同时强调了"礼"与"罚"的重要性。由于"三国"时期战乱频繁,对于地方政权来说,最主要的任务是"进取"而非"守成",因此,虽然"礼"的作用已被充分重视,但"难与进取,可与守成"⑤的儒家思想尚无法解决现实中统治者的迫切问题。司马炎建立西晋王朝并统一全国之后,立法过程中充分体现了礼律融合:"先王以道德之不行,故以仁义化之,行仁义之不笃,故以礼律检之。"⑥《晋律》以及张斐、杜预所作律注皆体现了礼法并行且以礼为主的发展趋势。北朝虽皆为少数民族政权,但其在建国之后很快接受了儒家思想,并对"德主刑辅"等观点深信不疑。魏世祖正平元年(451年)下诏曰:"夫刑网太密,犯者更众,朕甚愍之。有司其案律令,务求厥中。自余有不便于民者,依比增损。"⑦

---
① 《晋书·杜预传》。
② 程树德:《九朝律考》,中华书局1963年版,第225页。
③ 《三国志·魏书·高柔传》。
④ 《三国志·蜀书·诸葛亮传》。
⑤ 《太平御览·礼仪部二·叙礼下》。
⑥ 《晋书·文苑列传·李充》。
⑦ 《魏书·世祖纪》。

遂以此为指导思想改定律制,而"意在宽政"①亦成为北魏修律的目标。北齐"武成即位,思存轻典"②,于大宁元年(561年)下诏曰:"王者所用,唯在赏罚,赏贵适理,罚在得情。然理容进退,事涉疑似,盟府司勋,或有开塞之路,三尺律令,未穷画一之道。想文王之官人,念宣尼之止讼,刑赏之宜,思获其所。自今诸应赏罚,皆赏疑从重,罚疑从轻。"③"轻典"是立法目标,而实现这一目标的途径完全是儒家的经典与思想,从"赏贵适理,罚在得情"与"止讼"等表述当中可看出儒家之"礼"的具体内容对于立法者的影响之深远,也正是在这一思想的指导之下,影响深远的《北齐律》得以出现。魏晋南北朝时期,"礼律融合"的过程还产生了一系列具体的制度,"八议""官当""重罪十条""准五服以制罪""存留养亲"等皆是儒家"三纲""亲亲尊尊"等思想直接影响下的产物。

三、肉刑复废

"肉刑"即以残害肢体为手段的刑罚,旧五刑体系以"肉刑"为核心,除大辟以外,墨、劓、刖、宫皆是通过"断肢体、刻肌肤"的手段实施刑罚。西汉文帝、景帝时期已进行了以废除肉刑为核心的刑罚改革,但法定刑罚及其体系的变革毕竟是一个长期的历史过程,西汉中期之以后,宫刑、斩右趾等刑种仍时常作为死刑之替代刑被频繁适用直至汉终。魏晋南北朝时期,新五刑体系仍未完全形成,加之战乱频繁,肉刑的适用更加广泛。在新五刑体系初步形成的历史阶段,肉刑的存废甚至是否恢复肉刑成为争论的焦点。

东汉末期,仲长统即明确主张恢复肉刑:"肉刑之废,轻重无品,下死则得髡钳,下髡钳则得鞭笞。死者不可复生,而髡者无伤于人。髡笞不足以惩中罪,安得不至于死哉!夫鸡狗之攘窃,男女之淫奔,酒醴之赂遗,谬误之伤害,皆非值于死者也。杀之则甚重,髡之则甚轻。不制中刑以称其罪,则法令安得不参差,杀生安得不过谬乎?今患刑轻之不足以惩恶,则假藏货以成罪,托疾病以讳杀。科条无所准,名实不相应,恐非帝王之通法,圣人之良制也。或曰:过刑恶人,可也;过刑善人,岂可复哉?曰:若前政以来,未曾枉害善人者,则有罪不死也,是为忍于杀人也,而不忍于刑人也。今令五刑有品,轻重有数,科条有序,名实有正,非杀人逆乱鸟兽之行甚重者,皆勿杀。嗣周氏之秘典,续吕侯之祥刑,此又宜复之善者也。"④西汉文、景帝刑罚改革之后,法定刑罚体系为死刑－笞刑－徒刑,刑种之间的差别过大,不同刑种之间没有过渡与衔接。因此,对于"重罪"与"轻罪"之间的"中罪"无法有效惩治。仲长统恢复肉刑的主张是立足于刑罚体系的结构与功能而提出的,其认为应当"制中刑以称其罪","中刑"即恢复肉刑,以避免刑罚适用的混乱,达到罚当其罪。

之后,曹操欲恢复肉刑,御史中丞陈群明确表示赞同:"臣父纪以为汉除肉刑而增加笞,本兴仁恻而死者更众,所谓名轻而实重者也。名轻则易犯,实重则伤民。《书》曰:'惟敬五刑,以成三德。'易劓、刖、灭趾之法,所以辅政助教,惩恶息杀也。且杀人偿死,合于古制;至于伤人,或残毁其体而裁翦毛发,非其理也。若用古刑,使淫者下蚕室,盗者刖其足,则永无淫放穿窬之奸矣。夫三千之属,虽未可悉复,若斯数者,时之所患,宜先施用。汉律所杀殊

---

① 《魏书·刑罚志》。
② 《隋书·刑法志》。
③ 《隋书·刑法志》。
④ 《后汉书·仲长统传》。

死之罪,仁所不及也,其余逮死者,可以刑杀。如此,则所刑之与所生足以相贸矣。今以笞死之法易不杀之刑,是重人支体而轻人躯命也。"① 与仲长统的立足点有所不同,陈群反对的是"外有轻刑之名,内实杀人"②的以笞替代肉刑。陈群认为,恢复肉刑虽然毁坏了受刑之人的肢体,但可以保全其生命,应当使仁政与具体改革措施名实相符,而恢复肉刑符合仁政。曹魏时,太傅钟繇亦主张"古之肉刑,更历圣人,宜复施行,以代死刑"③。太和年间,钟繇曾上疏:"大魏受命,继踪虞、夏。孝文革法,不合古道。先帝圣德,固天所纵,坟典之业,一以贯之。是以继世,仍发明诏,思复古刑,为一代法。连有军事,遂未施行。陛下远追二祖遗意,惜斩趾可以禁恶,恨入死之无辜,使明习律令,与群臣共议。出本当右趾而入大辟者,复行此刑。《书》云:'皇帝清问下民,鳏寡有辞于苗。'此言尧当除蚩尤、有苗之刑,先审问于下民之有辞者也。若今蔽狱之时,讯问三槐、九棘、群吏、万民,使如孝景之令,其当弃市,欲斩右趾者许之。其黥、劓、左趾、宫刑者,自如孝文,易以髡、笞。能有奸者,率年二十至四五十,虽斩其足,犹任生育。今天下人少于孝文之世,下计所全,岁三千人。张苍除肉刑,所杀岁以万计。臣欲复肉刑,岁生三千人。子贡问能济民可谓仁乎?子曰:'何事于仁,必也圣乎,尧、舜其犹病诸!'又曰:'仁远乎哉?我欲仁,斯仁至矣。'若诚行之,斯民永济。"④其理由也是应将"斩趾"作为死刑与生刑之间的过渡刑罚以保全受刑之人的生命。

西晋时期,廷尉刘颂多次上表主张恢复肉刑,他指出:"今死刑重,故非命者众;生刑轻,故罪不禁奸。所以然者,肉刑不用之所致也。今为徒者,类性元恶不轨之族也,去家悬远,作役山谷,饥寒切身,志不聊生,虽有廉士介者,苟虑不首死,则皆为盗贼,岂况本性奸凶无赖之徒乎!又令徒富者输财,解日归家,乃无役之人也。贫者起为奸盗,又不制之虏也。不刑,则罪无所禁;不制,则群恶横肆。为法若此,近不尽善也。是以徒亡日属,贼盗日烦,亡之数者至有十数,得辄加刑,日益一岁,此为终身之徒也。自顾反善无期,而灾困逼身,其志亡思盗,势不得息,事使之然也。古者用刑以止刑,今反于此。诸重犯亡者,发过三寸辄重髡之,此以刑生刑;加作一岁,此以徒生徒也。亡者积多,系囚猥畜。议者曰囚不可不赦,复从而赦之,此为刑不制罪,法不胜奸。下知法之不胜,相聚而谋为不轨,月异而岁不同。故自顷年以来,奸恶陵暴,所在充斥。议者不深思此故,而曰肉刑于名忤听,忤听孰与贼盗不禁?圣王之制肉刑,远有深理,其事可得而言,非徒惩其畏剥割之痛而不为也,乃去其为恶之具,使夫奸人无用复肆其志,止奸绝本,理之尽也。亡者刖足,无所复亡。盗者截手,无所用复盗。淫者割其势,理亦如之。除恶塞源,莫善于此,非徒然也。此等已刑之后,便各归家,父母妻子,共相养恤,不流离于涂路。有今之困,创愈可役,上准古制,随宜业作,虽已刑残,不为虚弃,而所患都塞,又生育繁阜之道自若也。今宜取死刑之限轻,及三犯逃亡淫盗,悉以肉刑代之。其三岁刑以下,已自杖罚遣,又宜制其罚数,使有常限,不得减此。其有宜重者,又任之官长。应四五岁刑者,皆髡笞,笞至一百,稍行,使各有差,悉不复居作。然后刑不复生刑,徒不复生徒,而残体为戮,终身作诫。人见其痛,畏而不犯,必数倍于今。且为恶者随发被刑,去其为恶之具,此为诸已刑者皆良士也,岂与全其为奸之手足,而蹙居必死之穷地同哉!而犹曰肉

---

① 《三国志·魏书·陈群传》。
② 《汉书·刑法志》。
③ 《三国志·魏书·钟繇传》。
④ 《三国志·魏书·钟繇传》。

刑不可用,臣窃以为不识务之甚也。"①其基本理由与陈群、钟繇等相同,即死刑过重导致处死之人过多,生刑过轻又不足以禁奸止邪,虽然刘颂上疏提出了很多恢复肉刑的具体方案,但仍未被晋武帝采纳。

东晋初,晋元帝也欲恢复肉刑,廷尉卫展赞同恢复肉刑:"古者肉刑,事经前圣,汉文除之,增加大辟。今人户凋荒,百不遗一,而刑法峻重,非句践养胎之义也。愚谓宜复古施行,以隆太平之化。"②卫展的主要理由也是汉文帝的刑罚改革措施导致了"人户凋荒",实际上是重刑措施,应当恢复肉刑以保全受刑人的生命。骠骑将军王导、太常贺循、侍中纪瞻、中书郎庾亮、大将军咨议参军梅陶、散骑郎张嶷等皆赞同卫展的观点:"肉刑之典,由来尚矣。肇自古先,以及三代,圣哲明王所未曾改也。岂是汉文常主所能易者乎!时萧曹已没,绛灌之徒不能正其义。逮班固深论其事,以为外有轻刑之名,内实杀人。又死刑太重,生刑太轻,生刑纵于上,死刑怨于下,轻重失当,故刑政不中也。且原先王之造刑也,非以过怒也,非以残人也,所以救奸,所以当罪。今盗者窃人之财,淫者好人之色,亡者避叛之役,皆无杀害也,则加之以刑。刑之则止,而加之斩戮,戮过其罪,死不可生,纵虐于此,岁以巨计。此乃仁人君子所不忍闻,而况行之于政乎!若乃惑其名而不练其实,恶其生而趣其死,此畏水投舟,避坎蹈井,愚夫之不若,何取于政哉!今大晋中兴,遵复古典,率由旧章,起千载之滞义,拯百残之遗黎,使皇典废而复存,黔首死而更生,至义畅于三代之际,遗风播乎百世之后,生肉枯骨,惠侔造化,岂不休哉!惑者乃曰,死犹不惩,而况于刑?然人者冥也,其至愚矣,虽加斩戮,忽为灰土,死事日往,生欲日存,未以为改。若刑诸市朝,朝夕鉴戒,刑者咏为恶之永痛,恶者睹残刖之长废,故足惧也。然后知先王之轻刑以御物,显诫以惩愚,其理远矣。"③王导等人认为肉刑是古先圣王的法度,汉文帝只是"常主",平常之人不能废止圣贤之法。

可见,自东汉以来,主张恢复肉刑的人非常多,综合其理由大致包括三方面:首先,汉文帝废除肉刑之后,死刑与生刑之间缺乏过渡与衔接的刑种,不利于罪刑相称;其次,死刑过多,造成了人口大量减少,违背了仁政的要求;最后,恢复肉刑既可以防止犯罪之人再次犯罪,又能够威慑、教育他人并达到减少犯罪的目的。

针对恢复肉刑的观点,也有不少人坚持废除肉刑。西晋时期司徒王朗坚决反对钟繇恢复肉刑的观点:"(钟)繇欲轻减大辟之条,以增益刖刑之数,此即起偃为竖,化尸为人矣。然臣之愚,犹有未合微异之意。夫五刑之属,著在科律,自有减死一等之法,不死即为减。施行已久,不待远假斧凿于彼肉刑,然后有罪次也。前世仁者,不忍肉刑之惨酷,是以废而不用。不用已来,历年数百。今复行之,恐所减之文未彰于万民之目,而肉刑之问已宣于寇雠之耳,非所以来远人也。今可按繇所欲轻之死罪,使减死之髡、刖。嫌其轻者,可倍其居作之岁数。内有以生易死不訾之恩,外无以刖易钛骇耳之声。"④当时赞同王朗者众而赞同钟繇者寡,加之"吴、蜀未平",钟繇的主张未得到认可。晋元帝时期,针对卫展恢复肉刑的主张,周顗、曹彦、桓彝等人则坚决反对:"复肉刑以代死,诚是圣王之至德,哀矜之弘私。然窃以为刑罚轻重,随时而作。时人少罪而易威,则从轻而宽之;时人多罪而难威,则宜化刑而济之。肉刑平世所应立,非救弊之宜也。方今圣化草创,人有余奸,习恶之徒,为非未已,截头绞颈,尚不能

---

① 《晋书·刑法志》。
② 《晋书·刑法志》。
③ 《晋书·刑法志》。
④ 《三国志·魏书·钟繇传》。

禁,而乃更断足劓鼻,轻其刑罚,使欲为恶者轻犯宽刑,蹈罪更众,是为轻其刑以诱人于罪,残其身以加楚酷也。昔之畏死刑以为善人者,今皆犯轻刑而残其身,畏重之常人,反为犯轻而致囚,此则何异断刖常人以为恩仁邪!受刑者转广,而为非者日多,踊贵屦贱,有鼻者丑也。徒有轻刑之名,而实开长恶之源。不如以杀止杀,重以全轻,权小停之。须圣化渐著,兆庶易威之日,徐施行也。"大将军王敦以为:"百姓习俗日久,忽复肉刑,必骇远近。且逆寇未殄,不宜有惨酷之声,以闻天下。"① 最终,晋元帝没有采纳卫展恢复肉刑的主张。

从理由上来看,主张恢复肉刑和坚持废止肉刑者皆有合理的理由,但从结果来看,魏晋南北朝时期的肉刑复废的争论最终以肉刑废止而结束。

第二节　背景及立法

魏晋南北朝时期是秦统一后王朝的第一次大分裂,与剧烈的社会变革相应,法律制度也进入了一个全新的发展时期。这一时期不仅有新的法律形式出现,律典的结构、体例与立法技术也进一步成熟,可以概括地将魏晋南北朝时期称为中国古代法制的法典化时期。虽然这一时期法典全文皆已不存,但依据传世文献的记载可以对之有大致了解。

一、曹魏时期

东汉末年战乱频繁,220年曹丕称帝,221年刘备称帝,229年孙权称帝,历史上所称的"三国"时期形成。各地方政权多沿用汉制、承袭汉律。"魏之初霸,术兼名法"②。至曹操晋魏王,"曹公秉政,……于是乃定甲子科,犯钛左右趾者易以木械,是时乏铁,故易以木焉。又以汉律太重,故令依律论者听得科半,使从半减也"③。魏明帝初年,仍旧"承用秦汉旧律",至魏明帝太和三年(229年),"下诏改刑制,命陈群、刘邵等删约旧科,旁采汉律,定为魏法,制新律十八篇,州郡令四十五篇,尚书官令、军中令,合百八十余篇"④。魏《新律》十八篇,体例沿袭自李悝《法经》与汉《九章律》,并在其基础之上有所发展。"旧律所难知者,由于六篇篇少故也。篇少则文荒,文荒则事寡,事寡则罪漏。是以后人稍增,更与本体相离。今制新律,宜都总事类,多其篇条。"《新律》的发展并不仅限于篇章数目,在结构方面也较之汉《九章律》更加清晰,最主要的进步就是将秦汉律中规定刑法总则内容的"具律"改为"刑名",首次冠于律首,使法典体例更为科学合理。"旧律因秦《法经》,就增三篇,而《具律》不移,因在第六。罪条例既不在始,又不在终,非篇章之义。故集罪例以为《刑名》,冠于律首。"而《刑名》之外,各篇较之秦汉律皆有发展,如"《盗律》有劫略、恐猲、和卖买人,科有持质,皆非盗事,故分以为《劫略律》。《贼律》有欺谩、诈伪、逾封、矫制,《囚律》有诈伪生死,《令丙》有诈自复免,事类众多,故分为《诈律》。《贼律》有贼伐树木,杀伤人畜产及诸亡印,《金布律》有毁伤亡失县官财物,故分为《毁亡律》。……凡所定增十三篇,就故五篇,合十八篇,于正律九篇

---

① 《晋书·刑法志》。
② 《文心雕龙·论说》。
③ 《通典·刑法一·刑制上》。
④ 《晋书·刑法志》。

为增,于旁章科令为省矣"①。《魏律》在体例与结构方面的变化对《晋律》乃至后世律典的发展产生了直接的影响。

刘备与孙权称帝后,虽皆"多依汉制"②,但亦有一些立法活动:"(伊籍)与诸葛亮、法正、刘巴、李严共造蜀科;蜀科之制,由此五人焉。"③孙登"表定科令"。④但有关这些立法活动的记载甚少。另外,就目前的记载来看,其对整个魏晋时期法制发展也未产生直接的影响。

二、两晋时期

曹魏末年,司马昭为晋王,"患前代律令本注烦杂,陈群、刘邵虽经改革,而科网本密,又叔孙、郭、马、杜诸儒章句,但取郑氏,又为偏党,未可承用。于是令贾充定法律……就汉九章增十一篇,仍其族类,正其体号,改旧律为《刑名》《法例》,辨《囚律》为《告劾》《系讯》《断狱》,分《盗律》为《请赇》《诈伪》《水火》《毁亡》,因事类为《卫宫》《违制》,撰《周官》为《诸侯律》,合二十篇,六百二十条,二万七千六百五十七言"⑤。据记载,参与修订律令的还有郑冲、荀颛、荀勖、羊祜、杜预等十四人。司马昭修订律令的理由是旧律内容烦杂,虽然经过改革但仍"未可承用"。修订律令的工作至晋武帝泰始三年(267年)完成,并于次年颁行天下,此即《晋律》,由于其年号又称《泰始律》。随着司马炎建立西晋王朝并形成短暂的统一,《晋律》成为魏晋南北朝时期唯一的颁行全国的法典。就其内容来看,《晋律》在汉、魏律的基础之上"蠲其苛秽,存其清约,事从中典,归于益时"⑥,并将旧律中于战乱时期制定的一些地方性、临时性法规从律中剔除出去而编为令。在法典体例方面,从魏《刑名》中分出《法例》一篇,并仍将此两篇置于律首,删除魏律中的《劫略》《惊事》《偿赃》等篇,增加《卫宫》《水火》《关市》《违制》《诸侯》六篇,又恢复了汉律《厩律》。《晋律》制定完成之后、颁布之前,"武帝亲自临讲,使裴楷执读"⑦。又"侍中卢珽、中书侍郎范阳张华请抄新律死罪条目,悬之亭传以示民,从之"⑧。可见晋武帝对修订、颁行新律的重视程度。《晋律》也成为魏晋南北朝时期使用时间最久、影响最大的一部法典:"晋自泰始四年,颁定新律,刘宋因之,萧齐代兴,王植撰定律章,事未施行,盖断自梁武改律,承用已经三代,凡二百三十七年,六朝诸律中,行世无如是之久者。"⑨

三、南朝

南朝一百六十余年皆沿用《晋律》,虽然其间仍有立法活动,但基本上是形式大于内容,即通过删定前朝律令宣示政权,其立法没有任何实质的建树,也没有给后世法制发展带来直接的影响。南朝刘宋政权没有立法活动。南齐永明七年(489年),"齐武帝令删定郎王植之

---

① 《晋书·刑法志》。
② 《文献通考·职官考一》。
③ 《三国志·蜀书·伊籍传》。
④ 《三国志·吴书·孙登传》。
⑤ 《晋书·刑法志》。
⑥ 《晋书·刑法志》。
⑦ 《晋书·刑法志》。
⑧ 《资治通鉴·晋纪一》。
⑨ 程树德:《九朝律考》,中华书局1963年版,第225页。

集注张、杜旧律,合为一书,凡千五百三十条。事未施行,其文殆灭"①。此未及施行即告终结的法典史称《永明律》。南梁天监元年(502年),梁武帝下诏:"律令不一,实难去弊。杀伤有法,昏墨有刑,此盖常科,易为条例。……则定以为《梁律》。""二年四月癸卯,法度表上新律,又上《令》三十卷,《科》三十卷。帝乃以法度守廷尉卿,诏班新律于天下。"②这是南朝规模最大的一次立法活动,但内容仅是以《永明律》为依据稍作措辞方面的删削。《梁律》与《晋律》相比,篇目、顺序相同,仅是各篇名称有所变化:把《盗律》改称《盗劫》,《贼律》改称《贼叛》,《请赇》改称《受赇》,《捕律》改称《讨捕》;最大的变化在于删去晋之《诸侯律》,增置《仓库》。南陈武帝即位,认为《梁律》"纲目滋繁",遂下诏:"删改科令,……务存平简。"③"于是稍求得梁时明法吏,令与尚书删定郎范泉参定律令。又敕尚书仆射沈钦、吏部尚书徐陵、兼尚书左丞宗元饶、兼尚书左丞贺朗参知其事,制《律》三十卷,《令律》四十卷。"④但《陈律》"条流冗杂,纲目虽多,博而非要"⑤内容、体例并未在《梁律》的基础之上有所进步,"篇目条纲,轻重简繁,一用梁法"⑥。

四、北朝

北朝一百四十余年间立法活动比较频繁,对于后世法制发展的贡献也非常突出。北魏太祖拓跋珪"患前代刑纲峻密,乃命三公郎王德除其法之酷切于民者,约定科令,大崇简易"⑦。其后世宗正始元年(504年)也曾下诏"议狱定律",至孝武帝太昌元年(532年)已有九次集中的立法活动,前八次均是修订《北魏律》。至孝文帝太和年间,《北魏律》修成,全律二十篇,篇目可考者有《刑名》《法例》《宫卫》《违制》《户律》《厩牧》《擅兴》《贼律》《盗律》《斗律》《系讯》《诈伪》《杂律》《捕亡》《断狱》等十五篇。陈寅恪对《北魏律》有极高的评价:"元魏刑律实综汇中原士族仅传之汉学及永嘉乱后河西流寓儒者所保持或发展之汉魏晋文化,并加以江左所承西晋以来之律学,此诚可谓集当日之大成者……北魏前后定律能综合比较,取精用宏,所以成此伟业者,实有其广收博取之功,并非偶然所致也。"⑧程树德谓:"唐宋以来相沿之律,皆属北系,而寻流溯源,当以元魏之律为北系诸律之嚆矢。"⑨可见《北魏律》在法制发展史中的重要地位。

北魏分裂为东魏、西魏,这一阶段的立法活动也比较频繁。东魏孝静帝兴和三年(541年)命群官议定新制,"以格代科,于麟趾殿删定,名为《麟趾格》,颁行天下"⑩。西魏于大统元年(535年)着手定新制,大统十年(544年),"魏帝以太祖前后所上二十四条及十二条新制,方为中兴永式,乃命尚书苏绰更损益之,总为五卷,班于天下"⑪,此即《大统式》。后东魏权臣

---

① 《通典·刑法二·刑制中》。
② 《隋书·刑法志》。
③ 《隋书·刑法志》。
④ 《隋书·刑法志》。
⑤ 《隋书·刑法志》。
⑥ 《隋书·刑法志》。
⑦ 《魏书·刑罚志》。
⑧ 陈寅恪:《隋唐制度渊源略论稿 唐代政治史述论稿》,生活·读书·新知三联书店2004年版,第123-124页。
⑨ 程树德:《九朝律考》,中华书局1963年版,第339页。
⑩ 《唐六典》卷六"刑部郎中员外郎"条。
⑪ 《周书·文帝纪》。

高阳自立北齐,初期仍沿用《麟趾格》,至武成帝河清三年(564 年),"尚书令、赵郡王睿等,奏上《齐律》十二篇:一曰名例,二曰禁卫,三曰婚户,四曰擅兴,五曰违制,六曰诈伪,七曰斗讼,八曰贼盗,九曰捕断,十曰毁损,十一曰厩牧,十二曰杂。其定罪九百四十九条"。① 主持北齐律编撰的是出身于渤海著名律家封氏家族的封述,另有参议者数十人。此外,"又上《新令》四十卷,大抵采魏、晋故事。……其不可为定法者,别制《权令》二卷,与之并行。后平秦王高归彦谋反,须有约罪,律无正条,于是遂有《别条权格》,与律并行"。②《北齐律》在当时的影响极大,"是后法令明审,科条简要,又敕仕门之子弟常讲习之。齐人多晓法律,盖由此也"③,并且直接为隋《开皇律》与唐律的制定奠定了基础。程树德说:"南北朝诸律,北优于南,而北朝尤以齐律为最。"④ 与《北齐律》并行的"权令"与"格"也对隋唐时期律、令、格、式并行的法律形式产生了直接影响。

西魏权臣宇文觉建立北周,至武帝保定三年(563 年),命廷尉赵肃"撰定法律",后赵肃"感心疾而死",定律工作由司宪大夫拓拔迪掌之。北周《大律》仿《尚书·大诰》而定:"凡二十五篇:一曰刑名,二曰法例,三曰祀享,四曰朝会,五曰婚姻,六曰户禁,七曰水火,八曰兴缮,九曰卫宫,十曰市廛,十一曰斗竞,十二曰劫盗,十三曰贼叛,十四曰毁亡,十五曰违制,十六曰关津,十七曰诸侯,十八曰厩牧,十九曰杂犯,二十曰诈伪,二十一曰请求,二十二曰告言,二十三曰逃亡,二十四曰系讯,二十五曰断狱。……大凡定法一千五百三十七条,班之天下。"⑤ 后世对《大律》的评价并不高,"其大略滋章,条流苛密,比于齐法,烦而不要"⑥。因此,隋虽承周立国,但在立法上舍弃了《北周律》复古的传统,而以《北齐律》为蓝本。

第三节 主要内容与特点

一、刑法原则

(一)"八议"与"官当"入律

"八议"源于《周礼》之"八辟",曹魏《新律》首次明确规定了"八议"之制,主要内容是八类具有特殊身份之人在定罪量刑方面的特权,即:议亲(皇亲)、议故(皇帝故旧)、议贤(有大德行)、议能(有大才艺)、议功(有大功勋)、议贵(具有高级官爵)、议勤(有大勤劳)、议宾(承先代之后为国宾者)。此八类人犯死罪时,一般司法官员无权裁决,必须奏请皇帝。

"官当"是在"八议"的基础之上对定罪量刑过程中享有优遇的主体范围的进一步扩大,有一些官员不属于"八议"之人,仍可享有优遇。北魏和南陈的法律明确规定了"官当"制度,允许以官爵抵罪。北魏《法例律》规定:"五等列爵及在官品令从第五,以阶当刑二岁;免官

---
① 《隋书·刑法志》。
② 《隋书·刑法志》。
③ 《隋书·刑法志》。
④ 程树德:《九朝律考》,商务印书馆 2010 年版,第 521 页。
⑤ 《隋书·刑法志》。
⑥ 《隋书·刑法志》。

者,三载之后听仕,降先阶一等。"①《陈律》规定:"五岁四岁刑,若有官,准当二年,余并居作。其三岁刑,若有官,准当二年,余一年赎。若公坐过误,罚金。其二岁刑,有官者赎论。"②

"八议"与"官当"制度发展到唐代形成了一整套严密的规则体系,并对后世刑律产生了直接的影响。"八议"之制沿用至明清,"官当"在明清时期虽然被废止,但其内容被转化为"罚俸""降级"等处罚方式以代替刑罚适用。

(二)"重罪十条"入律

"重罪十条"即定罪量刑过程中不得适用各种优遇的犯罪行为。《北齐律》中明确规定了相关内容:"又列重罪十条:一曰反逆,二曰大逆,三曰叛,四曰降,五曰恶逆,六曰不道,七曰不敬,八曰不孝,九曰不义,十曰内乱。其犯此十者,不在八议论赎之限。"③对于"重罪十条"的内容以及立法意图可从两方面来理解:首先,立法所确立的十类"重罪"皆是直接危及政权与封建礼教的行为,将这些犯罪行为类型化并集中规定是稳定统治秩序的迫切需要。其次,"重罪十条"在定罪量刑具体适用方面的核心是"不在八议论赎之限",即不适用"八议""官当"等法定优遇,因此,"重罪十条"也是对"八议""官当"的限制。由此来看,两者同时入律在一定程度上具有必然性。"重罪十条"是隋唐律中"十恶"的基础,其内容对后世刑律的影响一直延续到明清。

(三)确立"准五服以制罪"的原则

"五服"即以丧服制度为基础将亲属分为五等:斩衰、齐衰、大功、小功、缌麻。服制不但被用来作为确定赡养与继承的权利义务的依据,也是亲属相犯确定刑罚轻重的依据。服制定罪原则于《晋律》中确立:"峻礼教之防,准五服以制罪也。"④其内容是亲属相犯定罪量刑的依据,具体适用原则:尊长犯卑幼服制越近处罚越轻、服制越远处罚越重,卑幼犯尊长服制越近处罚越重、服制越远处罚越轻。"准五服以制罪"的原则自被《晋律》确立后,一直沿用至清末。

(四)"存留养亲"

"存留养亲"即"留养",指在犯人直系尊亲属年老或疾病而没有生活来源、无法独立生活,家中没有其他成年男丁侍养的情况下,允许罪犯申请暂缓刑罚执行,若犯死罪可以上请,流刑可免发遣,徒刑可缓期,使得犯人可以照顾老人,待老人去世后再执行刑罚。"存留养亲"是中国古代法律儒家化与"礼律融合"的具体表现,北魏太和十二年(488年)曾下诏将"存留养亲"明确规定于法律当中:"犯死罪,若父母、祖父母年老,更无成人子孙,又无期亲者,仰案后列奏以待报,著之令格。"⑤"著之令格"是说不但明确了"存留养亲"的内容,还将其以法律规范的形式予以固定。北魏熙平年间,司州上表:"河东郡民李怜生行毒药,案以死坐。其母诉称:'一身年老,更无期亲,例合上请。'检籍不谬,未及判申,怜母身丧。州断三年服终后乃行决。"河东郡民李怜生投放毒药被处以死刑,李母曾以"存留养亲"为由上请,要求对

---

① 《魏书·刑罚志》。
② 《隋书·刑法志》。
③ 《隋书·刑法志》。
④ 《晋书·刑法志》。
⑤ 《隋书·刑法志》。

李怜生暂缓执行死刑。"检籍不谬"是说对于户籍、年龄等予以核查,判断李怜生确实符合"存留养亲"的标准,但未等到最终判决,李母死亡。州一级司法机构同意了李母的要求,判令李怜生为母服丧三年后再执行死刑。司徒法曹参军许琰认为州引用"存留养亲"而作的判决甚为妥当,但主簿李玚引用了北魏《法例律》予以驳斥:"案《法例律》:'诸犯死罪,若祖父母、父母年七十已上,无成人子孙,旁无期亲者,具状上请。流者鞭笞,留养其亲,终则从流。不在原赦之例。'检上请之言,非应府州所决。毒杀人者斩,妻子流,计其所犯,实重余宪。准之情律,所亏不浅。且怜既怀鸩毒之心,谓不可参邻人任。计其母在,犹宜阖门投畀,况今死也,引以三年之礼乎?且给假殡葬,足示仁宽,今已卒哭,不合更延。可依法处斩,流其妻子。实足诫彼氓庶,肃是刑章。"① 李玚对于李怜生是否应适用"存留养亲"主要有两方面意见:程序方面,是否适用"存留养亲"不是府州一级的司法机构所能决断的,因此,州判决李怜生应当为母服丧三年之后再执行死刑不能成立;实体方面,投毒一类犯罪属于恶性犯罪,不应当按照通常犯罪处理,即使李母健在仍应当将其处死,何况李母已死亡。尚书萧宝寅上奏同意李玚的意见,最终皇帝下诏对李怜生执行死刑。从李怜生案中可以明显地看出《北魏律》已明确规定了"存留养亲"之制,其适用条件与适用过程也非常清晰。"存留养亲"对后世刑律也产生了直接且深远的影响。

二、刑罚体系

新"五刑"即以笞、杖、徒、流、死为核心的法定刑罚体系,是与墨、劓、刖、宫、辟为核心的刑罚体系相对而言的。《北魏律》中规定了死、流、徒、杖、鞭五种刑罚。其中死刑定为绞、斩二等,流刑则为"远流"并不区分等级,徒刑由五岁刑至一岁刑共分五等,杖刑分为一百、五十、三十共三等,鞭刑分为三百、一百、五十共三等。《北齐律》在其基础上,定死、流、耐、鞭、杖五种刑罚。其中耐与北魏之徒内容相同,鞭刑分为一百、八十、六十、五十、四十共五等,杖刑分为三十、二十、十共三等。北周《大律》又将《北齐律》中的"耐"改为"徒",自一年至五年分为五等,并首创流刑五等之制,即流蕃服(四千五百里)、流镇服(四千里)、流荒服(三千五百里)、流要服(三千里)、流卫服(二千五百里)。至此,新"五刑"体系初步形成,其核心在于流刑作为法定刑种的确立,这直接决定了隋唐以及后世刑律中刑罚体系的具体内容。"开皇元年定律,流为五刑之一,实因于魏周,自唐以下,历代相沿莫之改也。"②

三、法制发展的特点

(一) 新法律形式的出现与发展

魏晋南北朝时期,法律形式进一步丰富,不同法律形式之间的界限更加清晰。法律形式种类的丰富与不同法律形式界限的清晰标志着制定法体系更加成熟。

1. 律、令的进一步发展。魏晋时期,律与令沿袭汉制,仍为制定法最主要的形式,两者

---

① 《魏书·刑罚志》。
② (清)沈家本:《历代刑法考:附寄簃文存》(一),邓经元、骈宇骞点校,中华书局1985年版,第270页。

的界限仍不清晰,杜周所谓的"前主所是著为律,后主所是疏为令"①以及《汉书·宣帝纪》中的"天子诏所增损,不在律上者为令"皆表现出律与令之间并无清晰的界限。汉律条文中也有大量"律令"连用的表述,如张家山汉简《二年律令·置吏律》载:"县道官有请而当为律令者,各请属所二千石官,二千石官上相国、御史,相国、御史案致,当请,请之,毋得径请。径请者,罚金四两。"又如张家山汉简《二年律令·津关律》载:"诸乘私马入而复以出,若出而当复以入者,出,它如律令。"律与令的界限至西晋始有清晰的界分,《晋杜预律序》曰:律以正罪名,令以存事制,二者相须为用"②。自西晋之后,律和令的界限就很清晰了:律为稳定的关于犯罪行为及其处罚的法律规范,令是暂时性制度,《唐六典》中关于律令的划分"凡律以正刑定罪,令以设范立制"即以之为基础发展而来的。

2. 格、式的出现。北魏分裂以后,东魏于孝静帝兴和三年(541年)命群官议定新制,"以格代科,于麟趾殿删定,名为《麟趾格》"③,同年颁行天下。西魏则于大统元年(535年)着手定新制,于大统十年(544年)"以太祖前后所上二十四条及十二条新制",加以损益"总为五卷,班于天下"④,称为《大统式》。对此,《隋书·经籍志》亦有记载:"后齐武成帝时,又于麟趾殿删正刑典,谓之《麟趾格》。后周太祖,又命苏绰撰《大统式》。"格与式作为新法律形式的出现为隋唐律、令、格、式并行奠定了基础。

(二) 律典结构的完善

关于战国至隋唐时期律典体例的发展过程,《唐律疏议·名例》"序"中有所梳理:"魏文侯师于里悝,集诸国刑典,造《法经》六篇:一、盗法;二、贼法;三、囚法;四、捕法;五、杂法;六、具法。商鞅传授,改法为律。汉相萧何,更加悝所造户、兴、厩三篇,谓九章之律。魏因汉律为一十八篇,改汉《具律》为刑名第一。晋命贾充等,增损汉、魏律为二十篇,于魏刑名律中分为法例律。宋齐梁及后魏,因而不改。爰至北齐,并刑名、法例为名例。后周复为刑名。隋因北齐,更为名例。唐因于隋,相承不改。"据此,律典体例的发展变化主要表现在以下两方面:

1. 律典总则的名称、内容与其在律典中的位置。从现有文献记载来看,将律典中具有总则性质的法律规范汇集于一篇的做法应当始自《法经》。盗、贼、囚、捕、杂、具六篇当中,《具律》的功能是"具其加减",即其中的法律规范已具有了现代刑法当中通则性条文的部分功能。《具律》在《法经》各篇之末,汉初萧何定《九章律》时,直接于《法经》六篇之后"益事律《兴》《厩》《户》三篇,合为九篇。"⑤对此,刘劭在《魏律序》中有所批评:"旧律因秦《法经》,就增三篇,而具律不移,因在第六。罪条例既不在始,又不在终,非篇章之义。"即在曹魏《新律》的修订过程中已经注意到了通则性规范在律典中所处位置的重要性,其处理方式为"集罪例以为刑名,冠于律首"⑥。不但将其冠于律首,还将原来的《具律》改称为《刑名》。张斐在《晋律注表》中对当时作为律典总则的《刑名》一篇在律典中的地位与功能作了说明:"《刑名》所以经略罪法之轻重,正加减之等差,明发众篇之多义,补其章条之不足,较举上下

---

① 《史记·酷吏列传》。
② 《艺文类聚·刑法部·刑法》。
③ 《唐六典》卷六"刑部郎中员外郎"条。
④ 《周书·文帝纪》。
⑤ 《晋书·刑法志》。
⑥ 《晋书·刑法志》。

纲领。其犯盗贼、诈伪、请赇者，则求罪于此，作役、水火、畜养、守备之细事，皆求之作本名。告讯为之心舌，捕系为之手足，断狱为之定罪，名例齐其制。自始及终，往而不穷，变动无常，周流四极，上下无方，不离于法律之中也。"[1] 关于律典各篇章的顺序以及为何各篇应当始于《刑名》，张斐说："律始于《刑名》者，所以定罪制也；终于《诸侯》者，所以毕其政也。王政布于上，诸侯奉于下，礼乐抚于中，故有三才之义焉，其相须而成，若一体焉。"[2] 因此，西晋定律仍然将《刑名》置于律典之首，并在内容方面又分出了《法例》一篇置于《刑名》之后。北齐定律，将《刑名》与《法例》合为《名例》一篇，之后直至明清时期，《名例》在律典篇首的位置及其在律典中的功能沿袭不改。

2. 律典的篇目与篇数。关于律典篇目与篇数，自魏《新律》起一直在汉《九章律》的基础之上不断探索。由于"篇少则文荒，文荒则事寡，事寡则罪漏"，《新律》将篇目增加为十八篇："凡所定增十三篇，就故五篇，合十八篇，于正律九篇为增，于旁章科令为省矣。"[3]《晋律》对篇目作了进一步改定，并增加了篇数："改旧律为《刑名》《法例》，辨《囚律》为《告劾》《系讯》《断狱》，分《盗律》为《请赇》《诈伪》《水火》《毁亡》，因事类为《卫宫》《违制》，撰《周官》为《诸侯律》，合二十篇，六百二十条，二万七千六百五十七言。"之后，《北魏律》仍为二十篇。至《北齐律》篇目稳定为十二篇："一曰名例，二曰禁卫，三曰婚户，四曰擅兴，五曰违制，六曰诈伪，七曰斗讼，八曰贼盗，九曰捕断，十曰毁损，十一曰厩牧，十二曰杂。其定罪九百四十九条。"[4] 虽然北周《大律》又进一步扩充律典篇目，增至二十五篇，但隋唐定律仍以《北齐律》的篇目为基础。

在律典篇目的发展过程中，曹魏分汉《贼律》为《诈伪律》；《卫禁》一篇始自《晋律》，新制《官卫》一篇，至北齐附以关禁，合为《卫禁》，加强了对皇室和封建国家安全的保护；《职制》篇也始自晋，至北齐未改，主要是有关官吏职务犯罪的规定；北魏太和年间，分《系讯律》为《斗律》，北齐以讼事附之，定为《斗讼律》，禁斗殴、理争讼。在律典结构与体系的发展过程中，立法者对于纷繁复杂的犯罪行为的认识不断深化，对其类型的认识也不断深入，逐渐根据犯罪行为所侵害的法益将其分类，这就是各篇产生的根源。同时，对于不同类型的犯罪行为所造成的危害性也有所评价，这些评价在律典各篇排序中直接有所表现。

第四节 司法制度

一、司法机构

（一）中央司法机构

魏晋南北朝的司法机构基本沿袭了东汉的设置，但在其基础之上有进一步的发展，中央司法系统的雏形已渐渐形成。

中央审判机构仍多称廷尉，孙吴政权将中央审判机构称为"大理"，北周称为"秋官大司

---

[1]《晋书·刑法志》。
[2]《晋书·刑法志》。
[3]《晋书·刑法志》。
[4]《隋书·刑法志》。

寇"。北齐改东汉廷尉为"大理",称其机构为大理寺,设卿、少卿、丞各一人为主官,其下设正、监、平各一人,律博士四人,明法椽二十四人,司直、明法各十人。

东汉中央三省制度逐渐形成,尚书台脱离少府而逐渐发展成为中央最高行政机关,政治制度方面的重大变革直接影响到司法机构的发展。尚书台所属各部、曹中均设置有负责司法行政与兼理刑狱的机构,此即隋唐刑部之前身。曹魏承汉制保留三公曹、二千石曹,又增设比部郎司掌刑狱;晋初,以三公尚书掌刑狱,武帝太康年间以吏部尚书"领刑狱"而取代三公尚书;南朝刘宋置都官尚书,"掌京师非违,兼掌刑狱"①;北齐尚书省以六尚书分统列曹,殿中尚书统三公曹,"掌五时读时令,诸曹囚帐,断罪,赦日建金鸡等事",都官尚书统比部曹,"掌诏书律令勾检等事"。②魏晋南北朝时期,中央行政机构兼领司法事务,意味着司法制度逐渐走上司法行政与审判分离而又相互牵制的道路。

魏晋时期,作为中央监察机构的御史台已从少府中独立出来,成为皇帝直接掌握的独立机关。长官仍沿袭汉制为御史中丞,但职权有所扩大。《通典·职官》载:"自皇太子以下,无所不纠。初不得纠尚书,后亦纠之。"御史中丞以下,设有名目繁多的御史。自魏以后,地方不设监察机关,由中央派御史监察,发展出了御史出巡制度。这一时期,御史台除监察职能外,审判的职能亦有所加强,这一变化为隋唐中央司法系统的形成打下了基础。

(二) 地方司法机构

地方司法机构仍沿袭汉代设置,分为州、郡、县三级,由县令、郡太守、州刺史掌领司法权。地方司法权的具体内容出现了一些变化:首先,随着中央司法权的增强,重大疑难案件和死刑案件的审理权收归中央。曹魏时期,地方政府仅限于决断民事案件和一般刑事案件,凡重大疑案和死刑案件则上报中央廷尉。其次,魏晋南北朝长期处于战乱之中,司法机构的军事化非常明显。地方州郡长官常以临军战阵为借口,擅杀部属与平民。为限制此种现象,南朝刘宋时曾下诏:"诏自今非临军战阵,一不得专杀;其罪人重辟者,皆依旧先上须报,有司严加听察,犯者以杀人罪论。"③最后,南北朝时期,为了维护京畿地区的秩序,赋予京畿地区司法机构与中央司法机构同等的权力。南朝宋以"王畿内奉京师,外表众夏"为由,由尚书与守宰"平治庶狱",直接向皇帝负责。④南梁于建康设正、监、平三官,与廷尉三官"皆法冠元衣朝服,以监东西中华门"⑤。南朝陈以"廷尉寺为北狱,建康县为南狱,并置正监平"⑥。

二、诉讼与审判

(一) 皇帝直接参与司法审判

自秦汉以来形成的司法体系中,皇帝享有最终司法裁决权,但其一般并不参与具体案件

---

① 《册府元龟·刑法部·总序》。
② 《隋书·百官志》。
③ 《宋书·孝武帝本纪》。
④ 《宋书·孝武帝本纪》。
⑤ 《隋书·百官志》。
⑥ 《隋书·刑法志》。

的裁判。皇帝直接参与司法裁判是魏晋南北朝时期所特有的司法现象。魏明帝太和三年(229年),"改平望观曰听讼观。帝常言'狱者,天下之性命也',每断大狱,常幸观临听之"[①]。南朝刘宋武帝经常于华林园、延贤堂等处"折疑狱""录囚徒",仅永初二年(421年)即有五次之多。大明七年(463年)宋孝武帝还亲自到建康秣陵县、南豫州、江宁、溧阳等地"听讼""讯狱囚"。北周武帝"建德二年冬,帝听讼于正武殿,自旦及夜,继之以烛"[②]。

(二) 死刑奏报制度

魏明帝青龙四年(236年)下诏:"令廷尉及天下狱官,诸有死罪具狱以定,非谋反及手杀人,亟语其亲治,有乞恩者,使与奏当文书俱上,朕将思所以全之。"[③] 南朝刘宋时期下诏:"其罪甚重辟者,皆如旧先上须报,有司严加听察。犯者以杀人罪论。"[④]《北魏律》规定:"当死者,部案奏闻。以死不可复生,惧监官不能平,狱成皆呈,帝亲临问,无异辞怨言乃绝之。诸州国之大辟,皆先谳报乃施行。"[⑤] 死刑奏报制度的确立,虽然主观上是为了加强皇帝对司法的控制,但客观上也产生了"慎刑"的效果。

(三) 直诉制度

西晋武帝时在官府朝堂门外设置"登闻鼓",民众若有重大冤情、不服判决,可以击鼓,直接诉冤于皇帝或钦差大臣,官府须闻声录状上奏。需要注意的是,"登闻鼓"之制乃诉讼中的特别程序,是对审级制度的补充,因不受诉讼审级限制,又称直诉。此制为后世封建王朝历代相承,《梁书·臧厥传》载:"(臧)厥卒后,有挝登闻鼓诉者,求付清直舍人。"[⑥] "登闻鼓"之制一直沿用至清代。

(四) 刑讯制度

魏晋南北朝时期,刑讯进一步制度化,典型者如南梁时期的"测囚法"与南陈时期的"立测法"。《隋书·刑法志》载:"凡系狱者,不即答款,应加测罚,不得以人士为隔。若人士犯罚,违捍不款,宜测罚者,先参议牒启,然后科行。断食三日,听家人进粥二升。女及老小,一百五十刻乃与粥,满千刻而止。""其有赃验显然而不款,则上测立。立测者,以土为垛,高一尺,上圆劣,容囚两足立。鞭二十,笞三十讫,著两械及杻,上垛。一上测七刻,日再上。三七日上测,七日一行鞭。凡经杖,合一百五十,得度不承者,免死。"

> **关键词**
>
> 《晋律》 张杜律 八议 官当 重罪十条 准五服以制罪 存留养亲 登闻鼓 律学

---

① 《三国志·魏书·明帝纪》。
② 《太平御览·刑法部五·听讼》。
③ 《三国志·魏书·明帝纪》。
④ 《宋书·孝武帝本纪》。
⑤ 《魏书·刑罚志》。
⑥ 《梁书·臧厥传》。

思考题

1. 三国魏晋南北朝时期法典体例有哪些变化?
2. 三国魏晋南北朝时期的"法律儒家化"过程在立法与司法中有哪些具体反映?
3. 三国魏晋南北朝时期的法律形式产生了哪些变化?
4. 北齐律对后世产生了什么影响?
5. "准五服以制罪"的本质是什么?

参考书目

1. 陈寅恪:《陈寅恪集·隋唐制度渊源略论稿 唐代政治史述论稿》,生活·读书·新知三联书店2001年版。
2. 唐长孺:《魏晋南北朝史论拾遗》,人民出版社1983年版。
3. (宋)李昉等:《太平御览》(影印本),中华书局1982年版。

第五章 隋唐时期的法律思想与制度

隋唐在中国历史上具有极其重要的地位。春秋战国以降,中国社会政治、经济、文化诸方面的发展出现过三次鼎盛:西汉、隋唐与明清。隋唐时期尤其是唐代的社会发展呈现出空前繁荣,"贞观之治"与"开元盛世"所达到的政治、经济、社会各方面的发展成就都超越了西汉的"文景之治"。隋唐时期不仅是中国历史上的鼎盛时期,从当时整个世界范围来看,隋唐帝国也是最重要、最强盛的国家,拥有着极为突出的综合实力与影响力,是当时当之无愧的"东亚世界的中心"。与政治、经济高度发达的状况相适应,隋唐时期又是中华文明发展史上最为瞩目的时期,唐玄宗时期文化鼎盛达到了顶峰,成就了所谓的"盛唐气象"。总的来说,隋唐时期,中国在政治、经济、文化、民族和国际交往中,都取得了极其光彩夺目的成就。

第一节 思想特点

一、德礼为政教之本,刑罚为政教之用

自汉武帝"罢黜百家,独尊儒术"之后,传统法制与法律发展便进入了"礼律融合""法律儒家化"与正统法律思想的形成与完善过程,隋唐时期尤其是唐代正是这一过程最为成熟、最为完备的时期,中华法系在唐代也以最为完整的形态予以展现。唐代法制与法律思想最为核心的内容仍是自汉代以来立法者与思想家不断探索的问题——礼法关系,这一核心内容在唐代以"礼本刑用"的形态予以展现。中华法系的代表之作《唐律疏议·名例》"序"中说:"德礼为政教之本,刑罚为政教之用,犹昏晓阳秋相须而成者也。"这段话出自唐律的作者,即唐代立法者,因此,其中的"礼本刑用"应当是立法者的目标。但从后世的评价来看,唐代立法者应当是完全实现了这一目标,将礼刑关系处理得极其融洽:"论者谓唐律一准乎礼,以为出入得古今之平。"[1] 唐初统治者对于"礼刑"关系有着非常深刻的认识,唐太宗"初即位,有劝以威刑肃天下者,魏征以为不可,因为上言王政本于仁恩,所以爱民厚俗之意,太宗欣然纳之,遂以宽仁治天下,而于刑法尤慎"。[2] 魏征于贞观十一年(637年)上疏:"故圣哲君临,移风易俗,不资严刑峻法,在仁义而已。故非仁无以广施,非义无以正身。惠下以仁,正身以义,则其政不严而理,其教不肃而成矣。然则仁义,理之本也;刑罚,理之末也。为理

---

[1]《四库全书总目·史部·政书类》。
[2]《新唐书·刑法志》。

之有刑罚,犹执御之有鞭策也,人皆从化,而刑罚无所施;马尽其力,则有鞭策无所用。由此言之,刑罚不可致理,亦已明矣。……是以圣帝明王,皆敦德化而薄威刑也。德者,所以循己也,威者,所以治人也。"①

唐代的"礼本刑用"包含了三层含义:首先,"德礼"与"刑罚"是治理国家必不可少的两种手段,就像一天中有早有晚、一年中有春有秋,两者缺一不可;其次,"德礼"与"刑罚"的地位并不是同等的,而是"本"与"用"的关系,"德礼"起的是主导的、根本的作用,"刑罚"起的是辅助的、表面的作用;最后,"德礼"与"刑罚"皆是手段而非目的,两者统一于维护君主统治。因此,君主要"宽仁",要注重对民众的道德教化,只有在不得已时才可适用刑罚;而刑罚适用的终极目标是"平",不可严刑、滥刑。

二、务在宽简

唐初定律的原则是"务从宽简,取便于时"。②"宽"与"简"所表达的含义各有侧重:"宽"是说刑罚适用应当宽严适中;"简"是说法律规定应当简约易明。唐初高祖定律时,"因开皇律令而损益之,尽削大业所用烦峻之法","(房)玄龄等遂与法司增损隋律,降大辟为流者九十二,流为徒者七十一,以为律"。③可见唐初立法过程中充分贯彻了宽与简。唐太宗曾说:"死者不可再生,用法务在宽简。""古者断狱,必讯于三槐、九棘之官,今三公、九卿,即其职也。自今以后,大辟罪皆令中书、门下四品以上及尚书九卿议之。如此,庶免冤滥。"④"国家法令,惟须简约,不可一罪作数种条。格式既多,官人不能尽记,更生奸诈,若欲出罪即引轻条,若欲入罪即引重条。数变法者,实不益道理,宜令审细,毋使互文。"⑤在"用法务在宽简"思想的指导之下,贞观元年(627年)至贞观四年(630年),"断死刑,天下二十九人,几致刑措"⑥。

三、稳定划一

唐初统治者总结了隋王朝短命而亡的教训,力求保持法律的稳定性与连续性,希望立法能够"永垂宪则,贻范后昆"⑦。唐太宗说:"法令不可数变,数变则烦,官长不能尽记;又前后差违,吏得以为奸。自今变法,皆宜详慎而行之。"⑧终唐之世,律、令、格、式都保持了相当的稳定性。当然,随着社会的不断发展,统治者的客观需要在发生变化,立法亦不能绝对地一成不变,但对某些不合时宜的内容,必须以严格的程序作适当的修改。划一,是说法律条文所表达的含义必须一致,尤其是定罪量刑的标准必须严格一致。《唐律疏议·名例》"序"中说:"今之典宪,前圣规模,章程靡失,鸿纤备举,而刑宪之司执行殊异:大理当其死坐,刑部处以流刑;一州断以徒年,一县将为杖罚。不有解释,触涂睽误。"因此,唐代官方对律文作

---

① 《贞观政要·公平》。
② 《唐会要·定格令》。
③ 《新唐书·刑法志》。
④ 《贞观政要·刑法》。
⑤ 《贞观政要·赦令》。
⑥ 《贞观政要·刑法》。
⑦ 《旧唐书·刑法志》。
⑧ 《资治通鉴·唐纪十》。

了统一注解,"参撰律疏,成三十卷",即《唐律疏议》,颁行天下之后"自是断狱者皆引疏分析之"。①

第二节　背景及立法

获得南北分裂之后再度大统一局面的隋唐,在立法方面呈现为吸收与综括式的发展方式,以律、令、格、式为主要法律形式的法典体系在隋初得到确立并在唐代呈现出高度完备的形态。唐中期尤其是"安史之乱"以后,法典编撰的技术与体例出现了一些新的变化,这也为五代、宋元新的法律形式的产生奠定了基础。

一、法律形式

中国古代国家制定法,自秦汉以来即呈现为以"律"为中心的发展趋势;至西晋,"令"也成了基本规范,进入了律令并行时代。之后,律令以外的法律规范逐渐法典化。南北朝时期,"格"与"式"先后产生;隋初,以律、令、格、式为主干的国家法律体系基本形成,这种法律形式在唐代进一步发展、完善;唐中后期,"格后敕"与"刑律统类"产生,对以律、令、格、式为主的法律形式产生了冲击。

隋开皇初,基本上形成了以律、令、格、式为主干的国家法律体系。《隋书·经籍志》载:"后齐武成帝时,又于麟趾殿删正刑典,谓之《麟趾格》。后周太祖又命苏绰撰《大统式》。隋则律令格式并行。"《隋书·苏威传》记载:"律、令、格、式,多威所定。"大业年间,对律、令、式等略有增删,但未影响其主要内容与体系。至唐代,以开皇旧制为依据,经高祖、太宗、玄宗年间的全面修订,律、令、格、式的法典体系大为完备。《新唐书·刑法志》载:"唐之刑书有四,曰:律、令、格、式。令者,尊卑贵贱之等数,国家之制度也;格者,百官有司之所常行之事也;式者,其所常守之法也。凡邦国之政,必从事于此三者。其有所违及人之为恶,而入于罪戾者,一断于律。"《唐六典》载:"凡律以正刑定罪,令以设范立制,格以禁违止邪,式以轨物程事。"

律,自战国商鞅变法始确定名称。律为定罪量刑之依据,其内容大致相当于刑事法律规范。虽然未得见《开皇律》及《大业律》全文,但从传世文献对修律过程的记载及《唐律疏议》的内容来看,皆是具体犯罪行为与相应处罚的列举及相关刑罚适用原则的规定。虽然《新唐书·刑法志》将律、令、格、式并称为"唐之刑书",但需要注意的是令、格、式在条文的表述形式方面与律存在明显的差异,即令、格、式的条文内容原则上没有关于具体处罚的规定,违反令、格、式,则由律予以处罚。

令,最初是由皇帝发布的诏令。秦汉时期,令已经成为主要的法律形式,但律令的界限并不清晰。隋唐时期的令大致相当于行政法,有关隋唐令的内容已不存,《唐六典》记载了《开皇令》三十卷、唐令二十七卷名目,从篇目来看,主要是有关国家组织制度方面的一些规定。

格是皇帝临时、临事而颁布的行政命令。《唐六典》卷六"刑部郎中员外郎"条载:"凡《格》二十有四篇。(以尚书省诸曹为之目,共为七卷。其曹之常务但留本司者,别为《留司格》一卷。盖编录当时制敕,永为法则,以为故事。)"由于格随时、随事而发,针对性强,属于"特

---

① 《旧唐书·刑法志》。

别法",故针对具体事项而言,格的法律效力高于律、令、式。唐代格按照效力范围分为两种:"留司格"与"散颁格"。后者颁行天下广泛适用。格分二十四篇,以六部的二十四司为篇目,现已不存。

式的内容主要是尚书省二十四司及其他部门在执行律、令、格的过程中各自订立的办事细则和公文程式。《隋书·炀帝纪》载:隋大业四年(608年)曾"颁新式于天下"。唐式自武德至开元共修订六次,定为三十三篇。现存唐式只有《开元水部式》残卷,其内容可见文字一百四十六行。

《唐律疏议·断狱》"断罪不具引律令格式"条载:"诸断罪皆须具引律、令、格、式正文,违者笞三十。"这首先说明律、令、格、式是隋唐时期主要的法律形式。其次,律、令、格、式既有明确的分工又相互协调,令、格、式三者主要的内容近似于行政法,规定的是如何组织与行为。律规定了违反这些内容的处罚条款。律、令、格、式形成了隋唐时期完备的法律体系。

二、律典沿革

(一) 隋《开皇律》与《大业律》

581年,北周大臣杨坚建立隋王朝并统一北方,是为隋文帝,年号开皇。589年,杨坚统一南北,结束了东汉末年以来的分裂局面。隋文帝即位后即着手修订新律,《隋书·刑法志》载:"高祖既受周禅,开皇元年,乃诏尚书左仆射、勃海公高颎,上柱国、沛公郑译,上柱国、清河郡公杨素,大理前少卿、平源县公常明,刑部侍郎、保城县公韩浚,比部侍郎李谔,兼考功侍郎柳雄亮等,更定新律,奏上之。……三年,因览刑部奏,断狱数犹至万条。以为律尚严密,故人多陷罪。又敕苏威、牛弘等,更定新律。……自是刑网简要,疏而不失。"据《隋书·刑法志》记载,隋初于开皇元年(581年)、开皇三年(583年)两次大规模修律,且两次修律活动都被称为"更定新律"。开皇元年(581年)更定新律的主要内容是将旧法中的"枭首轘身"等残酷刑罚以及"杂格严科"等不合时宜的条文皆除去,从旧法中取适于时者编入新律,以达到"以轻代重,化死为生"之目的;开皇三年(583年)更定新律时则大规模删减条文数量,"除死罪八十一条,流罪一百五十四条,徒杖等千余条"。主旨在于"刑网简要,疏而不失",最终形成了五百条、十二篇的法典体例与结构,"定留唯五百条。凡十二卷。一曰名例,二曰卫禁,三曰职制,四曰户婚,五曰厩库,六曰擅兴,七曰贼盗,八曰斗讼,九曰诈伪,十曰杂律,十一曰捕亡,十二曰断狱"。① 这对唐律及后世法典的结构影响极大。我们通常所说的隋《开皇律》主要指开皇三年律。客观地说,《开皇律》在法典沿革史上具有极为重要的地位,是中国古代法典编纂的里程碑与转折点,被称为中华法系代表的《唐律疏议》完全以隋《开皇律》为底本。②

隋文帝晚年禁网深刻、持法尤峻,"恒令左右觇视内外,有小过失,则加以重罪。又患令史赃污,因私使人以钱帛遗之,得犯立斩。每于殿廷打人,一日之中,或至数四。尝怒问事挥楚不甚,即命斩之"。③ 仁寿四年(604年),隋炀帝继位,次年改年号为大业。隋炀帝"以高祖

---

① 《隋书·刑法志》。
② 程树德谓:"今所传唐律,即隋《开皇律》旧本。"程树德:《九朝律考》,商务印书馆2010年版,第563页。
③ 《隋书·刑法志》。

禁网深刻,又敕修律令",新律于大业三年(607年)修成,即《大业律》。根据《隋书·刑法志》的记载,《大业律》与《开皇律》相比,有三方面的变化:

第一,除十恶之条。《大业律》仅除去了"十恶"之条目,其内容仍在各条文之中。

第二,篇目调整:"一曰名例,二曰卫宫,三曰违制,四曰请求,五曰户,六曰婚,七曰擅兴,八曰告劾,九曰贼,十曰盗,十一曰斗,十二曰捕亡,十三曰仓库,十四曰厩牧,十五曰关市,十六曰杂,十七曰诈伪,十八曰断狱。"《大业律》在《开皇律》篇目的基础之上改变了一些原有篇目的名称,如将《卫禁》《职制》《斗讼》改为《卫宫》《违制》《斗》;又将部分原有篇目一分为二,如将《户婚》分为《户》与《婚》,将《厩库》分为《仓库》与《厩牧》,将《贼盗》分为《贼》与《盗》;并新增了《请求》《告劾》《关市》三篇,最终形成了《大业律》十八篇的结构。从结构来看,《大业律》的变化使得《开皇律》所创体系散漫无章,而结合条文数来看,律文五百条未变,仅变其篇目,这显然不是法典编纂发展的内在需求,而是"炀帝好大喜功,特欲袭制礼作乐之名"① 的产物。

第三,刑罚有所减轻。"其五刑之内,降从轻典者,二百余条。其枷杖决罚讯囚之制,并轻于旧。"刑罚方面的变化在一定程度上对文帝晚年"持法尤峻"的状况有所改善,这是值得肯定的。

(二) 唐代律典沿革

唐代法典沿革大致可分为两个时期,前后以"安史之乱"为界分。前期直接承袭隋开皇之制,立法频繁;后期则在维持主要法律形式的基础之上创制"格后敕"与"刑律统类",这在后世逐渐演变成为"编敕"与"刑统",并成为法律体系的主干。唐代最主要的立法方式是集中修纂法典,具体方法包括:(1)撰定,即编创或重编新的法典;(2)删定,即增删或改动原有法典的内容;(3)刊定,即刊削或修正原有法典的文字,但不变其内容;(4)详定,即审查、选编原有的法律文件,而不进行加工。② 唐代前后二百九十年,有记载的集中立法活动共二十七次,内容涉及律、令、格、式等法律形式的更定及"格后敕"与"刑律统类"等法律形式的编纂。③ 此处将唐律的产生与沿革稍作梳理。

1.《武德律》。唐高祖武德元年(618年),下诏撰定律、令、格、式。《唐会要·定格令》载:"武德元年六月一日,诏刘文静与当朝通识之士,因隋开皇律令而损益之,遂制为五十三条,务从宽简,取便于时。其年十一月四日颁下,仍令尚书令左仆射裴寂、吏部尚书殷开山、大理卿郎楚之、司门郎中沈叔安、内史舍人崔善为等更撰定律令。十二月十二日又加内史令萧瑀、礼部尚书李纲、国子博士丁孝乌等同修之。至七年三月二十九日成,诏颁于天下。"大略以开皇为准,格五十三条,凡律五百条并入于新律。他无所改正。武德元年(618年),高祖诏刘文静等人在损益隋开皇律令的基础之上制定了格五十三条或称《武德新格》,此为临时性法规,制定主旨在于约法缓刑。《武德新格》为有唐第一部法典。《武德律》的主要内容是将隋《开皇律》与《武德新格》稍做增删后"并入于新律",其内容在《开皇律》的基础之上变化不大:"皇朝武德中,命裴寂、殷开山等定律令。其篇目一准隋开皇之律,刑名之制又亦略同,唯三

---

① 程树德:《九朝律考》,商务印书馆2010年版,第564页。
② 参见刘俊文:《唐代法制研究》,文津出版社1999年版,第1-2页。
③ 详细内容可参见刘俊文:《唐代法制研究》,文津出版社1999年版,第23-60页。

流皆加一千里,居作三年、二年半、二年皆为一年,以此为异。又除苛细五十三条。"① 除了流刑里数、居作时间以外,删除隋律五十三条,而篇章结构、条文内容的其他方面"一准隋开皇之律"。《武德律》的意义在于废除隋《大业律》,将魏晋南北朝法典发展的集大成者——《开皇律》作为基础,为唐代律典的沿革与发展确定了方向。另外,武德七年(624 年)还撰定《武德令》三十一卷、《武德式》十四卷,并颁天下施行。

2.《贞观律》。唐太宗贞观元年(627 年),命长孙无忌、房玄龄等人更定新律。《旧唐书·刑法志》载:"及太宗即位,又命长孙无忌、房玄龄与学士法官,更加厘改……玄龄等遂与法司定律五百条。"此次定律首先肯定了律典篇章结构及基本原则等内容,如十二篇的法典结构与具体篇名;五刑二十等的刑罚体系;议、请、减、赎、当、免与"十恶"等刑罚适用原则。在此基础之上,还做了大规模的删改。这使得全面承袭了《开皇律》的《武德律》在内容方面有了比较大的变化:"比隋代旧律,减大辟者九十二条,减流入徒者七十一条。其当徒之法,唯夺一官,除名之人,仍同士伍。凡削烦去蠹,变重为轻者,不可胜纪。"② 贞观定律之后,唐代法制的基本面貌已经确立,之后尤其是唐律的内容再无实质性变化。可以说唐代法制"虽始于武德,而实定于贞观"③。另外,贞观年间还撰定《贞观令》三十卷、《贞观格》十八卷、《贞观式》十四卷,并颁天下施行。

3.《永徽律》及其《律疏》。唐高宗永徽元年(650 年),"敕太尉长孙无忌……共撰定律令格式,旧制不便者皆随有删改"④。永徽二年(651 年),奏上新删定律、令、格、式,"修勒成律十二卷、令三十卷、式四十卷,颁于天下"。⑤ 同时,将格分为"留司格"与"散颁格":"曹司常务者为留司格,天下所共者为散颁格。散颁格下州县,留司格本司行用。"⑥《永徽律》在《贞观律》的基础之上所做的改动非常少,而且多是条文内容方面的变化,而在法典结构与体例、法律原则等方面没有任何变化。

唐高宗永徽三年(652 年)下诏:"律学未有定疏,每年所举明法,遂无凭准。宜广召解律人条义疏奏闻。仍使中书、门下监定。"长孙无忌等人遂"参撰《律疏》,成三十卷,四年十月奏之,颁于天下。"⑦ 永徽四年(653 年)颁行《律疏》,其内容是对于《永徽律》的逐条阐释,由于为官方解释,其内容具有法律效力,"自是断狱者皆引疏分析之"⑧。《律疏》在后世又被称为《永徽律疏》或《唐律疏议》,它是中国历史上最早的注释法典,在法制史与法学史上具有极其重要的地位。

4.《开元律》。唐玄宗开元六年(718 年),"敕吏部尚书兼侍中宋璟……九人删定律令格式,至七年上之。律、令、式仍旧名,格曰《开元后格》。"此次集中立法活动仍是"删定",即在旧法基础之上作修订,所针对的对象包括律、令、格、式等主要法律形式。从结果来看,除《开元后格》的名称有所变化外,传世文献中未见其他内容有所变化的记载。经此次"删定",律、令、格、式一直沿用至开元二十五年(737 年)。

---

① 《唐六典》卷六"刑部郎中员外郎"条。
② 《旧唐书·刑法志》。
③ 刘俊文:《唐代法制研究》,文津出版社 1999 年版,第 27 页。
④ 《册府元龟·刑法部·定律令》。
⑤ 《唐会要·定格令》。
⑥ 《唐会要·定格令》。
⑦ 《旧唐书·刑法志》。
⑧ 《旧唐书·刑法志》。

开元二十二年(734年),"户部尚书李林甫受诏改修格令。林甫寻迁中书令,乃与侍中牛仙客……共加删缉旧格式律令及敕。……总成律十二卷、律疏三十卷……又撰《格式律令事类》四十卷,以类相从,便于省览。二十五年九月奏上之,敕于尚书都省写五十本,发使散于天下"。此次删缉旧法涉及内容极其广泛,是贞观之后最重要、影响最大的集中立法活动,最终编成律与律疏。另外,需要注意的是,此次撰成的《格式律令事类》,体例上"以类相从",以"便于省览",为唐中后期及五代"刑律统类"的产生奠定了基础。

唐律作为有唐一代之法,自唐初高祖武德年间开端,太宗贞观年间确立基本面貌,高宗永徽年间作《律疏》对律文、律义条分缕别、句推字解,玄宗开元年间刊定。可将唐律的形成总结为:武德开其端,贞观定其型,永徽疏其议,开元刊其定。①

秦汉魏晋时期开始的法典化进程至隋唐时期已呈现出成熟、完备的体系,这表现在两方面:法典体系方面,律、令、格、式作为主要法律形式,各自内容与体例、结构皆成熟、完备,且相互之间形成了有机的整体,形成了以律为主的法典体系;内容方面,更定律典总的方向是内容精简、用刑轻缓,尤其是隋唐定律"务从宽简""削繁去蠹,变重为轻"的宗旨表现得非常明显。

三、《唐律疏议》的篇章结构

《唐律疏议》即《永徽律疏》,是《永徽律》及其官方注疏的合称。②《唐律疏议》的制作最初是为了满足明法科考试的需要,《旧唐书·刑法志》载:"律学未有定疏,每年所举明法,遂无准凭,宜广召解律人,条义疏奏闻,仍使中书门下监定。于是太尉赵国公无忌……参撰律疏,成三十卷。明年十月奏之,颁于天下。自是断狱者皆引疏分析之。"在《唐律疏议》制作阶段,司法实践中的迫切需要又对其产生了直接影响。《唐律疏议·名例》"序"《疏》议曰:"今之典宪,前圣规模,章程靡失,鸿纤备举,而刑宪之司执行殊异:大理当其死坐,刑部处以流刑;一州断以徒年,一县将为杖罚。不有解释,触涂睽误。……爰造律疏,大明典式。……譬权衡之知轻重,若规矩之得方圆。迈彼三章,同符画一者矣。"因此,制作《唐律疏议》既是明法科考试的需要也是对司法实践中迫切需要的回应。③

《唐律疏议》凡五百零二条,分为十二篇,计三十卷。"条"是唐律中所包含的刑事法律

---

① 叶孝信主编:《中国法制史》,北京大学出版社1996年版,第165页。
② 关于《唐律疏议》的制作年代问题,自19世纪二三十年代以来,中、日法律史学界长期存在争议,主要有"贞观说""开元说""永徽说"以及"折衷说"。日本学者仁井田陞、牧野巽主张《唐律疏议》非《永徽律疏》,而是唐玄宗开元二十五年(737年)新颁行"开元律疏",此说影响甚大。参见[日]仁井田陞、牧野巽:《故〈唐律疏议〉制作年代考》,载[日]寺田浩明主编:《中国法制史考证》(第2卷丙编),程维荣等译,中国社会科学出版社2003年版。我国学者杨廷福教授与蒲坚教授围绕《唐律疏议》的制作年代所作的详细、严密的论证,基本上澄清了以往中日学者在这个问题上的疑问,再次证明了《唐律疏议》为《永徽律疏》的传统说法是可信的。参见杨廷福:《唐律疏议制作年代考》,载《文史》1979年第5期。此文又收入杨廷福:《唐律初探》,天津人民出版社1982年版。蒲坚:《试论〈唐律疏议〉的制作年代问题》,载中国法律史学会、《法律史论丛》编委会:《法律史论丛》(二),中国社会科学出版社1982年版。近些年,郑显文教授撰文以敦煌文书为主,再次指出《唐律疏议》为《永徽律疏》。岳纯之教授对此提出了不同见解,在一定程度上支持了日本学者的观点。参见郑显文:《现存的〈唐律疏议〉为〈永徽律疏〉之新证——以敦煌吐鲁番出土的唐律、律疏残卷为中心》,载《华东政法大学学报》2009年第6期。岳纯之:《所谓现存的〈唐律疏议〉为〈永徽律疏〉之新证——与郑显文先生商榷》,载《敦煌研究》2011年第4期。此处,笔者仍采传统观点,即《唐律疏议》为《永徽律疏》。
③ 参见钱大群:《唐律研究》,法律出版社2000年版,第45–46页。

规范划分的基本单位;"篇"主要是根据若干法律规范的调整对象所作的划分;"卷"是根据编写中文字篇幅所做的划分。各篇基本内容如下:

1.《名例》(凡五十七条、计六卷)。位于律首,相当于刑法总则。《唐律疏议·名例》"序"《疏》议曰:"名者,五刑之罪名;例者,五刑之体例。名训为命,例训为比,命诸篇之刑名,比诸篇之法例。"作为刑法典的总则,《名例》一篇大致包含以下内容:刑名,即刑罚种类及其适用细则,如笞、杖、徒、流、死之五刑刑等、各自赎铜数量等;法例,即定罪量刑过程中的总则性条款,如共同犯罪、十恶、八议等;字义,如"谋""皆""罪止"等。从法典结构的角度来看,《名例》中所包含的法律规范具有超越其他篇章的适用效力;从立法技术的角度来看,这些内容最终的指向是一致的,即为具体的犯罪行为确定适当的处罚。

2.《卫禁》(凡三十三条、计二卷)。主要内容是关于宫廷警卫与关口、边境等相关制度及违反之罚则。《唐律疏议·卫禁》"序"《疏》议曰:"卫者,言警卫之法;禁者,以关禁为名。"将其置于《名例》之后,可见其内容之重要。

3.《职制》(凡五十九条、计三卷)。主要内容是官吏职责与相关法律规定及违反之罚则。《唐律疏议·职制》"序"《疏》议曰:"言职司法制,备在此篇。"《职制》是唐律立法比较重视的部分,"治吏"是历代王朝的核心任务,有关官吏贪赃、枉法的处罚即被规定在此篇。

4.《户婚》(凡四十六条、计三卷)。主要内容是户口、土地、赋役、继承、婚姻、家族管理相关法律规定及违反之罚则,如"嫁娶违律""同姓为婚""子孙别籍异财"等。

5.《厩库》(凡二十八条、计一卷)。主要内容是有关饲养、使用公私牲畜与仓库管理方面的制度及违反之罚则。《唐律疏议·厩库》"序"《疏》议曰:"厩者,鸠聚也,马牛之所聚;库者,舍也,兵甲财帛之所藏。"

6.《擅兴》(凡二十四条、计一卷)。主要内容是关于军事、徭役、兴造的法律规定及违反之罚则。《唐律疏议·擅兴》"序"《疏》议曰:"大事在于军戎,设法须为重防。"

7.《贼盗》(凡五十四条、计四卷)。"贼"即杀人,《左传·昭公十四年》载:"杀人不忌为贼"。《春秋谷梁传·定公八年》载:"非其所取而取之,谓之盗。"张斐注《晋律》谓:"无变斩击谓之'贼',取非其物谓之'盗'。"① 此处的"贼",可理解为杀人与作乱;"盗",可理解为取货、劫物。根据"盗"之手段,又可分为"强盗"与"窃盗"。本篇分为"贼"与"盗"两部分,前者包括有关叛乱、煽惑、蛊巫、杀人等的处罚规定;后者包括有关盗贼、抢劫、勒索、掠卖、窝藏及共盗、累盗等的处罚规定。"贼盗"是历代王朝立法之重点,"(李)悝撰次诸国法,著法经,以为王者之政,莫急于盗贼,故其律始于盗、贼"②。唐律虽将《贼盗》置于法典中部,但从其处罚内容来看,仍是立法重点。

8.《斗讼》(凡六十条、计四卷)。本篇包含两方面内容:"斗殴"与"告诉"。《唐律疏议·斗讼》"序"《疏》议曰:"斗讼律者,首论斗殴之科,次言告讼之事。""斗讼"包括斗殴致伤与斗殴致死,亦包括仅有斗殴行为而未致伤害的情况。另外,法律规范内容的重点在于对不同身份的人之间"斗殴"的处罚,如尊卑、良贱、长幼、官民等。"告诉"即有关诉讼方面的犯罪,从本篇关于"告诉"事项禁止性规定的具体内容中可以看出,其中既有属于普遍规定的诬告、越诉,又有属于特别条款的诬告谋反大逆、亲属相告、奴婢告主等;既有违反知而不告义

---

① 《通典·刑法二·刑制中》。
② 《通典·刑法一·刑制上》。

务的处罚规定,又有禁止告发事项。通过处罚相关犯罪,规定了告发犯罪应有的程序。

9.《诈伪》(凡二十七条、计一卷)。主要内容是有关欺骗、诈骗、伪造等的罚则,具体来说规定了对伪造、假冒、欺诈、伪证等四类行为的处罚。

10.《杂律》(凡六十二条、计二卷)。主要内容是对其他各篇无法包含的各类犯罪行为之处罚。《唐律疏议·杂律》"序"《疏》议曰:"诸篇罪名,各有条例。此篇拾遗补阙,错综成文,班杂不同,故次诈伪之下。"该篇的主要功能在于"拾遗补阙"。此种"拾遗补阙",既有以明确列举其他各篇未规定之犯罪行为的方式进行的"补阙",亦有通过立法技术进行的"补阙"。前者如"奸罪",在唐律立法体例中无法纳入其他各篇,则置于《杂律》;① 后者如《唐律疏议·杂律》"不应得为"条载:"诸不应得为而为之者,笞四十;(谓律、令无条,理不可为者。)事理重者,杖八十。"该条概括地规定了律令没有规定但应当处罚的行为。

11.《捕亡》(凡十八条、计一卷)。主要内容是抓捕逃亡罪犯、逃亡士兵、逃亡丁役及对抓捕过程中的违法行为的处罚。《唐律疏议·捕亡》"序"《疏》议曰:"然此篇以上,质定刑名。若有逃亡,恐其滋蔓,故须捕系,以置疏网,故次杂律之下。"

12.《断狱》(凡三十四条、计二卷)。主要内容是司法审判相关制度及违反该制度之罚则。此篇为唐律中关于司法审判之"专则"。《唐律疏议·断狱》"序"《疏》议曰:"此篇错综一部条流,以为决断之法,故承众篇之下。"其中的"决断之法"是关于官员在监狱管理、审讯、判决、执行方面犯罪时如何处理的法律,涉及刑讯、审理、复审、死囚复奏、疑罪处理以及狱囚管理方面的具体犯罪。其中,犯罪主体既包括主持审讯、判决的司法官员,也包括监狱管理人员、刑罚执行机构的官员等主体。

唐律十二篇,根据各篇内容之性质,亦可将其结构分为:总则、事律、罪律、专则四部分。《名例》一篇为全律之"总则",规定通行全律之刑名与法例;《卫禁》《职制》《户婚》《厩库》《擅兴》等五篇为"事律",主要规定违反各种行政制度的罚则;《贼盗》《斗讼》《诈伪》《杂律》《捕亡》等五篇为"罪律",主要规定对各种刑事犯罪的处罚;《断狱》一篇为"专则",主要规定司法审判制度及相关的罚则。"唐律始以总则,终以专则,先列事律,后列罪律,是一部内容丰富、体例整严的综合性法典。"②

第三节 主要内容与特点

一、刑事法制的主要内容

(一)五刑及赎刑

隋初《开皇律》"蠲除前代鞭刑及枭首轘裂之法,其流徒之罪皆减从轻"③,在此基础之

---

① 随着立法技术、法典编纂与法学理论的发展,这一现象在后世有所改变。至明代,"奸罪"独立成篇而不在《杂律》中。清人沈之奇谓:"前代奸事,皆在杂律中,明始类为一篇,国朝因之。"参见(清)沈之奇撰:《大清律辑注》(下),怀效锋、李俊点校,法律出版社2000年版,第911页。
② 参见刘俊文撰:《唐律疏议笺解》(上),中华书局1996年版,第30—36页。
③ 《隋书·刑法志》。

上确立了封建五刑体系:其刑名有五:"一曰死刑二,有绞,有斩。二曰流刑三,有一千里、千五百里、二千里。应配者,一千里居作二年,一千五百里居作二年半,二千里居作三年。应住居作者,三流俱役三年。近流加杖一百,一等加三十。三曰徒刑五,有一年、一年半、二年、二年半、三年。四曰杖刑五,自五十至于百。五曰笞刑五,自十至于五十。"① 隋初法定刑罚包括死、流、徒、杖、笞五种,每种法定刑又分为若干等,根据不同的刑种与刑等,对应着具体的赎铜数额:"应赎者,皆以铜代绢。赎铜一斤为一负,负十为殿。笞十者铜一斤,加至杖百则十斤。徒一年,赎铜二十斤,每等则加铜十斤,三年则六十斤矣。流一千里,赎铜八十斤,每等则加铜十斤,二千里则百斤矣。二死皆赎铜百二十斤。"② 隋初的刑罚体系基本上被唐律沿袭,《唐律疏议·名例》载:"笞刑五:笞一十。(赎铜一斤。)笞二十。(赎铜二斤。)笞三十。(赎铜三斤。)笞四十。(赎铜四斤。)笞五十。(赎铜五斤。)杖刑五:杖六十。(赎铜六斤。)杖七十。(赎铜七斤。)杖八十。(赎铜八斤。)杖九十。(赎铜九斤。)杖一百。(赎铜十斤。)徒刑五:一年。(赎铜二十斤。)一年半。(赎铜三十斤。)二年。(赎铜四十斤。)二年半。(赎铜五十斤。)三年。(赎铜六十斤。)流刑三:二千里。(赎铜八十斤。)二千五百里。(赎铜九十斤。)三千里。(赎铜一百斤。)死刑二:绞。斩。(赎铜一百二十斤。)"唐律五刑与隋律五刑的体系与内容基本一致,笞刑是五刑中最轻的刑罚。"言人有小愆,法须惩诫,故加捶挞以耻之",可见其适用于轻罪。至于其形质,"汉时笞则用竹,今时则用楚"。即唐代笞刑用荆条击打犯人。杖刑重于笞刑,除行刑数量比笞刑多以外,行刑工具也与笞刑不同,形质上更加大、重。徒刑比笞、杖刑更重,兼具自由刑与劳役刑的属性,即剥夺囚犯人身自由并强制其服劳役。流刑仅次于死刑,律《疏》中说:"谓不忍刑杀,宥之于远也。"从产生之时,流刑就是作为衔接死刑与生刑之间的过渡刑而出现的。唐律中规定的三等流刑都是将犯人流放至边远地区后强制服役一年,服役期满后则在服役地落户,不得回原籍。唐太宗时期,将旧有的死刑与肉刑改为加役流。《唐律疏议·名例》"应议请减"条:"加役流者,旧是死刑,武德年中改为断趾。国家惟刑是恤,恩弘博爱,以刑者不可复属,死者务欲生之,情轸向隅,恩覃祝网,以贞观六年奉制改为加役流。"加役流皆流三千里、服役三年。死刑即剥夺生命的刑罚。根据剥夺生命的方式不同,唐律中的死刑分为绞、斩二等,其中绞刑保留了完整躯体,故比斩刑轻。

唐律五刑虽承袭隋律五刑,但仍有一些差别需要注意:

首先,五刑的排列顺序不同。《隋书·刑法志》中所记载的顺序为由重至轻,《唐律疏议》中五刑顺序为由轻至重。当然,《隋书·刑法志》并非法典原文,其记述内容也可能与隋律有异。

其次,唐律三等流刑在隋律的基础之上各增加一千里,即二千里、二千五百里、三千里三等。

最后,唐律针对五刑及各自刑等所规定的赎铜数额与隋律不同。需要注意的是,并非所有的犯罪所科处的刑罚都可以用铜赎而不科真刑。隋律久已亡佚不见全文,我们自唐律条文中得见,适用赎刑的犯罪行为大致分为三类:第一,特定官员及其一定范围内亲属的特定犯罪,《唐律疏议·名例》"应议请减(赎章)"条规定:"诸应议、请、减及九品以上之官,若官品得减者之祖父母、父母、妻、子孙,犯流罪以下,听赎。"第二,过失犯罪听赎。《唐律疏

---

① 《隋书·刑法志》。
② 《隋书·刑法志》。

议·斗讼》"过失杀伤人"条规定:"诸过失杀伤人者,各依其状,以赎论。(谓耳目所不及,思虑所不到;共举重物,力所不制;若乘高履危足跌及因击禽兽,以致杀伤之属,皆是。)"此处的过失与现代刑法的"过失"不同,包含了现代刑法中的"意外事件"及"疏忽大意的过失"。第三,疑罪听赎。《唐律疏议·断狱》"疑罪"条规定:"诸疑罪,各依所犯,以赎论。(疑,谓虚实之证等,是非之理均;或事涉疑似,傍无证见;或傍有闻证,事非疑似之类。)""疑罪"即根据已查明的案件事实与法律规定,无法判断行为人有罪或无罪的情况,或者说现有证据与法律规定在判断行为人有罪和无罪的证明力相当。以现代诉讼法的观念来看,"疑罪听赎"是落后的,但将其置于古代刑法发展的脉络中来看,"疑罪听赎"无疑是对"疑罪从有"的批判与发展。

另外,五刑体系的确立是指法定刑罚体系或律内刑罚体系得以确立,但并不能排除法外刑罚的适用,尤其是到了王朝中后期,法外处刑的情况非常普遍。如隋文帝于朝堂内以马鞭笞杀楚州行参军李君才,并于殿庭内决杀兵部侍郎冯基;[①] 又如唐文宗腰斩大臣数人并枭首示众。[②]

虽然唐律五刑及其具体内容与隋律稍有差异,但二者之间沿袭的脉络是非常清晰的。至唐代,新五刑体系完全确立,并为后世各朝刑律所沿袭。

(二) 十恶

关于"十恶"的渊源与沿革,《唐律疏议·名例》"十恶"条略述:《疏》议曰:"五刑之中,十恶尤切,亏损名教,毁裂冠冕,特标篇首,以为明诫。其数甚恶者,事类有十,故称'十恶'。然汉制九章,虽并湮没,其'不道''不敬'之目见存,原夫厥初,盖起诸汉。案梁陈已往,略有其条。周齐虽具十条之名,而无'十恶'之目。开皇创制,始备此科,酌于旧章,数存于十。大业有造,复更刊除,十条之内,唯存其八。自武德以来,仍遵开皇,无所损益。"可见,汉律中已有"十恶"部分条目的雏形,而较为完整的内容始自《北齐律》中的"重罪十条"。隋文帝开皇元年更定新律时,"又置十恶之条,多采后齐之制,而颇有损益。一曰谋反,二曰谋大逆,三曰谋叛,四曰恶逆,五曰不道,六曰大不敬,七曰不孝,八曰不睦,九曰不义,十曰内乱。犯十恶及故杀人狱成者,虽会赦,犹除名"[③]。隋炀帝制《大业律》时,虽将"十恶"之条目刊除,但其内容仍多存于律文之中。唐律沿袭隋《开皇律》"十恶"之条目,我们自《唐律疏议·名例》"十恶"条中可以看到具体内容:"一曰谋反。(谓谋危社稷。)二曰谋大逆。(谓谋毁宗庙、山陵及宫阙。)三曰谋叛。(谓谋背国从伪。)四曰恶逆。(谓殴及谋杀祖父母、父母,杀伯叔父母、姑、兄姊、外祖父母、夫、夫之祖父母、父母。)五曰不道。(谓杀一家非死罪三人,支解人,造畜蛊毒、厌魅。)六曰大不敬。(谓盗大祀神御之物、乘舆服御物;盗及伪造御宝;合和御药,误不如本方及封题误;若造御膳,误犯食禁;御幸舟船,误不牢固;指斥乘舆,情理切害及对捍制使,而无人臣之礼。)七曰不孝。(谓告言、诅詈祖父母父母,及祖父母父母在,别籍、异财,若供养有阙;居父母丧,身自嫁娶,若作乐,释服从吉;闻祖父母父母丧,匿不举哀,诈称祖父母父母死。)八曰不睦。(谓谋杀及卖缌麻以上亲,殴告夫及大功以上尊长、小功尊属。)九曰不义。(谓杀本属府主、刺史、县令、见受业师,吏、卒杀本部五品以上官长;及闻夫丧匿不举

---

① 参见《隋书·刑法志》。
② 参见《资治通鉴·唐纪六十一》。
③ 《隋书·刑法志》。

哀,若作乐,释服从吉及改嫁。)十曰内乱。(谓奸小功以上亲、父祖妾及与和者。)"

"十恶"是刑律中规定的十类严重的犯罪,那么,传统刑律由秦汉代至隋唐将十类严重的犯罪行为逐渐概念化的原因是什么?或者说传统刑律设立"十恶"的立法意图为何?律《疏》中说:"五刑之中,十恶尤切,亏损名教,毁裂冠冕,特标篇首,以为明诫。"《唐六典》载:"乃立十恶,以惩叛逆、禁淫乱、沮不孝、威不道。"① 唐律规定的应当受到刑罚处罚的各种犯罪当中,被列于"十恶"的犯罪行为是最严重的,这些严重的犯罪行为皆属弃礼经、悖道德、坏伦常的行为。"集中此类行为,称以十恶,冠于篇首,其意盖欲表明律对于维护封建伦理道德的高度重视,从而达到震慑和禁绝违背礼教行为之目的。"即"十恶之设,乃法律礼教化之体现。"②

"十恶"之名可视作刑律中规定的十类"恶行",即包含了十个"恶名"。需要注意的是,这里的"恶名"并不能等同于犯罪行为或"罪名",因为犯罪行为与"罪名"及其处罚内容都是《唐律疏议·名例》以下各篇中的具体内容,多数"恶名"包含了若干犯罪行为或"罪名"。《唐律疏议·名例》之内设"十恶"也并非强调其适用刑罚的具体内容。

"十恶"可分为四类:(1)危及皇帝与皇权类,包括谋反、谋大逆、谋叛、大不敬;(2)侵犯尊长与有服亲属类,包括恶逆、不孝、不睦、内乱;(3)侵犯官长尊师类,即不义;(4)惨无人性类,即不道。"十恶"中,谋反、谋叛、谋大逆三者与律文中所列的应受处罚的行为是一一对应的,即"十恶"中此三者之"恶名"与律文中的"罪名"一一对应。如谋反与谋大逆为《唐律疏议·贼盗》"谋反大逆"条所规定的犯罪行为,谋叛为《唐律疏议·贼盗》"谋叛"条所规定的犯罪行为。"十恶"中,恶逆以下七者分别包含了若干犯罪行为,即"十恶"中恶逆以下七者之"恶名"各自包含了若干律文中的"罪名"。如恶逆包含了五类犯罪行为或曰"罪名",分别为:殴祖父母、父母,规定于《唐律疏议·斗讼》"殴詈祖父母父母"条;谋杀祖父母、父母,规定于《唐律疏议·贼盗》"谋杀期亲尊长"条;杀伯叔父母、姑、兄姊、外祖父母,规定于《唐律疏议·斗讼》"殴兄姊等"条;杀夫,规定于《唐律疏议·斗讼》"妻殴詈夫"条;杀夫之祖父母、父母,规定于《唐律疏议·斗讼》"妻妾殴詈夫父母"条。律设"十恶"并非强调对这些犯罪行为应当严厉处罚,因为具体犯罪行为的处罚已经由具体条文规定得非常清楚。立法者将"十恶"集中规定于《唐律疏议·名例》一篇,除了体现"法律礼教化"以外,还强调了"十恶"在通常刑罚处罚基础之上的一些处罚特例。具体来说包括以下几方面内容:官员、贵族及其一定范围内的亲属犯罪享有议、请、减之特权,若犯"十恶"则不准议、请、减;有官爵之人犯罪所应处之除名之刑,遇赦可予以免除,若犯"十恶"则会赦犹除名;同居亲属得以相互容隐,若犯"十恶"则亲属听告;犯死罪者,可以父祖年老疾病为由上请缓于执行死刑,若犯"十恶"则不准上请侍亲;死刑必须于特定时间执行,且执行之前必须五覆奏(执行前一日两覆奏、执行之日三覆奏),若犯"十恶"则决死不待时、决前一覆奏;一般犯罪遇有赦免刑罚得以减、降,若犯"十恶"则会赦不原。③ 唐律"十恶"于刑罚适用方面的特例详见表5-1。

---

① 《唐六典》卷六"刑部郎中员外郎"条。
② 刘俊文撰:《唐律疏议笺解》(上),中华书局1996年版,第89页。
③ 唐律中"十恶"所涉及的具体犯罪行为、刑罚及处罚特例可参见刘俊文撰:《唐律疏议笺解》(上),中华书局1996年版,第86—103页。

表 5-1　唐律"十恶"适用处罚特例表

恶名	处罚特例					
	不准议、请、减	不准上请侍亲	会赦犹除名	亲属听告	决死不待时、决前一覆奏	会赦不原
谋反	●	●	●	●	●	○
谋叛	●	●	●	●	●	○
谋大逆	●	●	●	●	●	○
恶逆	●	●	●	○	●	●
不道	●	●	●	○	○	○
大不敬	●	●	●	○	○	○
不孝	●	●	●	○	○	○
不睦	●	●	●	○	○	○
不义	●	●	●	○	○	○
内乱	●	●	●	○	○	○

(三) 贵族与官员的法定特权

1. 八议。"八议"即八种具有特殊身份的人。此制于《周礼》已见雏形，并为后世沿袭。"《周礼》以八辟丽邦法，附刑罚，即八议也。自魏、晋、宋、齐、梁、陈、后魏、北齐、后周及隋皆载于律。"① 关于"八议"的具体内容，自《隋书·刑法志》中得见大概："其在八议之科及官品第七已上犯罪，皆例减一等。其品第九已上犯者，听赎。"唐律在沿袭隋律的基础之上有更加详细的规定，关于享有"八议"特权的主体，《唐律疏议·名例》"八议"条载："一曰议亲。(谓皇帝袒免以上亲及太皇太后、皇太后缌麻以上亲，皇后小功以上亲。)二曰议故。(谓故旧。)三曰议贤。(谓有大德行。)四曰议能。(谓有大才艺。)五曰议功。(谓有大功勋。)六曰议贵。(谓职事官三品以上，散官二品以上及爵一品者。)七曰议勤。(谓有大勤劳。)八曰议宾。(谓承先代之后为国宾者。)"

此八种人的特权，《唐律疏议·名例》"八议者(议章)"条载："诸八议者，犯死罪，皆条所坐及应议之状，先奏请议，议定奏裁；流罪以下，减一等。"即八议之人若犯应死之罪，司法机关无权审判，必须将犯罪事实与犯罪人所属的具体八议类型上报皇帝，由皇帝最终决断；八议之人犯死罪以外的其他犯罪皆减一等处罚。

2. 请。"请"亦称"上请"。《唐律疏议·名例》"皇太子妃(请章)"条载："诸皇太子妃大功以上亲、应议者期以上亲及孙、若官爵五品以上，犯死罪者，上请；(请，谓条其所犯及应请之状，正其刑名，别奏请。)流罪以下，减一等。"享有"上请"特权之人包括三类：皇太子妃大功以上亲；"八议"之人期亲以上亲属及孙；官爵五品以上之人。这些人若犯应死之罪，由司

---

① 《唐六典》卷六"刑部郎中员外郎"条。

法官员将具体身份与应处的绞、斩之刑报请皇帝裁断;应上请之人若犯死罪以外的其他犯罪,皆减一等处罚。

3. 减。"减"即减等处罚。《唐律疏议·名例》"七品以上之官(减章)"条载:"诸七品以上之官及官爵得请者之祖父母、父母、兄弟、姊妹、妻、子孙,犯流罪已下,各从减一等之例。"享有减之特权的主体包括两类:一是六品、七品官员;二是受有五品以上官爵之人的祖父母、父母、兄弟、姊妹、妻、子孙。这些人犯应处流刑以下之罪,减一等处罚。需要说明的是,若应减之人犯罪被处以流二千里,则减等处罚应处于徒三年。《唐律疏议·名例》"称加减"条载:"惟二死、三流,各同为一减。"即唐律中所称的二千里、二千五百里、三千里减一等皆为徒三年。"八议""请"及其他涉及减等的处罚皆准此。

4. 赎与官当。"赎"即以铜赎罪而不科处真刑,亦可理解为以缴纳铜折抵刑罚。《唐律疏议·名例》"应议请减(赎章)"条载:"诸应议、请、减及九品以上之官,若官品得减者之祖父母、父母、妻、子孙,犯流罪以下,听赎。"享有以铜赎罪特权之人包括三类:一是享有"八议""请""减"特权之人;二是八品、九品官员;三是六品、七品官员之祖父母、父母、妻、子孙。这些人犯应处流刑以下之罪,得缴纳赎铜以折抵刑罚。有一点需要注意:官员犯应处徒刑、流刑的犯罪,不得直接以铜赎罪,而必须以官品折抵刑罚,此即"官当"。"官当之实质,乃官人犯流、徒罪之特殊赎刑。"① 官员只有在官当的范围之外,才准予以铜赎罪。关于唐律中官当的具体内容,《唐律疏议·名例》"官当"条载:"诸犯私罪,以官当徒者,五品以上,一官当徒二年;九品以上,一官当徒一年。若犯公罪者以官当流者,三流同比徒四年。"官当的效力取决于两方面因素:一是犯罪行为,二是官品。官员犯私罪,即犯与公务行为无关的犯罪或公务活动中涉及私利的犯罪的,五品以上官一官当徒二年,六品以下、九品以上官一官当徒一年;官员犯公罪,即由于公务活动导致犯罪的,五品以上官一官当徒三年,六品以下、九品以上官一官当徒二年。以官当罪的折算标准都是以徒刑年数计算,因此,三等流刑皆等同于徒四年。

(四) 同居相隐

"同居相隐"即一定范围的亲属之间相互不予告发的权利。"同居相隐"是"亲亲得相首匿"的进一步发展,扩大了容隐的范围,这实际上是儒家思想与法律制度的进一步融合。《唐律疏议·名例》"同居相为隐"条载:"诸同居,若大功以上亲及外祖父母、外孙,若孙之妇、夫之兄弟及兄弟妻,有罪相为隐;部曲、奴婢为主隐:皆勿论,即漏露其事及擿语消息亦不坐。其小功以下相隐,减凡人三等。若犯谋叛以上者,不用此律。"从律文规定的内容来看,同居亲属之间容隐的范围根据服制有所区分。不同服制之间的亲属,容隐犯罪的法律后果有所不同,大致分为两类:一类是大功以上亲(包括大功亲)以及虽然服制为小功以下但情重之亲属。律《疏》说:"'外祖父母、外孙、若孙之妇、夫之兄弟及兄弟妻',服虽轻,论情重。"另一类是除去外祖父母、外孙、若孙之妇、夫之兄弟及兄弟妻之外的小功以下亲(包括小功亲)。前一类同居亲属相容隐不处罚,律文又明确规定部曲、奴婢为主隐亦不处罚;后一类同居亲属相容隐减凡人处罚三等。但同居相隐仍有例外,律《疏》说:"谋反、谋大逆、谋叛,此等三事,并不得相隐。"

---

① 刘俊文撰:《唐律疏议笺解》(上),中华书局1996年版,第192页。

(五) 自首

《唐律疏议·名例》"犯罪未发自首"条载:"诸犯罪未发而自首者,原其罪。""犯罪未发"即他人未告发至官府或官府尚未发觉,亦可理解为尚未进入司法程序。"原其罪"即减轻或免除处罚。但自首原免也有例外:无法恢复原状的犯罪,自首并不减免刑罚,主要包括于人损伤、于物不可备偿、越度关、私度关、奸、私习天文。律《疏》载:"伤,谓见血为伤。"不可备偿之物包括"谓宝印、符节、制书、官文书、甲弩、旌旗、幡帜、禁兵器及禁书之类,私家既不合有,是不可偿之色"。"私度者,谓无过所,从关门私过。越度者,谓不由门为越。""天文玄远,不得私习。"这些犯罪行为皆造成无法恢复原状,即使自首仍不予减免刑罚。

唐律中关于自首的规定还有几点需要注意的内容:首先,让他人代为自首的,可视为本人自首;法律规定可以互相容隐的亲属向官府告发的视为自首,亲属代为自首自然等同于本人自首。其次,余罪自首。唐律规定,被官府抓获后,若将尚未被发觉的其他犯罪向官府坦白,只要不是"于人损伤""于物不可备偿"等犯罪,未被发觉的犯罪可以自首论。再次,自首不实与不尽。若自首后并未完全坦白所有的犯罪,而只将部分犯罪自首的,所坦白的部分可以自首减免刑罚,但只要有自首情节,原则上可以免除死刑。最后,知他人告发而自首。得知他人欲告发自己"亡叛"即"逃亡或叛国"等犯罪,自首或未逃亡、未抗拒抓捕,可减二等处罚。由于"亡叛"等罪性质与普通犯罪不同,故不能完全免于处罚。但得知他人赴官府告发,逃避官府抓捕的,不得以自首论。

(六) 化外人相犯

《唐律疏议·名例》"化外人相犯"条载:"诸化外人,同类自相犯者,各依本俗法;异类相犯者,以法律论。"以现代法律观念观之,唐律此条是为处理涉外案件所规定,其中包含了"属人"与"属地"两方面的法律适用标准:"同类自相犯",即同属一国之人相犯,适用"化外人"本邦之法,此为"属人主义";"异类相犯",即国别不同之人相犯,适用唐律定罪量刑,此为"属地主义"。[①] 但有一点需要注意,关于"化外人"的含义,律《疏》解释为:"谓蕃夷之国,别立君长者,各有风俗,制法不同。"而化外人相犯,律《疏》所举的事例为"若高丽之与百济相犯之类",高丽、百济与大唐之间的关系实质上和现代国家之间的关系并不相同,因此,唐律此条之含义与现代国际法所表达的内容还是有本质的差别的,但"化外人相犯"条的积极意义是值得肯定的。

(七) "比附论罪"与"轻重相举"

唐律对于犯罪行为及其处罚的规定一般采取概括规定、具体列举、比附论罪、轻重相举四层次相结合的方式。其中,概括规定不涉及具体犯罪情节、犯罪工具、犯罪时机、犯罪主体与犯罪对象间的身份关系等详情。具体列举则将以上详情包揽无遗。比附论罪涉及的是与律中所规定的典型犯罪罪质相同、犯罪形式相异的犯罪。具体列举与比附论罪中,又可依犯罪主体与犯罪对象间是否存在特殊身份关系分为两类。轻重相举包含了所有在律无文的犯罪,《名例》"断罪无正条"条载:"诸断罪而无正条,其应出罪者,则举重以明轻;其应入罪

---

① 参见戴炎辉编著:《唐律通论》,戴东雄、黄源盛校订,元照出版有限公司 2010 年版,第 433 页。

者,则举轻以明重。"《疏》议曰:"断罪无正条者,一部律内,犯无罪名。'其应出罪者',依贼盗律:'夜无故入人家,主人登时杀者,勿论。'假有折伤,灼然不坐。……此并'举重明轻'之类。……案贼盗律:'谋杀期亲尊长,皆斩。'无已杀、已伤之文,如有杀、伤者,举始谋是轻,尚得死罪;杀及谋而已伤是重,明从皆斩之坐。……是'举轻明重'之类。"此将一切犯罪包揽无遗,避免了有罪无罚之情况。

就"轻重相举"与"比附"的含义来说,唐人赵冬曦、清人沈家本与日本学者仁井田陞将"轻重相举"等同于"比附";我国台湾地区刑法学者蔡墩铭认为"轻重相举"近似于现代刑法解释学中的论理解释;我国台湾地区学者戴炎辉与大陆地区学者刘俊文肯定"轻重相举"所具有的论理解释性质,但又将其归入广义的"比附",该说颇具折衷性质。我国台湾地区学者黄源盛总结上述观点认为,"比附援引"之性质近似于近现代刑法理论中的类推,"轻重相举"之性质近似于论理解释中的当然解释。[①]比附论罪与轻重相举不可等量观之。就其外延来说,律文中"比附论罪"的适用要求有相似之律文依据,所涵盖之范围相对有限;轻重相举则不要求确定的律文依据,涵盖之范围较宽。两者亦不在同一层面适用,只有将两者结合才能构成唐律完整的罪刑体系。

这里对"比附论罪""轻重相举"之评价只限于立法层面,法律实践中其确为官吏弄权、罪刑擅断开启了方便之门,但这是确定的法律在运行层面的问题。对援引、比附等不确定的立法模式的最直接、最尖锐的批判来自唐人赵冬曦:"神龙元年正月,赵冬曦上书曰:'臣闻夫今之律者,昔乃有千余条。近有隋之奸臣,将弄其法,故着律曰:犯罪而律无正条者,应出罪则举重以明轻,应入罪则举轻以明重。立夫一言,而废其数百条。自是迄今,竟无刊革,遂使死生罔由乎法律,轻重必因乎爱憎,赏罚者不知其然,举事者不知其犯。臣恐贾谊见之,必为恸哭矣!夫立法者,贵乎下人尽知,则天下不敢犯耳,何必饰其文义、简其科条哉?夫条科省则下人难知,文义深则法吏得便。下人难知,则暗陷机阱矣,安得无犯法之人哉!法吏得便,则比附而用之矣,安得无弄法之臣哉!臣请律令格式,复更刊定,其科条言罪,直书其事,无假饰文;其以准、加减、比附、原情及举轻以明重,不应为而为之类,皆勿用之。使愚夫愚妇闻之必悟,则相率而远之矣,亦安肯知而故犯哉!苟有犯者,虽贵必坐,则宇宙之内,肃然咸服矣。故曰:法明则人信,法一则主尊。书曰:刑期于无刑。诚哉是言。'"[②]

赵氏的意图在于减少司法活动中官吏擅权、出入人罪的现象,但依唐律客观具体之立法体例而言,赵氏观点则过于理想化。[③]就唐律立法上的完善与实践中的异化的矛盾,黄源盛曾谓:"单以唐律法条、法理的优越性,并不能隐瞒历代以来君主或裁判官舞文弄法的事实,这也是专制皇朝法制下的无奈!"[④]但决不能因此忽略唐律立法方面的成就。

(八)老小病残刑罚的减免

唐律对于老小病残等特殊人在刑罚执行方面给予了特殊优遇,如《唐律疏议·名例》"老

---

① 参见黄源盛:《唐律轻重相举条的法理及其运用》,载林文雄教授祝寿论文集编辑委员会主编:《当代基础法学理论——林文雄教授祝寿论文集》,学林文化事业有限公司2001年版,第261-292页。
② 《通典·刑法五·杂议下》。
③ 另可参见陈新宇:《从比附援引到罪刑法定——以规则的分析与案例的论证为中心》,北京大学出版社2007年版,第16-20页。
④ 黄源盛:《唐律轻重相举条的法理及其运用》,载林文雄教授祝寿论文集编辑委员会主编:《当代基础法学理论——林文雄教授祝寿论文集》,学林文化事业有限公司2001年版,第292页。

小及疾有犯"条载:"诸年七十以上、十五以下及废疾,犯流罪以下,收赎。八十以上、十岁以下及笃疾,犯反、逆、杀人应死者,上请;盗及伤人者,亦收赎。余皆勿论。九十以上,七岁以下,虽有死罪,不加刑;即有人教令,坐其教令者。若有赃应备,受赃者备之。"根据唐律规定,老小病残之人按照年龄以及健康状况可分别享有三档法定优遇。第一档包括三类人:年龄在七十岁以上(不满八十周岁)、十五岁以下(十一岁及以上)或者废疾。所谓"废疾",唐《户令》载:"诸一目盲、两耳聋、手无二指、足无三指、手足无大拇指、秃疮无发、久漏下重、大瘿瘤,如此之类,皆为残疾。痴痖、侏儒、腰脊折、一肢废,如此之类,皆为废疾。"① 此三类人犯当处流刑之下之犯罪,可缴纳赎铜以折抵刑罚。但有例外情形:若犯加役流、反逆缘坐流、会赦犹流者,不得收赎。第二档包括三类人:年龄在八十岁以上(不满九十周岁)、十岁以下(八岁及以上)或者笃疾。所谓"笃疾",唐《户令》载:"恶疾、癫狂、两肢废、两目盲,如此之类,皆为笃疾。"② 此三类人犯罪,原则上不予处罚,但有例外情形:若犯反、逆、杀人等罪本应处死者,司法官员不得裁断,奏请皇帝听裁;若犯盗及伤人等罪者,可缴纳赎铜以折抵刑罚。第三档包括两类人:年龄在九十岁以上或者七岁及以下。对于此两类人,一般不予处罚,但也有例外,即若因父祖反逆缘坐等罪而须配没,则执行配没。

另外,唐律还对老小病残等人享有法定优遇时特殊情况的认定作了具体规定。《唐律疏议·名例》"犯时未老疾"条载:"诸犯罪时虽未老、疾,而事发时老、疾者,依老、疾论。若在徒年限内老、疾,亦如之。犯罪时幼小,事发时长大,依幼小论。"犯罪时属于完全责任能力人,但刑罚执行时已达年老标准或身体患病,则仍享有法定优遇;在刑罚执行过程中达到年老标准或者身体患病,仍享有法定优遇;犯罪时年龄在十五岁以下,事后案发,审判以及刑罚执行之时虽然达到完全责任能力年龄,但仍按照行为时的年龄享有法定优遇。可见,唐律立法不论是在技术层面还是在观念层面皆与当代刑法之轻刑、矜恤等思潮有暗合之处。

(九) 共犯罪

数人共同犯罪及其各自定罪量刑问题,是中西刑法理论中最为困难的问题之一,唐律对于共同犯罪问题做了比较有特色的规定。需要注意的是,唐律中只有"共犯罪"的内容,这有别于现代刑法中的"共同犯罪"问题。《唐律疏议·名例》"共犯罪造意为首"条《疏》议曰:"'共犯罪者',谓二人以上共犯。"这与现代刑法理论中的"二人以上共同故意犯罪"在内涵与外延方面皆有较大差异。关于共犯罪中数人的认定与处罚,唐律规定:"诸共犯罪者,以造意为首,随从者减一等。"造意者为共犯罪之首犯,随从者在造意者处罚的基础之上减一等。那么何为"造意"?《广雅·释诂》载:"造,昌,始也。"《晋律注》载:"唱首先言谓之造意。"可见"造意"强调的是倡导、最先提出犯罪意图。"最先"自然只有一人,若是有若干人皆为"造意"者,那么,只有最先提出犯罪意图的人为"首犯",其余人等皆为"从犯"。因此,唐律中的"共犯罪"只有"首犯",没有"主犯","首犯"只有一人。

关于两种特殊"共犯罪"的处罚,一是家人"共犯罪",即"祖、父、伯、叔、子、孙、弟、侄共犯"。此种情况之下,原则上只处罚"尊长",即同居家族中的男性尊长,对其他人不予处罚。但"侵损于人"仍以常人共犯罪定罪量刑,即盗窃财物或斗殴杀伤之类,不适用"止坐尊长"。

---

① [日]仁井田陞:《唐令拾遗》,栗劲等编译,长春出版社1989年版,第136页。
② [日]仁井田陞:《唐令拾遗》,栗劲等编译,长春出版社1989年版,第136页。

二是"共监临主守为犯",即与主管官员共犯罪,不论谁为"造意",首犯皆为监临主守,其他人为从犯。

二、《唐六典》及其性质

《唐六典》是奉皇帝诏命由官方修撰而成的典章制度汇编。关于其修撰过程,《大唐新语》载:"开元十年,玄宗诏书院撰《六典》以进。时张说为丽正学士,以其事委徐坚。沉吟岁余,谓人曰:'坚承乏,已曾七度修书,有凭准皆似不难。唯《六典》,历年措思,未知所从。'说又令学士毋煚等,检前史职官,以今式分入六司,以今朝《六典》,象周官之制。然用功艰难,绵历数载。其后张九龄委陆善经,李林甫委苑咸,至二十六年,始奏上。百寮陈贺,迄今行之。"开元十年(722年),唐玄宗亲书六条:理、教、礼、政、刑、事,并下诏要求将唐代官制按照《周礼》体例撰成《六典》。时任宰相张说最初交由徐坚编修,但"历年措思,未知所从",数度更换编修人员后,最终于开元二十六年(738年)修成奏上,书题"御撰,李林甫等奉敕注"。《唐六典》中编入了很多令、式等法律规范内容,具体包括国家机构设置、人员编制、职责以及各司官员选拔、任用、考核、奖惩等规定。《唐六典》正文三十卷,分别是:三师、三公、尚书省;尚书吏部;尚书户部;尚书礼部;尚书兵部;尚书刑部;尚书工部;门下省;中书省、集贤院、史馆、匦使院;秘书省;殿中省;内官、宫官、内侍省;御史台;太常寺;光禄寺;卫尉、宗正寺;太仆寺;大理、鸿胪寺;司农寺;太府寺;国子监;少府、军器监;将作、都水监;诸卫;诸卫府;太子三师、三少、詹事府、左右春坊、内官;太子家令、卒吏、仆寺;太子左右卫及诸率府;诸王府、公主邑司;三府、都督、都护、州县官吏。同时,还将这些制度的历史沿革附注于后。

就本身的性质来说,《唐六典》并非法典,唐代的"典"也非与律、令、格、式并行的法律形式。如上所述,《唐六典》中的确包含了部分令、式的内容,但这些内容只是唐代部分令、式的摘要或概括,并非令、式的全部,也不是某些具体法律规范的全文。而且,有唐一代,《唐六典》并未作为法律规范适用。更加重要的是,编撰《唐六典》的过程并非立法活动,其修撰机构为"书院"。[①] 因此,《唐六典》虽然是记载了唐代大量典章制度的重要文献,并且记载了大量法律内容,但其本身并非法典,也不是一种法律形式。

第四节 司法制度

一、司法机构

(一)中央司法机构

1. 审判机构——大理寺。秦汉时期,审判机构主要是廷尉,北齐将廷尉改为大理寺,后世在机构设置方面始终沿袭。唐代大理寺负责审理中央百官犯罪及京师徒刑以上案件,对刑部移送来的地方死刑案件有重审权;但判处徒、流刑的案件,须移交刑部复核;死刑案件的判

[①] 关于《唐六典》的性质,可参见钱大群:《唐律与唐代法制考辨》,社会科学文献出版社2013年版,第314-335页。

决须奏请皇帝最终决断。人员设置方面,大理寺设置官吏、职位共计二百八十五人,大理卿与大理少卿为大理寺的正、副长官,官职分别为从三品与从四品上。①

2. 复核机构——刑部。刑部职掌全国司法行政事务,并复核大理寺判决的流刑以下及州县判决的徒刑以上案件,有权将这些案件发回重审。人员设置方面,刑部设置官吏、职位共计一百九十一人。其中刑部尚书、刑部侍郎为刑部正、副长官,官职分别为正三品、正四品下②,可见其行政级别高于大理寺的正、副长官。

3. 监察机构——御史台。唐代中央监察机构为御史台,下设三个院:台院、殿院、察院。台院(侍御史),掌纠察百僚、弹劾不法;审判皇帝特命的案件,并与门下省的给事中、中书省的中书舍人分直朝堂,受理冤讼,号称"小三司"。殿院(殿中侍御史),掌殿廷供奉之仪式,纠察朝会典礼失仪和随驾检举非违等事。察院(监察御史),掌监察地方官吏及尚书省的六部。唐代以"道"为监察区,唐太宗时将全国划分为十道,玄宗时增为十五道。每道派监察御史一人,后来也称巡按使、观察使、按察使等。唐代御史台职掌监督中央机构的官吏以及地方的官吏、弹劾不法,又称"宪司""宪府",被称作"执法之地"。人员设置方面,御史台设置官吏、职位共计一百三十六人,其中御史大夫、御史中丞分别为御史台正、副长官,官职分别为从三品、正五品上。③从部门正、副长官的行政级别来看,御史台低于大理寺与刑部。

(二)地方司法机构

1. 司法参军负责刑事审判。在唐代,"法曹司法参军事,掌鞫狱丽法、督盗贼、知赃贿没入"④。具体来说,"(三府、诸都督府、诸州)法曹、司法参军,掌律、令、格、式,鞫狱定刑,督捕盗贼,纠逖奸非之事,以究其情伪,而制其文法。赦从重而罚从轻,使人知所避而迁善远罪"⑤。"鞫狱定刑"大致是有关刑事司法的范围,其司法依据则是律、令、格、式。

2. 司户参军负责民事审判。在唐代,"户曹司户参军,掌户籍、计帐、道路、过所、蠲符、杂徭、逋负、良贱、刍藁、逆旅、婚姻、田讼、旌别孝悌"⑥。具体来说,"(三府、诸都督府、诸州)户曹、司户参军,掌户籍、计帐,道路、逆旅,田畴、六畜,过所、蠲符之事,而剖断人之诉竞。凡男女婚姻之合,必辨其族姓,以举其违;凡井田利害之宜,必止其争讼,以从其顺。凡官人不得于部内请射田地及造碾硙,与人争利"⑦。可见,与司法参军相比,司户参军的职掌有两个特点:一是涉及事项较多;二是具体职掌皆为琐碎之事。

(三)特殊司法机关——"三司"

由中书省中书舍人、门下省给事中和御史台侍御史等官员组成司法机构,鞫听"天下怨滞",详决"国之大狱",此谓"三司"。《唐六典》中有以下记载:"凡国之大狱,三司详决,若刑名不当,轻重或失,则援法例退而裁之。……凡天下冤滞未申及官吏刻害者,必听其讼,与御史及中书舍人同计其事宜而申理之。(每日令御史一人共给事中、中书舍人受词讼。若告言

---

① 参见《唐六典》卷十八"大理寺"条。
② 参见《唐六典》卷六"尚书刑部"条。
③ 参见《唐六典》卷十三"御史台"条。
④ 《新唐书·百官四下》。
⑤ 《唐六典》卷三十"三府督护州县官吏"条。
⑥ 《新唐书·百官四下》。
⑦ 《唐六典》卷三十"三府督护州县官吏"条。

官人事害政者及抑屈者,奏闻;自外依常法。)"①　"凡察天下冤滞,与给事中及御史三司鞫其事。"②　"凡天下之人有称冤而无告者,与三司诘之。(三司:御史大夫,中书,门下。大事奏裁、小事专达。)"③　"凡三司理事,则与给事中、中书舍人更直于朝堂受表。(三司更直,每日一司正受,两司副押,更递如此。其鞫听亦同。)"④　"三司"可概括为:"依据法令规定,由中枢部门中书省、门下省和中央监察部门御史台联合组成的、作为最高审级而直接对皇帝负责的、类似于最高法院的常设司法机构。"⑤　"三司"在唐代司法体系中的地位极高,直接对皇帝负责,即"大事奏裁,小事专达"⑥,有权受理包括县、州及尚书省在内的各级司法机关处理不当之上诉案件。

另外,唐代还有刑部、大理寺、御史台官员共同推鞫案件的事例,所审理的案件一般是重大案件。但是,这类司法组织是临时性的,案件审理结束即撤销。唐代宗大历四年(769年)六月三日敕:"有大狱即命中丞。刑部侍郎。大理卿鞫之。谓之大三司使。又以刑部员外郎。御史。大理寺官为之。以决疑狱。谓之三司使,皆事毕日罢。"⑦ 同时,"这类司法组织的组成人员并不固定,有时由三法司正、副长官组成,如刑部尚书、侍郎,御史大夫、中丞,大理卿、少卿;有时由三法司中其他官员组成,如刑部郎中、员外郎、侍御史、殿中侍御史、监察御史、大理丞、大理正、司直、评事等。临时机构组成后,一般赴案发地点进行推鞫。"若三司所按而非其长官,则与刑部郎中、员外郎、大理司直、评事往讯之。"⑧

二、诉讼与审判

(一) 案件的受理机构与审级

1. 专门机构受理辞诉。唐代规定了受理辞诉的专门机构,其余官司无权受理。提起告诉者亦只能向专门机构告诉。唐代受理辞诉的专门机构分为中央和地方两级:

中央受理辞诉的专门机构按其职掌不同,可分为以下三类:一是在京专受辞诉的专门机构为尚书省、御史台和"三司"(由中书省中书舍人、门下省给事中和御史台侍御史一人组成);二是大理寺专受内外官人之投告辞诉;三是中央政府派往各地巡视省察之使节,如巡察使、按察使、巡抚使等,可受理巡察之地投告辞诉。

地方受理辞诉的专门机构是州、县级政府。其中州一级地方政府的户曹参军、司户参军专门受理民事诉讼,法曹参军、司法参军专门受理刑事诉讼;而县一级地方政府的行政长官——县令则被要求"躬亲狱讼"⑨,即全面受理,没有刑、民之分。

---

① 《唐六典》卷八"给事中"条。
② 《唐六典》卷九"中书舍人"条。
③ 《唐六典》卷十三"御史大夫"条。
④ 《唐六典》卷十三"侍御史"条。
⑤ 刘俊文:《唐代法制研究》,文津出版社1999年版,第245页。
⑥ 《唐六典》卷十三"御史大夫 中丞"条。
⑦ 《唐会要·诸史杂录》。
⑧ 《唐六典》卷十三"侍御史"条。
⑨ 《唐六典》卷三十"三府督护州县官吏"条:"京畿及天下诸县令之职,……审察冤屈,躬亲狱讼,务知百姓之疾苦。"亦可见《旧唐书·职官三》。

凡投告辞诉,皆不得向上述官司以外之他官司投告,特别是严格禁止向军、府投告辞诉;即使有告诉,军、府之官亦不得受理。除非投告之人所告之事为谋反、逆、叛及盗等重大犯罪,始得受诉,但受诉后一日内必须转送附近有受理辞诉之职权的官司,而不得自行审理,否则即依律科罚。《唐律疏议·斗讼》"告人罪须明注年月"条规定:"其军府之官,不得辄受告事辞牒。"又《唐律疏议·斗讼》"犯罪皆经所在官司首"条规定:"诸犯罪欲自陈首者,皆经所在官司申牒,军府之官不得辄受。其谋叛以上及盗者,听受,即送随近官司。若受经一日不送及越览余事者,各减本罪三等。"专司受诉之制确立之目的在于规范司法程序,尤其是控制诉讼的渠道,防止非司法部门尤其是军事部门干预司法。① 不过,这一规定在唐后期有所变化,唐德宗贞元年间有诏:"贞元七年……三月……辛巳,诏神威、神策六军将士自相讼,军司推劾;与百姓相讼,委府县推劾;小事移牒,大事奏取处分,军司、府县不得相侵。"② 此后军府及其长官获得一定的受理辞诉职权。

2. 自下而上逐级上告。唐代司法审级制度也极为复杂,有权受理辞诉的官司依照其行政级别自下而上分为四级:第一级是县司,第二级是州、府司和都督、都护府司,第三级是尚书省,第四级是"三司"。《唐律疏议·斗讼》"越诉"律《疏》载:"凡诸辞诉,皆从下始。从下至上,令有明文。谓应经县而越向州、府、省之类,其越诉及官司受者,各笞四十。"其中的"令有明文"即《唐令·公式令》中的相关规定,具体内容可见《唐六典》卷六"刑部郎中员外郎"条载:"凡有冤滞不申欲诉理者,先由本司、本贯;或路远而踬碍者;随近官司断决之。即不伏,当请给不理状,至尚书省,左、右丞为申详之。又不伏,复给不理状,经三司陈诉。"一般诉讼案件的告诉人应当向所在县司投告辞诉,如对县一级受诉机关审判结果不服,则可要求发给上诉证明——"不理状",然后持状向上级州、府司或都督、都护府司上诉;如对州一级受诉机关的审判结果仍旧不服,则可再次要求发给"不理状",然后持状进京,向中央尚书省上诉;如对尚书省的审判结果还是不服,则可继续要求发给"不理状",然后持状向最高诉讼官司——"三司"上诉;对"三司"的审判结果仍不服的,可再邀驾、挝鼓或上表,直诉于皇帝。规定逐级上诉的意图是通过完善诉讼程序来间接保障诉讼公正,若违反这一程序,逾级上诉,即为越诉。越诉是非法行为,凡越诉概不得受理。另一方面,对于诉讼人合法的逐级上诉,相应官司必须受理,否则要予以处罚。《唐律疏议·斗讼》"越诉"条载:"诸越诉及受者,各笞四十。若应合为受,推抑而不受者笞五十,三条加一等,十条杖九十。"《疏》议曰:"凡诸辞诉,皆从下始。从下至上,令有明文。谓应经县而越向州、府、省之类,其越诉及官司受者,各笞四十。若有司不受,即诉者亦无罪。'若应合为受',谓非越诉,依令听理者,即为受。推抑而不受者,笞五十。'三条加一等',谓不受四条杖六十,十条罪止杖九十。若越过州诉,受词官人判付县勘当者,不坐。请状上诉,不给状,科'违令',笞五十。"

若违反法律规定越级告诉,告诉者与受诉官司各笞四十。若对于告诉者合法的诉讼,应予受理的官司不予受理的,拒受官司拒受一条笞五十,每三条加一等,即拒收四条杖六十,拒收七条杖七十,拒收十条杖九十。可见唐律对于告诉人的要求是依法而告;对受诉官司的要求是该受理的必须受理,不该受理的不得受理。另外,告诉人不服判决欲上诉的,得要求作出判决的官司发给上诉凭证——"不理状",官司拒而不发的,也是违法行为,要受到处罚;

---

① 参见刘俊文:《唐代法制研究》,文津出版社 1999 年版,第 166 页。
② 《旧唐书·德宗本纪下》。

官司拒不发给"不理状"并不影响告诉人上诉,时经三日,上诉人只要记下不给官司之姓名,虽无"不理状"仍可按级上诉。而上级官司受诉后,只要问明不给原因,即可依情断案。日本《养老令·公式令》第五十三条载:"凡诉讼皆从下始,各经前人本司、本属,若路远及事碍者,经随近官司断之。断讫,诉人不服,欲上诉者,请'不理状'以次上陈。若经三日内不给,听诉人录不给官司姓名以诉。官司准其诉状,即下推不给所由,然后断决。"①

另外,需要注意的是,向尚书省上诉的案件,必须是被枉判徒罪以上的案件。被枉判杖罪以下的案件,不得向尚书省上诉。同时向尚书省上诉者,必须由上诉人首先向京城四面关附近之州、县司申诉,并出示"不理状",由近关州、县勘实后上报尚书省,递送至京,而不得由上诉人自行上诉至尚书省。

(二) 案件受理程序——"三审"

唐制,官司受理辞诉以后,须先对告诉人进行三次审问,核实诉状与诉讼内容,然后才能正式立案审理,即"三审"立案。首先,受诉官司向告诉人说明诬告反坐的法律规定,即《唐律疏议·斗讼》"诬告反坐"条:"诸诬告人者,各反坐。即纠弹之官,挟私弹事不实者,亦如之。(反坐致罪,准前人入罪法。至死,而前人未决者,听减一等。其本应加杖及赎者,止依杖、赎法。即诬官人及有荫者,依常律。)"其次,受诉官司每隔一日就诉讼内容对告诉之人进行一次问讯,每次问讯,须做书面审问记录,审问完结,经告诉人确认后签名画押,不能书写者由典吏代书。经过三次问讯,告诉人前后诉辞一致的,即予立案,案件正式进入审理阶段。如果受理辞诉之官司为巡察使,因有公务不便在途久停,则三次问讯可在一日中进行,不必隔日进行。《通典·刑法三·刑制下》载:"诸言告人罪,非叛以上者,皆令三审。应受辞牒,官司并具晓示,并得叛坐之情。每审皆别日受辞,(若使人在路,不得留待别日受辞者,听当日三审。)官人于审后判记审讫,然后付司。不解书者,典为书之。"

"三审"立案制的意图在于保证诉讼的严肃性,防止妄诉和诬告。然而应注意的是,此制对下述两种情况不适用:首先,《通典·刑法三·刑制下》载:"若事有切害者,不在此例。(切害,谓杀人、贼盗、逃亡若强奸良人,并及更有急速之类。)"其次,《唐六典》卷六"刑部郎中员外郎"条载:"称告谋反已上不肯言事意者,给驿部送京。其犯死罪因及缘边诸州镇防人等若犯流人告密,并不在送限。""事有切害"与"谋反已上"二事,不适用"三审"立案之制,原因在于与诉讼秩序相比,君主安全和统治稳定更加重要。"不过由此例外,亦造成有唐一代妄诉和诬告反逆之事屡见不鲜,而大部分冤假错案即因之而起。"②

(三) 重罪案件的审结程序

唐制,司法官员凡断当处徒刑以上之重罪,案件审讯完结后,应当向罪犯本人及其家人、亲属等公开宣判,并将所断罪名、所处刑罚以及判决依据(事实依据与法律依据)予以告知,同时当面听取罪犯本人对判决的意见与申辩。如罪犯服从断决,即命其立"服状",案件即告审结并归档;如罪犯不服从断决,即命其立"辩状",听其申诉,并重新详加审理该案。司法官员若断当处杖刑以下之轻罪,则立断立决,无须取囚服辩。如违反该制,即司法官员断当处

---

① [日]仁井田陞:《唐令拾遗》,栗劲等编译,长春出版社1989年版,第533页。
② 刘俊文:《唐代法制研究》,文津出版社1999年版,第174页。

徒以上之重罪而不公开宣判,或虽公开宣判而不听取囚犯申辩,或虽听取囚犯申辩而不为之重新详审,即予以处罚。《唐律疏议·断狱》"狱结竟取服辩"条载:"诸狱结竟,徒以上,各呼囚及其家属,具告罪名,仍取囚服辩。若不服者,听其自理,更为详审。违者,笞五十;死罪,杖一百。"《疏》议曰:"'狱结竟',谓徒以上刑名,长官同断案已判讫,徒、流及死罪,各呼囚及其家属,具告所断之罪名,仍取囚服辩。其家人、亲属,唯止告示罪名,不须问其服否。囚若不服,听其自理,依不服之状,更为审详。若不告家属罪名,或不取囚服辩及不为审详,流、徒罪并笞五十,死罪杖一百。"司法官员审断当处流、徒之重罪而不具告罪名或不取囚服辩或不为其审详者,三种情节具备一种即笞五十,若司法官员同时具备三种处罚情节,根据律文仍处笞五十之刑;司法官员审断死罪而不具告罪名或不取囚服辩或不为其审详者,各杖一百。"狱结竟取囚服辩"的立法意图在于,明确罪犯及家属对审判过程与审判结果的监督权,同时赋予罪犯申诉与辩护的权利,以避免和纠正审判中的重大失误,保障司法公正。

(四)死刑覆奏

死刑覆奏制入律的源头可追溯至北魏。北魏世祖太武帝拓跋焘即位后主张轻刑并重视刑狱,神麚年间下诏改定律令,其中一项重要举措便是死刑处决的覆奏制度。该制度规定死刑案件审理完结之后、刑罚执行之前,必须经过皇帝亲自问讯,确保囚犯"无异辞怨言"。地方死刑案件亦实行"谳报",即覆核和奏报皇帝,经皇帝同意方可行决。这对隋唐时期的死刑覆奏制度产生了极大的影响。隋文帝开皇十二年(592年),"诏诸州死罪不得便决,悉移大理案覆,事尽然后上省奏裁。"① 地方的死刑案件要由大理寺"覆",然后"奏"裁。"(开皇)十五年制,死罪者三奏而后决。"② 又"(开皇)十六年……秋八月丙戌,诏决死罪者,三奏而后行刑。"③ 说的是全国范围内的死刑案件,在执行之前一律经三次奏闻,确立了后世死刑三覆奏制度。唐承隋死刑案件三覆奏的规定,但在太宗时将三覆奏增加为五覆奏,这在隋唐法制史乃至中国法制发展史上是一件大事。《通典》载:"因大理丞张蕴古、交州都督卢祖尚并以忤旨诛斩,帝寻追悔,遂下制,凡决死刑,虽令即杀,二日中五覆奏,下诸州三覆奏。"张蕴古案与卢祖尚案皆为唐贞观初年的重大案件,一般认为,唐太宗将三覆奏增为五覆奏的缘由是追悔诛杀大理丞张蕴古与交州都督卢祖尚。④

唐代从制度上对死刑的执行规定了非常严格的限制。按唐制,死刑案件已经中书门下奏请皇帝裁决的,正式行决前,仍要再次奏请皇帝核准。死刑覆奏的具体程序为:"诸决大辟罪,在京者,行决之司五覆奏;在外府,刑部三覆奏。(在京者,决前一日二覆奏,决日三覆奏。在外者,初日一覆奏,后日再覆奏。纵临时有敕,不许覆奏,亦准此覆奏。)若犯恶逆以上,及部曲、奴婢杀主者,唯一覆奏。"⑤ 按行决地点与死罪性质不同,死刑覆奏可分为三类:第一类是五覆奏,即在京城行决死刑案件,决前要由负责行决官司连续覆奏五次其中两次是在行决的前一天,另外三次是在行决的当天;第二类是三覆奏,即京外行决死刑案件,决前要由刑部

---

① 《隋书·刑法志》。
② 《隋书·刑法志》。
③ 《隋书·高祖纪下》,又见《北史·隋本纪上》。
④ 对唐代三覆奏改为五覆奏的过程以及缘由尚有不同观点,可参见陈俊强:《唐代前期的死刑覆奏》,载《中国史学》2013年第23卷。
⑤ 《通典·刑法六·考讯》。

连续覆奏三次,其中一次是在第一天,另外两次是在第二天;第三类是一覆奏,即行决犯恶逆以上及部曲、奴婢杀主之死刑案件,决前要由行决官司(京城)或刑部(京外)进行一次覆奏。即使皇帝临时敕令不得覆奏,亦照奏不误。同时,死刑案件经皇帝最终核准后,由尚书省签发"决符"。行决官司接到"决符"后,仍须停侯三日才能执行死刑。若行决之司违反死刑覆奏规定,则依律予以严惩。《唐律疏议·断狱》"死囚覆奏报决"条载:"诸死罪囚,不待覆奏报下而决者,流二千里。即奏报应决者,听三日乃行刑,若限未满而行刑者,徒一年;即过限,违一日杖一百,二日加一等。"《疏》议曰:"'死罪囚',谓奏画已讫,应行刑者。皆三覆奏讫,然始下决。若不待覆奏报下而辄行决者,流二千里。'即奏报应决者',谓奏讫报下,应行决者。'听三日乃行刑',称'日'者,以百刻,须以符到三日乃行刑。若限未满而行刑者,徒一年。即过限,违一日杖一百,二日加一等。在外既无漏刻,但取日周晬时为限。"若行决官司未取得皇帝之最终核准,擅自执行死刑,处以流二千里;若行决官司违反三日侯限,提前执行死刑,处以徒一年;若行决官司违反三日侯限,延期执行死刑,延期一日杖一百,延期一日以上则每二日加一等,即延期三日处以徒一年、延期五日徒一年半,以此类推。但延迟十七日流三千里,以上不再加刑。①

关键词

《开皇律》《永徽律疏》《唐六典》《大中刑律统类》 五刑 十恶 八议 六杀 六赃 同居相隐 自首 化外人有犯 保辜 三复奏 五复奏 录囚 三司推事

思考题

1. 《开皇律》对以往法律有何继承与发展?
2. 如何理解唐律的基本精神与历史地位?
3. 《唐律疏议》的基本内容与篇章结构是什么?
4. 隋唐立法的总体趋势是什么?
5. 《唐六典》的性质与基本内容是什么?

参考书目

1. 刘俊文:《唐代法制研究》,文津出版社1999年版。
2. 钱大群:《唐律与唐代法制考辨》,社会科学文献出版社2013年版。

---

① 《唐律疏议·名例》"称加减"条:"加者,数满乃坐,又不得加至于死。"《疏》议曰:"加者数满乃坐,假令凡盗,少一寸不满十疋,依贼盗律:'窃盗五疋徒一年,五疋加一等。'为少一寸,止徒一年。又不得加至于死者,依捕亡律:'宿卫人在直而亡者,一日杖一百,二日加一等。'虽无罪止之文,唯加至流三千里,不得加至于死。"

第六章 宋辽金元时期的法律思想与制度

后周恭帝显德七年(960年),禁军将领赵匡胤于陈桥发动兵变,夺取政权,建立宋王朝,都东京(今河南开封),史称北宋。宋钦宗靖康元年(1226年),金兵攻破开封,掳掠宋徽宗、宋钦宗至北方,北宋亡。康王赵构在临安(今浙江杭州)建朝廷,史称南宋。1279年,南宋亡于元。两宋共经十七帝,历三百二十年。

后梁末帝贞明二年(916年),契丹族首领耶律阿保机称帝,国号契丹,后建都临潢府(今内蒙古巴林左旗南)。辽太宗灭后晋,改国号大辽。天祚帝保大五年(1125年),辽被金灭。辽共经九帝,历二百一十年。

辽天庆四年(1114年),女真族首领完颜阿骨打率部抗辽,次年称帝,国号大金,建都会宁府(今黑龙江省阿城南)。后迁都燕京(今北京),继迁都汴京(今河南开封)。1234年被蒙古和南宋夹击灭国。金共经十帝,历一百二十年。

1206年,成吉思汗统一漠北草原各部,建立大蒙古国。历经六十余年与西夏、女真、南宋的战争,忽必烈于至元八年(1271年)建立元王朝,以大都(今北京)为都城,上都(今内蒙古正蓝旗)仍不废。后灭南宋,统一全国。顺帝至正二十八年(1368年),爆发农民大起义,大都被攻占,元王朝灭亡。自世祖忽必烈建元,至顺帝妥欢帖睦尔,经十一帝,历九十八年。

宋元时期,北宋结束五代以来的分裂割据局面,但两宋先后与辽、金、西夏、元对峙;元灭南宋,结束了三百七十余年的割据局面。其间,北方契丹、女真、党项、蒙古等游牧民族先后崛起,互相攻伐,并与中原汉族政权的宋王朝交战。但无一例外地接受中原文化,经济、政治、法律制度皆仿汉制而立,并在一定程度上保留本民族的习俗。

第一节 两宋的法律思想

两宋法律思想,其要者是统治者为解决当时政治、经济、社会问题而提出的法律主张。在北宋,主要为新政、变法中的法律思想。而两宋为建立官方政治法律哲学而建立的宋学尤其是理学,是其法律思想的主要表现形式。

一、新政、变法及其思想

(一)庆历新政与范仲淹的法律思想

范仲淹,字希文,苏州吴县人。北宋政治家、文学家。进士及第后,历任兴化县令、秘阁校理、陈州通判、苏州知州、陕西都转运使等职。庆历三年(1043年),出任参知政事,发起"庆历新政"。不久后,新政受挫,被贬出京。有《范文正公文集》传世。

宋仁宗天圣初,范仲淹上疏"请择郡守,举县令,斥游惰,去冗僭,慎选举,抚将帅"①,凡万余言。明道时又上疏提出"救弊十事"。至庆历三年(1043年)参知政事任内,由于仁宗一再催促,范仲淹上《答手诏条陈十事》疏,提出了十项改革纲领,包括明黜陟、抑侥幸、精贡举、择官长、均公田、厚农桑、修武备、推恩信、重命令、减徭役。仁宗皇帝览后深受震动,并再次要他提出改革方案,他又上了《再进前所陈十事》的奏议。

这十项新政,针对宋王朝立国八十年来积累起来的内忧、外患,"纲纪制度,日削月侵,官壅于下,民困于外,夷狄骄盛,寇盗横炽,不可不更张以救之"。②纪堕、官壅、民困、夷骄、盗炽五个方面的坏乱,必须一一予以解决。

"十策"中,澄清"吏治"是重要内容之一,前五项都为吏治整顿。涉及课吏、减任子、取士、择守宰、官员职田等事。"吏治"革新,包括革除滥进、滥赏,减省冗官;使得官得其人,士皆人才,人才培育是重要内容之一。其中"救生民""百姓受赐",附带目的是纾解民困。不过,专门的纾解民困的措施是第六项"厚农桑"、第十项"减徭役",这是这次新政的第二个核心内容。其余八、九两项"推恩信、重命令"之类,是修正纪纲,强化法制,使皇恩得以体现,国法敕命得以推行,属于新政的第三个核心内容。修武备是强兵措施,但其中包含纾解民困的内容。

一曰明黜陟。中书门下、枢密院二府官,"非有大功大善者不迁";内外官在职满三年,在京百司非选举而授,须通满五年,"乃得磨勘"。即要厉行考绩之法。"重定文武百官磨勘",目的在"约滥进,责实效,使天下政事无不举也"。

二曰抑侥幸。罢废少卿、监以上在"乾元节"给予的恩泽;正郎以下及监司、边任,须在职满二年,始得荫子;大臣不得荐子弟任馆阁职,使"任子之法无冗滥"。"重定文武百官奏荫及不得陈乞馆阁职事",目的在"革滥赏、省冗官也"。

三曰精贡举。进士、诸科请罢除糊名之法,考察其行为无阙者,以名闻奏。进士先考策论,后试诗赋;诸科取士,须兼通经义,使得"进士之法,可以循名而责实"。目的在"正教化之本、育卿士之材也"。

四曰择长官。首先委派中书、枢密院先举选转运使、提点刑狱、大藩知州;其次委派两制、三司、御史台、开封府官、诸路监司举荐知州、通判;知州、通判举荐知县、令。限定其举荐人数,以举主多者从中书选除。由此,"刺史、县令,可以得人"。目的在"正纲纪、去疾苦、救生民也"。

五曰均公田。外官廪给须均,请均给职田,使有以自养。然后"可以责廉节,而不法者可诛废"。目的在于使"天下政平、百姓受赐也"。

六曰厚农桑。每年诸路农田利害、堤堰渠塘,州县选官治之。定劝课之法以兴农利,减漕运。这样,"江南之圩田,浙西之河塘,隳废者可兴矣"。可以"救水旱、丰稼穑、强国力也"。

七曰修武备。依府兵法,招募京畿地区强壮者为卫士,以助正兵。三时务农,一时教战,寓兵于农,且省给赡之费。这样,京畿有成效,则可以推广于诸道。目的在"卫宗社,宁邦国也"。

---

① 《宋史·范仲淹传》。
② 《范文正公政府奏议》卷上《治体·答手诏条陈十事》,载李勇先、王蓉贵点校:《范仲淹全集》(中),四川大学出版社2007年版,第523页。

八曰推恩信。赦令中的惠政施行,主司稽违者,重法惩治。另外派遣使节按视其所当行者,使"无废格上恩者",以"感天下之心也"。

九曰重命令。法度所以示信也,行之未几,旋即厘改。请政事之臣参议可以久行者,删去烦冗,裁为制敕行下,使得"命令不至于数变更",以"行天子之命也"。

十曰减徭役。户口减耗而供给繁多,省并县邑户口少者为镇,合并使院、州院两官署为一署;职官的白直,给以州兵充当,其不应受役者都归之乡为农,使"民无重困之忧",以"省徭役,宽民力"。①

新政的"精兵简政",对解决民人负担过重、国家经济负担过重、行政效率低等内忧,以及辽和西夏威胁北方和西北边疆等外患,都有重要意义。仁宗采纳了他的建议,诏书统一颁布,以行天下。只有府兵法,因辅臣反对而作罢。

新政实施的短短几个月间,政治局面已焕然一新:官僚机构开始精简;科举中,突出了对实用议论文的考核,有特殊才干的人员,得到破格提拔;全国也普遍办起了学校;经济方面,厚农桑对兴水利、课农桑、辟田畴、增户口产生了积极影响。但新政使恩荫减少、磨勘严密,希图侥幸的人深感不便,于是毁谤言论渐多,指责范仲淹等是"朋党"。六月,边事再起,范仲淹请求外出巡守,仁宗任命其为陕西、河东宣抚使。

庆历五年(1045年)正月,反对声愈加激烈,范仲淹请求出知邠州,仁宗准奏,遂罢免其参知政事之职,改为资政殿学士、知邠州,兼陕西四路缘边安抚使。冬十一月,范仲淹因病上表请求解除四路帅任,出任邓州,以避边塞严寒,仁宗升为给事中、知邓州。随着范仲淹、富弼等大臣的离京,历时仅一年有余的新政也逐渐被废止,改革以失败告终。

新政虽只推行一年,却开北宋改革风气之先,成为王安石"熙宁变法"的前奏。范仲淹所倡导的"先天下之忧而忧,后天下之乐而乐"思想和仁人志士节操,对后世影响深远。

(二) 王安石变法及其法律思想

王安石,字介甫,号半山,汉族,临川人,北宋著名思想家、政治家、文学家、改革家。著有《临川集》一百卷。

宋仁宗庆历二年(1042年),王安石进士及第,历任扬州签判、鄞县知县、舒州通判等职,政绩显著。

嘉祐三年(1058年),王安石调为度支判官,进京述职,作长达万言的《上仁宗皇帝言事书》,系统地提出了变法主张。指出:"内则不能无以社稷为忧,外则不能无惧于夷狄,天下之财力日以困穷,而风俗日以衰坏,四方有志之士,諰諰然常恐天下之久不安。此其故何也?患在不知法度故也。"②他对"法度"的定义,是"今朝廷法严令具,无所不有,而臣以谓无法度者,何哉?方今之法度,多不合乎先王之政故也"③。王安石主张对宋初以来的法度进行全盘改革,革除宋王朝存在的积弊,扭转积贫积弱的局势。但仁宗并未采纳他的变法主张。

治平四年(1067年),宋神宗即位,因久慕王安石之名,起用他为江宁知府,旋即召为翰林学士兼侍讲。熙宁二年(1069年),王安石任参知政事,次年拜相,主持变法。

---

① 以上"十事"所援引内容均出自《宋史》卷三百一十四《范仲淹传》,以及《范文正公政府奏议》卷上《治体·答手诏条陈十事》《再进前所陈十事》,载李勇先、王蓉贵点校:《范仲淹全集》(中),四川大学出版社2007年版,第523-539页。
②《王安石年谱三种》卷六《嘉祐三年》。
③ (宋)王安石:《临川集》卷三十九《书疏·上仁宗皇帝言事书》。

王安石提出当务之急在于改变风俗、确立法度，提议变法，神宗赞同。为指导变法的实施，设立制置三司条例司，制定和颁布一系列经济法令。熙宁二年(1069年)四月，遣人察诸路农田、水利、赋役；七月，立淮浙江湖六路《均输法》；九月，立《青苗法》；十一月，颁《农田水利条约》。熙宁三年(1070年)，颁布《募役法》《保甲法》。熙宁四年(1071年)，颁布《方田均税法》，并改革科举制度。熙宁五年(1072年)三月，颁行《市易法》。熙宁六年(1073年)七月，颁行《免役法》。

这些新法中，有关理财和兴农方面的，属于富国之法。《青苗法》规定，每年二月、五月青黄不接时，由官府给农民贷款、贷粮，每半年取利息二分或三分，分别随夏秋两税归还。属于对旧常平仓法进行改革的新法。《募役法》又叫《免役法》，将原来按户轮流服差役，改为由官府雇人承担，不愿服差役的民户则按贫富等级交纳一定数量的钱，称为免役钱。官僚地主也不例外。《方田均税法》下令全国清丈土地，核实土地所有者，并将土地按土质的好坏分为五等，作为征收田赋的依据。《农田水利法》鼓励垦荒，兴修水利，由当地住户按贫富等级高下出资，也可向州县政府贷款。该法被认为最能体现王安石"欲富天下则资之天地"①的"为天下理财"思想。② 根据《市易法》，在东京设置市易务，出钱收购滞销货物，市场短缺时再卖出。根据《均输法》，设立发运使，掌握东南六路生产情况和政府与宫廷的需要情况，按照"徙贵就贱，用近易远"的原则，统一收购和运输。

有关军事方面的，属于强兵之法，以恢复民兵制度和加强军队作战实力为旨归。《保甲法》将乡村民户加以编制，十家为一保，民户家有两丁以上的，抽一丁为保丁，农闲时集中，接受军事训练。《将兵法》(又叫《置将法》)废除北宋初年制定的更戍法，用逐渐推广的办法，把各路的驻军分为若干单位，每单位置将与副将各一人，专门负责本单位军队的训练，以提高军队素质。《保马法》将原来由政府的牧马监养马改为由保甲民户养马。保甲户自愿养马，可由政府给予监马或者给钱自行购买，并可以免除部分赋税。该制度不久被废止，改行民牧制度。

有关科举制度改革、整顿太学的新政，属于取士之法。颁布《贡举法》，废除明经科；进士科考试，以经义和策论为主；增加法科。根据《三舍法》，太学生按程度不同分为上、中、下三班进行教学；以学校的平日考核取代科举考试，成绩优异者不经科举考试可直接为官。惟才用人，重视对中下级官员的提拔和任用。

因守旧派反对，熙宁七年(1074年)王安石罢相。一年后，宋神宗再次起用他，旋又罢相，退居江宁。元祐元年(1086年)，保守派得势，新法皆废，他郁然病逝于钟山，追赠太傅。

王安石鼓动宋神宗与自己成为因时变而立法的圣君、贤相。他说：圣人为政于天下也，初若无为于天下，而天下卒以无所不治者，其法诚修也。"③国家法度，必须是善法，因此要立善法。他说："盖君子之为政，立善法于天下，则天下治；立善法于一国，则一国治。如其不能立法，而欲人人悦之，则日亦不足矣。"④ 他举例说："使周公知为政，则宜立学校之法于天下矣；不知立学校，而徒能劳身以待天下之士，则不唯力有所不足，而势亦有所不得。"⑤ 而他以

---

① (宋)王安石：《临川集》卷七十五《书·与马运判书》。
② 邓广铭：《北宋政治改革家——王安石》，陕西师范大学出版社2009年版，第130页。
③《临川集》卷六十四《论议·周公》。
④《临川集》卷六十四《论议·周公》。
⑤《临川集》卷六十四《论议·周公》。

"理财""整军"为中心而推出的诸法,就是这样的善法。

变法一直伴随着激烈的理论斗争。王安石的上述变法指导思想,以及"天变不足畏,祖宗不足法,人言不足恤"①的"三不足"思想,就是在与守旧派的对垒中逐渐明确并显示出来的。②

当时,守旧派以孔子的"畏天命、畏大人、畏圣人之言"③反对王安石变法,并利用当时出现的旱灾、彗星、山崩等自然灾害,归咎变法引起了天变。

王安石在回答神宗有关"三不足"之说的问询时,没有直接回答"天变"是否"可畏",而是肯定神宗"陛下躬亲庶政,无流连之乐、荒亡之行,每事惟恐伤民,此亦畏惧天变"。④为了给变法确立理论根据并反击守旧派,王安石曾针锋相对地提出"灾异皆天数,非关人事得失所致"⑤。

司马光、文彦博等守旧派屡屡以"尽变更祖宗旧法"指责王安石,或以"祖宗法制具在,不须更张"来规劝宋神宗。王安石回答神宗:"至于祖宗之法不足守,则固当如此。且仁宗在位四十年,凡数次修敕;若法一定,子孙当世世守之,则祖宗何故屡自变改?"⑥

因新法触动豪右利益,当时屡有反对之声。王安石回答神宗:"然人言固有不足恤者。苟当于义理,则人言何足恤?故《传》称'礼义不愆,何恤于人言!'"⑦

"三不足"表达了一位改革家无所畏惧的精神和态度。王安石正是以这种精神毅力,坚定不移地推行新法的。列宁称誉王安石是"中国十一世纪改革家"⑧,王安石变法是继商鞅变法之后又一次规模巨大的社会变革运动。历时十五年的变法中,每项新法的推行,都能收到一些效果。财政收入有了明显的增加,新法在一定程度上抑制了豪强地主的兼并势力。《青苗法》取代了上等户的高利贷,限制了高利贷对农民的盘剥;《方田均税法》限制了官僚和豪绅大地主的隐田漏税行为;《市易法》使大商人独占的商业利润中的一部分收归国家,打击了大商人对市场的操纵和垄断;《免役法》的推行使农户所受的赋税剥削有所减轻;《农田水利法》鼓励大力兴建农田水利工程,对农业生产的发展发挥了巨大作用。但是,变法在推行过程中,由于部分举措的不合时宜和实际执行中的不良运作,也造成了百姓利益受到不同程度的损害(如《保马法》和《青苗法》),加之新法触动了大地主阶级的根本利益,遭到他们的强烈反对。

二、程朱理学及其法律思想

程朱理学是儒学的更加哲理化的思想理论。它突破了汉唐儒学墨守经传旧注训诂的藩

---

① 《宋史·王安石传》。《宋史·理宗本纪》作"天命不足畏,祖宗不足法,人言不足恤"。
② 司马光概括的王安石"三不足"观点分别是:"天地与人,了不相关;薄蚀、震摇,皆有常数,不足畏忌。祖宗之法,未必尽善,可革则革,不足循守。庸人之情,喜因循而惮改之,可与乐成,难与虑始,纷纭之议,不足听采。"见《司马温公传家集·学士院试李清臣等策目》。
③ 《论语·季氏》。
④ (宋)杨仲良:《续通鉴长编纪事本末》卷五十九《王安石事迹(上)》。
⑤ 《宋史·富弼传》。
⑥ (宋)杨仲良编:《续通鉴长编纪事本末》卷五十九《王安石事迹(上)》。
⑦ (宋)杨仲良编:《续通鉴长编纪事本末》卷五十九《王安石事迹(上)》。
⑧ 《列宁全集》(第10卷),人民出版社1958年版,第152页。

篱,倡导义理之学;追求心性修养,及明体达用、经世致用、外王内圣的统一;整合儒释道,博大精深。理学以二程(程颢、程颐)、朱熹为主要代表,故名程朱理学。

(一) 二程的法律思想

程颢,字伯淳,河南洛阳人,北宋哲学家,学者称为明道先生。嘉祐年间进士,神宗朝任太子中允、监察御史里行。著有《定性书》《识仁篇》,后人集其言论编成《遗书》《文集》等,皆收入《二程全书》。提出"天者理也"和"只心便是天,尽之便知性"的命题,认为知识、真理只是内在于人的心中。① 使心寂然无事,"廓然大公","内外两忘",即能"穷心""尽性"。为学以"识仁"为主,认为"仁者浑然与物同体,义礼知信皆仁也",识得此理,便须"以诚敬存之"。② 倡导"传心"说。

程颐,字正叔,程颢胞弟,河南洛阳人,北宋哲学家,学者称为伊川先生。历官汝州团练推官、秘书省校书郎、崇政殿说书。著有《周易程氏传》《遗书》《易传》《经说》等。其学说以"穷理"为主,认为"天下之物皆能穷,只是一理","一物之理即万物之理"。③ 主张"涵养须用敬,进学在致知"④ 的修养方法,目的在于"灭私欲则天理明"⑤,认为"饿死事极小,失节事极大"⑥。宣扬"气禀"说。

程颢说:"吾学虽有所受,'天理'二字却是自家体贴出来。"⑦ 他的贡献之一,是提出"天者,理也"⑧ 这一理学核心命题。以为《尚书》中"皇天震怒"、《礼记·乐记》中"不能返躬,天理灭矣"中的"天",都不是有人格的"天"。其中的"天"其实是"理",是宇宙的普遍法则。程颢用"理"规定、界定"天"的概念,"天"是最高的本体,"理"被诠释为最高的本原性的概念。自然规律、社会规范、人性及理性都统一于普遍的"天理"。

天理支配着宇宙。天理是永恒的,是不以人的意志为转移的。程颢说:"天理云者,这一个道理,更有甚穷已?不为尧存,不为桀亡。人得之者,故大行不加,穷居不损。这上头来,更怎生说得存亡加减?是他元无少欠。百理具备。"⑨

天理支配着社会。社会的道德原则,比如"父子、君臣,天下之定理,无所逃于天地之间"⑩;"为君尽君道,为臣尽臣道,过此则无理"⑪。它们也叫义理。

天理也支配着人生,也称性理,指人的道德本质。程颐提出"性即理",这是理学中非常重要的另一个核心命题。"性"即人的本性,前人讲人性善、人性恶、人性无善无恶、人性三品等。"性善说"强调人具有先验的道德理性,"性恶论"强调自然情欲是人的本质。程颐则用"理"来规定、解释人的本性。他说:"性即理也。所谓理,性是也。"⑫ "性即理"实际以社

---

① 《遗书》卷二上。
② 《遗书》卷二上。
③ 《遗书》卷二。
④ 《遗书》卷十八。
⑤ 《遗书》卷二十四。
⑥ 《遗书》卷二十二。
⑦ 《外书》卷十二。
⑧ 《遗书》卷十一。
⑨ 《遗书》卷二上。
⑩ 《遗书》卷五。
⑪ 《遗书》卷五。
⑫ 《遗书》卷二十二上。

会的道德原则(理)为人类永恒不变的本性(性);他以为,先验的道德理性决定道德法则,而且是宇宙的根本规律。

"性即理也"的人性论,认为人的内在道德本性就是天理,"自性而行,皆善也。圣人因其善也,则为仁义礼智信以名之"①。这属于"天命之谓性",还有一种气禀之性,"气有清浊,禀其清者为贤,禀其浊者为愚"。②同时,"有自幼而善,有自幼而恶,是气禀有然也"③。贤愚、善恶取决于气禀如何。

人性的两重性造成了天理与私欲的对立和冲突。程颐说:"视、听、言、动,非理不为,即是礼,礼即是理也。不是天理,便是私欲。"④要存天理、去人欲。

在性理与义理交叉时,比如夫妻关系,二程将"夫为妻纲"解释为天理:"男女有尊卑之序,夫妇有倡随之礼,此常理也。"⑤"常理"即天理,天经地义之谓。由此,他们推论出妇女"饿死事小,失节事大",如程颐与某人对话:"或问:'孀妇于理,似不可取(娶),如何?'伊川先生曰:'然!凡取(娶),以配身也。若取(娶)失节者以配身,是己失节也。'又问:'或有孤孀贫穷无托者,可再嫁否?'曰:'只是后世怕寒饿死,故有是说。然饿死事极小,失节事极大!'"⑥

二程的修养论包括定性、主敬和格物致知等几个方面。程颢认为良知乃出于天,故明心可见性,主张"识仁",而以"诚敬"存之,并须身体力行,从实际生活中去验证真理,"仁者浑然与物同体"⑦。而达到这一境界,首先要"定性"。"定性"就是认识和体现自己的本心和本性,通过定性达到的是"廓然大公""物来顺应"的仁的境界。达到这一境界后,还要加以存养,以保持这种心态,故而提出"主敬",特别提出"格物致知"作为穷理的方法。程颐主张"涵养须用敬,格物在致知"⑧。其中,"敬"即专一,不怠惰;"格物"即穷究事物之原理。

(二) 朱熹的法律思想

朱熹,字元晦,号晦庵,别称紫阳。南宋思想家,理学集大成者。祖籍徽州府婺源县(今江西省婺源),绍兴进士及第,历事高宗、孝宗、光宗、宁宗四朝,累官转运副使、提点江西刑狱公事、焕章阁待制兼侍讲。庆元年间致仕,不久卒。随程颐的三传弟子李侗学习,成为程颢、程颐之后理学的重要人物。他的思想在元明清三代成为官方哲学。著有《四书集注》《通鉴纲目》等,其子朱在编辑《朱文公文集》一百卷,门人辑录《朱子语类》一百四十卷。

朱熹继承二程,也把"理"作为最高的哲学范畴。他说:"宇宙之间,一理而已,天得之而为天,地得之而为地,而凡生于天地之间者,又各得之以为性,其张之为三纲,其纪之为五常,盖皆以此理流行,无所适而不在。"⑨无论自然、社会还是伦理道德领域,都体现了"理"的流行。

1. 格物穷理与存理灭欲。朱熹把"格物致知"解释为"即物穷理"。"即物",指不能离

---

① 《遗书》卷二十五。
② 《遗书》卷十八。
③ 《遗书》卷一。
④ 《遗书》卷十五。
⑤ 《周易程氏传》卷四《归妹》。
⑥ 《遗书》卷二十二下。
⑦ 《遗书》卷二上。
⑧ 《遗书》卷十八。
⑨ 《朱文公文集》卷七十《读大纪》,国家图书馆出版社 2006 年版。

开事事物物;"穷理"就是要研究了解事物的道理。他说:"学者须是革尽人欲,复尽天理,方始是学。"①但朱熹提出"格物致知"这些理论,不是用来约束老百姓的,是要"格正君心",是针对帝王的;同时,讲"存天理、灭人欲",也是针对帝王的。

孝宗即位,他上封事,云:"帝王之学,必先格物致知,以极夫事物之变,使义理所存,纤悉毕照,则自然意诚心正,而可以应天下之务。"隆兴元年(1163年),他奏对,批评孝宗:"大学之道在乎格物以致其知。陛下……未尝随事以观理,即理以应事。是以举措之间动涉疑贰,听纳之际未免蔽欺,平治之效所以未著。"淳熙六年(1179年),朱熹应诏上疏,提出:"天下之务莫大于恤民,而恤民之本,在人君正心术以立纪纲。盖天下之纪纲不能以自立,必人主之心术公平正大,无偏党反侧之私,然后有所系而立。"要求皇上"讲明义理之归",使"君心"得正。淳熙十五年(1188年),朱熹奏云:"陛下即位二十七年,因循荏苒,无尺寸之效可以仰酬圣志。尝反复思之,无乃……天理有所未纯,人欲有所未尽,是以为善不能充其量,除恶不能去其根。""愿陛下自今以往,一念之顷必谨而察之:此为天理耶,人欲耶? 果天理也,则敬以充之,而不使其少有壅阏;果人欲也,则敬以克之,而不使其少有凝滞。"这样,"言语动作之间,用人处事之际",均"以是裁之",使得"无一毫之私欲得以介乎其间,而天下之事将惟陛下所欲为,无不如志矣"。最后一次奏对前,有人劝他,皇帝不愿听"正心诚意"之论,就不要再讲了。朱熹说:"吾平生所学,惟此四字,岂可隐默以欺吾君乎?"②

2. 理欲之别与"存天理,灭人欲"。朱熹说:"只是一人之心,合道理底是天理,徇情欲的是人欲。"③这两者是对立的:"人之一心,天理存则人欲亡,人欲胜则天理灭,未有天理人欲夹杂者。"④当他被问及"饮食之间,孰为天理,孰为人欲"时,他回答说:"饮食者,天理也;要求美,人欲也。"⑤又曰:"饮食,天理也;山珍海味,人欲也;夫妻,天理也;三妻四妾,人欲也。"⑥即人的生理或生存的正常满足,是天理;追求过分的美味、妾侍,就是人欲。肯定"饮食""男女"本身的合理性,系针对佛教的无欲、禁欲而言的;但"天理"在他那里,更多地脱离了"饥食渴饮"与色欲的自然规律范围,显示了其社会规范的一面:"天理只是仁义礼智之总名,仁义礼智便是天理之件数。"⑦"三纲五常,天理民彝之大节,而治道之本根也。"⑧在这个问题上,"圣贤千言万语,只是教人明天理,灭人欲"⑨。

不过,对存理灭欲,朱熹责难上层更甚。他写信给陈师中,劝他死去妹婿的妹妹守节,云:"昔伊川先生尝论此事,以为'饿死事小,失节事大',自世俗观之,诚为迂阔,然自知经识理之君子观之,当有以知其不可易也。"⑩他也只限于知书识礼阶层,而非针对平民。他在信中写道:"令女弟甚贤,必能养老扶孤,以全柏舟之节。此事在丞相、夫人奖劝扶植,以成就之。使自明没为忠臣,而其室家,生为节妇,斯亦人伦之美事。计老兄昆仲,必不惮赞成之也。"⑪

---
① (宋)黎靖德编:《朱子语类》卷四,中华书局1986年版。
② 本部分所援引之内容,均引自《宋史·朱熹传》。
③ 《朱子语类》卷七十八。
④ 《朱子语类》卷十三。
⑤ 《朱子语类》卷十三。
⑥ 《朱子语类》卷十三。
⑦ 《朱子语类》卷十三。
⑧ 《朱文公文集》卷十三《戊申延和奏札一》。
⑨ 《朱子语类》卷十一。
⑩ 《朱文公文集》卷二十六《与陈师中书》。
⑪ 《朱文公文集》卷二十六《与陈师中书》。

3. 正官风，严刑治。朱熹以为，当时官场风俗不好："当官者，大小上下以不见吏民、不治事为得策"，以至"曲直在前，只不理会"，只要"民自不来，以此为止讼之道"。使得"民有冤抑，无处伸诉，只得忍遏；便有讼者，半年周岁不见消息，不得予决，民亦只得休和"，而"居官者遂以为无讼之可听"。朱熹直呼"风俗如此，可畏可畏！"①

朱熹主张严刑以治，反对一味宽厚。当有人说"政治当明其号令，不必严刑以为威"时，他补充说："号令既明，刑罚亦不可弛。苟不用刑罚，则号令徒挂墙壁尔。"并说："与其不遵以梗吾治，曷若惩其一以戒百？"有人问：为政是否"当以宽为本，而以严济之"？朱熹曰："某谓当以严为本，而以宽济之。""严"的含义，"须是令行禁止"；"宽"也不是"令不行、禁不止"。而"今人说宽政多是事事不管，某谓坏了这'宽'字"。②

朱熹指责"今人狱事"，只知道"理会要从厚"，却不知"不问是非善恶，只务从厚，岂不长奸惠恶？"他还说，法官们迷惑于佛道两家的"罪福报应之说，多喜出人罪以求福报"，助推了无原则的出人之罪，但从法律上看，"使无罪者不得直，而有罪者得幸免，是乃所以为恶尔"，又"何福报之有？"同时，对"恤刑"含义"详审曲直，令有罪者不得免，而无罪者不得滥刑"有误解，以为"钦恤"就是"宽人之罪而出其死"，于是想方设法使"当杀者""减等"治罪，这等于"卖弄条贯"，"何钦恤之有？"对"罪疑从轻，功疑从重"也有误解，"疑"本来是指"法所不能决者，则俟奏裁"，今人以为"凡罪皆可以从轻，而凡功皆可以从重"，使"罪之当死"，也做生刑以奏上供裁。③

朱熹不只是空言性理，他对纳米、盐法、赈济之法、保甲法、常平仓皆熟稔，都有自己的看法。

第二节　宋代社会转型与法律变化

唐宋之际是中国古代社会政治、经济、文化发生重要变化的历史时期。唐五代藩镇之祸，促使宋代皇帝收回兵权，皇帝对军队的控制加强。相应地，对地方控制的中央集权也随之增长。经济权力也走了同样的路径。政治统一为发展社会经济提供了安定的局面，但这只是政治结构变化的枝节。唐宋社会的转型与发展主要体现在以下三个方面。

一、经济社会结构的变化

宋代是封建生产关系发生变化和转型的时期。立国之初就"田制不立"④"不抑兼并"⑤，土地买卖频繁，流转加快，使社会上形成了一种"贫富无定势，田宅无定主"⑥的趋势，中小地主与自耕农数量都有不同程度的增长。土地兼并造就了大地主，也产生了大量的摆脱了部曲制下依附于主人的佃农，因而封建剥削方式也发生了变化，租佃关系日益发展。佃户的人

---

① 本部分所援引之内容，均引自《朱文公政训》。
② 本部分所援引之内容，均引自《朱文公政训》。
③ 本部分所援引之内容，均引自《朱文公政训》。
④《宋史》卷一百七十三《食货上·农田》。
⑤ (宋)王明清：《挥麈后录余话》卷一。
⑥ (宋)袁采：《袁氏世范》卷下。

身趋向自由,可以按时"起移"①,并与地主约定按期交纳定额地租。同时,在官私手工业作坊中也普遍实行了雇值制度,有利于提高生产者的积极性。手工业生产已有独立的专业作坊,纺织业中已有"机户"出现,工匠的人身限制也较前宽松。②宋代商品经济得以迅速发展,束缚商业自由的坊市制彻底瓦解,宵禁被解除,街市制开始形成,出现了夜市、晓市、草市,商业活动不再受官府的监督;出现了最早的纸币——交子、会子;城市经济功能大大增强;对外贸易繁荣,海外贸易物品远销五十余国;赋税结构发生变化,农业税所占比重下降,商业税所占比重上升。

二、思想意识领域的变化

随着隋唐以来科举取士的发展,唐末士族逐渐趋于没落;宋代庶族地主地位提高,取代了旧时士族。文彦博回答宋神宗说:陛下"为与士大夫治天下,非与百姓治天下也"③。宋代以文臣治天下,不仅宰执、州郡长官及县令皆用文人,就连军队也由文人指挥。他们能够自由地发表言论,议论国是。政治、社会结构的这一变化,加上经济的高速发展以及科技进步、文化多元,推动了两宋思想意识领域呈现出前所未有的活跃。

比如,"农本商末"观念动摇,"讳言财利"受批判,"贵义贱利"观念出现颠覆性的变化。地主阶级尤其是庶族地主需要新的理论,以维护其新的社会关系和政治思想统治。宋学便在这一历史条件下产生了,并成为两宋三百多年间并影响其后元、明、清时期的占据统治地位的思想学说,其中居于首位的是理学。理学的形成,促进了理性主义、"天人合一"思想的发展,发展了道德自律精神,为儒家"内圣外王"之学提供了哲理基础。同时,以李觏、叶适、陈亮为代表的功利主义思潮也有所抬头,主张"义利双行",与理学家展开辩论。

三、法制及其思想的变化

(一) 法律思想的变化

1. 从"立法严、用法恕"至"立法贵乎中"。宋初,"太祖、太宗颇用重典,以绳奸慝",但"立法之制严,而用法之情恕"。④太祖认为"今条法重于律文,财贿轻于人命",希望"俾宽禁网,庶合旧章"。⑤仁宗主张"先王用法简约,使人知禁而易从",以为"后代设茶、酒、盐税之禁,夺民厚利,刑用滋章"。⑥南宋孝宗赵昚说:"夫法太重而难必行,则立法贵乎中。"⑦统治者对法律繁苛作出了一定的反省。而太祖虽用重典,但开国初就制定减轻刑罚的"折杖法";后来强调"中"典,却又有惩治盗贼的"重法地"法等重典。

---

① 《宋会要辑稿·食货一之二十四》载:仁宗天圣五年(1027年)规定:"自今后客户起移,更不取主人凭由,须每田收田毕日,商量去住,各取稳便,即不得非时衷私起移。如是主人非理拦占,许经县论详。"
② 薛梅卿、赵晓耕主编:《两宋法制通论》,法律出版社2002年版,"前言"第2页。
③ (宋)李焘撰:《续资治通鉴长编》卷二百二十一熙宁四年三月戊子条。
④ 《宋史·刑法志一》。
⑤ 《宋大诏令集》卷二百《政事五十三·刑法上·改窃盗赃计钱诏》,中华书局1962年版。
⑥ 《宋史·刑法志三》。
⑦ 《宋会要辑稿》帝系十一之十二。

2. "上下相维,轻重相制"。宋太祖"事为之防,曲为之制"①,收节镇兵权、敛其财权和司法上的刑杀权,使"一兵之籍,一财之源,一地之守,皆人主自为之";② 太宗设置提点刑狱公事监督州县司法,设审刑院以加强皇帝对司法的控制,使中央集权与皇帝控制权均得以增强。同时,参知政事与宰相分割相权、枢密院与"三衙"分掌兵权、三司共掌财权、台谏合一监察体制、通判牵掣知州的连署制等,均体现了"上下相维,轻重相制"③。

3. "政丰""理财","通商惠工"。宋太宗曾诏大臣议"致丰盈之术"④,神宗赵顼"尤先理财"⑤,民商、经济立法因而得到空前发展。太宗更以"通商惠工"⑥为宗旨,其后神宗、高宗、孝宗都以此为则,因而一系列开放市场和禁止勒索商人的法律条规得以出台,包括王安石变法期间的《市易法》及专门调整海外贸易的《市舶条法》。大臣李觏主张"贤圣之君,经济之士,必先富其国焉"⑦,王安石更明确指出"政事所以理财,理财乃所谓义也"⑧。

4. "文学法理,咸精其能"。宋代统治者重视法律,宋太祖讲:"王者禁人为非,莫先于法令。"⑨太宗说:"法律之书,甚资政理。人臣若不知法,举动是过。苟能读之,益人知识。"⑩士大夫也认为治国须"以法制为首务",并强调法体现着"天下大公""天下至公"。由此,宋代出现了"晓律令,长于吏事"⑪的士大夫群体,且"文学法理,咸精其能",对立法、司法起着推动作用。⑫

(二) 法律制度的发展

生存环境上,两宋内部矛盾丛生,反抗不断,又先后遭西夏、辽、金、元的侵逼,处在内外交困之下。既须适应新变化,探索新制度,也得应付乱象,造成了当时法条泛滥、法律苛重的局面。以神宗时为例,"岁断死刑几二千人,比前代殊多","徒、流折杖之法,禁网加密","刺配之法二百余条",被中书省认为是"刑名未安"五项中的三项。⑬苏轼说:"风俗之变,法制随之。"⑭宋代立法不囿于旧律,崇尚务实,多所变革,因而在立法上出现了专门化的趋势。南宋叶适在评论宋代法度时曾说:"今内外上下,一事之小,一罪之微,皆先有法以待之。"⑮陈亮更指出:"汉,任人者也;唐,人、法并行也;本朝,任法者也。"⑯

宋代在司法上不囿于旧制,也创立了一系列新制度。宋代地方府州,出现了司理参军掌鞫问、司法参军掌检法的"鞫谳分司"制度;后扩至大理寺,左断刑的"断司"与"议司",右治

---

① (宋)李焘撰:《续资治通鉴长编》卷十七太祖开宝九年十月。
② (宋)叶适撰:《水心别集》卷十《始议二》。
③ 《范太史集》卷二十二《转对条上四事状》。
④ (宋)李焘撰:《续资治通鉴长编》卷四十一太宗至道三年五月。
⑤ 《宋史·食货志下一》。
⑥ 《宋会要辑稿》食货十七之十三。
⑦ 《李觏集·富国策第一》。
⑧ 《临川集》卷七十三《答曾公立书》。
⑨ 《宋大诏令集》卷二百《政事五十三·刑法上·改窃盗赃计钱诏》,中华书局1962年版。
⑩ (宋)李攸撰:《宋朝事实》卷十六《兵刑》。
⑪ 《宋史·庞籍传》。
⑫ 陈景良:《试论宋代士大夫的法律观念》,载《法学研究》1998年第4期。陈景良:《"文学法理,咸精其能"——试论两宋士大夫的法律素养(上)(下)》,载《南京大学法律评论》1996年秋季号、1997年春季号。
⑬ 以上均引自《宋史·刑法志三》。
⑭ 《宋史·苏轼传》。
⑮ (宋)叶适撰:《水心文集》卷十。
⑯ (宋)陈亮撰:《陈亮集》卷十。

狱的"左右推"与"检法案",形成各自系统的"鞫谳分司"。① 无论法律制度还是司法环境,都出现了许多不同于此前各代的特异发展。北宋制定《告不干己事法》,对横行闾里的罢免官吏、官吏子弟、生员、地棍等"健讼"者的助讼活动,予以禁止。② 南宋大量出现讼师,讼学流行,官府不得不大肆打压。周密曰:"江西人好讼,是以有簪笔之讥。往往有开讼学以教人者,如金科之法,出甲乙对答,及哗讦之语,盖专门于此。从之者常数百人。"③

第三节 宋代立法及其主要内容

一、法律编纂

(一)《宋刑统》的制定

宋初参用唐五代律令格式及刑统、编敕,尤以后周《显德刑统》为主。太祖建隆三年(962年),臣僚提出详订《显德刑统》,赵匡胤命工部尚书判大理寺窦仪等人更定之。建隆四年(963年)八月修成《建隆重详订刑统》三十一卷,遂刻版颁于天下,与令、式及《新编敕》并行。这是宋代系统制定的基本刑事法典。

《宋刑统》对《显德刑统》的详订,主要是对其"科条浩繁"的删繁就简以及对其缺略疏议的补充。《显德刑统》作为综合法典,有律、疏、令式、格敕、朝廷禁令、州县常科等,《宋刑统》于其中"削出式、令、宣敕一百九条",将他们另作"编敕"四卷,或归于原式、令中;保留了原附的自唐开元二年(714年)以来至五代的敕令格式,加上新增入的宋初制敕十五条,共计一百七十七条,仍附列于律文之后。《显德刑统》删节的唐律原有疏议,《宋刑统》又予以补足,这又等于是对《唐律疏议》的恢复。与唐律不同,《宋刑统》将原五百零二条按罪类分为二百一十三门;对原唐律中散于各分则条文的四十四条"余条准此"的总则性条款突出单列一门,附于名例之后,以便检索;增加"起请"三十二条,对律敕令格式条文应作轻重变化或增加刑名者,予以补充。④《宋刑统》仍是综合性法典。

(二)编敕与例

敕是以皇帝的名义随时发布的诏令。编敕是将过去历年散敕编纂而使其具有普遍适用效力的立法活动和立法形式。宋承唐五代"编敕"以应时势变化,并将其大加利用,使编敕地位上升,用以损益和补充成法;编敕数量大幅增长,每次修敕皆在千条以上。编敕成为自太宗以后的主要立法活动和立法形式。

宋代编敕,不仅有通行全国的《海行编敕》,也有适用于地方的《一州一县编敕》,以及用于中央各部、寺、监的《一司一务编敕》《农田编敕》等;⑤ 既有各类散敕通编者,又有专门编

---

① 霍存福:《宋代"鞫谳分司"——"听""断"合一与分立的体制机制考察》,载《社会科学辑刊》2016年第6期。
② 霍存福:《宋明清"告不干己事法"及其对生员助讼的影响》,载《华东政法大学学报》2008年第1期。
③ (宋)周密撰:《癸辛杂识续集》卷上《讼学业觜社》,吴企明点校,中华书局1988年版,第159–160页。
④ (宋)窦仪:《进刑统表》。
⑤ 戴建国:《宋代编敕初探》,载《文史》第42辑,中华书局1997年版。

辑有关刑名敕者。后者便形成了与《刑统》并行的系统的刑事法源。宋神宗依"律不足以周事情,凡律所不载者一断以敕"①,编辑了依照律目十二篇内容顺序排列的编敕,出现了所谓的律敕并行甚至以敕代律的局面。

断例和事例是另一可以征引的法源。宋代断例起自仁宗赵祯庆历时命"刑部、大理寺以前后所断狱及定夺公事编为例"之诏,附在编敕之后;②神宗熙宁时又将"熙宁以来得旨改例为断,或自定夺,或因比附,办定结断公案,堪为典刑者,编为例"③,形成《熙宁法寺断例》十二卷;后又有神宗《元丰断例》六卷、哲宗赵煦《元符刑名断例》三卷、徽宗赵佶《崇宁断例》、南宋《绍兴编修刑名疑难断例》二十二卷、《乾道新编特旨断例》二十卷、《开禧刑名断例》十卷。④事例则是将皇帝"特旨"和尚书省等官署发给下级指令的"指挥"编类为例。神宗以后,"御笔手诏"等特旨和指挥的地位渐高。

宋代在神宗时就出现了"引例破法"的情况,至徽宗崇宁时依然如故。南宋时更有"吏一切以例从事,法当然而无例,则事皆泥而不行,甚至隐例以坏法"⑤。

(三) 南宋《条法事类》

鉴于先前统编的敕令格式只以法律性质分类,不突出"事类",使"官不暇遍阅,吏因得以容奸"⑥,孝宗令以"事类"(公事性质)为依据编排,每项事类收入相关敕令格式等,编定《淳熙条法事类》。在法典编纂上,条列法规,以事为类,是一项创造。宁宗赵扩时有《庆元条法事类》一百四十卷,理宗赵昀时有《淳祐条法事类》。现存有《庆元条法事类》残本。

二、法律形式

宋代法律形式,因袭唐五代以来的刑统、令、格、式、编敕、申明等。刑统代律,令、式则有太宗《淳化令式》、仁宗《天圣令》、神宗《元丰令》等。神宗以律不足以周事情,"乃更其目曰敕、令、格、式",分别定义为:"禁于已然之谓敕,禁于未然之谓令,设于此以待彼之谓格,使彼效之之谓式"⑦。敕是"丽刑名轻重者",应当处以笞、杖、徒、流、死五刑的,按照名例至断狱的顺序予以编排,实际亦即《刑统》十二篇顺序;令是"约束禁止者",按自官品令至断狱令三十五门编排,基本是唐令顺序;格是"有等级高下者",包括命官之等、吏庶人之赏等,成为专门的赏格;式是"有体制模楷者",即表奏、帐籍、关牒、符檄之类的式样。⑧格、式与旧制明显不同。

申明是宋代新出现的一种新法律形式。"申明"作为法律形式始于北宋神宗熙宁年间,主要有申明刑统、随敕申明(又称申明敕)和申明指挥三种。申明刑统为一种从属于律的法律形式,亦即法律解释,具有说明、补充律的功能。随敕申明的情况比较复杂,从《庆元条法

---

① 《宋史·刑法志一》。
② (宋)李焘撰:《续资治通鉴长编》卷一百四十仁宗庆历三年三月。
③ (宋)李焘撰:《续资治通鉴长编》卷二百五十四神宗熙宁七年六月。
④ 郭东旭:《宋代法制研究》,河北大学出版社1997年版,第38页。
⑤ 《宋史·刑法志一》。
⑥ 《宋史·刑法志一》。
⑦ 《宋史·刑法志一》。
⑧ 《宋史·刑法志一》。

事类》看,它既可能是对前敕作出解释说明的后敕,也可能是难以修为永法但具有参考价值的诏敕。申明指挥当为一个概称,其中相当一部分是随敕申明,剩余部分则为对有关上级官署指令的申明。[①]

三、法律内容的主要变化

(一) 刑事法律制度

1. 刑法体系的繁杂。宋代刑法体系,实际存在普通刑事法律与特别刑事法律两大类。前者有《宋刑统》、编敕、编例、条法事类等。它们并非同时制定,地位与作用也不相同。由于《宋刑统》以唐律为主体内容,不能有效地全面涵盖已经发展了的社会生活,于是敕、例起而补律之不足,直至渐变为效力高于律的法律渊源。尤其是敕,自神宗后,编敕成为宋代最主要的刑事法律渊源。特别刑事法规有诏令、重法等,具有特别优先效力,如仁宗朝《窝藏重法》、英宗朝《重法地法》、神宗朝《盗贼重法》等。

哲宗以后,"用法以后冲前,改更纷然,而刑制紊矣"[②]。徽宗时,编例地位日益上升,"引例破法";到南宋高宗时"断例散逸",秦桧以行政机关"批状、指挥"取代"成法",两宋时期刑事法律体系的繁乱可见一斑。

2. 刑事政策的调整。宋代纵承分裂割据的五代十国,横向上又先后与辽、金、西夏对峙,政治空间紧张,生存版图争夺激烈,加之宋初割据势力未靖,这种内忧外患的政局决定了宋代刑事政策也必然反映当时社会生活的特点。

第一,刑用重典。"宋兴,承五季之乱,太祖、太宗颇用重典,以绳奸慝。"[③] 这是主格调。一是严惩贪赃。"宋以忠厚开国,凡罪罚悉从轻减,独于治赃吏最严"。[④] 二是重惩盗贼。"祖宗仁政,加于天下者甚广。刑法之重,改而从轻者至多。惟是强盗之法,特加重者,盖以禁奸宄而惠良民也。"[⑤] 三是弹压反叛。突出了对"十恶"中"谋反""谋大逆""谋叛""大不敬"等政治性犯罪的打击,甚至"有人或因斗争,或是酒醉,辄高声唱反者,决臀杖七十"[⑥]。四是重惩影响生产和资源的犯罪,如盗剥桑柘罪。太祖建隆三年(962年)有"禁民伐桑枣为薪"之诏[⑦],"祖宗时重盗剥桑柘之禁,枯者以尺计,积四十二尺为一功,三功以上抵死"[⑧]。重典与轻减刑罚,形成强烈对比。

第二,不杀大臣。王夫之云:"宋太祖赵匡胤曾于殿中为继位者勒石为戒:'一、保全柴氏子孙;二、不杀士大夫;三、不加农田之赋。'呜呼! 若此三者,不谓之盛德也不能。"[⑨] 这条"不

---

① 谢波:《宋代法律形式"申明"考析》,载《史学月刊》2010年第7期。
② 《宋史·刑法志一》。
③ 《宋史·刑法志一》。
④ (清)赵翼:《廿二史札记》卷二十四《宋初严惩赃吏》。
⑤ 《宋史·刑法志三》。
⑥ 《宋刑统》卷十七《贼盗律·谋反逆叛(唱反)》。
⑦ 《宋史·陶榖传》。
⑧ (宋)李焘撰:《续资治通鉴长编》卷一百一十仁宗天圣九年(1031年)四月。
⑨ 《宋论》卷一《太祖三》。

得杀士大夫及上书言事人"①的祖训,被后世诸帝所遵奉。宋哲宗说:"朕遵祖宗遗志,未尝杀戮大臣。"②不杀士大夫,其本质是皇帝"与士大夫治天下"的同盟意识的反映和体现。

第三,划分"重法地"。仁宗嘉祐七年(1062年),将开封府所属三县定为"重法地",重点惩治"盗贼"窝藏犯,立"窝藏重法"。后"重法地"范围逐渐扩大至附近的曹、濮、澶、滑四州。神宗熙宁四年(1071年)又制定了《盗贼重法》,将适用范围进一步扩大至淮南宿州及应天府齐、徐诸州等地区。其内容是重惩劫盗、窝藏(囊橐)犯,且连坐妻子、没收家赀。③此后,重法地范围又不断扩大。武装反抗者被定为"重法人",不仅本人被处死,而且株连家属。宋太宗曾说:"国家若无外忧,必有内患。外忧不过边事,皆可预防。惟奸邪无状,若为内患,深可惧也。帝王用心,常须谨此。"④"奸邪"即所谓的"盗贼",故实行重典惩治盗贼的特别立法。

3. 刑事法律原则。宋代除继续沿用唐以来的老小及疾减免处罚、自首"原其罪"、区分故意与过失、共犯造意为首、累犯加重等刑事法律原则外,还有其他一些原则。

第一,敕例优先于律原则。宋代皇帝热衷于用敕,神宗更是以敕代律。其后,"诸敕令无例者从律(谓如'见血为伤''强者加二等''加者不加入死'之类),律无例及例不同者从敕令"⑤,敕例优先于律便成了原则。

第二,"贼盗"加重原则。唐律强盗罪区分是否持杖与得赃。《宋刑统》卷十九《贼盗律·强盗窃盗》所附敕规定:"擒获强盗,不论有赃无赃,并集众决杀","持杖行劫,不问有赃、无赃,并处死",甚至"其同行劫贼内,有不持杖者,亦与同罪"。唐律窃盗"五十匹加役流",《宋刑统·贼盗律》附敕规定"犯窃盗,赃满五贯文足陌,处死"。⑥

第三,严惩贪墨原则。《宋史·刑法志二》云:"时郡县吏承五季之习,黩货厉民,故尤严贪墨之罪。"太祖时规定对贪赃官员不适用请、减、赎、官当之法,太宗时规定赃官虽逢赦也不得叙用。处死贪官之刑,虽自真宗时起不再实行,但直到南宋,赃官不许堂除及亲民差遣,以及罪至徒即不叙用的制度,一直在实行。

宋代刑法适用原则,已趋严密化。如历代相传的"十恶"重罪又有细密的区别,重中有轻;公罪依情状论处,缩小了唐律一概"勿论"的量刑幅度;幕职官犯罪依品官等第论处;七品以上官吏犯枉法罪合减科;老疾者犯死罪可矜不死,发遣僻远小郡,给递驴代步;流配犯人准予停官终养、奔丧,六年刑满可听叙,身死可由亲属收葬;等等。这表明为适应时代的变化,宋代法律并非简单地维持唐律规定,而是更多地注重区别对待。

4. 刑罚的新发展。

第一,折杖法。宋太祖赵匡胤为"洗五代之苛",于建隆四年(963年)定折杖之制:流刑四等,免去远流;加役流决脊杖二十,配役三年;流三千里、流二千五百里、流二千里,分别决脊杖二十、十八、十七,均配役一年;徒刑五等,自徒三年至徒一年,分别决脊杖二十、十八、十七、十五、十三后释放,免去配役;杖刑五等,自杖一百至杖六十,分别决臀杖二十、十八、

---

① 陆游《避暑漫抄》:建隆三年(962年),"密镌一碑,立于太庙寝殿之夹室,谓之誓碑,……因敕有司:自后时享及新天子即位,谒庙礼毕,奏请恭读誓词"。碑中"誓词三行,一云:'柴氏子孙有罪,不得加刑,纵犯谋逆,止于狱中赐尽,不得市曹刑戮,亦不得连坐支属。'一云:'不得杀士大夫及上书言事人。'一云:'子孙有渝此誓者,天必殛之。'"
② 《宋史·刑法志二》。
③ 《宋史·刑法志一》。
④ (宋)李焘撰:《续资治通鉴长编》卷三十二太宗淳化二年八月丁亥。
⑤ 《庆元条法事类》卷七十三《刑狱门三·检断·名例敕》。
⑥ 薛梅卿、赵晓耕主编:《两宋法制通论》,法律出版社2002年版,第383-385页。

十七、十五、十三后释放;笞刑五等,自笞五十至笞十,分别决臀杖十下、八下、七下后释放。①折杖法使"流罪得免远徙,徒罪得免役年,笞杖得减决数"②。

第二,刺配。该刑罚为宋太祖为宽贷杂犯死罪而立。刺面、配流且杖脊,原是对特予免死人犯的一种代用刑,后来则成了常用刑种。太宗以后有关刺配的编敕渐多,南宋孝宗时达五百七十条③,不仅盗贼徒以上罪要刺配,军士犯罪也要刺配。

第三,凌迟。《宋史·刑法志一》云:"凌迟者,先断其支体,乃抉其吭,当时之极法也。"真宗赵恒时,大臣屡有请行凌迟刑者,真宗均未允准。仁宗天圣六年(1028年),荆湖地区杀人祭鬼,诏令"自今首谋若加功者,凌迟斩"④,首用此刑。此后多用于"强劫贼人",神宗以后更用于口语狂悖致罪者。南宋《庆元条法事类》将凌迟与斩、绞并列,成为法定刑种。

第四,编管与安置。即把犯罪之人编入外州户籍,使其接受监督管制,限制其人身自由的处罚方法。该刑罚主要用于朝廷命官犯重罪者,是宋代不杀士大夫之祖训在刑罚上的具体表现。编管分羁管和编置。羁管以囚禁为主,主要处罚宗室犯罪情节严重者;编置是指将犯人编于外州户籍而安置之,适用于情节较轻的犯罪。如苏东坡先后被编管黄州、儋州。安置是将犯罪者贬谪到远恶之地居住并限制其人身自由的处罚方法,主要适用于官吏犯罪。

(二) 民事法律制度

1. 年、籍与行为能力。宋代尚无权利能力与行为能力概念,但立法中涉及的年龄、户籍问题,却与此相关。宋《户令》有"男年二十一为丁"的规定。"丁"指成年人,有承担徭役和课税义务;秦汉以来六十岁"免老",即不再负担国家徭役。《宋刑统·职制律》疏议有"十五以下、七十以上及废疾,既不任徒役",高年与"免老"相关,年少及残疾则类似今日民法中限制行为能力与丧失行为能力的规定。不过,当时禁止卑幼处分财产,则是按照伦理等级高低确定人们的权利能力的。

户籍是民事法律关系的基本法律文件。《宋刑统》卷十二《户婚律》"脱户"条曰:"率土黔庶,皆有籍书。"《名例律》说:"称'人年'者,以籍为定。"在继承时,以户籍为据。《户婚律》援用唐天宝六年(747年)敕文,对"百官、百姓身亡之后,称是在外别生男女及妻妾",以"身在纵不同居,亦合收编本籍。既别居无籍",其所申请继承分财的,即"不须为理"。

2. 所有权。宋代民事法上所有权的发展,从土地政策的变化开始,进而影响到其他方面。宋太祖开宝二年(969年)规定:"令民典卖田宅,输钱印契,税契限两月。"⑤这使得先此颁行的《宋刑统》中不得买卖"口分田"的规定成为具文。只要履行了"输钱印契"的程序,土地买卖就是合法的。时人称宋代"田制不立""不抑兼并",是向北魏至隋唐"均田制"看齐的。实际上,"不抑兼并"本身就是一种"田制",即土地私有、不再均分。宋代法律主要实行"均税"(如仁宗庆历、神宗熙宁时的"方田法"),以防止地多税少、地少税多、有地无税、地去税存,其重心不在"均田"。

以田宅为主的不动产所有权,宋代称为业主权,包括租佃权、典权、押权等。转移不动

---

① 《宋史·刑法志一》。
② (元) 马端临撰:《文献通考》卷一百六十八《刑考七·徒流(配没)》。
③ (元) 马端临撰:《文献通考》卷一百六十八《刑考七·徒流(配没)》。
④ (元) 马端临撰:《文献通考》卷一百六十七《刑考六·刑制》。
⑤ (元) 马端临撰:《文献通考》卷十九《征榷考六·杂征敛》。

所有权,必须书面立契,且得到官府承认,始得成交。宋《杂令》规定:"质举及卖田宅"者,"皆得本司文牒,然后听之"。宋代不动产所有权关系变更频繁,"人户交易田土、投买契书及争讼界至,无日无之"①。为了及时调整土地所有权关系,两宋政权曾颁令规定:"所垦田即为永业"②,"逾五年,田主无自陈者,给佃者为永业"③。

3. 债。宋代契约制度的新发展,是地契中出现红契、印契。土地买卖发展,促进了法律规定的完善。典卖田宅须订立契约,由朝廷统一印制,各州通判专卖。④ 契约订立后,须经官"输钱印契",缴纳交易税后,官府在契约上加盖官印,才成为红契,否则就是国家不承认的白契。当时人说:"官中条令,惟交易(指田产交易)一事最为详备。"⑤ 国家只关心土地交易税是否交纳、是否过割了税赋,以及买卖是否正当(禁止重叠典卖、准折债负、典卖共有田地,须询问亲邻等)。

关于土地租佃。宋代因"不抑兼并"而使大量的无地之人成为佃农(客户),只得租种地主(主户)土地,土地租佃变得普遍。这带来了地权的更细分化,以及土地租佃法律规定的完善。当时的租佃形式,或采取佃农完全仰赖地主提供土地、牛、种子等生产资料而进行佃作的分成制,或采取佃农用自己耕牛、农具、种子而利用地主土地佃作的出租制。⑥ 租佃制的发展,推动了土地所有权、占佃权、使用权的分离。由土地所有权派生的永佃权、占佃权、使用权等用益物权,也可以独立进行有偿转让。⑦

关于借贷契约。宋代有关借贷法律多沿自唐律令。有关借与贷的区分、出举(有息借贷)及质举(质押借贷)利息率及履行方式以及"负债违契不偿"的处罚,皆可在《宋刑统》律文及所附令文中看到。两宋商品货币经济发达,借贷关系复杂,借贷立法更趋完备,特别是消费借贷立法富有特色:借贷须订契约,以为依凭;借贷须有抵押物,以昭信用。官府放债,商业贷款以王安石变法的《市易法》、农业贷款以《青苗法》为典型;民间借贷以高利贷资本开设质库(寺院也有长生库)为常态,利息是所谓"倍称之息",即百分之一百利率。高利贷盘剥使得下户流离失所,佃客卖儿卖女,社会动荡不安。为此,宋代采取限制高额利率、不准以田宅抵折、严禁以债负质当人口、不准留禁债务人或担保人等法律措施,抑止高利贷的消极破坏作用。

此外,宋代还出现了寄托、合伙等契约形式⑧,反映了经济交往的发展与契约关系的深化。

关于债的担保,物保、人保均存在。"市易旧法,听人赊钱,以田宅或金银为抵当"⑨,此为物保;若"无抵当者,三人相保则给之"⑩,此为人保。担保形式还有"连保同借",即凡"违限未纳钱"者,"抵当家业陪填。如不足,即于连保铺户下均摊收理"。⑪ 《宋刑统》初沿唐令劳

---

① 《宋会要辑稿》食货六十三营田杂录。
② 《宋史·食货志上一·农田》。
③ 《宋史·食货志上四·屯田》。
④ (元)马端临撰:《文献通考》卷十九《征榷考六·杂征敛》。
⑤ (宋)袁采撰:《袁氏世范》卷下。
⑥ 张晋藩、郭成伟主编:《中国法制通史》(第5卷:宋),法律出版社1999年版,第380—381页。
⑦ 郭东旭:《宋代法制研究》,河北大学出版社1997年版,第11页。
⑧ 赵晓耕:《宋代法制研究》,中国政法大学出版社1994年版,第84—87页。
⑨ (元)马端临撰:《文献通考》卷二十《市籴考一均输·市易和买》。
⑩ (元)马端临撰:《文献通考》卷二十《市籴考一均输·市易和买》。
⑪ 《宋会要辑稿》食货十七之十八。

役担保的"役身折酬"制度,在南宋时被明文禁止:"诸以债负质当人口,杖一百,人放逐便,钱物不追;情重者奏裁。"①这在法律上是一个历史进步。对债的担保,还出现了类似后世抵押权、留置权的内容:"诸税钱未纳,听以物克当,别注历收,经一年不赎者没官。其物准钱,不足,干系人备价。"②此外,宋代已有先付定金(定银、定钱)的习惯,并出现了因违约而处罚金的立法。

4. 婚姻与继承。宋代有关婚姻与继承的法律,基本沿袭唐律令,但有所变化。对婚龄有明确规范,北宋仁宗天圣《户令》规定:"凡男年十五、女年十三以上,并听婚嫁。"③南宋基本沿用这一规定。关于继承,仍沿袭"兄弟均分""子承父分"的原则,其显著变化是,未出嫁的在室女、绝户的出嫁女等在继承中的地位提高。

宋代《户令》规定:"在法:父母已亡,儿女分产,女合得男之半。"④可见,宋代在室女也有相当于男子一半的财产继承权。《宋刑统》通过"臣等参详"肯定了绝户之出嫁女的继承权,规定:"今后户绝者,所有店宅、畜产、资财,营葬功德之外,有出嫁女者,三分给与一分。"此外,"如有出嫁亲女被出,及夫亡无子,并不曾分割得夫家财产入己,还归父母家后户绝者,并同在室女例"。⑤

同时,官府为保护孤幼的财产继承权,设立了"检校"制度,对孤幼应继承的财产登记造册,留置于官,经营借贷,年利二分,以为教养孤儿费用,待其成丁日,悉数奉还。对财产继承的积极干预,反映了宋代继承法具有一定的历史进步性。

(三) 经济法律制度

1. 土地制度。宋代土地所有制的主体是地主私人所有,并在法律上进一步承认其土地私有权。私人土地包括地主、官僚、商人所经营的大量私田和主户中第四、第五等户(即自耕农和半自耕农)占有的小块土地,主要通过土地买卖获取。土地所有权,常常因为买卖而频繁更换主人。有权势的地主、官僚还可以通过强占民田、侵吞官田来扩充自己的私人土地。北宋初,已经出现了官府正式承认土地所有权的凭证——文契。

在宋代,不仅授田、限田行不通,就连均赋税的方田法也行不通。宋初已是"地各有主",不可能把有主土地收归国家重新分配,而像唐初那样实行均田制。赵匡胤说:"富室田连阡陌,为国守财尔。缓急盗贼窃发,边境扰动,兼并之财,乐于输纳,皆我之物。"⑥表明了对土地兼并的支持态度。故北宋开国之初,就确立了"不抑兼并"的土地政策,促进了土地的迅速流转。

私田之外是官田或公田。宋代官府掌握的公田数量巨大。官府掌握的各种官田,也和私田一样采取租佃制,而不是均田分给农民。公田中的一部分,作为职田分给官员;其余大部分公田则出卖或出租。尤其南宋,为解决财政困难,更是大量出卖、出租土地。

宋代依据有无田产,将户籍分为主户和客户。佃农主要由客户组成,但他们同主户一

---

① 《庆元条法事类》卷八十《杂门·出举债负》。
② 《庆元条法事类》卷三十六《库务门一·商税》。
③ 《司马氏书仪》卷三《婚仪》。
④ 《名公书判清明集》卷八《户婚门·分析·女婿不应中分妻家财产(刘后村)》。
⑤ 《宋刑统》卷十二《户婚律·户绝资产》。
⑥ (宋)王明清撰:《挥麈后录余话》卷一。

样,被列入官府户籍,成为国家的编户齐民。但"势官富姓,占田无限"①,加速了土地的兼并与高度集中。他们倚仗官府与法律的庇护,享有各种免税、免役特权,造成了"有田者未必有税,有税者未必有田;富者日以兼并,贫者日以困弱"②的严重恶果。土地成为商品,土地买卖和土地兼并的加剧是造成宋代商品经济畸形发展的根本原因。而土地兼并,完全是由其自身经济规律决定的。

2. 赋税制度。宋代赋税包括土地税、人口税、资财税、商税及其他杂税。其具体征收方式与税额标准各不相同,形成了一套比较繁杂的赋税制度。土地税主要沿用唐代两税法,征收对象为佃农耕种的公田和私有的民田,分夏(税钱,征收钱银)、秋(苗钱,收取谷物)两季征收,其中夏税一般每亩三四文至数十文,多者可达一二百文。人口税是百姓交纳的"丁钱"或"丁米"。不分主户、客户,一律交纳,既有纳钱、蚕、盐、米、麦的,也有纳绵、绢的。资财税包括农器税、牛革筋角税、义仓税、进际税等。商税分"过税"和"住税"两大类。前者属商品流通税,由商旅转贩货物沿途所经地区的税务机构,按其货价的百分之二收税;后者是买卖交易税,凡开设店铺出售货物的商人,由该地税务机构按物价的百分之三收税。其他杂税,有针对商船的力胜税,因军需而临时措置征收的月桩钱,对府县坊郭户征收的地税钱,以及相继税、契税、官牙、经总制钱、板账钱等。

3. 禁榷制度。宋代禁榷法包括榷盐、榷茶等,对这些物货实行专卖。榷盐、榷茶是在国家组织盐、茶的生产和收购的前提下,由国家进行官运官销,或有限制地批发给商人零售。其法,根据盐、茶产地和产量,划定运销范围,由官或商人发卖。对于私产、私运、私销行为,处罚较重。商人发卖,须买"盐引""茶引",分"长引""短引",前者可以运往他路销售,后者只能在本路内销售。

4. 货币制度。宋代货币金融制度较以前有重要发展。在货币形式上,以铜钱为主要货币,辅之以铁钱,两钱兼行;发明了交子、关子、会子之类的纸币,纸币制度产生并逐步完善;白银地位也日益重要,已有浓厚的货币性;特别是货币流通理论的产生,如沈括的货币流通速率论,比西方公认的洛克创立的同类理论早近六百年。为了控制钱币的铸造和发行,宋代制定了一系列有关钱币铸造、流通以及打击私铸钱、伪造交子等的立法。

(四) 行政法律制度

1. 机构的设置。中央机构设置以便于皇帝控制为原则。宋太祖、太宗提高枢密院地位,与中书省对持文武二柄,分割宰相之权;中央又增设三司(盐铁使、度支使、户部使)掌财政,其中,盐铁使掌管工商收入及兵器制造,度支使掌管财政收支和粮食漕运,户部使掌管户口赋税和酒曲专卖。该三司不属二府而直隶皇帝,相权再遭分割。实行官、职、差遣相分离制度:"官以寓禄秩、叙位著,职以待文学之选,而别为差遣以治内外之事。"③上自三省,下至曹司,虽有正官,却非实职,也无实权。官名体制相对繁乱。

地方则收权于中央。宋太祖建国之后,逐步取消节镇兼领支郡。宋太宗更尽罢天下节镇所领支郡,诸州直辖于中央。唐末五代节度使所掌军、民、财三项大权,统一收归中央。州级机构有府、州、军、监,其长官由文官充任,"三年一易";府州下设县,其长官由京官代守。

---

① 《宋史·食货志上一·农田》。
② 《宋会要辑稿》食货六之三六。
③ 《宋史·职官志一》。

京官担任地方长官,称"权知"某府、州、县事。府州之上,增设"路"为中央派出机关,设经略安抚使、转运使、提点刑狱公事、提举常平使四位长官,分掌军事、行政、司法、财政大权,权力一分为四,互不统属,均直接对皇帝负责。

2. 官吏的选任。宋代职官选任制度,有科举制、荐举制与荫补制三种,以此获得"出身",试于礼部;而铨选则是在此基础上的任官制度,由吏部、兵部主掌。根据"出身"不同,由不同机构进行不同标准的铨试。

官员铨选,太宗时由审官院主掌,神宗元丰改制后权归吏部、兵部。选任方式按官阶品类分属于四选:尚书左选,掌文职京朝官以上及职任非由中书除授的官吏选任;尚书右选,掌武职京朝官以上及职任非由枢密院除授的官吏的选任;侍郎左选,掌官吏自初仕至幕职、州县官选任;侍郎右选,掌自副尉以上至从义郎的选任。高级文武官员不参加常选,单独由中书省(堂除)及枢密院选授。选任标准重资考,文选官任职分十年至三年共四等,武选官任职分十年至二年共六等,幕职及州县官分三等。经法定的磨勘年限而升迁,叫磨勘转官。

3. 官吏失职与渎职的处罚制度。宋代行政处罚,主要针对擅权争利(如署置过限、代署代判)、失职行为(如稽误文书、上书奏事有误)、违纪行为(如失泄秘密)等。细区分,包括官吏失职即不忠于职掌的行为(公事应上奏而不上奏,应言上而不言上,应行下而不行下,或应值班而不值班)、官吏超越本职和兼职的行政越权行为(发运监司,事非所职而辄主管者)[①]、官吏滥用职权行为(臣僚上表,辄有诋毁或文饰己过者)[②]。对于上述行为,都要依法予以制裁。

制裁采取行政处分与刑罚制裁并用的方式。行政处分有除籍、除名、勒停、勒留、展磨勘等,刑罚有笞、杖、徒、流等刑。其行政处罚最大特点就是行政处分刑罚化。

4. 行政法规及其特点。宋太宗《淳化令式》依据唐玄宗开元二十五年(737年)令式修成,仁宗天圣年间修令,"亦取唐令为本"[③],则唐令式诸行政法规也为宋沿袭[④],包括政权组织方面的法规,如规定中央与地方机构官吏设置的各种《职员令》、规定官员分类及品级的《官品令》等;职官管理方面的法规,如规定职官选任的《选举令》、规定官吏考绩的《考课令》等;以及规范社会各个领域行政管理的法规和有关监督系统的机构及其职权的行政监督方面的法规。

宋代行政法规在官员的官职分类、职权等级、选拔考核、任用标准、俸禄待遇乃至奖惩、致仕、荫补等方面规定周密。以官员选任为例,宋代修订过《长定格》《循资格》,有《贡举敕式》《审官院编敕》《铨曹敕》等。而流传至今的《吏部条法总类》,汇集了南宋景定之前吏部有关改官、奏荐、磨勘、差注等条法和指挥,专门性强。

---

① 《庆元条法事类》卷四《职制门一·职掌》。
② 《庆元条法事类》卷四《职制门一·上书奏事》。
③ 《玉海》卷六十六。
④ 浙江宁波天一阁博物馆藏"明抄本《官品令》十卷",经学者研究,确定为宋仁宗天圣七年(1029年)制定的《天圣令》的后十卷(自卷二十一至卷三十),包括田令、赋役令、仓库令、厩牧令、关市令(捕亡令附)、医疾令(假宁令附)、狱官令、营缮令、丧葬令(丧服年月附)、杂令共十二篇二百九十三条。后附唐《开元令》二百二十一条。

第四节 宋代司法制度

一、司法机构

（一）中央司法机构

宋代司法体制初沿唐制，中央审判机构为大理寺，复核机构为刑部。宋太宗设审刑院于宫中，大理寺权归审刑院，只书面断决地方上奏案，不再开庭审判。神宗元丰时恢复大理寺职权，规定：凡京师百司之狱复归大理，流罪以下案件专决，死罪案件报御史台"就寺审复"①。大理寺职官设置及分工，再度得到加强。大理寺少卿，一名领左断刑，审理命官、将校及大辟疑罪；另一名掌右治狱，决京师刑狱及特旨委勘案件。左断刑分"断司"和"议司"，实行"鞫谳分司"；右治狱设"左右推"和"检法案"，推鞫、检法分立，也形成"鞫谳分司"局面。刑部复核大辟罪的职能被审刑院侵夺后，只剩下对犯罪官员的除免、经赦叙用、昭雪等行政处罚事务，直到神宗元丰改制后，才又享有复核权。御史则除监察权外，也享有对命官犯法的重大案件、诏狱、地方州郡及大理刑部"不能直"的疑难案件以及奉命出使断决地方重大案件等的审判权。

（二）地方司法机构

地方审判机构有提点刑狱司、州、县三级。县由知县或县令兼理司法，主簿协助，判决杖刑以下案件。

州在知州、通判之下，录事参军的"州院"，司理参军的"司理院"（开封府为左、右军巡院），判决徒、流刑案件。但当时"司法参军掌议法断刑，司理参军掌讼狱勘鞫之事"②，实行"鞫（审）谳（判）分司"，审问案情和检法断刑的官员各自独立工作，这是唐代所无的。"狱司推鞫，法司检断，各有司存，所以防奸也。"③到南宋，"司理、司法并注经任及试中刑法人"，对其任职的历官及出身有要求。其后，司法参军不能由他官兼职，任职需要"晓法"，"不曾铨试人不许注授司法"；司理参军也因"狱事烦重"而优待其举主，年满六十不许为狱官④，对其任职资格限制颇多。宋代《荐举格》举荐官员"十科"中有两科分别是"善听狱讼，尽公得实科"及"练习法令，能断请谳科"，⑤已把"听（鞫）""断（谳）"区分为刑事审判的两个过程、两个环节，更对官员（法官）将来可以从事的司法事务的类型或领域进行定向推举。

---

① 《宋会要辑稿》职官二十四之八。
② 《宋史·职官志七》。
③ 《历代名臣奏议》卷二百一十七《推司不得与法司议事札子》。
④ 《宋史·职官志七》。
⑤ （宋）谢深甫等纂修：《庆元条法事类》卷十四《选举门一·十科·荐举格》。

二、审判制度

(一) 诉讼的提起

刑事诉讼采取被害人自诉、普通人告发、官司纠举(台谏弹劾、监司按发、通关刺举)等形式;民事诉讼则由当事人及其家属提起,禁止无利害关系人"告不干己事"①,故民事诉讼原则上是自诉。刑事诉讼不受时间限制,随时可以提起;对于民事诉讼,为防止妨碍农务,规定了农闲期间受理的"务限"法:"所有论竞田宅、婚姻、债负之类,取十月一日以后,许官司受理,至正月三十日住接词状,三月三十日以前断遣须毕。"受理期间称"务开",非受理期间称"入务"。只有"交相侵夺及诸般词讼,但不干田农人户者,所在官司随时受理断遣,不拘上件月日之限"②。民事诉讼时效,凡"分财产满三年而诉不平,又遗嘱满十年而诉者,不得受理"③;典卖、倚当庄宅物业,"典当限外,经三十年后,并无文契,及虽执文契,难辨真虚者,不在论理收赎之限"④。南宋时典卖田宅各类纠纷的诉讼时效更缩短为二十年、十年、三年、一年,⑤反映了所有权转移过程的加快。

(二) 案件的审理、判决

案件审理,理论上由长官亲自进行。在地方府州军,"鞫谳分司"除录事、司理外,还有司户:"录事、司理、司户参军,掌分典狱讼;司法参军,掌检定法律,各一人,皆以职事从其长而后行焉。"⑥鞫司有三,谳司为一,四者均称"诸曹官"。

鞫司勘狱应当据状如实审理,可以使用刑讯手段,以取得口供。其治狱以"得情""无冤"为目标,"据实"以守真。之后,将口供和各种证据进行整理,称"结款";再差邻州官前来录问。凡徒刑以上案件结款后,由未参加过审讯的其他官员再次提审案犯,以核实供词。若属实,则程序往下进行;若犯人推翻原供或申诉称冤,则立即移交另一官司重审。

经过录问而无疑义后,由负责检法议刑的法司,根据犯罪情节,检出应当适用的法律条文,将其逐一列出,为长官定判提供依据。司法参军检法以"合情""应经"为崇尚,以所检法"应律""法当"为原则。在检法的同时,法司也有驳正权,以及"拟判"或"书拟"权。但协助长官作出初步判决意见的"拟判",多由推官、判官或签书判官厅公事(签判)等"幕职官"享有。拟判交由本机关内官员集体审核,并签署画押。最后是宣判结绝。长官定判之后,向犯人宣读判词,询问是否服判,给犯人以申诉机会。如果犯人表示服判,即可执行,案件亦告终结,称为"结绝"。

---

① (宋)沈括:《梦溪笔谈》卷十一《官政一·"告不干己事法"由来》。
② 《宋刑统》卷十三《户婚律·婚田入务》。
③ 《名公书判清明集》卷五《户婚门·争业下·侄与出继叔争业(翁浩堂)》。
④ 《宋刑统》卷十三《户婚律·典卖指当论竞物业》。
⑤ 郭东旭:《宋代法制研究》,河北大学出版社1997年版,第592页。
⑥ 《宋会要辑稿》职官五之五十九。

(三) 上诉与复审

犯人不服判决可以申诉,要求进行复审。申诉分两种情况:一是录问时翻异或临刑时称冤,向原审机关提起申诉;二是向上级司法机关提出上诉,包括直接向皇帝"直诉"。上诉须有法律依据,凭"断由"和"结绝告示"。[①]

复审起因主要是翻异别勘。翻异别勘是指在录问或行刑时,犯人推翻原口供或申诉冤情而另行安排勘鞠的重审制度。分为原审机构改派同级他司重审的"移司别勘"与上级机构差官重审的"差官别推"两种。宋哲宗时规定:"大辟或品官犯罪已结案,未录问,而罪人翻异,或其家属称冤者,听移司别推。"[②] 宋宁宗庆元四年(1198年)规定:"州狱翻异,则提刑司差官推勘;提刑司复翻异,则以次至转运、提举、安抚司。本路所差既遍,则又差邻路。"[③] 但依《宋刑统》卷二十九《断狱律》移推条附敕:"应犯诸罪,临决称冤,已经三度断结,不在重推限。"南宋时有五次以上翻异也要审理之令,表明已不限于三次翻异。

(四) 死刑复核制度

宋代的死刑复核制度不同于唐代,判决执行权交给地方掌管,不必申报中央审核。刑部只在死刑执行后,依据各州"旬申禁状"进行事后复查。北宋中期以后,情况有所改变。徽宗宣和六年(1124年)规定:"今后大辟已经提刑司详覆,临赴刑时翻异,令本路不干碍监司别推。如本路监司尽有妨碍,即令邻路提刑司别推。"[④] 死刑案须由提刑司详覆后才能施行,州级机关不再有终审权力。这一做法一直沿用到南宋。路级提刑司取代刑部,负责复核死刑案,这样既可避免州县专断,又加强了中央对地方的控制,而且不至于淹滞刑狱。

(五) 证据制度

宋承唐法,刑事证据仍以口供、证言、物证为主要形式,基本证据仍是口供。被告的口供和原告的陈告是断案的基本依据。按《宋刑统》,取得被告口供的方法是"五听"的"以情审察辞理,反复参验";口供不足以定案者,使用拷讯方法逼迫被告承首;拷讯数满而不承首者,被告应被"取保"释放,同时要"反拷告人",推求其告发是否属实。

证人证言在使用上仍限于被告人"不合拷讯者",如果被告可以拷讯,则自然应当取其口供;而且,证人证言的数量必须是"众证",即"三人以上,明证其事,始合定罪"[⑤]。作证资格排除了得相容隐的老小及疾:"于律得相容隐,即年八十以上、十岁以下及笃疾,皆不得令其为证。"[⑥] 但宋代制定了一系列保护"干证人"的措施,如徽宗宣和元年(1119年)下令:"诸鞫狱,干证人无罪者,限二日责状先放"[⑦],最长"不得过五日"[⑧],以免干证人被无限期地关押。

物证是作为对口供的重要补充出现的。《宋刑统》卷二十九《断狱律》沿用唐律规定:"若

---

① 《宋会要辑稿》刑法十五之二十二。
② (宋)李焘撰:《续资治通鉴长编》卷四百九十九哲宗元符元年六月。
③ 《宋会要辑稿》职官五之五十六。
④ 《宋会要辑稿》刑法三之七十二。
⑤ 《宋刑统》卷二十九《断狱律·不合拷讯者取众证为定》。
⑥ 《宋刑统》卷二十九《断狱律·不合拷讯者取众证为定》。
⑦ 《宋会要辑稿》刑法一之三十一。
⑧ 《宋会要辑稿》刑法二之七十八。

赃状露验,理不可疑,虽不承引,即据状断之。""赃"指计赃为罪者获得真赃(如盗赃);"状"指杀人者获得实状(如犯罪工具等)。宋代证据制度的发展在于物证理论的突破。南宋郑克《折狱龟鉴》卷六《证慝》云:"证以人,或容伪焉","证以物,必得实焉"。宋代检验制度的完备,与这种重视物证的观念关联极大。

民事诉讼证据制度方面,契据之书的证明作用受到极大重视:"交易有争,官司定夺,止凭契约。"① 所以,各类契书、遗嘱、定亲帖子、宗谱甚至官府帐籍如税籍、丁籍等,都被司法实践中用为证据,对民事争讼的胜败具有决定性作用。与刑事诉讼中之偏重口供,形成了明显对照。

(六) 推正、驳正与法官责任制度

府州鞫司"任内推正县解杖、笞及无罪人为死罪者(累及同)",根据人数多寡,分别给予"升半年名次、免试、减磨勘二年"等行政性奖赏;吏人若能"推正"者,"累及五人,转一资"。② 录问官有驳正责任:"案有当驳之情而录问官司不能驳正,致罪有出入者,减推司罪一等"③。谳司驳正指"检法官……举驳别勘,因此驳议从死得生,即理为'雪活'",其"替罢日,刑部给与优牒,许非时参选",④ 即给予迁转优惠。

录问官、检法官驳正鞫司的"鞫狱不当""推鞫不当";法司"检法不当""检断不当",邻州官或御史"录问不当",司理、幕职官等"签书不当",则由其他官员包括幕职官、通判、长官等来驳正,也称"定夺驳正"。推驳制度,使得参与司法过程的所有官员在程序上互相牵制,在工作上互相监督,保证了案件质量。

三、监察制度

宋代文官之治下,中央整合监察机构,并加强了对地方的监控。其中特别官职、新的机构的设置是其一大特点。

(一) 中央与地方机构

宋代中央监察机构,沿唐制设御史台,"掌纠察官邪,肃正纲纪"⑤。其属仍为三院:台院、殿院、察院。"台官职在绳愆纠谬,自宰臣至百官,三省至百司,不循法守,有罪当劾,皆得纠正。"⑥ 后宋仁宗别置谏院为独立机构,形成台谏并重体制。

地方上,路一级设置"监司",巡按州县,包括转运司、提点刑狱司、提举常平司,这构成了宋代地方监察制度的特色。如诸路提点刑狱司,所掌为"察所部之狱讼而平其曲直"⑦,行使司法监察权。

地方上特别官职的设置是诸州通判。宋初惩五代藩镇之弊,置诸州通判,知府公事须通

---

① 《名公书判清明集》卷五《户婚门·争业下·物业垂尽卖人故作交加(人境)》。
② 《庆元条法事类》卷七十三《刑狱门三·推驳·格·赏格·命官》。
③ 《庆元条法事类》卷七十三《刑狱门三·推驳·断狱敕》。
④ 《宋会要辑稿》刑法四之九十三。
⑤ 《宋史·职官志四》。
⑥ 《宋史·职官志四》。
⑦ 《宋史·职官志七》。

判签议连书,方许行下①,以牵掣地方长官。

(二) 职官设置

御史台的御史大夫,多为加官。御史中丞一人,实际为台长;台院设侍御史一人,参掌台政。殿院设殿中侍御史二人,"以仪法纠百官之失";察院设监察御史六人,"分察六曹及百司之事,纠其谬误",大事则奏劾,小事则举正。②宋仁宗以后,"御史得兼谏职"③,谏官也对台职"皆得谏正"④,台谏合一体制加强。为保证其"天子耳目"的作用,收回原宰相任命谏官之权归皇帝,并严禁台谏与宰执私交。

诸州通判,大郡置二人,余置一人。凡"兵民、钱谷、户口、赋役、狱讼听断之事,可否裁决,与守臣通签书施行"⑤。提点刑狱公事,设于各路,属官有检法官、干办官。

(三) 监察内容

司法监察,提点刑狱司"所至审问囚徒,详覆案牍,凡禁系淹延而不决,盗窃逋窜而不获,皆劾以闻"⑥。其他两监司,按《职制令》,"诸监司每岁分定下半年巡按州县,具平反冤讼……按劾奸赃以闻",也有司法监察权。⑦

行政监察方面,御史台监察御史,上下半年分诣三省、枢密院"点检诸房文字,轮诣尚书六曹按察";凡"奉行稽违,付受差失,咸得弹纠"。⑧地方上,提点刑狱司的行政监察任务是"举刺官吏之事";诸州通判对所部官"善否及职事修废",也"得刺举以闻"。⑨包括提刑司在内的监司,按《职制令》:"诸监司每岁分定下半年巡按州县,具……搜访利害及荐举循吏……以闻",以及"采访在任官能否"奏上,"仍以知州、通判治状申尚书省",⑩则是典型的行政监察。

第五节 辽金两代立法概况及法制特点

一、辽代立法概况及法制特点

辽太祖耶律阿保机神册六年(921年),诏大臣定"治契丹及诸夷之法,汉人则断以律令",实行分而治之政策;太宗耶律德光时增加"治渤海人一依汉法"⑪。圣宗耶律隆绪统和

---

① 《宋史·职官志七》。
② 《宋史·职官志四》。
③ (宋)李焘撰:《续资治通鉴长编》卷一百五十四仁宗庆历五年正月。
④ 《宋史·职官志一》。
⑤ 《宋史·职官志七》。
⑥ 《宋史·职官志七》。
⑦ 《庆元条法事类》卷七《职制门四·监司巡历·职制令》。
⑧ 《宋史·职官志四》。
⑨ 《宋史·职官志七》。
⑩ 《庆元条法事类》卷七《职制门四·监司巡历·职制令》。
⑪ 《辽史·刑法志上》。

元年(983年),诏大臣翻译"南京所进律文"①,当即唐宋汉法,准备参用者。兴宗耶律宗真重熙五年(1036年)修成《新定条制》,颁行诸道,内容为"纂修太祖以来法令,参以古制",共五百四十七条。②

道宗耶律洪基咸雍六年(1070年),帝"以契丹、汉人风俗不同,国法不可异施"为由,命大臣更定重熙《新定条制》,原则是"凡合于律令者,具载之;其不合者,别存之",欲作统一努力。这次更定,采取以《律令》为标准决定条制去留的办法,采用重熙《新定条制》五百四十五条,又取《律》一百七十三条,新增七十三条,形成《咸雍重定条制》。大康年间又"以《律》及《条例》参校"续增,大安年间又有续校增加。③学者以为,《咸雍重定条制》"已成为辽汉同用"的法典。④

辽自太祖时,在法律上实行民族分治,用契丹法治契丹及诸夷,用汉法治汉人。太宗时,"官分南北,以国制治契丹,以汉制待汉人"⑤,在国家机构设置上也以南、北二院分治之(北官以夷离毕院掌刑狱),从而形成了两套法律体系难以糅合的局面,道宗时努力的失败就是证明。

但这并未影响契丹法对汉法的吸收。太祖初年的刑罚如投高崖、五车轘杀、杖决、枭磔、生瘗、射鬼箭、炮掷、肢解等,在后来就被规范的汉法——死(绞、斩、凌迟,同时有籍没之法)、流(置之边城部族之地、投诸境外、罚使绝域)、徒(终身、五年、一年半,同时有黥刺之法)、杖(自杖五十至杖三百)体系所代替。老少犯罪(七十以上、十五以下)的赎刑、优待贵族的"八议"先后被采用。某些汉法规则也被直接适用于契丹人。圣宗统和十二年(994年)诏"契丹人犯十恶,亦断以《律》"。同时,在契丹法与汉法的冲突上,行用已久的"契丹及汉人相殴致死,其法轻重不均"的情形,至圣宗时也改为同等科断⑥,表明统治者在刻意减弱法律的民族压迫色彩。

在刑制方面,辽代在沿袭前代汉法的基础上,也有改作。一是徒刑分为终身(决杖五百)、五年(决杖四百)、一年半(决杖三百)。终身徒为过去所无,五年徒也为隋唐以来少有。二是杖刑最高达三百⑦,较汉代以来定制二百为多。

二、金代立法概况及法制特点

金太祖完颜阿骨打建国,法制简易,"无轻重贵贱之别,刑、赎并行"⑧。依当时惯法,"轻罪笞以柳葼;杀人及盗劫者,击其脑杀之,没其家赀,以十之四入官,其六偿主",并以家人为奴婢,欲赎者从之。重罪也可赎,但先劓、刵以有别于常人。

金太宗完颜晟开始渐渐采用辽、宋法。熙宗完颜亶于天眷三年(1140年)攻占河南地,下诏:"诏其民,约所用刑法皆从律文"。皇统年间(1141-1149年),又诏"以本朝旧制,兼采

---

① 《辽史·圣宗纪一》。
② 《辽史·刑法志下》。
③ 以上均见《辽史·刑法志下》。
④ 姚大力:《论元朝刑法体系的形成》,载《元史论丛》(第3辑),中华书局1986年版。
⑤ 《辽史·百官志一》。
⑥ 《辽史·刑法志上》。
⑦ 《辽史·刑法志上》。
⑧ 《金史·刑志》。以下不具引者,均出自此。

隋、唐之制,参辽、宋之法",类集成书,称做《皇统制》,颁行天下。海陵王完颜亮正隆年间(1156—1161年),又作《续降制书》,与《皇统制》并行。世宗完颜雍颁行《军前权宜条理》,大定五年(1165年)又加删定,与《制书》兼用。大定中叶,将前四项法律一并校正,凡"制有缺者,以律文足之;制、律俱缺及疑而不能决者,则取旨画定",颁行时名为《大定重修制条》,共一千一百九十条,分十二卷。

章宗完颜璟明昌元年(1190年),因"制、律混淆",设立详定所审定律令。至泰和元年(1201年)修成《泰和律义》三十卷五百六十三条,《律令》二十卷七百零六条,尚不包括《官品令》《职员令》《新定敕条》三卷二百一十九条,《六部格式》三卷,次年颁行。《泰和律义》因采取了将先前制条"准律文修定"的原则,篇目一依唐宋律十二篇体例,只不过在条目上有较大的增删损益;在体例上"附注以明其事,疏义以释其疑"。《律令》实际即唐宋令,仍依《官品令》《职员令》等顺序排列,共二十九篇。《新定敕条》是制敕、榷货、蕃部三篇的综合。《六部格式》可能沿自唐五代之旧格式。学者说,金代从《皇统制》到《泰和律义》,都是对女真人和汉人等效的刑法。[①]

在刑制上,金代法律初沿辽制,徒刑有终身徒;沿宋制有以杖折徒之法,最高限为杖二百。《泰和律义》基本依唐律,惟徒刑增加了徒四年、徒五年。[②] 在法律内容和法律体系上,金代法律的汉化程度较辽代为高。

第六节　蒙元时期的法律思想

成吉思汗及其后继者,先后发动了征伐辽、西夏、金、大理和南宋的战争,直到忽必烈于1279年统一全国。在军事征伐过程中,蒙古统治者推行杀掠和屠城、强占民田为牧场以及变俘虏为奴隶的政策,破坏了高度发展的中原地区的封建社会政治结构和经济结构,使先进的封建制度濒临破灭的边缘。

在此过程中,一些仕于蒙元朝廷的契丹、汉族知识分子,从保存文明、民族融合的大势出发,建议或推动蒙元朝廷适用汉法,模仿汉族中原王朝建立封建制度,建议慎杀,促进了蒙古民族的封建化进程;他们影响了蒙古汗王或皇帝,形成了当时独特的法律思想。

一、耶律楚材的法律思想

耶律楚材,字晋卿,号湛然居士,契丹皇族后裔,蒙古帝国时期的政治家,"事太祖、太宗三十余年"[③],担任中书令十四年,协助成吉思汗、窝阔台安邦治国。他提出以儒家之道治国,制定了多种政策及典章制度,为蒙古汗国的发展和元王朝的建立奠定了基础。乃马真后称制时,耶律楚材遭排挤,抑郁而死。著有《湛然居士集》等。

耶律楚材仕金,官至左右司员外郎。成吉思汗十年(1215年),蒙古军攻占金中都,收耶律楚材为臣。成吉思汗十四年(1219年),耶律楚材随成吉思汗西征,常晓以征伐、治国、安民之道,屡立奇功,备受器重。成吉思汗二十一年(1226年),又随成吉思汗征西夏,谏言禁止州

---

① 姚大力:《论元朝刑法体系的形成》,载《元史论丛》(第3辑),中华书局1986年版。
② 见(清)沈家本撰:《历代刑法考·附寄簃文存》(一),中华书局1985年版,第59页。
③ 《元史》卷一百四十六《耶律楚材传》。以下不具引者,均出自此。

郡官吏擅自征发、杀戮。当时，"州郡长吏，生杀任情，至孥人妻女，取货财，兼土田"。燕蓟留后长官石抹咸得卜，"尤贪暴，杀人盈市"。耶律楚材奏请："禁州郡，非奉玺书，不得擅征发；囚当大辟者必待报，违者罪死"，于是"贪暴之风稍戢"。

窝阔台汗（元太宗）即位后，耶律楚材倡立朝仪，劝亲王察合台（太宗兄）等人行君臣礼，以尊汗权。从此更日益受到重用，被誉为"社稷之臣"。耶律楚材举措有两方面反映其思想。

（一）制定《便宜一十八事》

主要内容为：

1. 设立州郡长官，使军民分治，互相匹敌。"郡宜置长吏牧民，设万户总军，使势均力敌，以遏骄横"。
2. 禁止州县擅自科差。"中原之地，财用所出，宜存恤其民，州县非奉上命，敢擅行科差者罪之"。
3. 禁制侵盗官物。"贸易借贷官物者罪之"，"监主自盗官物者死"。
4. 维护纳税体制。"蒙古、回鹘、河西诸人，种地不纳税者死"。
5. 死刑奏闻后行刑。"应犯死罪者，具由申奏待报，然后行刑"。
6. 禁制四方贡献。"贡献礼物，为害非轻，深宜禁断"。①

对这些建议，窝阔台汗"悉从之"，被作为临时法律颁行全国。唯"贡献"一事不允，耶律楚材认为这将会是乱端。

（二）进一步建立制度，恢复文治

1. 括编户籍，制定赋税制度。针对蒙古贵族空置中原为牧地的建议，耶律楚材奏立燕京等十路征收课税使，"凡长贰悉用士人"，皆宽厚长者，"参佐皆用省部旧人"，从而使得国用充足。

时议定中原民籍，有人建议"以丁为户"。楚材曰："丁逃，则赋无所出，当以户定之。"最后确立以户定籍。其时，"将相大臣有所驱获，往往寄留诸郡"，楚材规定"括户口，并令为民，匿占者死"。

窝阔台"议裂州县赐亲王功臣"，楚材反对，曰："若朝廷置吏，收其贡赋，岁终颁之，使毋擅科征，可也。"

制定天下常赋：赋税，每二户出丝一斤，以给国用；五户出丝一斤，以给诸王功臣汤沐之资；地税，中田每亩二升又半，上田三升，下田二升，水田每亩五升；商税，三十分而一；盐价，银一两四十斤。

赋税入国库，属国家，楚材奏："凡州郡宜令长吏专理民事，万户总军政，凡所掌课税，权贵不得侵之。"

2. 反对杀戮，禁制陋习。攻金汴梁，城将下，有人提出屠城。楚材急驰入奏反对，以"得地无民，将焉用之"为词，保全了"避兵居汴者得百四十七万人"。

又，当时斡脱钱债，"州郡长吏，多借贾人银以偿官，息累数倍，曰羊羔儿利"，至有"奴其

---

① 柯劭忞撰：《新元史·刑法志》："太宗即位，楚材又条'便宜十八事'，如州县非奉上令敢擅行科差者，罪之。蒙古、回鹘、河西人种地不纳税者，死。监主自盗官物者，死。应犯死罪者，具由申奏待报然后行刑，皆著为令。"其中，太祖时，"耶律楚材奏请：'囚当大辟，必待报，违者论死。'从之。"

妻子犹不足偿"。楚材奏令:"本利相侔而止,永为定制,民间所负者,官为代偿之。"

3. 恢复文治,以儒治国。楚材又奏:"守成者必用儒臣。儒臣之事业,非积数十年,殆未易成也。"遂命官员开科取士,"随郡考试",分为经义、词赋、论三科。"儒人被俘为奴者,亦令就试,其主匿弗遣者死"。得士四千余人,"免为奴者四之一"。

太原路转运使吕振、副使刘子振,犯赃抵罪。窝阔台责楚材曰:"卿言孔子之教可行,儒者为好人,何故乃有此辈?"这自然是以偏概全。楚材对曰:"君父教臣子,亦不欲令陷不义。三纲五常,圣人之名教,有国家者莫不由之,如天之有日月也。岂得缘一夫之失,使万世常行之道独见废于我朝乎!"帝意乃解。

4. 其他立制措施。楚材尚有"一衡量,给符印,立钞法,定均输,布递传,明驿券"等项,使得当时"庶政略备"。后来楚材又陈《时务十策》:"信赏罚,正名分,给俸禄,官功臣,考殿最,均科差,选工匠,务农桑,定土贡,制漕运",皆切于时务,悉施行之。

(三) 不惧权贵,秉公执法

耶律楚材参与司法,处理案件时,奉法度为圭臬,不惧权贵,秉公执法。

起初,燕京多剧贼,大白天,辄驾牛车至富家,"取其财物,不与则杀之"。楚材与中使被派遣前往穷治之。楚材询察,得知其"皆留后亲属及势家子"所为,遂"尽捕下狱"。其家贿赂中使,中使将缓其狱。楚材示以祸福,中使惧,从其言。"狱具,戮十六人于市",燕民始安。

有两个道士争长,各有党与,其一诬另党二人为逃军,交结中贵人及通事杨惟忠,"执而虐杀之"。楚材按验,抓捕杨惟忠。中贵向皇帝诉楚材"违制"。帝怒,捆绑关押楚材;既而自悔,命令释放。楚材不肯解缚,对皇帝说:"臣备位公辅,国政所属。陛下初令系臣,以有罪也,当明示百官,罪在不赦。今释臣,是无罪也,岂宜轻易反覆,如戏小儿?国有大事,何以行焉!"众人皆失色。皇帝只好承认错误:"朕虽为帝,宁无过举耶?"乃温言以慰之。

郝经评价说:"太宗皇帝临御之时,耶律楚材为相,定税赋,立造作,榷宣课,分郡县,籍户口,理狱讼,别军民,设科举,推恩肆赦,方有志于天下。"①这个评价,基本囊括了耶律楚材的主要事迹;而其法律思想和相应实践,对建立元代法律制度具有重大影响。

二、刘秉忠的法律思想

甲辰年(1244年),忽必烈"在潜邸,思大有为于天下,延藩府旧臣及四方文学之士,问以治道"②。蒙哥汗(元宪宗)元年(1251年),忽必烈以皇弟领治"漠南汉地军国庶事"③。随着统治中心的南移,在广大地域"治国安民",成为亟待解决的问题。忽必烈开府金莲川,尊揽儒士,召集一批汉族地主阶级知识分子为幕僚,其中以刘秉忠、郝经、许衡为代表。

1260年忽必烈继承汗位,在这些汉族知识分子的推动下,建元"中统"。"中统",即中朝正统,以承接中原王朝的正统自命。1271年改大蒙古国国号为"大元"。一方面附会中原传统制度,同时又采取了充分保障蒙古征服者特权的各种措施,奠定了元代政治法律制度的规模。

---

① (元)郝经:《陵川集》卷三十二《立政议》。
② 《元史》卷四《世祖纪一》。
③ 《元史》卷四《世祖纪一》。

刘秉忠，初名刘侃，字仲晦，法名子聪，号藏春散人。邢州(今河北省邢台市)人，祖籍瑞州。元代政治家、文学家，有文集十卷。

世祖在潜邸，刘秉忠入见，应对称旨，遂留藩邸。后服父丧毕，复被召，"上书数千百言"。① 该奏书集中反映了刘秉忠的法律思想。其大略为：

1. 建议行"典章、礼乐、法度、三纲五常之教"。刘秉忠说，汉以来一千三百余年，"由此道者，汉文、景、光武、唐太宗、玄宗五君"；成吉思皇帝取天下，但古人有所谓"以马上取天下，不可以马上治"，忽必烈作为大王，辅佐皇兄，可以效仿周公佐周武王故事，做出一番事业。

2. 关于设官分职。鉴于"君之所任，在内莫大乎相，在外莫大乎将"，相"以领百官，化万民"，将"以统三军，安四域"。建议对这内、外两职选任，"国之急务，必先之也"。但地方官体系也不可或缺，当"择开国功臣之子孙，分为京府州郡监守，督责旧官，以遵王法"；同时，"仍差按察官守，治者升，否者黜"。相职所在的朝省，处于政本地位，故刘秉忠主张"立朝省以统百官，分有司以御众事，以至京府州郡亲民之职无不备"，尤其"今新君即位之后，可立朝省，以为政本"；至于"其余百官，不在员多，惟在得人"。当然，虽"天下莫大于朝省"，而"亲民莫近于县宰"，县宰宜择人，"县宰正，民自安矣"。另外，可以"比附古例，定百官爵禄仪仗，使家足身贵"，有犯于民，"设条定罪"。

3. 关于差徭赋税。现在"差徭甚大"，应该"比旧减半，或三分去一"，只应该以现在实有民数"定差税"。官民所欠债负，确因"差发所借"，按"一本一利"归还，不得超过。纳粮从近仓，不能从远仓输。"关市津梁正税十五分取一，宜从旧制"，禁横取，减税法。今赋敛繁重，宜"差劝农官一员，率天下百姓务农桑，营产业"。盐铁酒醋"宜从旧例办榷，更或减轻"。

4. 关于兴学办校。"孔子为百王师，立万世法"，孔子庙堂"宜令州郡祭祀，释奠如旧仪"。郡县"宜从旧制，修建三学"，学习经义、词赋论策。学校"择开国功臣子孙受教，选达才任用之"。对于儒生，宜"养天下名士宿儒之无营运产业者"，使得"不致困穷"；即使其"营运产业"，除"应输差税"外，其余"大小杂泛并行蠲免，使自给养"，这是"国家养才励人"之大节。

5. 关于教化与刑罚。他以为"天下之民未闻教化"，所以，"见在囚人宜从赦免"。因为一旦"明施教令，使之知畏，则犯者自少也"。"教令既设"，则立法"不宜繁"，只宜"因大朝旧例，增益民间所宜设者十数条足矣"。"教令既施"，其"罪不至死者，皆提察然后决；犯死刑者，覆奏然后听断"，这样，就"不致刑及无辜"。

至于刑罚制度，他建议"笞箠之制，宜会古酌今，均为一法，使无敢过越"；"鞭背之刑宜禁治，以彰爱生之德"。关于司法，"今百官自行威福，进退生杀惟意之从，宜从禁治"；同时，"禁私置牢狱"。

刘秉忠后随从世祖征大理、征云南，"每赞以天地之好生，王者之神武不杀，故克城之日，不妄戮一人"。后从伐宋，仍以前所言力赞于上，"所至全活不可胜计"。

中统元年(1260年)，世祖即位，"问以治天下之大经、养民之良法"，秉忠"采祖宗旧典，参以古制之宜于今者，条列以闻"。于是下诏建元纪岁，立中书省、宣抚司。至元元年(1264年)，拜光禄大夫，位太保，参领中书省事。秉忠既受命，"以天下为己任，事无巨细，凡有关于国家大体者，知无不言，言无不听"。至元四年(1267年)，命秉忠筑中都城(燕都)，始建宗

---
① 《元史》卷一百五十七《刘秉忠传》。以下不具引者，均出自此。

庙宫室。至元八年(1271年),奏"建国号曰大元,盖取《易经》乾元之义",并以中都为大都。他如"颁章服,举朝仪,给俸禄,定官制",皆自秉忠发之,"为一代成宪"。①

在元初政坛,刘秉忠向忽必烈上疏陈事,谋划军政机要二十多年,对元代政治体制、典章制度的奠定发挥了重大作用。

三、郝经的法律思想

郝经,字伯常,祖籍泽州陵川(今山西陵川),元初理学名儒,著有《续后汉书》《春秋外传》等书及《陵川集》三十九卷。其法律思想主要反映在《思治论》《便宜新政》《立政议》《删注刑统赋序》诸篇。

忽必烈开邸金连川,召郝经。郝经从道士口中得悉家乡状况,向忽必烈奏《河东罪言》,指责:"国家光有天下五十余年,包括绵长,亘数万里,尺棰所及,莫不臣服。惜乎纲纪未尽立,法度未尽举,治道未尽行,天之所与者未尽应,人之所望者未尽允也。"他举例说:"比年以来,关右、河南、北之河朔,少见治具;而河朔之不治者,河东河阳为尤甚。"在此奏议中,郝经以其故乡河东平阳府为例,陈述了汉地因蒙古贵族和地方胥吏"榜掠械系""殊求无艺"而失于治理的严重状况——"人民荒空芜没,尽为穷山恶水,而人自相食",建议"轻敛薄赋以养民力,简静不繁以安民心"。②

元宪宗六年(1256年)正月,郝经再奉召,忽必烈向其"谘以经国安民之道,条上数十事",大悦,遂留王府。

郝经"援引二帝三王治道以对,且告以亲亲而仁民,仁民而爱物之义",忽必烈"喜溢不倦"。"自后连日引对论事,甚器重之,且命条奏所欲言者"。郝经"上《立国规模》二十余条"。忽必烈又问"当今急务",郝经"举天下蠹民害政之尤者十一条上之,切中时弊",③ 忽必烈"皆以为善"。郝经的建议,中统后,"凡更张制度",采纳郝经建议"约十六七",可见他的影响之大。

郝经不久授翰林侍读学士,并被委任为国信使使宋。临行前,郝经"奏便宜十六事,皆立政大要"④。郝经的《便宜新政》十六条是建立与改革蒙元法制的纲领。

郝经《便宜新政》十六事,其要者有:"定都邑以示形势",指出"燕云王者之都",建议定都燕京;"置省部以一纪纲",省部一立,"大总其纲,小持其要",杜绝执政各自奏事而不相统一之弊;"建监司以治诸侯",置监司以收诸侯之权,"制其所为";"行宽政以结人心",丝线包银"宜分数减免",一切逋负"皆蠲除之";"罢冗官以宽民力",诸州县管民官员数,"可为限定,小处可合并",强调"此最为急务";"总钱谷以济国用",财赋"无入诸路手,不令买扑",使"所得皆可为国家用";"减吏员以哀良民",应该"明降一诏旨,大小州县限员数",且"必令保举";"明赏罚以定功过",指出"天子无他职事,只分别君子小人,定其功过而赏罚之,此其职也";"定储贰以塞乱阶",指出蒙元"数朝代立之际,皆仰推戴。故近世以来,几致于乱,不早

---

① 《元史》卷一百五十七《刘秉忠传》。
② (元)郝经:《陵川集》卷三十二《河东罪言》。
③ (元)苟宗道:《故翰林侍读学士国信使郝公行状》。(元)郝经:《陵川集》卷首。
④ 《元史》卷一百五十七《郝经传》。

定储贰之失也"。① 这些建议,都是佐王经世之略。

郝经的建议,不少被忽必烈采纳,如革除诸王直接向分地人民征税的权力,诸王驸马不得私自断决民间词讼,罢官吏世袭制、实行迁转法,贵族、诸侯不得私自辟用,等等。通过这些改革,一个以中原王朝为蓝本的封建中央集权制政权渐次建立起来。

中统元年(1260年)八月,郝经在"渡淮入宋"出使宋王朝途中,又向忽必烈上《立政议》。《立政议》批评蒙元统治者"攻取之计甚切,而修完之功弗逮"。他以为,蒙元失去了两次机会,一是"初下燕云,奄有河朔,便当创法立制,而不为";二是"既并西域,灭金源,蹂荆襄,国势大张,兵力崛阜,民物稠伙,大有为之时也",也无所作为。"苟于是时,正纪纲,立法度,改元建号,比隆前代,使天下一新,汉唐之举也"。

他历数过去异民族入主中原,适用"汉法"之成效:"昔元魏始有代地,便参用汉法;至孝文迁都洛阳,一以汉法为政。典章文物,灿然与前代比隆,天下至今称为贤君";"金源氏起东北小夷,部曲数百人渡鸭绿,取黄龙,便建位号,一用辽宋制度","至世宗与宋定盟,内外无事,天下晏然,法制修明,风俗醇厚,真德秀谓'金源氏典章法度在元魏右'"。郝经将希望寄托在忽必烈身上,"今皇帝陛下,统承先王,圣谟英略,恢廓正大,有一天下之势"。他建议忽必烈"以国朝之成法,援唐宋之故典,参辽金之遗制,设官分职,立政安民,成一王法"。他肯定了忽必烈"自践祚以来,下明诏,蠲苛烦,立新政,去旧污,登进茂异,举用老成,缘饰以文,附会汉法"的功效,之后,郝经鼓励忽必烈:"方今之势,在于卓然有为,断之而已。去旧污,立新政,创法制,辨人材,绾结皇纲,藻饰王化,偃戈却马,文致太平,陛下今日之事也"。②

应该说,中统初元,忽必烈标榜"文治",主张"变通",采行"汉法",多半不出郝经奏议的范围。

对于郝经的《立政议》奏议,学者谓:"在忽必烈的儒臣中,明确而又全面论述应施行的'汉法'的只有郝经和许衡两个人。但在时间上郝经的《立政议》比许衡的《时务五事》早五年。"③

四、许衡的法律思想

许衡是明确主张"行汉法"的另一臣僚。

许衡,字仲平,号鲁斋。元代著名理学家、政治家。祖籍怀州河内(今河南沁阳)人。著有《鲁斋遗书》十四卷。

元宪宗四年(1254年)被忽必烈召为京兆提学。中统二年(1261年),召许衡至京师,授国子祭酒。至元二年(1265年)以安童为右丞相,召请许衡辅之。许衡上忽必烈《时务五事》疏,提出行汉法、修君德、用贤才、劝农桑、兴学校等有关立国建议,受到褒奖。许衡指出行汉法的必要性,他说:"国朝土宇旷远,诸民相杂,俗既不同,论难遽定。考之前代,北方奄有中夏,必行汉法,可以长久。故魏、辽、金能用汉法,历年最多,其他不能实用汉法,皆乱亡相继,史册具载,昭昭可见也。国朝仍处远漠,无事论此,无若今日形势,非用汉法不可也。"历史经验证明,北方民族能用汉法,就久长,反之则短促乱亡,远漠统中国,"非用汉法不可也"。另

---

① (元)郝经:《陵川集》卷三十二《便宜新政》。
② (元)郝经:《陵川集》卷三十二《立政议》。
③ 李涵:《也论郝经》,载《元史论丛》(第3辑),中华书局1986年版。

一方面,南北地理、资源、气候等条件的差异,使得欲入主中原,"当行汉法无疑也","陆行资车,水行资舟,反之则必不能行。幽燕以北,服食宜凉;蜀汉以南,服食宜热,反之则必有变异。以是论之,国家当行汉法无疑也"。许衡冷静地认为,"行汉法"会有相当的阻力,贵族将是主要阻力源:"然万世国俗,累朝勋贵,一旦驱之下从臣仆之谋,改就亡国之俗,其势有甚难者。苟非聪悟特达,晓知中原历代圣王为治之要,则必咨嗟怨愤,喧哗甚不可也。"变俗的办法是积渐,"苟能渐之,摩之待以岁月,心坚而确,事易而常,未有不可变者"。同时,"事有大小,时有久近",按轻重缓急安排,这是"创业垂统所当审择也"。因而,"行汉法"将是一个长期过程,"以北方之俗,改用中国之法,非三十年不可成功"。虽然如此,他仍认为,当下"行汉法"迫在眉睫,"在昔金国初亡,便常议此,此而不务,诚为可惜"。他认为,"祖宗失其机于前","乃宴安逸豫,垂三十年",失去了三十年时间。现在,陛下"当齐一吾民,使之富实,兴学练兵,随时损益,裁为定制",关键在于"陛下笃信而坚守之,不杂小人,不营小利,不责近效,不惑浮言,则天下之心,庶几可得,而致治之功庶几可成也"。①

中书政本之地,许衡提出"中书大要"在于"用人立法"。他说:"夫治人者,法也;守法者,人也,人法相维,上安下顺,而宰执优游廊庙之上,不烦不劳,此所谓省也"。在这方面,可以行"古人遗法",使得已仕者"颁降俸给,使可养廉",未仕者"宽立条格,俾就序用",就会减少"失职之怨";同时,"外设监司,纠察污滥,内专吏部,考订资历",就可渐息"非分之求";官员"再任三任,抑高而举下,则人才爵位,略可平矣"。在制度上,先当拟定"俸给之数,叙用之格,监司之条例",其次"贵家世袭,品官任子,驱良抄数之便",也当议定。②

许衡希望忽必烈能继承儒家传统的"仁义""王道""德政"。他讲"立国规模",指出"古今立国规模虽各不同,然其大要在得天下心;得天下心无他,爱与公而已矣。爱则民心顺,公则民心服。既顺且服,于为治也何有?"他讲"为君难",依据儒家民本思想,引申孟子"民重君轻"之言,"天之树君,本为下民。故孟子谓'民为重,君为轻';《书》亦曰'天视自我民视,天听自我民听'。以是论之,则天之道恒在于下,恒在于不足也"。君主虽应当践言、防欺、任贤、去邪、得民心、顺天道,而"举其要,则修德、用贤、爱民三者而已。此谓治本,本立则纪纲可布,法度可行,治功可必。否则爱恶相攻,善恶交病,生民不免于水火,以是为治万不能也。"③针对蒙古贵族统治下人分四等的政策,许衡以儒家仁爱之心阐释其民族整体观,反对传统的夷夏观,他说:"'元'者,善之长也,先儒训之为'大'。徐思之,意味深长。盖不大则藩篱窘束,一膜之外,便为胡越,其乖隔分争,无有已时。何者?所谓善,大则天下一家,一视同仁,无所往而不为善也。"④他告诫统治者应该做到"天下一家,一视同仁",以利于长治久安。

至元六年(1269年),许衡与刘秉忠、徐世隆等"同定朝仪",与王与、张文谦等一起"详定官制"。在他们的影响下,忽必烈"行汉法",对推动蒙古族彻底封建化,"行仁政""不嗜杀",施行中原王朝的"治国安民"方略,对保全中原传统封建文明、促进塞外游牧文化与中原农耕文化的交融,对元初政局稳定、经济生产的恢复和发展,都起到了积极作用。后来的赵天麟、郑介夫、马祖常、许有壬及苏天爵等人均坚持其基本观点。他们的法律思想,支持蒙元时

---

① (元)许衡:《鲁斋遗书》卷七《时务五事》。
② (元)许衡:《鲁斋遗书》卷七《时务五事》。
③ (元)许衡:《鲁斋遗书》卷七《时务五事》。
④ (元)许衡:《鲁斋遗书》卷二《语录下》。

期的革新,为元代制度的建立奠定了基础,为后来诸帝所继承。

第七节　元代立法及其主要内容

"元兴,其初未有法守,百司断理狱讼,循用金律,颇伤严刻。及世祖平宋,疆理混一,由是简除繁苛,始定新律,颁之有司,号曰《至元新格》。"[①] 这一叙述,省略了其间的曲折。实际上,忽必烈立法是有遵循的。

一、立法原则

有两个立法原则,在忽必烈时期是明确的,它们奠定了元代立法的基础。

(一)"祖述变通""附会汉法"

1260 年,忽必烈《即位诏》提出"祖述变通"。数月后,《中统建元诏》将"祖述"具体化为"稽列圣之洪规",即沿袭成吉思汗以来蒙古汗国的制度;"变通"具体化为"讲前代之定制"[②],即欲参用宋金以来制度,即所谓汉法。守旧藩王遣使质问他:"本朝旧俗与汉法异,今留汉地,建都邑城郭,仪文制度,遵用汉法,其故何如?"[③] 忽必烈不得不与儒臣商议回应策略。他的答案,就是许衡所说的"必若今日形势,非用汉法不可"。因此而形成的元代法律,"以国朝之成法,援唐宋之故典,参辽金之遗制",即郝经所谓的"附会汉法"[④],是蒙古旧制与汉法混合的产物。

(二)"因俗而治",蒙汉异制

元代仿照辽代"官分南、北,以国制治契丹,以汉制待汉人"的"因俗而治"[⑤]办法,将"南北异制"亦即蒙汉异制作为立法原则。如在婚姻立法方面,明确规定蒙古人不适用汉法规范[⑥]。在司法上,由大宗正府掌理蒙古、色目人犯罪案件,也含有因俗而治的用意。但蒙汉异制的主要出发点是保证蒙古人的特权。元法赋予蒙古人在任官、刑罚方面一系列特权,反映了其民族压迫的色彩。"南北异制"造成了几次修撰统一法典的难产。胡祗遹云:"法之不立,其原在于南不能从北,北不能从南";"以南从北则不可,以北从南则尤不可"。比如婚姻就有"北人尚续亲,南人尚归宗"的差别。最终结果是"南自南而北自北。"[⑦] 而"南北异制,事类繁琐",导致"挟情之吏,舞弄文法,出入比附,用谲行私"[⑧],造成了严重的法律适用问题。

---

① 《元史·刑法志一》。
② 《元史》卷四《世祖纪一》。
③ 《元史》卷一百二十五《高智耀传》。
④ (元)郝经:《陵川集》卷三十二《立政议》。
⑤ 《辽史·百官志一》。
⑥ 韩玉林主编:《中国法制通史》(第 6 卷:元),法律出版社 1999 年版,第 649–650 页。
⑦ (元)胡祗遹:《紫山大全集》卷二十一《论治法》。
⑧ 《元史·刑法志一》。

二、法律形式与主要法典

(一) 元代法律形式

元代法律形式的变化,是不再沿用唐五代以来的律令格式等法典旧名体系,而是略仿宋金之制,采取"条制""条式""条法""条例"及"断例"等随事立名的办法,法典称"条格""新(条)格""通制"甚至"风宪宏纲"等。尽管也有人提出制定《律令》的动议,但反倒被认为易造成体制繁乱。而临时发布的各类"条画""条令""通例""条例"等却兴盛起来。在时间顺序上,厘定行政规程的"条格"先被确定下来,次则沿用金律旧文断狱而逐渐形成各种刑事类"断例",故其法律形式,一是"条格",二是"断例",合称"格例"。至于圣旨或诏制,数量反而不大,未出现宋代那样频繁的编敕。但这种变化只是形式上的,元法在内容上却多沿自前代宋金法律,尤其是宋《刑统》、金《泰和律义》,以致当时人就以为《大元通制》是"其于古律,暗用而明不用,名废而实不废"①。

(二) 主要法典

1. 蒙古汗国法律。元太祖成吉思汗消灭克烈部和建立蒙古国以后,相继发布了一系列"札撒"(法令)。1219 年,成吉思汗召集大会,"重新确定了训言、札撒和古来的体例"②,用蒙古文记录,称为《大札撒》。内容包括那颜背叛君主者处死、擅离职守者处死、马畜盗一赔九等,以及其他保护游牧经济、社会秩序及民族习惯和禁忌的规定。成吉思汗六年(1211 年),接受金王朝降将郭宝玉颁新令的建议,颁《条画五章》:凡出军不得妄杀,刑狱惟重罪处死,其余杂犯量情笞决等③。太宗窝阔台六年(1234 年)大会诸王百僚时,发布了《条令》,对诸王集会、宫禁、军纪、盗马等作了禁约乃至处罚规定④。

世祖忽必烈中统三年(1262 年)二月,命大司农姚枢"讲定条格",修成后奏上⑤。至元元年(1264 年)八月颁行《新立条格》,内容包括"定官吏员数,分品从官职,给俸禄,颁公田""均赋役""勿擅差科役""军马不得停泊村坊""词讼不得隔越陈诉"⑥,涉及官制及官吏待遇、赋役科敛、军纪、诉讼刑狱等方面。至元八年(1271 年)十一月,忽必烈在建国号为"大元"的同时,"禁行金《泰和律》"⑦。至此,蒙古汗国在中原汉地断狱参用金《泰和律》定罪再予折代量刑的办法,被废止。

2. 《至元新格》。至元二十八年(1291 年)五月,中书右丞相何荣祖受命编定《至元新格》,由公规、选格、治民、理财、赋役、课程、仓库、造作、防盗、察狱等十事类集而成,刻版颁行⑧。其内容是《新立条格》的继承和发展,侧重行政、财政、民事方面,是后来《大元通制》条格部分

---

① (元) 吴澄:《〈大元通制〉条例纲目后序》,《吴文正公全集》卷十九。
② [波斯] 拉施特编:《史集》(第 1 卷第 2 册),余大钧、周建奇译,商务印书馆 1983 年版,第 197 页。
③ 柯劭忞撰:《新元史·刑法志·刑律上》。
④ 参见《元史·太宗纪》。
⑤ 《元史·世祖纪二》《姚枢传》。
⑥ 《元史·世祖纪二》。
⑦ 《元史·世祖纪四》。
⑧ 《元史·世祖纪十三》。(元) 徐元瑞:《吏学指南·五科·格》,浙江古籍出版社 1988 年版,第 53-54 页。

的基础。今存九十六条遗文。

3.《风宪宏纲》。武宗之前,成宗大德三年(1299年)曾命何荣祖"更定律令",形成《大德律令》(草写时一度达三百八十条)。书成奏上后,诏元老大臣"聚听",但未颁行①。武宗大德十一年(1307年)十二月,中书省臣曾建议将"世祖即位以来所行条格,校雠归一,遵而行之";至大二年(1309年)九月,尚书省又建议将"太祖以来所行政令九千余条,删除繁冗,使归于一,编为定制",则其范围更广。两次建议虽都得到武宗允准,似皆无结果。仁宗即位,敦促省臣斟酌"中统、至元以来条章","折衷归一,颁行天下",谢让、李孟皆参与纂集②。纂集的结果,将"格例条画有关于风纪者,类集成书",因而"号曰《风宪宏纲》"③。但似未颁布。

4.《大元通制》。英宗至治二年(1322年)十一月,御史李端建议将"世祖以来所定制度""著为令"。至治三年(1323年)正月,命枢密副使完颜纳丹等"听读仁宗时纂集累朝格例(即《风宪宏纲》)"④,予以斟酌损益,至二月修成,取名《大元通制》,颁行天下。分《诏制》(九十四条)、《条格》(一千一百五十一条)、《断例》(七百一十七条)、《别类》(五百七十七条)四部分,共八十八卷二千五百三十九条。《断例》相当于唐宋的"律"或金的《律义》,依次为名例、卫禁、职制、祭令、学规、军律、户婚等二十一类⑤,略仿唐宋律十二篇顺序编排;今存者有《元典章》各门所汇列断例及《元史·刑法志》所载一千一百余条⑥。《条格》相当于唐宋的"令"或金的律令,并包括了"格""式",分祭祀、户令、学令、选举、宫卫、狱官、杂令、营缮、站赤、榷货等二十七篇,编排略依唐宋令的顺序;今存者十九篇、二十二卷,共六百五十三条,为明写本残卷,谓之《通制条格》。《诏制》相当于宋的敕、金代的敕条。⑦《条格》与《断例》多用唐宋金律令旧文。《大元通制》的制定,完成了自武宗至德以来"纂集世祖以来法制事例"的过程,元代法典自此定型。

5.《至正条格》。顺帝时,苏天爵奏请将《大元通制》颁行以来与日俱增的繁条碎目"类编颁示中外","续为《通制》,刻板颁行",删除其中与"先行《通制》参差抵牾"者⑧。后至元四年(1338年)命中书平章政事阿吉剌监修《至正条格》。至元六年(1340年),顺帝先后又命学士删修《大元通制》。至正三年(1343年)右丞相脱脱请修《至正条格》颁天下,至正五年(1345年)修成,次年颁行⑨。《至正条格》共二千九百零九条,分《制诏》一百五十条,《条格》二十七门,共一千七百条;《断例》十二门,共一千零五十九条,条数多于《大元通制》,但颁行时将《诏制》存于内,唯将《条格》《断例》颁于外。《至正条格》是元代的最后一部法典,它以《大元通制》为基础增删而成,解决其施行二十年来诏制、格例新旧因革、前后冲突问题,是《大元通制》的续编。颁布当年,就发生农民起义,未能真正施行,今已佚失。20世纪80年代在内蒙古黑城发现《至正条格》印本残页共八张⑩;2002年,韩国庆州发现元刊本《至正

---
① 《元史·成宗纪三》《何荣祖传》。
② 《元史·武宗纪一、二》《仁宗纪一、二》《谢让传》。
③ 《元史·刑法志一》。
④ 《元史·英宗纪二》《刑法志一》。
⑤ 柯劭忞撰:《新元史·刑法志》。
⑥ (清)沈家本撰:《历代刑法考·附寄簃文存》(二),中华书局1985年版,第1080—1081页。
⑦ 黄时鉴:《〈大元通制〉考辨》,载《中国社会科学》1987年第2期。
⑧ (明)王圻撰:《续通考》。转引自(清)沈家本撰:《历代刑法考·附寄簃文存》(二),中华书局1985年版,第1084页。
⑨ 《元史·顺帝纪二、三、四》《脱脱传》。
⑩ 李逸友编著:《黑城出土文书·汉文文书卷》,科学出版社1991年版,第67—70页。

条格》残卷两册,包括《条格》与《断例》。其中,《条格》存卷二十三至卷三十四,分别为仓库、厩牧、田令、赋役、关市、捕亡、赏令、医药、假宁、狱官十门,共三百七十三条;《断例》存卷一至卷十三,分别为卫禁、职制、户婚、厩库、擅兴五门,共四百二十七条。① 条文总数遗存较《大元通制》为多。

6.《元典章》。全称《大元圣政国朝典章》,是由地方官吏抄集的法律文书的分类汇编,分两集。其中,《前集》六十卷,分诏令、圣政、朝纲、台纲、吏部、户部、礼部、兵部、刑部、工部十类,汇抄元世祖中统以来至仁宗延祐七年(1320年)文书;《新集》不分卷,分国典、朝纲、吏部、户部、礼部、兵部、刑部、工部八类,汇抄英宗至治二年(1322年)以降文书,各类以下分门、目,目下分条罗列条格或事例。全书共八十一门、四百六十七目、二千三百九十一条。《元典章》收录当时原始法律令及判例文献,其史料价值很高。其编排仿照《唐六典》以六部职掌分列法条的体例,对《大明律》有影响。

三、法制的变化

元代法制的变化,既有体现民族歧视压迫政策的"四等人"制度,又有体现"更用轻典"、仁厚恤刑的五刑(尤其笞杖刑减决数)制度,还有反映刑罚执行新创造的"警迹人"制度。

(一)刑事政策的变化

元代法律"四等人"制度带有鲜明的民族歧视和压迫色彩。在制度上,将统治下的人分为蒙古人、色目人(包括西夏人、回族人、西域人)、汉人(原金国地区的汉人、契丹人、女真人)、南人(原南宋地区的汉人和西南地区的各族人)四等。在有些场合,大抵以蒙古人、色目人为一级,汉人、南人为一级。

在刑事法和诉讼法律规范上,对汉人禁制多、处罚重,而蒙古人则享有不受禁制和减轻处罚的特权。至元九年(1272年)五月圣旨,禁止汉人聚众与蒙古人(达达人)斗殴(哄打)②。至元二十年(1283年)二月,因百姓不愿供应路过蒙古人员吃住事宜,时有相争,遂规定:"蒙古人员殴打汉儿人,不得还报";只允许其"指立证见",在所在官司"赴诉",否则"严行断罪"③。

蒙古人"因争及乘醉殴死汉人",不须偿命,只断罚出征,征烧埋银④。另据《元典章》卷四十二《刑部四·诸杀一》附表,"蒙古人扎死汉人",笞五十七;而"汉儿人殴死蒙古人"则处死,并"断付正犯人家产,余人并征烧埋银"。

蒙古人、色目人可以享受的优惠待遇还有:窃盗、强盗犯人刺臂或刺项,只适用于汉人、南人,蒙古人"不在刺字之条"⑤;审囚官违反规定将蒙古人刺字者,杖七十七,除名⑥;"色目人犯盗",也"免刺科断"⑦;蒙古人除犯死罪应依法监禁外,其余不得监禁;即使监禁,也"毋

---

① 韩国学中央研究院编:《至正条格》校注本,2007年版,第456页。
②《通制条格》卷二十七《杂令·汉人殴蒙古人》。
③《元典章》卷四十四《刑部六·杂例·蒙古人打汉人不得还》;《元史·刑法志四·斗殴》。
④《元史·刑法志四·杀伤》。
⑤《元典章》卷四十九《刑部十一·强窃盗贼通例》。
⑥《元史·刑法志二·职制下》。
⑦《元史·刑法志三·盗贼》。

得拷掠,仍日给饮食"①。

(二) 刑罚的变化

1. 五刑体制的变化。成吉思汗时期仅有斩决、流放、笞刑等刑罚。② 后在循用金律过程中,尤其元世祖忽必烈即位后,刑制逐渐向宋金笞、杖、徒、流、死五刑体系转变,其间经历了从蒙古法到汉法的磨合。

笞刑自笞七至笞五十七,每等以十为差,共六等;杖刑自杖六十七至杖一百零七,每等以十为差,共五等。笞七本为十减三下,但增加笞五十七,又使笞刑变为六等;杖一百零七,又多于唐宋杖一百之制。徒刑自一年至三年,每半年为一等,共五等;但沿袭宋制,恢复北魏以来徒刑加鞭笞的加杖制度,徒一年至三年分别加杖六十七至杖一百零七,每等以十为差。明清徒刑加杖沿自此。流刑则"南人迁于辽阳迤北之地,北人迁于南方湖广之乡"③。死刑有斩刑而无绞刑,但有凌迟处死。

2. 刑罚执行的变化。警迹人制度是元代首创。强、窃盗犯会赦或经断刺字后,发付原籍司县籍记,"充警迹人"。其家"门首置立红泥粉壁,开写姓名、所犯",每半月赴官衙参见。由本处社长、主首、邻佑"常加检察",外出经宿或到他处,报邻佑知晓,违者申官追究。经五年不犯者,"听主首与邻人保申除籍";能告及捕获强盗一名,减二年;二名,除籍;窃盗一名,减一年,五名除籍。除籍后再犯者,终身拘籍。警迹人制度,立意在"启自新之路",故其若能获贼改过,五年不犯者,即予除籍。④

(三) 民法学理的深化

宋代孙奭《律音义》注:"'自借贷',皆从人假物也,若《周礼·泉府》职'凡民之贷者,与其有司辨而授之'之类";"'及借贷',皆以物假人也。""借"与"贷"二字未分别。元徐元瑞作于大德五年(1301年)的《吏学指南·钱粮造作》释"借贷"云:"以物假人曰借,从人求物曰贷。借字,从人、从昔,假各人道,所以不能无也。凡以官物假人,虽辄服用观玩,而昔物犹存,故称曰借。贷字,从代、从具,凡资财贷贿之类,皆从贝者,以其所利也。假此官物利己利人,虽有还官之意,不过以他物代之,而本色已费,故称曰贷。又从代者,谓以物替代也。"⑤ 明确区分"借"为"昔物犹存"的使用借贷,"贷"为"本色已费"而"以他物代之"的消费借贷。虽然,徐元瑞之说源自东汉许慎《说文解字》对"貣,从人求物也"等的解释,但较沈家本《释贷借》再度区分"凡货财之类,贷之以济缓急,或有息,或无息,而不必以原物还主者,谓之贷";而"凡物之偶然借用,而仍以原物还主者,谓之借",早了六百年。⑥

---

① 《元史·刑法志二·职制下》。
② 《元朝秘史》卷九,民国影印元抄本。
③ 《元史·刑法志一》。
④ 《元典章》卷五十三《刑部十五·警迹人》。
⑤ (元)徐元瑞撰:《吏学指南·钱粮造作》,浙江古籍出版社1988年版,第119页。
⑥ 参见霍存福:《元代借贷法律简论》,载《吉林大学社会科学学报》1995年第6期。

第八节　元代司法制度

一、司法机构设置的特点

（一）中央司法机构

元仿宋制设刑部，隶中书省，设尚书、侍郎、郎中、员外郎、主事等官，吏属有蒙古必阇赤、令史等。刑部"掌天下刑名法律之政令"；因不设大理寺，刑部拥有审判职能，凡"大辟之按覆，系囚之详谳，孥收产没之籍，捕获功赏之式，冤讼疑罪之辨，狱具之制度，律令之拟议，悉以任之"①。下设司狱司，置司狱、狱丞、狱典等。

大宗正府由蒙古国初期掌刑政的札鲁忽赤（汉译断事官）演变而来。其常职，"诸四怯薛及诸王、驸马、蒙古、色目之人，犯奸盗、诈伪，从大宗正府治之"②。至元元年（1264 年），令其掌理"诸王驸马投下蒙古、色目人等"所"犯一切公事"，及"汉人奸盗、诈伪、蛊毒厌魅、诱掠逃驱"等刑狱；③到至元九年（1272 年），"止理蒙古公事"④，泰定帝时仅掌"上都、大都所属蒙古人并怯薛军站色目与汉人相犯者"⑤，职掌范围屡有变化。

宣政院主持全国佛教事务和统领吐蕃地区军、民之政，其职掌具有特殊性。作为中央机构，它有时在江南设立行宣政院，在诸路、府、州、县则设僧录司等，管理各地佛寺、僧徒，兼有掌管僧人、僧官刑民案件的司法职能。

（二）地方司法机构

各行省、路、府、州、县等地方行政机构，附设专官履行司法职能。行省设理问所专掌刑狱，下设理问、副理问、知事、提控案牍等；路总管府设推官一或二人"专治刑狱"，下设司狱司，置司狱、狱丞等；散府设推官一员。⑥

但所有专职官员皆听命于所在行政机构长贰。比如，路设达鲁花赤为监临官，长官为总管，次为同知等；府、州、县也设达鲁花赤为监临官，府尹（或州尹、县尹）为长官，次为同知（或县丞）等。自达鲁花赤以下皆有司法审判之权，专职官员须受其节制。

二、诉讼制度的变化

元代诉讼制度基本沿自宋制。如告罪须"指陈实事，不得称疑"，"于本争事外，不得别生余事"，"不得越诉"，"争田词讼停务"，禁止"子证其父、奴讦其主"等"干名犯义"行为。⑦

---

① 《元史·百官志一》。
② 《元史·刑法志一》。
③ 《元史·百官志三》。
④ 《元史·百官志三》。
⑤ 《元史·百官志三》。
⑥ 《元史·百官志七》。
⑦ 《元典章》卷五十三《刑部十五·告事》《越诉》《停务》《禁例》。

但诉讼制度的主要变化,是代诉即诉讼代理的出现。

代诉首先适用于老疾。凡"年老、笃废残疾人等","争告户婚、田宅、债负、驱良、差役","合令同居亲属人代诉"。这是由于老疾在诬告反坐时只能罚赎,为防止其"诬罔陈诉",故限制其自诉。代诉时,"若有诬告,合行抵罪反坐元告之人",即由代诉人负责。不过,老疾"如告谋反、叛逆、子孙不孝,及同居之内为人侵犯者,听",不限制其自诉权。代诉的"同居亲属人",必须是"通知所告事理的实之人",①《元史·刑法志四·诉讼》作"同居亲属深知本末者"。②

代诉也适用于退休及离任官员。"致仕、得代官员",遇"争讼田土、婚姻、钱债等事,合令子孙弟侄或家人代诉"。代诉人资格与前有差别。代诉初衷是防止得替闲居官员与百姓争讼时"署押公文行移,并不赴官面对"③,造成对百姓的不公。

禁止妇女告诉尤其妇女代诉,是制度的例外。因妇女"往往代替儿夫、子侄、兄弟,赴官争理",刑部以为"代夫出讼,有违礼法"。都省准拟:"凡妇人代替男子经官告辨词讼,通行禁止"。只有在"寡居无依,及虽有子男,别因他故妨碍,事须论诉者,不拘此例"。④

元代代诉制,是明清抱告制度的滥觞。

关键词

程朱理学 《宋刑统》编敕 盗贼重法 折杖法 刺配 鞫谳分司 泰和律义 条格 《元典章》

思考题

1. 宋代民事法律有哪些发展?
2. 宋代鞫谳分司制度有何意义和作用?
3. 蒙元时期法律思想有哪些特点?
4. 元代法制的主要变化是什么?

参考书目

1. 中国社会科学院历史研究所宋辽金元史研究室点校:《名公书判清明集》,中华书局1961年版。
2. 赵晓耕:《宋代法制研究》,中国政法大学出版社1994年版。
3. 道润梯步:《新译简注〈蒙古秘史〉》,内蒙古人民出版社1979年版。

---

① 《元典章》卷五十三《刑部十五·代诉·老疾合令代诉》。
② 《元史·刑法志四·诉讼》载:"诸老废笃疾,事需争诉,止令同居亲属深知本末者代之。"
③ 《元典章》卷五十三《刑部十五·代诉·闲居官与百姓争讼子侄代诉》。
④ 《元典章》卷五十三《刑部十五·代诉·不许妇人诉》。

第七章　明代的法律思想与制度

明代(1368-1644年)国祚二百七十六年,历十六帝,是汉族主导的最后一个中国统一帝制王朝,是中国帝制社会后期的重要王朝,中国在明代中后期才开始落后于西方。

明代是中国经济发展的一个标志性时代,16世纪中叶商品经济在江南地区和东南沿海地区得到空前发展,出现了资本主义萌芽,这种情形直接影响着明代法律的发展变化。

古代中国法律的政治生态在明代发生重大变化。在中央方面,皇帝之下设有内阁、六部、司礼监等诸监、大理寺等诸寺以及都察院、通政司、五军都督府、京卫指挥使司等机构。中央国家机构多有重大改革:首先是废相升部,即废除自秦以来的宰相制度,"六部"直接对皇帝负责;其次是创建内阁,实行内阁辅政制度①;最后是罢御史台,置都察院,创立六科给事中专门监督中央六部。此外,还有其他改革,如五军都督府替代大都督府,特设通政使司负责章疏、敷奏、封驳和收发奏章文件,改革"三法司"职能,等等。在地方政务方面,改元代行中书省、路、府、县四级体制为省、州(直隶州)、县(属州)三级体制②,其中省不再设统一长官,而是分设布政使司掌行政③、按察使司掌司法和监察、都指挥使司掌军事,"三司"彼此独立,直属中央。在基层社会方面,里甲、保甲、乡约等组织得到较大发展。

明代的思想领域出现了许多新景象。首先是道学中的"心学"具备完整的理论形态并与理学分庭抗礼。理学在明代中叶以后逐渐僵化,王阳明另辟蹊径,发展南宋"心学"思想,挑战权威,已有思想自由色彩,"王阳明是中国传统哲学由中世纪向早期近代转化的分水岭式的人物"④。其次是理学中的新"明刑弼教"理论在明代得到弘扬和实践。朱熹将传统"明刑弼教"命题解释为刑教皆重,刑是有效教化的条件⑤,此论使传统"德主刑辅"和"一准乎礼"的德刑关系理论发生重大变化,儒家思想从注重教化、限制苛刑转向重刑主义。此外,明

---

① 明太祖废相后抽调翰林学士为皇帝审阅奏章、草拟圣旨,这些翰林学士在宫殿"大内"办公,冠以"某某殿(阁)大学士"的官衔,其办公场所简称"内阁",首席大学士称"首辅",相当于宰相。
② 省之外另设三大中央直辖府:顺天府(今北京)、应天府(今南京)、承天府(今钟祥)。
③ 习惯上用"布政(使)司"指称行省或省,例如湖广省称"湖广布政司"。
④ 吴根友:《转型时代经典的魅力》,载(明)李贽:《焚书·续焚书校释》,陈仁仁校释,岳麓书社2011年版。
⑤ 朱熹基于理学思维重新解释传统的"明刑弼教"命题,认为:(1)刑是教化的条件。"苟不用刑罚,则号令徒挂墙壁尔,与其不遵以梗(妨碍)吾治,曷若惩其一以戒百?"(2)德礼存天理,政刑灭人欲,"刑"是实现"德礼"的工具,"刑"本身具备道德的意义,不必再受德的制约。"道德性命与刑名度数……相为表里、如影随形,则又不可得而分别。"(3)刑不必拘泥于"先教后刑"。"为之教以明之,为之刑以弼之……其所施或先或后,或缓或急。"儒家法律思想开始从注重教化、限制苛刑转向重刑主义。(以上引文见《朱子全书》,上海古籍出版社、安徽教育出版社2010年版,第17册3524页、第23册第2282页、第20册第656页。)

代后期出现了以李贽"颠倒千万世之是非"①"各从所好,各骋所长"②思想为代表的反道学思潮,明末出现了黄宗羲、王夫之、顾炎武等人倾向于主张民主法治的启蒙思潮。这些思想变化深刻影响了明代法律的思想和制度。

明代法律处于中华法系发展的后期,在传承唐宋遗产的基础上多有改革或发展。如"心学"思想的介入或指导、极权制度的空前加强、法典体例的变化、刑部和大理寺职能的再变、厂卫特务司法的创制、将基层社会里老人调处制度纳入司法体系等。"千数百年之律书,至是而面目为之一大变"③,明代法律成就成为唐代之后的又一高峰,直接影响着后世清代以及中国周边诸国法律的发展。本章主要考察明代较为重要且有特色或创新的法律思想与制度。

第一节 明代的法律思想

明代法律思想丰富多彩,主流思想在理学和心学两大理论主干上开枝展叶。本节主要介绍朱元璋、王阳明、张居正、海瑞、丘濬等代表人物富有特色或创新的法律思想。

一、朱元璋重典治国的法律思想

朱元璋,原名朱重八,字国瑞,元代河南江北行省安丰路濠州司钟离县(今安徽凤阳)人。朱元璋出生于贫苦佃农家庭,少为牧童,十六岁在父母和哥哥死于瘟疫之后,到皇觉寺当和尚,云游四方,到处乞讨。二十四岁参加郭子兴统领的反元起义军,"以聪明神武之资,抱济世安民之志,乘时应运,豪杰景从,戡乱摧强,十五载而成帝业"④。1368年,朱元璋在应天府(南京)即皇帝位,国号大明,年号洪武,建立起中国历史上又一个帝制王朝。1398年朱元璋病逝,庙号"太祖"。由于太子早逝,朱元璋遗诏传位于太孙允炆(明惠帝)。朱元璋是中国一位强势而有作为的草根皇帝,在位三十年,"武定祸乱,文致太平"⑤,力行政法改革,恢复华夏法制,加强皇权,严惩贪墨,其接地气、有特点的法律思想是明代历代君臣的治国指南,在中国法律史上占有特别地位。

(一)刑乱国用重典

朱熹具有重刑主义倾向的新"明刑弼教"理论成为朱元璋推行严刑峻法的指导思想。"始,太祖惩元纵弛之后,刑用重典。"⑥朱元璋认为,汉族人民在元王朝统治时受到"胡俗"污染,现在应该以严刑峻法清理"旧习汙染",矫治民风。"朕收平中国,非猛不可。"⑦他对皇孙朱允炆说:"吾治乱世,刑不得不重。汝治平世,刑自当轻,所谓刑罚世轻世重也。"⑧朱元璋的这些思

---

① (明)李贽:《藏书·世纪列传总目前论》。
② (明)李贽:《焚书·答耿中丞》。
③ (清)沈家本撰:《寄簃文存》卷六《重刻明律序》。
④ 《明史·太祖本纪》。
⑤ 《明史·太祖本纪》。
⑥ 《明史·刑法志》。
⑦ (明)刘基撰:《诚意伯文集》卷首"皇帝手书"。
⑧ 《明史·刑法志》。

想,在他主持制定的《大明律》和他口述臣记的《大诰》中都有集中体现。《大明律》条文简于唐宋律典,但精神严于唐宋律典,明《大诰》更是"出五刑酷法以治之,欲民畏而不犯"①。

(二) 明礼以导民

朱元璋保持儒家本色,宣称"朕仿古为治,明礼以导民,定律以绳顽"②,"猛烈之治,宽仁之诏,相辅而行,未尝偏废"③,自己治国德刑并用,既要申明礼教、导民向善,又要以法律严惩顽恶之徒。他说:"仁义者,养民之膏粱也;刑罚者,惩恶之药石也。舍仁义而专用刑罚,是以药石养人,岂得谓善治乎?"④但"明刑所以弼教,凡与五伦相涉者,宜皆屈法以伸情"⑤,所以他又声明"朕惟治国以教化为先"⑥,"以此(立礼法)为先务"⑦,传令天下宣讲"孝顺父母、和睦乡里、教训子孙、尊敬长上、各安生理、毋作非为"之《圣谕六言》⑧。古老的"乡饮酒礼"在明朝首次入律。清代法学家薛允升说:"明(太)祖用法最严,而特著此律,盖亦知礼之可以为国也。"⑨

(三) 法贵简当

"简"即简单明了,"当"即恰当公平。朱元璋认为元王朝失败的部分原因,就是法令繁琐散乱,所以"今所定律令,芟繁就简,使之归一,直言其事,庶几人人易知而难犯"⑩。他说:"法贵简当,使人易晓。若条绪繁多,或一事两端,可轻可重,吏得因缘为奸,非法意也。夫网密则水无大鱼,法密则国无全民。"⑪他指导制定的《大明律》是已知传统基本法典中最为简明的一部⑫,四篇《大诰》语言通俗浅显,充斥方言和脏话,更是空前绝后。

朱元璋强调法律"务求公平,使刑罚得中"⑬。他说:"刑不可使纵弛,亦不可使过严。纵弛则为恶者无所畏,过严则为善者或滥及"⑭;"竭泽而渔,害及鲲(鱼子)鲕(小鱼);焚林而田,祸及麛(初生小兽)鷇(雏鸟);巧密之法,百姓其能免乎?"⑮刑罚不公,罪加良善,百姓忍无可忍,就会铤而走险起来造反。

(四) 严惩贪墨

朱元璋出身寒微,自幼目睹和感受贪官污吏侵渔百姓,因此特别憎恶贪墨。"盖自其托

---

① 《明史·刑法志》。
② 《明史·刑法志》《大明律·御制大明律序》。
③ 《明史·刑法志》。
④ 《明史·刑法志》。
⑤ 《明史·刑法志》。
⑥ 《明史·选举志》。
⑦ 《续资治通鉴》卷二百一十七。
⑧ 《明太祖实录》卷二百二十五。
⑨ (清)薛允升撰:《唐明律合编》,怀效锋、李鸣点校,法律出版社1999年版,第191页。
⑩ 《明史·刑法志》。
⑪ (明)焦竑撰:《玉堂丛语·纂修》。
⑫ 《大明律》四百六十条五万余字,而《唐律疏议》五百零二条二十四万余字,《宋刑统》五百零二条二十八万余字,《大清律例》四百三十六条三十万余字。
⑬ 《明太祖实录》卷九十七。
⑭ 《明太祖实录》卷一百七十九。
⑮ 《明太祖实录》卷一百五十三。

身皇觉寺之日,已愤然于贪官污吏之虐民,欲得(拿获并严惩)而甘心之矣。"① 他认为"各处有司,惟务奸贪"②,"吏治之弊,莫过于贪墨","不禁贪暴,则民无以遂其生","此弊不革,欲成善政,终不可得"③,所以朱元璋即位之后,开始全面整肃吏治,严惩贪墨。

朱元璋通过法治严惩贪墨的思想系统而深刻,主要内容有三:一是绝不宽恕。"太祖重惩贪吏,诏犯赃者无贷"④,"但遇官吏贪污,蠹害吾民者,罪之不恕"⑤,"有犯赃罪,必究赃自何而至"⑥。二是严密法网。《大明律》首设"六赃"罪,仅"受赃"一门即有十一种官吏贪赃罪名。《大诰》以惩贪为重中之重⑦。三是处罚从重。朱元璋曾令"犯赃者不分轻重皆诛之"⑧,后来改为"官吏人等犯枉法赃者,不分南北,俱发北方边卫充军"⑨,"不复叙用"⑩,"赃至六十两以上者枭首示众,仍剥皮实草"⑪。朱元璋惩贪,在中国帝王中可谓首屈一指。

二、王阳明的"心学"与法律和社会治理思想

王阳明,名守仁,字伯安,别号阳明,谥号文成,浙江余姚人,明代著名思想家、政治家、军事家,儒家思想中"心学"的发展光大和流派促成者,是朱熹之后的又一位大儒。王阳明于弘治十二年(1499年)中进士,历任刑部主事、兵部主事、江西省吉安府庐陵县知县、鸿胪寺卿、都察院右佥都御史、南赣汀漳⑫巡抚、两广总督等职,历事孝宗、武宗、世宗三朝,先后平定福建、江西、广西各地农民起义以及宁王朱宸濠叛乱。明穆宗朱载垕誉其"两肩正气,一代伟人,具拨乱反正之才,展救世安民之略";黄宗羲说阳明思想"可谓'震霆启寐,烈耀破迷',自孔孟以来,未有若此深切著明者也"。⑬ 王阳明著述宏富,其学说盛极一时,远播日本、朝鲜、东南亚和欧美。现有多种版本的《王阳明全集》刊行于世。

(一) 心学:王阳明法律思想与实践的理论基础

心学是主张"心"为世界本原、"良知"是心之本体,通过"知行合一"实现"内圣外王"的哲学流派。儒家思想自孔孟创立,至宋代进入"道学"阶段。"道学"即传承孔孟道统的性命义理之学、内圣外王之学,道学在南宋分为理学和心学两支。理学以朱熹为代表,主张天理(基本内容是"三纲五常")是万物本原;心学以陆九渊为代表,主张"心即理"⑭"宇宙即是

---

① (明)李贽:《续藏书·小引》。
② 《御制大诰·吏殴官长第十六》。
③ 《明太祖实录》卷六十九。
④ (清)赵翼撰:《廿二史札记》卷三十三《重惩贪吏》引《草木子》。
⑤ 《明太祖实录》卷三十九。
⑥ 《御制大诰·问赃缘由第二十七》。
⑦ 《大诰》中涉及官吏犯罪案例的条目中,贪赃和科敛害民的最多,共五十九个;株连人数最多的案件,也多因贪赃罪所致。参见杨一凡:《明〈大诰〉研究》,社会科学文献出版社2016年版,第61页。
⑧ (明)刘辰撰:《国初事迹》,中华书局1991年版,第13页。
⑨ 《明史·刑法志》。
⑩ 《明史·选举志》。
⑪ (清)赵翼撰:《廿二史札记》卷三十三《重惩贪吏》引《草木子》。
⑫ "南赣"是江西省南安府和赣州府的合称,"汀漳"是福建省汀州和漳州府的合称。
⑬ 参见(明)王守仁:《王阳明全集》(二),线装书局2014年版,封底。
⑭ 《陆九渊集·与李宰》。

吾心,吾心即是宇宙"①。理学在南宋成为官方意识形态,在明代受到推崇。但王阳明认为:"道,天下之公道也;学,天下之公学也,非朱子可得而私也,非孔子可得而私也。"②出于纠治理学流弊、顺应社会的需要,王阳明挑战权威,批评理学,将心学发展成为具备完善理论体系的重要学派而与理学分庭抗礼。

王阳明所谓"心",实际上是指人的感知和意识。"心不是一块血肉,凡知觉处便是心,如耳目之知视听,手足之知痛痒,此知觉便是心也。"③王阳明的心学思想主要包括"心即理""致良知""知行合一"三大部分。

1. "心即理",即一反理学"分心与理为二"的主张,认为"心外无物,心外无事,心外无理,心外无义,心外无善"④,"人心"是宇宙本体,天地万物(包括法律)都是人心派生出来的东西。

2. "致良知",即"发明本心",是说"天理""三纲五常"等"良知"是人心之本体或本然,先天存在,至善至美,人们必须通过"去人欲,存天理",即扩充善念、克服恶欲的修养功夫保持良知并使之外化为善言美行。

3. "知行合一"是实现"致良知"的途径或方式,是针对理学"知先行后"观点提出来的。"知行合一"并非说认识与实践的统一,这里的"知",不是"知道",而是"良知""明觉",即人们心中自明自觉的本能或先天固有的良知良能;"行"是指心中的意念或动机。"知行合一"是说人的意念发生要符合良知良能,"要人晓得一念发动处便即是行了,发动处有不善,就将这不善的念克倒"⑤;"知而不行,只是未知"⑥。"知"和"行"在本体上并无分别,"知之真切笃实处即是行,行之明觉精察处即是知。知行工夫本不可离"⑦。"知行合一"只有圣人能完全做到。

王阳明"心学""专从心上做功夫","像打药针一般令人兴奋,所以能做五百年道学结束,吐很大光芒"⑧,并在客观上引发出思想自由的火花⑨。王阳明的法律思想、为政或法律实践无不以"心学"为理论基础。

(二)"破山中贼易,破心中贼难"的行为规制论

正德年间,王阳明在即将平定南赣山民起义时,在致友人的信中说:"破山中贼易,破心中贼难。区区剪除鼠窃,何足为异?若诸贤扫荡心腹之寇,以收廓清平定之功,此诚大丈夫不世之伟绩!"⑩清代学者马士琼对此论大加赞赏:"'破山中贼易,破心中贼难',其望道未见之心,振铎发蒙之念,虽历千古而如见也,非天下之至德,其孰能与于此?"⑪

王阳明说的"山中贼"是他对农民起义军的蔑称;"心中贼"的直接意思是"心腹之寇",

---

① 《陆九渊集·年谱》。
② (明)王守仁:《王阳明全集·知行录》,红旗出版社1996年版,第80页。
③ (明)王守仁:《王阳明全集·知行录》,红旗出版社1996年版,第126页。
④ (明)王守仁:《王阳明全集·静心录》,红旗出版社1996年版,第396页。
⑤ (明)王守仁:《王阳明全集·知行录》,红旗出版社1996年版,第101页。
⑥ (明)王守仁:《王阳明全集·知行录》,红旗出版社1996年版,第5页。
⑦ (明)王守仁:《王阳明全集·知行录》,红旗出版社1996年版,第45页。
⑧ (清)梁启超:《中国近三百年学术史》,上海古籍出版社2014年版,第3页。
⑨ 杨鹤皋:《中国法律思想通史》(下册),湘潭大学出版社2011年版,第787页。
⑩ (明)王守仁:《王阳明全集·静心录》,红旗出版社1996年版,第408页。
⑪ (明)王守仁:《王阳明全集·静心录》,红旗出版社1996年版,第826页。

亦即心腹之中的贼寇意识、反抗思想,往深处说便是理学所谓"人欲"。"破山中贼易,破心中贼难"思想是王阳明"心学"理论的直接反映,"直指人心","明白简易","以教化当干戈",比理学烦琐难行的"格心""灭人欲"更有实效。从人的行为规律来讲,这种观点是一种思想控制决定行为控制的行为规制理论,这种理论既有孔子"道之以德,齐之以礼,有耻且格"的影子,也有与西方建构主义理论[①]不谋而合的地方。

(三)"申明赏罚"的执法思想

王阳明发展法家"刑赏二柄"思想,"申明赏罚",强调明赏以励功,严刑以振威。他说:"刑赏之用当,而后善有所劝,恶有所惩;劝惩之道明,而后政得其安。……善者益知所劝,则助恶者日衰;恶者益知所惩,则向善者益众。"[②]"今(指王阳明任职南赣之前)南赣之兵,皆畏敌而不畏我,欲求其用,安可得乎!故曰兵力之不足,由于赏罚之不行者(也)。"为此他请求皇上给他"赏罚重权,使得便宜行事,期于成功"[③]。

王阳明重申"法之不行,自上犯之"。他说:"今边臣之失机者,往往以计幸脱。朝丧师于东陲,暮调守于西鄙,罚无所加……陛下不惟不置之罪,而复为曲全之地也,彼亦何惮而致其死力哉?夫法之不行,自上犯之也。……臣愿陛下手敕提督等官,发令之日,即以先所丧师者斩于辕门,以正军法。"[④]他批评边关将领贻误战机,打了败仗,皇上不仅罚无所加,而且还设法为他们开脱,使有罪者得以幸免,这正是"法之不行,自上犯之"!他请求皇上诏谕提督等官,出兵前先斩败将,以正军法。此处"军法"当是《大明律》"失误军机"条和"主将不固守"条中的有关规定。

(四)德治辅以法治的乡约建设理论

倡推、指导举办乡约是王阳明的重要政绩和历史贡献。这里的"乡约"不是"乡规民约"[⑤],而是指古代中国乡民在特定"规约"集结之下,为某种共同目的而建立的社区自治组织,是"以约法的形式把人民组织起来"[⑥]的乡村社会组织形式。有时这里的"规约"也被称为"乡约"。历史上的乡约有民办的,也有官民并举的。乡约始于北宋,历经明清,在民国昙花一现之后退出历史舞台,存续近千年。

乡约在北宋由吕大钧四兄弟首创(蓝田乡约或吕氏乡约)之后,至明代前期的三百余年间再未有效举行。正德年间,出于心学实践和现实需要,王阳明在南赣地区加紧军事行动的同时,就着手推行他的乡治计划。首先推行十家牌法(亦称保甲法),继而兴办社学,最终倡行乡约。正德十五年(1520年)王阳明亲拟定的《南赣乡约》正式出台,一种新型乡村自治模式问世。《南赣乡约》亦称《阳明先生乡约法》,是南赣地区乡约组织规约的蓝本和乡约的具体创办方案,而并非某一具体乡约组织的规约。[⑦]从法学视角来看,《南赣乡约》所体现的

[①] 建构主义理论在20世纪60年代由瑞士心理学家让·皮亚杰等人首先提出,其核心观点之一是认为世界是感知的世界,知识是基于经验的主观建构并具有再生性。
[②] (明)王守仁:《王阳明全集·知行录》,红旗出版社1996年版,第281、283页。
[③] (明)王守仁:《王阳明全集·顺生录》,红旗出版社1996年版,第1337页。
[④] (明)王守仁:《王阳明全集·顺生录》,红旗出版社1996年版,第1310页。
[⑤] 参见董建辉:《"乡约"不等于"乡规民约"》,载《厦门大学学报(哲学社会科学版)》2006年第2期。
[⑥] 王日根:《论明清乡约属性与职能的变迁》,载《厦门大学学报(哲学社会科学版)》2003年第2期。
[⑦]《南赣乡约》全文见(明)王守仁:《王阳明全集·知行录》,红旗出版社1996年版,第228-232页。

乡约建设理论主题是"德治辅以法治"。"德治"主要体现在南赣乡约模式是心学理论和实践相结合的产物;"法治"主要体现在《南赣乡约》有法可据,与皇权接轨,而且其本身就具有地方立法意义。

1. 王阳明的法律思想。"先生自大征后,以为民虽格面,未知格心,乃举乡约告谕父老子弟。"①《南赣乡约》是心学指导实践的尝试。首先,举办乡约是正人心、救风俗,"只在此心去人欲、存天理上用功"②。其次,举办乡约就是在"致良知"。乡约之举,旨在"息讼罢争,讲信修睦,共成仁厚之俗","凡多闻多见,莫非致良知之功……除却见闻酬酢,亦无良知可致矣"③。乡约宣讲圣谕、普及法律、组办"乡饮酒"、调处纠纷,都是"见闻酬酢",都是"致良致之功"。最后,举乡约是践行"知行合一"。"一念而恶,即恶人矣;人之善恶,由于一念之间"。乡约定期集会"彰善纠过"便是实现心学逻辑中"知行合一"的佳例,其实效可能如王阳明弟子萧良余所说:"顾人心之良,不触则不发,良心之发,不聚则不凝,一番拈动,一番觉悟,一番聚会,一番警惕。"④

2. 与皇权接轨。乡约是"于君政官治之外别立乡人自治之团体"⑤。以前乡约难盛的主要原因是没有解决好民权与皇权的关系问题。最早的北宋蓝田乡约引起"非上所令而辄行之,似乎不恭"⑥的责难,存续数年之后不了了之。⑦南宋朱熹改定《朱子增损吕氏乡约》而倡行乡约,也是因为惧于"干政之讥"而未付诸实践。明代成化年间罗伦在家乡永丰县举办乡约,被其前翰林院同事章懋劝停:"乡约之行,欲乡人偕入于礼,其意甚美,但……天子之柄,而有司者奉行之,居上治下,其势易行。今不在其位而操其柄,已非所宜。"⑧果不其然,"其后谤胜于朝,谓公居乡专制生杀,台谏将纠论之"⑨,罗伦所办乡约昙花一现。

王阳明《南赣乡约》基本解决了乡约与君主专制的冲突问题,主要表现在三个方面:一是将《圣谕六言》(《教民六谕》)引入乡约,为乡约的推行提供了保护伞。洪武年间明太祖的《圣谕六言》是"孝顺父母、尊敬长上、和睦乡里、教训子孙、各安生理、毋作非为"⑩,《南赣乡约》规定的立约目的是"死丧相助,患难相恤,善相劝勉,恶相告戒,息讼罢争,讲信修睦,务为良善之民,共成仁厚之俗"。二是要求乡约协助国家维护地方治安。诸如约民躲避"纳粮当差",约长要劝令"及期完纳应承";大户客商放债收息不依常例,约长"劝令宽舍""力与追还";军民人等"阳为良善,阴通贼情",约长要"率同约诸人指实劝戒";等等。三是规定处罚程序与国家接轨,使乡约解纷成为司法的补充。《南赣乡约》规定如果约民违法乱纪,先由乡约内部解决,如果当事人"恃强不听",便"呈官究治"。至于遇有重案"大患"和役吏"揽差下乡,索求赉发",则直接率诸同约呈官"诛殄"或"追究"。王阳明的《南赣乡约》,解除了君臣各自的顾虑,为推进乡约发展提供了样板。

---

① (明)王守仁:《王阳明全集·悟真录》,红旗出版社1996年版,第1593—1594页。
② (明)王守仁:《王阳明全集·知行录》,红旗出版社1996年版,第4页。
③ (明)王守仁:《王阳明全集·知行录》,红旗出版社1996年版,第74页。
④ (明)萧良榦:《稽山会约》,中华书局1985年版,第1页。
⑤ 萧公权:《中国政治思想史》(下册),商务印书馆2011年版,第523—524页。
⑥ (宋)吕大临等撰:《蓝田吕氏遗著辑校》,陈俊民辑校,中华书局1993年版,第570页。
⑦ 参见萧公权:《中国政治思想史》(下册),商务印书馆2011年版,第525页。
⑧ (明)章懋撰:《枫山集(外四种)》,上海古籍出版社1991年版,第30页。
⑨ (明)罗洪先撰:《念庵文集》,上海古籍出版社1991年版,第148页。
⑩ 《明太祖实录》卷二百五十五。

《南赣乡约》推行之处,"人心淳正,守礼畏法"①,"俗尚朴淳,事简民怡"②,开启了明中后期乡约兴盛之局面。

三、张居正"以法制天下"的法律思想

张居正,字叔大,号太岳,谥文忠,湖广江陵(今湖北江陵)人,明代政治家,以"救时宰相,改革名臣"著称于史、闻名于世,与商鞅、范仲淹、王安石等改革家齐名,"北宋王安石是理想的政治家,而明代的张居正则是现实的政治家"③。张居正在嘉靖二十六年(1547年)中进士,历任翰林院编修、右谕德、侍讲学士、礼部右侍郎兼翰林院学士、吏部左侍郎兼东阁大学士、礼部尚书兼武英殿大学士,历事世宗、穆宗、神宗三朝,担任首辅达十年之久,人称明代"第一权相",其文被时人称为"国器",现有《张居正集》刊行于世。

张居正生活的明代中后期社会矛盾交织,危机四伏,张居正主政,"以法制天下,朝令夕行,虽多苛察,人奉法惟谨"④,时有"中外久安,海内殷阜,纪纲法度,莫不修明"⑤之誉。

(一)"惟其时之所宜与民之所安"的立法思想

隆庆年间曾发生"法先王"和"法后王"的争论,张居正主张"法后王"。他说:"法无古今,惟其时之所宜,与民之所安耳。时宜之,民安之,虽庸众之所建立,不可废也;戾于时,拂于民,虽圣哲之所创造,可无从也。后王之法,其民之耳而目之(耳闻目睹)也久矣。久则有司之籍详,而众人之智熟,道(导)之而易从,令之而易喻,故曰法后王便也。"⑥张居正所谓"法后王"的实质是"惟其时之所宜与民之所安",即根据时代变化和社会需要制定法律。他赞誉明太祖是"善法后王者":"高皇帝之始为法也,律令三易而后成,官制晚年而始定。一时名臣英佐,相与持筹而算之,其利害审矣。"⑦

(二)"以法绳天下"的法治思想

张居正弘扬儒家"纲纪四方"和法家"以法而治"的思想,主张"以法绳天下"。他说:"张法纪以肃群工,揽权纲而贞百度。刑赏予夺一归之公道,而不必曲徇乎私情;政教号令必断于宸衷(指君主),而毋致纷更于浮议。法所当加,虽贵近不宥;事有所枉,虽疏贱必申。"⑧为此,他主张:

1. "法在必行,奸无所赦"⑨。张居正认为"天下之事,不难于立法,而难于法之必行"⑩。万历五年(1577年)九月,神宗大婚在即,皇太后为图喜庆,"盼咐概停刑",亦即当年冬天不

---

① (清)黄德溥:《赣县志》卷八《风俗》,同治十一年刻本,第1页。
② (清)黄鸣珂:《南安府志》卷二《疆域附土俗》,同治戊辰重刊本,第38页。
③ 杨鹤皋:《中国法律思想通史》(下册),湘潭大学出版社2011年版,第808页。
④ (明)夏允彝:《幸存录·东林与复社(合订本)》,台湾大通书局1987年版,第2页。
⑤ 《明史·张居正传》。
⑥ 《张居正集》(第3册),荆楚书社1987年版,第147-148页。
⑦ 《张居正集》(第3册),荆楚书社1987年版,第148-149页。
⑧ 《张居正集》(第1册),荆楚书社1987年版,第4页。
⑨ 《张居正集》(第2册),荆楚书社1987年版,第683页。
⑩ 《张居正集》(第1册),荆楚书社1987年版,第131页。

执行死刑,张居正坚决阻止:"释有罪而不诛,则刑赏失中,惨舒异用,非上天所以立君治民之意。"① 针对当时"法之所加,唯在于微贱,而强梗者,虽坏法干纪,而莫之谁何"② 的情形,张居正主张"法所宜加,贵近不宥"③。

2. 赏罚严明,做到"慎重名器,爱惜爵赏,用人必考其终,授任必求其当。有功于国家,即千金之赏,通侯之印,亦不宜吝;无功国家,虽颦笑之微,敝袴之贱,亦勿轻予"④。

3. "法宜严而不宜猛"。"振作者,谓整齐严肃,悬法以示民,而使之不敢犯……若操切,则为严刑峻法,虐使其民而已。故情可顺而不可徇,法宜严而不宜猛。"⑤ 如何做到"法严而不猛"? 首先要"顺情"而非"徇情"而为。"顺情者,因人情之所同欲者而施之……若徇情,则不顾理之是非,事之可否,而惟人情之是便而已。"⑥ 顺情是顺应人民的总体欲望,公平正义自在其中;徇情只以人情为评判标准,而不理会事情的是非对错。为此他坚持反对纵释有罪以博取宽厚仁爱之虚名的做法。其次要严格依法行事。万历四年(1576年),山东昌邑知县孙鸣凤因贪污贿赂被弹劾,恼怒的神宗欲直接法办,张居正坚持依司法程序办理:"贪人固当尽治,但故事俱下台讯。"⑦

在专制制度难以撼动的前提下,"以法制天下"是当时"法治"所能够达到的最高境界。

四、海瑞"借法度辅德礼"的治吏与息讼思想

海瑞,字汝贤,号刚峰,广东省琼州府(海南)琼山县人,"生平为学,以刚为主,因自号刚峰,天下称刚峰先生"⑧。海瑞是历史上的著名清官,"希风(企及)汉汲黯⑨、宋包拯"⑩,素有"海青天""南青天"之称,在传统民间是与北方包拯齐名的司法之神。海瑞历任福建省南平县儒学教谕⑪、浙江省严州府淳安县知县、江西省赣州府兴国县知县、户部云南司主事、应天府(南京)巡抚、南京吏部右侍郎、南京都察院右佥都御史等职,历事武宗、世宗、穆宗、神宗四朝,一生直言敢谏,刚直不阿,深得民众爱戴。海瑞反对"四六分问"息讼和主张司法中"讼之可疑"时袒护兄长、叔伯、愚直,小民与乡宦争"产业"时袒护小民、争"言貌"时袒护乡宦的法律思想,被当代学者苏力提炼、抽象概括为"海瑞定理"。⑫ 今有《海瑞集》行世。

(一) 立法设制,治吏杜贪

海瑞以诸葛亮自诩:"诸葛孔明以严治蜀,本院于江南亦云(然)。"⑬ 他治理地方,注意立法

---

① 《张居正集》(第1册),荆楚书社1987年版,第254页。
② 《张居正集》(第1册),荆楚书社1987年版,第4页。
③ 《张居正集》(第2册),荆楚书社1987年版,第430页。
④ 《张居正集》(第1册),荆楚书社1987年版,第6页。
⑤ 《张居正集》(第1册),荆楚书社1987年版,第4页。
⑥ 《张居正集》(第1册),荆楚书社1987年版,第4页。
⑦ (清)谷应泰撰:《明史纪事本末》,中华书局1977年版,第948页。
⑧ 《明史·海瑞传》。
⑨ 汲黯,西汉名臣,为人耿直,好直谏廷净,汉武帝刘彻称之为"社稷之臣"。
⑩ 《明史·海瑞传》。
⑪ 负责一县儒学教授、文庙祭祀的学官,相当于今天的县教育局局长兼县第一中学校长。
⑫ 苏力:《"海瑞定理"的经济学解读》,载《中国社会科学》2006年第6期。
⑬ 《海瑞集·督抚条约》。

设制,树立法律权威,"(自己)知有国法,不知其为京堂、为科道、为部属"①。他说:"祖宗成法,今修举之,以上利国,以下便民。"②他主持制定的《教约》《禁约》《兴革条例》《量田则例》《督抚条约》等,既是施政纲领,又是地方立法③,强调有令必行,令行禁止:"文到之日,各官当日严惕厉之心,痛洗颓惰之习……敢有一事一字不遵,一时一刻迟误者,本院决不轻贷。"④

海瑞立法设制的宗旨和主要内容是治吏杜贪。制定《兴革条例》的初衷是"吏不能缘为奸弊,民得以安业乐生"⑤,其中详列各种"常例"⑥,规定全部革去。⑦《督抚条约》禁侈靡、严吏治,不仅禁迎送、禁馈赠、禁饬馆舍、禁私役民夫,而且鼓励民间举报官吏贪毒:"本院到处即放告(允许告状)……非系民间疾苦,官吏贪毒,实有冤抑而官司分理不当者,不准。本院到处,虽村落非荒野可虞地方,许里老见,指画本里利病及府县民事。"⑧在海瑞治下,"权豪势宦,敛手屏息"⑨,"墨吏往往望风解印(而)去,权豪怙势之家相率戒毋敢犯"⑩。

(二) 教化易俗,息讼为要

海瑞认为健讼主因是风俗败坏,主张在断讼中教化息讼,所谓"借法度辅德礼"⑪。为此他主张:

1. 不得轻准词状。"大抵词状准行,则使得利,俗有'种肥田不如告瘦状'说,诚哉言也。"⑫

2. 严惩讼棍和诬告。"健讼之盛,其根在唆讼之人。"⑬海瑞反对有关诬告的"姑念贫民愚民之说",认为这是"不知矜此一人,坏千万人;不能治一人之诬,必召千万人之讼"⑭,因而主张重惩诬告,"虽小必治,甚则监之枷之,百端苦之",以求"痛之使畏,庶乎事可衰止"⑮之效。

3. 禁止"两可调停,含糊姑息"。是非不分,各打五十大板,让有理者也半受屈、无理者也半得利,实际上是在鼓励诉讼。他特别反对所谓"四六分问"的息讼之道:"与原告以六分理,亦必与被告以四分(理);与原告以六分罪,亦必与被告以四分(罪)……虽止讼于一时,实动争讼于后。理曲健讼之人得一半直,缠得被诬之人得一半罪,彼心快于是矣。下人揣知上人(审判官)意向,讼繁兴矣。"⑯

---

① 《海瑞集·督抚条约》。
② 《海瑞集·督抚条约》。
③ 参见杨一凡:《明代条约的治吏功能》,载汪世荣等主编:《吏治与中国传统法文化——中国法律史学会 2010 年会论文集》,法律出版社 2011 年版。
④ 《海瑞集·督抚条约》。
⑤ 《海瑞集·淳安县政事序》。
⑥ 这里的"常例"即官吏按惯例在法定俸禄以外以各种名目获得的灰色收入,源自全县派征。
⑦ 《海瑞集·兴革条例·吏属》。
⑧ 《海瑞集·督抚条约》。
⑨ 《海瑞集·海忠介公行状》。
⑩ 《海瑞集·太子少保海忠介公传》。
⑪ 《海瑞集·督抚条约》。
⑫ 《海瑞集·示府县严治刁讼》。
⑬ 《海瑞集·督抚条约》。
⑭ 《海瑞集·示府县状不受理》。
⑮ 《海瑞集·示府县状不受理》。
⑯ 《海瑞集·兴革条例·刑属》。

4. 慎许上司翻案。海瑞认为"轻于准理翻案"是诱民争讼。他说:"原讼者诉之县,被讼者诉之府;原讼者诉之司(提刑司),被讼者诉之院(都察院)。县之判曰某曲也,府翻焉;司之判曰某曲也,院翻焉。小民耳目为之眩惑,吏胥案牍由是混淆。……小民好胜,谓再诉于上,纵不大赢,亦可小胜,将不讼之乎?告愿某官问理,彼必德我为彰名也,得胜可料,将不讼之乎?轻于准理翻案,使民争讼之道(导)也。狱贵初辞……县官于民最亲,上司止当责成县官,不可轻为翻案。"① 在这里,海瑞对上司好翻下级审理的案件以卖弄明察廉能之弊揭露得相当深刻。此种主张,只有真正关心民众疾苦、洞察诉讼中一切情伪者,才能提出。

(三) 依礼义断决疑案

对于如何处理疑难案件,海瑞坚持"与其杀不辜,宁失不经;与其失善,宁其利淫"② 的原则,意思是宁可不依常法宽宥或赦免违法者,也不能错杀无辜;如果赏罚失当,与其滥用刑罚殃及好人,还不如赏赐过分利于坏人。他说:"凡讼之可疑者,与其屈兄,宁屈其弟;与其屈叔伯,宁屈其侄;与其屈贫民,宁屈富民;与其屈愚直,宁屈刁顽。事在争产业,与其屈小民,宁屈乡宦,以救弊也。事在争言貌,与其屈乡宦,宁屈小民,以存体也。"这里的"弊"是指"乡宦计夺小民田产、债轴假契、侵界威逼"等"为富不仁"的行为;这里的"体"是指乡宦与小民之间的"贵贱之别"。③ 这种断决疑案的原则完全符合儒家礼教:袒护兄、叔伯、乡宦,体现"亲亲尊尊";抑制争夺产业和仗势欺民的乡宦,体现"均平扶弱"。

五、丘濬对中国帝制中期正统法律思想的总结

丘濬,广东省琼州府(今海南)琼台人,明代著名政治家、理学家和文学家,明代著名宰辅,与海瑞合称为"海南双璧"。丘濬于景泰五年(1454年)中进士,先后出任翰林院编修、侍讲学士、翰林院学士、国子监祭酒、礼部尚书、文渊阁大学士、户部尚书兼武英殿大学士等职,历事代宗、英宗、宪宗、孝宗四朝。丘濬"博极群书",过目成诵,被誉为"当代通儒"。加上他曾遍游各地、长任要职,才情、理想和人生际遇,使他能够对中国帝制中期的政法思想进行较为全面的总结④。丘濬的政法思想主要体现于其皇皇巨著《大学衍义补》⑤之中,以强调明刑弼教和经世致用为主要特色。

(一) 德礼政刑"本末兼该"论

礼乐政刑是先秦强调的四种法律规范,所谓"礼以道其志,乐以和其声,政(政令或禁令)

---

① 《海瑞集·兴革条例·刑属》。
② 《左传·襄公二十六年》。
③ 《海瑞集·兴革条例·刑属》。
④ 参见杨鹤皋:《中国法律思想通史》(下册),湘潭大学出版社 2011 年版,第 814、820 页。
⑤ 《大学》是儒家经典《礼记》中的一篇,自宋代独立出来以后成为"四书"首篇。南宋名臣真德秀作《〈大学〉衍义》,把《大学》衍义为帝王之学,受到宋元两代官方推崇。然而此书论说重在"内圣",强调君主求治必由律己(修身齐家)做起,这类主张在明代自然"受到朱家那班无赖儿郎憎嫌",于是丘濬进行补作,为时君重新编写一部旨在明刑弼教和经世致用的治国指南与政治教科书,此即《大学衍义补》。《大学衍义补》更重"外王"(治国平天下)和"臣道",被明代官方奉为圭臬,皇帝经筵以它为讲义,科举考试策论以它为教科书。

以一其行,刑以防其奸"①。在四者关系上,丘濬主张德礼政刑"本末兼该",也就是四者不可分离,没有本末之分。②

关于德礼政刑的关系,孔子说:"道(导)之以政,齐之以刑,民免而无耻;道之以德,齐之以礼,有耻且格。"③朱熹说:"政者,为治之具;刑者,辅治之法;德礼则所以出治之本,而德又礼之本也,此其相为终始。"④丘濬认为这两种观点各有长短:"孔子分政刑、德礼以为二,而言其效有浅深;朱熹则合德礼政刑为一,而言其事相为终始。"⑤孔子把德礼政刑一分为二,是为了阐述四者不同的地位和作用;而朱熹将德礼政刑合二而一,是为了说明它们之间的联系和一致。合理的理解和运用应该是将两者结合起来。"人君以此四者以为治于天下,不徒有出治之本,而又有为治之具;不徒有为治之具,而又有为治之法。本末兼该,始终相成。"⑥正确把握德礼政刑的关系,就是既要看到德礼和政刑的不同作用,又要看到它们在实际政治中相辅相成的有机联系。丘濬据此提出了使四者成为"王道之治具"⑦的"礼→乐→政→刑"路线方案:"(首先)使礼修而乐和,而又有政以行之,政有不及而又有刑以辅之",换句话说,"既化以德而有不一者,须必有礼以一之……苟导之而不从、化之而不齐,非有法制、禁令又不可也。法制以示之于前,禁令以约之于后,彼犹悖礼而梗化,则刑罚之加乌可少哉?"⑧这些认识反映出地主阶级的统治经验更趋成熟和完善。

(二) 关于具体法理问题的主张

在古代法理方面,丘濬赞成"八议"和"亲亲相隐",反对增加肉刑和株连刑,主张有条件的复仇和赦罪。

1. "八议"是"天下之大教",是同罪异罚的典型表现。但丘濬认为"八议"并非"私亲挠法",而是明刑弼教。他说:"王之亲故不可与众人同例,有罪议之,所以教天下之人爱其亲族、厚其故旧;国之贤能不可与庸常同科,有罪议之,所以教天下之人尚乎德行、崇乎道艺;有功者则可以折过失,有罪议之则天下知上厚于报功而皆知所懋;有位者不可以轻摧辱,有罪议之则天下知上之重于贵爵而皆知所敬;有勤劳者不可以沮抑,有罪则议之,使天下知上之人不忘人之劳;为国宾者宜在所优异,于有罪则议之,使天下知上之人有敬客之礼。先儒谓八者天下之大教,非天子私亲故而挠其法也,人伦之美莫斯为大。"⑨

2. "亲亲相隐"深得"以刑弼教之意"。亲亲相隐与族诛连坐是互相对立的两个极端。汉宣帝地节四年诏令"亲属得相首匿",亲亲相隐开始成为法律原则,丘濬赞成亲亲相隐,"凡有亲属除谋反、大逆外,虽奴婢、雇工人为家长亦在勿论之限,深得先王以刑弼教之意。"⑩

3. 反对增加肉刑。丘濬赞扬汉文帝废黥、劓等肉刑,"百世之下人得以全其身、不绝其

---

① 《礼记·乐记》。
② 参见杨鹤皋:《中国法律思想通史》(下册),湘潭大学出版社2011年版,第814-815页。
③ 《论语·为政》。
④ 《朱子全书》(第6册),上海古籍出版社、安徽教育出版社2010年版,第75页。
⑤ 《大学衍义补·总论朝廷之政》。
⑥ 《大学衍义补·圣神功化之极》。
⑦ 《大学衍义补·圣神功化之极》。
⑧ 《大学衍义补·总论朝廷之政》。
⑨ 《大学衍义补·议当原之辟》。
⑩ 《大学衍义补·议当原之辟》。

类者,文帝之德大矣"①。他批评宋代实行"折杖法"、复用刺面等肉刑:"宋人承五代为刺配之法,既杖其脊,又配其人,而且刺其面,是一人之身一事之犯而兼受三刑也……后世用刑者宜以为戒。"②

4. 株连可致"人类不几绝乎"。株连是与"罪责自负"相悖的刑罚原则,明代之前有株三族、株九族,明代新出"株十族""瓜蔓抄"。丘濬坚决反对株连,认为株连是"罪及无辜",尤其是株连母族、妻族,"是人家以一女子适人之故,而累及其一家一族无辜而至于绝宗殒祀,若推其类而至于义之尽,则生女可以不举矣。使家家皆惩之而不举,则人类不几于绝乎?"③如果因为嫁女而连累其一家一族,那么他们生女就可不嫁。倘若家家都不嫁女,不仅家庭"绝宗殒祀",而且"人类不几绝乎"!丘濬甚至将是否实施株连与国命长短联系起来:"虞廷(虞舜时代)罚不及嗣,周室罪人不孥。秦法一人有罪,并坐其家室。仁暴之心既殊,国祚所以有长短之异也。文帝即位之初即除去秦人之苛刑,汉祚之延,几于三代同,未必不基于斯。"④

5. "于经于律两无违悖"的复仇观。古代礼制基于孝道和五行"相生相克"理论,允许亲友复仇,所谓"父之仇弗与共戴天,兄弟之仇不反兵,交游之仇不同国"⑤,"父受诛,子复仇,推刃之道也"⑥。丘濬认为先王的这种"立礼之意"不完全是"私报所仇",而是应该公私兼顾,"不能报以公必报以私"⑦,亦即被杀者无罪或罪不至死,复仇者应该先公后私,只有在通过司法不能复仇的前提下,才可以私自复仇,此即"于经于律两无违悖"的复仇主张。

6. 慎赦。赦免罪刑作为刑法制度,古代有"眚灾肆赦"、疑罪可赦、犯罪人为"幼弱""老旄""蠢愚"可赦等规定。丘濬对赦罪问题有自己的见解:第一,虽属过失但罪大恶极者不能赦。"事虽过失而事体所关则大,如失火延烧陵庙、射箭误中亲长之类,其罪有不可释者",因为"杀人不死则死者何辜?攫财不罪则失者何苦?"⑧第二,遇到喜庆和大灾时不宜大赦天下。他说:"蠲逋负、举隐逸、荫子孙、封祖考,甚至立法制、行禁令皆于赦令行焉,失古人眚灾肆赦、赦过宥罪之意矣"⑨;"以水旱降德音,宥过放囚,冀感天心以救灾,非也。假有二人讼,遇赦则有罪者幸免,无罪者衔冤,冤气升闻,乃所以致灾,非弭灾也。天道福善祸淫,若以赦为恶之人而变灾为福,是则天助恶人也。"⑩第三,赦罪只是权宜之计,不可作为常典。"当承平之世赦不可有,有则奸宄得志而良民不安;当危疑之时赦不可无,无则反侧不安而祸乱不解。"⑪

(三) 反对明律中国家与民争利的专卖法

丘濬生活的明代中期,已经出现了资本主义萌芽。存在决定意识的情形也在丘濬的法律思想中体现出来,他反对国家与民争利的盐铁专卖法,主张"立法以便民为本,苟民自

---

① 《大学衍义补·定律令之制上》。
② 《大学衍义补·慎刑宪》。
③ 《大学衍义补·戒滥纵之失》。
④ 《大学衍义补·定律令之制上》。
⑤ 《礼记·曲礼》。
⑥ 《春秋公羊传·定公四年》。
⑦ 《大学衍义补·明复仇之义》。
⑧ 《大学衍义补·慎眚灾之赦》。
⑨ 《大学衍义补·慎眚灾之赦》。
⑩ 《大学衍义补·慎眚灾之赦》。
⑪ 《大学衍义补·慎眚灾之赦》。

便",① 用法律促进商品经济的发展。

丘濬认为惩治私盐贩子是"不称其罪"的"重刑"②。提醒当朝统治者:"大盗多起于盐徒,正以盐禁太严,有国者不可不知。"③ 丘濬认为应该废除专卖法的原因很多:首先,国家专卖有违天道和天意:"天生物以养人,非专为君也"④;"立官以专之,严法以禁之,尽利以取之,固非天地生物之意。"⑤ 其次,专卖是不义之举:"理之在天下,公与私、义与利而已矣……堂堂朝廷而为商贾贸易之事……以万乘之尊而牟商贾之利,可乎?"⑥ 最后,也是最为关键的,就是国家想禁也禁不了。盐铁是基本生活之需,"禁遏之不止,则为之严刑,刑愈严而害愈甚"⑦。所以"官不可与民为市……大抵立法以便民为本,苟民自便"。⑧ 他提出修改"盐禁"专卖法令的原则是:"盐之为利,禁之不可也,不禁之亦不可也。要必于可禁不可禁之间,随地立法,因时制宜,必使下不至于伤民,上不至于损官,民用足而国用不亏。"⑨ 显然,这是要求将专卖改为官督民产民营、重税调控之类。

第二节 明代的法律形式及立法活动

帝制下的中国法律具有不同于近现代的法律思维和立法模式。例如皇上"口衔天宪",其诏令可以直接是具有最高效力的法律。再例如古代没有今天"部门法"的概念或思维,古代相当于今天"法律"的规范体系,实际上是由多种强制性规范组成的一个相对松散的集合,这类集合的说法,在历史上有"礼乐政刑""天理、国法、人情"等。这里的"国法"是国家制定法意义上的法律,"天理"和"人情"中的部分内容是国家认可意义上的法律。这里主要介绍明代国法意义上的成文法及其立法过程。成文法的形式主要有律、令、诰、例、典、榜文、礼等,其中律是主要的、基本的形式,其他形式是律的补充。

一、律:《大明律》

《大明律》是明代基本法典,集中体现明代立法成就,是中国帝制社会后期的代表性法典。

(一) 制定过程

《大明律》的制定历经三十年和草创、更定、整齐、确定四个阶段。"盖太祖之于律令也,草创于吴元年(1367年),更定于洪武六年(1373年),整齐于二十二年(1389年),至三十年(1397

---

① 《大学衍义补·山泽之利》。
② 《大学衍义补·戒滥纵之失》。
③ 《大学衍义补·戒滥纵之失》。
④ 《大学衍义补·戒滥纵之失》。
⑤ 《大学衍义补·山泽之利》。
⑥ 《大学衍义补·市籴之令》。
⑦ 《大学衍义补·山泽之利》。
⑧ 《大学衍义补·山泽之利》。
⑨ 《大学衍义补·山泽之利》。

年)始颁示天下"①。

明王朝建立的前一年(1367年),朱元璋为吴王时,命左丞相李善长等人编定律令,成律二百八十五条、令一百四十五条,合称《吴元年律令》,依中央六部顺序编排,这是中国基本法典体例的重大变化。吴元年律是《大明律》的草本。洪武六年(1373年)朱元璋令刑部尚书刘惟谦等草拟《大明律》,次年二月成书,体例仍依唐律十二篇,但将《名例律》放在最后,律文增至六百零六条,内容较唐律繁杂。这是《大明律》的正式初定版本。洪武二十二年(1389年)朱元璋令翰林院与刑部全面整理修订《大明律》,体例改为按中央六部分类,又置《名例律》为首篇,共三十卷四百六十条,同时选取新增的条例,分类附于相关律文之后。这是《大明律》的基本定型版本。洪武三十年(1397年)又把朱元璋亲自编纂的《律诰》(即《大诰》死罪条款)一百四十七条附在《大明律》正文相应律文之后,《大明律》最后定型,正式"刊布中外","令子孙守之。群臣有稍议更改,即坐以变乱祖制之罪"②,此后至明末无改。

(二) 体例、内容及其变化

定型后的《大明律》共有七篇三十门四百六十条。七篇分别是"名例律""吏律""户律""礼律""兵律""刑律""工律"。《名例律》四十七条,是全律"总纲";《吏律》分职制、公式两门三十三条,是对官吏公务方面违法行为的制裁规定;《户律》分户役、田宅、婚姻、仓库、课程、钱债、市廛七门九十五条,是对民事和经济方面严重违法行为的制裁规定;《礼律》分祭祀、仪制两门二十六条,是对礼制方面严重违法行为的制裁规定;《兵律》分宫卫、军政、关津、厩牧、邮驿五门七十五条,是对军事方面违法行为的制裁规定;《刑律》分贼盗、人命、斗殴、骂詈、诉讼、受赃、诈伪、犯奸、杂犯、捕亡、断狱十一门一百七十一条,是有关诉讼和刑罚方面的规定;《工律》分营造、河防两门十三条,是对工程兴造和水利交通管理方面违章行为的制裁规定。

《大明律》的制定和颁行,扭转了元代法制的混乱落后局面,华夏立法回归中华法系传统。《大明律》无论是在体例上还是内容上,都较唐宋律有所突破和发展:"千数百年之律书,至是而面目为之一大变。"③首先,《大明律》传承《元典章》开创的按六部行政机关分类分列法条的体例传统,按照吏、户、礼、兵、刑、工六部命名法典分则各篇,传统法典编纂体例从唐宋律的十二篇体例变为七篇体例。这种体例变更,也是朱元璋利用立法手段强化君主专制中央集权的体现。其次,《大明律》沿袭《宋刑统》,在篇之下设"门",且在《宋刑统》的基础上增加公式、课程、钱债、仪制、军政、人命、骂詈、犯奸、营造、河防等十门,使法典内容更加完善。再次,《大明律》简明扼要、疏而不漏。《大明律》是现知历代法典中最简明扼要的一部。全律文字浅显、通俗易懂,律首附有《服制图》《五刑图》《六赃图》等图表。条目数虽少于唐宋律,但实际内容比唐宋律全面,有的条文将唐宋律四、五条内容合而为一(例如"男女婚姻条"条)。最后,《大明律》内容有很多创新。例如专设"受赃"门,新设"奸党"条、"交结近侍官员"条、"上言大臣德政"条,增加有关言论和思想犯罪的条款,较大增加了经济立法的比重,新设"钞法""盐法""茶法"等条目。

---

① 《明史·刑法志》。
② 《明史·刑法志》。
③ (清)沈家本撰:《寄簃文存》卷六《重刻明律序》。

(三) 历史地位和影响

《大明律》反映了当时较高的立法水平,是中国帝制社会后期继《唐律》之后的代表性法典,是中华法系的代表作之一,堪称中华法系的又一标准法典,在中国法律史上具有重要地位。《大明律》与《唐律》各领风骚数百年,其形式与内容几乎完全被《清律》所继承,对日本和朝鲜、越南等东南亚国家的法律制度产生了重大影响。日本武家时代末期的法律以及明治维新时期的《新律纲领》《改定律例》等均以《大明律》为蓝本;朝鲜李氏王朝太祖李桂成时代的《经国大典》《大典续录》《续大典》中的刑典和《刑法大全》都承用《大明律》;安南(今越南)阮世祖高皇帝时期的《嘉隆皇越律例》、宪祖阮旋时期的《钦定大南会典事例》也援用《大明律》。因此完全可以说,《大明律》与《唐律》同样对外国法律产生了重要影响。

二、令:《大明令》

古代中国的"令"是针对特定规制或事项发布的法令。"令者所以教民也,法者所以督奸也。令严而民慎,法设而奸禁。"[①] 朱元璋于吴元年(1367年)下令制定律、令,令典制定完成时明代已经建立,因此被称为《大明令》。《大明令》按照朝廷六部分篇,有《吏令》二十条、《户令》二十四条、《礼令》十七条、《兵令》十一条、《刑令》七十一条、《工令》两条,共一百四十五条。

《大明令》是唯一完整保存至今的中国古代令典,也是中国法律史上最后一部以令为名的法典。《大明令》除《刑令》相当于刑法外,其他部分大致属于行政、经济、民事等部门法。由于吴元年律没有刑法总则性质的名例篇,所以"五刑""十恶""八议""赎刑""二罪俱发"等条文被放置在令典的《刑令》中。《大明律》颁行以后,《大明令》除《刑令》部分条文失去效力外,其他条文仍然有效,而且直到清代,不少条文被作为条例附载于有关的律条之后。《大明令》后来再没有修订过,其调整的社会关系的规范,后来为会典所代替。

三、大诰:《明大诰》

《明大诰》是明太祖在洪武十八年至二十年(1385-1387年)陆续发布的四集文告的总称,是朱元璋仿周公《大诰》之制亲自编纂的特别刑法,名称来自《尚书·大诰》,内容大约相当于宋代的"敕条"。《明大诰》包括《御制大诰》(七十四条)、《御制大诰续编》(八十七条)、《御制大诰三编》(四十三条)、《大诰武臣》(三十二条),共四编二百三十六条。《明大诰》是明初的重要法律规范,因其为御制圣书,故具有最高的法律效力。

《明大诰》的主要内容包括明太祖亲自审判、自认为有典型意义的案例,皇帝就重大案件的判决批示,钦定的特别刑事规定,以及皇帝对臣民的特别训导告诫,等等。《明大诰》与《大明律》的最大不同主要在于《明大诰》更加严厉地惩治贪赃官吏和害民豪强,把"重典治国"推向极致。《明大诰》别立罪名和酷刑严惩贪赃,如"诡寄田粮""倚法为奸""鱼课扰民""黥刺在逃""寰中士大夫不为君用"等罪名,以及凌迟、族诛、剥皮、弃市、墨面文身、挑筋去指或

---

① (汉)桓宽撰:《盐铁论·刑德》。

去膝盖、抽肠刷洗、断手、刖足、斩趾枷令、枷项游历、阉割为奴等酷刑,均为《大明律》所无。即使《大明律》中已有的相关规定,《明大诰》规定的用刑也加重。例如对于滥设官吏罪,《大明律》规定杖一百、徒三年,《明大诰》规定族诛;对于违限不纳夏粮罪,《大明律》规定杖一百,《明大诰》规定凌迟;对于贪赃罪,《大明律》计赃论罪,《明大诰》一律处死。

朱元璋采用许多办法推广《明大诰》。例如规定:"一切官民诸色人等,户户有此一本。若犯笞杖徒流罪名,每减一等;无者每加一等"[①];"敢有不敬而不收者……迁居化外,永不令归"[②];各级学校要讲授《明大诰》,科举考试要考《明大诰》,乡民集会要宣讲《明大诰》,行路持有《明大诰》可免路引,等等。一时间,全国官民都在争购、讲习《明大诰》,《明大诰》成为中国法律史上最为普及的法令。不过,由于《明大诰》法严刑酷,建文帝以后实际上被废除。到明代中叶,附在《大明律》之后的《律诰》也被废止不用,但其"重典治世"的精神被沿袭了下来。

四、条例:《问刑条例》等

"条例"是律外断罪之特别规定,是弥补律之僵硬或缺陷的灵活法律形式。删修条例是明代的重要立法活动,其先后颁行的条例有《问刑条例》、《真犯杂犯死罪条例》、《真犯死罪充军为民例》(《充军条例》)、《抄劄条例》等,它们一般被附编于律典相关正文之后。

律外有例,明初已然。1389年朱元璋令翰林院同刑部官员,取比年所增条例,以类附入律典。洪武三十年(1397年)《大明律》正式刊行之后,"例"一度被禁止适用,规定"一切榜文禁例尽行革去,今后司只依《律》与《大诰》议罪"[③]。但律、诰又不能有效地调整所有社会关系,于是不久"条例"又被适用。成化十八年(1482年)宪宗首肯《挟诈得财罪例》,随后运用条例之风开始蔓延,并很快出现泛滥之势,"因律起例,因例生例,例愈纷而弊愈无穷……奸吏敩法,任意轻重"[④]。明代中叶自孝宗弘治年间(1500年前后)开始,统治者着手大规模删修条例,《问刑条例》(《拟罪条例》)是其中最重要的一种。

《问刑条例》是明中叶以后与《律》并行的、补充和变通明律的刑事特别法规,通常将各条例文附刻在律文各相应条文后面。孝宗弘治五年(1492年)刑部尚书彭韶等拟定《弘治问刑条例》,弘治十三年(1500年)刑部尚书白昂等会九卿增订为二百九十七条,正式颁行天下。此后多次增修,《嘉靖问刑条例》二百四十九条,《万历问刑条例》三百八十二条。万历年间,以律为正文,例为附注,将条例分类附入律中,律例合编刻印,称《大明律附例》。这种以条例附于律后、律例合编的法律编纂形式,保持了法律的连续性和灵活性,为后来的清律所沿用。

五、会典:《明会典》

《明会典》是明代仿照《唐六典》编纂的官制官规、典章制度汇编,其中有大量的法律内容,整体不是独立法律形式,不是行政法典。

---

① 《大诰初编·颁行大诰第七十四》。
② 《大诰续编·颁行大诰第八十七》。
③ 《大明律·御制大明律序》。
④ 《明史·刑法志》。

明初即颁布了《功臣死罪减禄例》《王府禁例六条》《宗藩军政条例》等行政条例。英宗正统年间(1436-1449年)开始编纂具有行政法规大全性质的会典,至孝宗弘治十五年(1502年)完成《大明会典》一百八十卷,又经武宗正德年间"补正遗阙",正德四年(1509年)正式颁行天下,称《正德会典》。世宗嘉靖年间、神宗万历年间先后修订,编成《嘉靖续纂会典》和《万历重修会典》,会典内容增至二百二十八卷。传至后世的仅有武宗、神宗两朝《明会典》。

《明会典》取材于官藏档案史册,汇集官修的《诸司职掌》《皇明祖训》等有关行政性律令典章内容,规模浩大、内容详尽。编纂体例以部(六部)院寺监等部门为纲,以事例为目,分述各衙门编制员额、职掌、隶属、沿革、事例、章程、法令、典礼等。《万历重修会典》(即今一般所见《大明会典》)记载明代开国至万历十三年(1585年)二百余年官制官规,有宗人府一卷、吏部十二卷、户部二十九卷、礼部七十五卷、兵部四十一卷、刑部二十二卷、工部二十八卷、都察院三卷、武职衙门两卷以及通政使司、六科、大理寺、太常寺、詹事府、光禄寺、太仆寺、鸿胪寺、国子监、翰林院、尚宝司、钦天监、太医院、上林苑监、僧录司各一卷。

六、榜文:《教民榜文》等

榜文是以板榜形式、告示方式发布的单行法规,内容主要是皇帝(或以皇帝名义)发布的教民谕旨或经皇帝批准的告示、法令、案例,兼有规制和教化双重功能。

榜文一般以大字抄写在板榜上,悬挂于各地衙门门口和城乡申明亭中。榜文开头一般题为"为某某事"或"申明教化事",末尾一般有"右榜谕众周知"等字样。内容极其复杂,涉及社会生活各个方面,也不乏苛求罪名、滥用酷刑。明代榜文主要发布于太祖、成祖两朝,以后各朝很少采用这种文告法令形式。

1. 洪武《教民榜文》。洪武三十一年(1398年),明太祖为处理社会纠纷,减少民间词讼,特命户部制定和颁行《教民榜文》。规定:"民间户婚、田土、斗殴、相争一切小事,不许辄便告官,务要经由本管里甲、老人理断。若不经由者,不问虚实,先将告人杖断六十,仍发回里甲、老人理断。"①

2. 永乐《禁约榜文》。永乐年间,为了进一步执行《大明律》有关严禁戏曲亵渎帝王圣贤的规定②,特颁布榜文:"为禁约事。该刑科署都给事中曹润等奏:'乞敕下法司:今后人民倡优装扮杂剧,除依律神仙道扮、义夫节妇、孝子顺孙、劝人为善及欢乐太平者不禁外,但有亵渎帝王圣贤之词曲、驾头杂剧,非律所该载者,敢有收藏、传颂、印卖,一时拿赴法司究治。'永乐九年七月初一日奉圣旨:'但这等词曲,出榜后限他五日都要干净,将赴官烧毁了。敢有收藏的,全家杀了。'"③

七、礼:《大明集礼》等

礼是古代中国重要的法律形式。汉魏以后,法律意义上的礼除了部分"入律"之外,还

---

① 杨一凡点校:《皇明制书》(第2册),社会科学文献出版社2013年版,第725页。《教民榜文》全文见此书第725-733页,本章下面引用《教民榜文》,只在文中注明《教民榜文》。
② 《大明律》有"搬做杂剧"条。
③ (明)顾起元撰:《客座赘语》,上海古籍出版社2012年版,第231页。

有相当一部分礼以单行法规颁行,如《大唐开元礼》《大金集礼》《大明集礼》《大清通礼》等。

明代特别重视礼制、礼仪方面的立法:"开国之初,太祖皇帝不遑他务,首以礼乐为急,开礼乐二局,征天下耆儒宿学,分局以讲究礼典乐律,将以成一代之制。"① 洪武年间颁行的有《洪武礼制》《孝慈录》《礼仪定式》《稽古定制》等;嘉靖年间颁行的有《节行事例》《大明集礼》等。其中,《大明集礼》是明代的礼制全书。明代开国之初即开始编纂,辑成《大明集礼》一书,然而因"未足以当(称)上意者"②,修而不刊。后来朝廷对"初制"不断修订,嘉靖九年(1530年)正式刊行,世宗亲制序文:"允为万世之法程,子孙之所世守……广行宣传,以彰我皇祖一代之制。"③《大明集礼》五十三卷,收集自唐虞三代到明代的历朝礼制,包括吉、嘉、宾、军、凶五礼以及"冠服""车辂""仪仗""卤簿""字学"、"音乐"各礼,五礼之外的诸目为前代所无。《大明集礼》是《钦定大清通礼》的蓝本。

第三节　明代法律制度的内容与特点

古代没有部门法的概念或思维。下面介绍明代法律,分列刑法、民法、行政法,将明律有关内容与今天的部门法大致比附对应,是为"以今观古"的体现。

一、明代的刑事法制

古代中国的法律观念中只有根据违法轻重施以不同处罚的思维,并无今天的"刑法"概念,笞、杖、徒、流、死等处罚在今天看来都是"刑罚"。诚如晚清大理院正卿张仁黼所说:"中国(古代)法律,惟刑法一种,而户婚、田土事项,亦列入刑法之中,是法律既不完备,而刑法与民法不分。"④ 但古代"轻罪"(笞杖刑案件)与"重罪"(徒流刑案件)之类的区分还是有的,这里所说的古代的"刑法"大致就是规制"重罪"的法律规范。这种刑事法律在明代法律中居于主体地位。明代刑法较前朝有较大发展或变化。

(一) 刑事政策的变化及特色

1. 轻其轻罪,重其重罪。传统的"德主刑辅"(重礼教而轻刑法)思想,反映在立法思想或刑罚原则上,就是对违反纲常礼教的行为要作为重罪予以重罚,其他犯罪行为则被认为是相对的轻罪而予以轻罚。不过,这种情况到元代开始发生变化,明代更加明显。晚清律学家薛允升⑤在比较了唐明两代法典之后指出:"大抵事关典礼及风俗教化等事,《唐律》均较《明律》为重;贼盗及有关帑项钱粮等事,《明律》则又较《唐律》为重,亦可以观世变矣。古人先礼教而后刑法,后世则重刑法而轻礼教,《唐律》犹近古,《明律》则颇尚严刻矣。"⑥ 这种情

---

① 《大学衍义补·总论礼乐之道下》。
② 《大学衍义补·总论礼乐之道下》。
③ 《大明集礼·御制大明集礼序》,日本早稻田大学图书馆藏本。
④ 故宫博物院明清档案部编:《清末筹备立宪档案史料》(下册),中华书局1989年版,第835页。
⑤ 薛允升,字云阶,陕西长安人,清末著名律学家,咸丰六年(1856年)年进士,在刑部任职四十年,官至刑部尚书,今有《读例存疑》《汉律辑存》《唐明律合编》等律学文献刊行于世。
⑥ (清)薛允升撰:《唐明律合编》,怀效锋、李鸣点校,法律出版社1999年版,第167-168页。

况被人们概括为"轻其轻罪,重其重罪"①。

明律把部分违反纲常礼教的行为看作"轻罪"。被明律视为轻罪的行为主要是某些触犯礼教伦理、典礼仪式以及户婚田土方面的犯罪。对于这类犯罪,明律的处罚大致比唐律有所减轻,例如,对于子孙告祖父母父母罪,唐律处绞刑,明律杖一百,徒三年;对于祖父母父母在而子孙别籍异财罪,唐律徒三年,明律杖一百。被明律视为重罪的主要是谋反、谋大逆、盗窃、贪赃等行为。对于这类犯罪,明律的处罚大致比唐律有所加重,例如,对于反逆罪,唐律规定本人不分首从皆斩,明律规定本人不分首从皆凌迟;对于强盗罪,唐律既区别是否得财和赃数多少,又区别是否持械和有无杀伤人,根据不同情节给予不同刑罚;明律只区别是否得财,只要得财,不分首从,一律处斩。

但并非所有违犯礼教伦理的行为都被认为"轻罪"而予以轻罚,而是有所保留。例如,明律将以下犯罪视为重罪而给予比唐律更重的处罚:对于强奸同宗无服亲属或同宗无服亲属之妻,唐律仅视为一般强奸罪,徒一年半或二年,而明律则加重至斩;对于妻妾骂夫之祖父母父母,唐律徒三年,明律则与骂父祖等重,处绞;对妻妾擅去及改嫁,唐律徒二年至三年,明律处绞。可见薛允升之总结并不能概括全部。

关于"轻其轻罪,重其重罪"政策的评价,清代孙星衍说:"轻其轻罪,重其重罪,或言轻罪愈轻则易犯,重罪加重则多冤,非善政也。"②

2. 重典治吏新举措。

(1)严惩官吏贪赃。明代重典惩贪的法律规定,主要集中于《大明律》和《明大诰》之中,此外还有随时设制的法外措施。

第一,《大明律》中的规定。首先是设"六赃"罪,绘"六赃图",以示其重。"六赃"即常人盗、窃盗、监守盗、受财枉法、受财不枉法、坐赃六种非法占有公私财物的贪赃行为。其中后四种罪名均涉及官吏贪赃行为。律首绘"六赃图",以示其重仅次于"十恶",这是中国法律史上的一大变化。其次是罪名多、量刑重。明律严惩贪赃的条文比唐律大为增多,规定得更加细密全面。官吏贪赃的罪名在《大明律》中除了"六赃"外,在"受赃"一门中有官吏受财、坐赃致罪、事后受财、有事以财请求、在官求索借贷人财物、家人求索、风宪官吏犯赃、因公擅科敛、私受公侯财物、尅留盗赃、官吏听许财物等十一条。对官吏贪赃各罪的处罚,除量刑明显重于唐宋元各律外,还有一个很重要的特点,就是对各罪一旦判定,立即除名、永不叙用。

第二,《明大诰》堪称重典治吏的专门法,其严惩官吏贪赃的规定比《大明律》更多、更严厉。例如对于贪赃不枉法罪,《大明律》均不处死刑,而《明大诰》处凌迟、枭首等酷刑。对于"违旨下乡,动扰于民"的害民官吏,《明大诰》允许良民将其"绑缚赴京治罪","正官、首领官及一切人等敢有阻当者,其家族诛"③。

第三,明代惩贪还有剥皮实草、申明亭示戒、书过榜其门等法外措施。"明祖严于吏治……赃至六十两以上者,枭首示众,仍剥皮实草。府、州、县、卫之左特立一庙,以祀土地,

---

① 孙星衍在《唐律疏议·序》中说:"自唐永徽定律以后,宋元皆因其故。惟明代多有更改……而轻其轻罪,重其重罪,或言轻罪俞轻则易犯,重罪加重则多冤,非善政也。"参见(清)薛允升撰:《唐明律合编》,怀效锋、李鸣点校,法律出版社1999年版,第167-168页。
② (清)薛允升撰:《唐明律合编》,法律出版社1999年版,第167-168页。
③ (清)沈家本撰:《历代刑法考·附寄簃文存》(四),中华书局1985年版,第1899-1900页。

为剥皮之场,名曰皮场庙。官府公座旁,各悬一剥皮实草之袋,使之触目惊心"。① "揭诸司犯法者于申明亭以示戒。又命刑部,凡官吏有犯,宥罪复职,书过榜其门,使自省。不悛,论如律。"②

(2) 严惩失职渎职行为。《大明律》中这一类罪名主要有:讲读律令有违、事应奏不奏、激变良民、贡举非其人、举用有过官吏、擅离职役、官员赴任过限期、无故不朝参公座、照刷文卷失错、漏使印信、脱漏户口、太庙门擅入、宫殿门擅入、宿卫守卫人员私自代替、从驾稽迟、失误军机、不操练军士、纵放军人歇役等。对于其处罚,轻则笞、杖,重则绞、斩。

(3) 严惩"奸党"。明律严禁臣下朋比结党,规定了"奸党""交结近侍官员""上言大臣德政"等新罪名(具体内容将在后面介绍)。

(4) 严惩功臣公侯骄纵和侍臣外戚干政。洪武五年(1372年)朱元璋"作《铁榜》(九条)诫功臣"③,告诫功臣不得营私谋利,官军不得私自为公侯服务,违者充军或"杀头"。洪武十七年(1384年)朱元璋在宫廷立铁牌:"内臣不得干预政事,犯者斩。"④

明代重典治吏的法律政策,对于整肃吏治、强固君权、安定社会均有一定积极作用,但在人治或专制集权制度之下,重典治吏的法律只能治标而不能治本。朱元璋曾慨叹:"我欲除贪赃官吏,奈何朝杀而暮犯!"⑤不惟如此,重典治吏法律在当时还带来不少负面效应:首先,造成统治阶级内部混乱,影响国家机器正常运转。"明祖惩元季纵弛,特用重典驭下,稍有触犯,刀锯随之,时京官每旦入朝,必与妻子诀,及暮无事则相庆,以为又活一日。法令如此,故人皆重足而立,不敢纵肆。"⑥法律本来严酷,而执法司法者往往又"别有用心","以陷正士",导致冤狱迭出,官心惶惶。其次,造成中国法律畸形发展,真正形成帝制社会后期法律的苛刑峻罚形态。最后,造成皇帝疏远朝臣、宠信宦官,为宦官专权、特务横行提供了条件。

3. 严惩异端思想。文字狱是文人因文字著述被罗织罪名、锻炼成狱的刑事案件。文字狱是专制统治的产物,长期存在于帝制社会,明清两代尤炽。明代文字狱主要集中在明初洪武年间。明初,由于改朝换代之故,文人"多有不欲仕",或入仕后"白衣宣至白衣还",于是太祖产生了对文人强烈的猜忌心态,处处防范着文人,文人的言辞文字、表笺著作,动辄酿成文字狱。此外,朱元璋因出身卑微,自幼有强烈的自卑感,处处疑心别人讥讽他。特别是他早年做过和尚,因而忌讳"僧"字;参加过红巾军,又怕人说"贼"字。若有人犯讳,就会被处以极刑。例如洪武年间杭州府教授徐一夔给皇帝上贺表,表中有"光天之下,天生圣人,为世作则"⑦之语,这本是臣下颂扬圣上之辞,但朱元璋看了大为不满:"生者,僧也,以我尝为僧也;光则薙(薙)发也,则字音近贼也。"故诛之。

《大明律》中并无专门的文字狱罪条,只有两条相关的条款:一是"上书奏事犯讳",规定凡上书或奏事误犯御名及庙讳者杖八十,其他文书误犯者笞四十,若为名字触犯者杖一百。若所犯御名及庙讳音声相似,字样各别,及有二字止犯一字者,皆不坐罪。二是"造妖书妖言"条,规定凡造谶纬、妖书、妖言及传用惑众者皆斩,若私有妖书隐藏不送官者杖一百、徒三

---

① (清)赵翼撰:《廿二史札记》卷三十三《重惩贪吏》引《草木子》。
② 《明史·刑法志》。
③ 《明史·太祖纪二》;《明太祖实录》卷七十四。
④ 《明史·职官志》。
⑤ (明)刘辰撰:《国初事迹》,中华书局1991年版,第13页。
⑥ (清)赵翼撰:《廿二史札记》卷三十二。
⑦ 《明太祖实录》卷二百四十六。

年。不过,对于需要以文字狱震慑士人的明太祖来说,欲加之罪,何患无辞,"以文字疑误杀人"便成了家常便饭。片言只字,即可定以"亵渎帝王""诽谤朝政""图危社稷""谋大逆"、"大不敬"等大罪,动辄处死。文字狱泛滥,严重阻碍了社会思想文化的进步。

(二) 刑法原则的变化

明代刑法除传承刑法适用不平等、公罪私罪区别对待、同居有罪相隐等原则外,还有一些特殊的刑法原则。

1. 刑法从新原则。在法律适用的溯及力问题上,《大明律》"断罪依新颁律"条规定:"凡律自颁降日为始,若犯在已前者,并依新律拟断。"其律注云:"此书言犯罪在先,颁布后事发,并依新定律拟断,盖遵新制,不得复用旧律也。"所附《条例》又规定:"律例颁布之后,凡问刑衙门敢有恣任喜怒引拟失当或移情就例,故入人罪苛刻显著者,各依故失出入律坐罪。"

2. 刑法上强化"夫为妻纲"。首先,妻子犯轻罪由丈夫"收管"。《大明律》"妇人犯罪"条规定:"凡妇人犯罪,除犯奸及死罪收禁外,其余杂犯,责付本夫收管。"其次,妻殴夫处罚加重,夫殴妻处罚减轻。妻殴夫,唐宋律规定徒一年,致死者斩;明律规定杖一百,至笃疾者绞,致死者斩,故杀者凌迟。夫殴妻,唐宋规定伤者减凡人二等(笞四十);明律规定非折伤勿论,折伤以上减凡人二等(笞四十)。

3. 法律适用在法无明文规定时要求比附并且报批。对于"断罪无正条"刑事案件的法律适用,明律不再允许法官自行"举重以明轻,举轻以明重",而是改用"比附"并且报批的原则,对类推的限制比唐宋律更多更严。《大明律》"断罪引律令"条例规定:"凡律令该载不尽事理,若断罪无正条者,引(他)律比附。应加应减,定拟罪名,转达刑部,议定奏闻。若辄断决,致罪有出入者,以故失论。"这里不仅要改用"比附"原则,而且不得擅自断决,要上报皇帝审批(唐宋律无奏报审批程序)。由于每个比附案件都要上报朝廷,实在过于烦琐,因此朝廷逐渐将一些具有典型意义的比附规定编在一起,下发给各级官府作为比附定罪的参考。嘉靖年间的《问刑条例》收录了这些方法,称为"比引律条",共六十多条。比如撕毁宝钞(明代纸币)比照弃毁制书(皇帝的诏书)处以"皆斩";鸡奸比照将污秽物灌入人口处以杖一百;在粮食中掺水掺沙比照在官盐里掺水掺沙处罚;等等。

4. 化外人一体适用明律。在处理涉外案件上,《大明律》"化外人有犯"条规定:"凡化外人犯罪者,并依(大明律)律拟断。"明律不再对所谓化外人区别对待,一体适用属地原则,即不再适用化外人的属人法,一律适用《大明律》。这种变化有保护我国司法主权,防止外侨逃避和破坏我国司法管辖权的用意。

(三) 新罪名的创制

《大明律》创设了很多以前没有的新罪名,其主要有:

1. 奸党罪。《大明律》专设"奸党"条(第六十条),"以示重绝奸党之意"[①]。该条规定:"凡奸邪进谗言、左使杀人者,斩。若犯罪律该处死,其大臣小官巧言谏免、暗邀人心者,亦斩。若在朝官员交结朋党、紊乱朝政者,皆斩。妻子为奴,财产入官。若刑部及大小各衙门官吏,不执法律,听从上司主使出入人罪者,罪亦如之。若有不避权势,明具实迹,亲赴御前执法陈

---

① (清)薛允升撰:《唐明律合编》,怀效锋、李鸣点校,法律出版社1999年版,第168页。

述者,罪坐奸臣。言告之人与免本罪,仍将犯人财产均给充赏,有官者升二等,无官者量与一官,或赏银二千两。"①

2. 交结近侍官员罪。《大明律》第六十一条为"交结近侍官员"。"交结近侍官员"即官员与上司秘书或自己下属串通勾结之类的行为。此条规定:"凡诸衙门官吏,若与内官及近侍人员互相交结,漏泄事情,夤缘作弊,而符同奏启者,皆斩。妻子流二千里安置。"

3. 上言大臣德政罪。《大明律》第六十二条为"上言大臣德政"。"上言大臣德政"即为领导歌功颂德的行为。该条规定:"凡诸衙门官吏及士庶人等,若有上言宰执大臣美政才德者,即是奸党。务要鞫问,穷究来历明白,犯人处斩,妻子为奴,财产入官。若宰执大臣知情,与同罪。不知者,不坐"。

4. 师巫邪术罪。《大明律》第一百八十一条为"禁止师巫邪术"。规定:"凡师巫假降邪神,书符咒水,扶鸾祷圣,自号端公、太保、师婆,及妄称弥勒佛、白莲社、明尊教、白云宗等会,一应左道乱正之术,或隐藏图像,烧香集众,夜聚晓散,佯修善事,扇惑人民,为首者,绞;为从者,各杖一百,流三千里。若军民装扮神像,鸣锣击鼓,迎神赛会者,杖一百,罪坐为首之人。"②此条规定严惩师巫"左道乱正之术",以及民间私藏神像并聚众焚香祭拜、装扮神像并集会迎庆等行为。

5. 白昼抢夺罪。《大明律》第二百九十一条为"白昼抢夺"。规定:"凡白昼抢夺人财物者,杖一百,徒三年。计赃重者,加窃盗罪二等。伤人者,斩。为从,各减一等。""抢夺"不同于"抢劫","人少而无凶器,抢夺也;人多而有凶器,强劫也。"③

上述罪名的新设或专设,既体现了立法技术的变化,也反映了对相关罪行打击力度的加强。

(四) 刑罚及刑制的变化

明代刑罚制度发展和改革了传统的五刑二十等体系,主要体现在:加重徒流刑,徒流刑分别附加杖刑,徒刑五等分别附加杖六十至一百,流刑三等分别附加杖一百;以役代刑;五刑以外的法定刑及法外刑增加,出现许多奇特而残酷的刑罚。这里主要介绍后两种情况。

1. 以役代刑。明律一反宋代以肉(刑)代役的折杖法,规定部分肉刑可以以劳役代替。《明会典·刑部》载:"拘役囚人,国初,令罪人得以力役赎罪。死罪拘役终身;徒流照年限,笞杖计月日,满日疏放。或修造,或屯种,或煎盐炒铁,事例不一。"以役代刑之役期(笞杖计月日):笞十,代之以役一个月;笞二十,代之以役一个半月;依此类推,每笞增十,役期以半月递增,至杖一百,代之以役六个月。以役代刑是刑罚的进步。

2. 五刑以外的法定刑及法外刑。

(1) 凌迟。凌迟也叫脔割、寸磔,俗称"千刀万剐",是最重的死刑。凌迟始于五代,明律五刑中并未列入这一刑名,但律文规定中却有十三项罪名适用凌迟。这些罪名是:谋反大逆,谋杀祖父母、父母、期亲尊长、外祖父母、夫、夫之祖父母、父母既遂,故杀兄姊,故杀伯叔父母,及故杀外祖父母,殴祖父母、父母,及妻妾殴夫之祖父母、父母致死者,妻妾杀故夫、妻妾因奸谋杀亲夫及故夫祖父母父母既遂,奴婢雇工人谋杀家长及其期亲、外祖父母既遂,奴婢

---

① 《大明律·刑律》"奸党"条律文及条例。
② 这里的"师"即道家所称"法师","巫"即所谓"降神之人"。端公、太保为男巫俗号,师婆为女巫俗号。
③ 《大清律例》"白昼抢夺"条律注。

殴杀家长,奴婢故杀家长之期亲、雇工人故杀家长及家长之期亲,杀一家非死罪三人及肢解人,采生折割人。

(2)剥皮实草。明代严惩贪官污吏、宦官娶妻等行为,适用令人惊悚、被称为"剥皮实草"的刑罚。"明祖严于吏治……赃至六十两以上者,枭首示众,仍剥皮实草。府、州、县、卫之左特立一庙,以祀土地,为剥皮之场,名曰皮场庙。官府公座旁,各悬一剥皮实草之袋,使之触目惊心。"① 万历年间沈德符说:"太祖开国时亦有赃官剥皮囊草之令,遭此刑者,即于所治之地留贮其皮,以示继至之官,闻今郡县库中尚有之,而内官娶妇者亦用此刑。末年悉除此等严法。"② 依此记载,贪官们被剥下的皮最后会留在他当官所在地的府库内,到万历年间,一些地方的府库里面仍然保留着一些贪官们的人皮。

(3)充军。充军是强制犯人到边远地区屯耕或作军中贱役的刑罚,是流刑的变种。充军源于宋代刺配,但正式成为法定常刑始于明代。《大明律》中有充军罪条四十六条,另有《充军条例》二百一十三条。充军按距离分五等:极远、烟瘴、边远、边卫、沿海、附近,从四千里到一千里不等,各等均附加杖一百;充军按刑期分二等:终身充军、永远充军。前者本人毕生充军,后者是子孙(世代)接替充军,直至"丁尽户绝"。

(4)枷号。枷号是强制轻罪罪犯在监狱外或官衙前戴大枷示众,对其进行羞辱折磨的刑罚。枷号源于唐宋"枷项令众",宋元广泛适用。明代枷号有断趾枷令、常枷号令、枷项游历之分;刑期有一个月、两个月、三个月、六个月、永远五等;枷号重量一般为十五至二十五斤,但也有一百五十斤的大枷,戴上此枷的囚犯往往几天内就会毙命。

(5)廷杖。唐律中有"杖杀",宋律中有"集众决杀",明代始有"廷杖"。廷杖是在皇帝决定和监督下,于殿廷前对违抗皇命的大臣直接施以杖刑的酷刑。洪武六年(1373年)明太祖对永嘉侯朱亮祖父子和工部尚书薛祥施用此刑(杖毙)后,廷杖遂成定制,成为"常刑"。廷杖由司礼监太监监刑,锦衣卫行杖。受刑者被裹在一个大布袋里,随着一声"打"字,棍棒如雨点般落在他的大腿和屁股上。杖完之后,行刑者还要提起布袋四角,抬起后再重重摔下。其杖数无限,轻者皮开肉绽,重者立毙杖下。廷杖是君王滥施淫威的典型表现。

(6)"诛十族"和"瓜蔓抄"。自古以来,最严厉的株连刑罚莫过于诛九族,但明成祖朱棣开了诛十族(九族加上朋友门生一族)先河。据载,朱棣攻入南京,命建文帝的侍讲方孝孺草拟诏书,方不从,被磔诸市,诛十族,坐诛者八百余人。③ 此外,明代的株连刑还有空前但不绝后的瓜蔓抄。"瓜蔓抄"含有顺藤摸瓜之意,即转相攀染,广加株连,滥杀无辜,打击面比"诛十族"还要宽。因为"瓜蔓抄"几乎没什么界限可言,只要与当事人有点关系,就可能被株连至死。"瓜蔓抄"始于成祖时御史大夫景清案。景清欲刺朱棣,"磔死,族之,籍其乡,转相攀染,谓之瓜蔓抄。村里为墟"④。

二、明代的民事法制

明代调整民事行为的规范主要有法律、惯例、习俗、礼制等。就法律而言,主要集中于律、

---

① (清)赵翼撰:《廿二史札记》卷三十三《重惩贪吏》引《草木子》。
② (明)沈德符编:《万历野获编·法外用刑》。
③ 参见《明史·方孝孺传》。
④ 《明史·景清传》。

令、例之中,特别是《大明律》中的"田宅""婚姻""钱债""市廛"等门目,可以间接起到民事法律的作用。① 明代民法在中国法律史上具有重要地位,像某些贱民身份的变化、对家长主婚权的正式承认、奸生子法律地位的提高、无主物归属问题上的先占原则、永佃权内容上的革新、典卖分离制、买卖契约制度的简化等,都是明代法律的历史贡献。

(一) 身份主体制度

明代自然人并不完全具有平等的法律地位,这是由礼的"别异"或"辨异"特性决定的。依权利多少或身份等级的不同,明代自然人大致可以分为特权阶层、平民阶层和贱民、贱役阶层。

1. 特权阶层。

(1) 贵族。首先是皇室贵族。皇族宗室爵位男性八等:亲王、郡王、镇国将军、辅国将军、奉国将军、镇国中尉、辅国中尉、奉国中尉;女性六等:公主(丈夫封驸马)、郡主(以下各级丈夫封仪宾)、县主、郡君、县君、乡君。皇室贵族有许多法定特权,不受普通司法管辖。其次是一般贵族,主要是外戚和功臣,分为公、侯、伯三等爵位。有的被赐予"岁禄"和"铁券",子孙可凭"铁券"免死(每券一次)。子孙可蒙"荫"出任官职,或入国子监读书。

(2) 士人、官员。士人是指通过科举考试、具有特权身份的读书人,主要是生员(秀才)、举人、进士。士人的特权主要有出任官职、免除差役、涉讼时不必亲自出庭、不受刑讯和身体罚等。明代沿袭唐宋时期的九品官阶制度,九品即一至九品,每品分正、从两级。官员各按其品级享受各项政治权力和社会待遇。

2. 平民阶层。明代对居民实行户类(户别)、户等制度,将平民分为军户、民户、匠户、灶户等若干种类。②

3. 贱民、贱役阶层。在明代,良贱差别仍然存在,但法律上已没有贱民"视同畜产"之类的规定,并禁止一切形式的人身买卖。明代的贱民主要有奴婢、乐户、雇工人等,对他们的民事法律关系主体资格有所限制,其法律人格低于良民。广义上的贱民还包括平民而执贱役者。

(1) 奴婢。奴婢即丧失自由、为主人无偿服劳役的男女仆人。明律禁止庶民之家存养奴婢,限定贵族养奴蓄婢的数量,严禁诱骗略卖良民为奴,也去掉了良贱相害加减刑罚的规定,这体现了法律的进步。

(2) 乐户。乐户即娼妓、优伶等贱业户籍。明代专门设立教坊司管理乐户等。明律规定乐户不得与平民通婚,其子孙不得参加科举考试。明律也规定不得买平民子女为娼妓优伶。

(3) 雇工人。雇工人是明代出现的一种特殊贱民,身份介于平民与奴婢之间,一般以"投靠文书"出卖自身,作主人(家长)的义男或家仆。雇工人可以有自己的家庭,与平民之间发生人身或财产上侵害案件时,与平民同等处理。明律规定,奴婢殴家长斩,而雇工人殴家长杖一百、徒三年③,其处罚轻于奴婢,但重于平民间的相互侵害之罪责。

---

① 古代中国律典中"田宅""婚姻""钱债"等"门"律条的规定,一般来说只是法律允许"民"如何(民事行为)的事实,并非规范,更不是今天民法意义上的规范。参见梁治平:《"事律"与"民法"之间——中国"民法史"研究再思考》,载《政法论坛》2017年第6期。
② 具体内容参见后面的"户籍管理法制"部分。
③《大明律·刑律》"奴婢殴家长"条,又见《明会典》卷一百三十一"奴婢殴家长"条。

(4) 贱役。明代还有一些"准贱民"阶层,这就是从事某些"贱役"、权利受到一定限制的平民从业人员,主要包括未被正式列入"乐户"户籍的妓女和戏子,官府衙役(勤杂人员)中充当官员仪仗护卫的皂隶、看管监狱的禁卒、衙役中的捕快(传唤诉讼当事人、侦缉案件)、门子(随身侍候官员的少年)、刽子手、仵作(验尸人员)等。"贱役"从业者本人和三代以内子孙不得参加科举考试或出任官职。

(二) 婚姻制度的变化

古代的婚姻法制在明代发生了很多变化,其要者有:

1. 首次在律法上明确规定或正式承认家长主婚权。古代的家长主婚权自先秦礼制以"父母之命,媒妁之言"之类的表述规定下来,但在以前律法中只有律典"卑幼自娶妻(尊长与卑幼定婚)"条规定卑幼在外地定婚但未结婚,尊长后为定婚的,须从尊长定婚;以及"嫁娶违律"条规定嫁娶违律时,只追究主婚者的法律责任。《大明令·户令》规定:"凡嫁娶皆由祖父母、父母主婚。祖父母、父母俱无者,从余亲主婚。"这是古代律法首次正面直接明确规定尊长或家长的主婚权。此外《大明律》"嫁娶违律主婚媒人罪"条规定:"凡嫁娶违律,若由祖父母、父母、伯叔父母、姑、兄、姊及外祖父母主婚者,独坐主婚。余亲主婚者,事由主婚,主婚为首,男女为从;事由男女,男女为首,主婚为从。"

2. 定婚制度的变化。古代定婚意味着婚姻成立,定婚制度在明代主要有三大变化:一是强调通知情状,强调定婚中双方的知情权。《大明律》"男女婚姻"条首次直接规定:"凡男女定婚之初,若有残疾、老幼、庶出、过房、乞养者,务要两家明白通知,各从所愿,写立婚书,依礼聘嫁。"二是悔婚处罚比唐宋律要轻。女方悔婚,唐宋律规定杖六十,元律规定笞三十七①,明律规定笞五十。三是男方悔婚也要处罚。唐宋律规定男方悔婚只失去聘礼返还请求权,不处刑。《大明律》规定:"男家悔者,罪亦如之,不追财礼。"也就是说,男方悔婚,除了不得要求返还聘礼之外,还要承担与女方同样的刑事处罚。这些都是定婚制度的进步。

3. 限制平民纳妾。《大明律》"妻妾失序"条规定:"其民年四十以上无子者,方许娶妾。违者,笞四十。"这里规定的处罚过轻,所以有禁不止。

4. 禁止兄亡弟娶嫂、弟亡兄娶弟妇的"胡俗"行为。《大明律》"娶亲属妻妾"条规定:"若兄亡收嫂,弟亡收弟妇者,各绞。……并离异。"

5. 对于违律婚姻,明律规定的处罚比唐宋律有所减轻,体现了明律"轻其所轻"的原则。例如同姓为婚,唐宋律规定各徒二年,而《大明律》只规定各杖六十,强制离异;奴婢之奴娶良人女为妻,唐宋律规定徒一年半,而《大明律》规定杖八十,女家减一等;嫁娶违律,唐宋律规定主婚为首、男女为从,而《大明律》规定独坐主婚,结婚男女不处罚。

6. 鼓励寡妇守节(妻子守寡)。《大明令·户令》规定:"凡民间寡妇三十以前夫亡守志者,五十以后不改节者,旌表门闾,除免本家差役";"凡妇人夫亡无子守志者,合承夫分……其改嫁者,夫家财产及原有妆奁,并听前夫之家为主"。夫死后守志不改嫁的,可以继承丈夫应继承的财产份额,但以后悔志改嫁的,要丧失所继承的夫家财产以及自己的嫁妆。

---

① 《至正条格》"断例·许婚而悔"条。

(三) 继承制度的变化

1. 为了贯彻宗法继承原则,明律特别禁止以异姓为嗣子。《大明令·户令》规定:"凡无子者,许令同宗昭穆相当之侄承继,先尽同父周亲,次及大功、小功、缌麻。如俱无,方许择立远房及同姓为嗣。不许乞养异姓为嗣以乱宗族。"《大明律》"立嫡子违法"条规定:"乞养异姓义子以乱宗族者,杖六十。若以子与异姓人为子者罪同,其子归宗。"

2. 财产继承中保护直系亲属的继承优先地位,排除旁系亲属的财产继承权。明律规定的财产第一顺序继承人为亲生子、在室女,包括妻生子、妾生子、婢生子、奸生子;第二顺序继承人为拟制血亲的嗣子;第三顺序继承人为已出嫁的女儿。既没有立嗣,又没有女儿的,为绝户,财产充公入官。奸生子的财产继承权有所扩大。《大明令·户令》规定:"凡嫡庶子男……其分析家财田产,不问妻、妾、婢生,只依子数均分;奸生之子,依子数量与半分。如别无子,立应继之人为嗣,与奸生子均分;无应继之人,方许承绍全分";"凡户绝(无子为户绝)财产,果无同宗应继者,所生亲女承分;无女者,入官"。

3. 非婚生子的财产继承权地位提高。以前非婚生子(分为奸生子和婢生子)只有在其父自认的前提下,法律才承认其合法地位,并享有家产份额。明律直接规定,婢生子与妻妾生子具有同等的财产继承权;奸生子享有婚生子一半的财产继承权,与嗣子有同等的财产继承权。非婚生子的法律地位在明代大大提高。

(四) 物权制度的变化

1. 所有权的变化。

(1) 土地所有权制度的变化。明代初步确立了以庶民地主为主体的土地所有制,其土地所有权形式仍是三种:一是国家所有制(公田或官田),主要有学田、牧马草场、职田、军民商屯田、边臣养廉地等;二是私人所有制(私田或民田),主要有皇庄、贵族勋臣、地主占有的土地,自耕农的土地,商人占有土地等;三是宗族所有制(集体田地),主要有宗族义田、祭祀田,宗族控制的绝户、寡妇、违犯族规人家的田地。古代土地所有权制度在明代发生了许多变化,例如废除了"占田过限"。"唐有限田之令……明无其法矣";"自明以来……田多田少,一听民自为而已"。① 明代从法律上废除"占田过限"之规定,为农民通过垦荒获得土地、为贵族官僚地主无限制地侵占土地提供了法律依据。又如加强对土地所有权的保护。明代的土地权利,包括土地的所有权、继承权、典质权、出租权等,这些权利均受法律的承认和保护,较之前代规定得更密,违法处罚更重。例如《大明律》"盗卖田宅"条规定:"凡盗卖、换易及冒认,若虚钱实契典买及侵占他人田宅者,田一亩、屋一间以下,笞五十,每田五亩屋三间,加一等,罪止杖八十,徒二年;系官者各加二等。若强占官民山场、湖泊、茶园、芦荡及金银铜场、铁冶者,杖一百,流三千里。若将互争及他人田产妄作己业,朦胧投献官豪势要之人,与者、受者,各杖一百,徒三年。"

(2) 强调无主物归属的先占原则。对于逃弃荒田,朱元璋下诏令允许开垦者享有土地所有权;如原田主返回,不能直接获得原土地所有权,而由官府另行划拨田地予以补偿。关于遗失物,唐宋律规定拾得人无任何权利,但《大明律》规定:"凡得遗失之物,限五日内送官。

---

① (清)薛允升撰:《唐明律合编》,怀效锋、李鸣点校,法律出版社1999年版,第302、303页。

官物还官,私物招人识认。失主认领原物后,将其一半付给拾得人作为报酬。三十日内无人认领,遗失物即归拾得人所有。"关于埋藏物,唐宋律规定掘得人对私地内埋藏物有一半所有权,而《大明律》规定:"若于官私地内掘得埋藏之物者,并听收用。若有古器、钟鼎、符印异常之物,限三十日内送官。"发现人对一般埋藏物有完全所有权。明律在财产所有权方面对唐宋律相关制度进行了重要修正,强调先占原则,保护先占人的所有权,更注重赋予拾得人、发掘人以财产权利,反映了社会财产私有权观念的进一步深化。

(3)加强对族产的保护。明代法律加强了对族产的保护。如《问刑条例》规定:"若子孙将公共祖坟山地,朦胧投献王府及内外官豪势要之家,私捏文契典卖者,投献之人,问发边卫永远充军,田地给还应得之人;及各寺观、坟山地归同宗亲属,各管业。其受投献家长,并管庄人,参究治罪。"

2. 土地永佃权的流行和发展。永佃权是佃农依据契约向地主交纳地租,取得永久耕种地主土地权利的用益物权。凡在租佃契约上出现"不限年月""永远耕作"字样者,实为确定永佃权。土地永佃权的法理是:根据"买卖不破租赁"的惯例原则,即使土地易主,但租耕权不废,所谓"卖田不卖佃""倒东不倒佃",佃户只要交纳佃租、完纳国税,便可永久耕种收益,包括盖房造坟,而田主无权收回或转租。

我国的土地永佃制大致起源于宋代,至明代中叶开始流行于东南地区,而且逐渐盛行"一田两主"甚至"一田多主"的新型永佃权。一般来讲,永佃关系中的地主为了保证地租来源的稳定,不允许佃农把佃耕的土地自由转让,但事实上在明中叶以后,越来越多的佃农私自将土地转佃给第三方,以致出现了"私相授受"的"乡规""俗例",于是就导致了"一田多主"的新型永佃权形态。在新型永佃权法律关系中,客体(土地)被一分为二:"田骨"(田底)和"田皮"(田面)。主体也相应地被称为"骨主"(原来的土地所有权人)和"皮主"(永佃权人)。"皮主"可以转让处分"田皮",而"骨主"不得过问。永佃权的发展,不仅进一步激活了土地交易市场,使土地得到充分利用,土地收益提高,而且进一步削弱了佃农对地主的依附性,有利于佃农"自救自助",更大限度地保护佃农权益。

3. 典权或典买制度的发展。典权是指典权人支付典价,占有和使用出典的不动产,从而获得收益的权利。我国典权制度在明代得到进一步发展。首先,律典首次区分典与卖。典在唐末即有,但典作为不动产转移的独立方式是在宋代形成和发展起来的。《宋刑统》"典卖指当论竞物业"门已大致区别"(绝)卖"与"典当",以及"典"与"当",但对"典"与"卖"的区分并不明确。《大明律集解·户律·田宅门》说:"盖以田宅质人而取其财曰典,以田宅与人而取其财曰卖,典可赎而卖不可赎也。"简单地说,典是活卖,卖是绝卖。其次,典卖田宅首次被纳入正式律文,相关规定更加完善。《大明律》"典买田宅"条规定典卖必须"税契"(缴税)和"过割"(办理田宅过户),严禁一物重复出典,不得阻止业主回赎;典主强压不放而超过典期者,其期限以外获得的"花利",归出典人(业主)所有。从这些规定可以看出明律开始重点保护出典人回赎权等利益。最后,律典中首次明确规定典卖标的物不能是人。《大明律》"典雇妻女"条规定:"凡将妻妾受财,典雇与人为妻妾者杖八十。典雇女者杖六十。"

(五)契约制度的变化

1. 买卖契约制度的变化。
(1)官方承认"私约"(白契)在田宅买卖纠纷中具有法律效力。《问刑条例》"典卖田宅条例"规定:"告争家财田产,但系五年之上,并虽未及五年,验有亲族写立分书已定,出卖文约是实者,断令照旧管业,不许重分再赎。"

(2) 田宅买卖废除了唐末以来"先问亲邻"的法定程序,也废除了元代要先经官府批准的规定。依《大明律》"典买田宅"条的规定,明代土地房屋买卖只有两项程序:一是订立契约,加盖官印并交纳契税;二是"过割",即将土地上的赋税负担过户到买方。

2. 借贷契约的变化。关于借贷契约,《大明律》出台了许多唐宋律典所没有的新规。例如:(1) 禁止债权人违禁取利。《大明律》"违禁取利"条规定:"凡私放钱债及典当财物,每月取利,并不得过三分。年月虽多,不过一本一利。违者,笞四十。"(2) 禁止债权人强夺债务人财产抵债。《大明律》"违禁取利"条规定:"若豪势之人,不告官司,以私债强夺去人孳畜产业者,杖八十。若估价过本利者,计多余之物,坐赃论,依数追还。"(3) 禁止债权人"虚钱实契"夺取债务人土地房屋。"虚钱实契"意味着纸面上的价格与实际上的价格不一致。《大明律》"盗卖田宅"条规定:"若虚钱实契典买及侵占他人田宅者,田一亩屋一间以下笞五十,每田五亩屋三间加一等,罪止杖八十,徒二年;系官者各加二等。"

(六) 损害赔偿制度的发展

《大明律》规定的人身损害赔偿方式和标准与元律有所不同,规定了类似于今天刑事附带民事赔偿的制度。例如,"人命"门中规定,对于"杀一家三人""采生拆割人"等犯罪,对犯罪人除处以死刑外,还要没收犯罪人家产转给被害人之家以为补偿;"斗殴"条规定,凡故意伤害造成被害人笃疾者,罪犯除处以流刑外,还要没收其家产的一半给付被害人作为"养赡"费用;"诬告"条规定,凡诬告致被诬人家有人死亡者,罪犯除反坐外,还要将其家产一半断付被诬之人;"戏杀误杀失杀伤人"条规定,凡过失杀伤人者,按照斗杀伤罪定罪量刑,但允许以钱财收赎抵罪,赎罪的钱财给付被害人作为医疗、养赡或丧葬费用。

三、明代的行政法制

明代类似于行政法的法律规范,主要集中于《大明律》《大明会典》和有关条例,主要是有关户籍管理、职官管理、经济管理等方面的规定。

(一) 户籍管理法制

1. 居民分户制度。《大明律》"人户以籍为定"条规定:"凡军民、驿灶、医卜、工乐诸色人户,并以籍为定。若诈冒脱免,避重就轻者杖八十。其官司妄准脱免,及变乱版籍者,罪同。若诈称各卫军人,不当军民差役者,杖一百,发边远充军。"首先,将居民划分为军户、民户、匠户、灶户等若干种类。军户世代承担兵役,也分得一小块屯田,平时耕种,农闲操练。民户承担钱粮差役,按亩交赋,十六岁到六十岁的成丁必须按期服役;民户按富裕程度分为五等,承担不同的赋税徭役义务。匠户是承担特别匠役的手工业户,世代从事官营手工业,工匠分"住坐"和"轮班"两种。灶户是从事官营盐业生产的专业户,盐产区的居民被确定为灶户后,每年须上缴定额的食盐,以代替其他的差役。其次,规定不同户籍者之间不得随意流动。有事外出必须使邻里互知;如有死亡逃匿,于原籍递补;不许脱籍,私自脱籍者称"逃军""逃匠""逃灶",都要受到法律严惩。

2. 严禁脱漏户口和逃税。《大明律》"脱漏户口"条规定:"若隐漏自己成丁(十六岁以上)人口不附籍,及增减年状妄作老幼废疾以免差役者,一口至三口,家长杖六十,每三口加一等,罪止杖一百;不成丁,三口至五口,笞四十,每五口加一等,罪止杖七十,(所隐人口)入籍(成丁者)当差。"

(二) 职官管理法制

古代职官管理法制到明代更加完善,其中完备的官吏选任制度、官吏考课制度、首创"巡按御史"制[①] 等,在中国法律史上均占有重要地位。[②]

1. 官吏选任制度。明代官吏选任主要由吏部负责。官吏选任方式在明代以科举取士为主,另有吏部谒选、地方荐举、吏员升迁(选拔),以及当事人军功、袭荫、捐纳等形式。律法中有关官吏选任的规定主要是《大明律》中的"官员袭荫"条、"贡举非其人"条、"举用有过官吏"条以及《问刑条例》中的相关规定。

科举考试是古代中国集教学考试与选官资格考试于一体的国家考试,确立于隋唐,发展于宋元,明代进入鼎盛。明代科举制度的主要内容有:只有官办学校的学生才可参加考试;考试内容主要是"四书""五经";答题作文文体是八股文;考试程式分为童试、院试、乡试、会试、殿试五级,分别由县、府、省、礼部、皇帝主持考试,层层铨选,去劣存优,在后面三级考试中胜出者,分别被冠以生员(秀才)、举人、进士等称号,生员享有免役特权,举人和进士有做官资格,进士可以直接担任知县,前几名进士还可以进入翰林院担任编修工作等。

明代官员任职实行"北人南官、南人北官"的籍贯回避制度和"以亲回避"的亲属回避制度、部门回避制度。明中叶吏部开始以抽签方式决定官员任职地方。官员任职每三年轮换一次。

明代官员满六十岁致仕(退休),回乡官员被称为"乡宦",享有免役、减免刑罚等特权。

2. 官吏考课制度。考课即按一定标准进行考核,以决定其升降赏罚。明代的官吏考课制度更趋严密、合理。考课的方式主要有"考满"和"考察"两种,考满观绩,考察观德。

考满,即由上级主管官员对下级官员任期内的政绩表现进行考察评定,决定是否具备升迁资格。考满实行"三步黜陟"制,即每到任职的第三、六、九年分别考核一次。由主考官员作出称职、平常、不称职三种评语。称职者升迁,平常者留任或平级调动,不称职者降级录用。

考察,即考察机关在特定时间内对官员德行进行考核,确定是否应受处罚。依对象不同,考察分为京察和外察两种。其中,京察是指由都察院考察京官,每六年一次;外察是指考察外官(地方上级官员考察下级官员),每三年一次。考察中发现官吏有贪、酷、浮躁、不及、老、病、疲、不谨八种情形者(已不同于唐宋时期的"七事""四善""三最"等标准),可分别对其作出降调、致仕、闲住、为民、刑徒等处分。[③]

(三) 经济管理法制

商品生产在明代有很大发展,但明代强化对传统商业的法律调控,将传统抑商政策写进法律,其中最有影响者是茶盐专卖法、税收管理法、金融管理法等。

[①] 对明代的"巡按御史",将在下面监察法制中介绍。
[②] 参见王立民主编:《中国法制史》,上海人民出版社2003年版,第318-319页。
[③] 《明史·选举志》。

1. 盐茶专卖法。明代以前历代王朝都曾实行盐茶垄断经营，但明代首次将"盐法""茶法"纳入国家正式法典。《大明律》首次设立"盐法""私茶"专条（其中"盐法"多达14条），规定盐商、茶商必须经过法定手续取得"盐引""茶引"等官方发给的专卖许可证才能经营，否则构成私盐、私茶罪。"犯私盐者，杖一百，徒三年"；"犯私茶者，同私盐法论罪"。另有《盐引条例》《盐法条例》《茶法条例》对私自买卖盐茶的处罚更重。

2. 税收管理法。

(1) 赋税法。国家编造《黄册》（户籍册）和《鱼鳞册》（土地登记册）作为赋役管理以及土地税、人口税征收的依据；编制《赋役全书》《条鞭赋役册》作为赋税征收税则。明中叶万历年间税制由原两税法改行"一条鞭法"，即田赋和徭役合并，全部征收银两；徭役以雇役制代替差役制；赋税征收起解从民人自理改为官府办理。役并入赋，既简化税制又将实物税转化为货币税。此次税改是中国古代土地和人口税制继唐代两税法之后的又一重大改革。

(2) 商税法。明代的商业性税目主要是关税（通过税）、市税（增值税、营业税、所得税等）、舶税（海关税）。商税法首先是对纳税人的管理。国家严厉打击匿税、逃税行为。《大明律》"匿税"条规定，客商匿税及店铺不纳税者，笞五十，货物一半入官，没收货物的十分之三奖给告发人；"舶商匿货"条规定，舶商匿货不如实申报纳税者，杖一百，货物入官，停藏之人同罪。"人亏兑课程"条规定，盐茶商户年终不纳齐商税者，以不足之数额多少处以笞杖刑，追课纳官。其次是对税收者的管理。《大明律》"私充牙行埠头"条规定，由国家指定或批准的"牙行"负责税收事宜，"私充（牙行人员）者杖六十，所得牙钱入官。官牙埠头容隐者笞五十，革去"。"人户亏兑课程"条规定，税务官员不用心办课有亏兑者处笞杖刑，"所亏课程著落追补还官"，隐瞒、侵欺、借用者计赃以"监守自盗"论罪。

3. 金融管理法。纸币与金属货币并用制度始于宋代，但《大明律》首设"钞法""钱法"专条，规定重钱轻钞者处杖刑，用基本法形式保障宝钞与铜钱并行使用。此外明律规定严禁收受伪钞、伪造描改宝钞、私铸铜钱，违者据情节轻重处杖刑至死刑。

第四节　明代的监察法制

古代中国的监察，广义上包括对皇帝的谏诤和对百官的纠劾两大部分，所谓"谏官掌献替，以正人主；御史掌纠察，以绳百僚"①。宋代和明初都曾设有针对皇上的"谏院"，这里主要介绍帝制下针对百官的监察。这种监察主要有三大特点：一是"代天子巡狩"，实质是在君主专制集权前提下"以官治官"，皇上利用"天子耳目"迫使官吏奉公守法，保证皇帝政令切实得到实施。二是"纠劾百司""无官不察"，监察对象和监察内容并不限于行政，没有行政监察、司法监督等具体分别。三是监察机关除具有监察职权外，往往还同时具有一定的行政、司法、军事权力。古代中国的监察法制在明代发生了较大发展和变化。

一、监察法规更加完善

明代特别重视监察立法，认为"风宪之任至重，行止语默，须循理守法，若纤毫有违，则

---

① （宋）章如愚辑：《山堂先生群书考索·续集》卷三十六《官制门》，《台谏·谏官御史其职各略》。

人人得而非议之。……在我无瑕,方可律人"①。《大明律》有"风宪官吏犯赃"专条,规定:"凡风宪官吏受财,及于所按治去处求索借贷人财物,若卖买多取价利及受馈送之类,各加其余官吏罪二等。"明代监察法规内容更为详尽和切合时宜,体系更为完备,既有综合性条例,也有具体的部门监察法规以及施行细则,其要者有《宪纲条例》《巡历事例》《六科给事中条例》《明会典·都察院》等。

(一)《宪纲条例》

《宪纲条例》于正统四年(1439年)正式颁布,是元代《宪台格例》《风宪宏纲》的充实和发展,是清代《台规》的范本。《宪纲条例》详细规定了监察官的地位、职权、选用、监察对象以及行使权力的方式和监察纪律,强调御史巡视之处,在职权范围内如需查阅案卷、传问官吏,所在官吏不得推托。

(二)《明会典·都察院》

万历朝重修本《明会典》"都察院"部分汇编监察法规五卷(第二百零九卷至第二百一十三卷),其中都察院本部三卷二百条,包括:宪纲总例十条;督抚建置、各道分隶、纠劾官邪十条;考复百官五条;急缺选用、奏请点差二十项;出巡事宜二十七条;照刷文卷六条;回道考察三十九条;问拟刑名、追问公事附伸冤、审录罪囚附审决、监礼纠仪十八条;抚按通例二十一条;巡抚六察、巡按七察、监官遵守二十条;监纪九条;南京都察院事例二十八条。其中《监官遵守》《监纪九款》等纪律规定条款至今仍有参考和实用价值。

二、监察机关及其职能的变化

(一) 中央监察

明代中央监察机构主要有都察院和六科给事中两大系统,分别监察地方百官和中央六部。

1. 更设都察院。明初以御史台为中央监察机关,洪武十五年(1382年)罢御史台,更设都察院,实现台察合一,结束唐代开始的御史台三院(台院、殿院、察院)建制。都察院兼有监察和审判职能,设左右都御史、副都御史、佥都御史、御史、监察御史等职官。其中左都御史为长官,可以监督弹劾任何官员。都察院下设十三道监察御史巡察各省,十三道监察御史是中央监察机关在地方的派出机关。监察御史平时在京城都察院供职(内差或常差),每年轮换出京巡察各省(外差或特差),称巡按御史。

2. 创设六科给事中。明初设给事中等谏官组织,先隶中书省,后独立置谏院。谏院被撤废之后,专设六科给事中作为对口中央六部的监察机关。六科给事中与都察院并列,是皇帝派往六部的监察代表,是直属皇帝的独立的中央监察机关。六科中每科设都给事中一人负责,左、右给事中各一人为辅佐。六科给事中负责监察六部日常政务活动(包括核查上奏的奏章及奉旨执行政务的情况),上疏弹劾百官的违法行为,参议朝廷的礼仪、边防等军国大

---

① 《明会典·都察院二》。

事。六部政令及上奏章奏,必须由所在都给事中副署才能生效。六科给事中与都察院的最大区别在于都察院监察属事后监察,而六科给事中属事前、事中监察。

(二) 地方监察

明代对地方的监察实行三大系统交叉监察体制。明代有监察地方之责的机关有三种:一是地方固定常设的监察机关,即各省提刑按察司;二是中央派出监察机关,即十三道监察御史;三是特派监官,即"督抚"(巡抚、提督、总督)。

1. 地方固定监察机关:提刑按察使司。明初废行省丞相制度,权分"三司",提刑按察使司成为地方固定的监察机关,被视为"外台"。"按察使掌一省刑名按劾之事。纠官邪,戢奸暴,平狱讼,雪冤抑,以振扬风纪,而澄清其吏治。"①

2. 中央派出监察机关:十三道监察御史。明代将全国划分为十三个监察区,每区由都察院委派监察御史巡察,于是都察院设有十三道监察御史。十三道监察御史形式上归都察院管辖,但实际上只对皇帝负责。都察院监察御史受皇帝委派,作为"钦差大臣"每年定期轮换出京巡察地方,号称"代天子巡狩",此时监察御史又称巡按御史。监察御史官阶仅正七品(与知县同级),但位低权重,对地方官违法乱纪行为拥有"大事奏裁、小事立断"的权力,他们到各省可与"三司"长官平起平坐,府以下官员得跪拜迎送。

3. 皇上亲派特别御史:巡抚、提督、总督。按察司和十三道监察御史的设立,尚不能完全消除皇上对地方诸司百官的疑虑,加上行省"三司"需要协调和监控,所以皇上经常不定期派出亲信或重臣(尚书、侍郎一级)作为特别御史,以巡抚、提督、总督(合称"督抚")名义"巡行天下,安抚军民",这些临时差官在明代中后期逐渐变成中央派驻地方的最高监察官。其中,"巡抚"每省一员,兼管行政、财政和司法;巡抚兼领军务者为提督;统掌全省或数省一切者为总督。三者均加"都御史"衔。明代督抚之职掌,前期以监察为主,巡抚和提督的监察范围是一省或省内某些地方(例如王阳明曾"巡抚"南赣地区),总督则往往超过一省,总督和巡抚可以互兼。督抚以中央最高监察官员身份巡视地方,权力比一般巡按御史要大,"兴利除弊,均赋税,击贪浊,安善良,惟巡抚得以便宜从事"②,对于这些事务,督抚可不报告皇帝自行决定。明代后期督抚成为实际上的地方军政长官。不过终明之世,督抚在正式制度上并未被正式确定为省的最高长官,《明史·职官志》仍将督抚归属监察院系统,督抚正式成为最高地方长官是清代的事情。

第五节 明代司法制度

本节主要考察和介绍司法制度在明代的变化或特色内容。

一、司法机关及司法体制的变化

古代帝制不存在独立的司法权,自然也没有独立的司法机关,例如中央只有相对专职的

---

① 《明史·职官志》。
② 《明史·熊概传》。

"三法司"(古代几乎所有的中央部门都可以程度不同地参与司法),地方一般是行政司法不分。明代以皇帝为最高大法官或终极裁决者,有皇帝亲审犯人的廷审制度。皇帝下面的司法机构系统大致有三部分:一是一般性或常规性的司法机关,主要有中央"三法司",地方的省按察司、知府、州县,以及明初被纳入司法系统的乡里里甲长和老人。二是特务司法机关,主要是亲军指挥使司下属的锦衣卫北镇抚司和司礼监下属的东厂、西厂、内行厂。三是其他有司法权的机关,例如内阁、通政使司、司礼监、六部中刑部以外的其他各部、五军都督府及各地卫所等,其中户部受理"小事"或民事上诉案件。明代司法机构体制的基本特征是中央司法机关空前扩张,将更多的司法审判权力收归中央朝廷,体现了君主专制中央集权在司法制度上的加强。

(一) 一般司法机关及其职能

1. 中央"三法司"职能或名称的变化。明代中央正式司法机关主要是刑部、大理寺和都察院"三法司"。中央"三法司"在明代有重大变化,例如:名称有变,原来的"御史台",现在叫"都察院";设置有变,中央监察机关在都察院之外另设"六科给事中";职掌有变,以前刑部和大理寺职掌到明代几乎互换。

(1) 刑部。刑部是重案的最高审判机关和国家司法行政机关,总掌"天下诸刑狱",几乎取代了唐宋时期大理寺的职位和职权。刑部以尚书和左右侍郎为正副长官,下设司务厅和十三(省)清吏司。明代刑部的主要职责有三:一是审理案件,具体包括审理中央百官案件、南北直隶地区徒刑以上重大案件,复核各省上报的徒刑以上案件,审理地方上诉案件。刑部有权审决徒流刑案件,但须报送大理寺复核。二是代表皇帝去各地录囚,审理大狱。三是负责笞、杖以外刑罚的执行及监督,管理全国的监狱。

(2) 大理寺。大理寺为国家慎刑机关,"掌审谳平反刑狱之政令",其职掌相当于唐宋的刑部。大理寺以大理寺卿为长官,下设左右二寺分管京师及各省案件。大理寺原则上专掌复核、驳正、审谳、平反事务,主要复核刑部和都察院审理的案件、地方徒流死刑案件。其中对于徒流刑案件,大理寺复核后有权决定是否驳回原审机关重审或改由刑部重审;对于死罪案件,大理寺复核后须将结果奏请皇帝最后批准才能执行,即所谓"鞫于刑部,而谳于大理寺,然后告成于天子而听之"①。大理寺也有部分审判职能,例如遇有重大案件时自己审录或参加会审(三司会审、九卿会审等)。

(3) 都察院。都察院是中央监察机关,是国家的风宪衙门,"天子耳目风纪之司",负责监察百官并兼有审判权。其司法职能主要表现在两个方面:一是司法监督,包括对中央刑部和大理寺的审判、复核,以及对地方审判活动进行监督。二是审理案件,主要是审理职官犯罪案件和与刑部、大理寺一起会审重大案件:"大狱重囚,(都御史)会鞫于外朝,偕刑部、大理寺谳平之。"②

"三法司"分工负责、相互牵制,共同对皇帝负责,构建和主导了以皇权为核心的中央司法体系。"刑部受天下刑名,都察院纠察,大理寺驳正"③;"天下罪囚,刑部、都察院详议,大

---

① (明)陈子龙等选辑:《明经世文编》卷八十七。
② 《明史·职官志》。
③ 《明史·刑法志》。

理寺覆谳后奏决"①。刑部掌审判,大理寺掌复审复核,都察院掌监督,三者联动运作方式一般是:刑部审决非死刑案件,送大理寺复核,由大理寺决定是否执行;刑部审理的死刑案件,大理寺复核后奏请皇帝最后批准,再由刑部具奏行刑。对于刑部的审判和大理寺的复核,都察院都有权进行监督;对于重大案件,都察院有权参与审判。刑部和都察院审理案件是平行的,相互不复核,审结案件都送大理寺复核。

2. 地方司法机关。明代地方司法机关分为省、府(直隶州)、县三级,以及明初具有基层司法组织性质的里甲。

(1)省级司法。提刑按察使司(提刑司)专掌司法审判和地方监察。"按察使,掌一省刑名按劾之事,纠官邪,戢奸暴,平狱讼,雪冤抑。"② 提刑按察使有权审决徒刑以下案件,流刑以上案件须报送刑部复审。对于某些重大案件,布政使、都指挥使也有审判权。

(2)府县司法。明代的府(直隶州)、县(属州)仍采取司法与行政机构合一体制,知府(知州)、知县兼理行政和狱讼。府的长官为知府,属官有同知、通判、推官、司狱等各一人,其中推官协助知府审判。县以知县或县令为长官,佐官有县丞、主簿、典史等,知县独掌审判事务。府、县可审决杖刑、笞刑案件,徒刑以上案件须在审理后报上级复审。

(二) 厂卫组织及其特务司法

明代中央在一般司法机关以外,还设有厂卫特务司法机关。"刑法有创之自明而不衷古制者,廷杖、东西厂、锦衣卫镇抚司狱是已。是数者,杀人至惨,而不丽于法。踵而行之,至末造而极。举朝野命,一听之武夫、宦竖之手,良可叹也。"③ "厂"是指东厂、西厂、内行④厂;"卫"是指锦衣卫。厂卫组织被皇帝特许巡察缉捕和专理"诏狱",直接听命于皇帝,是受皇帝直接指挥的特别侦缉和审判机构,是明代统治者为强化君主专制而独创的不受既定法律约束的特务机关。

1. 锦衣卫镇抚司与亲军司法。锦衣卫全称"锦衣卫亲军都指挥使司",因身穿华丽彩色制服而得"锦衣"之名。锦衣卫建置于洪武十五年(1382年),由保卫皇帝安全的侍卫亲军组成,是皇帝最亲信的贴身禁卫军,"掌直驾侍卫、巡查缉捕"⑤,主要负责皇宫警卫及皇帝出行仪仗等事宜。驻地位于宫外,隶属亲军都指挥使司⑥,首领称为指挥使,一般由皇帝的亲信武将担任,下设同知、佥事、镇抚司镇抚等官。锦衣卫下属之镇抚司分为南北两部,南镇抚司主管本卫刑名和军匠人员纪律等事,相当于督察队;北镇抚司兼有司法职能,负责审理皇帝交办的案件("诏狱"),直接取旨行事,设有审厅和监狱,审理大案,即所谓"天下重罪逮京师者,收系(锦衣卫)狱中,使断治"。"锦衣卫狱"实际上即"北镇抚司之狱"。成化十四年(1478年)规定北镇抚司审理诏狱案件可直接向皇帝报告,锦衣卫指挥使不得插手,北镇抚司正式成为直属皇帝的特别刑事法庭。北镇抚司审理的诏狱案件移送"三法司"时,"三法司"只能按照其拟定的判决意见宣判。

---

① 《明史·太祖本纪》。
② 《明史·职官志》。
③ 《明史·刑法志》。
④ 音 háng,办事之意。
⑤ 《明史·兵志》。
⑥ "卫"是明代军队最高编制单位,每卫辖正规军士约五千人,分为京卫和五军(中、左、右、前、后军)都督府下辖的地方卫所。京卫中有亲军十二卫,锦衣卫是其中最重要的一卫。

2. 东厂、西厂、内行厂与宦官司法。明代还有由宦官指挥组织的特务司法机构,这就是东厂、西厂、内行厂,它们位于宫内,隶属司礼监①,具有侦缉、刑狱等职能。

(1) 东厂及其司法。东厂是成祖在永乐十八年(1420年)设立的最大宦官特务机关,因其衙署地址位于东安门北侧(今王府井大街北部东厂胡同),故名。它在明代中后期形成以京师为中心的全国性特务网,存续两百多年。东厂首领称东厂掌印太监,也称厂主和厂督,下属掌班、领班、番子(密探)达一千多人。东厂与锦衣卫逐渐由平级变成上下级关系,锦衣卫指挥使见厂主要下跪叩头。东厂与锦衣卫一样,专事侦缉和刑狱,除自己审案之外,还派人听审锦衣卫拷问重犯、听审重大案件会审、坐班监视"三法司"办案等。这种由太监监视司法审判的做法称为"听记"。每逢大审,大理寺法庭内张黄盖,设三尺高坛,东厂太监坐于其上,"三法司"堂官分坐左右,郎中、御史以下捧牍而立,其决断"俱视中官意,不敢忤也"②。

(2) 西厂及其司法。成化十三年(1477年),宪宗认为东厂警力不够,在灵济宫前新设侦缉审讯机构,因位在东厂之西,故名西厂。首领先后为太监汪直和谷大用。正德五年(1510年)武宗诛司礼监掌印太监刘瑾,西厂与内行厂一并被撤销,存续三十三年。西厂"所领缇骑(特务、密探)倍东厂,势远出(锦衣)卫上"③,其人数和权力均超过东厂。"屡兴大狱,冤死者相属,自诸王府边镇,及南北河道,所在校尉罗列,民间斗詈鸡狗琐事,辄置重法,人情大扰。"④

(3) 内行厂及其司法。明武宗时,司礼监掌印太监刘瑾专权,东厂和西厂都受其指挥,但两厂争权夺利,不便指挥,于是刘瑾又于正德二年(1507年)在京师荣府旧仓地另设内行厂,又称"内办事厂"。至正德五年(1510年)刘瑾被诛,内行厂被撤销,共存续四年。内行厂的职能与东西厂相同,但侦缉范围更大,"东西厂皆在伺察中",权在东西厂之上,"罪无轻重皆决杖,永远戍边或枷项发遣"⑤,"人以微法,无得全者,万姓汹汹"⑥。一时间,锦衣卫、东厂、西厂、内行厂四大特务机构并存,缇骑四出,天下骚动。

特务司法在帝制中的出现具有某种必然性,其严重破坏了正常的司法制度,成为明代中后期的一大政治弊端。

(三) 明初纳入国家司法系统的里老人和申明亭

明代最具特色的司法制度还有将乡里组织中里老人(里甲长和老人)调处社会纠纷纳入国家司法系统。洪武三十年(1397年)明太祖发布《教民榜文》,规定:"民间户婚、田土、斗殴相争一切小事,须要经由本里老人、里甲断决。若系奸、盗、诈伪、人命重事,方许赴官陈告";"(民间小事)不许辄赴告官,务要经由本官里甲老人理断。若不经由者,不问虚实,先将告人杖断六十,仍由里甲老人理断。许以竹篦处罚过犯之人"。这里不仅授予里甲组织中里甲长、老人调处社会纠纷的权力,而且将这种调处纳入国家司法系统,民事案件必须先经里老人调处,只有里老人不受理或对调处不服才可以到州县起诉。

---

① 司礼监是宦官二十四衙门的首席,有提督、掌印、秉笔等太监。提督太监掌理皇城内一切仪礼刑名及钤束长随当差、听事各役,以及关防门禁等事;掌印太监掌理内外章奏及御前勘合;秉笔太监掌章奏文书,照阁票批朱。司礼监自英宗掌有朱批特权,实权往往在首辅之上。
② 《明史·刑法志》。
③ 《明通鉴》卷三十三《纪三十三·十三年》。
④ 《明鉴纲目》卷四《宪宗纯皇帝》。
⑤ 《明史·刑法志》。
⑥ 《明鉴纲目》卷五《武宗毅皇帝》。

明代乡村社会组织实行里甲制度。每村每乡以一百一十户为一里,每十户为一甲。里设里长,甲设甲首,为各自头领。里长一般由里内钱粮最多的十户人家轮流担任,每户人家任期一年。里长负责任期内黄册编造、赋役征收、生产督行、"小事"调处等事。城市和城郊设立"坊"和"厢",相当于乡村的"里",坊长和厢长相当于里长。里甲组织不同于保甲组织。

《教民榜文》规定:"凡老人、里甲剖决民讼,许于各里申明亭议决。"老人是里甲中类似汉代"三老"的道德权威和精神领袖。《教民榜文》规定每里推举三五名"年五十之上,平日在乡有德行、有见识、众所敬服者"为老人,调处社会纠纷是老人的重要职责。申明亭,乃申明其教化、劝善惩恶之处,是民间张贴法律文告、公布居民恶行、处理民事纠纷的公共亭宇场所。《大明律集解附例》中"拆毁申明亭"条附例规定:"各州县设立申明亭,凡民间应有词状,许耆老、里长准受于本(申明)亭剖理,及书不孝不弟与一应为恶之人姓名于亭,以示惩戒,所以使人心知惧而不敢为恶。"申明亭是法定的、里老人调处纠纷的专门场所,这时的申明亭类似于乡里特别法庭或派出法庭。申明亭受到法律保护,《大明律》"拆毁申明亭"条规定"凡拆毁申明亭房屋及毁板榜者,杖一百,流三千里。仍各令修立。"

明初的申明亭具有司法机构的性质,里甲长、老人调处纠纷具有司法审理的性质。

二、诉讼制度的变化

明代除继承唐宋不准越诉、诉讼回避、禁止匿名控告等诉讼制度外,还有许多特殊的诉讼制度,例如上述"小事"告官之前必须先由乡里调处的制度。此外还有以下几种:

(一)地方官自创"放告日(听讼日)"制度

明代废除唐代"农忙止讼"、宋代"婚田入务"(宋律"务限法")制度。但明中叶以后,为了有利"息讼",地方官们自创"放告日(听讼日)"制度,规定只在每月逢三、六、九或二、四、八之日才受理诉讼。这一做法后来通行全国并延续到清代。

(二)对越诉的处罚加重

《大明律》"越诉"条规定:"凡军民词讼,皆须自下而上陈告。若越本管官,辄赴上司称诉者,笞五十。"对越诉的处罚,唐宋律笞四十,明律处罚加重。这里的"越诉"在明初包括不经里老人调处而直接告官。

(三)对诬告的处罚加重

《大明律》"诬告"条规定:"凡诬告人,笞罪者,加重所诬罪二等;流、徒、杖罪,加所诬罪三等;各罪止杖一百,流三千里。……至死罪,所诬之人已决者,反坐以死……断付财产一半,养赡其家;未决者,杖一百,流三千里,加役三年。"对诬告者的处罚,唐宋律规定反坐,明律在反坐外另加处罚。若被诬告者已被处死,诬告者除被处死刑外,还要将其一半家产交受害者家庭养家。

(四)对匿名告诉的处罚加重

《大明律》规定:"凡投匿隐姓名文书告言人罪者,绞……若将送入官司者,杖八十。官司受而为理者,杖一百。"这里的三种处罚,唐宋律的规定分别是流二千里、徒一年、徒两年。可见明律加重对匿名告人者的处罚,而减轻对送匿名信者及官司受理者的刑罚。

三、审判制度的发展变化

(一)审判制度的发展

1. 对"八议"者犯罪进行会审的参审人员范围扩大、审级提高。《大明律》"应议者犯罪"条规定:"凡八议者犯罪……先奏请令五军都督府、四辅、谏院、刑部、监察御史断事官集议,议定奏闻。"唐律规定"八议"只由刑部召集诸司七品以上官员集议。

2. 刑讯规定的变化。古代中国允许有限刑讯,这种刑讯在明代主要有三大变化:一是适用条件放宽。明代规定"犯重罪,赃证明白,故意怙顽不招者,则用讯拷问"①;"死罪并窃盗重犯始用拷讯"②。唐宋律规定的适用刑讯的条件较严:"察狱之官,先备五听,又验诸证信,事状疑似,犹不首实者,然后拷掠。"③二是没有拷讯须事先立案的规定。唐宋元律都规定应讯者须先立案再拷讯,例如元代规定:"诸鞫问囚徒,重事须加拷讯者,长贰僚佐会议立案,然后行之,违者重加其罪。"④三是没有拷讯次数和总数的规定。唐宋律规定拷讯不过三次,每次至少间隔二十日,总数不过二百。

3. 限期断狱。中国古代禁止无故延误案件审理、要求限期结案的法官责任制度称为"淹禁"。历代都有断案时限规定,例如唐宋规定大理寺审决案件,大中小事分别限二十五、二十日、十日。⑤但从现有基本法典来看,"淹禁"到明代才正式入律。《大明律》"淹禁"条规定:"应断决者,限三日内断决……因而淹禁致死者,若囚该死罪,杖六十;流罪,杖八十;徒罪,杖一百;杖罪以下,杖六十,徒一年。"

(二)审转制度更为严格

审转制度是指每一级司法机关对于不属于自己可以审决的案件,在审理并拟定判决意见之后,依法主动详报上级复核,直至有权审决的司法机关复审定案的司法制度。审转不同于上诉审、复审和死刑复核。⑥审转制度既是审判管辖制度,又是上级审判机关监督下级审判机关的监督制度。律典律条正文直接规定审转制度,首见于《大明律》⑦。《大明律》"有司决囚等第"规定:"凡狱囚鞫问明白,追勘完备,徒、流以下,从各府、州、县决配。至死罪者,在内听监察御史、在外听提刑按察司审录,无冤,依律议拟,转达刑部定议奏闻回报。"州县可以

---

① 《明会典·问拟刑名》。
② 《明史·刑法志》。
③ 《唐律疏议》"讯囚察辞理"条。
④ 《元史·刑法志》。
⑤ 参见《旧唐书·刑法志》和《宋史·刑法志一》。
⑥ 审转与上诉审主要有两大区别:审转所审案件是未判决的案件,上诉审审理的是判决之后的上诉案件;审转是依法自动进行的,上诉审的前提是当事人上诉。复审一般是指当事人不服判决提出申诉,请求原审机关再审,原审机关重新审理。广义的复审也包括上诉审和审转中的复审。死刑复核是指中央司法机关和皇帝对死刑的核准,皇上有最后决定权。
⑦ 《唐律疏议》"应言上待报而辄自决断"条、《宋刑统》"诸事应奏而不奏"条只规定对"应奏而不奏,不应奏而奏"的行为予以处罚,有关审转规定的内容见于"疏议",律文正条中没有直接规定。

审决笞杖刑案件,对其他案件侦察审讯、拟定判决意见之后转送知府复审。知府若有异议,可将案件发回重审或发给另一下属州县重审;如果没有异议,则上报省按察司复审。省按察司有权终审徒刑案件,对于流、死刑案件在复审后上报刑部。刑部可以终审流刑案件,死刑案件只能复审,必要时由"三法司"或众官会审,经大理寺复核后上报皇上勾决。

在审转制度中,判决权力不断向上级衙门直至皇上集中。《大明律》律条正文直接规定审转制度,反映了明代君主专制、中央集权的加强。

(三) 会审制度的空前完备

中国古代的会审制度是一种联合审判和复议制度,适用于大案、要案、疑案、死刑复核案。会审意见一般都要报皇帝圣裁。会审制度既有强化司法集权、保证皇帝有效控制审判权的目的,也有恤刑、慎刑、清理积案以及促进法律统一适用等意义。会审制度到明代形成较大规模而且制度化。明代会审形式主要有三司会审、九卿会审(圆审)、热审、朝审、会官审录、大审等。

1. 三司会审,是指凡遇重大、疑难案件,由刑部尚书、大理寺卿和都察院左都御史"三法司"长官共同审理,最后由皇帝裁决的制度。洪武十七年(1384年)"诏天下罪囚,刑部、都察院详议,大理寺覆谳后奏决"[①]。"三司会审"由唐代"三司推事"发展而来。

2. 九卿会审,是指凡遇特别重大案件,特别是被告二次翻供不服的死刑案件,皇帝下令由大理寺卿、左都御史、通政使、六部尚书共"九卿"会同审理,最后报皇帝圣裁的制度。九卿会审是明代最高级别的会审,"会九卿鞫之,谓之圆审"[②],故九卿会审又称"九卿圆审"。

3. 热审,是指每年在暑热季节到来前或小满后十余天,刑部奉旨会同都察院、锦衣卫等审理在押未决囚犯的制度。"热审始永乐二年(1404年),止决遣轻罪,命出狱听候而已……成化时,热审始有重罪矜疑、轻罪减等、枷号疏放诸例。"[③] 热审一般将重罪情疑可矜者奏请皇帝最后裁决,将徒流刑以下者减等发落,将笞罪无干证者即行释放。热审旨在防止案件"淹滞"(久拖不决)和冤错假案,于酷暑之前疏通监狱。

4. 朝审,是指每年秋后(霜降之后)"三法司"长官与公侯伯等爵高位重者共同审理京师地区秋后执行的死刑案件的制度。"(英宗)天顺三年(1459年)令每岁霜降后,三法司同公、侯、伯会审重(死罪)囚,谓之朝审。"[④] 朝审一般将情节可悯或可疑者,改为充军;将犯人翻供者,移调官府再审;将情法无疑者,监候待决。

5. 会官审录,是指皇帝直接命令五军都督府、六部、都察院、六科、通政司、詹事府等中央机构官吏会同审理地方重罪案件的制度。死罪和冤案奏闻皇帝,其余案件依律判决。《大明律》"有司决囚等第"条规定:"直隶去处,从刑部委官,与监察御史;在外去处,从布政司委官,与按察司官,共同审决。"直隶京师的上报案件从刑部委官与监察御史会审,地方各省的上报案件从布政司委官与按察司官共同审决。会官审录是清代秋审的起源。

6. 大审,是指皇帝委派太监会同"三法司"官员共同审录囚徒的制度。"成化十七年

---

① 《明史·太祖本纪》。
② 《明史·刑法志》。
③ 《明史·刑法志》。
④ 《明史·刑法志》。

(1481年),命司礼监一员会同三法司堂上官,于大理寺审录,谓之大审。"① 大审五年一次,是明代独有的由宦官指挥司法、会审重囚的制度。

(四) 强化法官受理案件的责任

1. 加重处罚该受理的案件而拒不受理的行为。唐宋律"越诉"条有"若应合为受,推抑而不受者笞五十""邀车驾及挝登闻鼓,若上表诉,而主司不即受者,加罪一等"等规定。明代不仅首创"告状不受理"律,而且加重对法官该受理而不受理案件行为的处罚。《大明律》"告状不受理"条规定:"凡告谋反叛逆,官司不即受理掩捕者,杖一百,徒三年;若告恶逆不受理者,杖一百;告杀人及强盗不受理者,杖八十;斗殴、婚姻、田宅等事不受理者,各减犯人罪二等。"

2. 减轻处罚受理不当受理的案件的行为。例如,投匿名文书告人而受理者,唐宋律规定徒二年,《大明律》规定杖一百;被囚禁人告举他事受理者,唐宋律规定"各减所理罪三等",《大明律》规定一律笞五十。

此外,依法,"三法司"不得直接受理案件(须通过通政司转送),省按察司、知府不得直接受理百姓词讼,地方官不得受理军人词讼,军官不得受理民人词讼。如违法受理者,都要受到惩处。

关键词

重典治国　心学　大明律　明大诰　问刑条例　教民榜文　重典治吏　奸党罪　剥皮实草　凌迟　廷杖　都察院　宪纲条例　厂卫　申明亭　大审

思考题

1. 试述朱元璋的"重典治国"思想和明代重典治吏的新举措。
2. 论述明律"轻其轻罪,重其重罪"的表现及其原因。
3. 论述古代婚姻制度和继承制度在明代的变化及其原因。
4. 中央"三法司"在明代发生了哪些变化?
5. 皇权的高度膨胀在明代司法中有哪些体现?

参考书目

1. (清)薛允升撰:《唐明律合编》,怀效锋、李鸣点校,法律出版社1999年版。
2. 杨一凡:《明〈大诰〉研究》,社会科学文献出版社2016年版。
3. 《明史·刑法志》。

---

① 《明史·刑法志》。

第八章 清代的法律思想与制度(上)

清王朝是世居东北亚地区的满族创建的一个王朝。它是君主制中国最后一个王朝,也是蒙元政权覆亡后入主中原的第二个少数民族王朝。1616年女真族首领努尔哈赤创建大金政权(史称后金),1636年继承父位的皇太极改国号为大清,定都盛京(今沈阳),改族名曰满洲。1644年,乘李自成军攻占北京之机,在明将吴三桂协助下,清军入关击败李自成军并定都北京。到1911年(辛亥革命)覆亡时止,清政权在关内统治长达二百六十八年。清代法制继承明代并有所发展,其典章制度集历代之大成;其疆域版图及民族格局,为近代中国领土版图及多民族国家奠定了基础。有清一代,前期汉民族反抗满洲民族压迫的斗争此起彼伏,中期以后君主专制政体弊恶急剧加深孕育的革命火山日渐临爆,晚期列强武力和文化冲击揭开了近代化序幕。以鸦片战争为界,清代法制可以分为前后两个阶段,本章仅介绍鸦片战争前清王朝的法律思想与制度。

第一节 法律思想与立法概况

一、清统治集团的法律思想

对于清统治集团的法律思想,应分为关外时期、入关初期、鸦片战争前、鸦片战争后四个时期来考察。这里仅就前三个时期清统治集团的法律思想尤其是立法思想稍作简单梳理。

关外时期(自1616年金建国后至1644年入关前)清统治集团的法律思想以注重法制、学习汉法为基调。自建国起,努尔哈赤即特别注重法制:"若谓为国之道何以为坚,则事贵乎诚,法令贵乎严密完备。毁弃良谋,轻慢所定之严格法令者,乃无益于政,国之鬼祟也。"①他以严守法制为"为国之道",注重"严守法度,信赏必罚"②,为清政权的法制定下了基调。皇太极时期,在部分保留习惯法同时,注重仿效明代法制,确立了"参汉酌金"立法指导思想。天聪年间,文馆大臣宁完我建议仿《大明会典》制定《金典》,主张"看会典上的事体,某一宗我国行得,某一宗我国且行不得,某一宗可增,某一宗可减,参汉酌金,用心筹思,就今日规模立个金典出来,……务使去因循之习,渐就中国之制"③。皇太极嘉纳此议,"参汉酌金"遂成清初立法指导思想。其中,"参汉"即引入或沿用汉族(明代)法制;"酌金"即整理阐述后

---
① 《满文老档·太祖》(第三册·癸丑年十二月),中华书局1990年版,第19页。
② 《满洲实录》(卷八第四册),辽宁通志馆1930年刻印本,第11页。
③ 《天聪朝臣工奏议》(卷中),辽宁大学历史系1980年编印本,第71页。

金原有习惯法或旧法令,最终目标是"渐就中国之制",即仿效汉民族的先进法制。

入关初期,面对前所未有的人口、疆域及社会生活,清政权更加注重承用明代法制。入关途中,摄政王多尔衮即明令"问刑衙门准依明律治罪",并令启动修律,要求"详译明律,参酌时宜,集议允当",制定大清律。顺治元年(1644年)帝登基伊始,即要求"参稽满汉条例"修大清律①,三年律成后亲自为律作序,申明"详译明律,参以国制,增损剂量,期于平允"②的立法宗旨。其中,"详译明律"即详尽借鉴《大明律》,以明律为蓝本;"参以国制"即适当参留入关前旧制。康熙帝更深染于儒教,服膺"德主刑辅"国策,认为"至治之世,不以法令为亟,而以教化为先。……盖法令禁于一时,而教化维持于可久。若徒恃法令,而教化不先,是舍本而务末也"③,认为"以德化民,以刑弼教"④乃治国之本。

鸦片战争前(从雍正登基到鸦片战争起)清统治集团的法律思想,以乾隆帝和重臣张廷玉等为代表。作为清代在位最久的皇帝,乾隆帝深深服膺儒家"明刑弼教"之道:"古先哲王所为设法饬刑,布之象魏,悬之门闾,自朝廷达于邦国,共知遵守者,惟是适于义,协于中,弼成教化,以洽其好生之德。非徒示之禁令,使知所畏惧而已。"⑤其对汉文明特别是儒家正统法律思想的皈依,深刻影响了此后清王朝的法制。康雍乾三朝重臣张廷玉进一步衍伸"德刑并用""外儒内法"学说,认为"天下之道,岂无有用宽而养奸贻患者乎?大抵内宽而外严,则庶几矣"。⑥这种强调外显法纪严厉、内存德教宽厚的政治法律主张,代表了有清一代君臣们的一般认知,至于实际治理中是否真能做到"内宽"就另当别论了。

二、立法概况与法律形式

(一)立法概况

清政权入关前尚处于习惯法向成文法过渡时期,法律制度相对简朴。努尔哈赤、皇太极先后颁布了一些法律规范,如《禁单身行路令》《离主条例》《盛京定例》等,但只是仿效汉法对原有习惯法加以简单整理而已,尚不能算正式编纂法典。此外还曾于崇德元年(1636年)"议定会典",但未正式颁布⑦。入关初,鉴于原有习惯法已无法满足新的统治需要,摄政王多尔衮于1644年6月即下令"问刑衙门准依明律治罪",沿用《大明律》为过渡性法律。

顺治二年(1645年)皇帝即委任大臣起草律典⑧,顺治三年(1646年)五月《大清律集解

---

① 《清史稿·刑法志一》。
② (清)吴坛:《大清律例通考》卷首录《谕旨》,见马建石、杨育棠主编:《大清律例通考校注》,中国政法大学出版社1992年版,第2页。
③ 《圣祖仁皇帝御制文集》卷十八《礼乐论》。
④ 《清圣祖实录》卷九十四。
⑤ (清)吴坛:《大清律例通考》卷首录《谕旨》,见马建石、杨育棠主编:《大清律例通考校注》,中国政法大学出版社1992年版,第5页。
⑥ (清)张廷玉:《澄怀园语》卷一,同治十年(1871年)上海文瑞楼石印本。
⑦ 《清太宗实录稿本》载:"(皇太极)崇德元年(1634年)四月十二登基后议定会典。"其所为会典,不过是天聪朝重要谕令汇编,内容包括礼制、官制、刑制、婚姻、诉讼、经济、宗教等多方面,仅汇集当时重要谕令五十二条,并不具备明会典及后来的清会典体例。李燕光、张晋藩先生将其命名为《崇德会典》,田涛先生曾撰专文辩驳。参见倪正茂主编:《批判与重建:中国法律史研究反拨》,法律出版社2002年版,第205-234页。
⑧ 《清史稿·刑法志一》。

附例》竣工并颁行全国。律文共四百五十九条,比明律仅少一条,篇、门、条、目全袭明律。律文后附相关"条例"四百三十多条,比明律所附"问刑条例"略增①。因该律典几乎全文抄袭《大明律集解附例》,遭人讥评"大清律即大明律改名也"②并不冤枉。

康熙十八年(1679年),为消除律文和条例之间的矛盾冲突,康熙帝命对既有条例(定例)进行全面删修,次年编成《刑部现行则例》。该例典比照《大清律》按"六部"分篇之体例,对律条之外新增治罪条例(定例)加以编纂。康熙二十八年(1689年),为消除律文与则例并行之矛盾,帝又令"将《刑部现行则例》附入大清律内"③。即把则例放到律典中(与原有条例合到一处)。与此同时,康熙帝还下令对顺治三年(1646年)律进行修订。但终康熙之世,新律例(法典)仍未告竣颁行。④

雍正初年,在康熙朝律例修订稿基础上完成了修订。雍正五年(1727年)新版《大清律集解附例》颁布。律文增删调整为三十门四百三十六条,比顺治三年(1646年)律少二十六条;条例也有整理,定为八百二十四条。⑤

乾隆继位后再次修订律例,乾隆五年(1740年)完成并颁布,更名为《大清律例》(律名删除了"集解")。这次修订后,律文仍为三十门四百三十六条,但附例经删修增加到了一千零四十二条。⑥

经顺、康、雍、乾四朝立法努力,大清律至乾隆初年基本定型。此后直至清末,律典正文基本不变,再未增删,但律后附例的"续纂"则因时而行。起初"定限三年一次编辑",后又定为"五年一小修,十年一大修"。自乾隆初至咸丰初百年间大致定期修订,使例文条数逐年增加。乾隆二十六年(1761年)增至一千四百五十六条,同治九年(1870年)增至一千八百九十二条。至光绪、宣统时期则连修例也顾不上了。

(二) 法律形式

清代的法律形式,首先是"律""例"和"注解"。"律"为基本刑事法典,曰"大清律"。"例"为刑事补充条款,多由皇帝御笔断罪而来,曰"问刑条例"或"拟罪条例",或称"定例"。法典编纂时常将"例"分类附编在相应"律"条之后,合称"大清律例"。为解释律文而有"注解",包括官注(律文夹注和每条总注)和律家解说(附于律条后)两者。后者经官方编选认可有法律效力。将各家注解选编附于律例,则合称"大清律集解附例"。

"则例"相当于汉唐的"令",是关于各部院政务的行政规则,分为一般则例和特别则例。一般则例,是关于部院一般政事的则例,主要有《刑部现行则例》《吏部则例》《户部则例》《礼部则例》《工部则例》《中枢政考》《理藩院则例》《钦定台规》等。此外,国子监、内务府等均有各自则例。特别则例,指关于各部管辖特定事项的行政规章,如《钦定八旗则例》《兵部督捕则例》。此外,《户部漕运全书》《学政全书》《赋役全书》等虽无则例之名,实际上也是特别则例。此外还有《吏部处分则例》《六部处分则例》《兵部处分则例》《吏部铨选则例》

---

① 参见郑秦:《顺治三年律考》,载《法学研究》1996年第1期。
② (清)谈迁撰:《北游录》,汪北平点校,中华书局1960年版,第378页。
③ 《清史稿·刑法志一》。
④ 参见《康熙现行则例考》,载郑秦:《清代法律制度研究》,中国政法大学出版社2000年版,第27-28页。
⑤ 参见《雍正三年律考》,载郑秦:《清代法律制度研究》,中国政法大学出版社2000年版,第40-42页。
⑥ 参见《乾隆五年律考》,载郑秦:《清代法律制度研究》,中国政法大学出版社2000年版,第54-55页。

《吏部稽功司验封司则例》等关于办事手续章程及官员违制处罚的专门则例。

"会典"也可视为法律形式。康熙二十三年（1684年）仿照《明会典》编成《清会典》一百六十二卷。该书按宗人府、内阁、六部、理藩院、都察院、通政使司、内务府、大理寺等机构分目，"以官统事，以事类官"，开列每一官衙机构建制、官品职数编制、职掌权限，并考述其沿革及附载历年事例或则例，此次所编称为《康熙会典》。其后雍正年间又修订成《雍正会典》二百五十卷，乾隆时期又编成《乾隆会典》一百卷（并将附于会典中事例的则例另行辑出编为《乾隆会典则例》一百八十卷），嘉庆朝又修订成《嘉庆会典》八十卷（另有《会典事例》九百二十卷），光绪朝又编成《光绪会典》一百卷（另有《会典事例》一千二百二十卷）。会典是清代行政制度汇辑考订，是官制政书，有组织法典属性。

第二节　清代的刑事法制

一、刑事法制的主要特征

随着政治和社会形势的变化，清代刑事政策也发生了变化，其刑事法制呈现出显著的时代特色和民族特色。

（一）严刑峻法，维护专制统治秩序

具体体现在五个方面：

第一，加重了对"谋反""谋大逆"等侵犯皇权之罪的惩罚。按清律，凡谋反大逆案犯不分首从皆凌迟处死，其父子、祖孙、兄弟及同居之人（不论同姓异姓）、伯叔父、兄弟之子（不限户籍之同异），只要在十六岁以上（不论笃疾、废疾）皆斩；十五岁以下者及犯人之母女妻妾、姊妹及子之妻妾"皆给付功臣之家为奴，财产入官"[1]。对于这一犯罪，唐律仅规定犯罪者本人处斩刑、其父子年十六以上处绞刑，其他亲属均无死罪；清律竟规定犯罪者本人凌迟处死，亲属连坐死刑及于祖孙、兄弟、伯叔父、侄子、罪人同居之人，几乎恢复汉代即已废止的"夷三族"，刑罚酷重至极。甚至上书奏事犯讳或不当者常常按谋反大逆治罪而处死刑[2]，这比明代亦有显著加重。

第二，加重了对人民聚众反抗的防范和镇压。律例规定"倡立邪教，传徒惑众滋事"或"因挟仇恨编造邪说煽惑人心"者，"比照反逆定罪"；"异姓人但有歃血订盟，焚表结拜兄弟者"，比照谋叛未行律治罪，为首者拟绞监候，为从者减一等；若聚众二十人以上，为首者拟绞立决，为从者发极边烟瘴充军；凡抗粮聚众，或罢考罢市至四十人以上，为首者斩立决，为从者绞监候，胁从者各杖一百；至于哄闹公堂拥塞官府，逞凶殴官者，为首者斩决枭首，同谋者斩立决，从犯绞监候[3]。还特别防范"师巫邪术"："凡师巫假降邪神、书符咒水、扶鸾祷圣……

---

[1]《大清律·刑律·贼盗上》。
[2]《清代文字狱档》记载了上书奏事获死罪的"金从善上奏建储立后案""邹汝鲁进献《河清颂》案""李冠春呈《济时十策》案""王肇基献诗案""刘震宇《治平新策》"等。参见本社编：《清代文字狱档》，上海书店出版社2007年版。
[3] 马建石、杨育棠主编：《大清律例通考校注》，中国政法大学出版社1992年版，第661页。

烧香聚众、夜聚晓散,佯修善事煽惑人民,为首者绞(监候),为从者各杖一百流三千里。"① 对人民反抗的防范和打击力度均为明以前刑律所不及。

第三,注重打击盗贼特别是"江洋大盗"。乾隆时始定打击"江洋大盗"条例:对"在滨海沿江行劫客船者",只要"已行得财","无分首从皆拟斩决";嘉庆时制定新例规定"江洋行劫大盗俱照此例立斩枭示","洋盗拒捕杀人情重加拟凌迟"②。对于一般强盗、窃盗罪也加重处罚。明律规定一般强盗罪最重处刑流三千里,清律则规定只要得财,不分首从皆斩;顺治时期还规定一般窃盗赃满一百二十两即绞监候。道光年间甚至规定,对爬城行劫的罪犯及京城及大兴宛平二县境内的劫盗犯,地方官可以不奏报朝廷即"就地正法"。与此相关,清代特别制定了打击"光棍"的刑事条例("光棍例"),专以打击"恶棍设法诈索官民"、诓骗应试生童财物、生事行凶扰害无辜良民、乘地方歉收伙众抢夺、喧闹公堂纠众辱官、占据关口码头勒索客商等流氓恶棍敲诈勒索兼聚众滋事行径。

第四,严惩思想异端,大兴文字狱。自庄廷鑨《明书》案开始,清代的"文字狱"迭兴不断,康雍乾三朝多达一百多起,株连士人数万,杀人甚多。虽然乾隆皇帝屡称"从不以语言文字罪人"③,清律例中除犯讳外也并无以文字论罪直接条款,但有清一代以谋反大逆罪名大兴文字狱,滥杀士人,成为最显著特色之一,乾隆朝文字狱最多④。

第五,重惩奸党罪和交结近侍官员罪,严防臣工结党。清律继承了明律"奸党罪""交结近侍官员罪"条,规定官员"交结朋党紊乱朝政者""与内官及近侍人员互相交结泄露事情夤缘作弊者"皆斩;《吏部则例》甚至规定"如外官赴任谒见在京各官"及京官"与之接见及差人至外官任所来往者"都要革职,比明律的防范更加严厉。

(二) 重惩悖逆礼教伦常之犯罪

在这一方面,清律总体上比唐律有所加重。清律沿袭明律,虽对"干名犯义""子孙违犯教令"等两类悖礼之罪的制裁比唐律有所减轻,但在更多逆伦犯罪方面却比唐律更有加重。如清律中殴打尊亲属与殴打常人之间的刑差比唐律增大:殴打而未成伤者,殴常人笞二十,殴尊亲属则斩,此一差距超过唐律。关于亲属间强奸罪,比唐律有加重:如强奸同宗无服亲或其妻,唐律视为一般强奸,徒二年或二年半,清律加重至斩监候。关于骂詈尊亲属,如妻妾骂夫之祖父母父母,唐律仅处徒三年,清律罪至绞;甚至离异的妻妾骂过去的公婆,唐律仅徒二年,清律也罪至绞。关于告发尊亲属,如妻妾告夫及夫之祖父母父母,唐律仅徒二年,清律加重为杖一百、徒三年;夫告妻之父母,唐律无罪,清律则杖七十。关于尊长告缌麻小功卑幼,唐律规定杖八十,清律竟完全取消尊长责任,即只责卑幼隐尊长,不责尊长隐卑幼,使唐代的双向义务变成了单向义务,对尊长权的保护明显加重。由此可知,清律比唐律更重视"峻礼教之防",清人薛允升"典礼及风俗教化之事,唐律大多较明(清)律为重"(亦即明清律较唐律为轻)的判断显然不准确。

---

① 《大清律例·礼律·祭祀》。
② 《大清律例重订辑注通纂·刑律》"盗贼"条附嘉庆六年(1801年)例,清嘉庆十一年(1806年)刻本。《皇朝政典类纂·刑》录《大清律例》"盗贼"条附嘉庆七年(1802年)例。
③ 本社编:《清代文字狱档》,上海书店出版社2007年版,第3-4页。
④ 原北平故宫博物院于1931—1934年编印《清代文字狱档》共九辑,收录文字狱共六十五件,其中雍正朝一件,乾隆朝六十四件。见本社编:《清代文字狱档》,上海书店出版社2007年版。

(三) 维护满人特权和民族不平等

主要表现在：

第一，保护旗人刑法特权。凡满洲八旗、蒙古八旗、汉军八旗之人，法律赋予其司法特权。凡旗人犯罪，笞杖改为鞭责；充军流徒则免于发遣服役，仅枷号即可。旗人杂犯死罪，亦可折易枷号；真犯死罪当斩立决者，减为斩监候；罪当刺字者，只刺臂而不刺面。旗人案件由特定机关审理，犯重罪"请旨定夺"。

第二，京师旗人案由步军统领衙门、内务府慎刑司审理。地方旗人案件，由专管旗人事务的各府(州)理事厅审理，京畿地区则由通州、遵化两州理事厅审理，或与州县官会审，州县一般不能独审。于是"旗人自恃地方官不能办理，因而骄纵，地方官亦难于约束，是以滋事常见其多"[①]。这些特殊管辖及司法特权，在咸丰朝以后被逐渐取消。

第三，格外保护旗地旗产，禁止"旗民交产"。一旦查明有旗产典卖情形，双方均照隐匿官田律治罪。嘉庆十九年(1814年)定例"旗地旗房概不准民人(汉人)典买"，违者治罪[②]。

(四) 重法扼制商品经济成长

主要表现在：

第一，严刑禁阻沿海外贸。清初曾颁禁海令，寸板不得下海。接着又颁迁海令，强制沿海居民内迁五十里，越界者斩，从而完全阻绝海外贸易。直至鸦片战争前夕，广州以外各口岸均奉令关闭。《大清律例》禁惩"违禁下海"苛规甚多，如"凡将马牛、军需铁货、铜钱、缎疋、细绢、丝绵私出外境货卖及下海者，杖一百。""凡沿海地方奸豪势要军民人等，私造海船，将带违禁货物下海，前往番国货卖，……正犯比照谋叛已行律处斩枭示，全家发近边充军。"类似条例竟达四十条之多，可见海禁边禁之严。

第二，严刑限制采矿业。《户部则例》规定，若未登记具结，私自开采或采得铁矿擅卖，严加治罪。康熙年间曾定例"如有别州县民人结伙移境(采矿)，聚至三十人以上"，重加惩处，为首者发近边充军[③]。

第三，重刑抑制民间商业。《大清律·户律》规定："不纳课程者，笞五十，物货一半入官。"《户部则例》规定："关税短缺令现任官赔缴。"此规定逼使税吏以敲诈掠夺商人为能事。

第四，严禁茶盐私贩。《大清律·户律》规定："百姓私自买卖盐者，杖一百，徒三年。凡犯私茶者，同私盐法论罪。"这些均严重阻碍了民间工商业发展。

(五) 尊重边疆民族地区习惯法

主要表现为：

第一，在刑罚手段上尊重民族习惯。《理藩院则例》规定蒙古地方案件，甚至命盗罪案，多以财产罚即令缴牲畜为罚。在诉讼程序及证据制度方面，尊重蒙古及西宁番子地区的"设誓"习惯，对于难决疑案允许当事人"设誓具结"作为判决依据，允许诉讼中保持神明裁判色

---

① (清)英和：《会同旗人疏通劝惩四条疏》，载《皇朝经世文编》卷三十五。
② 《大清律例·户律》"典买田宅"门附条例。
③ 《大清律例·户律·仓库》。

彩①。且汉人在蒙古地方犯罪,也必须按"蒙古律例"制裁②。

第二,注重中央刑事律例与民族律例习惯之间的协调。如《理藩院则例》在"盟长扎萨克出缺报院限期"条中规定"逾限不报者,照内地'迟误公事例'议处"③,在"戏杀过失杀伤人"条中规定"凡蒙古(人)戏杀过失杀伤人,俱查照'刑例'分别定拟",都强调蒙古律例与大清律例的协调。另在蒙古例"斗杀"条中也引进大清律"保辜"制度:"凡斗殴伤重五十日内身死,殴之者绞监候。"④这些规定在尊重地方民族习惯的前提下加强了其与中央法制的统一和协调。

二、刑法原则的发展变化

清代的刑法原则,继承发扬了历代刑法重惩侵犯君父、重惩盗贼、五服制罪、亲亲相隐、贵贱有别、重法治吏、矜老恤幼等一系列基本价值原则,以及累犯加重、鼓励自首、区分故失、共犯重惩首犯、数罪并罚从一重、有限罪刑法定、类推适用、从旧兼从轻、疑罪从慎从赎等一系列基本技术原则,集唐律明律之大成并有所发展。这些变化发展主要是:

(一) 自首减免罪责原则的发展

清律因袭明律,对自首制度有所发展。康熙时为惩处"逃人"(役人逃亡)修订《督捕则例》,规定逃走三次者仍可"自回自首"获免罪⑤,扩大了自首的适用范围。嘉庆时定例:在监犯人"如有因变逸出自行投归者",照原犯罪名各减一等发落。这种奖励逃犯归案的规定扩大了自首适用范围。

(二) 共犯区分首从原则的发展

对于共犯的处理,清律对唐律有所发展,取消了唐律"与监临主守共犯,以监主为首(犯)"的规定,显示对官吏责任的减轻;取消了唐律"擅入皇城宫殿、私越渡关、避役在逃、犯奸者不分首从皆以正犯科罪"的规定,显示对此类犯罪处罚减缓的倾向。关于家人共犯,曾定例:"一家共犯侵损于人者,以凡人首从论","家人共盗,以凡人首从论。"⑥这改变了清律正条关于家人共犯一概以尊长为首犯的原则规定。

(三) 公罪私罪区别对待原则的发展

《大清律》规定:官吏犯公罪该笞者,笞一十折易为罚俸一月,笞二十、三十各递加一月;至杖一百,折易为降四级调用⑦。犯私罪,笞一十则罚俸二月,直至杖一百革职离任。显然,私罪的处罚较公罪为重。清律虽取消了官当,但在官吏犯公罪私罪的"刑罚折易"上轻重有别,仍体现了宽公罪严私罪的原则。

---

① 《钦定理藩院则例》卷四十五《入誓》,天津古籍出版社1998年版,第351页。
② 《钦定理藩院则例》卷四十三《审断》,天津古籍出版社1998年版,第338页。
③ 《钦定理藩院则例》卷七《擢授》,天津古籍出版社1998年版,第98页。
④ 《钦定理藩院则例》卷三十五《人命》,天津古籍出版社1998年版,第310页。
⑤ (清)徐本、唐绍祖等纂修:《督捕则例》卷上,上海古籍出版社1995年影印版,"逃人自回自首"条。
⑥ 《大清律·名例律》"共犯罪分首从"条附例及《贼盗律》上"强盗"条附例。
⑦ 《大清律·名例律》。

(四) 有限罪刑法定原则的发展

清律虽规定"凡断罪,皆须具引律例,违者笞三十。……其特旨断罪,临时处治,不为定律者,不得引比为律"①,确认了"罪刑法定"原则,但保留类推制度。不过对类推的限制更严格:"凡律令该载不尽事理,若断罪无正条者,引律比附,应加应减,定拟罪名,议定奏闻。若辄断决,致罪有出入,以故失论。"②这废除了唐律"举重明轻、举轻明重"即法官自行类推适用近似律条的权力,使罪刑法定有所深化。

(五)"化外人犯罪"处理原则的变化

关于外国人犯罪,唐律确立"诸化外人同类自相犯者,各依本俗法;异类相犯者,以法律论"之原则,明律规定"凡化外人犯罪者,并依律拟断",清律承袭明律条文并在"化外人"处加"来降"小注。按此规定,凡外国人犯罪概依中国刑律处罚,不再参照"本俗法",这有强调刑法主权效力和刑事排他管辖权之意义。但把"化外人"仅定义为"来降"者,不再考虑外人在华经商、求学、传教之情形,过于闭锁狭隘。

三、清代的刑罚制度

清代的刑种,首先应注意其笞、杖、徒、流、死"五刑"即正刑体系。笞刑,十至五十,共五等;杖刑,六十至一百,共五等;徒刑,一年至三年,共五等(半年为差);流刑,流二千里至三千里,共三等(五百里为差);死刑,绞、斩二等。死刑有立决、监候之别。"立决"即"决不待时",只要皇帝核准,即可执行(但仍须避禁刑日);"监候"即死缓,留待秋审大典再定是否执行。

其次应注意律例有规定但未正式列入"五刑"体系的派生刑和附加刑。这些刑罚主要有以下几类:第一死刑类。有"凌迟",即俗称"千刀万剐"或"割千刀",为死刑极重者,一般适用于十恶中"不道"以上重罪,特别是谋反大逆;有"枭首",多用于强盗罪,即悬头颅于城门或街市示众;有"戮尸",多用于恶逆、强盗应枭首而先身故者,即脔割其尸体示众。第二是流徙类。有"充军",初为发配边疆戍所充军役,系流刑之派生;后并不真入营服役,与流刑无异。充军分附近、近边、边远、极边、烟瘴五等,乾隆时定《五军道里表》规定远近处所。有"发遣",与充军类似,但地位更低,即"发给披甲人(军人)为奴",常见有发遣尚阳堡、宁古塔、乌拉等地。第三是附加刑类。有"枷号",即戴大枷在衙门口或城门口示众,多为对盗匪奸淫犯的附加刑。时间有数日、一月、二月、半年、一年,甚至有永远枷号。有"刺字",即附加墨刑,多用于盗贼,初犯刺臂,惯犯刺面。

清代刑制,特别区分"真犯"和"杂犯"。真犯,又称"实犯"即"有心故犯";因过误或被牵连致罪者为"杂犯"。关于死罪,清律以十恶、故杀人、反逆缘坐、监守自盗、略人略卖人、受财枉法等性质严重法定死刑之罪为"真犯死罪";以过失杀人、误杀人、斗殴杀人及某些职务犯罪虽法有死刑但性质不太严重者为"杂犯死罪"。关于流罪也有真杂之分。真犯流罪,大约指谋反、谋叛、谋大逆应流及不道杀人会赦犹流者;此外因过误犯流罪,牵连致流罪,或因职责致流罪者,均为杂犯流罪。杂犯的处刑,一般均有折易替代,如杂犯死罪一般不执行死

---

① 《大清律·刑律·断狱上》。
② 《大清律·名例律》"断罪无正条"律文。

刑,而是照例减等为五年徒刑,此即"杂犯死罪准徒五年";杂犯流罪一般也折易为徒刑,此即"杂犯流罪总徒四年"。

第三节　清代的民事法制

一、民法渊源与民事法规

清代民事法律,与刑事法律、行政法律不同,没有法典或专门法规为渊源,相关规范系散见于各处。其民事法源,主要有四:第一,各种则例为最主要渊源。如行政法典《户部则例》在户口、田赋、税则、兵饷、通例等目下存有大量民事法律规范;其他则例如《礼部则例》《八旗则例》《蒙古则例》也包含部分民事规范。第二,《大清律例》亦为重要渊源。在《户律》"立嫡违法""典买田宅""男女婚姻""违禁取利""得遗失物"等每一律条正文中,各包含一两句民事性规定(关于民事应如何为的直接规定),其他部分律文也夹附有民事关系特别是侵权损害责任的规定。在《户律》上述律条之后所附条例中,有更多民事直接规范;其他律文附例也有含民事规定者。第三,官修《大清通礼》中包含许多民事规范,存于儒经中的"礼"也常被引据为民法渊源。第四,地方民商事习惯或民间规约,曰"乡例""俗例""乡规""土例""民俗"等,有些也常被司法审判尊重或引据,也应被视为清代民事法的补充渊源之一。①

二、身份与主体制度

清代的身份与主体制度,笼括政治、经济、文化、社会各方面,部分含有民事身份或主体制度属性。其主要体现,一方面是关于人之个体作为民事主体时的各种不同身份资格(如贵族、旗人、良民、贱民等)相关制度,另一方面是关于人之集体作为民事主体,即作为社会生活或经济经营的集体组织资格制度。

(一) 个人主体身份

1. 贵族身份。清代的贵族主要指宗室觉罗,及因功劳或恩荫获授爵位者。宗室指努尔哈赤本支子孙,觉罗是努尔哈赤伯叔兄弟之子孙;获授爵位者指被授予王、公、侯、伯、子、男(女性则为公主、郡主、县主之类)爵位者。宗室觉罗一般也会被授予各种各等爵位。贵族们除了享有一定地域的赋税收入(俸银、禄米)及八议、赎刑等司法特权之外,在占地、建房、丧葬、婚姻、继承、契约等多方面还享有一定民事特权。

2. 旗人身份。旗人初仅指被编入满洲八旗(正黄、红、蓝、白,镶黄、红、蓝、白)的满族人,后来也包括蒙古八旗、汉军八旗。旗人除了享有领受国家俸禄、免除赋税徭役、官府分配土地房屋、减免刑罚或刑事强制措施、无需科考即可入仕等特权外,国家还通过禁止"旗民交产"(旗人与汉人间的不动产交易)保障其不动产所有权和继承权。

---

① "湖南省所属未薙发之苗人与民人结亲俱照民俗以礼婚配",《大清律例·户律》"嫁娶违律主婚媒人罪"条附例。参见梁治平:《清代习惯法:社会与国家》,中国政法大学出版社 1996 年版,第 127-140 页。

3. 良民身份。指一般民户即传统的士、农、工、商四民。清初曾袭元明旧制,分人民为军、民、匠、灶四类(相应设军、民、商、灶四籍),士未单列户籍。顺治时废军、匠两籍后只剩下民、商两籍,这些人统称"良籍",概称良民;理论上为完全民事主体,身份平等。国家以"四民以士为首,农次之,工商其下也"①为国策,四民身份权益不全等,故民户冒籍被严禁。曾有军(卫)籍者(以屯戍兵丁、充军者及亲属为主体)不得与他籍通婚的限制,军、商、灶籍者在科考入仕方面也受某些限制。

4. 贱民身份。指被列入"贱籍"的低端生计群体,地位低于良民。包括以下几类:一是奴仆(奴婢),包括失地投旗为奴的"投充"("壮丁"),及因犯罪发遣、罪人亲属籍没、印契购买而为奴者,还包括奴仆子息。奴仆隶属于家主,没有人身和婚嫁自由。二是雇工人,即庶民私家仆役,其民事地位低于良民,但略高于奴婢。三是行业贱民,包括倡优(戏子)皂隶(衙役),及晋陕的"乐户"(从古时官娼业户而来)、苏州的"丐户"等。他们不得参与科考,脱籍后仍需至第四代方可应科试或捐纳功名。四是族群贱民,如绍兴府有"堕民"(惰民),男子只许以捕蛙、卖锡、逐鬼为业,妇女只准作媒婆、伴嫁婢,或游走市巷为人盘髻梳头、穿珠花等,皆不得从事民人常业。徽州府和宁国府有"伴当""世仆",与地主有人身依附关系,不得擅自离主另佃。广东有"疍户",浙江有"九姓渔户",世代以船为居、以捕捞为生或事岸边贱业;不准上岸定居、读书应试、与民人通婚。虽然雍正朝起即先后对部分贱民"开豁为良",乾隆朝曾宣布取消一切贱籍,但对其科考仕进仍有限制,其在应试和操业方面所受歧视实际持续到了清末②。

(二) 集体主体资格

1. 皇庄官庄。皇庄,即以皇家名义圈占土地建起的农庄,属皇室所有,由内务府管理,各设庄头经管。顺治年间即有皇庄四百多个,占地共达四万余顷。官庄,即属各级官府所有的公有田庄,亦设庄头管理,均为农业经营单位,土地一般租佃给农民耕种。

2. 私人田庄。既包括贵族、官僚、商贾们通过受赐、强占或购置土地而建起的农庄,还包括其他地主私人购地建起的农庄,都是农业经营单位。田庄均由地主本人或雇用庄头(管家)管理,庄头负责经营田庄土地、作坊、店铺的租佃或租赁,管理奴仆、雇工人和佃户。

3. 工商业户。包括厂矿、工场、作坊和商号(各种店铺和钱庄票号),由贵族官僚、商贾、地主拥有,自己直接经营或雇人经营。受雇经营者称厂头、掌柜、管家、经理之类,具体负责经营管理。这是近代工商企业的前身。

4. 宗族组织。百姓聚族而居,通过修谱建祠而形成血缘自治组织,至清代作为经济生活组织或准法人的属性大增。宗族大致由族、房、户三级组织构成。宗族以祠堂为合族祭祀、议事、行罚场所,祠堂一般有堂号为集体名称,还有义田(祭田、族田、墓田)、义学、义庄等为公共资产,由族长、宗子、族正等负责管理族产经营,代表宗族进行民事活动。

5. 工商行会。清代的工商业行会多以籍贯、行业为纽带形成,多以会馆、公所为活动中心,有时径以会馆公所为行会组织本身。行会作为工商业者的自治团体,除祭祀神祇、议办公事、扶贫帮困、仲裁解纷外,还可经营田庄、店铺、学校、慈善机构等公共资产以筹公益经费或践行公益。③

---

① 《清实录》七《世宗宪皇帝实录》卷十六,中华书局 1985 年版,第 265 页。
② 参见叶孝信主编:《中国法制史》,复旦大学出版社 2002 年版,第 327—328 页。
③ 以上五者,参见孔庆明、胡留元、孙季平编著:《中国民法史》,吉林人民出版社 1996 年版,第 582—590 页。

6. 宗教组织。清代宗教场所包括佛教寺庙、道教宫观、伊教清真寺、基督教堂等。它们除具有宗教事业单位性质外,因其可拥有并经营土地、店铺、学校、医院、慈善机构等,故兼有经济单位属性,常被视为民事主体。

三、物权与债契制度

(一)物权制度

第一,所有权。关于不动产所有权,清代以"印信执照"确认土地房屋所有权。旗人和贵族官僚通过圈拨、受赐,商民通过购买取得的田宅所有权受保护;学校、寺观、宗族、行会拥有的学田、寺田、祭田、义田、善堂、义庄、宗祠、会馆等公共田宅所有权也受特别保护,禁止盗卖侵占。《户律》"盗卖田宅"条专门打击盗卖、换易、冒认、盗耕、盗占等行为。田宅所有权以官制"鱼鳞图册"、纳税凭证(完粮印串)、地契房契、地碑族谱记载为证据,遇有争讼则以此为准。

第二,永佃权。承租人(佃户)永久租耕出租人(田主)土地且可子孙承继耕种的权利即永佃权。这是用益物权之一,即使土地易主,租耕权也不废,此即所谓"卖田不卖佃""倒东不倒佃"。只要交纳佃租、完纳国税,佃户可永久耕种收益,包括盖房造坟,而田主无权收回或转租。这种永佃权,后来在江南地区甚至发展出"一田二主"习惯,超越了永佃权,即田主(骨主)保有对田骨(田底、田根)的所有权,而佃户(皮主)享有对田面(田皮)的永久使用权。后来发展到佃户可以转佃、典押、出卖"田皮"。

第三,典权。典权是指典主通过支付典价后占用使用(甚至转典)业主田宅,典期届满未回赎时则拥有该产业的留置权和先买权的权利。对业主而言,出典实为抵押借贷;对典主而言,典权实质上是一种用益物权。典期内典产损坏灭失,典权人负赔偿义务,但不可抗力原因除外。

(二)债契制度

首先是买卖契约。清代土地房屋、奴婢的买卖,均须正式立契。立约后须"税契"即缴纳契税,并办理"过割"即赋税义务过户。办理税契、过割手续时,官府将有关完税过户单据黏贴于契约尾部(称为"契尾")并加盖骑缝章。此种黏贴契尾并加盖官印的契约(称为"红契")等于经官府备案登记,兼有土地权证功能。无此手续则称"白契"。在诉讼中,红契的证据效力高于白契。

在买卖契约中,典卖契约争议最多。绝卖为卖,活卖(附回赎权)为典。民间田宅转让是"典"是"卖",常因用语不明起争讼。雍正八年(1730年)定例:"卖产立有绝卖文契,并未注有'找贴'字样者,概不准贴赎。如契未载'绝卖'字样,或注定年限回赎者,并听回赎。若卖主无力回赎,许凭中公估找贴一次,另立绝卖契纸。若买主不愿找贴,听其别卖归还原价。"即便有此规定,典契超期未赎而业主多年反复向典主索要补价(找贴)者仍多,纠纷不断,以致乾隆十八年(1753年)再制条例作彻底了断:凡契内未注明绝卖者,只要未超过三十年,仍可找贴或回赎;但超过三十年者,即使没有注明绝卖,仍"以绝产论,概不许找赎";并规定此后"民间置买产业,如系典契,务于契内注明'回赎'字样;如系卖契,亦于契内注明'绝卖'"永不回赎"字样"。① 此后标准遂明。

其次是租佃契约。清代之土地租佃耕种,一般均须正式契约。契约须注明或规定土地面积位置、租佃期限、地租数额、交租时间方式等,并重申不得拖欠,还有中人见证或保人担保。如佃户欠租,田主可以撤佃另租,但禁止"临春起佃"即临春耕时撤佃另租。江南地区还形成了永佃契约,佃户永久佃耕田主土地,即使因多年积欠租谷而不得不暂时"退佃",仍可立"退佃契约"约定将来交清欠租后取回土地继续佃耕,而业主"不得执留"②。

最后是借贷契约。清律特别限制高利贷:"凡私放钱债,每月取利不得过三分。年月虽多,不过一本一利。违者笞四十,以余利计赃,重者坐赃论,罪止杖一百。"同时对"负欠私债违约不还者",根据债额及欠期给予笞十至杖六十的刑罚,"并追本利给主"。还规定债权人若以私债"强夺"债务人财物,"若估价过本利者"计多余部分坐赃论罪;但若"无多取余利,听赎不追"。③ 这实际上承认了债权人"自力救济"权。

四、婚姻家庭继承制度

(一) 婚姻制度

1. 结婚。《大清通礼》规定男十六、女十四即可结婚。清律例有同姓不婚、尊卑不婚、中表不婚、良贱不婚之禁制,还有居父母丧因嫁娶、娶亲属妻妾、娶逃亡妇女、与僧道为婚等禁制。但同姓、中表婚禁,实践中均有放松。"同姓者重在同宗。如非同宗,当援情定案,不必拘文"④;"其姑舅两姨姊妹为婚者听从民便"。⑤ 订婚或婚约(婚书)有法律效力:"若许嫁女已报婚书及有私约而辄悔者笞五十"。⑥ 但若男方在婚约五年后仍不迎娶或逃亡三年不归者,则女方可经官府证明改嫁,财没不追。最后完成"六礼"方视为正式成婚。

2. 主婚权。清律例规定:"嫁娶皆由祖父母父母主婚,祖父母父母俱无者从余亲主婚。其夫亡携女适人者,其女从母主婚。"⑦ 并规定不得强迫寡妇改嫁。

3. 离婚。除遵循传统的"七出"(即夫主离婚)、"和离"(即两愿离婚)、"义绝"(即强制离婚)规定外,清律还规定夫妻一方犯罪受刑者,另一方可解除婚姻或婚约。

(二) 家庭制度

1. 父家长权。法律确认家长地位,"一户人口,家长为主"⑧。家长集父权夫权于一身,对"违反教令"之子孙可"依法决罚",即使"邂逅致死"仍不追究⑨;卑幼未经家长同意"私擅用财"者要处以笞杖刑。家长有主祭、主婚、抚养、教令、监护、惩戒、家产及家计经营管理、督

---

① 《大清律例·户律·田宅》"典买田宅"条附例。
② 参见张晋藩:《清代民法综论》,中国政法大学出版社1998年版,第150页。
③ 《大清律例·户律·钱债》。
④ 《大清律例汇辑便览·户律·婚姻》"同姓为婚"条辑注,同治十一年(1872年)湖北臧局刻本。
⑤ 《大清律例·户律·婚姻》"尊卑为婚"条所附雍正八年定例。
⑥ 《大清律例·户律·婚姻》"男女婚姻"条律文。
⑦ 《大清律例·户律·婚姻》。
⑧ 《大清律例汇辑便览·户律·户役》"脱漏户口"条注文。
⑨ 《大清律例·刑律·斗殴下》。

率纳税服役、决定分家析产等权责,因而在发生脱漏户口、田地荒芜、偷税避役、窝藏盗匪或逃犯、私为僧道、违律嫁娶、分财不均、家人共犯等违法行为时,家长即使不知情也要负罪责。

2. 宗族权。清律将"族长"入律,承认宗族地位和族长权。雍正时定例"地方有堡子村庄,聚族满百人以上,……选族中有品望者立为族正"负责治安防盗①,族正常与族长合一。还定例"倘族人不法,事起一时,合族公愤,不及鸣官,处以家法,以致身死,随即报官者",可以"取具里保甲长公结","免其拟抵(罪)"②,此实为授予宗族刑事审判权。律例或谕旨认可族长主持祭祀、劝谕教化、解决纠纷、惩处轻犯、维持治安、举报或鸣送罪犯、制止族人械斗、监护疯病人、主持立嗣、管理族产制止盗卖等权责,实将家族视为公法人暨私法人。

(三) 继承制度

1. 身份继承,包括爵荫继承、宗祧继承两者。爵荫继承,即对爵号及袭荫资格的继承。官贵、圣裔、功臣、烈士受褒赏,或士民直接捐纳,获出身爵号者,除政治礼遇外,还有荫庇子孙为官或出身(监生贡生)或减免刑罚等待遇。这些资格利益有的可以继承,一般按嫡长子继承制进行。清律例规定:"凡文武官员应合袭荫者,并令嫡长子孙袭荫。如嫡长子孙有故,嫡次子孙袭荫。若无嫡次子孙,方许庶长子孙袭荫。如无庶出子孙,许令弟侄应合承继者袭荫。"③宗祧继承,为宗脉代表权、主祭权及族产族务管理权的继承,即"宗嗣"或"为后"身份("香火")的传承。这种继承亦采嫡长子继承制。如嫡庶子孙全无,听"立继"或"立嗣"即"过继",清律例规定:"无子者许令同宗昭穆相当之侄承继,先尽同父周亲,次及大功小功缌麻。如俱无,方许择立远房及同姓为嗣。"④即使无子孙也不许以异姓养子义子为嗣。清律例开创"兼祧"即"一子两祧"制度:"如可继之人,亦系独子,而情属同父周亲,两相情愿者,取具阖族甘结,亦准其承继两房宗祧。"⑤兼祧者于两房均可娶妻生子传香火。

2. 财产继承,一般以父母在生时安排分家析产方式实现;如无分析或有余产则听从家长或父母遗嘱;如无遗嘱始依律例按照"诸子均分"原则继承。《大清律例》规定:"其分析家财田产,不问妻妾婢生,止依子数均分;奸生之子,依子数量与半分;如别无子,立应继之人为嗣,与奸生子均分;无应继之人,(奸生子)方许承绍全分。"⑥户绝且未立嗣者,财产全由亲女继承;寡妇无子守志者继承夫份,立嗣后归嗣子;赘婿养子也有部分继承权。

第四节 清代的行政法制

一、清代的政治与行政体制

清代的政治与行政,其基本体制大致沿袭明制,但关外旧制也有局部被变相保存。在中

---

① 《大清律例·刑律·贼盗》"盗贼窝主"条附例。
② 《大清会典事例》卷八百一十一《刑律·斗殴》。
③ 《大清律例·吏律·职制》"官员袭荫"条附例。
④ 《大清律例·户律·户役》"立嫡子违法"条附例。
⑤ 《大清律例·户律·户役》"立嫡子违法"条附例。
⑥ 《大清律例·户律·户役》"卑幼私擅用财"条附例。

央,至高无上的皇帝独揽一切权力。其下直接辅佐皇帝的有内阁,设内阁大学士若干人"赞襄机务",代拟批旨,呈进奏章。大学士起初品秩较低,仅充机要秘书事,雍正朝起渐由各部尚书或侍郎兼任,渐有集体宰相之实,但权力远不及明初宰相。内阁之外,雍正时设军机处,以军机大臣若干人协助皇帝。初仅为对西北用兵之临时军务机构,后来常置并逐渐取代内阁权力。此外还有议政处、南书房等机要机构。直接隶属皇帝的吏、户、礼、兵、刑、工六部为中央行政机构,各设满汉尚书、侍郎主之。设都察院,都御史主之,掌百官监察。还有大理寺、太常寺、光禄寺、鸿胪寺、太仆寺、国子监、通政司等中央直属机构,还有宗人府、内务府等主管宗室和宫内事务的机构。这些中央机构,总称部院寺监。在地方,设省、府、县三级政权机构。省为最高级地方机构,由巡抚主之,下设布政司、按察司分掌一般行政和司法。巡抚之上还有总督,一般管数省(也有的仅管一省)。省下为府(或直隶州、直隶厅),设知府、知州、同知主之;府下为县(或散州、散厅),设知县或同知主之。在省、府之间还设有"道",分为隶属布政司的"分守道"和隶属按察司的"分巡道",前者有相对固定辖区,渐成地方政区层级,设道台(道员)主之。在州县之下,有督催赋役的里甲组织,有维护治安的保甲组织,有教化自治的乡约组织,有土地管理的都图组织等。这些组织,大约都与传统的乡、村两级组织相对应。

二、清代的经济管理法制

(一)土地制度

1. 通过圈地、投充形成的国有制土地。清入关初即大规模圈占近京无主荒地或明王朝官贵弃地,后来不论有主无主一律圈取,以在数百里外"拨补"贫瘠土地"兑换"膏腴民地的方式强行将汉地原主赶走。这些强行圈占的土地(包括地上房宅改为国有),以皇帝名义分配给宗室、贵族、八旗官兵享用,建立起各种各样的官庄——皇庄、王庄、官庄。官庄采取庄田制经营形式,由原田主佃户或新招农民纳租耕种。耕种者没有人身自由,少有私人财产和经营,实际成为官庄农奴。此外,大批汉人为避被圈占或避赋役,也被迫带地带房"投充"旗人为奴,旗人所收(投充)尽皆带有房地富厚之家,其所带土地房屋亦为各类官庄所有。此乃以落后领主农奴制取代此前私有租佃制,为历史大倒退。这些名义国有土地按等级分配给宗室、贵族、旗人后,虽称"旗地""旗房",但允许在旗人之间买卖典当,惟不可典卖与"民"即汉人(此即禁止"旗民交产"),实际上确立了有一定限制的土地私有权。

2. 鼓励垦荒形成的私有制土地。顺治元年(1644年)发布鼓励流民垦荒令,对于各地无主荒田,农民呈明官府"晓示"公告数月,无人承认者即由"州县官给印信执照,开垦耕种,永准为业"①。有些省份甚至规定有主土地荒芜而地主不愿垦种者,也可由农民呈明官府后垦种,"例得给照,永为世业"②。"印信执照"即户部颁发的土地权证。垦占土地为私有土地,可以典卖、继承。

3. 通过"更名田"形成的私有制土地。对于明王朝王公贵族拥有的大量土地,除通过圈占转为旗地者外,清初曾下诏"给予原种之人,令其耕种,照常征粮"③,"给予原种之人,改为

---

① 《清实录·世祖章皇帝(顺治)实录》卷四十三。
② 《治浙成规》卷一《藩政一》。
③ 《清实录·世祖章皇帝(顺治)实录》卷二十八。

民产,号为'更名地',永为世业"①。大约十六万余顷土地以"更名田"方式授予原佃户所有权,成为其私有土地,使原宗藩权贵名下的佃农转变为编户制下的国家自耕农。

4. 屯垦地由国有制向私有制转化。清初即在属于国有的土地上招募军人、民人、商人屯垦,再由主屯者招佃,分别称军屯、民屯、商屯。屯垦主要集中于东北、西北地区,国家给予农具农资;垦种者既向屯主交屯租,也向国家交税,实为国有土地的承包经营。后来,国家逐渐放任屯地出售或典当给商民或原佃户,不收屯租只交国税,屯地遂渐变为私有制土地即自耕农所有制土地。

(二) 赋税制度

1. 赋役法规。清入关初沿袭明制征收"三饷",顺治初正式仿明制颁行《赋役全书》确定赋役制度。《赋役全书》按各省府分编,卷帙浩繁,规定了各地根据登录土地、人丁数量等级计算确定的田赋丁银的应缴额;规定了地方所征赋税的分配使用原则(包括"存留"的使用);规定了各地承办朝廷所需实物贡赋(如漕粮)的种类数额。这一全书为地方征派赋役和财政收支提供了法律依据,其内容(定额)也根据土地人丁变化定期修订。

2. 赋税种类。清代赋税,初按土地、人口两种标准计征田赋、丁银,还有其他杂项贡赋,曾仿明制行"一条鞭法"合并征收。后来因为经济社会发展致土地流转和人口流动加剧,按人丁数征税更难操作。康熙五十二年(1713年)乃改革:以康熙五十年(1711年)丁册登记人口数为常额,此后新增人丁"永不加赋"。此举减去了因人丁滋生而来的赋税负担,是对赋役制的一大改革。雍正初年开始实行"摊丁入亩"改革,"将各省丁口之赋,摊入地亩输纳征解……统谓之'地丁(银)'"②。亦即将各地应征缴的丁银总额均摊到土地亩数中去,与田赋合计征收,不再按人丁数征税。这一改革进一步减轻了人民负担,使劳动者对土地的依附有所减轻,人身束缚的放松为工商业提供了更多自由劳动力。

3. 赋税减免。《户部则例》规定所有学田、寺田、祭田等民间公益土地免征赋税,对新垦土地也免税数年作为奖励。另外,常因灾异(天象)、自然灾害、皇帝及太后寿诞等减免百姓当年赋税。

(三) 市场管理

清代标榜"恤商"国策,首先保护商人经营。雍正三年(1725年)曾下诏对霸占关市、阻遏贸易、勒索商民的官贵家人或棍徒予以严惩,重至"斩首示众"③。其次,严禁滥征商税。顺治时曾定例,对有"徇情放免"或"例外多征"行为的税吏"一经查出,立行重处"④。康熙时曾制定《关税条例》,雍正时又定《各关征税则例》,乾隆时制《各省课税则例》,均立榜于各省关口,防止违例收税,减轻商人负担。再次,为维护交易秩序,曾定例专门打击强买强卖、贱物贵卖、把持行市、通同牙行为奸、高下比价惑乱取利等扰乱市场秩序行径⑤。最后,加强对牙行的管理控制。康熙二十五年(1686年)开始实行牙行五年编审换照制度,使牙行普遍成为官

---

① 《清通典》卷一《食货一·田制》。
② 《清史稿·食货志二·役法》。
③ 《大清会典事例》卷七百六十五,光绪二十五年(1899年)重修本。
④ 《清朝文献通考》卷二十六《征榷考一·征商》。
⑤ 《大清会典事例》卷七百六十五,光绪二十五年(1899年)重修本。

牙(并征牙税),牙行职在协助官府管理市场、平抑物价及征收商税;同时明令"若有光棍顶冒朋充,巧立名目,霸开总行,逼勒商人不准别投"①,则严加打击。乾隆时曾制定《清厘牙行之例》从严发放牙帖(执照)和管理牙商;《大清律例》也有专条打击"私充牙行埠头"行为②。此外,工商业自治组织——行会(会馆、公所)也是官府管理工商业者和市场的重要辅助力量。

三、官吏管理与监察制度

(一) 官吏管理制度

1. 官吏选用制度。科举为官吏选用"正途",分为乡试(省试,考取者为举人)、会试(礼部试,考取者为贡士)、殿试(皇帝策试,考取者为进士)三级。乡试之前,有县试、府试、院试(省学政主试)三级考试,只有经院试录取的府州县官学生员(俗称秀才)才有资格参加乡试。殿试后,除一甲(前三名,俗称状元、榜眼、探花)直接授予翰林院修撰、编修等职外,其余所有进士均要通过吏部主持的"朝考"方可被授予庶吉士、主事、中书、知县(州)、教授(谕)等职务。除正途外,还有荐举(高官保举)、捐纳(捐钱粮买职衔或出身)、荫授(高官或功臣烈士子女荫授职衔)等多种入仕途径,称为"异途"。未中进士的举人可以出任官员幕友,或通过保举、捐纳等方式入仕。此外还有各级衙门书吏通过"考职"考试获授从九品或流外职等途径③。

2. 官缺制度。官缺有两义:一为辨民族差异之官缺制;二为辨职岗轻重之官缺制。关于前者,清代将所有官职分为满官缺、蒙古官缺、汉军官缺、汉官缺四类,不同官缺只能由各该族人出任或补授。中央如理藩院、宗人府及掌钱粮、火药、兵器之府库职官,各省驻防将军、都统、参赞大臣、盛京五部侍郎等,都是满官缺,不得授汉人;有些卑微的小官职如驿丞等仅为汉官缺,不得任命满人;地方督抚、司道、总兵、提督等虽满汉兼用,但近畿和要隘多用满官。关于后者,清代按位置、面积、治理难易等因素将州县分为四类,以"冲"(地理位置重要)、"繁"(政务繁剧)、"疲"(赋税拖欠多)、"难"(民风刁悍命盗案多)"四字标之。四字全占为"最要缺",占三字者为"要缺",占两字为"中缺",只占一字或一字也不占的为"简缺"。还有腹俸缺、边俸缺、苗疆缺、烟瘴缺、沿海缺、沿河缺之类划分。选用州县官时,根据官缺需要与候选者资历能力,因地因才而授予不同官职。

3. 考绩制度。清初行考满法,三年一考,数考为满,量绩陟黜。康熙朝始行"京察大计"法。"京察"为对京官和地方督抚考核,三年一次;"大计"为对各省藩(布政使)臬(按察使)及以下所有官员的考核。京察大计均以"四格八法"为标准。其中,"四格"即考核才(长、平、短)、守(廉、平、贪)、政(勤、平、怠)、年(青、中、老)四个方面,评定为称职、勤职、供职三等;列优等者记名,优先议叙。"八法"即察明贪、酷、罢软、不谨、年老、有疾、浮躁、才弱等八类恶德或缺陷,贪、酷者治罪,不谨、罢软者革职,浮躁、才弱者降级,年老、有疾者退休。后来去掉贪、酷两条,仅称"六法"。

4. 某些"官禁"。清律例禁止官吏任期内在所辖范围典买田宅产业、为己为子孙娶部民女或案涉妇女及乐人(妓者)为妻妾、私借官有车船店舍钱粮、举放钱债典当财物等,这些防

---

① 《大清会典事例》卷一百零六,光绪二十五年(1899年)重修本。
② 《大清律例·户律·市廛》。
③ 参见瞿同祖:《清代地方政府》,范忠信等译,法律出版社2011年版,第71页。

腐特殊制度值得注意。

(二) 监察制度

1. 监察体制。在中央,设都察院为最高监察机关,以左都御史、左副都御史领之。全国分若干道(初分十三道,后渐增至二十道)监察区,每道设监察御史满汉各一人。还设六科给事中,专责监察中央六部;后来六科(谏)并入都察院(台),实行"台谏合一",合称"科道"。此外,右都御史、右副都御史为总督、巡抚兼衔,兼职监察。在各省,由按察使、分巡道主持省内监察。在京师还有隶属都察院的五城察院,由巡城御史主各城(区)治安和监察。

2. 监察法规。清监察制度主要体现于《钦定台规》《都察院则例》两者。前者系乾隆时以皇帝名义亲制,后多次增修,共四十三卷,包括训典、宪纲、六科、各道、五城、稽查、巡察、通例等八类规章,主要规定都察院职权和监察纪律。后者是前者的实施细则汇编,主要包括封驳呈奏、京察大计监察、各道巡监、科举监察等规定。此外,《清会典》中有关都察院机构员额职掌的规定。

3. 监察权范围。清监察机关职权主要包括弹劾官吏违失、财政审计、考核官吏、监督决囚、审判复核、参与会审等,特别是可以于巡按中接受人民对官吏贪污渎职的投诉。

四、清代的民族管理法制

清代对于蒙古、藏、回、苗等少数民族暨边疆地区,形成了一整套有特色的民族管理法制。

对于蒙古地区,清廷持"满蒙一家"国策。皇太极时先有《盛京定例》规范蒙古事务,后修订为《蒙古律例》①。乾隆朝又多次续修;嘉庆时修订为《理藩院则例》(仍习称"蒙古律""蒙古例")。这是关于蒙古等北方民族地方管理的专门法规,确定了蒙地的盟旗制度及设官袭爵、职守、边防、法制、朝觐等制度。

对于西藏地区,雍正初年即派驻藏大臣协助统治;乾隆初年确立达赖喇嘛政教合一体制,颁布《钦定西藏章程》,不久又修订为《西藏通制》(后收入《理藩院则例》中)。《西藏通制》规定"西藏设驻扎大臣二人,办理前后藏一切事务",其地位"与达赖喇嘛、班禅额尔德尼平行";西藏对外事务由驻藏大臣负责;设金瓶掣签制决定达赖、班禅转世灵童,由驻藏大臣亲自主持仪式后奏皇帝批准。此外还有关于西藏的《禁约十二事》。

对于青海地区(蒙藏族聚居),雍正初置西宁办事大臣。后从蒙古例内摘选番民易犯条款,编成《番例》,又称《西宁青海番夷成例》或《西宁番子治罪条例》,亦称"番例条款"。

对于回疆地区,乾隆时设伊犁将军为回疆地区最高行政长官。嘉庆年间制定了《回疆则例》作为管理回疆的特别法规。

对于西南地区的苗、瑶、彝、藏、侗等少数民族,清代主要实行"改土归流"的政策,即逐渐废除土司、改派流官即国家官吏治理。因清代习惯称以贵州为中心的少数民族地区为"苗疆",故在《大清律例》中增列了关于苗疆地区的十余条"苗例"。为推行"改土归流",雍正初年还在苗疆地区颁行了《保甲条例》。乾隆年间还对苗地颁布了《苗疆事宜》《苗汉杂居章程》《苗疆善后事宜》《苗犯处分例》等特别法令。

---

① 《清实录·高宗纯皇帝(乾隆)实录》卷一百五十六。

对于台湾地区汉番杂居问题,清代也有特别规定。如乾隆二年(1737年)颁布《台湾善后事宜》,禁止汉民侵占或购买"番地"。乾隆十一年(1746年)颁布《占地民番事宜》又重申此禁。此外,《大清律》中有多条关于台湾地区番蛮犯罪案件的特殊"条例"。

第五节 清代的司法制度

一、"三法司"与中央司法制度

清代承袭明代司法体制,设刑部、大理寺、都察院掌中央司法,号称"三法司"。

刑部为中央审判机关,由尚书、侍郎主之。下设十七省清吏司、督捕司、秋审处、律例馆、提牢厅等。刑部职掌天下刑罚之政令,在皇帝之下行使最高审判权,包括核拟死刑案上呈皇帝,批结充军、流放、发遣案件,审理京师徒刑以上现审案件及中央官吏犯罪案件;通过"黄册"对命盗案、秋审案、案赃或罚没钱物等进行统计管理,主持全国狱政,主持律例修订等。

大理寺为中央慎刑机关,由大理卿、少卿主之。下设左右二寺和丞、正、评事、主簿等。大理寺职责为复核驳议,掌平天下之刑名,主掌对刑部拟判死罪案的复核,发现拟判不当则驳回;另还主持热审,参与秋审、朝审。

都察院作为最高监察机关也参与司法。具体职责:一是参与会谳。刑部所核拟的死刑案,须送都察院审核;都察院署拟意见后转大理寺,大理寺署拟意见后退回刑部;最后由刑部办理题奏(撰题本上奏)。二是参加秋审和朝审,执行复奏(皇帝对死刑执行的最后核准)之职。

关于"三法司"之间的关系,有人概括为:"持天下之平者(刑)部也,执法纠正者(都察)院也,办理冤枉者(大理)寺也。"① 即:刑部主审判,都察院掌监督,大理寺掌复核。但实际上刑部之权较重,大理寺、都察院并无审判实权。

二、地方司法与特别司法体制

(一) 京师地方司法

京师地方司法由五城察院、步军统领衙门、刑部共同掌管。京师分东、西、南、北、中五城(区),各设察院(五城察院)掌监察、治安和司法,巡城御史主之。察院管辖户婚、田土、钱债、斗讼等轻案,杖罪以下自行审结,徒罪以上报刑部定案。此外,负责京师治安的步军统领衙门,也有"平决狱讼"职责。杖罪以下自行审结,徒罪以上初审后送刑部定拟。

(二) 各省地方司法

各省地方司法,由督抚、按察司、府(或直隶州厅)、县(或散州厅)四级执掌。徒刑以上案件一般采取逐级审判、无条件上报的"逐级审转制"。

县(或散州厅)为第一审级,有权审决笞杖刑案件及户婚、田土、钱债、斗殴等"自理案

---

① (清)魏瑢:《申明三法司旧例疏》,载《皇朝经世文编》卷九十三《刑政四·治狱上》。

件";徒刑、流刑、死刑案即命盗匪奸诈等重案,州县初审拟判后上报府级衙门(案卷案犯一起解送)复审。州县还设县丞、主簿、吏目、典史等协助长官司法、执行缉捕或管理监狱,但无权直接受理词讼。

府(直隶州厅)为第二审级,复审州县上报来的徒罪以上刑案及上诉申诉案。直隶州厅也同时辖理一审案件(因与府平级,故以道为二审)。知府知州复审后提出判决意见,再上报省按察司。府也设通判、经历司、司狱司、推官等辅佐办案,但无权单独受理案件。

按察司为第三审级,对府(直隶州厅)上报的刑案进行复审。对徒罪案仅书面复核(因人犯不解省),对充军、流放、发遣、死刑案则升堂讯问。如无异议,则加"审供无异"看语后上报督抚复审;如有异议,则驳回重审或改发别州县更审。

督抚为第四审级,对按察司报来的复核无异之徒刑案予以批准执行;对充军、流放案加以复核,如同意按察司意见即转而咨报刑部,如不同意则发回重审。对死罪案人犯须当堂亲审,如与司、府、县审供相同(即无异议),就"具题"向皇帝奏报,副本咨送都察院、大理寺;如有异议就驳回重审或另发他司更审。

(三) 特别司法

清代特别司法,包括对宗室觉罗、旗人、军人、宦官的特别审判管辖体制。

1. 对宗室觉罗案件的审理。按《大清会典》规定,凡户婚田土案件,系宗室者,以宗人府为主,会同户部审理;系觉罗者,以户部为主,会同宗人府审理。凡人命斗殴案件,系宗室者,以宗人府为主,会同刑部审理;系觉罗者,以刑部为主,会同宗人府审理[1]。盛京地区的宗室觉罗案件,由盛京刑部、盛京将军等审理。

2. 对旗人案件的审理,分京师旗人和各省驻防旗人两种情形。京师旗人户婚田土房屋案件,由所属各旗佐领、章京、都统等初审,不服则上诉至步军统领衙门和户部。户部现审处专门负责审理旗人民事案件。京师旗人刑事案件由各旗章京、都统初审,笞杖刑案件在各旗审结,徒刑以上案件初审后上报内务府和刑部。各省驻防旗人案件,其户婚田土钱债案件,若系旗汉争讼,则由该地州县衙门初审结案;若两造均系旗人,则由该地专管旗人事务的理事厅(设理事同知或通判)初审。其刑事案件,笞杖刑案件由所在州县审结,徒刑以上案件由理事厅初审后上报将军、都统复审,直至上奏皇帝。旗人犯命盗重案,由理事同知(通判)会同州县官审理[2]。

3. 对军人案件的审理。在旗人案件(旗人为清代军人主体)之外,其他军人案件也有特别管辖。按照《大清律例》,"凡军人有犯人命,管军衙门约会有司检验归问;若奸盗、诈伪、户婚、田土、斗殴与民相干事务,必须一体约问。与民不相干者,从本管军职衙门自行追问"[3]。纯系军人内部案件,不涉及百姓者,军事衙门自行审理;涉及百姓者,实行"军民约会词讼",即由军事长官与州县长官共同审理。

4. 对宦官案件的审理。凡太监犯罪,轻者由敬事房总管太监审理,重者由总管太监奏明皇帝请旨判决。皇帝或直接降旨定罪,或交内务府治罪,或交其他大臣议罪。如交内务府,则具体由内务府慎刑司审理,拟判后请旨定罪。

---

[1] 康熙朝《大清会典》卷一《宗人府》。
[2] 参见那思陆:《清代中央司法审判制度》,北京大学出版社 2004 年版,第 206—207 页。
[3] 《大清律·刑律·诉讼》"军民约会词讼"条。

三、诉讼与审判制度

（一）诉讼制度

清诉讼制度，以《刑律·诉讼》为代表。第一，要求逐级告诉即"自下而上陈告"，不许越诉，"越诉者笞五十"。第二，允许直诉、京控或告御状，但"邀车驾及击登闻鼓申诉而不实者杖一百"。第三，禁止匿名告人罪，违者绞监候。第四，农忙期间（四月初一至七月三十）不得诉告民事及轻微刑事案，其他季节也只能在放告日（每月逢三、六、九日或逢三、五日）起诉。第五，禁止诬告，诬告他人笞罪者加所诬罪二等罚之，诬告他人流徒杖罪加三等罚之；诬告死罪，若被诬之人已死，则"反坐以死"。第六，提起告诉须为"干己"或"切己"之事；除官吏老幼妇女可由家人代告外，无关之人不得参与告诉，禁止扛帮诉讼。第七，禁止告祖父母、父母、丈夫及所有缌麻以上尊亲属甚至卑亲属，告者为"干名犯义"，即使无诬也要受罚。第八，在押囚犯，除供述已案干连他人或告发虐己之狱官外，"不得告举他事"，以防诬告罗织。第九，老幼（八十以上、十岁以下）、笃疾、妇女除极少数案外不得亲告，须由亲属代告（"抱告"）。第十，告诉书状须由"官代书"实名代书，禁止讼师讼棍私自代书参讼。

（二）审判制度

清代审判制度，主要列于《大清律例·刑律》的"诉讼""断狱"门中。第一，告状必须受理，"告状不受理"者官员有罪，重至杖一百、徒三年。第二，禁止农忙期间受理民事和轻微刑事案件。第三，听讼回避，即与原被告有亲戚师生或仇嫌关系者不得参与审判。第四，约会审理，即涉及军人、旗人、番人、僧道的案件，由地方长官约同军事、旗务、土司、僧纲道纪等官员会审。第五，不得迫令"于律得相容隐"者（即近亲属）及老幼废疾者作证，亦不得拷讯之。第六，禁止"决罚不如法"，即拷讯、笞杖行刑不依法者有罪。第七，必须"依告状鞠狱"，超越诉讼请求即"状外求罪"者以故入论。第八，断罪必须引据律令例正文，不得引据临时特旨或其他。第九，宣判时须传唤囚犯及家属到堂聆听，"取囚服辩文状"，"若不服者，听其自理（辩）"，保障上诉权。第十，笞杖刑案为"自理词讼"，州县可以审决，但徒流死罪案须逐级上报复审，军流死罪案须上报中央。

（三）会审制度

清代审判制度中，各类会审制度尤其值得注意。

1. 秋审。秋审号称国家大典，是每年一度对在押死刑犯进行特别复核的制度，系沿袭明代朝审制而来。依律例，凡死刑（绞、斩）监候案，须经过复核再决定是否执行。因复核照例于每年秋八月中下旬举行，故曰秋审。在秋审前，刑部及各省已将应入秋审案犯整理复核完毕，并区列为情实、缓决、可矜、留养四类。因可矜（有应矜恤宽免情节而免死改判他刑）、留养（家有老父母须侍养的独丁免死改判他刑）者少见，故实际上是区分决定情实、缓决。当秋审日，在天安门前金水桥西，齐集内阁、军机、九卿、詹事、科道及各院寺司监主官，对所有死刑案件"逐一唱名"确认最后结论，实为显示审慎的共鉴共诺程序。大典之后，由刑部领衔具题奏报皇帝，皇帝作出情实、缓决、可矜、留养的最后裁决。奉旨入"情实"者当年处决。

处决前,还须由刑科给事中向皇帝"复奏"(初为三复奏,乾隆时改为一复奏),然后由各道御史奏请"勾到",最后奉旨勾决者,才下令实际处决。奉旨入"缓决"者,则留待下一年度秋审;凡经三次缓决者多改为流刑或发遣。

2. 九卿会审。凡遇特别重大的案件,皇帝常命六部尚书、大理寺卿、都察院左都御史、通政使等高官会同审理,称为九卿会审。主要是对斩监候、绞监候案件进行重审,也审理当年死刑案件。许多案件在进入朝审、秋审之前已经过九卿会审。

清代还有"朝审""热审"之制。在秋审大典的前一天,对京师刑部狱中在监死囚进行复核,称为"朝审"。朝审与秋审程序相同,但需将囚犯解至现场审录。此外,每年小满后十日至立秋前一日,由大理寺左右二寺官员,会同各道御史及刑部承办司共同审录关押在京师各狱的笞杖罪囚,称"小三司会审",以期及时对轻罪囚犯加以免释、减等、保释。因于热季举行,故称"热审"。康熙时确定各省同时举行。此外还有"大三司会审",即由刑部尚书、大理寺卿、都察院左都御史会审重大案件。还有宗人府刑部会审以及军民约会等会审制度。

关键词

参汉酌金 《刑部现行则例》《大清律》《大清会典》 秋审

思考题

1. 清代的律例关系如何?
2. 从《唐律疏议》到《大清律例》,中国古代法典的篇章体例是如何发展演变的?
3. 试析清代法制相对于明代法制发生的最具时代属性的变化。
4. 试析清代法制相对于明代法制发生的最具民族属性的变化。
5. 试析清代"会审制度"空前发达的主要原因。

参考书目

1. 《皇朝文献通考·刑考一》,商务印书馆1935年版。
2. 马建石、杨育棠主编:《大清律例通考校注》,中国政法大学出版社1992年版。
3. 《刑案汇览全编(点校本)》(全15册),法律出版社2007年版。

第九章 清代的法律思想与制度(下)

第一节 清末法律思想及代表人物

一、清末法律思想观念的变化

(一) 清末律学的余绪

清末律学在清代前期律学的基础上,有所继承并有所发展。就其继承的部分来看,主要是研究方法和著作形态方面。一直以来,清代统治者在文化领域秉持着相对的高压政策,对于律学的研究方向也进行着比较严格的把控。受此影响,律文注解和律例汇编成了清代律学最具代表性的两种研究方式。就其发展的部分来看,则是在律文比较研究方面。清末的律学家们不仅注重法律条文、法律概念的比较,更将这种比较的精髓上升到对现实的批判方面,实属难能可贵。清代律学著作当中,最具代表性的两部巨著当推《刑案汇览》和《唐明律合编》。

《刑案汇览》是一部由清代学者编纂的案例汇集。该著作编者为祝松庵,道光时人,长期在地方各级衙门任幕僚。他辛勤地收集历年经过刑部驳议的重大疑难案件的有关资料,最后汇集编成《刑案汇览》。此书分前续两编。前编六十卷,收入的案件自乾隆四十九年(1784年)起至道光十三年(1833年)止,共两千八百余件。续编十六卷,收入的案件自道光十四年(1834年)起至道光十七年(1837年)止,共一百八十七件。此书规模之大,资料之多,均为过去所未有。至光绪时,沈家本又按照此书体例,编有《刑案汇览》三编,收入自道光十八年(1838年)起至同治十年(1871年)止经过刑部驳议的案件一千一百八十六件。三编连在一起,时间长达百年,案件多至四千件,可谓案件资料的皇皇巨著。

清代最著名的比较律学著作要推薛允升撰的《唐明律合编》。薛允升生于清嘉庆二十五年(1820年),卒于光绪二十七年(1901年)。为咸丰六年(1856年)进士,历任刑部主事、山西按察使、山东布政使、刑部尚书等职,前后任清代刑官近四十年,博览群书,精于律学。作者崇拜唐律,他认为,唐律"绝无偏倚踌驳之弊"[1]。《唐明律合编》仿效《永徽法经》的体例,将唐律和明律例的全部条文逐条进行比较,找出彼此的同异并加以评论。由于作者对唐律抱

---
[1] (清)薛允升撰:《唐明律合编》,怀效锋、李鸣点校,法律出版社1999年版,卷九。

崇拜态度,因此,它是一部用唐律批判明律例的著作,而由于清律例的许多条文同明律例完全或基本一样,它又是一部间接批判清律例的著作。有时书中明显流露此意。从当时的历史条件看,这是一个大胆的举动。它标志着清代律学已由单纯注释上升到也有批判精神的境界,而这正是此书的真正价值所在。

(二) 国体理论的创新和变革

西方国家侵略的深入,日益暴露了清廷统治的腐朽和吏治的败坏,改良派从发展民族资本主义经济的实践活动中,体验到"政治关系实业之盛衰,政治不改良,实业万难兴盛"[①]。郑观应以数十年之切身经历,总结出"中国工商业之一大阻力,即在官场矣"[②]。正是对清廷腐朽统治的感受不断加深,改良派逐渐把目光从科学技术移向社会政治制度,开始对西方的议会、君主立宪表现出极大的兴趣,发出了由衷的赞美之情。他们通过出使、留学、游历或阅读介绍西方的书籍,对于西方国家的政治制度已有了初步了解。经过实地观察和思考,发现议会政治是西方立国之本,而不在于船坚炮利。他们对这方面的认识程度提高很快,并且趋于一致。改良派还有意识地将中国传统的民本思想与西方议院政治的某些民主观念相比拟,为改革清廷专制政体制造舆论。

改良派不只一般地论证议院是"英美各邦所以强兵富国,纵横四海之根源也"[③],还初步提出中国如何仿行的问题。随着对西方议会政治认识的深化,改革清廷政治以解救民族危机的紧迫感使得改良派对西方议院的赞美也逐渐由通上下之情转向议院集权的民主制度。郑观应明确表示:"宪法乃国家之基础","宪法不行专制严","宪法不行政难变"[④],因此极宜制定宪法。何启和胡礼垣则主张变君权立法为议院立法:"今之法令宜若何,俱由议员订定,将来法令如有再改,亦由议员酌商。"[⑤]陈虬还提出:"凡荐辟刑杀人,皆先状其事实于议院,有不实不尽者,改正之。"[⑥]这些论述,说明议院已经不是咨询机关,而是拥有最高立法权的权力机关,表现了改良派对于议院性质与职能在认识上的飞跃。

改良派关于革新政治、设立议院、实行君民共主的宪政思想,是区别于洋务派的一个重要标志,也是中国近代民主政治思想发展的阶段性成果。它的出现是和民族资本主义经济的生长和阶级构成的某种变化分不开的。改良派的思想与形势的发展相适应,逐渐从保守到激进,从含蓄到明确,作为一种宪政思潮,不仅为戊戌变法时期的维新派提供了必要的思想素材,也是中国近代法制文明史上的重要篇章。

(三) 朝贡体制式微与国际法的确立

在长期的历史发展过程中,由于中国比周边国家和民族拥有较高的文明程度,中国和周边一些国家、民族如朝鲜、越南、缅甸等之间逐渐形成了一种朝贡关系,朝贡制度成了中国古代统治者处理对外关系的主要模式。但是,19世纪70年代,随着西方列强入侵的加剧,中

---

① (清)郑观应:《盛世危言后编·自序》。
② (清)郑观应:《致工商部参议君笙书》,载《盛世危言后编》卷七。
③ (清)陈炽:《议院》,《庸书·外篇》卷下。
④ (清)郑观应:《盛世危言后编·自序》。
⑤ (清)《新政议论》,载《新政真诠》二编。
⑥ (清)陈虬:《变法》,载(清)陈虬撰:《治平通义》。

外之间源远流长的朝贡关系和以此为主要内涵的宗藩体制名存实亡。随着形势的发展,原有的朝贡制度逐渐失去了其适用对象,适用范围越来越小,从而使得在事实上,即使清廷不放弃它,它也失去了存在的基础。

1887年,当朝鲜决定向欧美派驻外使节时,清廷先是出面阻止,迫使朝鲜按惯例向礼部呈递咨文,征得清廷同意。随后,又对朝鲜使节的外事活动做了很多限制。这些规定,将原本松弛空洞的宗藩关系具体化,带有浓厚的主从尊卑色彩,遭到朝方的坚决抵制,难以贯彻实施。到1895年,随着中日《马关条约》的签订,中朝宗藩关系宣告解体。与此同时,中国与其他朝贡国如越南、暹罗、缅甸的关系,也经历了一个类似的过程。随着朝贡国的消失,朝贡制度也就失去了存在的意义。

18世纪后期,英国在世界上最早开始工业革命,迅速成为最强大的资本主义国家,它是迫使清王朝实现外交转型的主要外部势力。1792年,英国国王乔治三世任命马戛尔尼为特使,派他组团访华。清廷自视为"天朝上国",其他外国都是蛮夷之邦,都应被纳入以中国为中心的宗藩朝贡体系之中,所以英国使臣觐见中国皇帝自然要行三跪九叩首之礼,而这对多数欧洲国家来说被认为是屈辱,是绝对不能接受的。1816年,英王又派阿美士德勋爵率使团访华。但由于英国使臣表示拒绝对清帝行三跪九叩首之礼,他们连嘉庆皇帝的面也未能见到便被驱逐回国。

随着中西交往的增多,清廷逐渐认识到还存在着另外一套国家之间的交往规范,而且这套规范被更多国家所遵循。遵循这一套国际规范,不仅有利于清廷与西方国家之间的相互了解,而且可以维护自身利益。为此,清廷加强了对西方国际法和国际交往规范的学习。1864年9月,美国驻华公使蒲安臣向清廷官员推荐美国国际法学家惠顿的《国际法原理》,这本书受到清廷官员的高度重视。清廷官员逐渐认识到,按照国际上通行的规范与西方国家交涉,能够收到更好的效果。1864年,恭亲王成功地迫使普鲁士公使释放一艘被扣留在中国领水的丹麦船只;1875年在解决马嘉理案件中又引证了惠顿的著作。

列强通过第二次鸦片战争,除夺取了更多的在华权益外,还迫使清廷进一步改变了传统外交体制和外交礼仪惯例。以英国为首的西方国家不但取得了公使驻京的外交权力,还以条约的形式将中外国家和官员往来关系明确而具体地规定下来。1858年中俄、中英、中美和中法之间的《天津条约》中分别列有交换常驻使节的条款。在这种情况下,有些清廷重臣开始意识到现代外交的重要性,主张设立处理外事的专门机构。1901年7月,清廷下令将总理衙门改为外务部。皇帝外交最高权力的逐步淡出、中央专职外交机构的建立及其外交权力的延展、外交官的养成制度等,标志着一种新的外交制度初现雏形。

二、代表人物的法律思想

(一) 洪秀全、洪仁玕及其法制思想

1. 洪秀全的法律思想。洪秀全,原名仁坤,广东花县人,出生在农民家庭。少年时期的洪秀全生活在农民群众中,了解和熟悉农民群众的疾苦和革命要求。1843年他创立了"拜上帝会",开始利用宗教形式发动和组织群众,图谋推翻清政府。1845年至1846年,洪秀全回乡撰写《原道救世歌》《原道醒世训》和《原道觉世训》等充满革命激情的宗教宣传作品,

为太平天国起义积极进行准备工作。1851年1月10日,洪秀全在金田村宣布起义,建立"太平天国"。1864年,洪秀全病逝,太平天国也因遭到清兵和外国侵略军的联合进攻而失败。

洪秀全的法律思想散见于他撰写的宣传宗教的小册子以及他旨准颁布的太平天国的法律、法令、条例、文告和诏书中。有以下几个比较有代表性的方面:

(1)"除妖安良""斩邪留正"的法制原则。洪秀全在《太平救世歌》中提出:"除妖安良,政教皆本天法;斩邪留正,生杀胥秉至公。"他把清统治者及其统治一律斥之为"妖""邪";把农民及其反抗斗争视为"良""正"。"除妖安良""斩邪留正"这一口号后来成为太平天国法制的基本原则,对于镇压敌对分子,推动太平天国运动的发展起了重要的指导作用。

(2)反传统的财产法思想。洪秀全认为,产生社会矛盾的根源是"一出于私"的社会经济制度。因此主张"人无私财""天下为公"。他提出,在太平天国实行圣库制度,"将一切所有缴纳于公库,全体衣食俱由公款开支,一律平均"。①《天朝田亩制度》正是这种公有思想的具体法律表现,它以改革传统土地所有制为核心,提出一套社会结构的设计,宣布废除一切土地私有制,剥夺地主的土地所有权,计口授田,财产公有,共同生产,彼此支援。洪秀全平均主义的财产法思想具有强烈的反传统性质,体现了广大民众反对传统剥削制度、渴望"耕者有其田"的愿望和要求。但是,这种极端平均主义的思想毕竟是一种不符合社会客观规律的空想。

(3)抽象的男女平等法律主张。在太平天国运动中,洪秀全曾提出过妇女解放、男女平等的思想。从"天下一家,共享太平"②的理想出发,洪秀全提出:"天下多男人,尽是兄弟之辈,天下多女子,尽是姐妹之群。"③在洪秀全这一思想指导下,太平天国制定了一系列保护妇女的合法权益、否定传统夫权和婚姻的法律、法令和条例,还通过法律手段强制禁绝娼妓。《天朝田亩制度》对妇女的经济地位和婚姻权益作出规定,在财产分配方面,妇女与男子享有同等的权利,规定"凡分田照人口,不论男女",即男女平等分配的原则。

2. 洪仁玕的法律思想。洪仁玕站在时代的前列,顺应历史潮流,主张"不从清朝法律",废除旧的传统帝制法律制度,创建"新世界"的法律制度,也就是资本主义的法律制度。④洪仁玕主张中国古代法律走向近代文明的思想,集中地体现在他在1859年所著的《资政新篇》和《立法制演谕》等重要著作之中。洪仁玕的法律思想主要是引进西方先进资本主义制度。

从国家与法制的关系来看,洪仁玕不仅吸收了历史上卓越政治家、思想家"以法治国"的思想,总结了太平天国法制建设的经验与教训,更借鉴了西方资本主义国家的近代法制,从更新的视角来论证国家与法制的关系。洪仁玕开始认识到国家与法制的内在联系性以及法制的特殊重要性。任何一个国家都需要建立法制,以维护统治阶级的统治,调整国家机器的运转,保持稳定的社会秩序。没有法制的国家是不存在的,法制废弛的国家也不可能强大和长存。

从法制与时代的关系来看,洪仁玕站在19世纪中叶的时代高度,从中国与世界相互关系的角度,批判了清廷统治者闭关锁国、夜郎自大的愚昧虚骄。他认为当时西方资本主义国家的邦法更为先进,因此他要求立法之人,除了必须具备一般应有条件外,还应放眼世界,参

---

① 中国史学会主编:《太平天国》(六),上海人民出版社1957年版,第870页。
② 《原道醒世训》。
③ 《原道醒世训》。
④ 《英杰归真》。

酌西方资本主义国家的某些法制来制定中国的法律、法令。

从以上两方面,可以看出洪仁玕改革法制的主张主要是采行西方资本主义国家的法律制度。西方历史学家对洪仁玕有较高的评价,认为他是西方文明在中国最早的传播者和实践者之一。

(二) 康有为、梁启超的宪政思想与中国现代法学开端

1. 救亡图存,唯有维新。1840年鸦片战争以后,中华民族面临着日益深重的危机。戊戌变法,就是在甲午战败之后,民族危机进一步加深的历史背景下,一批负有历史使命感的知识群体所发动的政治运动。他们慷慨陈词,不惜流血牺牲,以换取中华民族的自存、自立、自强。这在康有为的历次上书中都可以得到证明[1]。梁启超也列举印度、波兰及非洲一些国家被瓜分的实例,来说明它们的悲剧就在于"政事不修""守旧不变"[2]。

2. 设议院。根据西方的宪政原理,建立君主立宪制首要的是设议院。光绪二十一年(1895年)五月,康有为在轰动中外的"公车上书"中,便以设立议院作为"立国自强之策"和变法的核心内容。康有为关于设议院的主张,是以不损害君上大权为前提的,这与西方资本主义国家的议院有着明显的不同。这种议院,实际上是君主立宪政体下的咨询性机关。

3. 制定宪法。如果说设立议院,是19世纪70年代改良主义思潮的共同内容之一,那么戊戌变法期间,康有为正式向清帝提出制定宪法,就是一个崭新的举措。梁启超也是制定宪法的拥护者,梁启超希望通过宪法来限制君权、发展民权,他认为君权之所以有限,"非臣民限之,而宪法限之也"[3]。至于民权,也只有通过立宪才能得到保障,"宪法与民权,二者不可相离,此实不易之理,而万国所经验而得之也"[4]。

4. 实行三权分立。戊戌变法时期的维新派,从理论上都赞同孟德斯鸠的分权论,认为分权论"实能得立政之本原"[5]。康有为曾一再建议光绪皇帝仿行西方国家三权分立的体制,用以改革中国延续两千多年的君主专制制度[6]。他表示,军机处等制度未能维护国家的稳定[7],因此,急需按照三权分立原则建立君主立宪制。梁启超也是分权论的倡行者,他对创立这一理论的孟德斯鸠极为推崇[8]。他表示,这种分权的制度不仅在中国古代有渊源[9],在国外也备受重视[10]。

由于梁启超是君主立宪的拥护者,他主张君主如能顺从时势,主动开议院,将立法权交给国民,实行君主立宪制,既可以保证君主享其"安荣""安宁",还是"防杜革命之第一要着也"[11]。这些言论充分说明梁启超宪政思想的改良主义性质。

5. 建立新的法律体系。康有为鉴于西方国家的法律对民主富强所起的积极作用,希望

---

[1] 中国史学会主编:《戊戌变法》(二),上海人民出版社1957年版,第123-202页。
[2] 梁启超:《变法通议》,载《饮冰室合集》(第1册)。
[3] 梁启超:《立宪法议》,载《饮冰室合集》(第5册)。
[4] 梁启超:《立宪法议》,载《饮冰室合集》(第1册)。
[5] 梁启超:《饮冰室合集·文集之十》。
[6] 《上清帝第六书》,载中国史学会主编:《戊戌变法》(二),上海人民出版社1957年版,第197-202页。
[7] 《上清帝第六书》,载中国史学会主编:《戊戌变法》(二),上海人民出版社1957年版,第197-202页。
[8] 梁启超:《法理学大家孟德斯鸠之学说》,载《饮冰室合集》(第2册)。
[9] 梁启超:《法理学大家孟德斯鸠之学说》,载《饮冰室合集》(第2册)。
[10] 梁启超:《法理学大家孟德斯鸠之学说》,载《饮冰室合集》(第2册)。
[11] 梁启超:《政治学学理摭言》,载《饮冰室文集》卷十九。

制定新的法律,作为推行变法主张的重要手段,遂提出"宜变法律、官制为先"①。正因为如此,在康有为设计的领导变法、执掌立法权的制度局中,将法律局列于诸局之首。

康有为的总体构想是:通过采用日本维新后的资产阶级性质的"法制章程",建立新的法律体系。在新的法律体系中,应以宪法为主导。他提出制定一部英、日式的资产阶级宪法,使君民同受其治②。除宪法外,新的法律体系中还包括各种部门法。康有为在《上清帝第六书》中明确提出:"今宜采罗马及英、美、德、法、日本之律,重定施行……其民法、民律、商法、市则、舶则、讼律、军律、国际公法,西人皆极详明,既不能闭关绝市,则通商交际,势不能不概予通行。然既无律法,吏民无所率从,必致更滋百弊。且各种新法,皆我所夙无,而事势所宜,可补我所未备。故宜有专司,采定各律以定率从。"

上述康有为关于建立新法律体系的主张,说明随着民族资本主义经济的发展,制定调整新经济关系与社会关系的法律,已被日益迫切地提上议事日程。康有为等人关于新法律体系的构想是他们设计的君主立宪制国家蓝图中的一个组成部分,如能实现,就意味着一个以六法为架构的西方大陆法律体系将取代中国旧有的帝制传统法律体系。

综括上述,设议院、实行三权分立、建立以宪法为统领的法律体系,是维新派设计的君主立宪制国家蓝图的主要部分,但由于顽固势力发动政变,所有变法的精心设计都化作泡影。

(三) 张之洞、刘坤一与《江楚会奏变法三折》

光绪二十六年(1900年)十二月初十日,在"庚子事变"中流亡西安的慈禧太后以光绪皇帝的名义发布新政改革上谕,上谕的发布标志着清末新政的开始。对于清廷的新政变法,张之洞反应积极,对于如何覆奏的问题,便有了会商各省督抚联衔上奏的行动。此后,朝中情况出现变化,联署一事被搁置,张之洞便与刘坤一商议江、鄂会奏事宜。在吸取多方面意见和与刘坤一不断商议的基础上,光绪二十七年(1901年)五月初,在张之洞主持下完成了江楚覆奏变法初稿的起草工作。

在此过程中,刘坤一的制约发挥了重要作用。在与各省督抚商议联衔会奏的过程中,当张之洞向刘坤一、袁世凯等八位督抚大臣提出"仿行"西方议院主张时,刘坤一公开表示反对,主张会奏必须保持稳健。因此,整个会奏的主张基本没有出现政治上特别激进的内容,这与张之洞原本的计划并不完全相同。

尽管张之洞在起草《江楚会奏变法三折》时征求和参考了多方面的意见,但他是奏折的主稿者,《江楚会奏变法三折》与张之洞以前的稳健变革思想尤其是《劝学篇》的思想是相符的。这主要表现在:

1. "中体西用"的变革宗旨。《劝学篇》的核心思想是"中体西用"的文化观。在中西文化关系问题上,主张中学为主西学为辅,取西学之长补中学之短,在向西方学习的同时,坚持中国的伦常名教。《江楚会奏变法三折》在处理中西文化关系问题上也贯彻了"中体西用"的精神。

2. 取法日本的变革模式。日本是学习西方的成功典范,《劝学篇》主张中国可以通过学习日本来达到向西方学习的目的,中国学习日本有许多有利的条件,"我取径东洋,力省效速",这是一条捷径。《江楚会奏变法三折》同样强调了学习日本便捷有利:"日本诸事虽仿

---

① 汤志钧等编:《中国近代教育史资料汇编·戊戌时期教育》,上海教育出版社 2007 年版,第 133—134 页。
② 《上清帝第六书》,载中国史学会主编:《戊戌变法》(二),上海人民出版社 1957 年版,第 197—202 页。

西法,然多有参酌本国情形,斟酌改易者,亦有熟察近日利病删减变通者,与中国采用尤为相宜。"因此,在采用西法的许多措施上都主张直接仿效日本。

3. 稳健的变革道路。本来,张之洞在起草《江楚会奏变法三折》时也曾有过一些诸如设议院之类的"骇俗"之论,但都没有写进奏折之中;事实上,《江楚会奏变法三折》所举各条皆平实,"布告天下则不至于骇俗"。这些都符合《劝学篇》的基本精神。可见,《江楚会奏变法三折》的主要思想来源应是张之洞以《劝学篇》为中心的变法思想主张。

具体而言,三奏折主要包括以下建议:

第一折:设文武学堂、酌改文科、停罢武科、奖劝游学。

第二折:崇节俭、破常格、停捐纳、课官重禄、去胥吏、去差役、恤刑狱、改选法、筹八旗生计、裁屯卫、裁绿营、简文法。

第三折:广派游历、练外国操、广军实、修农政、劝工艺、定矿律、路律、商律、交涉刑律、用银元、行印花税、推行邮政、官收洋药、多译东西各国书。

《江楚会奏变法三折》所提出的各项建议,不仅切实可行,而且稳健保守,这在当时较为动荡的政治局势下是难能可贵的,更赋予了其在实践方面的无限可能性,《江楚会奏变法三折》堪称新政的总纲领或总方案。

(四) 修律大臣沈家本及其法律思想

沈家本,字子淳,别号寄簃,汉族,吴兴(今浙江湖州)人。沈家本从小学习儒家经典,尤精于经学和文字学,他继承了我国学术传统中宝贵的考据方法和求实精神,是当时"以律鸣于时"的著名法学家。沈家本二十岁就考取了秀才,二十五岁中了举人,不过以后考进士接连不第。但他已在刑部候补郎中,之后一直在刑部任职,积累了丰富的法律经验。他在光绪九年(1883年),也就是四十三岁时得中进士,任奉天(今沈阳市)司正主编,兼任秋审处坐办、律例馆帮办,后又升为协理管理等。光绪十九年(1893年),出任天津知府,后调任保定知府。光绪二十八年(1902年),经直隶总督袁世凯、两江总督刘坤一、湖广总督张之洞的联名保举,清廷下令,派沈家本、伍廷芳主持修订法律。之后历任刑部右侍郎、修订法律大臣,并兼大理院正卿、法部右侍郎等职。

沈家本在西方法治文化的接受上取开明态度,光绪二十八年(1901年)成立修订法律馆后,大量翻译德意志、美国、俄罗斯、日本、法兰西等各国的法律法规和法学著作。他在修律中大量移植西方近代法律,形成了自己独有的法律思想,陆续编定了中国的民律、商律、矿律、路律、刑律还有诉讼法等,为中国近代法治的发展做出了卓越贡献。著有《历代刑官考》《历代刑法考》《汉律摭遗》《明律目笺》《文字狱》《刑案汇览》《读律校勘记》,另有《古今官名异同考》等。后人编有《沈寄簃先生遗书》《枕碧楼丛书》传世。

沈家本在主持修律的活动中所表现出的指导思想,大致包括以下几个方面:

1. 论证修律的合理性与必要性。沈家本继承了先秦法家为辩护变法的合理性而提出的"法与时转""治与时宜"的思想,指出法律应该随着时代进行变化。为了说服清廷"祖宗成法"亦可变动,他举康雍乾三朝多次修改律例的"故事",还从中国与世界的关系和进化的历史潮流出发,阐述了修订法律的必要性。①

---

① 故宫博物院明清档案部编:《清末筹备立宪档案史料》(下册),中华书局1979年版,第848页。

2. 阐述修律的宗旨。光绪二十八年(1902年)四月初六颁发的上谕中,已经明白地表达了晚清修律的宗旨。对于这个修律宗旨,沈家本是认同的,并积极予以贯彻。为了使新修之律能够中外通行,沈家本以近代西方国家的法律作为范本。他通过对中西法律的比较,认为近代西方国家的法律比中国封建旧律更为文明和进步,因此在奏请编定现行刑律的奏折中明确表示:"专以折冲樽俎,模范列强为宗旨。"①

沈家本深知立国悠久的中国,"礼教风俗不与欧美同,即日本为同洲之国,而亦不能尽同,若遽令法之悉同于彼,其有阻力也",只有"不戾乎我国世代相沿之礼教、民情",才能做到"以中国法律与各国参互考证",兼取中国固有的法律和西方资产阶级法律之长②。

综上所述,沈家本较为全面地阐述了修律的宗旨,他主张"甄采"各国立法,修改封建旧律,反映了进步的历史潮流。他对只崇西法、忽视探讨中法的批评,也有其合理的一面。至于他所持有的专以"模范列强为宗旨",使中法与西法无大悬绝,便可以收回治外法权的认识,显然是幼稚的、不切实际的。

3. 仿效大陆法系构建新的法律体系。沈家本在修律的过程中,深感以传统刑律为主的法律体系,难以适应海禁大开以后的新的社会关系,对传统的诸法合体的法典体例的改革迫在眉睫。在修律实践中,沈家本奏上《进呈诉讼法拟请先行试办折》,提出《刑事民事诉讼法》五章二百六十条,另附颁行例三条。稍后,沈家本、伍廷芳会同商部,上奏《商律》之《破产律》,并上书清廷"拟请编定全国性审判章程"及《法院编制法》。

此外,在修订法律馆分设专科,分任民律、商律、刑事诉讼律、民事诉讼的调查起草,并派员分赴各地调查考察民事、商事习惯。截至清亡已经编成《大清新刑律》,还主持和参与制定《大清民律》《大清商律》《大清民事诉讼律》《大清刑事诉讼律》《大清法院编制法》等部门法典。

上述法典基本属于草案,未及施行,清廷便已覆亡。但是一个仿大陆法系的中国近代法律体系已经基本成型,沈家本的思想影响及实际作为,均功不可没。

4. 翻译西法与考察调研并举。沈家本认为翻译西方国家的法律与法学著作,是修律的重要起点。他说:"参酌各国法律,首重翻译""欲明西法之宗旨,必研究西人之学,尤必编译西人之书。"③在沈家本主持修律期间,广购各国最新法典,罗织译才,分任翻译。为使译员所译之书信达、准确,他亲与"原译之员,逐句逐字反复研究,务得其解"④。为了编撰会通中西的新法律,沈家本"不惜重资,延请外国法律专家,随时咨问"⑤。日本法学家冈田朝太郎等,不仅充任修律顾问,还参与起草新法,使得资产阶级的法律原则被更直接、便当地输入到中国的法律之中。

5. 设立法律学堂与培养新的司法人才。沈家本深知"法律为专门之学,非俗吏所能通晓,必有专门之人"⑥。然而在传统社会,法律之学的普及并不理想。经过沈家本的奏请,

---

① 故宫博物院明清档案部编:《奏请编定现行刑律以立推行新律基础折》,载故宫博物院明清档案部编:《清末筹备立宪档案史料》(下册),中华书局1979年版,第852页。
② (清)沈家本:《裁判访问录序》,载《寄簃文存》卷六。
③ (清)沈家本:《新译法规大全序》,载《寄簃文存》卷六。
④ 《修订法律大臣沈家本奏修订法律情形并请归并法部大理院会同办理折》,载故宫博物院明清档案部编:《清末筹备立宪档案史料》(下册),中华书局1979年版,第838页。
⑤ 《奏修订法律大概办法折》,载《政治官报》第19号,光绪三十三年(1907年)十月初八。
⑥ (清)沈家本:《寄簃文存》卷一。

清廷于光绪三十二年(1906年)九月,设立中国第一个法律学堂,学员数百人。法律学堂设立后,沈家本对讲学非常重视,强调"法之修也,不可不审,不可不明,而欲法之审,法之明,不可不穷其理,而欲穷其理,含讲学又要由哉"①。鉴于当时缺乏教习人员,特别聘请日本法学家冈田朝太郎、松冈义正担任主讲。由于培养司法人才是预备立宪与司法改革所急需,所以各地各类法政学堂纷纷设立,沈家本充满信心地说:"吾中国法律之学,其将由是而昌明乎。"②

宣统二年(1910年)正月,沈家本又奏请派员调查各省民事习惯,得到清廷批准后,即着手制定《调查民事习惯章程十条》,规定调查方法、调查内容及答复的期限等。在沈家本主持下进行的民事商事习惯调查,不仅直接服务于清末法治变革,而且为中华民国时期民法的制定提供了重要的文献基础。

(五)劳乃宣与"礼法之争"

1. 劳乃宣的变法思想和宪政思想。劳乃宣在变法这个问题上,持有鲜明的支持观点,虽然劳乃宣主张变法,但是他所指的变法并非把中国固有的一切全然颠覆,而是在"道不变"的前提下进行变革③。变法要有依据,方向是科学发展的方向,但是依据要学习古代的贤人④。在立法宗旨是国家主义还是家族主义的争论中,劳乃宣也没有直接批判国家主义的缺陷,而是将自己所主张的家族主义扩而广之,将其理解为广义的家族主义以和国家主义衔接,由此可见他变法的温和、折中态度。

劳乃宣主张的君主立宪制是内阁制,以君主作为国家的代表和元首,以政府的总统作为国家事务的管理者和执行者⑤。但是劳乃宣的君主立宪制仍然是传统礼教思想支配下的"忠君爱国"的君主立宪⑥。在讨论政体的时候,劳乃宣仍不忘提到"民心"。他指出:"远征吾国历代之兴亡,近察近日民心之向背,平情衡度以成此,议质之当世明达,君子或不河汉余言也乎。"⑦

2. "礼法之争"中的劳乃宣。宣统二年(1910年),《修正刑律草案》交宪政编查馆核订,劳乃宣以草案正文违背礼教精神,同时《附则》将旧律礼教条文另辑单行法规是"本末倒置"为由,向宪政编查馆上《修正刑律草案说帖》,要求加入旧律有关伦纪礼教诸条。沈家本针对劳乃宣的说帖写了《书劳提学新律说贴后》,积极回应。劳乃宣立即又作《管见声明说帖》回应。⑧在这次讨论中,争议的焦点在于两个方面:一为亲属间相犯加重或减轻刑罚是否应该列入法律正文;二为无夫妇女和奸是否应该作为犯罪进入刑法的惩罚范围。

事实上,《修正刑律草案说帖》并非简单的用"古人之道不可变"来勉强论证自己的观点,针对其中的每一条,劳乃宣都对比了西方各国相应的条款,比较各国不同的立法背景以及风俗,然后找出与中国的相同点和不同点,依此拟出相应的条文。

---

① (清)沈家本:《法学通论讲义序》,载《寄簃文存》卷六。
② (清)沈家本:《法学通论讲义序》,载《寄簃文存》卷六。
③ 劳乃宣:《桐乡劳先生(乃宣)遗稿》,文海出版社1969年版,第85页。
④ 劳乃宣:《桐乡劳先生(乃宣)遗稿》,文海出版社1969年版,第99页。
⑤ 劳乃宣:《桐乡劳先生(乃宣)遗稿》,文海出版社1969年版,第163页。
⑥ 劳乃宣:《桐乡劳先生(乃宣)遗稿》,文海出版社1969年版,第161页。
⑦ 劳乃宣:《桐乡劳先生(乃宣)遗稿》,文海出版社1969年版,第164页。
⑧ 周旋:《清末礼法之争中的劳乃宣》,载《华东政法大学学报》2009年第4期。

劳乃宣提出要将这些干名犯义的条款列入正文的第一个理由就是要尊重本土的风俗。劳乃宣认为法律生于政体，政体生于礼教，礼教生于风俗，风俗生于生计。他认为当时的世界，存在农桑、猎牧、工商三种生计，与之相适应的有家法、军法、商法三种法律。每一种生计对应一种法律，我国是农桑之国，所以应当以家法治国①。

其次，劳乃宣对《修正刑律草案》有利于夺回领事裁判权的观点进行了批驳。他首先从国际法的角度指出不同国家法律中所存在的本质性的冲突问题是必然存在的，不能因为要让外国人遵守本国的法律而制定与外国一样的法律，这样无异于削足适履。我们修改法律的目的应该是将不合理的部分去掉，保留符合中国本土风俗的部分，而不应以完全与外国法律相同为目的②。所以他得出结论：先寻求法律的趋同再让他国人遵守的预设，是非常不明智的。③

最后，劳乃宣对认为道德和法律没有关系的观点进行反驳，再一次强调儒家主张的出礼入刑观点。劳乃宣反对将道德和法律作出黑白两界式的区分④，认为法律虽然不同于道德，但是具有道德导向作用，对认为道德与法律无关的观点进行了批驳。⑤并且在论证传统"德主刑辅"的过程中，也深刻反映了劳乃宣典型的中国传统法律观，他多次提到"保治安"，认为法律是安国安民的工具，而并非保障人民权利的保障书。⑥

在提出的修改意见中，随处可见劳乃宣的温和改革主张。比如在无夫奸的条文中他并没有直接将无夫奸罪与有夫奸罪同科，而是分为两等分别处罚："今草案专列有夫犯罪，其无夫犯奸者不为罪，则失之太过矣，中国风俗视奸情之事于处女孀妇尤重，若竟不以为罪，殊不当于人心，唯有仍按旧律分别无夫有夫为两等最为平。"⑦可见，劳乃宣虽然是礼教派忠实的维护者，但是仍旧在努力维护他心目中的"平"，也就是正义，这对于一个立法者来说不失为一种重要的品质，就是要衡量各方面的因素，达到衡平的状态，虽然对于"正义"的理解古今有所不同。可以说，劳乃宣受传统文化影响颇深，即使身处礼教派与革新派的争论漩涡中，我们也可随处看到他"中庸"的态度。

（六）伍廷芳与西方法律思想的引入

伍廷芳，字文爵，号铁庵，广东新会县人，出身于商人家庭。1861年自筹经费留学英国林肯法学院，毕业后取得大律师资格，返回香港担任律师，并被香港政府聘为法官兼立法局议员。1902年，刘坤一、张之洞、袁世凯推举他为修订法律大臣，不久又被任命为会办商务大臣，由美国直达上海"妥协商约"。次年9月10日补授伍廷芳为商部左侍部，旋又改派伍廷芳为外务部右侍郎，同时兼修订法律大臣。光绪三十三年(1907年)，伍廷芳再次出使美国、墨西哥、秘鲁、古巴，两年后被召回。

伍廷芳是中国近代史上通晓西方国家法律、热心改革中国传统法制的著名代表人物。他在和沈家本共同担任修订法律大臣期间，参与修订了新刑律草案，揭开了中国近代立法史

---

① 劳乃宣：《桐乡劳先生(乃宣)遗稿》，文海出版社1969年版，第868页。
② 劳乃宣：《桐乡劳先生(乃宣)遗稿》，文海出版社1969年版，第901页。
③ 劳乃宣：《桐乡劳先生(乃宣)遗稿》，文海出版社1969年版，第899页。
④ 劳乃宣：《桐乡劳先生(乃宣)遗稿》，文海出版社1969年版，第901页。
⑤ 劳乃宣：《桐乡劳先生(乃宣)遗稿》，文海出版社1969年版，第902页。
⑥ 劳乃宣：《桐乡劳先生(乃宣)遗稿》，文海出版社1969年版，第903页。
⑦ 劳乃宣：《桐乡劳先生(乃宣)遗稿》，文海出版社1969年版，第923页。

上重要的一页。伍廷芳的法律思想主要表现如下：

1. 抨击清廷专制政体，主张变法图强。伍廷芳的出身学识使他敏锐地觉察到封建专制制度下的政治腐败、法纪废弛所带来的社会危机。为了改革清代腐朽的政治法律制度，他希望按西方资本主义国家的模式，进行政治法律制度方面的改革。但是保守的清廷不加理睬，使他非常失望。从此，他从维护清王朝统治的改良主义立场，逐渐转向支持孙中山领导的资产阶级民主革命。他认为清王朝的专制腐朽与高压是驱动民心转向共和的重要原因。

2. 平等、自由以法律规定者为限。伍廷芳所说的平等权，是就法律面前人人平等而言的，这是资产阶级的法制原则，它同以公开确认等级特权为特征的封建法律是对立的。对于自由，伍廷芳也强调以法律所赋予者为限。他强调守法是自由的前提，"人能守法，斯能自由"，并以此照望国民"切勿误会也"[①]。

法律范围以内的平等权与自由权，是资产阶级民主与法制原则的具体表现，伍廷芳称之为"真理"。虽然这种真理是盖有资产阶级权利的印章，但与传统帝制的公开等级特权相比，无疑是历史的进步。但是伍廷芳认为"上天生人，品类不齐，性质亦异"[②]，因而反对国民权利平等。

3. 改良司法，实行司法独立。伍廷芳对司法十分重视，强调"中国政治，欲有所进步，须先从司法一门入手"[③]。为使人们认识这一点，他郑重指出：中国之所以衰弱，欧美之所以强盛，根本原因不在于西方资本主义国家船坚炮利，而在于政治制度优越。前者只是其"皮相"，后者才是其"富强之真相"。而为达到政治清明，必锐意改良司法，形成有利于资本主义工商业发展的政治秩序，建立强盛的国家。改良司法关系万民安居与国家富强，他把"整顿司法"视为"以固民心"之先务，断言"国家致富，无逾于此"[④]。

伍廷芳浮沉清廷宦海几十年，长期在欧美国家学习和工作，受资产阶级法律影响十分明显，成为其法律思想的主要特点。由输入欧美法律改革传统旧律，到立法定制建立资产阶级的法律体系和司法制度，是当时开明的官僚、士大夫所共同追求的。所不同的是，伍廷芳在打破清廷恪守的祖宗成法，在引进资本主义法律制度和制定新律等方面多有贡献，为法律制度的近代化耗费了全部精力。

第二节 清末变法修律的时代背景

一、不平等条约对清末变法修律的影响

近代的中国是中国的昨天，而清末法制又是由几千年来传统的中华法系向近代法律转变的开端。其变化之大、影响之深可以说前所未有。纵观清末法制的演变，不难看出，不平等条约当是导致这一演变的重要因素。自道光朝中期以后，各资本主义国家先后由海、陆来我国寻求贸易，近代不平等条约由此发端。

---

① （清）伍廷芳：《中华民国图治刍议》。
② （清）伍廷芳：《中华民国图治刍议》。
③ （清）伍廷芳：《中华民国图治刍议》。
④ （清）伍廷芳：《中华民国图治刍议》。

所谓条约,其时一般指两个或两个以上的国家关于政治、经济、贸易、法律、文化、军事等方面规定彼此间权利义务的各种协议的总称。条约依国际公法,一般在形式上分为条约、约定、协约、宣言和议定书等几种。此外,为解释条约或加以变更、废除及补充,还有诸如追加条约、别约和续约等。这是近代国际通行的主要条约形式。而依条约的性质,一般又分为政治条约、社会(文化)条约和经济条约三类,当然这仅是相对而言的。

近代列强提取在华权益的法律依据多是通商条约,以形式而论属于经济条约,而实际上近代中国的法权、财权以及政权之所以屡遭侵夺,多源于此类条约。自 1840 年鸦片战争导致中英《南京条约》的缔结,开近代不平等条约之端,至清廷于 1901 年下诏变法这一时期,总的来讲,不平等条约尚未对古老的中华法系在整体形式上有多大触动。表面上大清律仍在维持着大清帝国的法统,但这一时期不平等条约却从经济、政治、思想、文化等方面,起着动摇传统法统根基的作用,而领事裁判权、会审公廨制度、关税权的丧失又标志着这个古老帝国的司法独立遭到破坏和侵蚀。又经中日甲午战争、戊戌变法,不平等条约开始真正从内容到形式对清末法制产生了巨大的影响。上述两个时期可概括为不平等条约对清末法制的间接影响和直接影响两个阶段。

(一) 近代不平等条约对清末法制的间接影响

随着列强用鸦片和大炮轰开了闭关锁国的清帝国的天朝大门,延续几千年的传统社会农业自然经济结构发生了一系列剧变。列强依据不平等条约对中国的商品倾销和资本输出,以亘古未有的速度蚕食着中华法系赖以生存的基础——自给自足的小农自然经济,刺激着国内资本主义发展。据统计,同治三年(1864 年)输入总额为一亿零五百三十余万两(白银),到光绪十三年(1887 年)增至二亿一千四百二十余万两(白银)[①]。至 1894 年甲午战争前,列强在中国的投资总额已达二三亿美元,依据不平等条约开放的沿江沿海各通商口岸地区[②],新兴起大批近代厂矿企业。如光绪四年(1878 年),直隶总督洋务派首领李鸿章以官商资本银二十七万两[至光绪八年(1882 年)增至一百二十万两]设开平矿务局于天津,成为近代中国以西方近代工业方式开矿之端。各种新式棉纺织厂,到光绪二十九年(1903 年)已达六千零六十六家。[③] 此外,近代银行也随之发达起来,史载:"光绪以降,世变益甚,中外银行多所兴设。"[④] 上述新出现的社会经济关系,要求有相应的法律规范予以调整。对列强来说是借此维护其在华攫取的权益,对国内民族资产阶级来说则是为"实业救国"和与列强"商战"寻求法律保障,这样就形成了内外、朝野各方面对清廷的压力。"以刑为主、诸法合体"的传统中华法系面临着这一难以应付的社会巨变,愈发显得衰弱没落。然而以慈禧为首的清廷顽固势力,此时仍奉行"祖宗之法不可变"的保守政策,并血腥镇压了资产阶级改良派的宪政运动——"戊戌变法",但结果却是使矛盾更加激化。

一方面,列强欲求法律的变通以利其进一步经济掠夺,而对清廷不断施加压力;另一方面,国内资产阶级革命派也因戊戌变法和义和团运动被镇压,而将武力推翻清王朝提上议事日程。面对这一岌岌可危的局面,清廷为求"结与国之欢心",消弭人民革命,粉饰其统治,遂

---

① 参见阮湘等编:《中国年鉴》(第一回),上海商务印书馆 1924 年版。
② 至清末开放的通商口岸已达八十六处。参见漆树芬:《经济侵略下之中国》,生活·读书·新知三联书店 1954 年版。
③ 参见阮湘等编:《中国年鉴》(第一回),上海商务印书馆 1924 年版。
④ 周葆銮:《中华银行史·自序》,北京商务印书馆 1919 年版。

用两年前屠杀"戊戌六君子"的血手,接过了维新派的旗帜,"举戊己两年初举之而复废之政"①,宣布"变通政治"实行"新政",并煞有介事地下诏:"世有万古不易之常经,无成罔变之治法,大抵法久则弊,法弊则更……"②

与上述经济、政治变化同时发生的,是西方资产阶级近代法律和法学随着列强商品倾销与资本输入一同传入中国,这在清末的思想界起了一种石破天惊的作用。首先,它打破了自古以来官府垄断律学的状况,几千年来"举凡法家言,非名隶秋曹者无人问津,名公巨卿,方且以为无足轻重之书,屏弃勿录,甚至有目为不祥之物,远而避之者,大可怪也"③。当时"忧时之士,咸谓非取法欧美不足以图强","朝野上下,争言变法"。④其次,它使宋元以降一再衰微的法律研究为之一振,知识界开始冲破清廷"祖宗之法不可改"的一贯宗旨,按沈家本的说法是"近十年来,始有参用西法之议"⑤。而促使清廷最终变更其法制,使超然独立、历阅千载的中华法系玉碎瓦解的,却是1901年以后的不平等条约。

(二) 近代不平等条约对清末法制的直接影响

1901年,八国联军的枪炮逼出了《辛丑条约》,其后不久,中英《续议通商行船条约》规定:"中国深欲整顿律例,期与各国改同一律,英国允愿尽力协助,如成此举,一俟查悉中国律例情形及其案断办法,及一切相关事实,皆臻完善,英国允弃其领事裁判权。"接着又有日、美、葡等国也作出类似承诺,遂使清廷受宠若惊,随即发布修律上谕,称:"一切现行律例,按照通商交涉情形,参酌各国法律,妥为拟议,务期中外通行,有裨治理。"⑥并成立了专门的修律机构"修订法律馆"和"宪政编查馆"。修订法律大臣沈家本还奏称:"方今改订商约,英、美、日、葡四国,均允中国修订法律,首先收回治外法权,实变法自强之枢纽,臣等奉命考订法律,恭绎谕旨,原以墨守旧章,授外人以口实,不如酌加甄采,可默收长驾远驭之效",使"法权渐挽回"。⑦可见,从某种意义上说,不平等条约中的上述规定,也许成了清末修律的直接诱因和催化剂。

上述清末修律因不平等条约所引起的诸方面变化,在具体法律条文中也有明确的反映。如《辛丑条约》规定:虐杀外人的城市,停止科举考试五年,永禁组织或加入排外团体,违者处死;而后修订的《大清新刑律》遂新增了"妨害国交罪",即所谓"团体原宜固结,而断不可有仇视外洋之心,权利固当保全,而断不可有违背条约之举"⑧。不平等条约中规定的领事裁判权,在《大清刑事民事诉讼法草案》中也得到了确认,规定:"凡关涉外国人案件具依现行条约审讯。"并且于《大清民律草案》中特别以法律维护外国社团法人的特殊地位。这些媚外压内的法律条款,正是不平等条约对清末法律的具体影响的反映,也暴露了清末法律半殖民地化的性质。

---

① 《东方杂志》第1年第1号。
② 《光绪朝东华录》。
③ (清)沈家本:《寄簃文存》卷六。
④ 《清史稿·刑法志一》。
⑤ (清)陈虬:《变法》,载(清)陈虬撰:《治平通议》。
⑥ 《清史稿·刑法志一》。
⑦ 《大清法规大全·法律部》卷三。
⑧ 《光绪朝东华录》。

二、领事裁判权制度及其后果与影响

(一) 外国在华领事裁判权的攫得

所谓领事裁判权,乃外国侵略者强迫中国缔结的不平等条约中所规定的一种非法特权。它的主要内容是:凡在中国享有领事裁判权的国家,其在中国的侨民不受中国法律的管辖,不论其发生任何违背中国法律的违法犯罪行为,或成为民事诉讼或刑事诉讼的当事人时,中国司法机关无权裁判,只能由该国的领事等人员或设在中国的司法机构依据其本国法律裁判。

1. 领事裁判权的确立。领事裁判权的确立,始于1843年7月22日在香港公布的《中英五口通商章程及税则》和同年10月8日签订的《中英五口通商附粘善后条款》(即《虎门条约》)。这两个法律文件是《南京条约》的附约和补充。事实上可以说,《中英五口通商章程及税则》就已确立了领事裁判权制度,它规定:"英人华民交涉词讼一款",英国领事有权"查察""听讼","其人如何科罪,由英国议定章程、法律,发给管事官(即领事)照办"。[①] 但当时规定的适用范围仅限于五个通商口岸。而《虎门条约》则又规定,英国人违背禁约,"擅到内地远游者",也要交"英国管事官依情处罪",中国人"不得擅自殴打伤害,致伤和好"。[②] 这样就将领事裁判权的范围扩大到了内地。1844年订立的中美《五口贸易章程》(即《望厦条约》)把领事裁判权的范围由五口扩大到各个港口城市。同时,不仅在中国的美国侨民与中国人之间或美国侨民之间的民刑事案件要由美国领事审讯,甚至美国侨民与其他外国侨民在中国发生的诉讼,也"应听两造查照各本国所立条约办理,中国官员均不得过问"[③]。此后,法国、俄国、德国、日本等近二十个国家也都援英美先例,相继取得了这种特权。总之,依照不平等条约,不论中外混合案件或外国侨民之间的案件,或多国侨民之间的混合案件,根据所谓"被告主义原则",都由被告到所属国的领事法院接受裁判。

2. 会审制度的形成。1853年9月,上海小刀会起义,攻陷上海县城,杀死上海知县袁祖德,活捉上海道台吴健彰,建立"大明国"。当时有许多华人逃入租界避难,而清廷地方官无暇顾及租界事务,英、美、法三国驻上海领事便趁机修改了1845年上海道台宫慕久与英国首任驻上海领事巴富尔签订的《上海租地章程》,擅自另订《上海英美法租界地章程》,并根据章程规定在租界内成立了由外国领事直接控制的"工部局"和巡捕房,攫取了对于租界内纯属华人和无约国人的司法管辖权。此后又进一步确认:中国官厅对于居住租界内之华人行使管辖权时,须先得到外国领事同意。中国官厅的拘票非经外国领事加签,不得拘捕租界内任何人。

1858年在第二次鸦片战争中,俄、美、英、法各国强迫清政府分别订立《天津条约》,强行确定中国官员与外国领事的"会审制度"。对于中国人与外国侨民之间发生的争讼,在调解不成时,即由中国地方官与领事官"会同审断"。1864年清廷与英、美、法三国驻上海领事协议在租界内设立会审公廨,并于1868年订立《上海洋泾浜设馆会审章程》。以后又在汉口、

---
① 王铁崖编:《中外旧约章汇编》(第1册),生活·读书·新知三联书店1957年版,第42页。
② 王铁崖编:《中外旧约章汇编》(第1册),生活·读书·新知三联书店1957年版,第87页。
③ 王铁崖编:《中外旧约章汇编》(第1册),生活·读书·新知三联书店1957年版,第89页。

哈尔滨、厦门鼓浪屿等地设立了会审机关。这些会审机关名义上还是中国司法机关,形式上规定华洋互控的混合案件由"华官"与外国领事会审,纯属华人之间的诉讼案件,"即听中国委员自行讯断,各国领事官毋得干预",但事实上,不仅对于直接与外国人有关的华洋案件,外国领事有权参加会审,就是无约国侨民之间的诉讼以及外国人雇用的中国人的诉讼,外国领事也得参与会审。会审公廨名为"会审",实则完全为外国领事一手把持,任意断案。

(二) 行使领事裁判权的司法机构

外国侵略者不仅凭借不平等条约确立了外人在华领事裁判权的原则,而且在中国领土上设立了行使领事裁判权的外国司法机构。

行使领事裁判权的机构大体有如下几种:首先是作为第一审级的低级法院,主要是领事法院(设于各领事区,由领事兼理司法)和由公使或使馆人员组成的法院。其次是作为上诉审级的法院。但是,侵华各国关于行使领事裁判权机构的设立情况也有差异,例如,英国第一审法院是各领事法院,第二审法院是设在上海的英国驻华高等法院(它同时也负责初审法定专属高等法院管辖的案件),第三审法院是设在英国本土的枢密院。但又规定其设在新疆疏勒的领事法院,要依据英属印度的法典审判案件,其上诉审法院为印度五河省高等法院,妄图把我国神圣领土——新疆视为英属殖民地印度的一部分。美国与英国大致相同。法国第一审法院为法国驻华领事法院,第二审法院为法国殖民地越南西贡法院,第三审法院是法国巴黎大理院。日本与法国有某些近似,它在中国也仅有负责第一审的领事法院,上诉案件则须转送日本国内的法院审理。有的侵略国家在中国还设有"西牢"(外国监狱)。由此可见,外国侵略者不仅强行攫取了在中国的领事裁判权,设立了行使领事裁判权的机构,而且公然确定在中国设立的行使领事裁判权的机构,作为其殖民地法院及本国法院的下级司法机关。这就在事实上宣告了中国的殖民地地位。

(三) 领事裁判权制度确立的后果

领事裁判权是外国列强干涉中国内政,操纵中国司法的重要手段。它严重破坏了中国的司法主权。鸦片战争以前,中国是一个领土完整、主权独立的国家。从唐代起直到明清,在唐律、明律、清律的"名例律"中,都规定了"化外人"条款。来中国的外国人必须遵守中国政府的法律、法令,他们的合法权益也受中国政府的保护,中国政府对来华的外国人拥有完全的司法管辖权,外国人在中国领土上发生的犯罪行为,或外国人与中国人之间或外国人之间发生诉讼纠纷时,都必须服从中国司法机关的裁判。唐《永徽律》中有"化外人相犯"的专条,《大明律》和《大清律》中有"化外人有犯"的专条,规定凡化外人犯罪者,具依中国法律断处。而领事裁判权乃鸦片战争后外国侵略者强迫中国订立不平等条约的产物,是中国丧失完整独立的司法主权的突出体现。它不仅使中国的司法机关对涉外案件无权管辖,而且允许外国司法机关在中国领土上行使权力,并执行外国法律,结果在中国竟出现了"外人不受中国之刑章,而华人反就外国之裁判"[①]的怪现象,这正是中国司法制度半殖民地化的深刻写照。

---

① 《清史稿·刑法志一》。

领事裁判权的确立也是庇护外国侵略者在中国逞凶肆暴、走私贩毒的护身符。外国侵略者可以凭借领事裁判权，在中国杀人越货、横行无忌，而逍遥法外。鸦片商人及其他罪犯，也可以依靠领事裁判权的庇护，营私舞弊，胡作非为，而中国法律却不能加以制裁。在外国侵略者眼里，中国是冒险家的乐园。

领事裁判权是外国侵略者肆意侵害中国人民的生命财产，镇压中国人民革命运动的工具。在1903年轰动中外的"苏报案"中，著名革命家邹容、章太炎就遭到上海租界工部局巡捕房逮捕，关入租界监狱——"西牢"。会审公廨组织额外公堂审讯章、邹，最后判处章太炎三年监禁、邹容二年监禁。他们在"西牢"内屡遭非刑拷打，备受非人待遇。章太炎以其切身经历揭露了"西牢"的黑暗，使人"咋舌眦裂"，"同系五百人一岁死者百六十人"[①]。邹容就是因在"西牢"监禁期间被残酷折磨而失去年轻生命的。

对于外国侵略者这种严重损害中国人民利益，恣意破坏中国司法主权的制度，奉行丧权卖国政策的清政府竟然在新起草的法规中加以肯定。1906年编成的《大清刑事民事诉讼律草案》规定了"中外交涉案件处理规则"，确认"凡关涉外国人案件具依现行条约审讯"，外国人在中国犯罪，一律由其本国领事按各该国的法律审理，等等。显然，领事裁判权制度的确立及其在清末立法中的确认，乃清王朝法律制度半殖民地化的一个重要标志。

领事裁判权自1843年确立之后，经历了清王朝、北洋政府和国民党政府时期，直到1943年才在形式上宣布废除，在中国存在百年之久。

第三节　清末变法修律的主要内容

一、宣布"预备立宪"

（一）"预备立宪"的背景及其实质

近代宪法概念，是随着列强的炮舰政策一起，作为西方文化的一部分传入中国的。"宪法"一词，虽古已有之，但非近代意义的宪法。近代宪法的传入，一时间被视为治国的良药和中兴大清的良策，朝野议论纷纭。

1905年清廷提出"仿行宪政"，按统治者自己的意图，认为立宪有三大利：一曰皇位永固；二曰外患渐轻；三曰内乱可弥。次年九月颁《预备立宪上谕》，以"大权统于朝廷，庶政公诸舆论"[②]为立宪根本原则。随着国内局势日趋动荡，以及资产阶级立宪运动的发展和国际民主宪政运动的扩大，加之统治阶层内部君主立宪派势力的活动，清政府被迫在内外诸多因素的促使下，于1906年9月1日宣布"预备立宪"，1908年8月27日公布"预备立宪"计划，即《钦定逐年筹备事宜清单》。其实质所要谋求的目的，正如孙中山所说，这是清廷"谋中央集权，拿宪法作愚民的工具"[③]。

---

① 张庸：《章太炎先生问答》。
② 《光绪朝东华录》。
③ 孙中山：《三民主义与中国前途》。

(二) 制定《钦定宪法大纲》和《宪法重大信条十九条》

1. 《钦定宪法大纲》。光绪三十四年(1908年),迫于内外政治压力,清廷颁布了由宪政编查馆制定的《钦定宪法大纲》,成为中国法制史上首部具有近代宪法意义的法律文件,用资产阶级宪法形式为君主专制制度披上了合法外衣。宪法的产生,要求其他法律与其相适应,这就必然导致旧有中华法系诸法合体的破裂,从而使清末立宪成为中华法系解体的开端。

《钦定宪法大纲》由庆亲王奕劻等奏进,慈禧亲自裁定。内容基本抄自1898年《日本帝国宪法》。《大纲》共二十三条,由正文"君上大权"和附录"臣民权利义务"两部分组成。对此,宪政编查馆和资政院关于《钦定宪法大纲》的奏折作了明确说明:"首列(君上)大权事项,以明君为臣纲之义。次列臣民权利义务事项,以示民为邦本之义,虽君民上下同处于法律范围之内,而大权仍统于朝廷。"①

"君上大权"共十四条,开宗明义规定:"大清皇帝统治大清帝国,万世一系,承永尊戴"。"君上神圣尊严,不可侵犯。"本着这一精神,赋予了皇帝颁行法律、发交议案,召集或解散议会,设官制禄、黜陟百司,统率陆海军队、宣战媾和、订立条约,派遣命名臣,宣布紧急戒严和以诏令限制臣民自由,以及总揽司法审判等大权。与日本宪法所赋予天皇的权力相比,有过之而无不及。日本宪法规定:"国务各大臣辅弼天皇而负责作。凡法律敕诏及其他关于国务之诏救,须大臣副署。"从而使得宪法赋予天皇的种种大权受到国务大臣的限制。而《钦定宪法大纲》取消了有关责任内阁制的规定,使得皇帝权力不受任何限制,导致绝对集权的君主专制主义进一步用宪法加以巩固。正如资政院和宪政编查馆在会奏清廷颁布《钦定宪法大纲》的奏折中所解释的:"立法、行政、司法则皆总揽于统治大权,故一言以蔽之,宪法者所以巩固君权,兼以保护臣民者也。"②

"臣民权利义务"共九条,重心是纳税、当兵及遵守法律等项义务。至于权利和自由,则规定得非常简单,只规定在法律范围内,所有言论、著作、出版、集会、结社等事,准其自由,臣民非依法律规定,不受逮捕监禁处罚;以及进行诉讼,专受司法机关审判等项。

《钦定宪法大纲》未给人民以任何真正的民主权利,只是使君权宪法化而已,因而激起了朝野普遍的不满。立宪派也大失所望,梁启超说这个宪法大纲是"涂饰耳目,敷衍门面"③。

2. 《宪法重大信条十九条》。1911年10月10日,辛亥革命爆发,各省纷纷响应,宣布独立。立宪派和一些手握重兵的将领上书、兵谏,敦促立即公布宪法、召开国会。在内外压力下,清廷令资政院迅速草拟宪法,仅用了三天时间便制定和通过了《宪法重大信条十九条》,通称《十九信条》,于1911年11月3日公布。

《十九信条》与《钦定宪法大纲》比较,在体例与内容上均有不同:首先,采用英国式"虚君共和"的责任内阁制。其次,形式上限制了皇权,扩大了国会权力。规定皇权以宪法明定者为限,皇位继承顺序由宪法规定;宪法由资政院起草议决,皇帝颁行;宪法修正提案权归国会;总理大臣由国会公选,皇帝任命;皇帝直接统海陆军,但对内使用,应依国会议决之特别条件;国际条约非经国会议决,不得缔结;官制官规由法律规定。最后,《十九信条》属临

---
① 《光绪朝东华录》。
② 《光绪朝东华录》。
③ 梁启超:《立宪九年筹备案恭跋》,载《国风报》1910年第1期。

时宪法。《钦定宪法大纲》仅是清廷对立宪要求的一个许诺,以此作为九年以后制定宪法的准则。而《十九信条》则已成为一种临时宪法,具有宪法性质。它明确规定关于国会权限条文,在国会成立前,由资政院代行国会权力。清廷重新起用袁世凯,即据《十九信条》于 1911 年 11 月 8 日通过"选举",并由皇帝任命其为内阁总理大臣的。但《十九信条》仍以"大清帝国之皇帝万世不易""皇帝神圣不可侵犯"为基本精神,对于人民的民主权利则只字未提。《十九信条》未能挽救清廷的厄运,1912 年 2 月 12 日清帝溥仪颁布《逊位诏书》,宣布退位。至此,结束了统治中国长达二百六十八年的大清王朝[①]。

(三) 设立谘议局和资政院

1. 谘议局。谘议局是清末"预备立宪"过程中清政府设立的地方咨询机构,于 1909 年开始在各省设立。谘议局的筹建始于 1907 年。

光绪三十四年(1908 年)六月,宪政编查馆草拟了《谘议局章程》及《谘议局议员选举章程》,经奏准朝廷后公布。依照这两个章程的规定,谘议局以"钦尊谕旨为各省采取舆论之地,以指陈通省利病、筹计地方治安"为宗旨[②],其权限包括讨论本省兴革事宜、预算决算、税收、公债以及选举资政院议员、申复资政院或本省督抚的咨询等。但谘议局所议定事项,可决权全在本省督抚。本省督抚对于谘议局,不仅有监督、裁夺的权力,而且有令其停会及奏请解散之权。按照这两个章程的规定,谘议局议员的选举资格和被选举资格条件极为苛刻。因此,谘议局并不具备西方国家地方议会的性质,实际上只不过是清廷"立宪"的一个点缀品。

2. 资政院。资政院是清政府在清末"预备立宪"过程中设立的中央咨询机关,于 1910 年设立。同谘议局一样,资政院的筹备工作也始于 1907 年。

宣统元年(1909 年)七月八日,清政府公布具有近七十条条文的《资政院院章》。清廷在以皇帝宣统名义发布的《颁行资政院院章谕》中表示,该《资政院院章》"与现定谘议局章程,实相表里,即为将来上、下议院之始基"。[③]《资政院院章》第一条云:"资政院钦尊谕旨,以取决公论,预立上下议院基础为宗旨。"该院章规定资政院可以"议决"国家的预决算、税法及公债,议定宪法以外的新法典及法律修改事件及其他"奉特旨交议事件"。但是,资政院的一切决议,须会同军机大臣或各部行政大臣具奏,"请旨裁夺"。而且,皇帝可以以特旨谕令的形式令资政院停会乃至解散[④]。资政院的议员分"钦选"议员与"民选"议员两部分。"钦选"议员包括以下七类人:宗室王公世爵;满汉世爵;外藩(蒙藏回)王公世爵;宗室觉罗;各部、院衙门官四品以下、七品以上者,但审判官、检察官及巡警官不在其列;硕学通儒;纳税多额者。

[①] 清帝逊位,一如历史上的改朝换代,并没有导致中国领土的分裂与境内诸多少数民族的独立,领土和人民作为一个整体被新生的中华民国继承。有学者基于清帝的《逊位诏书》,认为这一具有宪法意义的重要文书,保障了民族的统一和领土的完整,为民国宪法中"具有中华民国国籍的中华民国国民"、"中华民国领土依其固有之疆域"的"固有"以及满、蒙、回、藏、汉的"五族融合"提供了宪法上的史实基础。由大清帝国到民国政权是有宪法性依据的。对此,可参见学界具有代表性的几篇论文:杨昂:《清帝〈逊位诏书〉在中华民族统一上的法律意义》,载《环球法律评论》2011 年第 5 期;高全喜:《政治宪法视野中的清帝〈逊位诏书〉》,载《环球法律评论》2011 年第 5 期;章永乐:《"大妥协"清代与中华民国的主权连续性》,载《环球法律评论》2011 年第 5 期;支振锋:《为什么重提清帝〈逊位诏书〉?》,载《环球法律评论》2011 年第 5 期。《逊位诏书》在当时的历史背景下,有无上述学者分析的"意义",值得进一步批判。
[②]《谘议局章程》第一条,载《大清法规大全·宪政部》卷二。
[③]《大清法规大全部·宪政部》卷首,第 5 页。
[④]《资政院院章》第五十二、五十三条,载《大清法规大全部·宪政部》卷首,第 2-5 页。

很显然,"钦选"议员大部分是宗室王公、高官显贵。"民选"议员则是由各省谘议局议员"互选"产生,但最后要由各省督抚"圈定"。可见,这种资政院的功能多是承旨办事的御用机构,而根本不是近现代意义上的国家议会。

二、"改革官制谕"与单行行政法规的制定

(一) 官制改革

改革官制是清廷举办"新政"的一项重要内容,也是推行预备立宪的重要环节。清廷《预备立宪上谕》曾提出:"廓清积弊,明定责成,必从官制入手。"接着便发布了改革官制的上谕,设立了编制馆,指派载泽等十四人为编纂大臣,命令各总督选派司道人员到京随同参议,谕派庆亲王奕劻、文渊阁大学士孙家鼐、军机大臣翟鸿禨总司核定。并于光绪三十二年(1906年)九月二十日颁布《厘定官制谕》,开始改革中央和地方官制。

清廷的官制改革,标榜"其要旨惟在专责成,清积弊,求实事,去浮文"①。实际上,它一方面配合立宪活动,并以"厘定官制"为名,拖延立宪时间;另一方面则企图借官制改革的机会,削弱地方督抚的权力,进一步加强满族贵族的中央集权统治。

1. 中央官制。早在清廷举办"新政"时就对政府组织机构进行了一些改革。其中一个重要内容是改总理各国事务衙门为外务部。光绪二十六年(1900年)三月,美、日两国公使代表各国向奕劻、李鸿章交涉改组总理衙门的问题。接着由领衔公使(西班牙公使)葛罗干照会清政府:"将总理各国事务衙门改为外务部,冠于六部之首。管部大臣以近支王公充之。另设尚书二人,侍郎二人。尚书中必须有一人兼军机大臣。侍郎中必须有一人通西文西语。均作为额缺,予以厚禄。"②以后在谈判《辛丑条约》的议和大纲中以及正式签订的《辛丑条约》中都确认关于外务部的设置,"按照诸国酌定","中国照允施行"。清廷根据外国侵略者改部和人事安排的旨意,于光绪二十七年(1901年)六月九日发布将总理衙门改为外务部的上谕,任命总理大臣一人、会办大臣二人(其中一人兼尚书)以及其他官员。除此之外,还有设置巡警部、建立警察机构和宪兵机构、编练新军、改革军制等,以达到强化专制制度的目的。

此次改革中央官制,御前会议确定按照"五不议"的原则进行。所谓"五不议",即"军机处事不议""内务府事不议""旗事不议""翰林院事不议""太监事不议"。十分明显,官制改革根本不能够触动清政府的中枢机构和一些直接为皇帝服务的寄生官僚机构。而这些机构恰恰是清廷专制官僚机构的核心。因此,在"五不议"原则指导下进行的所谓官制改革,只不过是某些部院的调整、合并和某些机构名称及官职称号的改变而已。

1906年11月,清廷公布中央官制,确定共设置十一部,内阁和军机处照旧未变。此后在宣统年间又增设了海军部,改礼部为典礼院。清廷满族贵族还利用改革官制的机会实现排斥汉族官僚、加强中央集权的野心。它形式上声称,任命各部官员"不分满汉",实际上却将原来各部大臣满汉平分的比例变成满七汉三,一些重要的部,如外务、陆军、度支和

---

① 《厘定官制谕》,载《大清光绪新法令》(第1册)。
② 《孝文忠全集·宪稿》卷八十。

农工商等部都操在满人手中,使得满族贵族在中央政府居压倒性优势,加强了满族贵族的地位。

2. 地方官制。御前官制会议确定的"立宪政治"四大方针之一就是"废现制之督抚,各省新设之督抚其权限仅与日本府县知事相当,财政、军事权悉收回于中央政府",但因遭到各省督抚反对而被迫搁置。1907年公布地方官制,将各省督抚的军权、财权分别收归陆军部和度支部。同时,采用明升暗降的手段,将最有权势的汉族督抚袁世凯、张之洞调入中央,担任有名无实的军机大臣,以减少削除地方督抚实权的阻力。

这次所谓官制改革,丝毫没有触动清廷专制统治的实质,只是进一步加深了满族贵族和汉族地主官僚之间的对立,加剧了清廷的危机。

(二) 警察法律的颁布

随着诸法分立和新刑律的颁布,特别是清末立宪在形式上对人民有所让步。但"宁赠友邦,不与家奴"的清廷,又以大量警察法律使其在宪法大纲中许诺的一点民主自由也成为一种名惠而实不至的东西。

在清政权存在的最后几年,为了加强对全社会的控制,清政府陆续颁布了《结社集会律》《违警律》《户口管理规则》《暂定京师调查户口规则》《调查户口执行法》《各学堂管理通则》等单行法规,企图运用这些法规来限制集会、结社等对清王朝统治构成威胁的行为。宪政编查馆、民政部在"会奏结社集会律折"中表示:"各国既以人民结社集会之自由明定之于宪法,而又特设各种律令以范围之。其中政治社会关系尤重,故国家之防范亦弥严。先事则有呈报,以杜患于未萌;临事则有稽查,以应变于俄顷,上收兼听并观之益,而下鲜嚣张凌乱之风。立宪精义,实存于此。"所以,该《结社集会律》对所谓的结社、集会自由作了严格的限制:首先,"凡秘密结社,一律禁止";凡违反本条规定"而纠集结社或列入者,均照刑律惩办"。1909年9月,宪政编查馆在《通咨各省查察集会结社文》中强调:"如查得以后该项结社集会,有宗旨前后歧异,会章迁改无定,以及限制内不准入会之人杂厕其中,或另有秘密会议情弊,除照限禁、解散、惩治各条外,仍应按照轻重酌加惩罚。以假托会名、秘密会议为最重,应按新刑律罪名处办。"其次,对人民参加合法的集会、结社活动,该《结社集会律》第九条也予以严格的限制,即下列人员被禁止参加政事结社及政论集会:(1)常备军人及征调期间之续备、后备军人;(2)巡警官吏;(3)僧道及其他宗教师;(4)各项学堂教习、学生;(5)男子未满二十岁者;(6)妇女;(7)曾处监禁以上之刑者;(8)不识文义者。而且,"无论何种结社,若民政部或本省督抚及巡察道局、地方官,为维持公安起见,饬令解散或令暂时停办,应及遵照办理";"无论何种集会或整列游行,巡警或地方官署,为维持公安起见,得量加限禁或饬令解散"。

清光绪三十四年(1908年)四月十日颁行的《违警律》共四十五条,对"政务之违警罪""公众危害之违警罪""交通之违警罪""通信之违警罪""秩序之违警罪""风俗之违警罪""财产之违警罪"等众多罪名作了极为苛刻的规定。例如,凡"无故散布谣言""于官吏办公处所聚众喧哗不听禁止""迁移婚娶生死不遵章程呈报"等,都构成"政务之违警罪"。对于违反《违警律》各款的行为,巡警人员不持传票即可径行传案。由此足见清政府在政权崩溃前夕对民众的极端恐惧与防范。

基于同一心态,清政府在1907-1909年陆续公布了《户口管理规则》《暂定京师调查户口规则》《调查户口执行法》及《各学堂管理通则》等法规,对民众实行严格的户口控制和政治威吓。对于知识分子、学堂学生的政治热情和可能对专制政府造成的危害,清廷尤为感到恐惧,乃千方百计地加以限制与控制。1907年,清廷在《广刊学堂管理禁令定章之上谕》中表示:"比年以来,士习颇见浇漓,每每不能专心力学,勉造通儒;动思逾越范围,干预外事,或侮辱官师,或抗违教令,悖弃圣教,擅改课程,变易衣冠,武断乡里;甚至本省大吏拒而不纳,国家要政任意要求,动辄捏写学堂全体空名,电达枢部,不考事理。肆口诋諆,以至无知愚民随声附和,奸徒游匪借端煽惑,大为世道人心之害。……欲挽颓风,非大加整饬不可。着学部通行京外有关学务各衙门,将学堂管理禁令定章广为刊布,严切申明,并将考核劝戒办法,前章有未备者,补行增订,责令实力奉行。"在清廷发布的《各学堂管理通则》第九章"学堂禁令"中,则具体规定了学堂学生的"十一不准":"(1)学生在学堂以专心学业为主,凡不干己事,一概不准预闻;(2)各学堂学生,不准干预国家政治及本学堂事务,妄上条陈;(3)各学堂学生,不准离经叛道,妄发狂言怪论,以及著书妄谈,刊布报章;(4)学生不得私充报馆主笔及访事人;(5)各学堂学生,不准私自购阅稗官小说、谬报、逆书;凡非学科内应用参考书,均不准携带入堂;(6)各学堂学生,凡有向学堂陈诉事情,应告知星期值日学生,代禀本学堂应管长官,不准聚众要求,借端挟制,停课罢学等事;(7)各学堂学生,不准联盟纠众,立会演说及潜附他人党会;(8)各学堂学生,不准干预地方词讼及抗粮阻捐等事;(9)各学堂学生,不准逾闲荡检,故犯有伤礼教之事;(10)各学堂学生,遇有本学堂增添规则、新施禁令,概不准任意阻挠,抗不遵行;(11)各学堂学生,不准传布谣言,捏造黑白及拨弄是非。""以上各条犯者,除立行斥退外,仍分别轻重,酌加惩罚。"还规定:"所有学堂教习人员,如有明倡异说,干犯国宪及与名教纲常显相违背,查有实据,轻则斥退,重则革办。"

从清政府公布的此类单行法规的内容看,在清政府存续的最后几年中,在"变法""新政"的旗号之下,实际上是在变本加厉地加强对全社会的控制和思想、文化专制。这些单行法规的公布、实施,也从一个侧面说明清政府推行"变法""新政"的虚伪性和欺骗性。

三、刑律的修订

1901年,慈禧下诏变法新政,改革法制为"新政"内容之一。为适应"新政"需要,清廷在立宪活动同时,着手对旧律进行大规模的变通改订。1902年又颁布修订法律的上谕。随即设立专门机关——修订法律馆,由当时对中西法律均有研究的刑部左侍郎沈家本主持[①]。

因旧律中大部分属刑事法规,刑律被视为王朝最基本的法律,故刑法的修订便首当其冲。一方面,传统的"重刑轻民"思想及一般人心目中"法""刑"不分的观念仍根深蒂固;另一方面,刑律又恰恰是列强攫取领事裁判权的借口[②],所以对抱有收回治外法权幻想的清廷和修律大臣们来说,对刑法的修订实处于一个关乎修律成败的特殊地位。正因如此,在整个

---

① 据《清史稿·刑法志一》的记载,在1900年八国联军入侵北京后不久,即有"条陈时事者,颇稍稍议及刑律"。光绪二十八年(1902年),直隶总督袁世凯、两江总督刘坤一、湖广总督张之洞联名保荐刑部左侍郎沈家本、出使美国大臣伍廷芳主持修订法律。该保奏得到朝廷首肯,清廷随即发布《修订法律、改进司法谕》:"现在通商交涉事益繁多,着派沈家本、伍廷芳将一切现行律例,按照交涉情形,参酌各国法律,悉心考订,妥为拟议,务期中外通行,有裨治理。"以修订刑律为中心的清末修订法律的活动由此展开(参见《大清法规大全·法律部》卷一)。

② 参见(清)沈家本:《寄簃文存》卷一。

清末修律中,刑法遂成一部历时最久、修改最多的法典。

清末刑法的修订,大体上可以分为两个基本方面:一为删修旧律旧例,改订刑罚制度,废除一些残酷的刑种和明显不合潮流的制度,以公布《大清现行刑律》为代表。二为制定并公布中国历史上第一部近代意义上的专门刑法典即《大清新刑律》。

(一)《大清现行刑律》

1904年5月15日,修订法律馆开馆办公,着手对《大清律例》进行删改、修并、续纂,作为一部新刑律颁布以前的过渡性法典。"预备立宪"诏令颁布后,修订《大清律例》被纳入《钦定逐年筹备事宜清单》。1908年修订完成,定名《大清现行刑律》,分三十门,计三百八十九条,附例一千三百二十七条,《禁烟条例》十二条,《秋审条例》一百六十五条,于1910年5月15日公布施行。

《大清现行刑律》虽在《大清律例》基础上修订而成,篇目、内容仍不脱旧律窠臼,但作为近代社会产物,已具有过渡性法典的性质。主要表现为:

第一,改律名为《刑律》。封建法典一般称律,如《唐律》《大明律》《大清律》等。《大清律现行刑律》则以"刑律"为名,这显然是受西方当时法学理论的影响。

第二,取消《大清律例》中按吏、户、礼、兵、刑、工六部称呼名称而设的六律总目,而自"名例"至"河防"分三十门三十六卷。这是新旧法典体例折中的结果。

第三,改革刑罚,废除凌迟、枭首、戮尸、缘坐、刺字等酷刑(当然,仅仅是条文规定上如此)。从立法上肯定了清末以来刑罚改革的成果,诸如将充军改为安置、将军流徒酌改为习艺、将管杖改为罚金、将秋审可矜人犯承案改流、满汉同刑制、死缓人犯入秋审等。并把这次改革统一起来,以罚金、徒、流、遣、死五刑取代原有笞、杖、徒、流、死五刑,将《大清现行刑律》律条及附例内各项罪名,一律按新五刑厘定。

第四,废除过时法条,增加新罪名。废除了体现民族压迫的维护满族人特权的条款,计法条一条,条例四十条。删除了"良贱相殴"条、"良贱相奸"条,并将条文中"奴婢"改为"雇工人",打破了封建法律中"良贱之异"的原则,取消了奴婢在法律上不平等的"律比畜产"地位。同时,又因近代交通运输、工业企业发展,增加了毁坏铁路、电讯等新罪名和定例。由于上述变化,时人称该法是"大加改良的""王朝颁行的最后而且是最进步的一部刑法典"。但它颁行于辛亥革命前夕,因而未实施多久。

(二)《大清新刑律》

从1905年《大清新刑律》草订到1910年12月颁布,历时五年之久。清廷在修订《大清现行刑律》的同时,也开始制定新刑律。1906年,沈家本又聘请日本法学博士冈田朝太郎帮同考订,并遴选一批法学专家分代纂辑。前后历时三年,四次易稿,于1907年下半年编成《大清新刑律草案》,上奏清廷。修订法律大臣沈家本等人在《奏进呈刑律草案折》中,指出新律于旧律变通者"厥有五端":"一曰更定刑名。一曰酌减死罪。一曰死刑唯一。一曰删除比附。一曰惩治教育。"[1]1910年11月5日由宪政编查馆审查、核定告竣,定名为《大清新刑律》。

---
[1]《大清光绪新法令》(第19册)。

但由于草案"经宪政编查馆奏交部、院及疆臣核议,签驳者众"①,特别是受到以张之洞、劳乃宣为首的"礼教派"的强烈反对和攻击,修订法律馆不得不将此草案收回,并重新草拟。直到 1911 年 1 月 25 日,清廷据资政院和宪政编查馆会奏,才正式公布经过多次修改的《大清新刑律》,预定在宣统五年(1913 年)正式施行。但公布后不久,清代即告覆亡,故《大清新刑律》并未正式施行。

1.《大清新刑律》的结构变化。《大清新刑律》分总则、分则两编,共五十三章四百一十一条,附《暂行章程》五条,其主要特点是:

第一,仿资产阶级刑法体例。一是将非科刑定罪的内容一概删除,使其成为中国历史上第一部近代化的专门的刑法典。提高了刑法的地位,与用刑罚手段调整各种社会关系的封建法典相比,在一定程度上减轻了司法镇压的残酷性。二是确定新的刑法体系,使几千年封建传统的刑律在形式上变明清以来六部分立的体例为近代刑法的"总则"与"分则"的体例。"总则"本质上虽无异于封建律典的"名例",其内容却更加丰富完备;"分则"以罪名为纲领,各章规定各类犯罪及刑罚,抛弃了传统律典中章名既不概括罪名,又不便检索的缺点。

第二,采取西方大陆法系国家刑罚体系。随着近代文明的发展,古老的刑罚体系必然发生动摇。以流刑为例,交通的发达、边疆的开发,必然使它失去惩罚的作用,因此,该律仿效西方国家刑法,确定了一个以自由刑为中心,由主刑、从刑组成的新体系。规定主刑为死刑、无期徒刑、有期徒刑、拘役、罚金,从刑为褫夺公权和没收。废除了以封建乡土观念为基础,同时又有"以邻为壑"作用的流刑,废除了折磨肉体的笞刑、杖刑,将身体刑排除在刑罚体系之外。同时大大减少了死刑条数,且规定:"死刑用绞,于狱内执行之。"罪大恶极的适用斩刑。

2.《大清新刑律》的内容变化。

第一,吸收大陆法系刑法制度。一是采用罪刑法定原则,规定:"法律无正条者,不问何种行为,不为罪。"引进缓刑、假释、时效制度,专设"缓刑""假释""时效"章,开有利罪犯自新之路,也具有人道主义色彩;对刑事责任年龄以下的青少年犯罪,施以感化教育,开我国感化教育青少年犯之先河;仿效资产阶级刑法,创设"妨害选举罪""妨害交通罪""妨害卫生罪""妨害安全信用名誉及秘密罪"等章。这些内容,客观上有利于维护人民群众的正当权益。二是适应列强在华利益需要,效法西方国家刑法设"妨害国交罪"章。

第二,《大清新刑律》对传统刑法制度作了大量删削,尤其是删去了以家天下和宗法制为根据的"八议"、请、减、赎、"十恶"和"存留养宗"等封建法律内容,取消了旧律中残酷的刑罚规范及"官秩""良贱""服制"等规范。

该律虽未及施行,它却是中国历史上首部仿效资产阶级刑法原则、体例制定的刑法典,深刻影响了我国近代社会的刑事立法。

3. 修律中的"礼法之争"。所谓"礼法之争",是指在清末变法修律过程中,以张之洞、劳乃宣为代表的"礼教派"与以修订法律大臣沈家本为代表的"法理派"围绕《大清新刑律》等新式法典的修订而产生的理论争执。

(1)"法理派"与"礼教派"。清末修律过程中"法理派"与"礼教派"之争,主要集中在光

---

① 《清史稿·刑法志一》。

绪三十二年(1906年)修订法律馆上奏《大清民事刑事诉讼律》及次年上奏《新刑律草案》以后①。修订法律大臣沈家本等人,由于对清廷所面临的社会危机及西方国家的政治法律制度有比较深入的了解,因而主张中国应该大幅度地引进西方近现代的法律理论与观念,运用"国家主义"等政治法律理论来改革中国传统法律制度。在修订《大清新刑律》《大清民事刑事诉讼律》过程中,沈家本主持的修订法律馆经常运用西方国家的"通行法理"对抗保守派的攻击,因而被称为"法理派"。而以曾出任湖广总督后任军机大臣的张之洞、江苏提学使劳乃宣为代表,包括直隶总督袁世凯等"封疆大吏"与地方督抚在内的清廷上层官僚、贵族,则对变法修律持反对、消极的态度。在大势所趋、变法修律已成定局后,他们又对沈家本等主持的修订法律馆多有指责,要求修订新律应"浑道德与法律与一体",尤不应偏离中国数千年相传的"礼教民情",故而被称做"礼教派"。

(2)法理派与礼教派争论的焦点。就制定《大清新刑律》而言,法理派与礼教派争论的焦点主要集中在以下几方面:

第一,关于"干名犯义"条存废问题。"干名犯义"是中国传统法律中的一个重要罪名,专指子孙控告祖父母、父母的行为。按照儒家的理论,亲属之间理应相互包庇、隐瞒犯罪。亲属相互告言,"亏教伤情,莫此为大"②。明清律中,子孙控告祖父母谓"干名犯义",属"十恶"之条。清末修律过程中,沈家本等人从西方国家通行的法理出发,提出"干名犯义"属"告诉之事,应于编纂判决录时,于诬告罪中详叙办法,不必另立专条"③。而礼教派则认为"中国素重纲常,故于干名犯义之条,立法特为严重"④,由此足见"干名犯义"条款大干礼教之事,是传统伦理的根本所在,因而绝不能在新刑律中没有反映。

第二,关于"存留养亲"制度。"存留养亲"是中国传统法律中的一项重要制度。一般而言,"存留养亲"多适用于独子斗殴杀人之案。在此类案件中,若有"亲老丁单",即凶犯系家中独子、父母年老有病、家中又无其他男丁情形,考虑到其父母年老无人侍养,又无其他男丁继承宗嗣,经有关部门代为声请,得到皇帝特许以后,可免其死罪,施以一定处罚以后,令其回家"孝养其亲"。自南北朝时成为定制以后,围绕"存留养亲"的条件、限制等问题,各代形成了一整套制度。长期以来,"存留养亲"一直被视为"仁政"的重要标志。沈家本等人认为:"古无罪人留养之法",而且嘉庆六年(1801年)上谕中也明白表示"是承祀、留养,非

---

① 围绕这两部草案,礼教派利用政治上的优势,发动各省督抚及实力派,挥动"纲常名教"等传统大棒对以沈家本为代表的法律草案起草者进行围攻,而沈家本等人则运用近现代西方法理百般解释、争论。双方争执的核心,在于如何理解并在新律中处理法律与道德的关系问题,亦即如何对待中国数千年相传的"纲常名教"的问题。"法理派"从西方近、现代法学理论出发,认为应该采用部门法分立的方式,按照各自的范围、特点来制定新的法律,建立起新的法律体系。因此,在修订《大清民事刑事诉讼律》和《大清新刑律》时,在不违背和损害君主专制制度的前提之下,大量引进和采用了"罪刑法定""正当防卫"等概念与制度,试图取消"干名犯义""存留养亲"制度,以及一些明显基于亲属关系而设立的罪名与制度,主张将实体法与程序法分离,并使道德与刑法、犯罪有所区分。而礼教派则认为,"三纲五常"及其所体现的传统社会秩序,是天地间的唯一正理,是中国数千年来赖以存在的"根本",是绝对不可以稍有改变的。变法修律只能在"中学为体、西学为用"的框架内,在形式上采纳一些西方的法律术语,而不能从根本上触动传统的纲常名教"。法理派所作出的这些改变,是对"三纲五常"等传统秩序的背叛,完全背离了变法修律的宗旨,实在不应该被朝廷接受。

② 因此,自孔子以下,各代儒生皆主张"亲属相隐"。汉代以后,"亲属相容隐"正式成为一条国家律法。隋唐以后,控告祖父母、父母的行为,被列入"十恶"中的"不孝"。

③ (清)沈家本:《书劳提学新刑律草案说帖后》,载(清)沈家本:《寄簃文存》卷八。

④ 《大清法规大全·法律部》卷首,第1—2页。

以施仁,实以长奸,转以诱人犯法",因此,"存留养亲"不编入新刑律草案,"似尚无悖于礼教"①。礼教派认为,"存留养亲"是宣扬"仁政"、鼓励孝道的重要方式,不能随便就排除在新律之外。

第三,关于"无夫奸"及"亲属相奸"等问题。依照传统伦理,"奸非"是严重违反道德的行为,故传统刑律对其有严厉的处罚条款。"亲属相奸"更是"大犯礼教之事,故旧律定罪极重",因此,礼教派认为在新律中也应有特别的规定。法理派则认为,"无夫妇女犯奸,欧洲法律并无治罪之文","此事有关风化,当于教育上别筹办法,不必编入刑律之中"。②至于亲属相奸,"此等行同禽兽,固大乖礼教,然究为个人之过恶,未害及社会,旧律重至立决,未免过严"。因此,对此等行为,依"和奸有夫之妇"条款处以三等有期徒刑即可,"毋庸另立专条"。③

第四,关于"子孙违反教令"问题。"子孙违反教令"是传统法律中一条针对子孙卑幼"不听教令",弹性很大的条款。只要子孙违背了尊长的意志、命令,即可构成此罪名。隋唐以后,各代法律都有此罪条,给予违反父母、尊长意志的子孙以惩罚。清律之中,除规定子孙违反教令处以杖刑以外,还赋予尊长"送惩权",即对于多次触犯父母尊长者,尊长可以直接将其呈送官府,要求将其发遣。礼教派认为,这样"子孙治罪之权,全在祖父母、父母,实为教孝之盛轨"④。法理派则指出:"违反教令出乎家庭,此全是教育上事,应别设感化院之类,以宏教育之方。此无关于刑事,不必规定于刑律中也。"⑤

第五,关于子孙卑幼能否对尊长行使正当防卫权问题。礼教派认为,按照中国传统的伦理,天下无不是之父母,子孙对父母、祖父母的教训、惩治,最多像舜帝那样"大杖则走,小杖则受",只有接受的道理,而绝无正当防卫之说。法理派则认为,国家刑法,是君主对于全国人民的一种限制,"父杀其子,君主治以不慈之罪;子杀其父,则治以不孝之罪",惟有如此"方为平允"。⑥

在修订新刑律的过程中,为使中国刑法与西方国家刑法相近,势必要引入包括"正当防卫"在内的一系列新的刑法制度,同时也势必要对中国传统的价值观念、刑法制度进行调整和改变。实际上,这些局部、细微的改变,都受到礼教派逐一的批驳,并引起了保守势力的反对和攻击。在修律的方向和宗旨等问题上,礼教派的观点,实际上代表了包括清廷、社会上层贵族官僚、传统士大夫在内的保守势力的观念和态度。因此,在宣统元年(1909年)正月二十七日,清廷针对修律过程中的争议,正式发布上谕明确表示:"惟是刑法之源,本乎礼教。中外各国礼教不同,故刑法亦因之而异。……良以三纲五常,阐自唐、虞,圣帝明王兢兢保守,实为数千年相传之国粹,立国之大本。今寰海大通,国际每多交涉,固不宜墨守故常,致失通变宜民之意,但祗可采彼所长,益我所短。凡我旧律义关伦常诸条,不可率行变革,庶以维天理民彝于不敝。该大臣务本此意,以为修改宗旨,是为至要。"⑦因而清末修律过程中的"礼法之争",其必然结局就是法理派的退让和妥协。

---

① (清)沈家本:《书劳提学新刑律草案说帖后》,载(清)沈家本:《寄簃文存》卷八。
② (清)沈家本:《书劳提学新刑律草案说帖后》,载(清)沈家本:《寄簃文存》卷八。
③ (清)沈家本:《书劳提学新刑律草案说帖后》,载(清)沈家本:《寄簃文存》卷八。
④ (清)沈家本:《书劳提学新刑律草案说帖后》,载(清)沈家本:《寄簃文存》卷八。
⑤ (清)沈家本:《书劳提学新刑律草案说帖后》,载(清)沈家本:《寄簃文存》卷八。
⑥ (清)沈家本:《书劳提学新刑律草案说帖后》,载(清)沈家本:《寄簃文存》卷八。
⑦ 《大清法规大全·法律部》卷首,第1—2页。

(3) 争论妥协的结果——《暂行章程》。传统保守的礼教派以张之洞、劳乃宣为首,借签注、核定、议决之机,责难新刑律违背传统礼教、家族主义等传统伦理纲常,指责新刑律与"三纲"相违背,破坏男女之别、尊卑长幼之序;坚持把传统律典中"无夫奸""子孙违反教令""干名犯义""存留养亲"等内容特别规定于新刑律之中;煽动士大夫阶层反对新刑律;甚至呼吁朝廷对修律者兴师问罪,使"新刑律几有根本推翻之势"。清廷偏袒这一派意见,下谕:"凡我旧律义关伦常诸条,不可率行变革,庶以维天理民彝于不弊。该大臣务本此意,以为修律宗旨,是为至要。"法部据此在新刑律后加上五条"附则"(称《暂行章程》),规定了无夫妇女通奸罪,对尊亲属有犯不得适用正当防卫,加重卑幼对尊长、妻对夫杀伤害等罪的刑罚,以及减轻尊长对卑幼、夫对妻杀伤等罪的刑罚等内容,以符合"凡我旧律义关伦常诸条,不可率行变革,庶以维天理民彝于不敝。该大臣务本此意,以为修律宗旨,是为至要"的宗旨。① 刑法的修订,充分表现出传统的中华法系与近代资本主义法系的抗争。

四、商事单行法规及《大清商律草案》的修订

(一) 商律修订的背景

清末官商一体的政治经济结构,成为商律修订的直接现实基础。1872 年,李鸿章从传统王朝权盐的制度中,引入了一个"官督商办"的概念,给传统官商的结合提供了一个新的渠道。在不足十年的期间,便产生了一个典型的代表人物——盛宣怀。其后的一个阶段是以张之洞为代表的"官商合办"的近代工矿企业的发展。直到 20 世纪初,才最终孕育出了一些地处沿海省份等地的民族工商业。

随着近代工商业的发展,产生了对商法的迫切需求,使清廷的传统工商政策也发生了一系列的变化,由"重农抑商",不制定单独的商法,逐渐变为"农商并重",提高商人的社会政治地位。光绪二十九年(1903 年)三月,在宣布成立商部的上谕中称:"自积习相沿,视工商为末务。国计民生日益贫弱……总期扫除官习,联络一气,不得有丝毫隔阂"②;"倘有不肖官吏仍前需索刁难,著即随时严查参办,勿稍徇纵"③。因而当清廷决定实行变法后,制定商律的问题便很快被提上了日程。早在光绪二十六年(1900 年)二月,出使俄奥国大臣杨儒就在给朝廷的奏章中提出制定商律的建议。同年六月,刘坤一和张之洞在第三次会奏变法事宜中,也提出同样的主张。他们认为:"欧美商律最为详明,其国家又多方护持,是以商务日兴。中国素轻商贾,不讲商律,于是市井之徒苟图私利,彼此相欺,巧者亏逃,拙者受累,以故视集股为畏途,遂不能与洋商争衡。……必中国定有商律,则华商有恃无恐,贩运之大公司可成,制造之大工厂可设……华商情形较熟,工价较低,费用较省。十年以后,华商即可自立,驹驹乎并可与洋商相角矣。"④ 光绪二十八年(1902 年)三月,最高统治者发布了"近来地利日兴,商务日广,如矿律、路律、商律等类,皆应妥议专条"⑤的上谕,商事立法遂作为法律改

---

① (清)劳乃宣:《声明管见说帖》,载(清)劳乃宣编:《新刑律修正案汇录》,京师京华印书局清末刻本,第 26 页。
② 《光绪朝东华录》。
③ 《清德宗景皇帝实录》卷五百二十一。
④ 《张文襄公全集》卷五十四。
⑤ 《清德宗景皇帝实录》卷四百九十五。

革的一项任务被列入日程。其后在光绪三十三年(1907年)五月,时任大理院正卿张仁黼在其前述《修订法律请派大臣会订折》中,进一步指出了修订商律的方法,奏称:"他如商律,虽有端倪,然法人之制,殊未能备,而海商之法,更待补苴。凡民法商法修订之始,皆当广为调查各省民情风俗所习为故常,而于法律不相违背,且为法律所许者,即前条所谓不成文法,用为根据,加以制裁,而后能便民。此则编纂法典之要义也。"①

1. 商律修订的过程。清末的商事立法,按其前后修订过程大致可分为两个阶段。光绪二十九年(1903年)到光绪三十三年(1907年)为第一阶段。光绪二十九年(1903年)三月二十五日,清廷指派载振、伍廷芳和时任北洋大臣与直隶总督的袁世凯拟订商律。同年七月十六日设立商部后,任命载振为尚书,伍廷芳为左侍郎。根据当时的需要,商部负责制定和颁布了一些应急的法律、法规。②

光绪三十三年(1907年)后至宣统三年(1911年)为第二阶段。经过光绪三十二年(1906年)的官制改革,商事立法改由修订法律馆负责,主要法典由修订法律馆主持起草,各单行法规仍由有关部门拟订。由于有了几年的立法经验,所拟订法律趋向成熟,但由于清室覆亡,大都未能颁行。③

2. 主要商事立法的结构与内容。

(1)《钦定大清商律》。该律结构由《商人通例》和《公司律》组成。其中:《商人通例》九条,分别规定了商人的意义和条件以及妇女经商、商号、商业账簿等方面的问题,具有商法总则的性质;《公司律》一百三十一条,分为公司分类及创办呈报法、股份、股东权利各事宜、董事、查账人、董事会议、众股东会议、账目、更改公司章程、停闭、罚例。《钦定大清商律》的主要内容包括:

第一,以法律的形式规定了奖励工商业的政策,肯定了资本主义近代企业的合法地位。如《钦定大清商律》第二十三条规定:"凡现已设立与嗣后设立之公司及局厂、行号、铺店等均可向商部注册,以享一体保护之利益。"

---

① 故宫博物院明清档案部编:《清末筹备立宪档案史料》(下册),中华书局1979年版,第83页。
② 其时所制定的商事法规主要有:(1)《钦定大清商律》,由商部制定,光绪二十九年(1903年)十二月五日奏准颁行;(2)《公司注册试办章程》,由商部制定,光绪三十年(1904年)五月奏准颁行,共十八条,内容较为简单、粗糙;(3)《商标注册试办章程》与《商标注册试办章程细目》,由商部制定,光绪三十年(1904年)六月奏准颁行,其中章程二十八条,细目二十三条,内容较为详细;(4)《破产律》,由商部起草,脱稿后送沈家本、伍廷芳共同商定,于光绪三十二年(1906年)四月奏准颁行。总之,由于时间仓促,这一时期所制定之商法大都比较简单,而且门类不全,不能满足政府与社会的需要。
③ 按时间顺序,这一阶段未及颁行的商法草案有:(1)《大清商律草案》,亦称《志田案》,光绪三十四(1908年)年八月由修订法律馆聘日本法学博士志田钾太郎起草,自宣统元年(1909年)起陆续脱稿;(2)《交易行律草案》,光绪三十四年(1908年)起草;(3)《破产律草案》,修订法律馆聘日本法学家松冈义正起草,于宣统元年(1909年)完成,共三百三十七条,内容较为周详;(4)《保险规则草案》,农工商部(1906年改商部为农工商部与邮传部)拟订,共一百二十四条,经宪政编查馆厘正后,于宣统二年(1910年)八月奏交资政院审议;(5)《改订大清商律草案》,农工商部拟订,宣统二年(1910年)十一月奏交资政院审议。此外,清政府还制定和颁布了一些与商法有密切关系的法规,如《商会简明章程》《华商办理农工商实业爵赏章程》《奖励华商公司章程》《改订奖励华商公司章程》等。这一时期已颁行的商事单行法规主要有:(1)《银行则例》,由度支部拟订,光绪三十四(1908年)年正月奏准颁行;(2)《银行注册章程》,由度支部拟订,共八条,光绪三十四年(1908年)六月奏准颁行;(3)《大小轮船公司注册给照章程》,邮传部拟订,共二十条,宣统二年(1908年)三月奏准颁行;(4)《运送章程》,由农工商部起草,宣统二年(1908年)八月奏交资政院审议,十二月奏准颁行,其中正文五十四条,分为总则、运送承办人、运送营业者三章;附则两条,大约相当于当时外国商行为法中有关运送营业的部分,是一部较成熟的单行法规。

其后制定的一些单行商事法规,如《华商办理农工商实业爵赏章程》规定,凡商人所办实业能开辟利源、制造物品、扩充国民生计者,皆可按资本额大小及所用工人多寡,分别授以子爵、男爵、卿等爵秩,以显其荣;《改订奖励华商公司章程》规定,凡集股办公司股金在二十万元以上者,可按其所集股金数额,分别授以农工商部顾问官、议员等职衔,并相应地授以一至七品顶戴,使之在礼仪方面受优待等。

第二,规定了商人的法律地位及商事活动中所应遵循的一般规则。《钦定大清商律》规定,凡经营商务贸易买卖贩运货物者均为商人;男子十六岁以上方可为商;商人必须立有账簿,并定期结账,商业账簿及与贸易有关的往来信件至少要保存十年。

第三,规定了公司的法律地位、种类,各种公司的组织机构、内部关系及外部关系、成立、变更、解散及会计制度等。《钦定大清商律》规定,凡凑集资本共营贸易者名为公司,公司共分四种:合资公司、合资有限公司、股份公司、股份有限公司;公司必须设置经理;股份公司和股份有限公司必须设董事局和查账人,并定期举行股东大会,讨论决定公司的重大问题;设立合资有限公司,必须订立合同,呈报商部注册后,方准开办;设立股份公司和股份有限公司,除订立创办合同外,还须待股数招齐并经股东大会审查无误后,方可呈报商部注册开办;公司欲增加股本,必须经股东大会决议并呈报商部注册;公司账目每年至少结算一次,必须确有赢利,方可分派股息,但至少须将赢利的二十分之一用作公积金;公司如股本亏蚀及半或存续期满或股东低于法定人数,即作为停闭,停闭后要由专人进行清理。

《钦定大清商律》的结构与内容均较简略,作为中国历史上第一部独立的商法典,在中国商法史上占有重要的地位。其颁布后一直被适用到民国三年(1914年),至北京政府颁布新的《商人通例》和《公司条例》后,才告废止。

(2)《大清商律草案》(亦称《志田案》)。其结构一改《钦定大清商律》的两编体例,按民商分立国家单独编纂商法典的原则编成。这部近代中国最大部头的商法典共分五编,合计一千零八条。主要内容如下:

第一编"总则",下分法例、商业、商业登记、商号、营业所、商业账簿、商业所有人、商业学徒、代办商,共九章一百零三条,具体内容多与《钦定大清商律》相类。

第二编"商行为",下分通则、买卖、行铺营业、承揽运送业、运送营业、仓库营业、损害保险营业、生命保险营业,共八章二百三十六条。"商行为"一编具体规定了买卖、行铺营业、承揽运送业、运送营业、仓库营业、损害保险营业等商事行为的性质、经营规则、有关当事人间的权利义务关系等。如规定:以自己的名义就他人之计算而担任贩卖或买入动产或有价证券的营业谓之行铺营业;行铺须以商人之注意为其所任之行为。于陆上、河川或其他国内水上运送物品或旅客的行业谓之运送业;旅客之运送人非证明自己或其使用人关于运送无怠于注意之处,对于旅客因运送所受之损害不得免赔偿之责;等等。

第三编"公司律",分六编十六章,共三百一十二条第一编"总则",下设法例、通则二章;第二编"合名公司",下分设立、内部之关系、外部之关系、股东之入股及退股、解散五章;第三编"合资公司";第四编"股份公司",下分设立、股份、股东总会、董事、监察员、会计、公司债、定章之变更、解散,共九章;第五编"股份合资公司";第六编"罚则"。其具体内容多与《钦定大清商律》相类。

第四编"票据法",分三编十五章,共九十四条。第一编"总则",下设法例、通则两章;第二编"汇票",下设汇票之发行及款式、票背签名、承诺、代人承诺、保证、满期日、付款、拒绝承诺及拒绝付款之场合执票人之请求偿还权、代人付款、副票及草票、汇票之伪造变造及遗失、时效,共十二章;第三编"期票",下设期票一章。票据法对商事活动中经常使用的票据的性质、种类、款式、发行、流通、收回及当事人间的权利义务作了系统规定。如规定:票据分为汇票和期票二种;汇票得以背书转让;执票人于汇票满期日得向付款人要求付款、付款人负有清偿其所承诺金额之责;付款人拒绝承诺或拒绝付款时,执票人得向有关债务人请求偿还票据上未付之金额及其他有关费用;等等。

第五编"海船律",分六编十一章。第一编"总则",下设法例、通则两章;第二编"海船关系人",分所有者、海员二章;第三编"海船契约",分运送物品契约、运送旅客契约、保险契约三章;第四编"海损",分共同海损、海船之冲突两章;第五编"海难之救助";第六编"海船债权之担保",分法定债权、抵当权两章。"海船律"对于海上运输这一特殊行业的有关问题作了系统的规定,如详细规定了海船所有人、船长及船员的权利、职责,他们和旅客及货主的关系,以及海上运输中各种意外事件的处理原则,等等。

该律体例严谨,内容周详,但大多数条文脱离中国实际和社会习惯。由于该律是按照商法典的规模和要求编纂的,因而起草的过程较长,至1911年辛亥革命爆发,仍未全部定稿。已完成者中有些也未来得及经修订法律馆审核,因而均未颁行。

(3)《改订大清商律草案》。农工商部在参考各商会所编《商法调查案》的基础上,将该律体例又恢复到《钦定大清商律》的结构,分为总则、公司两编。总则编分商人、商人能力、商业注册、商号、商业账簿、商业使用人、代理商,共七章八十六条;公司编分总纲、无限公司、两合公司、股份有限公司、股份两合公司、罚例,共六章二百八十一条。该律主要内容包括以下几点:

第一,明确公司的种类。《改订大清商律草案》规定:公司分为无限公司、两合公司、股份有限公司、股份两合公司四种;凡公司均为法人,公司非经注册不能着手开办,并不能对抗第三者;创办无限公司和两合公司须订立议据,联名签押;无限公司资本出资人及两合公司的无限资本出资人均有执行公司业务之权利,并负其义务;两合公司的有限资本有查阅公司账簿、监督公司营业的权利;股份有限公司必须有七名以上认股者为创办人,创办人须订立公司章程,待股数招足并第一次股银交齐后方可召集创立总会,成立公司,并呈请官厅注册开办;股份两合公司由无限责任资本和有限责任股东组成,如无限责任资本全部脱退,可改为股份有限公司,如有限股东全部脱退,可改为无限公司;等等。

第二,明确了商人的概念及相关权利义务。《改订大清商律草案》规定:凡有独立订结契约负担义务之能力者均得为商人;"商人得以其姓名或各种字样作为商号"[①],但不得在同一区域使用同种行业中他人已注册之商号;商业主人可以雇用商业使用人,也可由他人代理经营,但都要遵守法律的有关规定;商人账簿应按规定的方式记载、结算、保存;等等。

该律内容比最初的《钦定大清商律》更为完整、周密,是一部比较成熟的商法典草案。1914年,民国北京政府将其略加修改后,改为《商人通例》和《公司条例》颁布适用。

(4)《破产律》。全律结构分呈报破产、选举董事、债主会议、清算账目、处分财产、有心倒骗、清偿展限、呈请销案、附则,共九节六十九条。是为加强商业贸易的管理和调整有关的法律关系而制定的一系列商事法规之一。颁行后不久,应上海钱业大亨等所请,宣布第四十条

[①] 徐立志:《清末的商事立法及其特点》,载《法学研究》1989年第3期。

关于"经手帑项公款的商家倒闭"的规定暂缓实行。光绪三十三年(1907年)十月,农工商部又奏请将该律交修订法律馆统筹编纂。但是由于该律规定了不同以往的清偿顺序,即先清偿外国人债款,再清偿官府的债款,然后才让中国商人平均受偿,户部和商界对此各持己见,彼此相持不下,以致该律虽奏准皇上施行,但仍于光绪三十四年(1908年)十一月被明令废除。但由于措辞含糊,有的地区仍在执行。

该律主要规定了破产的条件、呈报破产的程序、清偿债务的程序及对有心倒骗的处理办法等。如该律规定:商人遇有破产事项,应赴地方官及商会呈报,待查明后进行破产宣告;宣告破产后应选举专门人员负责清理有关事务,并召开债主会议,商议清偿办法;待账目核算清楚后,将破产财产按平均成数摊还各债主;对有心倒骗者分别以监禁或罚金处罚之。

此外,清末商法还规定了公司及各种行铺注册的效力、注册时所必备的手续、注册的程序和办法,以及商会的性质、组织、职责、活动方式等。

(二)商事立法的基本特点

清末前后历时八年多的商事立法,在整个修律过程中占有十分突出的地位。对这些商事立法的修订是在中国一步步陷入半殖民地的深渊,同时近代资本主义工商业不断发展,加之政治上的内外压力等诸多因素影响下形成的,为中国法制近代化的历史进程写下了颇值得后人深究的一页。

1. 在法律渊源上体现着"模范列强""博稽中外"的原则。在主要商事法典的体例内容选择上,主要模仿德、日、英等资本主义国家的商法,同时也注意吸收一些中国的商事习惯。如《钦定大清商律》主要仿自英、日公司法和商法;《大清商律草案》中除票据法主要仿自1900年起草的《海牙统一票据条例草案》外,其余几部分主要模仿日本1899年商法和德国1900年商法。《改订大清商律草案》主要仿自日本明治三十二年(1899年)商法,同时也从德国1900年商法中吸收了一些内容;除《大清商律草案》外,另两部法典中都采纳了一些中国传统商事习惯的条文。《钦定大清商律》中,此类条文有二十八条,《改订大清商律草案》中有三十余条,其他法规如《商标注册章程》等也多是如此。

在《破产律》的修订中,尤其注重对中国传统商事习惯的采纳。沈家本在《商部、修律大臣会奏议订商律续拟破产律》的奏折中,有如下阐述:"然诈伪倒骗者之出于有心,与亏蚀倒闭者之出于无奈,虽皆谓破产,而情形究有不同。诈伪倒骗洵属可恨,亏蚀倒闭不无可原,若仅以惩罚示儆之条,预防流弊,而无维持调护之意,体察下情,似与保商之道犹未尽也。兹经臣等督饬司员,调查东西各国破产律及各埠商会,条陈商人习惯,参酌考订,成商律之破产一门。"[1] 使该律"沿袭中国习惯者居多,采用外国条文者少"[2],主要根据中国的习惯拟成。这是清末商法的一个重要特点。

2. 在法典编纂结构和立法技术上体现便捷性。它充分体现照顾商事活动的简便性及敏捷性的要求,以宽为主。一方面,在吸收各国商法和中国大量商事习惯的基础上,采取了与商为便的一系列规定,如《钦定大清商律》中对于一般商业注册与否听其自便,以及公司只要符合法定条件均可成立的规定;《改订大清商律章案》中关于无限公司的内部关系以从

---

[1]《大清法规大全·实业部》卷九。
[2]《商部致顾问官张謇及上海商会等论破产律书》,载《商务官报》1906年第12期。

定章为主,以及无论何种公司都可变更其种类的规定等。这客观上有利于鼓励私人投资近代企业,促进资本主义的发展。另一方面,由于立法经验与司法实践的欠缺,在法律规范的制定中对商事活动的安全性要求关注不够。如《钦定大清商律》中《商人通例》仅有九条,其中关于商业登记、商业使用人、商业代理人等方面的规定都付阙如;其《公司律》中关于无限公司和合资有限公司的条文也明显不足,特别是对合资有限公司的资本额和公司机构未作任何规定,使该法在实践中极易滋生弊端,不利于保护商事活动的安全。

3. 在一些条文所体现的具体内容上带有传统社会习惯法的烙印。如《钦定大清商律》关于商人能力,规定男子十六岁以上有完全的商人能力,可独立为商,妇女则只在"上无父兄或本商病废而子弟幼弱、尚未成丁的情况下,方可为商";有夫之妇经商,不仅须经丈夫许可,而且遇有钱债纠葛,丈夫不能辞其责,这实际上是不承认妇女的独立地位。此外,无论是《钦定大清商律》《大清商律草案》,还是《改订大清商律草案》,对外国公司均无规定。日本公司法对于外国公司专设一章,清末商法模仿日本商法之处颇多,唯对于这个问题不采日制,这不能不说是它的一大缺陷。此点足可成为近代中日两国在继受西方法律文化过程中,所表现出的文化传统差异方面的又一典型例证。

尽管有着上述种种缺陷与不足,但历史地看,清末商法仍不失为在客观上适应了当时社会经济发展要求的法律,在对它应给予肯定评价的基础上,许多问题仍有待进一步研究。

五、民律草案的修订

(一) 民律修订的背景

清末修律之初主要着眼于对《大清律》的修订和《大清新刑律》的制定,对民事立法的修订直到光绪三十三年(1907年)五月才受到朝廷的重视。其时的大理院正卿张仁黼在其《修订法律请派大臣会订折》中奏称:"人与人之关系,则属乎私法","私法如民法、商法是","至民法为刑措之原,小民争端多起于轻微细故,于此而得其平,则争端可息,不致酿为刑事。现今各国皆注重民法,谓民法之范围愈大,则刑法之范围愈小,良有以也"①。民政部大臣善耆也在给朝廷的奏折中提出制定民法的主张。光绪三十三年(1907年)九月,宪政编查馆正式将民法的编纂列入修律计划。第二年十月,修订法律馆在沈家本主持下聘请日本法学家松冈义正为顾问,开始民法的起草。宣统元年(1909年)二月,内阁侍读学士甘大璋奏请将民律中与礼教牵涉较多的亲属、继承二编,分出改由礼学馆起草,然后会同修订法律馆一起商定。为起草民律,修订法律馆专设一科,"科设总纂一人,纂修、协修各四人,调查一人或二人。又设咨议官访通晓法政、品端学粹之员,分省延请,以备随时咨商"②。此外,"凡各省习惯及各国成例,得分别派员或咨请出使大臣调查"。③

修订法律馆和礼学馆在起草民律过程中,强调以下三点作为宗旨:一是"注重世界最普通之法则",广泛吸收大陆法系国家民法的一般原则和具体规定。二是"原本后出最精确之法理","采用各国新制",以便与列强相交涉。三是"求最适于中国民情之法"和"期于改进

---

① 故宫博物院明清档案部编:《清末筹备立宪档案史料》(下册),中华书局1979年版,第834—836页。
② 谢振民编著:《中华民国立法史》,正中书局1937年版,第899页。
③ 谢振民编著:《中华民国立法史》,正中书局1937年版,第899页。

上最有利益之法"。一方面,"或本诸经义,或参诸道德,或取诸现行法制";另一方面,"依据调查之资料,参照各国之法例,斟酌各省之报告,详甚草订",以便从中国传统的礼教民俗中吸取相应的规范。①

在修订法律馆组织下,由松冈义正起草的民律总则、债权、物权三编全部完稿,礼学馆负责起草的亲属、继承二编也相继完成,共三十六章一千五百六十九条。修订法律馆将五编依此排定,名为《大清民律草案》。至宣统三年(1911年)八月,将前三编缮成黄册,奏请交内阁核定。后二编准备会同礼学馆商定后,再行奏进。但未等这些工作进行完毕,清廷便被辛亥革命推翻。

(二)《大清民律草案》的结构与内容

《大清民律草案》共有五编,按其编纂结构和内容的特点可分为前后两个部分,即总则、债权、物权前三编与亲属、继承后两编。

1.《大清民律草案》前三编以"模范列强"为主。《大清民律草案》前三编主要受起草者日本法学家松冈义正的影响,以日本明治二十九年(1896年)《民法典》为蓝本,同时参酌德国和瑞士《民法典》,其结构则取自1900年的德国《民法典》。对中国旧有习惯未加参酌。

第一编"总则",采取了私有财产所有权不可侵犯、契约自由、过失致人损害应予赔偿等资产阶级民法的一些基本原则。下设法例、人、法人、物、法律行为、期间及期日、时效、权利之行使及担保共八章,分别对自然人的权利能力、行为能力、责任能力、住所、人格保护,法人的意义和成立要件、法人的各项民事权利、社团法人、财团法人,以及意思表示、契约行为、代理行为、取得时效、消灭时效等民法上的根本概念和法律关系作了规定。如规定:契约必须经双方同意才能成立,"要约经拒绝者,失其效力";契约的变更亦须经双方同意,"要约定有承诺期间者,不得撤回";"要约人于承诺前死亡或失其能力者,其契约仍得成立";等等。

第二编"债权",分别规定了债权的标的、效力、让与、承认、消灭以及各种形式的债的意义和有关当事人的权利义务等。下设通则、契约、广告、发行指示券、发行无记名证券、管理事务、不当得利、侵权行为共八章。引用的条文具有典型的大陆法系风格。如规定:"因故意或过失侵他人之权利而不法者,于因加害而生之损害负赔偿之义务";"官吏公吏及其他依法令从事公务之职员,因故意或过失违背应尽之职务,向第三人加损害者,对于第三人负赔偿之义务";"为某种事业使用他人者,于被使用人执行事业加损害于第三人时,负赔偿之义务"。而对中国传统社会中民间普遍存在的习惯性规则则缺乏相应的法律调整。

第三编"物权",主要规定了对各种形式的财产权的法律保护及财产使用内容等。下设通则、所有权、地上权、永佃权、地役权、担保物权、占有共七章。如规定:所有人于法令之限制内得自由使用、收益、处分其所有物,他人不得干涉。

2. 民律后两编以固守国粹为宗。后两编因由清廷礼学馆主持起草,虽然条文中采纳了一些资产阶级的法律规定,但更多的是注重吸收中国传统社会历代相沿的礼教民俗。

第四编"亲属",分别对亲属关系的种类和范围、家庭制度、婚姻制度、未成年人和成年人的监护、亲属间的扶养等作了规定。下设通则、家制、婚姻、亲子、监护、亲属会、扶养之义

---

① (清)俞廉三、刘若曾:《修订法律大臣俞廉三等奏编辑民律前三编草案告成奏折》,载故宫博物院明清档案部编:《清末筹备立宪档案史料》(下册),中华书局1979年版,第911页。

务共七章。其具体法律条文成为清末东西方法律文化交融的一个缩影。如关于家庭制度的条文规定:"家政统摄于家长";"家长以一家中之最尊长者为之";"家属尊卑之分以亲等及其长幼为序";妇女只在"家中无男丁或有男丁而未成年"的情况下,才得为家长。关于婚姻的条文规定:男子不满三十岁,女子不满二十五岁,无论结婚、离婚都须父母同意,否则无效。

第五编"继承",分别规定了自然继承的范围及顺位、遗嘱继承的办法和效力、尚未确定继承人的遗产的处置办法,以及对债权人和受遗人利益的法律保护等。下设通则、继承、遗嘱、特留财产、无人承认之继承、债权人或受遗人之权利共六章。该编中同样体现着浓厚的传统色彩,如关于继承权特别规定不可以抛弃,即使受继人有不利益之事,亦不得抛弃继承。在这里,家族的传承观念远远重于个人的物质利害得失。

《大清民律草案》从整体结构上来说,确实代表了其时最先进的民法理论,唯其如此,这一草案的完成,恰恰也成为清末修订的大部分法典一味强调"与国际接轨",而罔顾本国社会实际这一通病的又一典型。而其法典内容上所体现出的前后两部分的差异,则又成为近代东西方两种法律文化交融的例证,它以一个具体的视角叙述着"中体西用"的理论与实践。就法典本身来说,《大清民律草案》不是一部成熟的法律草案,但因其是中国历史上第一部民法典,对以后中华民国的民事立法产生了深远的影响。

六、诉讼律的制定

(一)《刑事民事诉讼法草案》的制定

中国传统法律一向是诸法合体,程序法不单独编纂。清廷颁布修订法律谕旨后,修订法律馆大臣认为刑法和诉讼法关系不可偏废,于是在修订刑律同时,开始了诉讼立法工作。沈家本等人认为,实体法与诉讼法相互为用,日本能在明治维新后收回治外法权,"推原其故,未始不由于裁判诉讼成得其宜"[①]。再加上历史传统形成的刑、民不分的事实,便于光绪三十一年(1905年)提出制定简明诉讼法,将民事诉讼与刑事诉讼规定在一部法典中。

光绪三十二年(1906年)四月,修订法律馆拟成《刑事民事诉讼法草案》上奏清廷,请求在刑法和民法之前颁行。该草案共五章二百六十条,另附《颁行例》三条。第一章为总纲,主要规定了刑事诉讼和民事诉讼的区别、诉讼时限、诉讼公堂、各类惩罚等;第二章为刑事规则,主要规定了逮捕、拘传、搜查、传唤、关提、拘留、取保、审讯、裁判、执行、开释等刑事诉讼程序;第三章为民事规则,具体规定了传唤、诉讼标的为五百元以下和五百元以上的案件的诉讼、审讯、拘提被告、判案后查报产物、监禁被告、查封在逃被告产物、减成偿债及破产物、和解等民事诉讼程序;第四章为刑事、民事通用规则,主要是关于律师、陪审、证人、上诉的规定;第五章为中外交涉案件的处理规则,规定对于涉外案件,依当时的条约审讯。

由于负责起草的伍廷芳曾留学英国,对英美法较有研究,因而该草案的内容多采自英美法,与大陆法系国家的程序法有所不同。该草案采用了资产阶级的陪审制度、律师制度,是我国将诉讼法规单独编纂的首次尝试。有鉴于此,清廷于1906年4月26日下谕,该法内容"于现在民情风俗能否通行,着该将军督抚、都统等体察情形,悉心研究其中有无扞格之处,

---
[①]《大清法规大全·法律部》卷一。

即行缕晰条分据实具奏"。之后,各省覆奏纷纷反对,对该草案加以批驳,"或以为舆情未洽,或以为人才未备,或以为关键多疏,或以为滞碍难行",一致拟请暂缓施行。其中以湖广总督张之洞攻击最烈,认为它"过沿西制,于中国礼教似有乖违,且未尽合法理,诚恐法权难挽"[①]。据此,清廷于光绪三十四年(1908年)九月奏准由修订法律馆会同法部对该草案详加覆核,妥善拟订,加以修改。但这时修订法律馆已决定将刑事诉讼律和民事诉讼律分开,重新起草,因而《刑事民事诉讼法草案》在实际上成了废案。

(二)《刑事诉讼律草案》和《民事诉讼律草案》

在各省督抚对《刑事民事诉讼法草案》提出种种意见时,修订法律馆就已有了制定新的诉讼法的打算,并将此计划列入《钦定逐年筹备事宜清单》。光绪三十三年(1907年)十一月奏准的办事章程中,明确把刑事诉讼律、民事诉讼律的调查起草作为该馆第二科的职掌,开始重新编纂诉讼法典。光绪三十四年(1908年)十月聘日本法学家松冈义正等为法律顾问后,又安排由冈田朝太郎和松冈义正分别协助起草刑事诉讼律和民事诉讼律,至宣统二年(1910年)十月,相继编成《刑事诉讼律草案》和《民事诉讼律草案》。

1.《刑事诉讼律草案》。该草案为我国首部独立的刑事诉讼法典草案。它引进了一系列资产阶级诉讼制度,如辩护制度、感化教育制度等。同时结合实际作了一些改进,如将资产阶级法院组织中的级别管辖移入诉讼法典。草案共分六编五百一十五条。第一编"总则",下设审判衙门、当事人、诉讼行为三章;第二编"第一审",下设公诉、公判两章;第三编"上诉",下设通则、控告、上告、抗告四章;第四编"再理",下设再诉、再审、非常上告三章;第五编"特别诉讼程序",下设大理院特别权限之诉讼程序、感化教育及监禁处分程序两章;第六编"裁判之执行"。该草案主要模仿日本1890年《刑事诉讼法》,内容远较《刑事民事诉讼法草案》完备。其主要内容包括:(1)诉讼方式上采用告劾式,审判衙门只管审判,不管纠问;(2)对刑事案件实行公诉,公诉权由检察官行使;并规定有预审程序,预审权亦由检察官行使;(3)采取资产阶级"自由心证""直接审判""言词辩论"等原则,对证据的证明力及其取舍,不预设定,要求审判衙门对案件关系人及有关的物品直接进行讯问调查,允许原被告双方辩论;(4)规定原被告待遇平等,被告人除自行辩护外,还可请辩护人及辅佐人代为辩护;(5)实行审判公开原则和三审终审制;(6)规定当事人对案件无处分权,禁止当事人私自了结;(7)实行干涉主义,规定审判官为查明案情,可调查一切有关事宜,不受当事人言词的拘束。

2.《民事诉讼律草案》。该草案是我国首部独立的民事诉讼法典草案。它以德国民事诉讼法为蓝本,参照日本、奥地利、匈牙利民事诉讼法,结合中国传统法律及习俗制定而成。该草案采用了资本主义国家通用的"当事人主义原则""法院不干涉原则"及"辩论原则"等,但许多条文有脱离中国社会实际之处。该草案共分四编八百条。第一编"审判衙门",下设事物管辖、土地管辖、指定管辖、合意管辖、审判衙门职员之回避拒却及引避五章;第二编"当事人",下设能力、多数当事人、诉讼代理人、诉讼辅佐人、诉讼费用、诉讼担保、诉讼救助七章;第三编"通常诉讼程序",下设总则、地方审判厅之第一审诉讼程序、初级审判厅之诉讼程序、上诉程序、再审程序五章;第四编"特别诉讼程序",下设督促程序、证书诉讼、保全诉讼、公示催告程序、人事诉讼五章。

---

① 《光绪朝东华录》。

这两部草案虽由于清廷的覆亡,未能颁行,但并未完全被废弃。民国初年,北京政府曾多次援用施行《刑事诉讼律草案》中的某些条文,并于1912年在该草案的基础上,编成《刑事诉讼条例》五百一十四条,公布适用。《民事诉讼律草案》第一编的第一章至第四章也于1912年被援用。1921年,广东政府将该草案略加修改,编成《修正民事诉讼律》八百条,北京政府将其加以修正,编成《民事诉讼条例》七百五十五条并公布,第二年施行。

(三)《各级审判厅试办章程》的制定

法部受命对《大清刑事民事诉讼法》详核妥拟后,鉴于各级审判厅即将普遍举办,急需程序性法律规范的情况,立即着手编纂《暂行诉讼法》。为调和传统文化和近代文化间的矛盾,法部以直隶总督袁世凯奏定的《天津府属审判厅试办章程》为基础,兼采沈家本奏呈的《法院编制法草案》,于光绪三十三年(1907年)十一月编成《各级审判厅试办章程》。

该章程分总则、审判原则、诉讼、各级检察厅通则和附则五章,计一百二十条。光绪三十四年(1909年),经宪政编查馆详核开始施行。该章程是一部关于法院组织和民刑事诉讼的综合法典,也是法院组织法、刑事诉讼法、民事诉讼法颁布前的过渡性法典。它删除了《大清刑事民事诉讼法草案》中规定的陪审制度和律师制度,但仍采用了一些近代法院的组织结构和诉讼术语、审判制度等,如四级三审制、预审制、检察制度等。因新的刑事诉讼法、民事诉讼法难产,该章程一直存续至清亡,且在民国北京政府统治时期改头换面实施达十年之久。

第四节　清末司法制度的变化

一、司法机构改革

清廷于1906年9月颁布"仿行预备立宪"诏令的次日,宣布仿照西方国家三权分立原则更定官制,使司法与行政分立,一改几千年来司法行政合一的体制。

(一)"司法独立"原则下的中央司法机构改革

1. 将刑部改为法部。光绪三十二年(1906年)九月,清廷下诏将刑部改为法部,专司司法行政。

2. 将大理寺改为大理院。依据上述统一诏令,将大理寺改为大理院,作为全国最高审判机关。同年颁布了由大理院拟定的《大理院审判编制法》,规定了京师地方的司法机构改革。

宣统元年(1909年),抄袭日本《裁判所构成法》颁布的《法院编制法》,共六章一百六十四条。该法进一步确认:大理院是最高审判机关,有统一解释法令权。大理院设正卿一名,少卿一名,负责全院事务。内设刑事科、民事科,各设推丞一名,负责本科事务。下设庭,庭设庭长。至此,正式废除了"三法司"制度,确立了近代中央司法机关的规模。

3. 设总检察厅。随着法部和大理院的设立,将最初置于法部内的总检察厅改设于大理院,成为最高检察机关。《法院编制法》第十一章"检察厅"规定:总监察厅设厅丞一名,二名以上检察官,独立行使检察权。取消了自明代以来的都察院。

(二)"四级三审制"与地方司法机构的设立

1. 京师地方审判机构。《法院编制法》确立了由下至上的城(乡)谳局、地方审判厅、高等审判厅和大理院的"四级三审制",再加上颁行的《各级审判厅试办章程》,俨然一个资产阶级法制形象。

2. 各省地方审判机构及其构成。初级审判厅由一至二人以上推事组成。地方审判厅,在京师设厅丞一名,在各省地方设立厅长一名,负责全厅事务。厅内分民、刑庭,设庭长,置二名以上推事。

高等审判厅设厅丞一名,负责全厅事务。厅内分民、刑庭,设庭长,置二名推事。

地方各级审判厅内设检察厅。初级检察厅设一至二名以上检察官,地方检察厅、高等检察厅分设一名检察长,二名以上检察官。

此外,各省按察使改名为提法司,作为地方司法行政机关。实际上,以上改革除京师、天津等个别地方外,并未普遍推行。而京师法院审理刑讯,仍按老一套,法律规定多徒有虚名。

(三)《大理院审判编制法》与《法院编制法》的制定

清廷配合"预备立宪",将大理寺改为大理院,专任审判。为明确大理院职权,法部随之拟定《大理院审判编制法》,由清廷于1906年12月颁行。该法分总纲、大理院、京师高等审判厅、城内外地方审判厅、城谳局五节,计四十五条。它引入了资产阶级"司法独立"原则,确立"四级三审制"、审检合署、审判合议等制度,是模仿资产阶级国家制定的我国第一个单行法院组织法规。

因《大理院审判编制法》仅限京师地区适用,加之《钦定逐年筹备事宜清单》所列颁布《法院编制法》的日期(1908年)迫近,修订法律馆于光绪三十三年(1907年)八月草成《法院编制法》,经宪政编查馆审核,由清廷于宣统元年(1909年)十二月二十八日颁行。该法分十六章,共一百六十四条。它依据日本《裁判所构成法》编订,包括审判衙门通则、各级审判机构、法庭秩序、审判衙门之用语、判断之评议及决议、检察厅、推事及检察官之任用、法律上之辅助、司法行政之职务及监督权等。该法采用了"司法独立"等资产阶级司法原则,使资产阶级司法制度逐步在清末在文本意义上得以确立。

为配合该法实施,宪政编查馆及时拟订了《初级暨地方审判厅管辖案件暂行章程》《法官考试录用暂行章程》《司法区域分划暂行章程》,经奏准,与该法同时施行。

二、诉讼审判制度的改革

(一)确定司法独立原则

《大理院审判编制法》第六条规定:"自大理院以下及本院直辖各审判厅局关于司法裁判全不受行政衙门干涉,以重国家司法独立大权,而保人民身体财产。"宪政编查馆《核定法院编制法并另拟各项暂行章程折》重申了这一原则,并将其贯彻于《法院编制法》中。虽然实际上尚有出入,但这毕竟是司法独立在中国的立法先声,是对传统皇帝总揽司法权的否定。

（二）区别刑事、民事诉讼

《各级审判厅试办章程》规定："凡审判案件，分别刑事民事二项。"区别是："凡因诉讼而审定理之曲直者属民事案件。"① 从而结束了中央审判衙门以审判刑事案件为主，地方审判衙门刑、民不分的传统。《大理院审判编制法》还确定大理院及所属法院分设刑庭、民庭，分别审理刑事、民事案件。

（三）审判权、检察权分立

古代监察机关是御史台、都察院，职权主要是"纠弹百官"，同时有对疑难重案的审判参与权，实质上是监察权、审判权兼有。

1906年11月，清廷改组司法机构，明定总检察厅专司法律监督之责，检察权与审判权分立。《大理院审判编制法》规定："凡大理院以下审判厅局均须设有检察官。其检察局附属该衙署之内。检察官有提起公诉之责。检察官可请求用正当之法律。"《各级审判厅试办章程》和《法院编制法》还明确规定检察机关依刑事诉讼律及其他法令，有搜查处分、提起公诉、实行公诉、监察判决执行等权力。依民事诉讼律及其他法令，检察机关对民事案件有为诉讼当事人或公益代表人行特定事宜之权。从此，资产阶级检察制度开始在中国逐步建立。

（四）承认辩护制度

古代刑事审判采用纠问式为主的方式，没有辩护制度存在的余地，理论上实行有罪推定。

1906年的《大清刑事民事诉讼法》首次确定辩护制度："凡律师俱准在各公堂为人辩案。"② 但因守旧势力反对未及颁行。直到1910年的《法院编制法》才承认律师和律师出庭辩护的制度："律师在法庭代理诉讼或辩护案件，其言语举动如有不当，审判长禁止其代理、辩护。其作律师而为诉令代理人或辩护人者，亦同。"③ 此后，中国始有近代意义的律师制度。

三、狱政改革与"模范监狱"的设立

（一）狱政制度的改革

1. 制定《大清监狱律草案》。近代刑法理论认为，刑事法律是"全体刑法"，包括刑法、诉讼法、监狱法，因此，在"模范列强"的清末立法活动中，产生了刑律、诉讼律、监狱律关系论。在此理论支配下，为配合刑律、诉讼律的实施，修订法律馆大臣沈家本聘请日本监狱学家小河滋次郎于1910年起草了《大清监狱律草案》，这是近代改良监狱的第一张蓝图。该草案规定：监狱是执行自由刑、限制受刑人自由，使受教化、服国法而后复归社会的场所。监狱分男、女监和少年监。该"草案"虽因清亡未及颁行，但对改进监管仍有意义，并成为民国制定监狱法的蓝本。

2. 改革监狱管理机构。1905年，清监狱属原刑部提牢厅管理。1906年，法部将旧刑部

---

① 薛梅卿、叶峰：《中国法制史稿》，高等教育出版社1990年版，第362页。
② 薛梅卿、叶峰：《中国法制史稿》，高等教育出版社1990年版，第362页。
③ 薛梅卿、叶峰：《中国法制史稿》，高等教育出版社1990年版，第362页。

十七司裁并。其中专设典狱司,置郎中三人,员外、主事各四人,分管直省监狱、警察、习艺所,以及罪犯名册、衣粮费用、编纂监狱法规及统计书表等。

(二)"模范监狱"的设立

1. 建立罪犯习艺所。1902年,山西巡抚赵尔巽奏准设立罪犯习艺所,收受被判充军、流、徒刑等刑罚(犯不孝及奸、盗、诈伪罪)的犯人,使其接受农业、手工业等职业训练,成为建立犯人劳动农场或工厂之始。此后,全国各地纷纷效法,其中著名的有顺天府习艺所、江苏省习艺所,开创了改造罪犯的新路。

2. 设立模范监狱。1903年,经清廷批准,仿资产阶级国家监狱,建京师模范监狱。该监狱建筑新颖,管理严明,设有监狱办公楼、杂居监、分房监、工场、女监、病监。一扫以往狱室鄙陋、囚系惨刻的状况,成为第一个采用近代式构造的监狱。因管理体制的改变亦遭到传统势力反对,指责"模范监狱颐养罪囚,人亦何乐而不犯罪"?。但终因改善犯人处境,便于监管,因而得以推广,各省仿效,如奉天模范监狱,从而促进了国家监狱设施和管理的近代化。

《大清律例》规定,妇女涉讼到堂及女"未决犯",交官媒收押听候审判。官媒往往乘机敲诈勒索,蹂躏残害。为此,1908年10月17日,法部奏准革除官媒,建立女犯看守所。改变了"妇女凡一涉讼,差役需索于前,官媒留难于后,生命财产俱蹈危机"①的状况。

关键词

礼法之争　不平等条约　大清新刑律　预备立宪　会审公廨

思考题

1. 清末变法修律中,"礼法之争"的过程及评价如何?
2. 清末的司法机构有何变化?
3. 论述清末主要立宪活动。
4. 论述《大清新刑律》的主要内容及评价。
5. 试比较分析《大清现行刑律》与《大清新刑律》。

参考书目

1. 故宫博物院明清档案部编:《清末筹备立宪档案史料》(下册),中华书局1979年版。
2. 张晋藩:《中国法律的传统与近代转型》,法律出版社1997年版。
3. 韩秀桃:《司法独立与近代中国》,清华大学出版社2003年版。

---

① 艾晶:《清末女犯监禁情况考述》,载《清史研究》2011年第4期。

第十章　中华民国时期的法律思想与制度

第一节　法律思想及代表人物

一、近代化变迁与折中的法律思潮

自1912年中华民国创立到1928年南京国民政府再度实现统一,在十六七年的时间里,中国社会经历了跌宕起伏的近代化变迁。其中,政治的变迁最为剧烈,共和的根基并不稳固,遭到了两次帝制复辟的冲击,又有军阀专政的困扰,民国北京政府的合法性常处在危机之中,政府更迭频繁。政治的动荡与军阀混战使得社会经济只是出现了短暂的繁荣,各项社会改革与建设大多没有取得实质性成效。城市与乡村的发展极不均衡:新兴的通商口岸有了较快的发展,广大乡村处在缓慢变化和衰败的状态之中。在这一时期,由于政府控制力相对较弱,思想文化呈现出多元化发展,比之清末更为自由和繁荣。

在相对自由宽松的文化环境中,民国前期的法律思潮有着鲜明的折中特色:大陆法系与英美法系的折中、移植自外国的法律与中国固有法律的折中、制度理想与现实需要的折中统一。清末和民国初期出国留学的大批法科学生陆续归国,这些留学生通过法学期刊论文、学术著作,通过法律起草工作、司法工作,将大陆法系和英美法系的法律制度折中融合,推动了法学的发展,提高了立法、司法工作的质量。清末改法修律之际,收集和翻译了大量的外国法律资料,唯其时间仓促、法律起草任务紧迫,对外国法律的选择移植未能与本国固有法相融通。民国前期,在适用刑法、法院编制法以及援引民律草案的过程中,不断根据社会现实调适移植而来的法律,运用西方法学理论阐释本国固有法,在司法裁判和法律修订工作中将固有法纳入现行法律体系,与移植而来的外国法折中融合为一体。大陆法系与英美法系的折中,移植自外国的法律与中国固有法律的折中,制度理想与现实需要的折中统一,都是通过法律家的学理阐释和学说建构完成的,董康和黄右昌是民国前期具有代表性的两位法律家。

二、董康"拓展新知"与"借鉴旧制"相结合的法律思想

董康,字授经,号涌芬室主人,江苏武进人。高中进士之后入清王朝刑部工作,历任刑部主事、郎中。1900年擢升刑部提牢厅主事,总办秋审,兼陕西司主稿。1902年修订法律馆成立后,先后任法律馆校理、编修、总纂、提调等职,成为修律大臣沈家本的主要助手,参与清末

旧律的修订和新律的起草工作。1905年后曾多次东渡,调查日本监狱制度、裁判所制度,撰有《调查日本裁判监狱报告书》《监狱访问录》等。1911年辛亥革命爆发,董康再次东渡日本留学,专修法律。民国北京政府成立后,董康回国,先后任北京政府中央高等文官惩戒委员会委员长、全国选举资格审查会会长、法律编查会副会长兼署大理院院长、司法总长、财政总长、地方捕获审查厅厅长、法官训练所所长、广东高等法院院长等要职。抗战爆发后,董康屈从于日本侵略者,沦为汉奸,历任华北伪中华民国临时政府委员、司法委员会委员长、最高法院院长等职。1940年改任汪伪国民政府华北政务委员会委员、汪伪国民政府委员。抗战胜利后,董康被以汉奸罪逮捕,1947年病死。

清末任职于修订法律馆之际,董康主张废除旧律中的严刑峻法,全面仿效德日刑法,制定新律。在民国北京政府任立法、司法职务期间,董康先后发表《匡救司法刍议》《民国十三年司法之回顾》《接收会审公廨刍议》《新旧刑律比较概论》等,其思想从激进革新转变为借鉴旧制,从效法日德转变为兼采英制,逐渐形成"拓展知新"与"借鉴旧制"相结合的法制改革思想。1914年8月1日,董康任大理院院长,兼任法典编查会副会长,同年发表《匡救司法刍议》,提出匡救司法之意见凡八条:一减审级,二甄别法官,三编刑律施行法,四强盗从严,五立审限,六疏通监狱,七行秋谳,八定民事取债法。① 其借鉴旧制之倾向,在《匡救司法刍议》中已有体现。董康指出:"新刑律采大同主义者,固多依据唐以来旧制,亦复不少果能于旧律研究有素,自易融会贯通。第法曹诸彦率皆昧己国法制之源流,拘泥外国之判例、学说,适用之际,凿枘诚多。亟宜筹沟通之法,拟请将旧律沿用,未能骤废,及新律所未详者,另辑施行法并详加诠释颁行。法庭树之准的,以杜出入,庶议新律者,知编辑方针,初无戾弼教之本旨也。"② 1915年董康主持制定的《刑法修正案》中已借鉴诸多旧制因素,1918年《第二次刑法修正案》更直接明确"以旧草案偏重理想,乃凭事实为修正之标准。刑法废徒刑等差,伤害罪详分细目,强盗外并著抢夺之条,盖采暹罗及意大利新制,其实皆旧律之精神也"③。

1923年前后,董康"漫游英伦,调查其司法系统",并在英国发表谈话,认为"中国司法采取欧陆制度,实属错着,以中国之情势,当采英国制度也"④。1924年谈及在新法施行后旧法是否还有研究价值时,董康指出:"旧法废止,新法颁行,则旧法似无研究之必要,而抑知不然……奉行之后,颇感困难,欲速之讥诚所难免。依今日情形,则研究旧法,亦所必要。"⑤ 1925年,在收回上海会审公廨的计划书中,董康提出:"自清以前诉讼法附见于列代刑律之内,极为简略,大旨与英制相近,将来改良司法,必须有若干部分稍复故步。"⑥ 董康在司法实践中,日渐清晰地意识到旧制仍有社会的适应性,应该加以继承借鉴;日德刑法的制度体系难以全面搬用,英国的判例法制度却有助于解决具体问题,将外国法的视野拓展到"英制"。后来,董康将"拓展新知"与"借鉴旧制"相结合的思想加以总结论述:"至纂修事业,须经历二之时期:一、知新时期。凡成就必由于破败,即法律何莫不然。为表示改革之决心,荟萃各法案,甄择所长,无论何国皆然,不能执以为起草者之咎。二、温故时期。民族随生聚而

---

① 董康:《匡救司法刍议》,载《庸言》1914年第2卷第1、2期合刊。
② 董康:《匡救司法刍议》,载《庸言》1914年第2卷第1、2期合刊。
③ 董康:《民国十三年司法之回顾》,载《法学季刊》1925年第2卷第3期。
④ 《世界要闻:董康在英之谈话》,载《时兆月报》1923年第18卷第1期。
⑤ 董康:《新旧刑律比较概论》,载何勤华、魏琼编:《董康法学文集》,中国政法大学出版社2005年版。
⑥ 董康:《接收会审公廨刍议》,载《国闻周报》1925年第2卷第29期。

成习惯,故成王之诰康叔,于文轨大同之日,犹许用殷罚殷彝,此出于经验后之认定,不得嗤之为墨守旧章。"①

董康自1914年开始逐渐呈现的法制改良思想转变,其总体上体现了"拓展新知"与"借鉴旧制"的融合统一。在董康的法律思想中,"新"与"旧"是两种相互对立同时可以相互转换的二元,即在一定条件下,"新"将退化为"旧",而"旧"则可以发展出"新",这正是一种辩证的"新旧观"。值得注意的是,董康一方面继续细化对欧陆、英国法制的认识,明确两种法律制度与我国国情的契合度;另一方面并没有抹杀晚清法律移植的既得成果,全面移植英美法制也并不现实。董康的思想转变标志着民国法律家已从"被动无意识继受欧陆法系"之状况,转变为"主动有意识拓展新知与借鉴传统法制",并能将移植的外国法与本国旧制相融合,构筑一个有机的适应中国现实需要的法律体系。

三、黄右昌对近代民法学的贡献

黄右昌,字黼馨,湖南醴陵人。他天资聪明,十二岁中秀才,十七岁中举人。后入湖南时务学堂,因成绩优异,被选送日本盐仓铁道学校留学,不久转入早稻田大学。回国后任湖南法政学校教授、校长及省议会会长等职。二十七岁任北京大学法律系教授兼系主任,教授民法、罗马法等课程,同时兼任清华大学、法政大学、朝阳大学等校教授。黄右昌精研民法,尤其对罗马法的研究成就卓著,著有《罗马法与现代》《法律之革命》《民法(物权)》《民法诠解总则篇》《民法诠解物权篇》《民法亲属释义》等,有"黄罗马"之美称。在民国《民律草案》的起草中,黄右昌负责物权编的编纂。南京国民政府期间,历任立法委员、大法官等职。新中国成立后,曾任中国文史馆馆员,1970年于北京病逝。黄右昌对中国近代民法学的贡献主要体现在以下三个方面:

1. 对于罗马法的研究和介绍,奠定了中国近代民法学的基础。黄右昌于1915年出版了《罗马法》一书,是第一本由中国学者撰写的研究罗马法的学术著作。黄右昌在《罗马法》第一、二版的基础上修订完成了《罗马法与现代》②一书,该书"论断精审,文笔流畅","引证中外,简而得要"③,是研究罗马法的经典著作。《罗马法与现代》一书分为绪论和本论两个部分。其中,绪论主要阐述了罗马法上的民族主义、民权主义和民生主义,罗马法发展的时期,研究罗马法的学派,并探查了罗马法背后的宗教、历史、政治;本论详细论述了罗马法的人法、物法、诉讼三个部分。在内容上,本书对罗马法具体制度和民法精神的展示资料翔实,论述精当,有清本溯源之功;在立意上,本书致力于"从罗马法以观察现代",或揭示罗马法在现代的发展,或梳理罗马法与现代法的关系,并指出民国民事立法的误区。

2. 对大陆法系物权法深入阐释,对物权与债权加以界分。在西学东渐的历史潮流之下,黄右昌接受了系统的日本民法学的教育,致力于将大陆法系民法学尤其是物权法介绍进入中国。特别是在物权契约上,黄右昌倡导"契约目的说",以契约行为的目的作为界定物权契约的标准。在他看来,与债权契约的"以发生债权关系为目的"相对应,物权契约也就相应为"以发生物权关系为目的"的契约。同时,他认为,物权契约的事实最早源于罗马法时期

---

① 董康:《从吾国社会实际需要略论刑法》,载《社会科学季刊》1936年第6卷第1期。
② 黄右昌:《罗马法与现代》,北平京华印书局1915年版。
③ 黄右昌:《罗马法与现代》,北平京华印书局1915年版,序。

的"交付"行为,后来,法、德继承罗马法并根据各自的习惯,对物权契约分别采取了物权移转意思主义和物权移转形式主义。黄右昌对大陆法系物权法的研究和阐释,体现了对当时德国和法国民法学的精通以及将其系统介绍到中国的努力。

3. 对本国固有法的学术阐释和立法传承。在《大清民律草案》的修订中,清廷聘用的日本法学家将中国固有的"典"理解为不动产质,把"典"纳入担保物权的范畴。作为起草民国《民律草案》物权编的负责人,黄右昌在学说上将传统"典"解读为限制物权,纠正了日本法学家的观点,将固有法中的"典"概括为"典权",并定义为"典权人因支付典价,占有他人不动产而为使用",将传统的"典"表达为一种权利,利用大陆法系的物权理论将固有的"典"纳入民法学体系中,并作为独立一章规定在民国《民律草案》中。

第二节 南京临时政府时期的法律

1905年,以孙中山为首的革命派建立了中国历史上第一个资产阶级政党——同盟会。同盟会以"驱除鞑虏,恢复中华,建立民国,平均地权"为宗旨,在成立之初就开始了推翻清王朝的武装斗争。1911年10月,武昌起义爆发,全国先后有十四个省宣告独立。1912年1月1日,中华民国南京临时政府成立,孙中山就任临时大总统,至此,掀开了中国资产阶级民主法制的新篇章。南京临时政府是具有资产阶级共和国性质的革命政权,革命党人进行了积极的法制建设,在短短的几个月内,不仅制定了宪法文件,如《临时政府组织大纲》《中华民国临时约法》等,还进行了一系列推进社会改革的法令,这些法令构成了南京临时政府的法制体系最基本的框架。然而,有着两千多年传统的封建专制制度并没有就此彻底消亡,其"阴魂"始终缠绕着中国资产阶级的民主法制建设。由于南京临时政府仅仅存在了三个月,虽然孙中山等人曾提出"更张法律,改订民、刑、商法"的计划,也不可能在这么短的时间内得以实施;加之当时新兴的资产阶级在政治经济实力上的软弱和理论上准备不足,地方秩序混乱、财政拮据,临时政府主要以颁行单行法令的方式来解决实际问题,并未形成系统的近代法律体系。南京临时政府所颁布的法律法令和推行的社会改革没有造就富强、民主的资产阶级共和国,其对中国近代法制的影响主要在于法律观念方面。

一、《中华民国临时政府组织大纲》与南京临时政府的建立

辛亥革命后,民主革命的浪潮席卷了全国,独立后的各省为巩固革命成果,纷纷制定各自的宪法文件,在这种形势下,革命党人相继制定了《中华民国临时政府组织大纲》(简称《临时政府组织大纲》)和《中华民国临时约法》,在中国的宪法史上书写了重要的一页。

1.《临时政府组织大纲》的制定。1911年10月10日,武昌起义爆发。随即,湖北革命党人组织成立中华民国鄂州军政府,并颁布《鄂州临时约法》。武昌起义和革命政府的建立,推动了全国革命形势的发展,南方各省纷纷脱离清政府宣布独立。为统一革命力量,自1911年11月15日,独立各省都督府代表先后在上海、汉口、南京集会,商议成立统一革命政府事宜。各省代表联合会推选江苏代表雷奋、马君武,湖北代表王正廷,起草《中华民国临时政府组织大纲草案》。同年12月3日,各省代表议决通过了《中华民国临时政府组织大纲》。此后,又分别于1911年12月16日、1911年12月31日、1912年1月2日对该大纲进行了三次修改。

2.《临时政府组织大纲》的内容和特点。《临时政府组织大纲》是政府组织法,同时具有临时宪法的性质。《临时政府组织大纲》分为四章,共二十一条。第一章"临时大总统、副总统(修正案增入"副总统")",规定中华民国临时政府大总统和副总统由各省都督府代表选举产生,规定了临时大总统的各项职权,大总统缺位时由副总统代行职权。第二章"参议院",规定参议院的组成以及职权、表决办法。第三章"行政各部",规定临时政府设立外交、内务、财政、军务、交通五个行政部门。第四章"附则",规定《临时政府组织大纲》的施行期限至《中华民国宪法》施行。

作为一个宪法性法律,《临时政府组织大纲》具有以下特点:(1)以西方三权分立原则组织临时政府:总统为最高行政机构,下辖行政各部;参议院为立法机关。但是组织大纲中没有规定司法机关。(2)为了凝聚革命力量,该组织大纲仿效美国 1787 年宪法模式,采取了总统制。(3)因为清政府仍然占据着北方各省,南北处于战争状态,临时政府无法进行直接选举,所以临时政府的立法机关也仿效美国独立战争时期的大陆会议,仅设立一院制的参议院,并且参议院议员由各省选派。(4)组织大纲还不是一部完整的宪法,未对国体问题、人民基本权利义务加以规定。

《临时政府组织大纲》是资产阶级共和国的第一个宪法性文件,虽然在形式上并不十分完备,但它反映了武昌起义后革命发展的需要,为建立统一的资产阶级政府奠定了法制基础。1911 年 12 月 29 日,孙中山当选为临时大总统,并依据该法组织成立了中国近代第一个资产阶级共和政府——南京临时政府。

二、共和国的法制基础:《中华民国临时约法》

(一) 南北议和与《中华民国临时约法》(简称《临时约法》)的制定

武昌起义爆发以后,清政府为了镇压革命,授权袁世凯组织责任内阁,并负责统兵与南方革命军作战。在掌握清政府的大权之后,袁世凯认识到清政府已经朽不可支,因此他一方面以军事优势向南京革命政府施加压力;另一方面秘密派出代表与南方革命政府进行谈判,要求以逼迫清王朝皇帝退位为条件,换取共和国总统的权位。袁世凯既是汉人,又是北洋新军的统帅,他愿意服从共和,使得南京临时政府的一些革命党人欢欣鼓舞,他们幼稚地认为,南方革命政府的首要革命目标就是推翻满清王朝,袁世凯拥护共和,即可达到革命目的。于是在袁世凯的威逼与欺骗之下,南方革命政府与袁世凯的代表达成协议,在袁世凯服从共和、逼迫清帝退位的条件下,革命政府当推举他为临时大总统。

迫于国内迅猛发展的革命形势,加上袁世凯及其北洋系军人的威逼,清王朝皇帝溥仪于 1912 年 2 月 12 日下诏"辞位"。次日,临时大总统孙中山向参议院提出辞职,但是为了防范袁世凯独裁,孙中山同时向参议院提出了袁世凯继任临时大总统的三个条件:(1)临时政府设在南京;(2)新总统必须到南京就职;(3)新总统必须遵守即将公布的《临时约法》及南京临时政府所颁布的一切法律法规。2 月 15 日,根据孙中山的提议,参议院议决:(1)推举袁世凯为第二任临时大总统;(2)袁世凯必须来南京任职,在袁世凯到任之前,仍由孙中山执行临时大总统职务。

以孙中山为代表的清醒的革命党人,并不完全相信袁世凯真心拥护民主共和,因此要对袁世凯加以限制。可是袁世凯以防止北方发生兵变为由,拒绝来南京就任临时大总统。在迫使袁世凯脱离北洋集团的努力落空以后,《临时约法》就成为革命党人保证共和民主的唯一防线。

《临时约法》的起草始于1912年1月初。当时各省都督府代表会议行使立法权,该会议推选景耀月、张一鹏、吕志伊、王有兰、马君武五人为起草委员,负责起草《临时约法》。1月28日,参议院成立以后,由参议院审议通过《临时约法草案》。3月8日,参议院完成对《临时约法》的三读程序,并交临时大总统孙中山公布施行。

(二)《临时约法》的主要内容与特点

《临时约法》共五十六条,分为七章:总纲,人民,参议员,临时大总统、副总统,国务员,法院,附则。其主要内容包括:

1. 明确宣示中华民国为统一的共和国。《临时约法》没有对国体问题用专条加以规定,但是总纲部分明确宣示:"中华民国由中华人民组织之";"中华民国之主权,属于国民全体"。由此可知,中华民国之国体为民主共和国。由于列强的侵凌、瓜分,清末以来中国边疆危机不断,《临时约法》对领土问题加以明确规定,以维护中国之统一:"中华民国领土,为二十二行省、内外蒙古、西藏、青海。"

2. 规定人民享有广泛的权利及应尽的义务。《临时约法》第二章"人民",首先规定了人民依法享有的权利。人民可享有的权利极为广泛,第五条规定:"中华民国人民,一律平等,无种族、阶级、宗教之区别。"第六条规定人民的七项自由权:人身自由;家宅非依法律不得侵入或搜索;保有财产及营业自由;言论、著作、刊行及集会结社之自由;书信秘密之自由;居住迁徙之自由;信教之自由。除平等与自由这些国家不得侵犯的权利以外,《临时约法》第七至十二条还规定了人民的积极权利:请愿于议会之权;陈诉于行政官署之权;诉讼于法院,受其审判之权;对于官吏违法损害权利之行为,陈诉于平政院之权;应任官考试之权;选举及被选举权。同时,《临时约法》还简明地规定,人民有依法律纳税和服兵役的义务。

3. 采取三权分立的政府组织原则。《临时约法》在总纲部分概括规定"中华民国以参议院、临时大总统、国务员、法院,行使其统治权"。在其他各章分别规定立法机关、行政机关、司法机关的权责,其中第三章"参议院"规定"中华民国之立法权,以参议院行之",以及参议院的选举组成、职权、议事规则等。第四章"临时大总统、副总统"、第五章"国务员",规定:临时大总统代表临时政府,总揽政务,公布法律;以总理为首的国务员,辅佐临时大总统负其责任,并于临时大总统行使行政权力时副署之。从有关行政权的规定来看,《临时约法》采取了责任内阁制,而非总统制。第六章"法院",规定:法院依法律审判民事诉讼及刑事诉讼;法官独立审判。

4. 规定严格的修改程序。为防止临时大总统专权,擅自修改根本法,《临时约法》在附则部分规定,在宪法施行以前,本约法之效力与宪法同。本约法由参议院议员三分之二以上或临时大总统提议,经参议员五分之四以上出席,出席四分之三之可决,得增修之。

(三)《临时约法》的历史意义及其缺陷

《临时约法》是中国近代第一部资产阶级共和国性质的宪法文件。它确立了"主权在民""平等、自由"的民主原则,建构了三权分立的政权体制,全面树立了民主共和的法制标准,成为人民反对专制、保护民主共和的重要法律武器。《临时约法》确认了资本主义私有制和生产方式,为打破封建生产关系的桎梏,摆脱外国资本的压迫,推进民族资本主义的发展都起到了积极作用。

《临时约法》的制定,具有因人立法的缺陷,表现了中国资产阶级民主派的软弱性。中华民国创立之初,需要重新整合各派力量、树立统一的政治权威,采取权力相对集中的总统制比较符合客观形势的需要,但是革命党人对袁世凯并不放心,深恐他利用北洋系的军事实力实现个人独裁。正是为了限制袁世凯个人独裁,促使立法者因人立法,在三权分立的体制中,将南京临时政府实行的总统制改为责任内阁制,由政府总理总揽行政事务;加强参议院的权力,以削弱和限制行政机关的权力;以严格的修订程序,阻止临时大总统修订临时约法,避免其破坏共和法治。但如此一来,造成了总统与总理行政权的失衡,参议院立法权与总统行政权互相制约的分权体制遭到破坏。

三、推行社会革新的法令

孙中山所领导的南京临时政府在1912年1—4月初,颁行了一系列旨在保障民权、改革司法制度的法令。

(一) 保障民权的法令

孙中山根据中国的国史民情和西方"天赋人权"的理论,提出"天赋人权,胥属平等"的民权思想,并认为在共和国之中,人民对于国家社会之一切权利,均一体享有,不得有任何歧视。孙中山任临时大总统期间,先后发布《大总统令内务部禁止买卖人口文》《大总统令广东都督严行禁止贩卖"猪仔"文》《大总统通令开放疍户惰民等许其一体享有公权私权文》等,禁止买卖人口,废除各种贱民身份。

孙中山积极提倡女权,在其就任临时大总统后,积极支持"女子参政同盟会"发起的参政运动,并倡议参议院通过赋予女子参政权的议案,希望妇女界普及教育,提高参政能力,为将来参政创造条件,以提高妇女的社会政治地位。

财产权为基本民权之一,是人民赖以生存的基础。为保障该项权利,孙中山督责临时政府内务部发布《保护人民财产令》五条,以保护人民财产为急务。该令规定:(1)凡在民国范围内之人民,所有一切私产,均应归人民享有,非经正式裁判宣告,不得擅自充公或查封;(2)前为清政府官产,现在民国势力范围内者,应归国民政府所有;(3)前为清政府官吏者,其私产区别对待,如无反对民国之行为者,民国承认并保护其私产,如有反对民国、虐杀人民之行为者,其私产应一律查抄,归民国所有。

(二) 移易风俗、革除陋习的法令

南京临时政府为废除封建陋习,振兴民族精神,改良社会风尚,颁布了一系列法令,表现了中国新兴资产阶级反封建的革命精神。

孙中山曾指出,社会风俗亦关系到人民健康与民族存亡,"若于旧染锢疾,不克拔涤净尽,虽有良法美制,岂能恃以图存"[①]。因此,南京临时政府在内外交困的条件下,仍十分重视

---

① 《大总统令禁烟文》。

移易风俗,涤荡国民旧染陋习。在各种陋习之中,以吸食鸦片为害最深,"小足以破业殒身,大足以亡国灭种"①。为使国民戒除吸食鸦片的痼疾,临时大总统孙中山两次颁布戒烟令。

孙中山还颁布了其他一些移易风俗的法令,如《命内务部晓示人民一律剪辫令》《令内务部通饬各省劝禁缠足文》等。临时政府内务部还曾颁布《内务部报告禁赌呈》《内务部令江宁府知事示禁各乡演戏赛会文》等,以禁止赌博及其他有害博戏。

此外,为革除封建繁杂礼仪,临时政府发布了《大总统令内务部通知各官署革除前清官厅称呼文》《内务部咨各省革除前清官厅称呼文》,决定改变称呼和废止跪拜。规定"普通相见为一鞠躬,最敬礼为三鞠躬",此后鞠躬广泛推行,跪拜礼逐渐灭迹。

(三) 厉行司法改革的法令

刑讯逼供是中国古代官吏断案的重要手段,为革除数千年的弊政,孙中山发布《大总统令内务司法两部通饬所属禁止刑讯文》,严令:"不论行政、司法官署及任何案件,一概不准刑讯。鞫狱当视其证据充实与否,不当偏重口供。其从前不法刑具,悉令焚毁。"司法部根据临时大总统的训令,公布了《司法部咨各省都督禁止刑讯文》,电促各省都督,责令下级官署废除刑讯制度。

虽然清末修订法律时已经开始摒弃体罚酷刑,但专制酷吏仍在,体罚制度禁而不绝。为实现法律制裁手段的文明化,孙中山发布了《大总统令内务司法两部通饬所属禁止体罚文》,明令:"不论司法、行政各官署审理及判决民刑案件,不准再用笞、杖、枷号及他项不法刑具,其罪当笞、杖、枷号者,悉改科罚金、拘留。"

南京临时政府成立后,具体审判制度虽未及详订,但在审判中仿效欧美的司法原则,直接奉行公开审判制度和陪审制度,以保障司法公正。《临时约法》第五十条明确规定:"法院之审判,须公开之。但有认为妨害安宁秩序者,得秘密之。"

为保障人民的合法权利,南京临时政府曾计划建立律师制度。临时大总统在训令中指出:"律师制度与司法独立相辅为用,夙为文明各国所通行,现各处既纷纷设立律师公会,尤应亟定法律,俾资依据。"②为实现司法公正,大小讼务,应仿欧美之法,设立陪审人员,允许律师代理,务为平允。若不是南京临时政府为时甚短,律师制度几见成效。南京临时政府能够在司法上倡行公开审判制度、陪审制度和律师制度,对推动中国司法制度的近代化发挥了积极作用。

此外,在短短几个月的时间里,南京临时政府还根据《临时政府组织大纲》制定了一系列的政府官制,其主要有《法制局官制》《内务部官制》《财政部官制》《教育部官制》《实业部官制》《交通部官制》《外交部官制》《陆军部官制》《海军部官制》等。为建立完善的近代文官制度,曾颁布《文官任官令草案》《文官考试令草案》《文官考试委员官职令草案》《外交官及领事官考试令草案》等法规草案。但由于南京临时政府存续时间很短暂,上述法律草案未能公布,以后为民国北京政府立法建制所参照。

---

① 《大总统令禁烟文》。
② 《大总统令法制局审核呈复律师法草案文》。

第三节 北京政府时期的法制

一、法制特点

辛亥革命之后，以袁世凯为首的北洋军阀政府窃取了革命的胜利果实。从1912年3月民国北京政府成立到1928年6月北伐军进占北京致民国北京政府消亡的17年间，由于执掌政权的主要是北洋系的军阀或官僚，因此民国北京政府又被称作"北洋政府"。

民国北京政府时期，是中国法律由传统向近代转变的一个重要时期。在清末改法修律的基础上，民国北京政府继续修订各项法典，推进法律的近代化。但是因为受到政治纷争和军阀专制的冲击，这一时期修订的法律草案大多未能公布施行。民国北京政府的法律体系实际上主要由两部分组成：制定法和司法解释。制定法既包括援用的清末法律，也包括新颁行的大量单行法令。1912年3月，袁世凯在北京就任中华民国临时大总统之初，一方面援用清末颁行的法律，另一方面对清末以来的法律草案进行修订，法律近代化事业得以继续发展。司法解释包括当时最高审判机关——大理院创制的判例和解释例。在法典不完备、单行法令多有抵触的情况下，大理院的判例和解释例起到了统一司法依据、补充法律漏洞的作用，成为这一时期法律体系的重要组成部分。1913年以后，共和民主政制为军阀专制所破坏，大小军阀恣意妄为，致使已公布的法律多成为具文，改订之刑法修正案、民律草案均未能付诸施行。民国北京政府时期的法制主要有以下几方面的特点：

1. 在立法方面，民国北京政府注重近代法律体系的完善，但共和民主立法体制却遭到彻底破坏。民国北京政府建立之初，在法制局之下设立法典编纂会，负责起草、修订除宪法以外的各项法律草案。1914年，法典编纂会更名为法律编查会，改归司法部统属。1918年，又改法律编查会为修订法律馆，仍以起草、修订各项法律为其职责。但民选立法机关——国会却不断遭到破坏，立法权转由政治会议、约法会议、参政院等御用机关行使。1914年1月，经全国选举产生的国会（又称"第一届国会第一期常会"）被袁世凯解散；1916年8月该国会曾恢复开会，被称作"第一届国会第二期常会"，在1917年6月又被黎元洪解散。此后，还出现过第二届国会（1918年2月至1919年8月，又称"安福国会"）和第一届国会第三期常会（1922年10月至1924年10月，又称"贿选国会"），后来的两期国会均已沦为皖系军阀和直系军阀的御用工具，完全丧失了民意机关的人民代表性。

2. 在法律技术方面，法律近代化取得了很大的成就。这不仅表现在对清末法律的修订，还表现在大理院通过判例和解释例的方式，完善了整个法律体系。清末以来的制定法，主要取法于欧美及日本，与中国的实际情况难以完全符合。因此，大理院在适用制定法的时候，往往需要通过判例或解释例对其加以变通；在制定法出现空白或漏洞的情况下，又以判例或解释例予以补充。从而形成了制定法与司法解释（判例、解释例）相结合的复合型法律体系。

3. 在法律实施方面，民国北京政府都比较注重制定宪法，以粉饰政权。同时特别法盛行，刑事法律蜕变为专制政府的统治工具。民国北京政府在《暂行新刑律》的基础上，分别于1915年、1919年完成了两个刑法修正案，但是没有真正付诸实施。北洋政府时期的各种立法及司法解释活动，一定程度上为后来的南京国民政府六法体系的建立打下了基础，提供了一些可资借鉴的经验和教训。

二、宪法性法律与法统的废弃

(一)"天坛宪草"的起草与搁置

1913年4月,国会召开以后,由于当时国民党籍议员占据多数,他们认为《临时约法》内容过于简单,未能将国会的权力详加规定,不能有效限制总统专权,因而主张制定一部正式的宪法。而袁世凯则认为《临时约法》对总统的权力束缚过甚,也主张制定一部确认总统大权的宪法。7月12日,国会参、众两院各选举三十名议员组成了"宪法起草委员会",负责拟订宪法草案。为郑重起见,7月下旬,宪法起草委员会的起草工作改在北京天坛祈年殿进行,因此该草案又被称作《天坛宪草》。至10月24日,宪法起草委员会对宪法草案进行三读。

《天坛宪草》共一百一十三条,分为十一章:国体,国土,国民,国会,国会委员会,大总统,国务院,法院,法律,会计,宪法之修正及解释。

《天坛宪草》继承了《临时约法》的立法精神,以限制总统权力为宗旨,但其内容更加完备,成为民国北京政府时期历次制宪的基础。《天坛宪草》试图从三个方面限制总统实行个人专制:(1)确立责任内阁制,限制和削弱总统的权力。《天坛宪草》第八十条规定:"国务总理之任命,须经众议院之同意。"第八十一条规定:"国务员赞襄大总统,对众议院负责任。"国务总理的任命以及全体国务员的责任关系,均系于众议院,而与总统无关,实际的行政权力由总理和各部部长行使,总统仅处于虚位国家元首的地位。(2)设立国会委员会,限制总统的紧急处分权。《天坛宪草》第六十五条规定:"大总统为维持公共治安,或防御非常灾患,时机紧急,不能召集国会时,经国会委员会之议决,得以国务员连带责任,发布与法律有同等效力之教令。"为防止总统通过行使紧急处分权而实行个人独裁,《天坛宪草》设立了国会的常设性机关——国会委员会,以便在国会闭会期间限制总统滥用紧急处分权。(3)设立独立于行政机关的审计院。依《天坛宪草》规定,审计院对国家财政收入、支出的决算,行使审核权;对财政支出的支付令,行使核准权。而审计院之审计长、审计员,由国会选举产生,超出总统任命的行政官吏之外。

在《天坛宪草》编订过程中,袁世凯曾派出八位代表陈述总统对宪法草案的意见,遭到宪法起草委员会的拒绝。在不能通过合法手段影响宪法制定的情况下,袁世凯进一步采取破坏制宪的手段。10月25日,《天坛宪草》已经过宪法委员会三读通过,袁世凯通电各省军政长官,要他们对宪法草案逐条研究,在五日内发表评价意见。属于北洋系的地方军政长官,立即对袁世凯的通电做出反应,他们指斥《天坛宪草》"为暴民专制之宪法",要求解散国会,另行制定"中华民国万世不易之宪法"。同年11月4日,袁世凯下令解散国民党,取消国民党籍议员的资格,导致国会不足召集会议的法定人数,国会对宪法草案的议决程序不能进行。1914年1月10日,袁世凯又以参、众两院均不符合《国会组织法》规定的集会人数、无法行使职权为由,下令解散国会,《天坛宪草》被彻底搁置。

(二)《中华民国约法》(即"袁记约法")

1. 袁世凯专制与《中华民国约法》的炮制。1914年1月国会被解散之后,已经没有直接限制总统权力的机关,形成了袁世凯独揽统治权的政治格局。为了使总统独裁合法化,并为复辟帝制做准备,1914年3月,袁世凯提出了《增修临时约法大纲案》。袁世凯假借孙中山所定革命方略,将国家建设分为"训政时期"和"宪政时期":"为目前建设国家计,根本法上之关系,宜有两种时期,盖增修约法为一时期,制定宪法又为一时期";当前为国家开创时代,当实行约法。

为确保"合法"地制定约法,民国北京政府令各省及主要社会团体推选出五十七名代表,组成约法会议。约法会议依照袁世凯的意见议定了《中华民国约法》,并由政府于1914年5月1日公布。至此,民主共和国的基础——民选国会和《临时约法》,均被袁世凯破坏,代之以形式上民主、实质上个人独裁的专制政府。

2.《中华民国约法》的内容。《中华民国约法》分为十章,共六十八条。从内容结构上,该约法可以分为三部分:

第一部分包括第一章、第二章,规定"国家"与"人民",在形式上确认共和国体和人民的民主权利。第一章"国家"规定:中华民国由中华人民组织之;中华民国之主权,本于国民之全体。并规定了中华民国的领土范围。第二章"人民"规定了人民的基本权利与义务,其内容大体与《临时约法》的规定相同。

第二部分包括第三章至第八章,规定了以"总统"为核心的国家机构。第三章"大总统"赋予总统极为广泛的宪法权力:大总统既为国家元首,又为行政首长,总揽统治权,他仅对国民之全体负责;在危机情况下,可以发布与法律有同等效力的"教令"经参政院同意,甚至可以解散立法机关。第四章"立法",以人民选举之议员组织立法院,立法院行使议决法律、议决预算之权,并可以对大总统提起弹劾。第五章"行政"规定:"以大总统为首长,置国务卿一人赞襄之";国家行政事务,设立外交、内务、财政、陆军、海军、司法、教育、农商、交通各部分别管理。第六章"司法"规定:"司法以大总统任命之法官组织法院行之","法院依法律独立审判民事诉讼、刑事诉讼,但关于行政诉讼及其他特别诉讼,各依其本法之规定行之";还规定"法官在任中不得减俸、转职,非依法律受刑罚之宣告或应免职之惩戒处分,不得解职"。以上内容大体上确立了司法独立原则以及二元司法体制。第七章"参政院"规定参政院为总统咨询机关,"应大总统之咨询,审议重要政务"。第八章"会计"规定国家租税制度、预算决算制度,以及大总统的财政权;同时规定设立审计院,"国家岁出岁入之决算,每年经审计院审计后,由大总统提出报告书于立法院,请求承诺"。

第三部分包括第九章、第十章,规定有关制定宪法、施行约法的问题。第九章"制定宪法程序",因为该约法并非正式宪法,所以对将来制定宪法的程序加以规定。在约法所规定的"制定宪法程序"中,体现了大总统的巨大影响力:(1)由大总统的咨询机关——参政院推举之委员组成宪法起草委员会负责起草宪法;(2)宪法草案起草完成以后,仍交由参政院审议;(3)参政院审议之后的宪法草案呈交大总统,由大总统提交于国民会议议决;(4)约法特别规定"国民会议,由大总统召集并解散之"。第十章"附则",主要说明了有关约法施行的四个问题:(1)本约法自公布之日起施行,其效力与宪法相同,1912年3月11日公布的《临时约法》,于本法施行之日废止;(2)1912年2月12日"大清皇帝辞位"后公布的清皇室优待条件、满蒙回藏各族优待条件,"永不变更其效力";(3)规定了极为严格的修订条件:"本约法由立法院议员三分之二以上或大总统提议增修,经立法院议员五分之四以上之出席,出席议员四分之三以上之可决时,由大总统召集约法会议增修之";(4)特别申明,在"立法院未成立以前,以参政院代行其职权",为日后取消民选的立法机关制造借口。

3.《中华民国约法》的特点。与《临时约法》相比较,《中华民国约法》具有以下特点:

(1)形式上规定国体为民主共和国。辛亥革命以后,民主共和的政治理念不仅为革命党人坚持不渝,全国知识界也对清政府君主立宪的骗局有了清醒的认识,普遍倾向民主共和。因此约法不得不顺应民意,在"国家"和"人民"两章确立共和国体,保障人民基本民主权利,在形式上确立了民主共和国体。

(2)形式上采取三权分立原则,实际上由总统独揽国家统治权。约法大体规定了立法、行政、司法三权分立的国家政权组织原则:以立法院为人民代表机关,行使立法权;以总统为行政首脑,统帅国务卿及行政各部,执掌行政权;以法院独立审判民事、刑事诉讼案件。在三权分立的国家机构中,立法院由民主选举产生,行使立法权和弹劾总统的职权。然而正是因为立法院可以制约总统的权力,所以立法院在袁世凯执政期间始终没有选举成立,其职权一直由总统的御用机关——参政院代行。总统实际上集立法权、行政权于一身。又根据1914年5月公布的《修正大总统选举法》,总统每届任期十年,可以连选连任,并可以选定继承人。这无异于确定了总统的终身制和世袭制。因此可以说,《中华民国约法》的颁行,标志着北洋军阀专制的确立;《临时约法》所确立之资产阶级民主共和国宪政体制遭到了挫折。

(3)增修约法和未来制定宪法的权力都掌握在总统手中。约法确认该法与宪法效力等同,其他法令不得与之相抵触;同时,规定修订约法的程序极为严格,与《临时约法》的规定相同;所不同的是,增修《临时约法》的权力属于民意代表机关——参议院,而增修约法的权力则归总统。未来议订宪法,宪法起草委员会的组成、宪法草案的拟订、宪法的审议与公布也都由总统决定。总统试图通过掌握修订国家根本法的权力,来控制国家的政治命运。

1915年12月,在所谓"国民代表"的一再推戴之下,袁世凯下令改共和国体为帝国,定次年为洪宪元年。袁世凯复辟帝制的活动遭到全国人民的反对,云南首先宣布独立,发兵讨伐,全国各省纷纷响应。至1916年2月,袁世凯不得不下令取消帝制,试图保存共和国总统的职位。然而独立各省一致要求袁世凯辞去总统职位,以谢天下。1916年6月,袁世凯羞愤交加,病重死去。

(三)1923年《中华民国宪法》(即"贿选宪法")

1.曹锟贿选与《中华民国宪法》的制定。1923年6月,直系军阀首领曹锟,将当时任总统的黎元洪驱赶出北京,图谋自任总统。因为国会议员多有不愿附和直系军阀者,造成参、众两院达不到法定开会人数,无法进行总统选举。曹锟为"合法"当选总统,命令直系军人暗中活动,凡参加总统选举的议员,每人奉送五千元支票。10月5日,参、众两院议员召开总统选举会,议员五百九十三人出席,曹锟以四百八十票当选为总统。

在筹办总统选举的过程中,为掩饰贿选丑行,曹锟于1923年7月发布促成制定宪法的通电。但是,由于国会不足法定人数,宪法会议流会四十四次。直到10月5日贿选开始,宪法会议才凑够法定人数。宪法会议以《天坛宪草》的讨论稿为底本,迅速完成了《中华民国宪法草案》。10月8日,宪法会议匆忙完成宪法草案条文的三读程序。10月10日,在辛亥革命十二周年之际,曹锟就任大总统,宪法会议同日举行《中华民国宪法》的公布典礼。因为该宪法由曹锟贿选而产生,所以又被称作"贿选宪法"。

曹锟当选为总统之后,孙中山在南方发布讨伐曹锟的通电,并通缉参加贿选的国会议员。1924年10月,由于直系将领冯玉祥与奉系将领达成妥协,造成直系军阀全线溃败。1924年11月2日,曹锟被迫退位。随后,段祺瑞组建临时政府,皖系军阀控制了北京政府。

2. 贿选宪法的内容与特点。贿选宪法是中国近代宪法史上第一部正式公布的宪法,该宪法共一百四十一条,分为十三章:国体、主权、国土、国民、国权、国会、大总统、国务院、法院、法律、会计、地方制度、宪法之修正解释及效力。

从条文上来看,这是民国北京政府时期最民主的一部宪法。该宪法在1913年《天坛宪草》的基础上,又经过宪法学者十年的研讨与修订,立法技术已较为成熟。其第一条规定,中华民国永远为统一民主国。第二条规定,中华民国主权,属于国民全体。这是对复辟帝制以及各种专制政体的彻底否定。该宪法还规定了人民广泛的民主权利,以及代议制、责任内阁制、司法独立、财政审计制度等内容。这些条文对民主制度的建构远胜于1912年颁行的《临时约法》。然而,贿选总统曹锟和贿选国会,并非以维护民主共和为己任,他们只不过是各得其所:宪法似乎可以佐证曹锟总统地位的"合法性",贿选议员们通过宪法掩饰了中饱私囊的贪婪。这部宪法的民主性条文仅仅是他们实现各自利益的工具,不具有任何实在价值。

名义上实行地方自治,实则确认大小军阀的利益格局。该宪法第五章"国权",将国家权力分为"国家事项"和"地方事项",以宪法为依据,实行中央与地方的分权体制。该宪法第十二章"地方制度",更为详尽地规定了省、县两级地方的自治权,主要包括:省、县依照宪法可以自行组织地方议会,可以自行制定自治法;省、县实行分税制;中央政府不得违反法律而干涉地方政务,省政府也不得非法干涉县级政务;民主国家实行地方自治制度,赖于中央与地方共守宪法。曹锟政府之所以能接受地方自治制度,则是大小军阀利益分配的需要。曹锟要坐稳总统的宝座,就必须制衡皖系、奉系这些大军阀,为此就需要拉拢各地方的小军阀与之合作。曹锟与小军阀合作的基础是,曹锟在北京做总统,小军阀在地方做"土皇帝"。贿选宪法成了大小军阀实现利益分配的账单。

(四)国会的蜕变与法统的废弃

国会与宪法相互维系,构成了共和政府的法统。自1912年3月以来,民国北京政府遵守《临时约法》,以参政院行使国会的代表权,奠定了共和政府的法统。可是,由于民主的国会和宪法与独裁体制不能相容,因此军阀政客首先破坏了民主的国会和宪法,进而变造出掩饰独裁政体的国会和宪法。1914年,袁世凯解散民选国会(即1913年4月至1914年1月之第一届国会第一期常会),废弃《天坛宪草》,以约法会议炮制出《中华民国约法》,并以此取代《临时约法》。袁世凯之后,共和法统得以恢复,但是没有维持多久,黎元洪再次解散国会(即1916年8月至1917年6月之第一届国会第二期常会),国务总理段祺瑞再次废弃《临时约法》。及至1923年,直系军阀统治北京政府,曹锟召集贿选国会、公布贿选宪法,国会与宪法的合法性与权威性被彻底败坏。直系军阀溃败以后,1925年4月,段祺瑞执掌北京政府,宣布"法统已为陈迹",解散第一届国会第三期常会(即贿选国会),废除曹锟的贿选宪法,《临时约法》也不再恢复。至此,西方的代议制宪政模式在中国以失败而告终。

三、刑事法律

民国北京政府成立之初，即将《大清新刑律》略加修订，改称《中华民国暂行新刑律》，仍然作为刑事基本法加以援用。1915年以后，虽然两次完成刑法修正案，但是都没有正式颁行。北京政府主要通过颁行各种刑事特别法来满足强化社会秩序的需要。大量适用刑事特别法成为这一时期刑事法律的主要特点。

（一）《中华民国暂行新刑律》与刑事特别刑法

1912年3月，民国北京政府公布《临时大总统宣告暂行援用前清法律及〈暂行新刑律〉令文》，该命令宣称："现在民国法律未经议定、颁布，所有从前施行之法律及《新刑律》，除与民国国体抵触各条应失效力外，余均暂行援用，以资遵守。"1912年4月颁行的《删修新刑律与国体抵触各章条》，确定了对《大清新刑律》删修的内容，包括：删除分则第一章"侵犯皇室罪"十二条；删除暂行章程五条；修改律文中与帝制相关的名词、术语，改"帝国"为"中华民国"，改"臣民"为"国民"，改"复奏""恩赦"为"复准""赦免"。经过删修，将《大清新刑律》改称《中华民国暂行新刑律》（简称《暂行新刑律》）。

1913年，袁世凯镇压"二次革命"之后，继而解散国会，逐步实现了个人独裁统治。为进一步强化专制统治，他提出"以礼教号召天下，重典胁服人心"，并在1914年12月公布《暂行新刑律补充条例》十五条。该补充条例一方面恢复了《大清新刑律》的暂行章程，以加强对伦常礼教秩序的维护，严明尊卑长幼的等级秩序；另一方面加重对"内乱""外患"等重大犯罪的处罚，体现所谓"治乱世用重典"的精神。《暂行新刑律》及其补充条例，共同构成了民国北京政府的刑事基本法。

民国北京政府颁行的刑事特别法令数量繁多。这些刑事特别法令一方面是为了变通和补充《暂行新刑律》，以弥补其不足。《暂行新刑律》由《大清新刑律》改订而来，大体仿照德日刑法，多有与中国国情不相适应之处，于是需要以特别法令辅助而行。1916年3月，司法部公布的《妇女犯轻罪特别处理通饬》，对于犯轻罪的妇女，不依《暂行新刑律》的规定加以处罚，而是根据以前清代的律例予以宽免，而责成其丈夫或父亲保释管束。1920年，民国北京政府公布《科刑标准条例》九条，该条例由司法总长董康拟定，列举推事裁判案件时应注意之事项，以帮助司法人员理解刑法条文的内容，避免定罪量刑漫无标准。

多数特别刑事法令是为了强化社会治安而颁行，因此特别法令的科刑重于《暂行新刑律》。民国北京政府于1914年6月颁行《官吏犯赃条例》十条（1916年7月废止），1920年10月颁行《办赈犯罪惩治暂行条例》四条，1921年3月颁行《官吏犯赃治罪条例》七条。以上各法令均加重官吏犯赃罪，如规定公务人员贪赃枉法或侵吞赈款，达到五百元者即处以死刑。1914年7月，总统以教令公布《惩治盗匪法》十一条，同年12月又公布《惩治盗匪法执行法》五条。民国北京政府以惩治盗匪为名，赋予地方军政长官对"盗匪"就地枪决的权力。原定《惩治盗匪法》施行五年，1919年施行期满之际，再延期三年；1922年应行废止之时，由于各省军政长官强烈要求继续施行，政府只得明令沿用。实际上，《惩治盗匪法》成为地方军政长官以法杀人的依据。民国北京政府于1914年7月、10月，还分别颁行了《徒刑改遣条例》《易笞条例》，对于犯内乱、外患、强盗等重罪，处五年以上有期徒刑者，得将徒刑改为发遣;对于犯轻罪,应处以三月有期徒刑、拘役或一百元以下罚金折易监禁者,凡属十六岁以上、六十岁以下之男子(曾任官员或有其他特殊荣誉身份者除外),可以将监禁折易笞刑。如此一来,民国北京政府假借疏通监狱之名,恢复了封建专制时期的发遣刑和笞刑,进一步加重了刑罚的残酷程度。

(二) 刑律的修订

民国北京政府在《暂行新刑律》的基础上,又于1915年完成了《修正刑法草案》,于1919年完成了《刑法第二次修正案》。两次刑法修正案虽然都没有正式颁行,却反映了中国近代刑事法律的发展历程。特别是《刑法第二次修正案》立法水平较高,后来成为1928年南京国民政府制定刑法的基础。

1. 1915年《修正刑法草案》。1914年,民国北京政府法律编查会成立,专门负责修订各项法律。该会成立之初,即认为民国初年援用《暂行新刑律》本为权宜之计,刑法为国家重要法典,自应重加编纂。于是,以《暂行新刑律》为基础,由董康主持其事,并聘请日本法学家冈田朝太郎参与修订工作。至1915年4月完成《修正刑法草案》,分总则、分则两编,共四百三十二条,章节大致与《暂行新刑律》相同。其内容上的重大修改有三个方面:

第一,秉承"立法必依乎礼俗"的原则,将中国古代刑律"亲族加重"的规定纳入修正案之中,"对于直系尊亲属犯罪者,加重本刑二等,对于旁系尊亲属犯罪者,加重本刑一等";因亲属身份而加重刑罚,"许其加至死刑"。将《暂行新刑律补充条例》中的"限制正当防卫"和"无夫奸"两条采纳为修正案条文。

第二,增加"侵犯大总统罪",列为分则第一章。中国古代刑律有保护皇帝、优待皇室的专设条文。本于中国礼教尊尊原则,修正案的起草者认为,大总统为国家主权之代表者,应设立专章。"侵犯大总统罪"一章的设定,反映了当时立法者迎合袁世凯复辟帝制的需要,为刑事立法的一大倒退。

第三,为保障国家盐税收入,将《私盐治罪法》的内容并入刑法修正案,增加"私盐罪"一章。

2. 1919年《刑法第二次修正案》。1918年7月,民国北京政府撤销法律编查会,改设修订法律馆,以著名法律家董康、王宠惠为总裁。修订法律馆成立后,该馆人士多认为,法律编查会编订《修正刑法草案》时,方处袁氏专制之下,不免迎合意旨,或有顾及,时势变迁,则刑事政策自有变更之必要。遂决定由王宠惠、董康负责编纂第二次刑法修正案。1919年在王宠惠的主持下,《刑法第二次修正案》最后定稿,全案共三百九十三条。

《刑法第二次修正案》名为修正案,实则在立法原则、立法体例方面并未因袭《暂行新刑律》和1915年《修正刑法草案》,以往刑法典(或草案)之缺点得到全面改正。民国时期法界人士在评价该修正案时,称"《刑法第二次修正案》实较前有显著之进步,为民国以来最完备之刑法法典"。

《刑法第二次修正案》较以往刑律及修正案,有以下几方面的重大改进:

(1) 以明文规定故意及过失之范围。《暂行新刑律》对故意与过失未加界定,第二次修正案为防止歧误,仿照各国晚近立法例,明文规定故意与过失;并依照1902年万国刑法学会议决议,规定犯人只对其能预见之结果负责。

(2) 提高刑事责任年龄。《暂行新刑律》规定刑事责任年龄为十二岁,第二次修正案参照多数国家立法例,将刑事责任年龄改为十四岁。十四岁以上未满十六岁者,得减轻刑罚,并增加由监护人交纳保证金自行监督的管束方法。

(3) 废除有期徒刑的等级制度。《暂行新刑律》将有期徒刑分为五等,加重处罚或减轻处罚,必以一等为限,往往造成量刑畸轻畸重。第二次修正案在总则部分废除刑期等级制度,分则各条以加重或减轻若干分之几为准,以免量刑失当。

(4) 对缓刑制度加以改革。第二次修正案将原定的三年缓刑考察期限缩短为两年。《暂行新刑律》的缓刑制度不适用于罚金,为促进受罚金处罚的罪犯改过自新,第二次修正案规定对处以罚金刑者可以适用缓刑。

(5) 对分则各章加以合理地分析、整合。《暂行新刑律》将杀人、伤害两罪合为一章"杀伤罪";鉴于杀人与伤害两者轻重悬殊、性质各异,第二次修正案将一章分为两章,分别规定杀人罪与伤害罪。《暂行新刑律》将放火、决水及妨害水利罪,危险物罪,妨害交通罪,妨害饮水罪,妨害卫生罪各分一章,分别加以规定;第二次修正案仿照荷兰、挪威、意大利等国刑法,以及瑞士、德国等国刑法准备案,将上述各罪并为一章,定名为"公共危险罪"。

因为当时西南各省施行的是《暂行新刑律》,若将第二次修正案颁布施行,独立倾向十分明显的西南各省未必遵行,则全国的法律适用有分裂之危险。从政治上考虑,民国北京政府未将第二次修正案颁布施行。

四、民商事法律

(一) 民事法律体系

1912年3月,民国北京政府司法部曾呈请援用《大清民律草案》,但是参议院认为该草案前清时并未宣布,无从援用,并议定以后凡有关民事案件,仍依照前清现行律中规定各条办理,否决了援用《大清民律草案》,而以清末《大清现行刑律》中的"民事有效部分"(以下简称"民事有效部分")作为民事基本法。

"民事有效部分"是大清律例中有关民事问题的规范,条文甚为简略,不足以规范日渐纷繁复杂的民事法律关系。在没有颁行民法典的情况下,民国北京政府只得公布了一些民事单行法令以解决社会生活中出现的新问题,如1914年1月公布的《验契条例》、1915年10月公布的《管理寺庙条例》、1917年10月公布施行的《清理不动产典当办法》、1922年5月公布的《不动产登记条例》等。

"民事有效部分"和各种单行民事法令构成的民事制定法体系,仍然十分简陋,难以满足民事司法的需要。大理院不得不在具体的民事判例和解释例中解释法律,消除其内在矛盾,补充其缺漏。1913年,大理院在上字第六十四号判决中明确指出:"判断民事案件应先依法律所规定;法律无明文者,依习惯法;无习惯法者,依条理。"从而确认习惯法和条理是补充性的法律渊源。

总体而言,民国北京政府时期的民事法律渊源包括以下四种:制定法(作为民事基本法的民事有效部分,以及各种单行民事法令),大理院的民事判例、解释例,民事习惯,条理。在多种民事法律之中,大理院的民事判例、解释例发挥着极为重要的作用。后来的法学家曾认为:"民事法规,既缺焉未备,于是前大理院,乃采取法理,著为判例,以隐示各级法院取法之矩矱,各级法院遇有同样事件发生,如无特别反对理由,多下同样之判决,于是于无形中形成大理院之判决而有实质的拘束力之权威。"

(二) 民商事法律的修订

1914年2月,民国北京政府裁撤法典编纂会,设立法律编查会,对清末以来的各重要法律草案加以修订。1915年法律编查会对《大清民律草案》最欠妥当的亲属编加以修订,编纂完成《民律亲属编草案》七章一百四十一条,试图使清末的民法典草案得以完备。由于处在袁世凯独裁时期,国会已被解散,《民律亲属编草案》未能交付立法机关审议。

1921年秋,华盛顿会议召开,民国北京政府的代表在会议上提出收回领事裁判权问题。西方列强的答复是,各国组成调查团考察中国司法状况,然后再根据考察结果决定是否撤废领事裁判权。民国北京政府为应付列强的考察,责成修订法律馆迅速编纂民法典。修订法律馆即着手汇编各省民商事习惯,汇集国内著名民法学者起草民法典草案。当时负责起草民法总则的是大理院院长余棨昌,债编由修订法律馆副总裁应时、总纂梁敬镦共同起草,物权编由北京大学教授黄右昌起草,亲属、继承两编由修订法律馆总纂高种和起草。至1925年,编纂完成总则、债编、物权编,1926年完成亲属编、继承编。整个民法典草案被称为《民律草案》,为使该草案与《大清民律草案》相区别,学者多将其称作"第二次民律草案"。

民国《民律草案》编纂完成之际,正值军阀混战,因此该草案未能履行立法程序,只是在1926年11月,由民国北京政府司法部通令各级司法机关加以适用。民国《民律草案》分为总则、债、物权、亲属、继承五编,共计一千五百二十二条。该草案是在《大清民律草案》基础上编纂完成的,同时也有一些重要变化:

1. 在立法的价值取向上,采取民法社会化之原则,试图调和个人主义与家族主义。时任修订法律馆总裁的江庸曾指出《大清民律草案》的一个严重缺陷是"前案仿于德日,偏重个人利益,现在社会情状变迁,非更进一步以社会为本位,不足以应时势之需求"[①]。民国《民律草案》摒弃个人主义价值取向,采取社会本位,对绝对的个人权利加以限制。例如,在"物权编"中,权能最为强大的所有权须受社会公共利益的限制,行使该项权利不得损及第三人合法权益。草案第二编由"债权编"改称"债编",以兼顾债权人和债务人的利益。契约自由是个人主义最重要的司法原则之一,民国《民律草案》虽然也承认契约自由,但是特别强调签订契约、履行契约须无悖于诚实信用原则。诚实信用原则成为限制契约自由的一般条款,旨在维护社会公益。

2. 《大清民律草案》多继受外国法,对本国固有法未甚措意;民国《民律草案》则注重采纳本国固有法和司法经验,将现行律民事有效部分,及大理院历年民事判例、解释例采纳为法典条文。典权制度在《大清律例》中已有规定,民间习惯中更是存在着形态各异的典权规则,然而《大清民律草案》却未予规定。民国《民律草案》在"物权编"中专设"典权"一章详加规定,以适应社会生活之需要。民国《民律草案》采纳固有法最多的是亲属、继承两编。该草案"亲属编"共二百四十三条,较《大清民律草案》增加一百条;"继承编"共二百二十五条,较《大清民律草案》增加一百一十五条。

3. 在继受外国法方面,民国《民律草案》也更显成熟。《大清民律草案》"债权编"中有

---

① 江庸:《江庸法学文集》,颜丽媛点校,法律出版社2014年版,第101页。

关于"发行指示证券""发行无记名证券"的规定,民国《民律草案》将这些属于商法的条文删除,改在商法中另行规定。《大清民律草案》"物权编"对于主物和从物未加区分,民国《民律草案》特为增入。在民国《民律草案》"亲属编"的"婚姻效力"一节,仿照瑞士民法增设"夫妻之权利义务"和"夫妻财产制",以更好地保护妇女在家庭中的合法地位和财产权益。《大清民律草案》仿照日本民法,对限制行为能力人分别规定禁治产和准禁治产;而民国《民律草案》则仿照德国民法,只规定禁治产制度,更加简明、妥当。

民国北京政府曾拟议编纂民商统一的法典,但为了迅速编订完成各项法典,以利于收回领事裁判权,最终放弃了民商法合编的计划,分别编纂民、商法典。法律编查会在1915年修订完成《破产法草案》三百三十七条,次年完成《公司法草案》二百五十九条;在1913年至1925年间,先后修订了五个《票据法草案》。民国北京政府时期,虽完成了多项商事法律草案,但均未付诸施行。

五、司法制度

(一) 司法机关

民国北京政府成立之初,对清末颁行的《法院编制法》略加删改,更名为《暂行法院编制法》,继续援用。1914年3月,又公布《平政院编制令》,从而形成了二元司法体制:普通法院系统负责民事、刑事案件的裁判,平政院职掌行政案件的裁判。普通法院系统实行四级三审制,在中央设立大理院为最高法院,在地方分设高等审判厅、地方审判厅和初级审判厅。

《暂行法院编制法》实行审检分立制度,各级审判机关对应设立检察厅。与大理院对应设立总检察厅,与高等审判厅对应设立高等检察厅,与地方审判厅对应设立地方检察厅,与初级审判厅对应设立初级检察厅。各级审判机关与检察机关分别独立行使职权。

(二) 审判制度

1. 在中央推行司法独立。民国北京政府以三权分立作为国家机构的基本组织原则,司法独立则是三权分立的重要内容之一。《暂行法院编制法》为贯彻实行司法独立原则,设定了各种相关制度,主要包括:

第一,严定推事(即法官)的选任条件。出任各级审判厅推事者,一般都必须符合一定的教育条件,并通过国家司法考试。大理院推事的任职资格最为严格,须在国内外修习法律三年以上,经过两次司法考试合格,并具备十年以上的司法实践经验。有此资格者,还需要有优秀的司法工作记录,由司法部推荐并得到总统任命,才能出任大理院推事。

第二,保障推事的职位、俸禄安全,严明其职业操守。《临时约法》第五十二条规定:"法官在任中不得减俸或转职,非依法律受刑罚宣告或应免职之惩戒处分,不得解职。惩戒条规,以法律定之。"《暂行法院编制法》对于推事的职位、俸禄安全有更为周详的保障,该法第一百二十五条、第一百二十六条规定,非依法律规定,各级官署不得对推事进行调任、降职、停职、免官、减俸;推事虽在惩戒或刑事控告期间,薪俸仍应照给。推事的职禄在得到特别保障的同时,其道德操守、业余兼职也受到严格限制。《暂行法院编制法》以及相关法令规定,推事不得参加各种政治团体,不得被选任为各级议会议员,不得经营商业,不得兼职有报酬的报社编辑等职,也不得沾染不良嗜好。

第三,保证推事独立行使审判权。为保证推事独立进行裁判,《临时约法》第五十一条规定:"法官独立审判不受上级官厅之干涉。"又依照《暂行法院编制法》的有关规定,纵然是大理院院长,也"不得指挥审判官所掌理各案件之审判","(合议庭)评议判断时,庭员须各陈述意见","判断之议决,以过半数意见定之"。

民国北京政府时期的宪法性法律、法院编制法以及众多的单行法令,都确认和保障独立的司法体制。可是,由于军阀混战、政治纷争不断,加之当时的国家财政收入主要用于军费开支,司法经费极为匮乏,司法人才短缺,致使司法独立仅为司法界向往之理想而已。

2. 地方行政官兼理司法。依照《暂行法院编制法》规定的四级三审制,在各县应设立初级审判厅,管辖第一审民事、刑事案件。但是由于司法经费拮据,专门司法人才短缺,全国各县级地方难以设立独立审判机关。1913年3月,民国北京政府不得不采取变通办法,在应设初级审判厅的县级地方先行设立审检所。审检所内以具有一定法律知识的人出任帮审员,负责审理民事、刑事案件,以该县知事兼任检察官。审检所虽然是一种过渡形态的审判机关,但它的设置剥夺了地方官吏的审判权,因而遭到地方的抵制。

1914年4月,鉴于既无法设立初级审判厅,又无法全面推行审检所制度,民国北京政府决定裁撤初级审判厅,也废止审检所制度,并分别不同情况,在各县设置不同的司法组织。在条件较为成熟的各县,设立地方审判厅分庭或地方刑事简易庭;在条件较差的各县,实行县知事兼理司法,同时还公布了《县知事兼理司法事务暂行条例》。此后,县知事兼理司法实际上成了县级地方的主要司法模式。

1917年5月,民国北京政府公布《县司法公署组织章程》,试图改变县知事兼理司法的体制。根据《县司法公署组织章程》,在未设立独立司法机关的各县,应设立司法公署掌管审判职权。该章程第三条规定:"设司法公署地方所有初审民、刑案件,不问事务轻微、重大,概归司法公署管辖。"县司法公署由审判官和县知事组成,该章程第六条规定:"关于审判事务,概由审判官完全负责,县知事不得干预。"县知事负责检举犯罪、缉捕罪犯、刑事执行等司法事务,其司法职权仍较为广泛。县司法公署的设立,在体制上向实现司法独立的目标前进了一步。但是到1926年年底,将近十年的时间里,全国两千多个县仅设立司法公署四十六所,百分之九十以上的县级地方依旧实行县知事兼理司法。

3. 军阀假借军法审判干涉司法。大小军阀利用军法审判干涉司法是民国北京政府时期司法制度的一大弊病。当时的中央政府为大军阀所把持,地方政府为小军阀所掌握,大小军阀的军队中都设有军政执法处。军政执法处为专门军事司法机关,管辖军人违法案件,可是大小军阀却利用它"口衔刑宪,意为生杀"。例如,武昌起义的功臣张振武,就是被京畿军政执法处所杀。1912年8月15日夜,张振武在北京被京畿军政执法处秘密逮捕,三小时后,没有经过任何司法程序即被枪决。处死张振武的依据仅仅是黎元洪在一封密电中的指控,以及袁世凯所发的一纸军令。实际上,黎元洪与张振武结有私怨,袁世凯惧怕张振武鼓动革命,于是假借军法任意杀人。再如,1925年12月5日,山东军阀张宗昌命令军政执法处,未经审判程序就捕杀了山东高等审判厅厅长张志,随即以军法长官继任高等审判厅厅长的职位。民国北京政府时期,军阀利用军法杀人的案例不胜枚举,军法审判成了军阀干涉司法的重要手段。

第四节 南京国民政府时期的法律思想与制度

一、思想特点及代表人物

(一) 孙中山的宪法思想[①]

"政权为控制政府的力量,由人民直接行使于县治,间接行使于中央;治权为服务人民的力量,由政府分设五院运用。"孙中山看到西方三权分立与代议政治的弊病,希望结合中国传统与西方经验创设一个"人民有权,政府有能"的新制度。他提出"权能分立",区分"政权"与"治权",由人民行使政权制衡政府,政府则行使治权治理国家。孙中山所谓中央政权机关是国民大会,由各县选举代表组成,行使选举、罢免、创制、复决四权。根据权能分治的理论,国民大会不是代议制的议会,而是"直接民权"机关。关于行使"治权"的政府,孙文参考了中国历史上的监察机关与"考试独立",创设了监察院掌管监察、考试院掌管公务人员的考试与铨叙,与立法院、行政院、司法院并为"五院"。立法院不是议会(民意机关),而是由专业人士组成的专司立法职能的机关。由于监督政府的职能由人民的"政权"行使,"五院"之间的关系主要不再是制约与平衡,而只是职能上的分工——"五权分立,彼此相维"。

孙中山思想对南京国民政府的政府体制架构、立宪行宪都有重大影响,它在教条上与情感上都极大地左右了国民党主持的立宪,尽管其中不乏被歪曲的地方。

1. "五权宪法"构想。"五权宪法"是孙中山法律思想的重要组成部分,是他在研究各国宪法的基础上,结合中国的历史与国情加以集中的产物。他一贯认为,宪法的好坏对于治理国家至为重要:"我们要有良好的宪法,才能建立一个真正的共和国。"同时他认为三权分立的学说在西方资产阶级革命时期曾经起过很大的作用,但是现在已经不适用了。因此中华民国的宪法要创造一种新主义即"五权分立",以弥补"三权分立"的不足。

孙中山的所谓"五权",就是在行政权、立法权、司法权之外,再加上考试权和监察权。以"五权分立"为基础内容的宪法就叫"五权宪法"。根据"五权宪法"设立行政、立法、司法、考试、监察五院,就叫五院制。他认为,只有依"五权宪法"所组织的政府,才是完全政府,才是完全的政府机关。按照他的设想,结构如下:以五院为中央政府:一曰行政院,二曰立法院,三曰司法院,四曰考试院,五曰监察院。宪法内容制定后,由各县人民投票选举总统以组织行政院。选举代议士以组织立法院。其余三院之院长,由总统得立法院之同意而委任之,但不对总统、立法院负责。而五院都对国民大会负责。各院人员失职,由监察院向国民大会弹劾之;而监察院人员失职,由国民大会自行弹劾,罢黜之。国民大会之职权,专司宪法之修改,及裁判公仆之失职。国民大会及五院职员,与全国大小官吏,其资格皆由考试院定之。此五权宪法也。

孙中山认为,监察与考试独立是中国固有的东西。他论中国"自唐虞起,就左史记言,右史记事,及至后世,全国都有御史、谏议大夫等官独掌监察权。他们虽然官小位薄,但上至

[①] 本部分所引孙文宪法学说可参"五权宪法学会"编:《五权宪法文献辑要》,帕米尔书店1963年版。

君相,下至微臣,皆儆剔惶恐,不敢犯法"。因而,中国应发扬自己的传统,将监察独立。中国历代考试制度不但合乎平民政治,且实过现代之民主政治,平民通过严格的考试可以得第为官,让国家人才辈出。所以,"将来中华民国宪法必要设立机关,专掌考选权。大小官吏必须考试,定了他们的资格。无论那官吏是由选举的抑或由委任的,必须合格之人,方得有效"。这样就可防止滥选和徇私。

孙中山的"五权分立"学说本身是他体察中国民情国史而独创的宪法思想,也或多或少地带有牵强的色彩。但是他主观上是努力克服西方代议制在运作中的缺点,纠正选举制度的弊端,更重要的是他为人民描绘了一幅"世界上最完美、最良善、民有、民治、民享"的国家蓝图。

孙中山的五权分立主张,强调的是权力之间的分工与合作,而不是西方三权分立主张的分权与制衡。根据"五权"成立的"五院",都在总统统率下实行分工合作。《建国大纲》中规定:"各院长皆归总统任免而督率之。"这种宪法思想与孙中山"权能分治"的理论密不可分。

2. "权能分治"理论。"权能分治"理论是孙中山民权思想的最完整体现。孙中山的"五权宪法"是以人民掌握政权、政府实施治权的"权能分治"的学说为依据的,是建立在人民主权基础之上的。他把政治权力分为政权与治权两种:"政是众人之事,集合众人之事的大力量,便叫做政权,政权就可以说是民权。治是管理众人之事,集合管理众人之事的大力量,便叫做治权,治权就可以说是政府权。所以政治之中包含两种力量:一个是管理政府的力量,一个是政府自身的力量。要把中国改造成新中国,必须把权和能分开。政权完全交到人民手内,要人民有充分的政权,可以直接去管理国事;治权则完全交到政府的机关之内,要政府有很大的力量,治理全国事务。"

中国应该建设"全民政治"的国家。若想实现"全民政治"国家的理想,他认为人民应真正掌握的权利应含选举权、创制权、否决权及罢免权这四权。同时这四权又可分为两类:一类是人民管理政府的官吏即选举权与罢免权。他主张"人民要有直接民权的选举权",全国实行分县自治,人民直接选举官吏,直接选举代表参加国民大会,组成最高权力机关。但人民只有直接选举权还不能管理官吏,还必须有罢免权。另一类是管理法律的权力,即创制权与否决权。也就是人民有权创制一种法律或根据需要废止一种法律抑或修改一种法律。孙中山强调说,真正的中华民国必须保障人民有此四种权,人民有了这四种权,才算享有充分的民权,才能真有直接管理政府之权。

3. 中央与地方"均权"理论。在中央与地方的权限关系上,孙中山希望超越分权与集权的非此即彼,创设所谓"均权"的制度,即:"凡事权有全国一致之性质者,划归中央,有因地制宜性质者,划归地方。"既不偏于中央集权,又不偏于地方分权。

4. "军政、训政、宪政"三阶段说与"训政"的实践。孙中山将其革命方略定为三个时期:军法之治—约法之治—宪法之治,也即军政—训政—宪政。早在1906年发表的《同盟会宣言》中,孙中山就提出这一理论:"第一期为军法之治⋯⋯每一县以三年为限,其未及三年,已有成效者,皆解军法,布约法。第二期,为约法之治。每县既解军法之后,军政府以地方自治之权归之于其地之人民;地方议会议员及地方行政官员皆由人民选举。凡军政府对于人民之权利义务,及人民对于政府之权利义务,悉规定于约法,军政府与地方议会及人民皆循守之,有违法者,负其责任,以天下定后六年为限,始解约法布宪法。第三期为宪法之治。全国行约法六年后,制定宪法,军政府解兵权行政权,国民公举大总统,及公举议员,以组织国会。

一国之政事,依宪法而行之。第一期为军政府督率国民,扫除旧污之时代。第二期为军政府授地方自治权于人民,而自揽国事之时代。第三期军政府解除权柄,宪法上国家机关分掌国事之时代。俾我国民循序以进,养成自由平等之资格,中华民国之根本,胥于是乎在焉。"

军政时期为破坏时期,训政时期为过渡时期,宪政时期为完成建设时期。孙中山对训政时期这一过渡阶段十分重视,认为训政本身只是革命过程之一,训政本身不是目的,训政的目的在于训练人民行使政权,以便能正确地行使民主权利。

(二) 胡汉民的立法思想

1928年10月8日,国民党元老胡汉民就任南京国民政府首任立法院院长,着手组建立法院,到1931年2月底胡汉民被蒋介石软禁去职,短短不到两年半的时间。在这段时间里,南京国民政府立法院立法成绩显著,而立法院的组织与立法进程都明显带有"胡记"色彩。研究胡汉民的立法思想,对于检讨南京国民政府立法的得失,以及探索中国特色的立法制度,都有一定的意义。

1. 立法委员的代表性。在胡汉民理想中,立法院"是一个没有地区、职业代表性,却代表着党性的立法机关"。[①]因此在制度上,训政时期的立法委员并不存在基于民族、职业或地区的名额分配。胡汉民本人在立法院成立一周年纪念会的报告中说明其理由如下:"当本院成立不到半年时,就听见人说:'立法院的工作,已多过以前的国会的几倍了'。……藉此可以证明我们去年所规划的本院组织法以及立法程序,是很适当的。举一个例子来说:本院规定立法委员并不分别代表各种职业或各处地方,当初还有人不以为然……照国民政府现在的组织法来看,不能有那种代表地方或职业的立法机关。这不但为事实所不许,而且在理论上也通不过。因为事实上假如这样一办,立法者心中的利害,便各自不同,遇事只就自己所代表着想,将生出无限的纠纷来,立法的进行一定非常之慢了。本院一年以来,唯其各人不如国会议员有那样各别的背景,所以免却许多纠纷,而工作也不如那么怠慢。这岂不已经证明我们的根本组织,是没有错误么? 仔细想来,国会中的代表制度,不代表整个的国民全体,而分别代表各地方,实在是政治上旧而错的一点。"胡汉民在讲话中甚至还举了欧美人士的观点,说明立法院组织对于地域与职业代表性的超越,不仅适用于训政下的中国,甚至对于西方国会之内的利害冲突也是一剂良药。[②]

2. 委员选任的专业化(精英化)与"减员增效"。在1928年10月24日立法院筹备期间,经胡汉民提案、中央政治会议决议,立法委员的任用标准"首重其人在党之历史,应曾为党国效忠,在革命过程中未尝有违背党义言论行动,而对法律、政治、经济有相当之学识经验者"[③]。此标准可概括为"革命性"与"专业性"两条。而其与孙中山五权宪法理论的不同之处在于:作为政务官而非事务官的立法委员,其资格无须经过考试院的考选铨定。在选拔时"革命性"标准主要体现在人选一定不能是"历史反革命",例如候选人在历史上有"反对总理"的污点,则一定不能用;至于候选人是否为"老革命"或积极参加革命,倒并非绝对必要条件;也不要求立法委员必须是国民党党员,对非党籍的专家(包括刚刚留学回国的年轻专

[①] 参洪世明:《党权与民权之间:训政时期立法院之试行(1928—1937)》,台湾师范大学历史研究所1999年硕士论文。

[②] 胡汉民讲话参见中国第二历史档案馆编:《国民党政府政治制度档案史料选编》(上册),安徽教育出版社1994年版,第258页。

[③] 徐矛:《中华民国政治制度史》,上海人民出版社1992年版,第258页。

家)也可以考虑延揽。立法委员中,固然有不少"与党国有密切联系"的政治精英,但也有很多社会精英以专业而非政治履历入选,例如连任四届立法委员的经济学家马寅初、财政专家卫挺生、法学教授黄右昌、法律专家史尚宽[①],第三、第四届立法委员吴经熊[②]。以第一届立法委员为例,据统计:在四十九名立法委员中,有良好的法律、经济、政治教育背景者约占一半,有留学背景者占四成至五成(当然其中也包括兼为政治精英与专业精英者);就年龄分布而言,四十岁以下者约占一半,其中还有四人是三十岁以下。[③]

立法委员的"精英化"也体现在其人数上。1928年《国民政府组织法》规定立法委员人数为四十九人至九十九人,在胡汉民院长任内,立法委员人数一直保持在法定的下限,即四十九人,[④] 这在一定程度上为效率而牺牲了立法院议事的民主性。甚至有学者认为,在胡汉民任内的立法院首长制("首领制")的成分远较合议制的成分为多[⑤],倘若果真如此,立法院就真的等同于政府之法制局或立法委员会了。的确,实现中国法制近代化以期废除领事裁判权,乃中国自清末沈家本等人主持修律以来立法机关刻不容缓的使命。作为法律继受国家,当立法与"救亡图强"联系在一起的时候,议事高效比慎思明辨更能见成果。在立法院院长胡汉民的主持下,立法院高速运转,甚至有立法委员因劳累过度而晕倒在工作岗位上;而清末修律以来数十年久孕不产之大法,如民法典、刑法典、民事诉讼法、刑事诉讼法、公司法、票据法、海商法、保险法,竟于训政时期短短数年间拟订并获通过,且立法品质甚佳,这不能不说与院长领导下的立法院之"减员增效"有关。

(三) 居正:《为什么要重建中国法系》

居正是南京国民政府法政界的首要人物之一,作为国民党的元老,他从1932年至1948年担任司法院院长十六年半,期间还曾兼任最高法院院长、司法行政部部长等重要司法职位。他对于南京国民政府时期的司法体系乃至整个法制的发展,可谓影响至巨。居正早年曾留学日本学习法政,但他与同样担任过司法院院长的党内元老王宠惠不同,留学美国取得博士学位的王宠惠是享誉国际的法学家,而居正则首先是一个国民党人兼民族主义者。针对北洋时期法界形成的"司法不党"惯例,南京国民政府提出"司法党化"的主张。但居正所谓的"党化司法",乃"淡化因司法党化一词本身所有的政治含义所带来的争议,而代之以司法民族化"[⑥]。

1944年,居正在《中华法学杂志》上发表《中华法系之重新建立》一文;1946年,他将相关的思考汇成《为什么要重建中国法系》出版。居正提出重建中国法系的四点"理想倾向":其一,"由过去的礼治进入现代的法治";其二,"由农业社会国家进而为农工业社会国家";其三,"由家庭生活本位进而为民族生活本位";其四,"以三民主义为最高指导原则"。[⑦] 需

---

① 史尚宽1928年就任立法委员时年仅三十岁,且1927年才留学回国。
② 留美法律博士吴经熊,由孙科延揽担任立法委员,同时还是立法院宪法起草委员会副主席,并以个人名义发表宪法草案试拟稿,对于宪法起草有重要影响。而他本人在当时尚未加入国民党。
③ 统计数据参见陈红民、雒军庆:《国民政府一二届立法院组成分析》,载《民国档案》2000年第2期;洪世明:《党权与民权之间:训政时期立法院之试行(1928-1937)》,台湾师范大学历史研究所1999年硕士论文,第46-47、179页。
④ 参谢振民编著:《中华民国立法史》(上册),中国政法大学出版社2000年版,第220页。
⑤ 参王世杰、钱端升:《比较宪法》,中国政法大学出版社1997年版,第448页。
⑥ 参江照信:《中国法律"看不见中国"——居正司法时期(1932-1948)研究》,清华大学出版社2010年版,第74-75页。
⑦ 参范忠信等选编:《为什么要重建中国法系——居正法政文选》,中国政法大学出版社2009年版,"代序"第23-30页。

要强调的是，"居正所发起的建设中国新法系的法律民族化运动，自始就不是一种单纯守旧的运动"；以法律儒家化为基本特征的中国法律传统，并不符合近代中国对于法律的认同，"这迫使居正提出修正建设中国新法系运动的目标，由追求'中国固有'转而追求'重新建立'中国法系"。①

（四）吴经熊：《法律哲学研究》与《超越东西方》

吴经熊毕业于上海东吴大学法科，后赴美留学获密歇根大学法学博士。作为近代中国法律人的代表人物，吴经熊的经历非常丰富，他曾任东吴大学法学院教授、院长兼法律系主任，巴黎大学、柏林大学、哈佛大学研究员，夏威夷大学教授。他又历任上海特区法院法官、院长，司法院法官，南京国民政府立法院委员兼法制委员长，立法院宪法起草委员会副委员长、中华民国宪法起草人，驻外公使。其间，他还成功开办过律师事务所。他是著名的法学教授、重要的立法者、成功的律师、出色的法官。

吴经熊的法学观点融汇中西，他将西方法律社会化思潮与传统中国的"王道""大同"思想相类比，并在立法中贯彻这一思想。20世纪30年代国民政府民法典颁布，将其条文与德国、瑞士等国法典逐条对校，便会发现"倒有百分之九十五是有来历的，不是照账誊录，便是改头换面"，这是否意味着民国的立法工作毫无价值呢？对此，立法委员吴经熊解释说："世界法制，浩如烟海；即就其荦荦大者，已有大陆和英美两派，大陆法系复分法、意、德、瑞四个支派。我们于许多派别当中，当然要费一番选择工夫，方始达到具体结果。选择得当就是创作，一切创作也无非是选择。""立法本可不必向渊源之所自，只要问是否适合我们的民族性。俗言说的好，无巧不成事，刚好泰西最新的法律思想和立法趋势，和中国原有的民族心理适相吻合，简直是天衣无缝！"②与欧美近代资本主义崇尚个人主义与自由竞争的理念不同，中国传统文化中历来有"不患寡而患不均"的财富观与"大同"的理想；而"泰西的法律思想，已从刻薄寡恩的个人主义立场上头，一变而为同舟共济、休戚相关的连带主义化了。换言之，他们的法制与我国固有的人生哲学一天接近似一天！我们采取他们的法典碰巧同时也就是我们自己的文艺复兴中重要的一幕，也就是发挥我们的民族性！胡汉民先生曾说过新《民法》为我们民族性中根深蒂固的王道精神的表现。"③在《中华民国宪法草案》（又称"五五宪草"）的拟订过程中，不少人士主张废弃宪法基本权利条文中的"法律限制"字眼，采宪法直接保障主义；但作为宪法起草委员会副委员长的吴经熊的观点就保守得多，他认为对人民基本权利采宪法保障主义并不现实："20世纪的国家，人民的权利已经离开纯粹的自由很远了"；更何况，人民权利被侵害，主要不是"'依法'限制的缘故，实在是行政官吏未能依法办理所致"。④

（五）蔡枢衡：《中国法理自觉的发展》

抗日战争时期，学者蔡枢衡先生对中国近半个世纪的法学发展与法制近代化作了检讨，1947年汇成《中国法理自觉的发展》一书。针对清末变法修律以来四十余年的中国法律，他总结说，中国法和中国法的历史脱了节，和中国社会的现实也不符合，这是20世纪前四十年

---

① 参江照信：《中国法律"看不见中国"——居正司法时期(1932-1948)研究》，清华大学出版社2010年版，第164-166页。
② 参见吴经熊：《法律哲学研究》，清华大学出版社2005年版，第172-173页。
③ 参见吴经熊：《法律哲学研究》，清华大学出版社2005年版，第176页。
④ 参见吴经熊、黄公觉：《中国制宪史》，商务印书馆1937年版，第123-127页。

中国法哲学和法史学上的两大问题。① 当时的情况是：中国法律的传统已经断裂，而社会上却依然我行我素。其实法律与社会的矛盾在晚清修律的"礼法之争"就已经被劳乃宣提了出来，这一矛盾至今尚未解决。对中国法律与中国社会的现状，蔡枢衡"诊断"说："中国的'病'是'历史'的，中国的历史病在于经济上的'农业'、政治上的'专制'、社会关系上的'家族本位'，西洋近代科学这剂药定性分析的报告是：它的主要成分是'工商业''民主''个人本位'和'自由'。"②

蔡枢衡否定了原状复古论与全盘西化论，主张自我创造的文化论。他认为中国变法只算中国法律历史自己的发展，并没有弃旧律如敝履，也没有张冠李戴。新法与旧律只是在几个根本原则上是对立的，新法对旧律既有抛弃的地方、增加的成分，也有保留的因子。③ 中国的现代化必然是中西文明文化互相接触、互相冲击、互相交流的结果，必然是中西对立的消解、矛盾的融化或结合。所以只能保存中国的，吸收西洋的，摄精取华，自己创造。④ 明日中国之法律是以中国人为主体，以中国的材料，参考外国资料、用外国的方法创造的。明日中国之法学，必然也是中国人自我创造的，以中国的法律、判例、风俗、习惯、学说和思想为认识对象，运用科学的方法，修正已有的法律，创造新的法学体系。⑤ 他认定明日中国必将实现法治，并且主张国人应积极地为实现法治而努力："我不相信机械论，不主张对于实现法治诸条件之长成，采取旁观坐待的态度。我也不相信观念论，不认为法治象民主一样是可以任意定期实现的。我觉得法治是可以并且应该实现的。至于实现之早迟，全视大家努力的程度为断。"⑥

二、立法概况及六法全书体系

（一）立法概况

1. 立法体制。立法院是南京国民政府的一般立法机关；至于宪法，则由立法院议决草案，再交由专门召集的制宪国民大会来制定、通过。在"训政"时期，立法院之立法权受到国民党中央政治会议的限制。

(1)《法规制定标准法》与立法院之专属立法权。在立法院成立以前，根据1928年2月《立法程序法》，"中央政治会议得议决一切法律，由中央执行委员会交国民政府公布之。前项法律概称曰'法'。"（第一条）"国民政府为执行法律或基于法律之委任，得制定施行法律之规则。前项规则概称'条例'。"（第二条）⑦ 1928年12月国民政府最高立法机关——立法院成立后，中央政治会议遂将自己的角色调整为仅决定立法原则。根据1929年5月国民政府公布之《法规制定标准法》第一条，并对照之前《立法程序法》第一条的规定，可以认为立

---

① 蔡枢衡：《中国法理自觉的发展》，1947年自刊，第33—35页。
② 蔡枢衡：《中国法理自觉的发展》，1947年自刊，第25页。
③ 蔡枢衡：《中国法理自觉的发展》，1947年自刊，第94页。
④ 参见孔庆平：《蔡枢衡法理思想与中西文化》，载汪汉卿、王源扩、王继忠主编：《继承与创新——中国法律史学的世纪回顾与展望》，法律出版社2001年版，第917页。
⑤ 蔡枢衡：《中国法理自觉的发展》，1947年自刊，第73页。
⑥ 蔡枢衡：《中国法理自觉的发展》，1947年自刊，第166页。
⑦ 中国第二历史档案馆编：《国民党政府政治制度档案史料选编》（上册），安徽教育出版社1994年版，第254页。

法院在制度上已取代政治会议成为法律的议决机关:"凡法律案,由立法院三读会之程序通过,经国民政府公布者,定名为'法'。"《法规制定标准法》第二条还明确列举了应以法律规定的事项,包括"现行法律之变更或废止者;现行法律由明文规定、应以法律规定者;其他事项涉及国家机关之组织或人民权利、义务关系经立法院认为有以法律规定之必要者"。同时,该法还规定,其他机关制定条例、规章、规则等必须根据立法院制定之法律,"不得违反或抵触法律";"应以法律规定之事项",不得绕过法院"以条例、章程、规则等规定之"。① 这意味着立法院在整个国民政府立法体系中处于最高位阶。上述规定已比较严格,但仍有法律上的疑义,特别是"条例"的含义与法律层级不明,上述《立法程序法》第二条② 所谓"条例"与一般法律颁布机关相同(均由国民政府颁布),其性质与效力又容易与法律相混淆③,却不需要经过立法院的议决,成为各机关绕过立法院颁布规则的重要管道:"实际上中央政治会议及军事委员会以条例代替法律直接交国府公布施行者,亦数见不鲜。"有鉴于此,1943年修正《法规制定标准法》对于立法权做了更明确而严格的规定:必须以法律规定的事项包括"关于人民之权利义务者""关于国家各机关之组织者""关于法律之变更废止者""法律由明文规定应以法律定之者";而之前被滥用的条例,此次修正亦被定性为法律之一种:"法律并得按其性质定名为法或条例",其议决权专属于立法院;"各机关发布之命令,得按其性质称规则、细则或办法;但不得抵触法律,并应将全文送立法院",而立法院自然可通过命令的备案机制对其进行合法性审查。④

(2)《立法程序纲领》对立法院立法权之限制。在立法院设立前夕,国民党中央于1928年11月决议:"关于立法原则,应先经政治会议议决,而法规之条文,则由立法院依据原则起草订定。"⑤ 这意味着训政时期由政治会议代行国民大会创制立法原则之权,也由此限制了立法院的立法权。而1932年6月国民党中央执行委员会通过的《立法程序纲领》,则是上述决议的细化与制度化;尽管该文件本身的立法程序存在瑕疵⑥,但并不妨碍其作为指导训政时期立法程序的"基本法"。依《立法程序纲领》,法律案之提案权属于中央政治会议、国民政府、各院(行政院、司法院、考试院、监察院)以及立法委员四大主体。而立法院议事日程之排序,"以中央政治会议交议之案为第一位,国民政府交议之案为第二位,各院移送之案件为第三位,本院委员提议之案件为第四位"(《立法院议事规则》第二十三条)。⑦

《立法程序纲领》的核心内容是政治会议对于立法院立法权的限制,其主要方式则是立法原则由政治会议议定后方交立法院根据该原则具体立法,立法院的立法裁量权因为政治会议所定立法原则的存在而大为限缩。《立法程序纲领》对于立法院立法权的另一个限制是政治会议的法案复议权:"立法院会议通过之法律案,在国民政府未公布以前,中央政治会议

---

① 以上所引《法规制定标准法》条文参见中国第二历史档案馆编:《国民党政府政治制度档案史料选编》(上册),安徽教育出版社1994年版,第255—256页。
② 《法规制定标准法》第一条虽然取代了《立法程序法》第一条,但这并不意味着《立法程序法》全文的失效;国民政府命令废止《立法程序法》是在1943年,也即下述修正《法规制定标准法》的同时。
③ 依据上述1929年《治权行使之规律案》第一条,法律案亦包括条例案在内,"非经立法院议决,不得成立"。(参见荣孟源主编:《中国国民党历次代表大会及中央全会资料》(上册),光明日报出版社1985年版,第761页)这明显与《法规制定标准法》将条例排除于立法院立法权之外有矛盾,但当时国民政府并未厘清该法律冲突。
④ 参见钱端升等:《民国政制史》(上册),上海人民出版社2008年版,第240—241页。
⑤ 参徐矛:《中华民国政治制度史》,上海人民出版社1992年版,第256页。
⑥ 《立法程序纲领》经国民党中央执行委员会常务会议通过,但未经立法院三读程序,也未经国民政府正式公布。
⑦ 中国第二历史档案馆编:《国民党政府政治制度档案史料选编》(上册),安徽教育出版社1994年版,第266页。

认为有必要时,得说明理由,发院复议,应依据修正,但同一议案之复议,以一次为限。"① 但在实务上,政治会议"仅于各关系院院长,对立法院所通过的法律案表示异议时,始复议立法院所议决的法律案;否则立法院议决的法律案,概由国民政府径行公布",并不再经过政治会议的复核。②

2. 立法阶段。在国民党政府统治中国的二十二年中,其立法概况大致可分为三个阶段:第一阶段,法统创立时期;第二阶段,法统发展时期;第三阶段,法统完善与崩溃时期。

第一阶段,从1927年4月至1937年7月,为法统创立时期。在这个时期,立法侧重于各种法典的完成,以树立所谓三民主义的新法律体系。同时还颁布了一系列单行法规。这一时期的立法集中了不少法学专家,这是民国法制史上规模最大的一次法律工作。

第二阶段,从1937年7月至1945年9月,为法统发展时期。最显著的标志是省、市、县参议会组织及参议员选举条例的完成。为了适应战时需要,国民党侧重于非常时期的立法工作,颁布了大量有关抗战需要的法令、规章等,同时随时修正各部门的组织法及修正完成各项法典。

第三阶段,从1945年9月至1949年,为法统完善与崩溃时期,其完善的标志是《中华民国宪法》的完成。

(二) 六法全书

民国学者仿照日本等国,将法规分成宪法、民法、刑法、商法、诉讼法和法院组织法六类③,将其汇编在一起,称为《六法全书》,亦称《六法大全》。在修订六法体系过程中,有学者坚持行政法为六法之一,商法可纳入民法或行政法内,这种意见被采纳后,六法体系成为宪法、民商法、刑法、诉讼法、行政法、法院组织法。它是民国成文法的总称,构成了其法律制度的基本框架。

三、法律制度的主要内容与特点

(一) 宪法性法律

1.《训政纲领》与《中华民国训政时期约法》。1928年国民党中央常务会议通过《训政纲领》④,同时公布《中华民国国民政府组织法》,作为政府组织的纲领。《训政纲领》全文共六条,即中华民国于训政期间,由中国国民党全国代表大会代表国民大会领导国民行使政权;国民党全国代表大会闭会时,以政权付托中国国民党中央执行委员会执行之;人民应享有选举、罢免、创制、复决四种政权,应由国民党训练国民逐渐推行,以立宪政之基础;治权之行政、立法、司法、考试、监察五项,付托于国民政府总揽而执行之,以立宪政时民选政府之基础;指导监督国民政府重大国务之施行,由中国国民党中央执行委员会政治会议行之;《中华民国国民政府组织法》之修正及解释,由中国国民党中央执行委员会政治会议议决行之。

---

① 谢振民编著:《中华民国立法史》(上册),中国政法大学出版社2000年版,第242页。
② 王世杰、钱端升:《比较宪法》,中国政法大学出版社1997年版,第455页注2。
③ 有的分成宪法、民法、商法、刑法、民事诉讼法和刑事诉讼法六类。
④ 1929年《训政纲领》经过了国民党第三次全国代表大会追认。

1931年5月,国民会议通过了《中华民国训政时期约法》。与《训政纲领》相比,该约法增加了有关人民基本权利的规定,同时削弱了国民党组织对政府的控制权,扩大了政府的权力。

所谓训政,"表面的意思是国民党代表民众实行'以党治国'。党治在制度上表现为中央执行委员会和中央政治会议被授予的权力。中央执行委员会是党的最高权力机关(全国代表大会短暂的会期除外;在南京的十年,只开了三次)。中央执行委员会特别是其常务委员会,负责制定党治的指导原则和全面指导党务。中央政治会议是联接党和政府机构的桥梁。虽然它只是中央执行委员会的一个下属委员会,但它在制度上是指导国民政府的最高权力机关,兼有立法和行政职能。作为立法机构,它能创制法规或传达中央执行委员会的决定给政府。于是,从理论上说,中央政治会议对政府的文职部门实际上行使着无限的权力。事实上,中央政治会议也是政府权力之所在,因为中央政治会议的主席是蒋介石。""蒋介石对政权实行高于一切的控制","置正式指挥系统与不顾",这导致作为制定政策和进行管理的政府日渐失去活力。到1937年8月抗战之际,由军事委员会委员长蒋介石主持的"国防最高会议"(1939年改组为"国防最高委员会")取代了中央执行委员会政治会议的地位。①

2. "五五宪草"。通常谈"五五宪草",主要是指其定稿,有时也会提到吴经熊试拟稿("吴稿"),其实1933—1936年间"五五宪草"曾多次易稿。参与制宪者个人试拟稿有吴经熊试拟稿(1933年6月8日②吴氏以个人名义发表)与张知本试拟稿(于1933年8月18日完成该稿,随后发表)③。官方稿前后有:宪草主稿人初步草案(1933年11月16日主稿人会议三读通过)、宪草初稿(1934年2月28日宪法起草委员会通过)、宪草初稿审查修正案(1934年7月9日初稿审查委员会通过)、1934年10月16日立法院通过宪草、1935年10月25日立法院修正宪草、1936年5月5日国民政府公布宪草("五五宪草")。"五五宪草"公布后,立法院又于1936年10月25日通过修正案,对"五五宪草"略作修正,是为立法院"五五宪草"修正案。④"五五宪草"制定之时,正是日军蠢蠢欲动,国难日深之时,当局遂以造就"运用灵敏"的"万能政府"之名,而行独裁之实,"以救亡压倒了启蒙"。在某种意义上说,整个宪草修正的过程也是草案文本与当权者权益与偏见日趋一致,与现代宪法基本原理原则渐行渐远的过程。⑤ 宪草的最后定稿,"对于国大代表及总统任期均有所增加,而各院院长及立监两委之任期,则略予减短。总统因不参加行政院会议,地位益见超然。而其召集五院院长会议,解决各院间争端之规定,更使总统成为五院之重心。至其统率海陆空军之权,不受法律之限制。且必要时可发布紧急命令及执行紧急处分,虽有终年不闭会之立法院,亦无须其同意。在过渡时期又有任命半数立法委员及半数监察委员之权。政府大权可谓已尽集中,其集权趋势,实超过现代任何行总统制之民主国家"⑥。

---

① 参[美]费正清、费维恺编:《剑桥中华民国史(1912—1949年)》(下卷),刘敬坤等译,中国社会科学出版社1994年版,第134—135、555页。
② 一说为6月7日发表。
③ 张知本在8月18日其草案试拟稿完成后即辞去宪法起草委员会副委员长职务。关于张知本起草试拟稿经过和基本主张参见沈云龙访问,谢文孙、胡耀恒记录:《张知本先生访问纪录》,(台北)台湾研究院近代史研究所1996年版,第77—79页。
④ 参见立法院宪法草案宣传委员会编:《中华民国宪法草案说明书》,正中书局1940年版。
⑤ 当然我们也不能因此抹杀制宪者三年的努力与心血。
⑥ 参见陈茹玄:《中国宪法史》,文海出版社1947年影印版,第232—233页。

3. 政治协商会议与"政协宪草"的出炉①。抗战结束后，原定 1945 年 10 月 10 日召开国民大会，制定宪法。因为中国共产党与其他党派联合反对国民大会代表名额分配及"五五宪草"内容，直至 1946 年 1 月 10 日，国民党才重新邀请共产党和民主同盟、青年党、民社党各党派代表以及社会贤达等共三十八人，在重庆召开政治协商会议（简称"政协会议"）。政协会议除大会外，又分设政府改组、施政纲领、军事、国民大会、宪草五组，分别就五大议题进行讨论。1 月 21 日下午，政协会议宪草小组开始会议，前后计会商四次。1 月 23 日，宪草小组在承认"五权宪法为世界最进步的政治原理"的前提下对五院制度作出修正。宪草小组经多次会商，提出十二项修改"五五宪草"的原则，并决议设立宪草审议委员会。宪草审议委员会的职权为根据政协所拟修改"五五宪草"原则，参酌期成宪草与宪政实施协进会研讨成果，综合各方面意见，制定宪草修正案。②1946 年 4 月底，宪草审查会举行最后一次会议，政协宪草"有保留"地获得了通过。③在政协宪草的起草过程中，张君劢个人起了重要作用，他是宪草的主稿人，其拟订的草案是宪草审议委员会讨论的基础。

4. "宪法"的最后通过。由于国民党破坏了国共和解的气氛，共产党和民盟退出了制宪国民大会（简称"制宪国大"）。④为了在形式上建立其统治的合法性（法统），蒋介石力求拉拢民社党、青年党参加国民大会。但青年党声明参加国大的前提是民社党参加，而以张君劢为党魁的民社党参加的条件是国民党必须遵守政协协议和政协宪草。在 1946 年 4 月政协宪草通过之后，由于政治军事形势的恶化，民社党党魁张君劢本来已将其主笔的政协宪草视为一纸空文。6 月，张君劢将政协宪草翻译成英文，呈给美国代表马歇尔，受到美方的重视。8 月，吴铁城代表国民政府找到张君劢，说要接受政协宪草，并提交给即将召开的国民大会。⑤张君劢本人作为宪草主稿人，非常希望能通过宪草，再加上民社党内部期待参政的压力，民社党最终同意附条件地参加制宪国大，这也造成张君劢与民盟的决裂以及民社党内部的分裂。⑥1946 年 11 月 15 日，制宪国大在南京召开；12 月 25 日，制宪国大通过了《中华民国宪法》（简称 1946 年《宪法》）。该宪法由国民政府于 1947 年元旦公布，同年 12 月 25 日施行。制宪国大最后通过的 1946 年《宪法》除文字上略作更动外，基本上与政协宪草的内容保持一致。⑦

应该说，在制宪问题上，大家都做了一些妥协，整部"宪法"可以说是调和与折衷的产物。例如，本来中国共产党和第三方力量都反对以三民主义冠国体，但国民党坚持，于是将 1946 年《宪法》第一条国体规定为："中华民国基于三民主义，为民有、民治、民享之民主共和国。"这样，就在一定程度上用"民有、民治、民享"的西方宪政理念偷换了孙中山的三民

---

① 关于 1946 年政协的历史资料，以下两种公开出版物可供参考：四川大学马列主义教研室中共党史教研组编：《政治协商会议资料》，四川人民出版社 1981 年版；重庆市政协文史资料研究委员会、中共重庆市委党校编：《政治协商会议纪实》（上、下册），重庆出版社 1989 年版。
② 参见蒋匀田：《中国近代史转折点》，（香港）友联出版社 1976 年版，第 34—35 页。
③ 所谓"有保留"，首先是关于地方法官民选和行政院等问题并未完全达成一致意见；更重要的是正如国民党代表吴铁城所言，未经国大通过的宪草只能视为会议记录。
④ 中国共产党和民盟是不承认这部《宪法》合法性的，但也正是因为中国共产党力量的壮大改变了国民党一党独大的实力对比，第三方力量才能四两拨千斤，也才能起草并通过这部在内容上比"五五宪草"要进步得多的《宪法》。
⑤ 参"中华民国张君劢学会"编译：《中国第三势力——张君劢著作集》，稻乡出版社 2005 年版，第 198 页。
⑥ 参蒋匀田：《中国近代史转折点》，香港友联出版社 1976 年版，第 169—171 页。
⑦ （制宪）国民大会审议及通过宪草经过可见（制宪）国民大会秘书处：《国民大会实录》，1946 年自刊；最后通过"宪法"与政协宪草不同点可参见陈茹玄：《中国宪法史》，文海出版社 1947 年影印版，第 284—289 页。

义。普遍的评价是这部宪法比"五五宪草"要好得多。①

在1946年制宪国大通过的《宪法》里,国民大会的权力大为缩减。与此同时,1946年《宪法》将立法院由"五五宪草"中的中央专职立法机关变为代表人民行使职权的机关,这就根本放弃了孙文"权能分治"的理论,重新采用了代议政治的制度,名为"有限度之责任内阁制"(或"修正式内阁制")。在行政权与立法院的关系上,行政院院长人选由总统提名、立法院表决通过,行政院对立法院负责,这就建立了内阁制的中央政府运作模式。但其与典型内阁制不同点有三:一是立法院对行政院没有倒阁权,行政院对立法院没有解散权,而代之以总统制下的复议制度②,以解决行政、立法两权冲突引发的政治僵局,这样设计的好处是避免频频倒阁造成的"阁潮"或立法院解散、改选而引起的政局动荡;二是没有要求行政院负连带责任("内阁集体负责"),这避免了由于个别阁员的错误导致内阁总辞,也有利于政局的稳定;三是没有要求行政院院长、副院长以及部会首长("内阁成员")必须为国会议员,这大大拓宽了总统(行政院长)选用人员的范围。以上三点"修正"在很大程度上同时赋予了总统相对于内阁制下国家元首更大的权力,这是政协原则与国民党意见折衷的产物。③ 就总统与行政院的关系而言,总统并非虚位,但其权力受到很大的制约,总统不得直接处理政务,依1946年《宪法》第三十七条,总统公布法律、发布命令,都必须经行政院长或行政院长及有关部会首长副署。总统只能通过行政院长的提名权以及裁定是否复议的权力间接影响政务。这样一种折衷的设计,一方面保留了行政对立法负责这一内阁制的精髓,以避免总统完全控制行政以行独裁之实;另一方面照顾了稳定政局、避免国会频频解散或倒阁的现实需要,并兼顾政治强人(蒋介石)对于名(总统大位)与实(权)的要求。与"五五宪草"相比,1946年《宪法》赋予地方较大的自治权。省成为地方一级自治单位,得制定省自治法,由地方选举产生的监察院拥有类似联邦国家参议院的职权。其具体组织结构见图10-1。

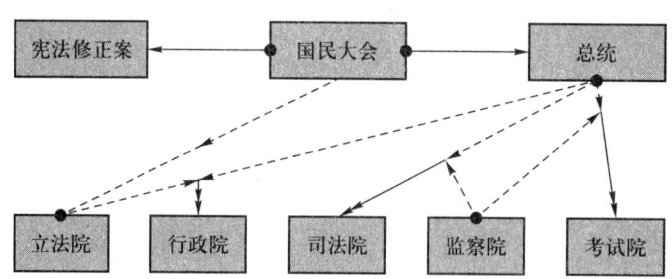

图10-1 1946年《宪法》下的"五权宪法"结构

---

① 阮毅成《制宪日记》有如下记载:"(蒋介石)问我对宪法有何意见,我说:宪法不可使人人满意,但较五五宪草为佳,乃是一定的。其中有关行政院与立法院的关系,及中央与省县三级均权,是最有创造性的杰作……"参见阮毅成:《制宪日记》,台北商务印书馆1970年版,第84页。
② 美国式总统制下的复议制度的引入与制宪者的知识背景有关,可参见如下掌故:"(史尚宽)谓,王王(王宠惠与王世杰)两博士,均多读了外国书。昨日在第三审查会中研究立法院复议案时,是否应以委员总数或出席人数为计算标准,临时查明了美国宪法的规定,才肯赞成。"参见阮毅成:《制宪日记》,台北商务印书馆1970年版,第49页。)
③ 对内阁制的"修正"参见张君劢:《中华民国民主宪法十讲》,商务印书馆1947年版,第70—71页。

依政治协商会议的规定,国民大会须于停止内战、改组政府、结束训政及修正宪草完成后才能召开。但中国国民党为使其统治基础合法化,撕毁了政治协商会议的决议;接着,中国共产党与部分人民团体和民主党派也先后发表声明,表示不承认中国国民党召集的制宪国民大会和这次制宪的合法性。[①]

(二)行政法

1. 政府组织法。这在一定意义上是宪法性法律,在宪法颁布之前,南京国民政府的政府体制是由该法规范的。该法始于1925年7月1日广州国民政府颁行的《中华民国国民政府组织法》,在南京政府成立后历经多次修正,确立了行政、立法、司法、考试、监察五院的政府体制。

2. 文官法。包括官等、官俸、文官考试、任用、弹劾,都有相关具体的规定。

3. 内政事务法规。包括国籍法及其施行条例、户籍法、监督慈善团体法、救灾准备金法等。

4. 单行的行政法规。包括教育、财政、交通、司法行政四类。主要有:中央学会与中央研究院组织法、大学组织法、专科学校组织法、中学法、小学法、师范学校法、职业学校法、国民体育法、教育会法;会计法、审计法、预算法、统计法、营业税法、印花税法、国民政府监督地方财政暂行法;国道条例、港商条例、航路标记条例、监督商办航空事业条例;司法官惩戒法、警械使用条例等。

(三)民法典

1929年5月23日,南京国民政府公布了《民法总则》,1929年11月又公布了《债》《物》两编,1930年底公布了《继承》《亲属》两编。《中华民国民法》共五编,计一千二百二十五条。

在南京国民政府颁布的民法的亲属与继承编中,保留了一些中国传统民事习惯的内容,具体包括:

1. 确认传统婚姻制度。《亲属》编规定未成年人订立婚约应得法定代理人之同意;如解除和违反婚姻,必须负赔偿之责。

2. 确认男尊女卑的父家长统治权。《亲属》编第6章"家"规定家置家长、家长管理家务。第2章"婚姻"规定妻姓冠以夫姓;子女从夫姓,妻以夫之住所为住所;夫妻联合财产由夫管理,子女之特有财产由父管理;父母对子女行使亲权的意见不一致时,由父行使之。

3. 确认传统的继承制度。《中华民国民法》之《继承》编及有关判例、解释例规定:直系血亲卑亲属为第一顺序继承人,以亲等近者为先;妻无权继承夫之遗产,即使当时无人继承,也不得视为该妇财产;守节妇可代理应继承人,承受夫产,进行管理,但不能成为财产继承人,更不得滥行处分;女子继承财产,应以未嫁之女为限;养子女的应继份为婚生子女的二分之一。

(四)民商合一问题

法国于18世纪路易十四时代,最早创立了独立的商法,其商法独立于民法之外;1901年瑞士将商法纳入民法典内,首创民商合一制。中国清末及北洋政府都采用民商分立制,分别编订民、商法典草案。南京国民政府原来也打算分别制定民法典和商法典。到1925年5

[①] 参见谢政道:《中华民国修宪史》,扬智文化事业有限公司2001年版,第37页。

月《民法总则》颁布后,立法院院长胡汉民等人向国民党中央政治会议呈递编订民商统一法典提案。随后,国民党中央政治会议通过《民商划一提案审查报告》,递交立法院。报告认为:中国自古以自然经济为主,未形成独立的商人阶级,无须单独为其规定立法;商法规定的事项无一定的范围,很难以总则统率全体;在民商分立国家,商法的法律原则仍须援用民法原则,在适用上也互有重复;民商合一在世界上已成为趋势;商事活动中有越来越多的非商人参加,如一方为商人,另一方为非商人,将出现适用法律的困难。国民党政治会议采纳了该报告的意见,决定"将通常属于商法总则之经理人及代办商、商行为之交互计算、行纪、仓库、运送营业及承揽运送",均编入民法债权编,其他商事法规不能编入者,则另定单行法规。单行法规主要包括《公司法》《票据法》《海商法》《保险法》四大部分。①

(五)刑法

1. 1928年《刑法》。1928年3月10日,国民政府正式公布《中华民国刑法》,这是我国历史上第一部以"刑法"为名称的刑法典。《中华民国刑法》分总则和分则二编,总则有十四章,分则有三十四章,共三百八十七条。

2. 1935年"新刑法"。1935年1月1日,国民党政府公布修正后的《中华民国刑法》,人们通常称这部刑法为"新刑法"。此法分两编,总则编分十二章九十九条,分则编分三十五章二百五十八条,共计三百五十七条。从具体内容来看,它与1928年《刑法》基本上是一脉相承的。其特色有:(1)确立罪刑"法定主义"原则。1928年《刑法》第一条就规定:"行为时之法律,无明文科以刑罚者,其行为不为罪。"在其"修正理由"说道:"本条为刑罚之根本主义,不许批附缓引,即学者所谓罪刑法定主义。凡行为受法律科处者为罪,否则不为罪是也。"② 1935年把它修改为:"行为之处罚,以行为时法律有明文规定者,为限。"(2)增加了"保安处分"的规定。"新刑法"仿效1930年意大利法典,列有"保安处分"专章,详细规定保安处分的适用原则,保安处分的宣告、执行,以及保安处分的种类。

3. 刑事特别立法。国民政府除制定了《中华民国刑法》和"新刑法"外,在不同时期还先后颁布了许多特别刑事法规,为整个刑法体系的重要组成部分。特别刑事法规一般抛开通常的立法程序,直接由国民政府颁布,或由军事委员会或其他部、会制定公布,甚至由国民党中央或地方党部秘密颁布。这类特别立法包括《惩治盗匪暂行条例》《暂行反革命治罪法》《危害民国紧急治罪法》《维持治安紧急办法》《惩治盗匪暂行办法》《反省院条例》《反革命案件陪审暂行法》等。这些特别立法违反了国民政府普通法典中的"罪刑法定主义""法官独立审判"等现代法治原则。

(六)诉讼法

1.《刑事诉讼法》和《民事诉讼法》。南京国民政府成立之初,援用广州军政府和北京政府颁行的刑事诉讼法、民事诉讼法。1927年国民政府第二十九次会议决定:最高法院和西南各省继续援用广州军政府1921年3月2日公布的《民事诉讼律》和《刑事诉讼律》,其他各省则继续适用北京政府颁布的《民事诉讼条例》和《刑事诉讼条例》。

---

① 参谢振民:《中华民国立法史》(下册),中国政法大学出版社2000年版,第802—803页。
② 彭凤莲:《罪刑法定原则引入中国历程考》,载《法学杂志》2007年第4期。

1928年，南京国民政府以北京政府的《刑事诉讼条例》为蓝本，参照刑法典制定《刑事诉讼法》。该法分"总则""第一审""上诉""抗告""非常上诉""再审""简历程序""执行""附带民事诉讼"，共九编五百一十三条。为适应刑法典的修改，南京国民政府于1931年对《刑事诉讼法》也进行了修订，1935年1月1日公布，同年7月1日施行。

1928年7月，南京国民政府于以北京政府《民事诉讼条例》为蓝本，拟定《民事诉讼法草案》五编，第一编至第五编前三章，由南京国民政府于1930年12月26日公布。第五编第四章，于1930年12月据民法典《亲属》《继承》两编重新起草，经立法院通过，由南京国民政府于1931年2月13日公布。《民事诉讼法》分《总则》《第一审程序》《上诉程序》《再审程序》《特别诉讼程序》，共五编六百条。为与修改后的民法典相适应，南京国民政府立法院于1934年12月19日通过了修订后的《民事诉讼法》，由南京国民政府1935年公布并施行。修订后的该法分《总则》《第一审程序》《上诉程序》《抗告程序》《再审程序》《督促程序》《保全程序》《公示催告程序》《人事诉讼程序》，共九编六百三十六条。

2. 律师与公证制度。中国近代律师公证制度，始于民国北京政府时期。1912年9月北京政府制定的《律师暂行章程》《律师登录暂行章程》，是中国律师立法之始；1920年东三省特别区域法院沿用俄国旧例办理公证，是中国公证制度的滥觞。南京国民政府在此基础上，先后制定了律师与公证法规，包括《律师章程》(1927年)、《律师法》(1941年)、《公证暂行规则》(1935年)及其《试行细则》(1936年)、《公证法》(1943年)等。

（七）判例与解释例

南京国民政府各级法院继续援用北京政府大理院的判例、解释例，并于实践中大量增补。司法院从1929年2月16日至1948年6月23日，仅解释例就达四千零九十七号。上述判例、解释例是制定法的重要补充。

（八）"平均地权"原则的放弃与《土地法》的立而不用

有学者认为，孙中山提出的"三民主义"中的民生主义所包含的"平均地权、节制资本"，在清末民初的政治与经济背景下显得有些激进：资本主义工商业在近代中国刚起步，节制资本的社会政策有可能限制了资本主义的发展；而在政治上，地方士绅是立宪派的基础，对于地主地权的限制乃至剥夺无疑将其置于革命的对立面。"三民主义"之中，最能引起人民共鸣的应是民族主义之"驱逐鞑虏"，当时"革命排满"的口号"几成为无理由之宗教"。① 在同盟会成立之后，孙中山先生修正过的土地政策与之前相较已经比较温和，由土地国有、"不耕者不有其田"转变为"核定地价、涨价归公"。到1912年3月，同盟会吸收包括唐绍仪在内的其他士绅团体，由革命团体改组为公开政党——国民党。此次改组使国民党的政策发生重大变化，为达成妥协，国民党放弃了同盟会之前相对激进的社会革命政策，在其党纲中删除了同盟会"男女平权"的主张与孙中山关于地租与"地权"的政策。孙中山的土地政策尽管已经变激进为温和，但仍然让"出身上层社会"的人感到不安。②

尽管在地租与地权问题上，国民党为团结士绅，于民国草创之时即与其达成了妥协，但

---

① 侯宜杰：《二十世纪初中国政治改革风潮——清末立宪运动史》，中国人民大学出版社2011年版，第128页。
② 参[美]费正清编：《剑桥中华民国史》(上卷)，杨品泉等译，中国社会科学出版社1994年版，第211页。

当时仍有很多人认为中国农村贫困的根源在于土地分配不均。1924年孙中山改组中国国民党,实行"联俄联共扶助农工"的"新三民主义"后,又重提"耕者有其田"的理想。南京国民政府成立后,在立法院院长胡汉民的领导下,1930年立法院通过了《土地法》以解决农村土地问题。《土地法》规定了佃租率的最高上限(收获量的37.5%);提出消除地主所有制的远景,规定不在乡地主的佃户若连续耕作其土地十年以上,有权购买其土地。可是,"1930年土地法始终不过是一份极好的表达意向的文件,因为南京政府从未执行过。佃户继续缴纳主要收获量百分之五十至百分之七十的地租"。《土地法》没有真正实施的原因在于:国民政府害怕搞乱农村的社会经济关系;他们不希望因为土地政策疏远地主;他们害怕解决租佃制度会引起社会革命,其结果他们既不能控制,也无法预见。不管基于什么理由,租佃率在南京国民政府时期并无实质变化。[①] 土地改革的使命落在了中国共产党肩上。

四、司法制度

(一) 中央司法机关:司法院

1. 南京国民政府前期的司法院。1927年南京国民政府成立,改北洋时期大理院为最高法院,一方面为全国民刑案件终审机关,另一方面行使法律解释之权,为当时全国最高司法机关。同时设司法部,掌理全国司法行政。[②]1928年10月,国民政府第三次修正颁布《国民政府组织法》[③],根据孙文"五权宪法"学说,国民政府设置行政、立法、司法、考试、监察五院。该组织法规定:"司法院为国民政府最高司法机关,掌理司法审判、司法行政、官吏惩戒及行政审判之职权。"1928年10月,国民政府公布《司法院组织法》,又于同年11月修正公布,司法院遂告成立。《司法院组织法》第1条规定:"司法院以下列机关组织之:一、司法行政部;二、最高法院;三、行政法院;四、公务员惩戒委员会。"也就是说,以上四机关都是司法院的一部分,它们是司法院的内设机关。其中,最高法院掌民刑案件终审(是民刑事的最高审判机关),行政法院负责行政诉讼(一审终审),公务员惩戒委员会审议公务员惩戒案件。某种意义上说,民初平政院的职权被一分为三:行政法院司行政审判,监察院代替肃政厅掌纠弹官吏违法失职,公务员惩戒委员会则对官吏违法失职事件进行审查处理。司法院院长综理全院事务、指导司法行政,并组织最高法院院长及相关庭长统一解释法律、命令[④]。

司法院成立之初,原司法部亦隶属于司法院,1928年11月改组为司法行政部,该部就主管事务对地方最高行政长官有指示监督之责。司法行政部部长综理部务,监督高等以下

[①] 参见[美]费正清、费维恺编:《剑桥中华民国史》(下卷),刘敬坤等译,中国社会科学出版社1994年版,第150页。
[②] 参见"司法院史实纪要编辑委员会"编:《"司法院"史实纪要》,1982年自刊,第3页。
[③] 在1946年《宪法》公布之前,南京国民政府虽于1931年颁布《训政时期约法》,但其对于政府组织言之不详,故而《国民政府组织法》是当时关于中央政府组织的最高指导规范。
[④] 司法院院长获得了原属于南京国民政府草创时最高法院(北洋时期大理院)院长的统一解释法令的组织权与裁决权,他亲自主持统一解释法令和变更判例会议,并以司法院名义公布解释。依1928年《司法院组织法》第三条,"司法院院长经最高法院院长及所属各庭长会议议决后,行使统一解释法令及变更判例之权","司法院长为前项会议主席",故而是以会议的方式行使统一解释法令权。参见"司法院史实纪要编辑委员会"编:《"司法院"史实纪要》,1982年自刊,第2、1181–1182页。

各级法院及分院,以及全国各级检察机构。司法行政部监督权之行使,不影响审判独立。[①]司法行政部与最高法院、行政法院与公务员惩戒委员会同为司法院内平行单位,故而司法行政部管辖权不及于此三个院(会),由其各自院长(委员长)掌理其内部行政事务。司法院院长综理司法院内的重要行政事务。[②]

从司法院设立之初到1947年先后颁布《中华民国宪法》和修正《司法院组织法》,关于司法院的权限始终存在三大争议:(1)司法行政权的归属。1928年司法院成立时司法行政部属司法院,1932年被划给行政院,1934年又回归司法院,直至1943年司法行政部最终归于行政院。(2)公务员惩戒委员会的归属。在《中华民国宪法草案》("五五宪草")的草拟过程中,有人认为应让监察院获得"完整的监察权",也就是说除弹劾权之外,它还应拥有弹劾案的审判权,这就意味着需要将公务员惩戒委员会由司法院转给监察院。[③]据此,1936年由立法院修正通过的"五五宪草"将公务员惩戒排除在司法院职权之外,而转由监察院管辖(第76、87条)。(3)是否仿照美国最高法院一元的司法审判的模式,不再区分民刑普通审判与行政审判(公务员惩戒),司法院内不再设立最高法院、行政法院与公务员惩戒委员会。[④]

2. 1946年《中华民国宪法》《司法院组织法》颁布之后的司法院。1946年《中华民国宪法》在司法机关方面的一大创新是设立了大法官,并由其负责解释宪法和统一解释法律命令,这样司法院就将其抽象规范的解释权(规范控制权)扩大到宪法解释领域(第78、79条)。同年12月修正公布的《司法院组织法》规定解释权由大法官会议行使,该会议由大法官组织之,司法院院长为会议主席(第3条)。至于长期存在争议的公务员惩戒权仍然归于司法院。

关于司法院是否应掌理司法行政,上述宪法并未言明。1943年修正《国民政府组织法》以来,高等法院以下法院和各级检察部门的司法行政长期隶属于行政院下设的司法行政部管辖。由于宪法没有明文规定司法院掌理司法行政,司法行政部(附带还有各级检察部门)自1943年调整划归行政院便一去不复返。所以司法院虽是宪法上的"最高司法机关",其司法行政权却是不完整的,只及于其直接隶属的最高法院、行政法院和公务员惩戒委员会。[⑤]

1947年3月颁布的《司法院组织法》,本来打算部分吸收英美一元的审判模式,力图革新,规定司法院内分庭,不再设立最高法院、行政法院和公务员惩戒委员会(第4条)。可是

[①] 参"司法院史实纪要编辑委员会"编:《"司法院"史实纪要》,1982年自刊,第7页。
[②] 大理院基于最高司法机关地位所获得的自主权(如独立的人事权与预算权)也移转给司法院院长。司法院院长综理事务包括院内司法官的调动权、准立法的规则制定权、相关法律提案权与预算编列权等。
[③] 相关意见参高一涵:《宪法上监察权的问题》,载俞仲久编:《宪法文选》,吴经熊校,上海法学编译社1936年版,第48-55页。
[④] 比较各国司法制度,司法审判体系有一元和多元之分。美国采用的是一元的司法体系,即所有的诉讼案件,不分民刑、行政或宪法争讼,均由统一的司法体系管辖,其最高法院是真正唯一的"最高"的审判机关(终审机关)。而与之相对的欧陆传统,则是普通民刑诉讼与行政诉讼以及其他诉讼多元并行的司法体系,典型如德国,其刑诉讼由普通法院管辖,终审机关为最高法院;而行政诉讼由行政法院管辖,财税争讼由财务法院管辖,劳工诉讼由劳工法院管辖,社会福利问题由社会安全法院管辖,这些专业法院自成系统,有其各自的终审机关。各个法院系统之间互不统属,各司其专业审判领域。我国近代以来的司法制度是直接习自日本,间接取自德国,采用的是多元的司法体系,这也与我国传统的"三法司"体系有一定暗合之处。但是,二战期间我国的盟友为英美法系国家,而敌人则为大陆法系之日、德,因此社会上有一种思潮认为我们之前是采大陆法系制度,今后应考虑改采英美法系之制度,美国最高法院一元制的审判模式也受到一定程度的青睐。参见翁岳生:《大法官功能演变之检讨》,载翁岳生:《法治国家之行政与司法》,月旦出版公司1994年版,第414页。
[⑤] 司法院后来根据《宪法》第七十七条司法院掌理民刑审判的规定要求附属于民刑审判的各级法院司法行政权,但行政院和司法行政部长期对此置之不理。

该法一经颁布,立刻遭到代表既有体制利益的最高法院院长和全体法官的公开抵制。[①] 国民政府只好于当年 12 月修正组织法,仍然维持司法院内设立最高法院、行政法院和公务员惩戒委员会这三院(会)的旧制(第 5 条)。

关于司法院的性质,著名学者萨孟武先生有一个精妙的归纳。他说:"因为国人善于应用归纳法,乃把许多性质不同而应独立的裁判机关均装入司法院之中。"[②] 我们也可以说,司法院是一个筐,国民政府把所有的司法机关、准司法机关均装入这个筐之中,这才造就了一个五权宪法上的"最高司法机关"。但在这"包山包海"的司法院之内,司法行政权、最高审判权(包括普通民刑案件与行政诉讼)、规范控制权三者并未真正集于一体,它们是合中有分,彼此仍发挥着一定的制衡功能。司法院所属的大法官会议和三院(会)虽然"上戴司法院院长,受其监督"[③],但就其职权来说,均属独立。

以现代分权的观念看,古代中国的"三法司"的权限分配十分模糊,清代刑部在司法体系中居于首位,兼掌审判、司法行政与修律职权;都察院对于公权力行使的有关案件或者官员违法、不当有纠举、参审权;大理寺的职权相对较小,是"慎刑"机关。遇有重大案件则由"三法司"会审甚至"九卿圆审",君主保有最终裁判权。1906 年以后,将刑部改法部,掌司法行政(民国时期先后更名为司法部和司法行政部);将大理寺改大理院,为最高审判机关(南京国民政府时期更名为最高法院)。都察院的职能在民国后为平政院所继承,但在其内部已经分化出独立的肃政厅作为涉及公权力案件的公诉机关,形成审判者与起诉者的分立。南京国民政府时期分权更加细化。平政院行政审判的职能转由行政法院行使,其审判公务员违法与不当的职能则由公务员惩戒委员会承袭;继肃政厅而起的则为政治地位更高的监察院。南京国民政府时期,对于公务员惩戒委员会应归属于司法院还是监察院存在争议,最后的结果是仍归于司法院,这也符合审判与起诉分权的理性化原则。

总的来说,经过几十年的发展,传统的"三法司"体系被"西方化"、理性化了,但其中的中国特色仍不可抹煞:

特色一:司法行政权的独特安排。刑部集司法审判与司法行政权于一身,晚清司法改革后,法部与大理院分掌司法行政与司法审判;而北洋时期大理院则保有院务自主权;南京国民政府时期的司法院更集司法审判、准司法审判、规范审查与司法行政多项权力于一身,但在司法院内部则各职权相互独立。这既体现了法律现代化中理性化的一面,又在这个过程中保有了基于自身政治文化背景的特色。[④]

特色二:司法机关的抽象规范审查权。修律是清代刑部的重要职权;大理院因为特殊的政治背景取得了抽象的规范审查权,统一解释法律,形同造法;司法院(大法官会议)更将最

---

① 参李学灯:《释宪纪要》,载"司法院"编:《"司法院大法官"释宪五十周年纪念文集》,1998 年自刊,第 713 页。
② 参见萨孟武:《中国宪法新论》,三民书局 1993 年版,第 263 页。
③ 参见萨孟武:《中国宪法新论》,三民书局 1993 年版,第 262 页。
④ 中国人对于权力的独特理解对于西方机械的权力分立理论创新性地作出了修正。在西方传统的分权观念下,司法审判属于司法权,司法行政属于行政权,彼此分立。但事实上,司法权很可能会受到司法行政权的不当影响。举个例子,德国联邦宪法法院设立于 1950 年,到 1952 年,宪法法院公开发备忘录,要求摆脱司法部对其内部人事行政以及预算的控制,同时要求宪法法院院长与国会两院议长,政府总理等同为国家最高级别的官员,经过漫长的斗争,直至 1960 年,这些要求才完全得以实现。参见 Vicki C.Jackson & Mark Tushnet, *Comparative Constitutional Law*, 2nd ed., New York: Foundation, 2006, p.532. 而我国北洋政府时期的大理院就已经拥有完全的人事与预算自主权,司法院更是自始就具有权力和级别上的优越地位。

高司法机关的规范审查权扩展到了宪法解释的领域,如此发展,可谓一脉相承。

特色三:特殊审判机关与普通民刑机关审判分立(多元的司法审判模式)。中国早在秦代便由御史大夫作为特殊审判机关,掌理贵族官吏违法犯罪案件的审判,与作为普通审判机关的廷尉分立。北洋时期则是平政院与大理院分立,平政院除掌理行政诉讼外,还掌官吏纠弹案件。南京国民政府司法院体制下则是最高法院、行政法院、公务员惩戒委员会分立,分工更加细化。这一方面是基于中国的传统,另一方面也吸收了欧陆多元司法审判模式的经验。

司法院的内部组织结构见图10-2。

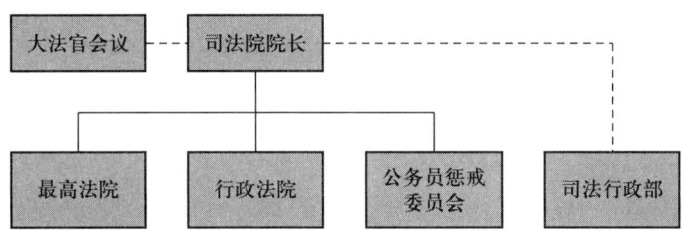

说明:司法行政部有时属于司法院,有时属于行政院,所以其与司法院院长的关系标为虚线;大法官会议是在1946年《中华民国宪法》和《司法院组织法》颁布后设立的,在此之前则无,故而其与司法院院长之间的连线也标为虚线;其他的标为实线。

图10-2 司法院的内部组织结构

(二) 地方法院与审级制度

1. "三级三审制"。1927年南京国民政府成立之初,"四级三审制"在法制上并未立刻变动,只是改称大理院为最高法院,改称各级审判厅为法院。1932年10月28日,南京国民政府公布《法院组织法》,根据该法将"四级三审制"改行"三级三审制",从中央到地方设最高法院、高等法院、地方法院三级,以三审为原则、二审为例外。① 地方法院审理案件原则上取独任制,高等法院审判案件为三人合议,最高法院为五人合议(《法院组织法》第3条)。该法颁布后,政府迟迟未将其予以施行,其主要的障碍在于无法普设地方法院。直至1934年底,新法仍无法贯彻,于是缩小了地方法院权限,增设高等法院分院,以变更管辖。到1935年6月11日,政府明令该法于同年7月1日施行;旋即又于当月18日由司法部颁布训令,准予广东等九省暂缓一年施行。② 截至1947年,全国设立三十七所高等法院和一百一十九所高等法院分院,只有七百四十八个县设立了新式的地方法院,绝大多数的县仍未能建立新式的法院。③ 检讨南京国民政府时期的审级制度,除了对此前北京政府的制度进行有限的修补之外,在组织法上改名存实亡"四级三审制"为"三级三审制",其本身也算不得什么了不起的变革。

2. 县行政长官兼理司法问题的改良。肇始于北洋政府的县行政长官兼理司法制度,其明显弊端至少有三:(1)审检混合不分;(2)承审员位卑俸低、素质堪忧,司法易受行政牵制;

---

① 参郑保华:《法院组织法释义》,上海会文堂新记书局1936年版,第58-59页。
② 参钱端升等:《民国政制史》(上册),上海人民出版社2008年版,第251、306页"注196"。
③ 数据参谢冠生:《战时司法纪要》,司法行政部1948年版,第1页。

(3) 律师制度之不适用。① 尽管北洋政府创设了县司法公署以济其弊,但其设置并不普遍,直至 1936 年全国由县长兼理司法者尚有一千四百三十六县。② 1929 年司法行政部编订《训政时期工作分配年表》,本有分年筹设全国地方法院之六年计划,并以县法院为其过渡组织,但计划归计划,事实归事实,到 1935 年六年期满,计划全部落空;1932 年颁布的《法院编制法》第九条所谓于各县市设立地方法院的规定也只停留在纸面上。③

但政府也并非完全无所作为,1933 年国民政府考试院公布《承审员考试暂行条例》,通过资格考试对(助理县长进行审判的)承审员资格进行限制。以中国之大,兼理司法县份之多,普设地方法院于各县明显无法一蹴而就,作为一种过渡的办法,司法行政部草拟了《县司法处组织暂行条例》,并经立法院于 1936 年 3 月 27 日通过,当年 7 月 1 日公布施行。根据该条例,凡未设法院各县之司法事务,暂于县政府设司法处处理之(第一条)。县司法处置审判官,独立行使职权(第二条)。审判官由高等法院院长于具备相当法律专业资格的人员中选取并呈请司法行政部核准任命,这与原兼理司法制度下承审员由县长(县知事)提请高等法院院长(高等审判厅厅长)任命相较,任命条件与程序更为严格;审判官享受荐任官待遇,根据国民政府官制,这意味着其与县长平级(第五条)。县司法处检察职务则由县长兼理(第四条)。立法院在通过该条例时增订一条,明定其施行期间以三年为限(第十三条)。

司法行政部于《县司法处组织暂行条例》颁布后,根据三年的时限通令各省高等法院,自 1936 年 7 月 1 日至 1937 年 12 月底,以六个月为一期,分期将各省所有兼理之县改设县司法处;自 1938 年 1 月 1 日起至 1939 年 6 月底,以六个月为一期,分期将各省所有县司法处改制为地方法院。④ 根据"各省第一期改设县司法(处)一览表",第一期全国共改设司法处三百八十四县,其中,1936 年 7 月 1 日山东、甘肃、陕西三省即全数改设县司法处完毕;国府所在的江苏省则免于改设县司法处,直接开始分期改设地方法院;但仍有七省尚无动作或未将数据呈报司法行政部。⑤ 很快,日军侵华的烽火打乱了司法行政部的计划,我们现在无从得知如果没有战争三年计划能否实现,但可推知第二阶段计划的在全国各县普设地方法院的难度会比设立县司法处大很多。

到 1946 年,全国除新疆外,县长兼理司法制度已被一律废止⑥,当年统计在案的有九百九十二个县由附属于县政府的司法处兼理司法。⑦ 1947 年,全国司法行政检讨会议以县司法处为过渡组织,建议司法行政部定期一律改为正式法院。⑧ 但建议归建议,现实归现实,南京国民政府统治的最后两年在地方法院建设方面并无大的进展。

3. 分支法院。与民国北京政府时期类似,南京国民政府依然设有各种分支法院,其设置的法定理由仍为"区域辽阔",两个时期的法律条文内容也很接近,如地方法院分院(《法院组织法》第 9 条)、高等法院分院(《法院组织法》第 16 条)。制定《法院组织法》时,关于最高审判机关(最高法院)可否设置分院的问题存在争议。一方面,"我国幅员辽阔、诉讼繁多,

---

① 参郑保华:《法院组织法释义》,上海会文堂新记书局 1936 年版,第 303—305 页。
② 数据参见王用宾:《二十五年来之司法行政》,司法行政部 1936 年版,第 19 页。
③ 参见王用宾:《二十五年来之司法行政》,司法行政部 1936 年版,第 16—17 页。
④ 参见王用宾:《二十五年来之司法行政》,司法行政部 1936 年版,第 18 页。
⑤ 统计表参见王用宾:《二十五年来之司法行政》,司法行政部 1936 年版,第 21—23 页。
⑥ 参见谢冠生:《战时司法纪要》,司法行政部 1948 年版,第 1 页。
⑦ See Ch'ien Tuan-sheng, *The Government and Politics of China*, Harvard University Press, 1950, p.254.
⑧ 参见谢冠生:《战时司法纪要》,司法行政部 1948 年版,第 1 页。

若终审案件,均以中央政府所在地之最高分院为汇归,深恐寄递稽迟、案件积压,在民事则难免事过境迁、纠纷逾甚,在刑事则更或停囚待决、瘐毙堪虞。故由人民方面言之,尤见最高法院分院有不得不设之势"①。可见这也是一种司法便民的举措,但是民国经历了二十几年的建设,到南京国民政府时期交通邮政状况也有所改善,而最高审法院设置分院在理论与实践上均有害于法制的统一。1930 年 4 月司法院草拟了《法院组织法草案》,中央政治会议据此开列的立法原则第六项规定,在交通发展以前,得于距离中央政府所在地较远之处,设立最高法院分院,但关于统一解释法令之事项,应加以限制。② 这是为了避免司法解释不统一造成司法实践领域的混乱。到 1932 年 7 月,司法行政部部长罗文干又拟具《法院组织法立法原则修正案》及说明理由,其中一项是"最高法院不设分院",由行政院转呈中央政治会议重付讨论;于是中央政治会议便将"最高法院之唯一"列为《法院组织法》制定的原则之一,1932 年 10 月颁布的《法院组织法》最终不再设置最高法院分院。③

4. 巡回审判。南京国民政府设立巡回法院,始于 1928 年 8 月司法部④拟具的《暂行法院组织法草案》,在交通不便的辽阔地区设立法院分院费用较巨,故而司法部考虑酌采"巡回审判"制度以部分代替之。⑤ 在草拟《法院组织法》时,曾有人提议设立巡回法院,但巡回审判制度有如下两点不便之处,故而未被采纳:(1) 诉讼发生,宜于随时处理,巡回未及之际,贻误将多;(2) 调查证据,往往不能立时完毕,审判开始后,久驻其地,转失巡回之本意。⑥ 以上所引见解在今天看来尤为精辟,英美的巡回审判都是很久以前的司法制度,当时交通不发达,人们前往法院诉讼非常困难,且案件审判所需时间较短,而现代社会交通便捷、人们来往法院比较容易,而审理一个案件耗时可能要超过一年,巡回审判制度就不适合了。到 1932 年中央政治会议议定《修正法院组织法原则》时,认为对于外国的巡回审判制度可以"略师其意":有些地方距离法院很远,但平时少有案件发生,故而不值得设立法院分院,当地遇有案件可由高等法院及地方法院指派推事前往该地,借用当地官署临时开庭审判。⑦1932 年《法院组织法》第 64 条据此规定:高等法院或地方法院于必要时得在管辖区域内未设分院地方临时开庭;参与临时开庭的推事除在本院推事中指派外,在高等法院得以其所属分院或下级地方法院推事兼任,在地方法院得以其所属分院推事兼任。但实际上因为高等法院与地方法院均可设立分院,分院在一定程度上替代了巡回法院的功能。《法院组织法》第六十四条规定的情形只是分院制度的例外与补充,不是真正意义上制度化的巡回审判。

南京国民政府巡回审判制度的真正实行,始于抗日战争时期。当时战区各地交通失其常态,当事人上诉不便,第二审之审判与其当事人就法官,毋宁以法官就当事人。1938 年《战区巡回审判办法》及《战区巡回审判民刑诉讼暂行办法》先后由司法院颁行,政府为此还专门致函中华民国驻英、美大使,让他们收集英、美有关巡回审判的资料。《战区巡回审判办法》第一条规定:"高等法院或分院于战区内为谋诉讼人之便利得派推事巡回审判其管辖之民刑

---

① 参见谢振民编著:《中华民国立法史》(下册),中国政法大学出版社 2000 年版,第 1043 页。
② 参见谢振民编著:《中华民国立法史》(上册),中国政法大学出版社 2000 年版,第 104 页。
③ 参见谢振民编著:《中华民国立法史》(下册),中国政法大学出版社 2000 年版,第 1045-1049 页。
④ 1928 年 10 月《司法院组织法》颁布后,原司法部改组为司法行政部。
⑤ 参见谢振民编著:《中华民国立法史》(下册),中国政法大学出版社 2000 年版,第 1039 页。此外,1925 年广州国民政府曾试行巡回法院制度;南京国民政府又于 1928 年批准甘肃省采用巡回法院审理上诉案件。
⑥ 参见郑保华:《法院组织法释义》,上海会文堂新记书局 1936 年版,第 243 页。
⑦ 参见谢振民编著:《中华民国立法史》(下册),中国政法大学出版社 2000 年版,第 1047 页。

诉讼案件。"明定巡回审判适用于战区第二审法院。"巡回审判就其管辖区域内司法机关或县政府或其他适宜处所开庭。"(《战区巡回审判办法》第 5 条)"关于书记官、录事、执达员、检验员、司法警察、庭丁、工役之事务由当地司法机关或县政府派人承办。但巡回审判推事于必要时得酌带法院人员办理。"(《战区巡回审判办法》第 7 条)1944 年,司法行政部以"巡回审判除司法本身价值之外能兼收提高人民法律常识之效果",拟在非战区的后方各省交通不便地区推行巡回审判制度,并就此拟订了《高等法院巡回审判条例草案》。但因为抗战旋即结束,1945 年 12 月《战区巡回审判办法》与《战区巡回审判民刑诉讼暂行办法》被废止,巡回审判制度随即终结。①

(三) 审检合署

北洋政府习自日、法两国,检察机关与审判机关比肩,自大理院以下,对应各级审判机关,设立总检察厅和各级检察厅以行使检察职权。南京国民政府认为审检并立之制导致审检官阶员额皆同,耗费经费过多,力求变通。于是裁撤各级检察厅,将检察官配置于法院之内,等于法院内之一"特别庭",是为"审检合署"。除最高法院内置检察署外,其他各级法院均仅设检察官,其中有检察官二人以上者,以一人为首席检察官,首席检察官只是在经验、资历等方面优于其他检察官,他与其他检察官的关系类似于律所中资深合伙人与一般合伙人的关系,而非科层制下的绝对领导。

但是,"审检合署"以精简机构、强调专业为核心的改革最后只是流于形式,原因有二:(1)在官僚文化之下,首席检察官并不以"首席"为满足,其往往把自己所在的检察部门称为某某法院检察处,本人也以处长自居。(2)在法院之内,检察部门常常会就经费、人事等问题与法院院长发生纠纷,当纠纷无法协调而提交中央的司法行政部裁决时,由于检察部门由司法行政部指挥,是其直接的下属,司法行政部往往在纠纷处理时偏袒检察部门。久而久之,法院院长不得不为检察部门划出独立的一块,在财务、人事等方面与检察"处长"井水不犯河水,检察部门成为法院之内的独立王国。在官僚体制的逻辑之下,检察机构必然逐渐膨胀,审检合署不免流于形式。

关键词

《中华民国临时政府组织大纲》《临时约法》"贿选宪法"《暂行新刑律》"民事有效部分""五权宪法"《训政纲领》"六法全书""三级三审制" 审检合署

思考题

1. 孙中山"五权宪法"思想是如何融汇中西的?
2. 思考南京国民政府司法院对传统中国"三法司"体制的继承与发展。

---

① 上述抗日战争时期国民政府巡回制度参见谢冠生:《战时司法纪要》,司法行政部 1948 年版,第 1-2 页。

3. 试述《临时约法》的内容、特点及其历史意义。
4. 民国时期的宪法文本与宪政制度是如何发展变化的?
5. 民国时期的"六法体系"与社会司法实践的关系如何?

参考书目

1. 中国社会科学院近代史研究所编:《临时政府公报.辛亥革命资料》,中华书局1961年版。
2. 郭卫编:《大理院判决例全书》,成文出版社1972年版。
3. 《中华民国六法判例理由汇编》,上海会文堂新记书局1941年版。
4. 谢振民编著:《中华民国立法史》(上、下册),中国政法大学出版社2000年版。

第十一章 中华人民共和国的法律思想与制度(上)

1927年,蒋介石、汪精卫等相继发动政变,对共产党人进行镇压,第一次国共合作被破坏,旨在反帝、反封建的大革命以失败告终。为了完成未竟的革命事业,中国共产党[①]同国民党展开了艰苦卓绝的武装斗争,在国民党政权统治较为薄弱的地区开辟了一个又一个根据地,建立起具有新型国家雏形的人民民主政权。这些根据地政权分属苏维埃时期、抗日战争时期和解放战争时期三个阶段,存在时间最长的,如陕甘宁边区达十三年之久。为了适应政权建设、武装斗争的需要,以及实现中国共产党在新民主主义革命时期的任务,各个历史时期的根据地政权都以马克思列宁主义的国家观和法律观为指导,制定了一系列法律法规。这些法律法规"一方面,与社会主义的法律相区别,另一方面,又与欧美日本一切资本主义的法律相区别"[②],开创了中国法制近现代过程中的另一种类型。就形式和内容方面而言,这些法律法规彼此之间的继承沿革十分明显,经历了从草创、相对完备到较为完备的发展过程。根据地政权法律制度是中华人民共和国法律制度的前身和渊源。

第一节 新民主主义法律思想

一、马克思主义法律思想在中国的传播

马克思主义法律思想在中国的传播始于五四新文化运动。其时,中国正处于政治、社会、文化转型的关键时期,西方各种法律思想、法律思潮纷至沓来,冲击着国人的头脑。陈独秀、李大钊等人亦通过翻译、撰写文章等方式,将马克思列宁主义对法律问题的思考介绍给国人,丰富着国人对法律问题的认识。1921年,中国共产党成立,马克思主义法律思想在中国的传播始有了组织保障。同年中国共产党最早的出版机构——人民出版社在上海正式成立,开始了对马克思主义经典著作的系统介绍。此后,青年团、共产党、工会的机关刊物《先驱》《向导》《工人周刊》等纷纷创办,亦把对马克思列宁主义法律思想的传播作为自己的重要任务,马克思列宁主义法律思想在中国的传播力度和覆盖面进一步扩大。

马克思列宁主义对法律问题的思考成果与此前已进入中国的各种法律思想有着本质的不同,它强调法律的阶级属性,明确指出法律是一种特殊的行为规范,是由掌握政权的统治

[①] 为了表述方便,在不影响理解的前提下,本书有时将"中国共产党"简称为"中共"。
[②] 《毛泽东书信选集》,人民出版社1983年版,第280页。

阶级以国家的名义制定或认可,并以国家的强制力保障实施的。法律的内容不过是统治阶级意志的反映,当然统治阶级的意志又由统治者的物质生活条件决定,也就是说法律制度的产生是经济基础和上层建筑共同作用的结果。这一观点对于年轻的中国共产党人具有一定的思想冲击力,逐渐被中国共产党人所接受。

20世纪20年代后期,以毛泽东为代表的一批中国共产党人,尝试将马克思列宁主义对法律问题的一般理论与中国的无产阶级革命相结合,发展成新民主主义法律思想。新民主主义法律思想是中国共产党人有关新民主主义革命时期法律方面的具体主张之总和,是马克思主义法律思想中国化的产物。作为一种以实践性为主的法律思想,新民主主义法律思想建构的核心之处在于:能否清楚地论证新民主主义法律思想与人类历史上一切已有的法律思想,特别是与中国传统法律文化之间的扬弃及承继关系。当然更为重要的,是如何把握其与社会主义法律思想的异同。

新民主主义法律思想的形成绝非一帆风顺的,曾遭遇过以王明为代表的一批人的挑战。1929年王明从苏联学成归国,1931年即被共产国际指定为中共代理总书记,取得了中共的领导权。任职期间,他不顾中国国情,机械照搬苏联的法制实践经验,给中国革命造成了极大的危害。根据地政权的法制实践就是以新民主主义法律思想为指导而产生的。

二、陈独秀对中国传统法律文化的批判

陈独秀,安徽安庆人,中共创始人之一。在中国共产党早期法律思想形成的过程中,陈独秀所起的作用至关重要。尽管1927年之后,作为中共的主要创始人,陈独秀的政治主张在党内受到了严厉的批判,理由是其分不清新旧民主主义的区别,放弃了中国共产党对大革命的领导权。但即便如此,陈独秀早期的法律思想,特别是对中国传统法律文化的批判在中共党内仍然有着广泛的影响力。

陈独秀的法律思想大致可以划分为前后二个阶段,以是否接受马克思主义为分界。早年的陈独秀以"主权在民"和"天赋人权说"为理论,主张创建一个真正的民主共和国。至于如何创建,陈独秀主张通过武力加以实现。为此他支持并参与辛亥革命。然而,辛亥革命推翻了帝制,建立了中华民国,却未能实现他所期冀的民主及共和。经过思考,陈独秀认为辛亥革命只是一场少数人参与的政治革命,由于广大民众未经过新文化的洗礼,仍然深受中国传统礼教等级文化之影响,政治参与度不高。为此他提出,欲创建真正的民主共和国,就必须建立法制社会,而欲建立法制社会,就必须对儒家的纲常礼教进行批判,普及个人独立之观念,陈独秀认为人格平等是法制社会的基本前提。

为此,他于1915年创办《新青年》,发起新文化运动,将批判的矛头直指中国传统法律文化。陈独秀对中国传统法律文化的批判,主要集中于儒家强调的纲常礼教和等级制度:"君为臣纲,则民于君为附属品,而无独立自主之人格矣;父为子纲,则子于父为附属品,而无独立自主之人格;夫为妻纲,则妻于夫为附属品,而无独立自主之人格矣。率天下之男女,为臣、为子、为妻,而不见有一独立自主之人格者,三纲之说为之也。"[①]

他进而指出:"在纲常名教束缚下,人们同奴隶实际没有两样,轻刑薄赋,奴隶之幸福也,

---

① 《陈独秀文章选编》(上),生活·读书·新知三联出版社1984年版,第103页。

称颂功德,奴隶之文章也,拜爵赐第,奴隶之光荣也,丰碑高冢,奴隶之纪念物也,以其是非荣辱听命他人,不以自身为本位,则个人独立平等之人格,消灭无存,其一切善恶行为,势不能诉之自身意志而课以功过,谓之奴隶,谁曰不宜?"①

陈独秀由此得出结论,儒家所维护的纲常礼教同法制社会所依赖的自由平等独立之思想绝无可以调和之处。

三、毛泽东的宪法思想

毛泽东,湖南韶山人。中国共产党创始人之一和新民主主义法律思想的主要创建者。早在青年时代,毛泽东就形成了法律应为政治服务的思想。此后他所领导制定的所有法律,都围绕着一定时期的政治中心任务而展开,法律的改与废,也因政治的需要而变化。不迷信法律,把法律作为政治工具使用,在毛泽东的法律思想中表现得一直较为突出。宪法是近现代中国政治家、法学家关注的核心问题,晚清以降,各种各样的宪法理论和宪法实践层出不穷,作为根据地时期中国共产党的最重要领导人,毛泽东对宪法问题自然有着自己的思考。

(一) 中国现阶段应该实行的是新民主主义宪法

从青年时代起,毛泽东就积极参与立宪运动,为建立民主共和国而努力。成为中共领袖之后,他从中国国情出发,对古今中外特别是中国近代以来的立宪运动进行了系统反思,最终创建了新民主主义的宪法思想。"在中国缺少的东西固然很多,但是主要的就是少了两件东西,一件是独立,一件是民主。这两件东西少了一件,中国的事情就办不好。一面少了两件,另一面却多了两件。多了什么呢?一件是帝国主义的压迫,一件是封建主义的压迫"。为此,"现在我们全国人民所要的东西,主要是独立和民主,因此我们要破坏帝国主义,要破坏封建主义"。但现阶段中国所需要的并不是"旧式的、过了时的、欧美式的、资产阶级专政的所谓民主政治",也不是"苏联式的,无产阶级专政的民主政治",还不是社会主义的宪法,"社会主义的民主怎么样呢? 这自然是很好的,全世界将来都要实行社会主义的民主。但是这种民主,在现在的中国,还行不通,因此我们也只得暂时不要它"。②中国半殖民地、半封建的国情"就决定了中国革命必须分为两个步骤。第一步,改变这个殖民地、半殖民地、半封建的社会形态,使之成为一个独立的民主主义的社会。第二步,使革命向前发展,建立一个社会主义的社会"。③ "我们现在要的民主政治,是什么民主政治呢? 是新民主主义的政治,是新民主主义的宪政"。④

(二) 新民主主义宪法的核心

新民主主义宪法的核心是实现人民民主专政,而非无产阶级专政。所谓人民民主专政,即"几个革命阶级联合起来对于汉奸反动派的民主专政",即人民民主专政是一种"为一般

---

① 《陈独秀文章选编》(上),生活·读书·新知三联书店 1984 年版,第 74 页。
② 《毛泽东选集》(第 2 卷),人民出版社 1991 年版,第 731 页。
③ 《毛泽东选集》(第 2 卷),人民出版社 1991 年版,第 666 页。
④ 《毛泽东选集》(第 2 卷),人民出版社 1991 年版,第 731 页。

平民所共有,非少数人所得而私"① 的民主制度,这是新民主主义宪法与古今中外其他宪法的根本区别。新民主主义宪法的内容包含"政治上的、军事上的、经济上的、文化上的、党务上的以及国际关系上"的多方面的民主。

(三) 新民主主义宪法的实现方式

实现新民主主义宪法,就一般方式而言,不外乎中国无产阶级、农民、知识分子和小资产阶级在中国共产党的领导下,通过"召集真正人民代表的国民大会,通过真正的民主宪法"② "建立无产阶级领导下的一切反帝反封建的人民联合专政"的政治制度,建立代表人民利益和意志,有全国广大人民群众支持和拥护,采取民主集中制的政府,切实保障使广大人民的各项民主自由权利,把民主扩展到社会生活的各个方面,使人民民主制度化。

然而,毛泽东又认为:"世界上历来的宪政,不论是英国、法国、美国,或者是苏联,都是在革命成功有了民主事实之后,颁布一个根本大法,去承认它,这就是宪法。中国则不然,中国是革命尚未成功,国内除我们边区等地面外,尚无民主政治的事实。中国现在的事实是半殖民地半封建的政治,即便颁布一种好的宪法,也必须被封建势力所阻挠,被顽固分子所障碍,要想顺畅实行,是不可能的。"③ 因而,中国立宪的现实应该是去"争取尚未取得的民主,不是承认已经民主化的事实",不是颁布一部宪法。要争取民主,首先需要对立宪进行认真研究,其次需要经过艰苦的努力让广大人民群众理解,新民主主义宪法理论一旦被人民群众所掌握,人民群众被发动起来了,就"大有希望"。④

四、谢觉哉的司法思想

谢觉哉,湖南宁乡人。清末秀才,早年即投身革命,先是从事新闻工作,后在湖南等地参与农民运动,最后进入中央苏区。尽管谢觉哉并未系统学习过现代法学,自进入根据地后却一直主持新的司法制度创建。从20世纪20年代后期到其逝世,半个世纪中几乎都在司法战线工作,有中共党内著名法学家之称。工农民主政权时,他任中央工农民主政府秘书长,参与起草了《选举法》《劳动法》《土地法》,另辅助最高法庭庭长何叔衡制定了《惩治反革命条例》等法律法规。抗日战争初期,他一度出任陕甘宁边区高等法院院长。解放战争时期任华北人民政府司法部部长。中华人民共和国成立后长期担任最高人民法院院长。总之,作为中共早期在司法领域最为重要的领导人,谢觉哉的司法思想对根据地的法律制度,特别是司法制度产生了重要的影响。

(一) 司法工作必须以执政党的路线方针政策为指导

谢觉哉认为,任何统治阶级的政权都是一元的,不可分割的,哪个阶级当权,哪个阶级就掌握一切,立法、行政、司法都由他管,哪能分开? "国家是阶级的产物,法律是国家表现权力的工具,法律自然也是阶级的产物。奴隶社会的国家和法律,是替奴隶主服务的;封建社

---

① 《毛泽东选集》(第2卷),人民出版社1991年版,第733页。
② 《毛泽东选集》(第2卷),人民出版社1991年版,第355页。
③ 《毛泽东选集》(第2卷),人民出版社1991年版,第735页。
④ 《毛泽东选集》(第2卷),人民出版社1991年版,第739页。

会的国家和法律,是替地主和贵族服务的;资本主义的国家和法律,是替资本家服务的;社会主义社会的国家和法律,就是为保卫无产阶级的利益服务的。应该看到,社会已经大变,由于掌握政权的阶级变了,而引起了社会各方面发生根本的变化。因而,我们的法律观,也必然要随之改变。在打碎旧的国家机器的同时,要废除旧法律及其司法制度,建立崭新的有利于加强和巩固人民民主专政的法律和司法制度。"[①]

司法机关是国家机器中最为重要的部分之一,司法人员一定要坚持司法的政治导向,要"从政治上来司法"[②]。没有法律的时候,要从政治上来司法;有了法律之后,也要从政治上来司法。

(二) 审判独立

反对司法独立,主张审判独立是谢觉哉的一贯主张。[③]为此,他提出了新民主主义革命时期司法半独立的观点。1937年他在解释陕甘宁边区司法机关与政府的关系时说,某些学过法律的同志说,边区司法只是半个权力,这不完全是瞎说。考虑到审判独立,但仍然在边区主席团的领导下,使审判能适合于当时的政治环境,所以我们不主张司法与行政处于并立状态,而是在边区政府领导下,由法院独立行使审判权。谢觉哉所说的司法半独立,是指在新民主主义革命阶段,司法权与行政权无法分离。

(三) 司法为民

司法为民是谢觉哉的一贯主张。谢觉哉认为,新的司法制度必须是群众自己的工具。旧的司法与新民主主义司法最显明的区别之一,就是与民众的关系,"一个是立足于群众之外,来统治群众的,一是群众自己的工具——由群众中来又向群众中去"。[④]在他看来,司法为民不是一句空洞的口号,它既是一种态度,又是一种工作方法,它时刻提醒我们,新民主主义的司法必须对群众的实践、群众的经验给予高度的重视。不是条文第一,群众实践才是第一;不是经验第一,在实践中获得的新经验才是第一;不是形式(组织、手续法等)第一,能解决问题才是第一。即在谢觉哉看来,新民主主义的司法制度不能来源于书本,只能来源于群众的实践。当然,需要指出的是,谢觉哉并不反对建立相对稳定的诉讼程序和司法制度,只是强调这种程序和制度必须以民众接受为原则。总之,新民主主义司法必须以人民群众的满意为宗旨。

(四) 镇压与宽大相结合

工农民主政府时期,司法政策以镇压为主。陕甘宁边区成立后,明确提出了镇压与宽大相结合的新民主主义司法政策,谢觉哉对此政策的形成和确立作出了重要的贡献。陕甘宁边区在实施镇压与宽大政策的初期,有的司法干部对此理解不深,只讲宽大一面,忘记了镇压的一面,比如对待土匪,不分罪恶大小,态度如何,一律不杀,人民群众也不敢捉拿土匪了,致使土匪为患,猖獗一时,当边区政府纠正这种倾向时,有的司法干部又走到了另一边,只要

---

① 《谢觉哉文集》,人民出版社1989年版,第642页。
② 王萍等编:《谢觉哉论民主与法制》,法律出版社1996年版,第156-159页。
③ 《谢觉哉日记》(下),人民出版社1984年版,第1105页。
④ 《谢觉哉日记》(上),人民出版社1984年版,第557页。

是土匪就杀,忘记了宽大。谢觉哉为此强调,必须从思想上真正理解镇压与宽大是司法工作中的两个方面,既是对立的,又是统一的,两者互为存在的前提,切不可孤立来看,有效地解决了以一种倾向掩盖或替代另一种倾向的问题。

同时,他进一步指出,镇压与宽大结合是新民主主义司法的本质特征。"我们已经把旧统治者的最复杂的精巧的作为镇压人民的工具——法庭,变为以社会主义为基础的镇压反动阶级和教育人民的工具。资产阶级的法庭,以镇压为目的,而我们的法庭,则以教育改造为目的。我们不是要把那一种人永远踏在我们的脚下,而是镇压和惩办为着教育,为着改造成为新人。"①

第二节 根据地政权法律制度概述

一、根据地政权法律制度产生之条件

根据地政权的法律制度是指中国共产党人在新民主主义革命时期,由根据地政权创建的所有法律制度的总称。按照中国官方和学界的话语习惯,根据地政权的法律制度亦可称为新民主主义的法律制度或人民民主法律制度。

任何法律制度的产生都离不开一定的社会条件,根据地政权的法律制度亦不例外。

(一)中国共产党领导的新型政权是根据地法制产生和实施的政治前提

1927年,中国共产党召开了"八七"会议,确定了开展土地革命和以武装斗争推翻国民党政权的总方针。此后,在长达二十二年的漫长斗争中,中国共产党在一些国民党力量较为薄弱的地区推翻了国民党政权的统治,开辟了一块块相对稳定的根据地,建立起中国共产党领导的,以工农联盟为基础的,对人民实行民主,对内外敌人实行专政的新型政权。其中还一度成立了中华苏维埃共和国,组成了临时中央政府,建立起了大致完备的立法、行政和司法机关,具备了新型国家的雏形。没有中国共产党的领导就没有这些根据地,也就没有根据地政权,因而中国共产党的领导是根据地法律制度产生发展的政治前提。

(二)新民主主义法律思想是根据地法制产生的思想条件

新民主主义革命时期,各根据地在立法上均以新民主主义法律思想为指导,同时又根据中国共产党在各个时期的方针政策制定的,这保证了各根据地制定的法律在性质上相同,在内容上大体一致,在形式上基本相似。

(三)新民主主义经济政策是根据地法制产生的经济条件

新民主主义革命从本质上讲,仍属于资产阶级革命范畴。但中国共产党在新民主主义革命中所推行的土地革命及打击官僚资本主义等经济政策,毕竟不同于国民党政府实施的经济政策。其结果是使根据地内的经济基础开始有别于国民党统治区域。物质生活条件的

---

① 王萍等编:《谢觉哉论民主与法制》,法律出版社1996年版,第154–156页。

变化,客观地要求一种新的法律加以维护,新民主主义法制由此应运而生。尽管这一时期根据地内经济基础的变更还属于同一社会形态内的局部变革,即量变阶段,尚不足以引起整个社会的巨大变革,但人类的历史及法律发展史早已表明,即使同一社会形态内经济基础的某一个或某几个环节发生变化,同样也会引起法律的相应变化。根据地法制的产生便是如此。

(四)战争和农村环境促使根据地法律制度形式上较为简略

近现代中国战争不断,加之新民主主义革命时期的根据地无一例外地地处偏僻的农村,人际关系和财产关系简单,文化亦相对落后,对现代法制的需求不足,进一步导致根据地的法律制度在形式上较为简陋,与南京国民政府的法律制度形成了较大的反差。

(五)中国共产党领导的武装力量是根据地政权法律制度得以实施的制度保障

新民主主义革命时期的根据地是中国共产党、军队和政权三位一体的产物,因而军队的影响不可低估。军事力量的存在一定程度上影响了根据地法律制度的内容,同时也是根据地法律制度得以实施的重要原因。

二、根据地政权法律制度之沿革

作为一种全新的事物,根据地法制的历史经历了初创、形成和相对完善三个发展阶段。上述三个阶段的出现,既与共产党自身法律修养的提高、法制经验的积累有关,也和中国共产党政策上的调整关系密切。

(一)初创阶段

初创阶段系指1927-1936年。"八七"会议之后,中共通过武装暴动在中国南方江西、福建等省份的一些偏远地区陆续开辟了一些根据地,并成立了工农民主政权。其时,统一的中央政权机关尚未建立,各个根据地及同一根据地内部的各级政府基于政权建设之需要,以中国共产党第六次代表大会通过的《十大政纲》《苏维埃政权组织问题决议案》和《土地问题决议案》等方针政策为依据,相继制定了一些地区性的法令,为法制建设积累了最初的经验。

1931年11月,中华苏维埃共和国成立后,先后召开了两次全国工农兵代表大会,开展了大规模的立法活动。这些法律法规一方面对前期的立法成果进行了总结和提升;另一方面,由于此时中共组织受国际共产主义运动影响较深,加之缺乏立法经验,使制定出来的法律法规、创建的司法制度不仅在内容方面,甚至连名称上都以学习、移植苏联的法律制度为主,脱离中国国情现象较为严重。

(二)形成阶段

1937-1945年是根据地法制的形成阶段。抗日战争爆发后,鉴于民族矛盾激化,国共两党再次合作一致抗日,根据地政权的性质亦从工农民主政权转变为人民民主政权。为了适应新的形势,以陕甘宁边区为代表的一批根据地政权在继承、总结苏区法制建设方面的经验和教训基础上,搁置了苏维埃时期一些极端的做法。以中国共产党《关于目前形势与党的任务的决议》《抗日救国十大纲领》等文件为依据,结合根据地自身的实际状况,制定和颁布了一大批法律法规,并在司法制度方面积极探索,创造了一些有自己特点的司法制度,根据地的法律制度步入成熟阶段。

(三)相对完善阶段

1946—1949年是根据地政权法制的相对完善阶段。抗日战争胜利后,国共两党围绕中国未来的发展方向重新开战,为配合战争之需要,从根本上动摇国民党政权的存在基础,东北人民政府、华北人民政府等解放区政权对根据地法制建设的历史进行了较为系统的总结,紧扣新民主主义革命的根本任务,颁布了新的《施政方针》,中国人民解放军发布了《中国人民解放军宣言》,中共中央制定了《中国土地法大纲》,提出了没收官僚资本、没收地主土地、保护民族工商业的三大经济纲领,废除国民党六法全书,确立了解放区的司法原则。各解放区政权也先后发布了许多相应的法令、条例和决定。这些立法对结束国民党的统治,镇压地主官僚资产阶级的反抗,消灭旧的经济基础,建立新的司法制度发挥了重大作用,根据地政权建设及法制建设均进入了相对成熟的阶段。

三、根据地政权法律制度的性质

根据地法制是新民主主义法制。它既与历史上各种类型的法律不同,又与社会主义法制具有原则性的区别。

(一)与南京国民政府法制的关系

从1927年到1949年,根据地法制与南京国民政府法制这两种不同性质、不同类型的法律制度在中国一直并存,这种现象在世界各国的历史上并不多见。它是由中国共产党选择的"以农村包围城市"这一革命道路决定的。根据地法制是伴随着中共领导的新型政权的建立,以及根据地范围内南京国民政府的法制被废除而建立起来的。换言之,就一般而言,废除南京国民政府的法制是根据地法制产生、存在的前提。然而,抗日战争爆发后,国共两党再次合作,共产党领导的根据地成了特别行政区。此外,为了抗战的需要,南京国民政府也制定了一些有关抗日的法律法规。在此前提下,各抗日根据地在司法实践中有原则地援用了一些南京国民政府的法律条文。这些原则包括"适合抗战团结的需要;适合民主政策;适合边区历史环境;适合广大人民的利益"。[①] 根据地政权的这种做法并没有改变根据地法制的新民主主义性质。两种法律制度的并存,形成了鲜明的对比,一定程度上加速了国民党政权法律制度的消亡。

(二)与历史上一切旧的法律制度的区别

按照马克思主义一贯强调的阶级分析方法,历史上一切旧的法律制度有着一个共同的特点,即它们都是少数统治阶级意志的反映,是少数人剥削压迫多数人的工具。根据地的法制则是广大人民意志的体现,是维护人民基本权益的。尽管在根据地的不同时期人民的范

---

① 陕甘宁边区高等法院:《论边区司法答客问》(1944年4月20日),转引自张希坡主编:《革命根据地法制史》,法律出版社1994年版,第319页。

围有所不同,但在根据地政权中,工人阶级始终居于领导地位,农民阶级是工人阶级最可靠的同盟军,因而,新民主主义法律始终把承认、维护工农基本群众的利益放在首要地位。在各根据地制定的法律中,有关保护工人基本权益的法律(如劳动法等)和保护农民利益的法律(如土地改革法或减租减息等)的地位都十分突出。抗日战争时期,有些根据地还制定有单行的保护人权、财权条例,开新民主主义立法史之先河。

(三) 与社会主义法制的区别

根据地法制是中国现行社会主义法制的渊源,两者同属一种类型,但性质又不尽相同。两者的根本区别在于:产生的经济基础不同,所要实现的目标和任务不同。具体而言,根据地法制产生在私有制占主导地位的经济基础之上。此外,中国特殊的历史条件决定了中国共产党的革命必须分两步走,即先完成新民主主义革命,然后再进行社会主义革命。前者是后者的必要准备,后者是前者的必然发展趋势。早在1922年7月,《中国共产党第二次全国代表大会宣言》中就对新民主主义革命的任务作了明确的规定:"消除内乱,打倒军阀,建设国内和平;推翻国际帝国主义的压迫,达到中华民族完全独立。"也就是说,根据地法制必须将反对帝国主义和所谓的封建主义作为根本任务。因而,从《中华苏维埃共和国宪法大纲》到《中共中央关于废除国民党六法全书和确定解放区司法原则的指示》,均把驱逐帝国主义、消灭封建势力作为自己的立法宗旨和主要内容。实践亦证明,只有坚持了这一宗旨,根据地法制建设才会朝着正确的方向发展;违背这一宗旨,试图超越新民主主义革命的任务,根据地的法制建设就会出现偏差,苏维埃时期的法制建设就是如此。

四、根据地政权法律制度的特点

不同历史时期的根据地法制在具体内容与表现形式方面不尽相同,但又大致具备一些基本特征:

(一) 立法上以中国共产党的纲领、路线、方针和政策为指导

根据地法制不是自发产生的,是以中国共产党的纲领、路线、方针和政策为指导的产物,是中国共产党的纲领、路线、方针和政策的具体体现,从而决定了根据地法制与中共的纲领、路线、方针和政策性质相同、内容相近,甚至在法律制度不完备或缺乏相应的法律规定的某些时候,在党政合一的战争体制下,中国共产党的纲领、路线、方针本身也就具有了法律效力。政治与法律的高度一致,对中国共产党的党建工作提出了极高的要求,中共党内占统治地位的思想正确与否、党内路线斗争的结果都直接关系着根据地法制的优劣,决定着根据地法制建设的成败与得失。对于如何处理中国共产党的方针、政策与根据地法律的关系,根据地法制的历史既有成功的经验也有失败的教训。

(二) 内容上以反帝、推翻国民党统治和社会改造为中心

新民主主义革命的性质,决定了根据地法制在内容上必须以反帝、推翻国民党统治和社会改造为中心。鸦片战争以来,中华民族一直面临着生存的危机,因而,法律制度不可能不受到民族主义的影响。为了驱逐帝国主义,实现中华民族的完全独立,苏维埃时期的《中华

苏维埃共和国宪法大纲》明确宣布:一切与反动政府订立的不平等条约无效,无条件地收回帝国主义的租界,没收帝国主义手中的银行、铁路、矿山、工厂等归国家所有。抗日战争时期的《陕甘宁边区施政纲领》则规定:团结边区内部各社会阶级、各抗日党派,发挥一切人力、物力、财力、智力,为保卫边区、保卫西北、保卫中国、驱逐日本帝国主义而战。

而推翻国民党的统治,从农村包围城市,并最终夺取全国政权则是中共政治上的直接目标。除抗日战争时期的根据地,其他时期的根据地立法和司法上无不把推翻国民党的统治作为自己的首要目标。

此外,利用法律手段改造传统社会,亦是根据地法制建设的重心所在。在工农民主政权和抗日战争时期,各根据地政权制定的众多法规中,土地立法与婚姻家庭立法最为发达。

(三) 立法主体多,法律数量多

1. 根据地政权实行高度的一元化领导,加之受战争环境的影响,并未形成严格意义上的立法机关,导致立法主体多这一特点。中共中央、中共中央各分局、各级政府、工农民主政权时期的工农兵代表大会、抗日战争时期的参议会和解放战争时期的人民代表会议甚至工农民主政权时期的农会都有立法权。

2. 法律数量多。除工农民主政权后期,根据地政权均未建立中央一级政府,为了满足统治和管理的需要,均需制定在本根据地范围内适用的法律。从而导致同类同名的法律往往同时存在多个,重复较为普遍。如抗日战争时期,全国共建立起十九个抗日根据地,每个根据地都有自己的立法活动,加之没有明确的立法权限划分,有时不仅某一根据地,甚至根据地下辖的省、县政府都有立法权。此外,根据地时期,中国共产党不断对自己的方针政策进行调整,每次调整必然导致立法的变化,这一切不可避免地造成了根据地法律数量多的现象。

3. 形式简陋。受战争环境影响,同时也为了适应根据地内民众的理解能力,当然也与某些领导人主观上对法制的重视程度不够有关,根据地所制定的法律法规和所推行的司法制度形式上大都极为简陋,法律名称大都为条例、法令、纲领、命令等,稳定性、协调性相对较差,法典化程度不高。当然,有些根据地也曾尝试起草过基本法典,如陕甘宁边区于1942年先后起草了《陕甘宁边区刑法总分则草案》《陕甘宁边区民法草案》《陕甘宁边区刑事诉讼法草案》《陕甘宁边区民事诉讼法草案》等,且这些法律草案经边区政府批准和边区参议会认可后,曾交由司法机关内部试行,但毕竟未能正式颁布。

4. 从移植外国法律到以自主制定为主。工农民主政权时期,政权初创,立法经验严重不足,再加上国际共产主义运动的影响,有相当多的法律是从苏联移植而来,与中国国情脱离较为严重。抗日民主政权时期,这一现象有了根本的改观。但与此同时,因主观上过分强调方便群众,强调法律的针对性,导致法律体系化程度不高。

(四) 法律的实施程度稍差

与立法的繁盛相比,就整体而言,根据地时期的法律实施状况稍差,有相当多的法律制定之后基于各种原因未能得到有效实施。抛开有些法律立法技术不高,与社会脱节严重等问题,如何使制定出来的法律得以有效实施,一直是困扰根据地法制建设的核心问题之一。

第三节 主要内容与特点

一、宪法与行政法律制度

(一) 新民主主义宪法概述

中国共产党的诞生并走上历史舞台,标志着新民主主义的立宪运动有了替代旧民主主义立宪运动的可能。新民主主义宪法是一种由几个阶级联合专政的新型民主政治,具有向社会主义民主政治发展的必然趋势。而旧民主主义宪法的任务和目的,则是在中国建立资产阶级民主共和国。

新民主主义宪法的理论和实践,是在漫长的革命斗争中不断发展和完善起来的。中国共产党成立之初,遵循马克思列宁主义国家学说,根据中国半殖民地半封建社会的历史特点,于1922年召开的第二次全国代表大会上通过了《大会宣言》,明确提出了建立"真正民主共和国"的主张和模式,同时着手在实践中探索这一主张实现的途径和可能。其做法依次为:通过合法的议会斗争揭露封建军阀的反动本质;不承认封建军阀所控制的国会合法性,发动群众,由工会、农会、商会、学生会及其他职业团体选派代表,组成国民会议,制定宪法,选举产生统一的全国人民政府;帮助国民党改组,建立"国共合作"的"联合政府"等。但这些探索最终均归失败。

1927年,蒋介石发动政变,国共合作破裂。迫于形势,中国共产党及时提出了走"工农武装割据"的道路,将"真正民主共和国"的主张发展为"工农民主共和国"的主张,并仿效苏联组建了工农兵代表大会这一政权组织形式,使工农民主政治有了制度上的保证。为扩大"工农民主共和国"的主张在全国的政治影响,1931年11月7日,中国共产党在江西瑞金召开了全国第一次工农兵代表大会,通过了新民主主义宪法史上第一个宪法性文件——《中华苏维埃共和国宪法大纲》,选举产生了中央执行委员会,宣告了中华苏维埃共和国临时中央政府正式成立。

抗日战争期间,随着抗日民族统一战线的建立,"工农民主共和国"的主张又一次被"人民共和国"所代替。"人民共和国是代表反帝国主义、反对封建势力的各阶层人民的利益的"[①],是代表民族利益的。它不仅保护工农基本群众的利益,也保护所有要求抗日、拥护民主的阶级、阶层的利益,扩大了政权的基础。为了适应政权性质的这种改变,各抗日根据地民主政权纷纷调整政策,制定新的宪法性文件——《施政纲领》;改革选举制度,确定各级参议会为人民代表机关,促进了人民民主政治的进一步发展。此外,各根据地人民民主政府,还都把保障人权作为自己的主要职责之一,为新民主主义宪法增添了新的内容。

抗日战争胜利后,国内阶级形势再次发生变化,各根据地人民民主政权又适时地对其施政纲领作了修订。修订的施政方针或宪法原则中有两点极为重要:确定各级人民代表会议为人民管理政权机关,为根据地权力机关从参议会向人民代表会议制度过渡提供了法律依

---

① 《毛泽东选集》(第1卷),人民出版社1991年版,第159页。

据;确立了司法独立原则,表明法治原则在新民主主义宪法中得到进一步确认。1948 年下半年,毛泽东又提出了"人民民主专政的共和国"的口号和理论,指出这一共和国的性质是"无产阶级领导的,以工农联盟为基础,但不是仅仅工农,还有资产阶级民主分子参加的人民民主专政"[①],政体则为民主集中制的人民代表大会制度。"人民民主专政的共和国"理论的提出,为中华人民共和国的创建奠定了理论基础。

总结新民主主义宪法的历史,有几点经验值得注意:(1)正确的宪法指导思想是立宪运动健康发展的前提。从"工农民主共和国"到"人民共和国",再到"人民民主专政共和国",这些正确宪法理论的提出,极大地推动了新民主主义立宪运动的健康发展。(2)重视民主制度建设。人民民主政权大都处于动荡不安的战争环境之中,却十分重视民主的制度建设,不仅摸索出了适合中国国情的民主政治新形式——人民代表会议制度,还大胆进行了诸如竞选等选举方式的探索,从制度上保证了人民真正当家作主。(3)切实保障人权。中国共产党早期的宪法性纲领,十分强调保障人权。抗日战争时期,一些根据地政权还制定了专门的保障人权条例,对民主政权的巩固乃至中华人民共和国的建立起了巨大作用。

(二) 工农民主政权

1.《中华苏维埃共和国宪法大纲》。《中华苏维埃共和国宪法大纲》(简称《宪法大纲》)是新民主主义宪法史上的重要文献。

第一,《宪法大纲》的制定。1928 年 5 月,井冈山工农兵政权成立。此后,根据地在中国南方不断涌现,到 1930 年,全国已建立起大大小小十几个根据地,且以江西瑞金为中心的中央苏区根据地已连成一片,包括二十一个县,二百五十万人口,并陆续建立了乡、区、县各级政权组织。中共中央认为建立工农民主共和国,制定宪法的客观条件已经具备。为此,中国共产党于 1930 年 5 月在上海召开了中国苏维埃区域代表会议,提出召开第一次全国苏维埃代表大会的任务。是年 7 月,中共中央成立了中国工农兵苏维埃第一次全国代表大会中央准备委员会,负责草拟宪法,并提出了制定宪法的七大原则。1931 年 11 月 7 日,中华苏维埃第一次全国代表大会在江西瑞金召开,讨论通过了《中华苏维埃共和国宪法大纲》。1934 年 1 月,全国苏维埃第二次代表大会对其进行了若干修改。其中最重要的修改是,增加了"同中农巩固的联合"原则,使之更符合中国共产党在新民主主义革命时期的阶级路线和基本政策。

第二,《宪法大纲》的内容。《宪法大纲》共十七条,其基本内容包括:

(1)明确规定苏维埃政权的性质系工农民主专政。大纲规定,中华苏维埃共和国是"工人和农民的民主专政的国家",所有工人、农民、红色战士及一切劳苦民众是国家的主人。而"军阀、官僚、地主、豪绅、资本家、富农、僧侣及一切剥削人的人和反革命分子,是没有选派代表参加政权和政治上自由的权利的"。大纲以根本法的形式明确规定了苏维埃政权的阶级性质:中华苏维埃共和国是工人阶级领导的,以工农联盟为基础的,联合城市小资产阶级的工农民主专政。这与中国近代以来历届政府制定的宪法及宪法性文件中使用的"主权在民"原则截然不同。

(2)明确规定苏维埃政权的组织形式是工农兵代表大会。大纲规定:"中华苏维埃共和

[①]《在中央政治局会议上的报告和结论》,引自《共和国走过的路——建国以来重要文献选编(1949-1952)》,中央文献出版社 1991 年版,第 14 页。

国之最高政权为全国工农兵苏维埃代表大会,在大会闭幕期间,全国苏维埃临时中央执行委员会为最高政权机关。"在中央执行委员会下组织人民委员会,处理日常政务,发布一切法令和决议案。这种"议行合一"的政权组织形式将一切国家权力都集中于代表机关,一改晚清以来三权分立的做法,对日后的中国政治发展产生了重大影响。

(3)明确规定了中华苏维埃共和国的基本任务。大纲规定,中华苏维埃共和国的基本任务"在于保证苏维埃区域工农民主专政的政权和达到它在全中国的胜利"。而这个专政的目的,"是消灭一切封建残余,赶走帝国主义列强在华的势力,统一中国,有系统地限制资本主义的发展,进行苏维埃的经济建设,提高无产阶级的团结力与觉悟程度,团结广大贫农群众在它的周围,同中农巩固的联合,以转变到无产阶级的专政"。

(4)明确规定了工农群众的各项基本权利。大纲规定:凡在苏埃政权领域内的工人、农民、红色战士及一切劳苦民众及其家属,不分性别、民族、宗教,皆为苏维埃共和国的公民,在法律面前一律平等。在政治上,公民享有选举权和被选举权,以及言论、出版、结社、集会、信教等各项民主自由权,享有参加革命战争的权利,苏维埃政权应保障"他们取得这些自由的物质基础",在经济上,工人享有实行八小时工作制、社会保险、劳动保护等权利,农民有获得土地的权利;在文化教育上,公民享有受教育的权利;妇女有获得解放以及参加社会政治、经济和文化生活的权利,苏维埃政权保障她们事实上脱离家务束缚的物质基础;少数民族享有平等和自决的权利。

(5)明确规定了中华苏维埃共和国外交政策的基本原则。大纲宣布,中华民族完全自由与独立,不承认帝国主义在中国的一切特权和一切不平等条约,废除反革命政府的一切外债。在苏维埃领域内,帝国主义的海、陆、空军不许驻扎,帝国主义的租界、租借地无条件收回,帝国主义的银行、矿山、工厂等一律收归国有,只有在服从苏维埃法律时,才允许外国企业重订租约继续生产。同时,大纲宣告,中华苏维埃共和国与世界无产阶级和被压迫民族站在同一条革命战线。

《中华苏维埃共和国宪法大纲》是中国共产党制定的第一部宪法性文件,是工农民主政权时期的根本大法,它肯定了工农大众已经取得的胜利成果,又为下一步革命指明了斗争的方向,具有根本法与革命纲领的双重特点。

但由于受"左"倾思想的影响,大纲不可避免地存在某些缺点和错误,如在政权性质上,将资本家、富农参加政权和政治上应该享有的自由权利予以剥夺,扩大了打击面;在经济政策上,强调土地国有,超越了社会发展阶段;在国家结构上,承认"民族分离"原则等。造成这些错误的根本原因,就是混淆了新民主主义革命与社会主义革命的界限。这些错误规定又造成了某些具体法律内容上的偏差。

2. 行政法律制度。根据地的行政法制同样经历了一个产生、发展和完善的过程。

(1)行政立法。工农民主政权建立初期,行政法制还处于草创阶段,尚无独立的行政法规,各地苏维埃政权从本地区的实际情况出发,自行制定了一些属于行政类的法律条文,多散见于政权机构组织法之中。中华苏维埃共和国成立后,出于规范行政机关行政行为的需要,中央执行委员会提出了"接近群众,减少层次,便于战争动员和开展经济文化建设"的指导思想,积极开展行政立法活动。先后制定和颁行了《划分行政区域暂行条例》(1931年11月)、《苏维埃地方政府的暂行组织条例》(1931年11月)、《中华苏维埃共和国中央苏维埃组织法》(1934年2月)等行政法规,确立了国家行政机关的组织机构、管理的基本原则、人员编制和工作方式,对工农民主政权各级行政机关的建设起了一定的作用。

(2) 行政机关的组织及权限。中华苏维埃共和国成立后行政机关组织建设日渐规范,其行政机关包括:

第一,中央国家行政机关。中华苏维埃共和国中央国家行政机关由人民委员会及其所属的人民委员部或委员会组成。人民委员会是国家最高行政机关,它对国家权力机关——中华苏维埃中央执行委员会负责并向其汇报工作。人民委员会由主席、各人民委员及工农检察委员会主席、国家政治保卫局局长等组成。人民委员会有权颁布法令,但其颁布的法令需随时通知中央执行委员会。人民委员会作出的决议,事关重大者须先提交中央执行委员会审查批准。人民委员会根据行政工作需要和分工负责的原则,设立各专业人民委员部或委员会,行使国家行政权中的各项具体职能。1933年后,人民委员会下设外交、军事、劳动、土地、财政、国民经济、粮食、司法、教育、内务十个人民委员部,革命军事、工农检察两委员会,以及国家政治保卫局。

第二,地方行政机关。中华苏维埃共和国地方上设省、县、区、乡四级政权。省执行委员会是省级政府的最高行政机关,设主席、副主席各一人,委员由苏维埃代表大会选举产生。省执行委员会下设内务、军事、财政、土地、文化、工农检察、粮食、卫生、劳动各部,分别处理各项政务。县、区亦均设执行委员会,下属机构设置情况与省执委会下属机构相似。乡为最基层政权组织,设主席团及各种委员会。

(3) 行政制度的基本原则。

第一,集体领导与分工负责相结合原则。集体领导与分工负责相结合是根据地行政制度的基本原则之一。工农民主政府明确提出:"在苏维埃的机关内必须实行集体的讨论、明确的分工,并建立个人负责制。"①

第二,效率原则。1934年1月,毛泽东指出:"争取苏维埃工作的速度与质量,使一切苏维埃工作完全适合于革命战争的要求,这是苏维埃工作的总方向。"② 此后,效率原则便成了根据地行政制度的基本原则之一。为了贯彻这一原则,根据地政权通过立法力争行政机构的少而精,避免机构庞杂、政出多门和人浮于事。如政府组织条例对各级政府应设的机构逐一列出,严格禁止随意增设机构。同时,还对地方各级政府的人员编制作了明确规定:乡不得超过三人,市不得超过十九人,区不得超过十五人,县不得超过二十五人,省不得超过九十人。同时规定:"将一切闲散不能做工作的人员一概裁去,使每个工作人员都能努力地去做工作。"③

第三,廉洁原则。工农民主政权欲建立一个高效、廉洁的政府,为此,采取了如下一些具体措施:一是加强对行政工作人员的管理。工农民主政权时期行政工作人员的产生有两条途径:各级行政机关的领导人员,由同级权力机关选举产生;一般行政工作人员则采用任命制,由行政领导根据需要加以任用。二是对行政机关及其工作人员实行监督。其监督方式大致有以下四种:① 权力机关对行政机关的监察。各级行政机关的领导人由人民权力机关选举和罢免,各级行政机关须向权力机关负责并报告工作。② 上级行政机关对下级行政机关进

---

① 《中华苏维埃共和国第二次全国苏维埃代表大会关于苏维埃建设的决议案》,载张希坡编著:《革命根据地法律文献选辑》(第2辑·上卷),中国人民大学出版社2017年版,第282页。
② 毛泽东:《中华苏维埃共和国中央执行委员会与人民委员会对第二次全国苏维埃代表大会的报告》,载张希坡编著:《革命根据地法律文献选辑》(第2辑·上卷),中国人民大学出版社2017年版,第273页。
③ 《中央执行委员会检查瑞金工作后的决议》(1932年3月29日),载《红色中华》1932年4月6日。

行监察。《苏维埃地方政府暂行组织条例》规定,省、县、区苏维埃执行委员会主席团对所属工作部门的工作,至少每两月检查一次;对下级苏维埃政府的工作,至少每三个月检查一次。③ 审计监督。从1933年下半年起,中华苏维埃共和国临时中央政府决定在中央、省、中央直属市设置审计委员会,其职权为审核国家的收入与支出,监督国家预算的执行。④ 工农监察机关的监督。中华苏维埃共和国成立后,从中央到省、区、市普遍设立了工农监察委员会作为国家的行政监察机关,负责监督各级行政机关和行政人员的行政行为,发现行政机关的设置或工作有违反法律规定的,立即采取措施加以纠正;发现工作人员有违法失职者,提请有关部门给予纪律处分或法律制裁。上述做法,一定程度上促进了工农民主政权及其工作人员的廉洁。

(三) 抗日民主政权

1. 抗日民主政权的施政纲领。抗日民族统一战线的建立,使抗日根据地政权的性质和任务发生了变化。为此,各根据地政权均根据中国共产党的抗日民族统一战线总方针和《抗日救国十大纲领》,制定了具有根本法性质的施政纲领。这些纲领主要有《陕甘宁边区抗战时期施政纲领》(1939年1月)、《晋冀鲁豫边区政府施政纲领》(1941年7月)、《陕甘宁边区施政纲领》(1941年11月)、《对于巩固和建设晋西北的施政纲领》(1942年10月)、《晋察冀边区目前施政纲领》(1943年1月)、《山东省战时施政纲领》(1944年2月)等。其中《陕甘宁边区施政纲领》最具代表性,该纲领1941年5月由陕甘宁边区中央局提出,经中共中央政治局批准,同年11月经陕甘宁边区第二届参议会通过,由陕甘宁边区政府公布实施,共计二十一条。这些施政纲领的主要内容包括:

(1) 规定了边区政府的基本任务和奋斗目标。施政纲领规定,边区政府的基本任务和奋斗目标是团结、抗日、救中国。如《陕甘宁边区施政纲领》序言、第一条、第二条指出:根据孙中山先生的三民主义,总理遗嘱及中共中央的抗日民族统一战线原则,团结边区内部各社会阶级、各抗日党派,发挥一切人力、物力、财力、智力,为保卫边区、保卫西北、保卫中国、驱逐日本帝国主义而战。

(2) 规定了边区政权的政治制度。要实现团结、抗日、救中国的基本任务,就必须发扬民主,实行民主政治制度。因此,施政纲领均对民主政治制度作了具体规定,如实行普遍、直接、平等、无记名投票的选举制度,保障一切抗日人民的选举权与被选举权;实行"三三制"政权组织原则,即各级民意机关及政府在人员分配上,共产党员占三分之一,左派进步分子占三分之一,中间和其他分子占三分之一,以此保证拥护抗日的各党派及无党派人士均能参加民意机关的活动和行政机关的管理;保障一切抗日党派、团体、人民的人权、财权及各项自由权,规定人民有用任何方式控告公务人员非法行为的权利等。

(3) 规定了保障人权的法治原则。施政纲领除规定保证一切抗日人民的言论、集会、结社、信仰、居住、迁徙等各项民主自由权利之外,还将保障人权上升为法治原则。在这一原则指导下,山东、晋冀鲁豫、陕甘宁、晋西北等边区政府都制定了专门的保障人权条例。其中以《陕甘宁边区保障人权财权条例》(1942年2月)最具代表性。这些保障人权财权条例首先对人权的概念进行界定。关于人权的概念,各条例规定虽略有不同,但核心都是指人身自由权。其次,规定了保障人权的具体措施,包括:除司法机关及公安机关依法执行职务外,其他任何机关、部队、团体不得对人民加以搜查、逮捕、拘禁、审问或处罚;司法机关逮捕人犯应有充分证据,依法定手续,禁止使用肉刑;尊重犯人人格,保护其合法权益等。制定专门法律保障人权,是根据地政权立宪运动、法治建设的一条重要经验。

(4)规定了抗日根据地政权的经济政策。从有利于团结抗战的目的出发,各边区施政纲领都规定了边区政府新的经济政策。土地政策方面,改变了工农民主政权时期没收地主土地分配给农民的政策,实行减租减息、交租交息的新政策;劳动政策方面,强调调节劳资关系,实行八小时至十小时工作制,资方应适当改善工人的生活,工人应遵守劳动纪律,增加生产;税收制度方面,实行有免征点和累进最高率的统一累进税制度,即除最贫苦者之外,所有的人民均需按资产及收入之多寡,实行不同程度的累进税,共同负担国家赋税。

施政纲领的制定和实施,对于团结边区各阶级、各民族人民进行抗日斗争,对于巩固抗日根据地,对于边区民主政治和法制建设的发展起了极大的推动作用。

2. 行政法律制度。

抗日根据地政权的行政法规均由各根据地政府制定,名称繁多,有条例、章程、规程、规定、办法、决定、命令、纲要等。与工农民主政权相比,抗日根据地政权的行政法律制度有了重大发展,内容和形式走向健全和完善。表现为:法规的数量增多,调整的范围更加广泛。就类型而言,这一时期的行政法规大体可以分为军事战勤法规、民政法规、治安管理法规、经济管理法规、文教卫生法规等五大类;行政组织立法进一步充实和加强,有关行政机关的组织、任务和职权的法律规定得更加详密;不再像工农民主政权将权力机关和行政机关的组织体制、职权范围、工作程序规定在同一个法律文件中,而是分别加以规定;干部管理法规更加健全,通过立法对干部的选拔、任免、培养、考核与奖励等作了明确规定。

(1)行政机关的组织与管理。抗日根据地没有建立统一的中央政权,各根据地在行政上相互独立,一般设边、县、乡(村)三级政权机构。

第一,边区政府委员会。边区政府委员会是各抗日根据地的最高行政机关,由参议会选举的主席、副主席及委员若干人组成,并对参议会负责。其主要职权是管理边区行政事务,发布命令,制定边区单行条例或规章。但在行使某些重大权力,如增加人民负担、限制人身自由等时,须经参议会核准或追认。其下属机构,各边区不尽相同,但大体有民政、财政、教育、建设等厅,以及秘书、保安、审计等处。

第二,县政府。县政府为县一级行政机关,其权力机构是县政府委员会,由县长、委员若干人组成,由参议会选举产生或由上级任命,对参议会或上级政府负责。县政府的职权为决定本县各项行政事宜,制定本县单行法规,决定本县工作计划、预决算案等。根据实际需要各县政府下设秘书、民政、财政、教育、实业、司法等各科、室、局。

第三,乡政府。乡政府是基层行政机关。在陕甘宁边区,乡政府设委员会,由乡参议会选出的委员、乡长组成。委员会下设文书、自卫连长及各种委员会。

机构的重叠势必增加行政开支,而人浮于事必然助长官僚主义和腐败现象。为此,抗日根据地大力推行精兵简政,既节约人力和物力,又提高办事效率。如晋冀鲁豫边区经过1942年年初、1942年5月和1943年1月三次精简之后,整个政府系统工作人员减少了百分之五十一,边区政府本身减少了百分之八十一以上,节约经费开支百分之四十六,极大地减轻了人民的负担。[①]

---

① 齐武编著:《一个革命根据地的成长——抗日战争和解放战争时期的晋冀鲁豫边区概况》,人民出版社1957年版,第97—98页。

(2)加强行政人员管理。为规范行政工作人员的管理,有的抗日根据地制定了专门法规,如陕甘宁边区制定的《陕甘宁边区各级政府干部管理暂行通则》(1943年)、《陕甘宁边区各级政府干部任免暂行条例草案》(1943年)等,对干部的任免标准、权限和方式都作了严格的规定。按照上述法规规定,行政干部任用条件包括:拥护并忠实于边区施政纲领;德才资望与其所负职务相称;关心群众利益;积极负责、廉洁奉公等。简言之,廉洁、守法、爱民是各边区任用干部的基本标准。至于任用方式,则与工农民主政权相似,即由民意机关选举或由行政机关自行任命。

抗日根据地建立之初,干部管理各自为政,缺乏统一的政策和制度。《陕甘宁边区各级政府干部管理暂行通则》对此加以了完善,明确规定:"边区各级政府所属之干部,均由民政厅统一管理。"民政厅下设干部科,具体负责之。不仅如此,还对干部管理的具体内容作了规定,包括干部登记审查、提拔培养、配备使用、任免调动、考绩奖惩、待遇保健等,干部管理朝着制度化迈出了重要一步。

考核与奖惩是干部管理中的重要环节。抗日根据地政权大都制定有干部考核、奖惩方面的法规。如《陕甘宁边区各级政府干部奖惩暂行条例草案》(1943年4月)、《陕甘宁边区政纪总则草案》(1943年4月)、《陕甘宁边区政务人员公约》(1943年5月)、《晋察冀边区行政干部任免考核奖惩暂行办法》(1943年10月)等。一些根据地还针对一些特殊行业制定了专门的奖惩规则,提出了若干不同于一般行政干部的要求,这些行业包括经济、税务、粮政和仓库人员等。如《陕甘宁边区税务人员奖惩条例》(1941年)、《淮海区粮政工作人员奖惩办法》等。晋察冀边区将干部考核分为平时、定期、临时三种。平时考核由所在机关随时进行,定期考核每年一次,临时考核在干部调离时进行,由行政机关领导召集会议,集体评议,作出结论。考核的标准是德才两个方面。考核后,根据考核的结果决定奖惩。奖励的主要种类有:晋级提升,记功,记大功,登报表扬,传令嘉奖,颁发奖章奖状,物质奖励等;惩罚的种类则有:撤职查办,撤职,撤职留任,降级,记大过,记过,警告等。

(3)规范行政工作程序。抗日根据地政权较为重视必要的行政制度建设,其基本做法是通过制定行政立法规范行政程序,改变根据地长期存在的游击作风。如陕甘宁边区政府制定了行政机关办事通则和相应的行政纪律,对日常办公制度、会议制度和报告制度等从程序上作了规定,为避免和减少随意现象及个人行为起到了一定效果。

(4)加强廉政法制建设。规范政府行政行为离不开廉政法制。《陕甘宁边区施政纲领》为此专门规定:厉行廉洁政治,严惩公务人员之贪污行为,禁止任何公务人员假公济私之行为,共产党员有犯法者从重治罪。同时实行以俸养廉原则,保障一切公务人员及其家属必需的物质生活及充分的文化娱乐生活。与工农民主政权和解放区根据地政权不同的是,抗日根据地政府没有设立专门的行政监察机关,监督工作主要由审计处、各级参议会及上级政府承担。此外,《陕甘宁边区施政纲领》还规定"人民则有用无论任何方式控告任何公务人员非法行为之权利"。

(四)解放区民主政权

1.《陕甘宁边区宪法原则》。抗日战争胜利后,为适应全国人民迫切要求和平的愿望,国共两党于1945年10月10日签订了"双十协定",并于1946年1月在重庆召开了政治协商会议,通过了包括《关于宪草问题的协议》在内的一系列协议。该协议确定了省自治和省可以制定省宪的原则。为此,一些边区政府为了解放区政治、经济、文化建设之发展,先行制定了宪法原则和施政纲领,其中《陕甘宁边区宪法原则》(1946年4月23日)最具代表性。《陕甘宁边区宪法原则》由边区第三届参议会第一次会议通过,共分"政权组织""人民权利""司法""经济""文化"五个部分二十四条,其主要内容是:

(1)政权组织。《陕甘宁边区宪法原则》规定:边区、县、乡人民代表会议(参议会)为人民管理政权机关,人民普遍直接平等无记名选举各级代表,各级代表会选举政府人员,各级政府对各级代表会负责,各级代表对选举人负责,人民对各级政府有检查、告发之权,各级政府人员,违反人民的决议或忽于职务者,应受到代表会议的斥责或罢免,乡村则由人民直接罢免之。各级人民代表会议,乡一年改选一次,县二年改选一次,边区三年改选一次。这一规定为中华人民共和国的人民代表大会制度奠定了基础。

(2)人民权利。《陕甘宁边区宪法原则》规定:人民享有政治上的各项民主自由权利,经济上有免于贫困的权利,文化上有受教育与保持健康的权利;实行民族平等与男女平等,并照顾妇女的特殊利益。此外,还特别规定人民有武装自卫的权利,它对于保卫根据地政权起了重要作用。

(3)司法制度。《陕甘宁边区宪法原则》规定:各级司法机关独立行使职权,除服从法律外,不受任何干涉。在新民主主义法律史上,第一次明确提出了司法独立原则。

(4)经济和文化制度。《陕甘宁边区宪法原则》规定:允许公营(国营)、合作和私营三种经济形式并存,促进经济繁荣,消灭贫困;提出了应保障耕者有其田的土地原则,表明解放区人民民主政权土地政策的重大变化。此外,还规定了普及教育、消除文盲、保障学术自由、减少疾病和死亡等文化教育及卫生政策。

《陕甘宁边区宪法原则》是制定正式宪法的纲领,陕甘宁边区原本打算以此为基础起草正式宪法,但不久内战全面爆发,制宪工作中断。

2.《华北人民政府施政方针》。《华北人民政府施政方针》由中共中央华北局提出,1948年8月经华北临时人民代表大会讨论通过,系解放战争后期各根据地政权制定的纲领性文件中较具代表性的一部,反映了这一时期根据地政权建设和法制建设的一些特点。主要内容为:

(1)解放区的基本任务。包括:继续进攻敌人,为解放全华北而奋斗,并继续以人力、物力、财力支援前线,争取人民革命在全国的胜利;有计划、有步骤地进行各种经济建设工作,恢复和发展生产;继续建设为战争和生产建设服务的民主政治,培养各种干部,吸收各种有用人才参加建设工作,为新中国的成立奠定基础。

(2)实现基本任务的各项方针和政策。军事方面,继续消灭华北地区的国民党残余军事力量,继续动员华北的人力、物力、财力支援前线。经济方面,恢复和发展农业生产,为此,必须普遍地颁发土地证,确认农民的地权,承认土地买卖、雇佣劳动和私人借贷自由。在自愿结合、等价交换原则下,建立农业生产合作组织;贯彻公私兼顾、劳资两利的方针,发展工商业;改革税制,整顿税收,禁止任何人以任何名目摊派募捐、强迫慰劳等非法行为。政治方面,整顿基层组织,自下而上建立地方各级人民代表会议,选举各级人民政府;提高行政效率,加强行政能力,严格行政纪律;保障人民合法的民主自由权利;实行男女平等、民族平等。文化教育方面,有计划、有步骤地努力发展文化教育事业;团结、教育知识分子,建立广泛的文化统一战线等。

(3)新解放区和新解放城市的政策。这些政策包括：对敌方人员及普通人民区别对待，除一切反动武装力量必须消灭，主要战犯、罪大恶极的反革命分子，以及持枪抢劫和继续进行破坏的反动分子，必须逮捕和惩处外，其他敌方政府机关、经济机关和文化机关的普通工作人员，一律不加逮捕，命令其留守原职，保管财物和文件，听候处理。一切遵守人民解放军和人民政府法令的人民和团体，包括外国人，一律加以保护；对城市财产分别处理。凡敌方公共财产、蒋宋孔陈四大家族及其他首要战犯的财产、真正属于官僚资本的一切企业，一律没收归新民主主义国家所有，其他私人财产和工商业一律加以保护；禁止国民党政权的货币流通，按适当比值在一定期限和数额内，收兑国民党政权的货币。

东北、华北地区是中国共产党从农村走向城市的开始，城市的情况远比农村复杂得多。《华北人民政府施政方针》对华北地区人心的稳定、经济的恢复起了一定的作用。

3. 行政法律制度。解放战争后期，随着大行政区政府的成立，行政机关更加完备，因而，制定规范、严格、统一的行政机关办事规则就显得十分必要。为此，陕甘宁边区政府、华北人民政府等都相继制定了新的行政法规，丰富了根据地政权行政法律制度的内容。

(1)行政机关的组织与管理。解放战争时期根据地的行政体制变动较大，基本上是大行政区、省、县、区或乡四级组织。大行政区设行政区政府委员会为该地区最高行政领导机关，由正、副主席及委员若干人组成，均由人民代表会议选举产生。政府委员会下设各部，负责具体事务。如华北人民政府曾设民政、教育、财政、工商、农业、公营企业、交通、卫生、公安、司法十个部，华北财政经济、华北水利两个委员会，华北人民监察院、华北银行及秘书厅等机构。大行政区下依次设省、县、区或乡各级行政组织，分别管理本辖区事务。

此外，解放区根据地政权还通过立法对行政机关的办事通则、公文程式、会议制度、报告制度等更加具体的层面，以及行政机关的日常活动方面进行规范，进一步推动了根据地政权行政制度的规范化。

(2)重建监督机关。解放战争时期，根据地又恢复了专门的监察机关。如华北人民政府于1948年8月成立了华北人民监察院，职责为：监察、检举并拟议处分各级行政人员、司法人员、公营企业人员之违法失职、贪污浪费、违反政策、侵犯群众利益等行为；接受人民及公务人员对各级行政人员、司法人员及公营企业人员之控诉及举报，并拟议处理办法；以及其他有关整肃政风的事项。有关行政处分的决议，提请有关机关处理；有关刑事处罚的案件，提请华北人民法院审理。

二、民事法律制度

废除旧的传统，建立一个全新的、高度组织化的社会是中国共产党一直秉持的理想。为此，各个时期的根据地政权都较为重视民事立法。根据地政权的民事法律制度构建有着强烈的主观选择性，就范围而言主要集中于土地、婚姻家庭等几个方面。造成此种现象的原因：首先是由新民主主义革命的性质决定的。新民主主义革命的任务是反帝反封建。按照中国共产党人的理解，封建的土地所有制和封建的婚姻家庭制度是封建制度存在的经济前提和社会条件，因而，变革旧的土地所有制和婚姻家庭制度，就自然成了根据地政权民事立法的中心。不仅如此，土地立法也主要着眼于土地改革，称之为土地改革法似乎更为准确。其次是由不同时期根据地政权的外部环境和内部条件决定的。根据地政权大都建立在穷乡僻壤的农村,只有解决了土地问题,才能动员广大农民跟着共产党不断革命,最终夺取全国政权。

(一) 工农民主政权

1. 土地立法。1927年,中共"八七"会议明确提出了土地革命的方针,揭开了根据地政权土地立法的序幕。此后,各根据地政权陆续制定了一些有关土地问题的决议和土地法规,较为著名的有1928年12月由毛泽东主持制定的工农民主政权第一部土地法规——《井冈山土地法》和1929年4月的《兴国土地法》。1931年中华苏维埃共和国成立,制定了统一的《中华苏维埃共和国土地法》,该法是工农民主政权时期使用时间最长、适用地区最广、影响最大的土地法,共十四条,是根据王明等人公布的《土地法草案》制定的,存在着较为严重的"左"倾错误。1935年以后,中华苏维埃共和国中央政府又先后发布了《关于改变对富农政策的命令》《土地政策新的改变》等法令,修正了"左"倾错误,把土地立法引向了正确的轨道。上述土地立法的主要内容,包括以下几个方面:

(1) 没收土地的对象和范围。关于没收土地的对象,这一时期的土地立法屡经变动。其中既有经验不足的问题,也有受"左"倾错误干扰的原因。《井冈山土地法》规定没收土地的范围是没收一切土地,犯了原则性的错误;《兴国土地法》更正为没收一切公共土地及地主阶级的土地;而《中华苏维埃共和国土地法》又规定所有封建地主、豪绅、军阀、官僚及其他大私有主的土地,无论自己经营或出租,一概无任何代价地实行没收,富农、一切反革命组织者及敌军武装队伍的组织者和参加者的土地都在没收之列。这一方面坚持了《兴国土地法》中的正确地方,同时又扩大了对富农土地的没收范围。1935年12月,中央执行委员会《关于改变对富农政策的命令》对此进行了纠正,宣布富农自耕及雇人经营之土地,不论其土地之好坏,均一概不在没收之列,此前颁布之土地法及一切法令,凡与本命令有抵触者,悉废除之。

(2) 土地分配的对象。1931年1月中共中央六届四中全会以前所制定的土地法令,都明确规定雇农、贫农、红军战士、富农、地主及其家属均享有分配土地的权利。六届四中全会则接受了王明提出的地主不分田、富农分坏田的"左"倾政策,并写入此后的土地立法中。如《中华苏维埃共和国土地法》规定:被没收的旧土地所有者,不得有任何分配土地的权利;富农在被没收土地后,可以分得较坏的劳动份地;各苏区内已经分配的土地如不合本法令原则的,则需重新分配。这种规定实质是主张从肉体上消灭地主阶级。

(3) 分配土地的办法。没收的土地以乡为单位,按人口平均分配,是这一时期土地分配的基本做法。但也有的土地法令规定按人口与劳动力的混合标准平均分配,如《中华苏维埃共和国土地法》规定:按最有利于贫农、中农利益的方法,或以劳动力和人口的混合标准,或中农、贫农、雇农以人口平分,富农以劳力与人口标准分配。

(4) 土地所有权的归属。1930年9月中共中央六届三中全会以前的土地法令,都宣布没收后的土地归国家所有,分得土地的农民只有占有、使用和收益权。此后的土地立法,大都承认了农民对分得土地的所有权。《中华苏维埃共和国土地法》一方面宣布土地实行国有,同时又规定现在仍不禁止土地的出租与土地的买卖,实际上承认了农民对土地的所有权。

2. 婚姻家庭立法。工农民主政权制定的婚姻法规主要有《闽西婚姻法》(1930年)、《湘赣苏区婚姻条例》(1931年)、《中华苏维埃共和国婚姻条例》(1931年)、《中华苏维埃共和国婚姻法》(1934年)等。

(1) 婚姻法的基本原则。这一时期婚姻立法中强调的基本原则有：

第一，婚姻自由。婚姻自由包括结婚自由和离婚自由两个方面，《中华苏维埃共和国婚姻法》对此有明确规定，确定男女婚姻以自由为原则。婚姻自由是指婚姻的成立和解除均以双方当事人的自由意志为前提，任何一方或第三人不得强行干涉。不仅如此，这一时期的婚姻法规还规定，严格禁止强迫、包办、买卖婚姻，废除童养媳，严禁强迫妇女守寡。有违反者，按刑律治罪。

第二，一夫一妻。工农民主政权的婚姻立法强调，任何人只能有一个配偶，一切公开的或变相的一夫多妻或一妻多夫都是非法和不允许的。有妻妾者，以重婚论罪。凡重婚者，妻或妾都可以提出离婚，政府随时批准。

第三，保护军婚。《中华苏维埃共和国婚姻法》将保护军婚上升为婚姻法的原则之一，专门规定：红军战士之妻要求离婚，须得其夫同意。只有其夫无音信回家，且通信便利的地方满两年，通信不便利的地方满四年，其妻方可向政府登记离婚。

(2) 有关结婚的规定。结婚的条件包括实质要件和形式要件。实质要件有：

第一，需达到法定婚龄。《中华苏维埃共和国婚姻法》规定：男子满二十岁，女子满十八岁方能结婚，力图改变传统中国民间的早婚习俗。

第二，无禁止结婚的血缘关系。《中华苏维埃共和国婚姻法》规定：三代以内血亲关系禁止结婚。

第三，无禁止结婚的疾病。凡患危险性传染病者、神经病者禁止结婚。

形式要件则专指结婚需满足法定的程序。工农民主政权规定当事人到政府机关申请登记，领取结婚证，婚姻关系始为成立。

(3) 有关离婚的规定。

第一，离婚程序。工农民主政权婚姻法规定，双方当事人经自愿协商同意离婚的，由双方到婚姻登记机关登记，婚姻关系得以解除；一方坚决要求离婚或双方发生争执者，婚姻关系亦可解除，但一般须由司法机关处理。

第二，离婚后的财产处理。这一时期的婚姻法规本着保护妇女、子女合法权益的原则，规定：男女双方婚前的财产、债务自行处理；婚后共同财产由男女双方平分，婚后所负的共同债务由男方清偿；离婚后，女方如未再婚，且缺乏劳动能力，没有生活来源的，男方须帮助女方耕种土地或维持其生活。

第三，对子女的抚养。归女方抚养的子女，男方需承担三分之二的生活费，至十六岁为止。女方再婚，新夫愿意代为抚养的，男方始免其抚养之责。

(二) 抗日民主政权

1. 土地立法。国共第二次合作后，为了贯彻和实现抗日民族统一战线的方针，中国共产党决定停止没收地主土地的政策，实行减租减息。根据这一政策，各抗日根据地政权颁布了一系列土地法规，主要有《晋察冀边区减租减息单行条例》(1938 年)、《陕甘宁边区土地条例》(1939 年)、《陕甘宁边区土地租佃条例》(1942 年)、《陕甘宁边区土地典当纠纷处理原则及旧债纠纷处理原则》(1943 年)等。其主要内容有：

(1) 关于土地所有权。承认和保护现土地所有人对土地的所有权，无论是农民、地主均对其合法拥有的土地享有占有、使用、收益、处分的权利。但死心塌地的汉奸首要分子除外，没收其土地归公,分给或低额租给军人及其家属或贫苦人民使用。

(2)关于租佃关系。允许地主继续出租土地由农民耕种,但同时又规定地主需降低租率,一般减租率不得少于百分之二十五,即比照抗战前原租额减收百分之二十五。减租后,出租人所得收入最多不得超过耕地正产物收获总额的百分之四十,而且规定不允许收取押租或预收地租。租佃关系一经成立,即受法律保护,双方须按约定承担各自的义务。出租人不得随意无故收回土地。为了使减租政策得以落实,根据地立法还对出租人收回租地的条件做了具体限制:租佃期满;承租人无正当理由一年不耕种,不交租;承租人为谋私利将承租土地转租他人;承租人死亡;承租人主动放弃承租等。与此同时,还规定承租人不得无故拖欠地租不交或少交;承租人无故不交租,出租人有向司法机关追诉之权。如遇天灾人祸至收成减少时,承租人可以与出租人协商缓付、减付或免付租金。

总之,抗日根据地政权土地立法的原则是协调地主和租地农民的关系。

2. 婚姻家庭立法。抗日根据地政权的婚姻立法主要有《陕甘宁边区婚姻条例》(1939年)、《晋察冀边区婚姻条例》(1941年)、《山东省婚姻暂行条例》(1945年)等。

(1)婚姻原则的发展。在婚姻原则方面,抗日根据地的婚姻立法除继续坚持婚姻自由、一夫一妻、保护军婚外,还明确提出了男女平等原则。所谓男女平等,是指在婚姻关系中,男女平等地享有权利和履行义务。《晋冀鲁豫边区婚姻暂行条例》(1942年)首先提出了这一原则。《山东省婚姻暂行条例》(1945年)对此则作出了明确表述:本条例根据山东省战时施政纲领男女平等、婚姻自由及一夫一妻制之原则制定之。

(2)结婚规定的变化。

第一,结婚年龄下调。对于婚龄,各抗日根据地规定不尽相同,但降低婚龄正在成为一种趋势,如陕甘宁边区初期规定的婚龄为男十八岁,女十六岁。

第二,无禁止结婚的血亲关系趋严。如陕甘宁边区禁止有直系血缘关系者结婚,山东根据地禁止本族五服内血亲结婚等。

第三,增加报复性规定。这一时期婚姻法规中一般还规定有因奸经判决离婚或受刑之宣告者,不得和相奸者结婚的条款。

第四,结婚程序细化。结婚除需政府登记外,一些抗日根据地政权又增加了有关结婚须举行公开仪式的规定。如《晋察冀边区婚姻条例》规定:结婚应有公开之仪式及二人以上之证人,其目的在于使婚姻在法律的保障之外,再增加社会的保障。

(3)离婚条件趋严。抗日根据地政权的婚姻立法在坚持离婚自由的前提下,对一方要求离婚的条件作了具体规定。《陕甘宁边区婚姻条例》规定,男女一方有下列情形之一者,可请求离婚:感情意志根本不合,无法继续同居者;重婚者;与他人通婚者;虐待他方者;恶意遗弃他方者;图谋陷害他方者;生死不明已过三年者;患有不治之症或不能人道者;不务正业经劝解无效,影响他方生活者;有其他重大事由者。为保护妇女、儿童的合法权益,根据地的婚姻法规还规定,男方不得与孕妇或须乳婴之妇女离婚,有具备法定离婚条件者,应于产后一年提出。晋绥边区、晋西北边区则对离婚次数进行限制,男女一方离婚三次者不得再行请求离婚。此外,将对军婚的保护扩大到婚约。规定:军人之配偶非确知对方死亡、叛逃不得离婚。书信断绝,须经一定期间后,非军人一方得向政府请求离婚。不仅如此,为慎重处理离婚问题,一些抗日民主政权还创立了犹豫期制度,规定凡请求离婚,符合条件,经政府考察核实后,给予一定时期考虑。对于犹豫期,陕甘宁边区规定为半年,山东根据地规定为两个月。

(4)对婚后财产的处理及有关子女抚养的规定更加合理。对于婚后所负的共同债务,抗日根据地婚姻法修改为原则上由双方共同清偿,女方若确无职业和劳动能力者,由男方清偿;离婚后对女方的帮助,修改为男方须帮助无职业、无财产或缺乏劳动力的女方,至再婚时为止,但最多以三年为限;对子女的抚养,规定离婚后对子女的抚养由男女双方约定,无约定的,由政府酌情判决,年龄较大的子女由其本人决定。抚养子女的女方再婚时,新夫即负有抚养女方所带子女的义务,不以其同意为条件。

(三)解放区民主政权

1. 土地立法。解放战争初期,各解放区政权仍然实行以减租减息为主要内容的土地政策。1946年5月4日,中共中央为充分发动群众,抵抗国民党军队对解放区的进攻,满足农民对土地的合理要求,发布了《关于土地问题的指示》,决定将减租减息政策改为没收地主土地分配给农民的政策。为进一步落实这一政策,1947年9月,中共中央在河北省平山县召开了全国土地会议,通过了《中国土地法大纲》。该法共十六条,是根据地时期最后一部土地法,也是比较成熟的土地立法。主要内容有:

(1)规定了土地改革的基本任务。《中国土地法大纲》规定废除封建性及半封建性的土地剥削制度,实行耕者有其田的制度。没收土地的对象和范围是,没收地主、祠堂、庙宇、寺院、学校、机关、团体及富农按平均分配原则多余的土地,按人口平均分配。分配的土地归个人私有,政府发给土地所有证。

(2)规定了土地改革的基本原则。《中国土地法大纲》规定:乡村无地少地的农民所组织的贫农团大会及其选出的委员会,为改革土地制度的合法执行机关之一。贫农是农村斗争的骨干,依靠贫农是土地改革胜利的保障;中农是可以团结的力量,在土地改革过程中要注意中农的意见,不允许侵犯他们的合法权益;对富农,只没收其多余的土地财产;对地主及其家属,分配给与农民同样的土地及财产;工商业者的财产及其合法的经营,不受侵犯。

(3)规定了保护土地改革的司法措施。《中国土地法大纲》规定:为贯彻土地改革法令的实施,对于一切违抗或破坏本法的罪犯,应组织人民法庭予以审判及处分。人民法庭由农民大会或农民代表大会所选举及政府所委派的人员组成。这一措施在保证土改顺利进行方面起了重要作用。

此后,根据地范围内开展了大规模的土地改革运动,一大批无地的农民获得了土地,传统士绅阶层存在的根基被动摇。

2. 婚姻家庭法规。解放战争时期,根据地政权的婚姻立法主要有《陕甘宁边区婚姻条例》(1946年)、《修正山东省婚姻暂行条例》(1949年)等,与此前根据地的婚姻立法相比,其变化之处主要有:

(1)处理离婚问题时注重政治条件。离婚时除强调感情因素外,还规定夫妻一方是恶霸、地主、富农或有反革命活动者,他方可以此为理由提出离婚。

(2)对军属干部离婚的特别规定。针对当时干部离婚问题比较突出的现实,一些根据地专门对干部离婚问题进行了规定:对待干部离婚,坚持以夫妻感情意志根本不合为标准;凡以威胁、利诱、欺骗等手段制造离婚条件的,原则上不准离异。对实际上不得不离,经动员无效的,应准许离婚,但在财产上照顾对方。

三、劳动与经济法律制度

根据地政权大多位于经济落后的农村,现代工业发展不充分,产业工人规模极小,加之又处于极端恶劣的战争环境之中,缺乏发展现代经济的客观条件。这种环境无疑会制约劳动和经济立法的发展。与此同时,我们又应看到,中国工人阶级自登上历史舞台以来,深受外国侵略势力、本国资产阶级的多重剥削与压迫,陷入了举世少见的极端悲惨境地。随着根据地政权的建立,作为无产阶级的政党,制定法规对工人阶级的正当权益加以保护,该行为的正当性毋庸置疑,但更多的则是一种昭示作用。同时,为了生存的需要,制定诸如农业税收、财政金融等经济方面的法律法规也极为必要。但毕竟受条件限制,这些法规特别是经济方面的法规规定得均较为原则。

(一) 工农民主政权

1. 劳动立法。在根据地历史上,工农民主政权的劳动立法最为发达。这一时期较为著名的劳动立法有《闽西劳动法》(1930年)、《劳动保护法》(1930年)、《中华苏维埃共和国劳动法》(1931年)、《中华苏维埃共和国劳动法》(1933年重新修订)等。其中,1933年的《中华苏维埃共和国劳动法》是一部形式规范、内容体系完备的劳动法典,共计十五章一百二十一条,部头之大在根据地所制定的所有法律中首屈一指。主要内容如下:

(1)工人的民主权利。这一时期的劳动立法特别重视工人的民主权利,规定工人有集会、结社以及参加工会的权利。《苏维埃区域工会工作大纲》(1932年)规定,工会是工人自愿结合的群众性组织,代表和保护工人的利益。《中华苏维埃共和国劳动法》为此设专章,对工会的地位、权限作了专门规定。

(2)工时及工资。实行八小时工作制,在有害人体健康的部门,工时缩短为六小时。劳动法规定工人每周须有连续不断的四十二小时休息时间,即每周休息一天半。此外,元旦、列宁逝世纪念日、二七罢工纪念日、巴黎公社纪念日、五一劳动节、五卅惨案纪念日、苏联十月革命纪念日、中华苏维埃共和国成立纪念日、广州暴动纪念日等节假日均休假。节假日需要工作时,应先征得工人的同意并发给额外工资。关于工资,《中华苏维埃共和国劳动法》规定,由劳动部门规定各地的最低工资额。企业的工资由工会代表与企业主共同协商确定。工资一般以现金支付,必须及时支付,男女同工同酬。

(3)关于劳动保护及劳动保险。工人劳动须有工作服和其他必需的安全、卫生劳动保护用具;工人工伤、医疗费由企业主负责。

(4)关于女工、青工和童工。禁止使用女工、青工、童工从事特别繁重或危险的工作,禁止童工及怀孕、哺乳的女工做夜工。妇女在生育期间享受两个月产假,工资照发。女工哺乳期间不得扣除工资。

(5)关于劳动合同和集体合同。《中华苏维埃共和国劳动法》规定,禁止工头、包工头、买办、私人工作介绍所、雇用代理处代为雇用工人。凡需雇用工人的单位或私人,均须到政府劳动部门下设的劳动介绍所登记,请求介绍。用工单位或个人须同被雇者签订劳动合同。劳动合同分集体合同和劳动合同两种。劳动合同签订后必须实际履行,提前解除合同须经双方同意,不得无故退工或解雇工人。如一方不履行合同时,他方有权提出解除合同。

(6)关于解决劳资纠纷。劳资双方发生纠纷,首先由双方协商解决,协商不成立的,由政府劳动部门予以仲裁,或由法庭判决。

就总体而言,这一时期的劳动立法过于理想,与根据地的现实脱节严重。

2. 经济立法。

(1)基本原则。工农民主政权的经济立法坚持如下基本原则:一是公私兼顾、以公为主、共同发展。根据地的经济包含着多种经济成分,以农业经济为主。要适应大量外来人口的生存以及战争的需要,唯有处理好共同发展这一关键。这一时期根据地的经济立法均坚持大力发展公营经济,优待合作经济,奖励扶助私人企业,保障经营自由的原则,以求在公营经济优先的情况下,各种经济共同发展。二是阶级原则。工农民主政权税收立法的基本原则是阶级原则,即将税收的重担归于剥削者,通过向一切封建剥削者进行没收和征调成了财政的基本来源。三是以自给自足为主。工农民主政权财政立法坚持自给自足的基本原则。四是节约经费、紧缩开支,保证军费。战时节约经费、紧缩开支,保证军费,是根据地时期财政立法的又一重要原则。节约经费、紧缩开支包括厉行节约,反对贪污、铺张浪费,以及紧缩编制两个方面内容。节约既是为了减轻人民的负担,更是为了保证军费开支。军费第一,在工农民主政权的财政立法中得到了充分体现。

(2)立法概括。为保障战争供给,改良人民生活,工农民主政权制定和颁布了一系列经济法规。这一时期的经济法规大致可以分为:农业管理法,如中央执行委员会发布的《劳动互助社组织纲要》(1933年)和中华苏维埃共和国土地人民委员部发布的《开荒规则和动员办法》(1933年)等;工商业管理法,主要有中央执行委员会发布的《工商业投资暂行条例》(1932年)和《矿山开采出租办法》(1932年)、人民委员会发布的《苏维埃国有工厂管理条例》(1934年)等;财政、税收和金融管理法,主要有中央执行委员会颁布的《中华苏维埃共和国暂行财政条例》(1931年)和《中华苏维埃共和国暂行税则》(1931年)、人民委员会颁布的《国库暂行条例》(1932年)和《中华苏维埃共和国国家银行章程》(1932年)等。

这些法规在一定程度上促进了根据地经济的发展,却没能满足战争的需要。

(二) 抗日民主政权

1. 劳动立法。抗日战争时期,中共中央总结了工农民主政权时期劳动立法的经验和教训,同时根据各阶层合作共同抗日的需要,1940年12月发布了《关于各抗日根据地劳动政策的初步指示》,明确提出在保证工人利益的同时,对资方的利益也要给予必要的照顾。在此背景下各抗日根据地重新制定了劳动立法,主要有《陕甘宁边区关于公营工厂工人工资标准的决定》(1941年)、《晋冀鲁豫边区劳工保护暂行条例》(1941年)、《晋冀鲁豫边区优待专门技术干部办法》(1941年)、《晋察冀边区行政委员会关于保护农村雇工的决定》(1944年)等。与工农民主政权相比,抗日根据地的劳动立法在内容上更加务实。

(1)工人的民主权利。工会是工人阶级和广大劳动者的群众组织,是动员团结组织工人保卫边区、保卫西北、进行抗战的重要组织。为此,各抗日根据地依据民主政权的劳动条例陆续成立了各类工会,借以团结广大劳动者。同时规定,工人参加工会,有工会证明者,工厂不得干涉。

(2)劳动合同。抗日民主政权规定劳动者须与资方订立劳动合同,订立劳动合同必须以双方自愿为原则,不得强迫。劳动合同分为集体合同和劳动合同两种。前者指由工会出面与企业集体签订的合同,后者是指劳动者个人与企业签订的合同。劳动合同签订后必须实际履行,提前解除合同须经双方同意,不得无故退工或解雇工人。如一方不履行合同时,他方有权提出解除合同。按照劳动合同,工人每天劳动时间实行八至十小时工作制;各抗日根据地依据当时边区的实际情况,规定了工资的最低标准,一般以除工人本人外再维持一个至一个半人的最低生活费用为准,工资以实物和货币混合发放;工人劳动须有工作服和其他必需的安全、卫生劳动保护用具;工人受工伤的,医疗费由企业主负责。

值得注意的是,这一时期的劳动法规在强调工人权利的同时,还对工人的劳动纪律作了明确的规定,工人如有迟到早退、消极怠工、破坏劳动工具等行为的,企业有权进行处分。

(3)关于女工、青工和童工。各抗日根据地一般规定使用女工、青工和童工以不妨害其身体健康和教育为原则,但禁止使用女工、青工、童工从事特别繁重或危险的工作,禁止童工及怀孕哺乳小孩的女工做夜工,一般规定十二至十六岁为童工,十六至十八岁为青工。妇女在生育期间享受两个月产假,工资照发。女工哺乳时期,不得扣除工资。此外,强调男女同工同酬。

(4)关于解决劳资双方纠纷。劳资双方发生纠纷,首先由双方协商解决,协商不成的,由政府劳动部门予以仲裁,或由法庭判决。

2. 财政经济立法。抗日根据地的财政政策在"皖南事变"以前,主要以争取外援、修养民力为主,包括南京国民政府划拨的经费在内的各种外援占财政中的绝大多数;皖南事变后则调整为发展经济、保障供给。

(1)基本原则。这些原则包括:

第一,量出为入为主,量入为出为辅。抗日战争中后期,各根据地普遍放弃了初期的量入为出的保守原则,在注意发展经济、保证财政基本平衡的前提下,强调财政上以量出决定收入为主,以量入决定支出为辅,尽量满足战争的需要。

第二,提倡垦荒、发给农贷与奖励生产并举。农业生产是根据地经济发展的中心环节。但对于如何促进农业生产,1942年毛泽东在陕甘宁边区高级干部会上所作的《经济问题与财政问题》的报告中,提出了发展农业的八项政策,其核心就是鼓励垦荒、发给低息农业贷款和奖励农业生产。此后,这些政策便成了各根据地农业立法的基本原则。

第三,公私兼顾、以公为主、共同发展。根据地各个时期的经济,都包含着多种经济成分。对于立法上如何处理各种经济成分之间的关系,抗日根据地的基本原则是:大力发展公营经济,优待合作经济,奖励扶助私人企业,保障经营自由。

第四,合理负担。抗日根据地将工农民主政权税收立法的阶级原则变为合理负担,即财产收入多者多承担,收入少者少承担,特困户减免。

第五,统筹统支为主,自给自足为辅。抗日根据地初期,财政立法上仍然实行工农民主政权的自给自足的原则。到抗日战争中期,这一原则开始让位于统筹统支为主、自给自足为辅。其基本做法是建立必要的预决算制度,主要必需品由政府统筹统支,如收入方面的税收、公粮等,支出方面的粮食、被服等;其他伙食、办公杂费,则由党政军各系统在不违反政策法令与侵犯人民利益的原则下,经营农、工、商业生产,以补经费的不足。

第六,节约经费,紧缩开支,保证军费。节约经费,紧缩开支,保证军费是根据地各个时期财政立法的重要原则。如《华中抗日根据地财政经济政策草案》规定:为保证部队的给养,各区一般的办事费与行政费(包括文教、社会事业等)的比例应该是七与三之比。

这些原则基本符合当时各根据地的实际,针对性较强,对促进各根据地财政的平衡、经济的发展起到了积极作用。

(2)立法概括。围绕着中共中央政策的调整,各根据地政权制定和颁布了一系列经济法规,如农业管理方面有晋察冀边区行政委员会颁布的《垦荒单行条例》(1938年)、晋西北行署颁布的《春耕条例》(1941年3月)、《山东省保护林木暂行办法》(1943年)等;工商业管理方面有《山东省贸易暂行条例》(1940年)、《山东省工商管理暂行规程》(1943年)、《晋冀鲁豫特种出口货统制暂行办法》(1941年)、《陕甘宁边区物资管理暂行规章》(1945年)等;财政、税收和金融管理方面有《晋察冀边区预算暂行章程》(1940年)、《山东省税收暂行条例》(1941年)、《陕甘宁边区营业税修正暂行条例》(1941年)、《陕甘宁边区财务行政规程》(1941年)、《陕甘宁边区银行条例草案》(1942年)、《晋冀鲁豫边区统一累进税暂行税则》(1943年)等。

(三) 解放区民主政权

1. 劳动立法。解放战争后期,根据地从农村延伸到城市,经济结构出现了明显变化,加之为了取得全国胜利,中共中央及时地提出了新的经济和劳动方面的政策:发展生产,繁荣经济,公私兼顾,劳资两利。1948年在哈尔滨又召开了第六次全国劳动大会,将中共中央上述政策细化为劳动立法的基本原则。为此,各根据地相继制定了一些新的劳动法律,如《中华全国总工会章程》(1948年),东北解放区的《东北公营企业生产立功运动条例》(1948年)、《东北公营企业战时暂行劳动保险条例》(1948年),华北人民政府公布的《关于在国营公营工厂企业中建立工厂管理委员会与工厂职工代表会议的决定》(1948年),上海市《关于私营企业劳资争议调处程序暂行办法》(1949年)等。

这些法规的主要内容如下:

(1)劳动合同。1949年7月《中共中央关于处理劳资纠纷的数点建议》强调,在同一城市内有数家同类企业,而资本家又有联合组织者,可由产业工会与资本家的组织统一订立劳动合同,而不要分别订立,防止高低不齐。同年出台的《中华全国总工会关于私营工商企业劳资双方订立集体合同的暂行办法》对劳动合同的内容作了统一规定,确立了全国统一的范本,涉及雇佣与解雇手续、厂规、辅规的制定手续及内容、工资、工作时间及假期、女工童工问题、劳动保护及职工福利等问题。劳动合同双方签字后,应申请劳动局批准。

按照新的标准:工人一般实行八至十小时工作制;工人的最低工资标准为维持包括工人本人在内的两个人生活费用;关于女工保护,山东规定女工每个月有三天例假时间,全国总工会统一规定女工产假四十五天,期间工资照发;禁止14岁以下的童工从事危险工作。此外,对学徒制度亦进行了统一规定,学徒期限一般为三年,学徒期间应有一定的报酬,最低够吃,师傅不得虐待徒弟,徒弟必须努力学习,以此建立新型的师徒关系。

(2)劳资双方纠纷解决。明确规定劳资纠纷的解决单位为市劳动局。

2. 经济立法。

(1)基本原则。从农村走向城市,对共产党人来说是全新的体验,迅速恢复国民经济也是对中国共产党执政能力的重大考验。中国共产党人及时提出了新的财政经济方针,大致可以归结为两点:一是坚持土地革命、没收官僚资本和保护民族工商业的新民主主义三大经济政策;二是做好公私兼顾、劳资两利、城乡互动、内外交流的四面八方工作。

(2)立法概况。解放战争后期,各根据地政权及时制定和颁布了一系列经济法规。如城市、工商业管理方面的有《哈尔滨市政府不动产登记暂行办法》(1948年)、《上海市房地产管理暂行条例》(1949年)、《华北区对外贸易管理暂行办法》(1949年)、陕甘宁边区的《工矿商业登记暂行办法》(1949年)、《北平市人民政府管理摊贩暂行办法》(1949年)、《天津市管理广告规则》(1949年)等；交通运输管理方面的有华北区和上海市的《战时船舶管理办法》(1949年)，哈尔滨市政府的《道路、桥梁、河川、暂行保护条例》(1949年)等；农林畜牧业方面的有《晋察冀边区奖励植树造林办法》(1946年)、《辽宁省树林管理暂行办法》(1949年)、《陕甘宁边区发展牲畜暂行办法》(1949年)等；税收管理方面的有华北人民政府颁布的《农业税暂行规则》(1948年)、《陕甘宁边区营业税暂行条例》(1949年)、《华北区进出口货物税暂行办法》(1949年)等。

这些法规大都体现了中共中央新的经济政策，对城乡秩序的维护、国民经济的恢复起到了积极作用。

四、刑事法律制度

根据地政权始终处在国民党军队的包围、日军的围剿、土匪的骚扰和党内路线斗争之中，因此，刑事立法在根据地法制建设中占有重要地位。根据地刑事立法工作，大多是配合各个时期军事任务、政治斗争进行的，针对性较强，不同时期具有不同的侧重点，形成了一个个相对独立的系统，这些相对独立的刑事立法构成了根据地的刑事法律体系。

从形式上讲，根据地刑事法律体系是由一系列单行法规构成的，没有统一、规范、稳定的刑法典，缺乏有关犯罪构成及刑罚的一般规定，各种刑罚原则亦都散见于各单行法规之中。由于强调刑事立法的针对性，不可避免地会造成各种单行法规经常处于变动之中，无法做到规范和稳定。

(一) 工农民主政权

工农民主政权时期，根据地刑事立法的主要任务是打击各类反革命分子和革命队伍内部的腐败分子，巩固工农民主政权。因而，惩治反革命罪、贪污罪和浪费罪就成了这一时期刑法的主要内容。打击反革命犯罪的法律主要有信江工农政府的《肃反条例》(1929年)、闽西工农政府的《惩办反革命条例》(1930年)、湘赣省针对反革命分子适用的《自首自新条例》(1932年)、中华苏维埃共和国中央执行委员会颁布的《中华苏维埃共和国惩治反革命条例》(1934年)等。此类立法中最具代表性的为《中华苏维埃共和国惩治反革命条例》，共四十一条。至于惩治贪污浪费的法律中，最为重要的是中华苏维埃中央执行委员会颁布的《关于惩治贪污浪费行为的训令》(1932年)。

1. 刑罚适用原则。汇总工农民主政权时期的刑事立法，其所包含的刑罚适用原则有：

(1) 罪刑法定与类推相结合。依法定罪量刑是根据地刑罚适用的一条基本原则，但在此基础上又都普遍实行类推主义。如《中华苏维埃共和国惩治反革命条例》规定：凡本条例所未包括的反革命犯罪行为，得按照本条例相似的条文处罚之。实行罪刑法定与类推相结合的原则，在刑事法律还不完备的根据地时期有一定的合理性，但在实践中如何正确把握绝非易事。

(2) 区别对待。工农民主政权的刑事立法强调对人犯在量刑上要区别对待。构成区别对待的条件有：第一，老幼者犯罪减免处罚。《赣东北苏维埃暂行刑律》(1931年)规定：未满十二岁或满八十岁人犯罪者，得减本刑一等或二等。第二，首要从重，胁从从轻。《中华苏维埃共和国惩治反革命条例》规定：凡被他人胁迫非本人愿意，又确无法避免其胁迫因而犯法者，得按照各该条文的规定减轻或免除其刑罚。第三，未遂、中止或犯罪后能主动消除犯罪后果者减刑。《赣东北苏维埃暂行刑律》规定：犯罪已着手，而应意外之障碍不遂者，为未遂犯，其不能生犯罪之结果者亦同。未遂犯之刑，得减即遂罪之刑一等和二等。第四，自首减免刑罚。《赣东北苏维埃暂行刑律》规定：犯罪未发觉而自首于审判机关受审判者，得减本刑一等；依阶级成分定罪。《中华苏维埃共和国惩治反革命条例》规定：工农分子犯罪，得依照本条例各项条文的规定，比较地主资产阶级分子有同等犯罪行为者，酌减轻其处罚。凡对苏维埃有功绩的人，其犯罪行为得按照本条例各该条文的规定减轻处罚。该规定是"左"倾错误在刑事立法中的反映，抗日战争期间被纠正。

2. 刑罚种类。根据地时期的刑罚，没有统一的、专门的规定，散见于各种单行刑事法律文件中。综合起来主要有：

(1) 主刑。包括：第一，死刑。工农民主政权的刑事法律对死刑适用规定得较多，特别是反革命罪犯，如《中华苏维埃共和国惩治反革命条例》中列举了二十七种反革命罪行，有二十六条规定，情节严重的主要罪犯得处以死刑。死刑一律用枪决，反对活埋、暗杀等野蛮手段。第二，有期徒刑，又称监禁，最高刑期为十年，最低刑期为三个月。第三，拘役，又称劳役和苦役。工农民主政权规定，拘役期为一天以上一个月以下。

(2) 从刑。包括：第一，褫夺公权。一般指剥夺犯罪者的选举权、被选举权，以及充当红军或担任公务人员的权利，其刑期规定不一。第二，没收财产。没收的对象包括犯罪者所有的动产与不动产。

3. 主要犯罪。

(1) 反革命罪。反革命罪是工农民主政权刑事法律打击的主要罪名。《中华苏维埃共和国惩治反革命条例》规定：凡一切图谋推翻或破坏苏维埃政府及工农民主革命所得到的利益，意图保持或恢复豪绅地主资产阶级的统治者，不论用任何方式，都是反革命行为。按照该条文之规定，反革命罪危害的客体必须是根据地的苏维埃政府和工农民主革命所得到的利益；反革命罪犯的目的，必须是意图保持或恢复地主资产阶级的反动统治。凡具备这两者，不论采取何种方式，都构成反革命罪。

(2) 贪污罪。闽西第一代表大会出台的《政府工作人员惩办条例》(1930年)规定了对政府工作人员侵吞公款和受贿行为的惩治办法，中华苏维埃共和国中央执行委员会发布的《关于惩治贪污浪费行为的训令》(第26号)规定，凡苏维埃机关、国营企业和公共团体工作人员利用地位，贪污公款，以图私利，分别判处各种刑罚。确立了贪污罪的罪名。

除上述罪名外，散见于其他法律文件和司法审判实践中的罪名还有其他一些，如堕胎罪、赌博罪、杀伤罪等。

(二) 抗日民主政权

抗日战争时期，根据地的刑事立法可以细分为明显的两个阶段。抗战初期，为了同汉奸敌特作斗争，各边区政权制定了一批惩治汉奸、盗匪的刑事法规，其中最有代表性的是陕甘宁边区的《抗战时期惩治汉奸条例》(1939年)和《抗战时期惩治盗匪条例》(1939年)。1940

年以后,抗日战争进入相持阶段,各根据地经济上也进入了最困难时期。为此,各根据地的刑事立法大都从政治领域转向经济领域,制定了一批严惩经济犯罪的刑事法律,主要有《山东省惩治贪污暂行条例》(1940年)、陕甘宁边区政府的《破坏金融法令惩罚条例》(1941年)、《禁止粮食出境修正暂行条例》(1941年)、《晋察冀边区破坏坚壁财物惩治办法》(1942年)、山东根据地《渤海区处理敌人扫荡期间盗窃案件暂行办法》(1943年)等。此外,还需指出的是,陕甘宁边区还曾尝试制定刑法典,提高刑事立法的质量。

1. 刑罚原则。鉴于工农民主政权时期一些根据地刑事立法及刑事审判中出现的诸如乱用刑罚、迷信刑罚等错误,抗日根据地在刑罚适用原则方面做了必要的调整,其中轻刑趋势最值得关注。

(1) 感化为主,刑罚惩罚为辅。1941年5月陕甘宁边区高等法院发布《对各县司法工作的指示》指出,边区司法的目的之一,是教育争取已经违反法律的犯罪行为。为此,各边区刑法均采取了轻刑政策。实行教育感化为主,刑罚惩罚为辅的原则,既打击了犯罪,也减少了犯罪,收到了良好的社会效果。

(2) 罪责自负,反对株连。抗日战争时期的《晋察冀边区关于逮捕搜索侦查处理刑事、特种刑事犯之决定》规定:前项犯人之犯罪,仅及个人,不得株连其家属。《晋察冀边区行政委员会修正处理汉奸财产办法》中亦规定:没收或查封汉奸财产,应限于本人所有,不及其家属。罪责自负是抗日根据地刑罚适用的一条基本原则。

当然,除普遍的轻刑原则外,这一时期在刑罚适用上也有加重量刑的情形。这些情形包括:

(1) 团体犯罪量刑从重。抗战时期的《胶东区惩治窃取空舍清野财务暂行办法》规定:三人以上结伙窃取或故意毁坏他人空舍清野财物者,不问情节轻重,一律处以五年以下有期徒刑。而个人窃取空舍清野财物,情节较重者则处以三年以下有期徒刑。

(2) 连续犯、累犯从重。连续犯、累犯从重处罚是根据地刑法适用的一条基本原则。《修正山东省惩治贪污暂行条例》(1945年)规定:连续犯是指为了同一目的而多次实施的犯罪行为;累犯则是指曾经受到判决处分而再次触犯刑罚并需要依法加以制裁的人。晋冀鲁豫边区《惩治盗毁空室清野财务补充办法》规定:凡以窃盗为常业或屡犯、连续犯窃盗空室清野财物者,处死刑。

(3) 首要从重。1942年中共中央发布的《关于宽大政策的解释》中指出:我们在惩治破坏分子时,首先应惩治那些首要分子,其次才惩治那些胁从分子;共产党员犯罪加重处罚。《陕甘宁边区施政纲领》规定:共产党员犯法,加重治罪。陕甘宁边区是中共中央的所在地,鉴于其地位的特殊,各根据地刑事立法中均对此作了具体规定。如《晋察冀边区破坏坚壁财物惩治办法》规定:村级以上干部破坏坚壁财物者,加重其刑二分之一;《晋西北禁烟治罪暂行条例》规定:军政工作人员违反该条例,加倍处罚;等等。

2. 刑罚。仍然分为主刑和从刑两大类。主刑中死刑仍然被保留,但只对汉奸、盗匪、敌特和破坏边区的反革命首要分子适用,较之工农民主政权时期有了较大的改观。此外,晋察冀边区、晋冀鲁豫边区的刑事法律中规定有无期徒刑,但由于特殊的战争环境,基本没有被适用过。各边区刑事立法中对有期徒刑的刑期规定各异,晋察冀边区最高刑期为十五年,陕甘宁边区初期规定最高为五年,最低刑期为六个月,后改为最高刑为十年。对于拘役,这一时期的刑法普遍规定,凡判处二个月以下一日以上刑期的罪犯,不由监所拘押,进行劳动改造。

从刑仍然包括褫夺公权、没收财产和罚金三种。其中,褫夺公权主要适用于汉奸、敌特和反革命分子。与工农民主政权时期相比,褫夺公权有了具体刑期的规定,刑期为一至五年,于徒刑执行完毕时算起。没收财产主要适用于汉奸、盗匪等犯罪。从刑中罚金刑发展最快,分并科、选科、专科和易科四种形式,主要适用于以牟利为动机的犯罪。

3. 主要犯罪。

(1) 汉奸罪。《陕甘宁边区抗战时期惩治汉奸条例》规定:构成汉奸罪的情形有:企图颠覆边区政府,阴谋建立傀儡政府;破坏人民抗日运动和抗日动员;进行各种侦探、间谍及一切秘密特务工作;组织及领导土匪扰乱活动;为敌人显示轰炸目标;组织和领导部队叛逃;谋害党政军及人民团体之负责人;侮辱凌虐或毒害人民生命;拖枪逃跑,哗变投敌;藏匿、贩运及买卖军火图谋叛乱;以粮食、军器资送敌人以及以文字、图画、书报宣传或以宗教迷信破坏抗战等。

(2) 盗匪罪。《陕甘宁边区抗战时期惩治盗匪条例》规定,凡以抢劫为目的,聚众持械抢劫,暴力抢夺他人财物,掳人勒赎,藏匿、贩运及买卖军火,窝藏分赃,伤毙人死,趁机强奸妇女,纵火焚烧房屋,破坏阻塞交通,抢夺武器,勾引军队为匪等行为,均构成盗匪罪。

(3) 败坏坚壁财物罪。这是抗日战争时期一些敌后根据地根据实际需要创造的罪名。《晋察冀边区破坏坚壁财物惩治办法》规定,凡勾结敌伪挖掘搜索坚壁财物;向敌伪自动告密,暴露坚壁财物之处,致其损害;故意焚烧、毁坏坚壁财物;结伙三人以上,盗窃坚壁财物,组织他人盗窃坚壁财物,屡犯盗窃坚壁财物;虽非屡犯但非饥寒所迫而趁机盗窃许多坚壁财物发扫荡财;制造敌情或冒充敌伪致民众逃避而趁机盗窃坚壁财物等者,均构成破坏坚壁财物罪。

(4) 烟毒罪。这一时期各根据地政权都曾制定过禁烟禁毒条例或办法,对毒品犯罪进行打击。如《陕甘宁边区禁烟毒条例草案》(1941年)规定,所谓"烟",指的是鸦片、罂粟和罂粟种子。"毒",指的是吗啡、高根、海洛因及其他化合物等。凡意图制造鸦片而种植罂粟者;制造贩卖运输烟毒者;制造吸食或注射烟毒器具者;意图营利设立吸食注射烟毒场所者;公务人员包庇受贿纵容他人犯前项各罪者,均构成烟毒罪。

(5) 贪污罪。根据地政权刑事立法中都规定有贪污罪,与工农民主政权相比,抗战时期的规定更为详细。《陕甘宁边区惩治贪污条例草案》(1939年)规定:凡边区所属机关部队及公营企业人员,有下列行为的,均构成贪污罪:克扣或截留应发给或缴纳财务者;买卖公务,从中舞弊者;盗窃侵吞公有财物者;强占、强征或强募财物者;意图营利,贩运违禁或漏税物品者;擅移公款,作为私人营利者;违法收募税捐者;伪造或虚报收支账目者;敲诈勒索收受贿赂者;为私人利益而浪费公有之财物者。

除上述罪名外,散见于其他法律文件和司法审判实践中的罪名还有很多,如破坏金融罪、妨害婚姻家庭罪、非法拘禁罪、杀人罪等。

(三) 解放区民主政权

解放区根据地的刑事立法任务有二:一方面,出于维持正常社会秩序之需要,制定了一些用以惩罚普通刑事犯罪的单行法规,主要有《晋冀鲁豫边区毒品治罪暂行条例》(1941年)、《山东省禁毒治罪暂行条例》(1943年)、《晋冀鲁豫边区妨害婚姻治罪暂行条例》(1943年)及山东省战时工作委员会颁布的《关于禁止抢劫寡妇的训令》等;另一方面,这一时期的刑事立法开始为中国共产党最终取得全国胜利而做准备,为此,各解放区刑事法规都把打击反革命分子、肃清土匪恶霸及加强社会治安作为中心任务。就形式而言,这些犯罪大都并非通过单行法加以规定,而是体现在中国共产党、中国人民解放军制定和发布的一些宣言、布告、指示之中,如《中国人民解放军宣言》(1947年)、《中国人民解放军布告》(1949年)、《惩处战争罪犯命令》(1948年),以及晋察冀边区行政委员会与人民解放军晋察冀军区联合发布的《对破坏土地改革者制裁问题的布告》等。这一时期刑事法律的新发展主要体现在以下几点:

首先,在刑罚适用原则方面,对首要从重、胁从从轻原则进行了细化。1947年发布的《中国人民解放军宣言》把这一原则表述为:首恶者必办,胁从者不问,立功者受奖。

其次,在刑罚方面,根据形势需要创制了管制刑。所谓管制刑,即对犯罪分子不予关押,但限制其一定自由,在当地政府和群众监督下进行劳动改造的刑罚手段.

最后,在罪名方面,以打击战争罪为主要任务。据《惩处战争罪犯命令》规定,以下情形均属战争罪:屠杀人民,抢掠人民财物或拆毁焚烧人民房屋者;施放毒气者;杀害俘虏者;破坏武器弹药者;破坏通信器材、烧毁一切文件案卷者;毁坏粮食、被服仓库及其他军用器材者;毁坏市政水电设备、工厂建筑及各种机器者;毁坏海陆军交通工具及其设备者;毁坏银行金库者;毁坏文化古迹者;毁坏一切公共资产及建筑者;空袭轰炸已解放之人民城市者等。

第四节 司法制度

根据地的司法制度经历了一个从无到有、从不完善到完善、从移植为主到自我构建的过程。

一、工农民主政权的司法制度

(一) 司法机关

中华苏维埃共和国成立前,各根据地政权的审判机关名称不统一,有革命法庭、裁判委员会、肃反委员会等。1931年12月中华苏维埃中央执行委员会发布《处理反革命案件和建立司法机关的暂行程序》的训令,开始统一根据地的司法机关。次年,中央执行委员会又相继发布《中华苏维埃共和国军事裁判所暂行组织条例》和《中华苏维埃共和国裁判部暂行组织及裁判条例》,尝试规范工农民主政权的司法系统。

1. 临时最高法庭。在最高法院成立之前,由临时中央政府组织临时最高法庭作为中华苏维埃共和国的最高审判机关,受中华苏维埃共和国中央执行委员会领导。其职权是解释一般的法律,监督审查各级裁判部的判决,受理不服省裁判部或高级军事裁判所的判决而提出的上诉或抗诉案件。

2. 地方各级裁判部。分别设立于省、县、区(市)各级政权机关内,为各级法院设立前的临时司法机构,审理除现役军人及军事机关工作人员以外的一切刑事和民事案件。

3. 军事裁判所。是审理现役军人及军事机关工作人员一切刑事民事案件的审判机关。

此外,军事裁判所还有权审理作战区域的居民违反法律的案件。军事裁判所分初级、高级和最高三级。

4. 国家政权保卫局。这是人民委员会下设的打击一切反革命、盗匪等重大刑事犯罪的专门机关。省、县及中央军事委员会、工农红军的方面军、军团设立政治保卫分局。政治保卫局拥有侦查、逮捕、预审甚至判决、执行等一切权力,实行严格的垂直领导,地方党政军机关均无权干预其活动。政治保卫局是苏区肃反扩大化错误路线的主要执行者。

5. 肃反委员会。这是新建立政权的县、区(市)两级的临时肃反机关,组织上隶属于当地革命委员会。苏维埃政权正式建立后,其职权则归政治保卫局。

政治保卫局和肃反委员会权力大,是这一时期司法机关的最大特点。为了适应战时需要,工农民主政权实行审判权与行政权合一的体制,各级审判机关均设于同级政府之内,是同级政府的一个部门,必须接受同级政府主席团的领导。审判机关内部又实行审检合一,在各级审判机关内部设检察员,负责对刑事案件的侦查、预审、起诉。此外,中华苏维埃人民委员会还下设司法人民委员部,负责全苏区司法行政事宜,如司法干部的任免、处分、教育、培训等。

(二) 诉讼原则

1. 司法机关依法行使审判权。《中华苏维埃共和国裁判部暂行组织及裁判条例》规定:一切民刑案件,皆归裁判部审理,试图确立司法机关统一行使审判权的现代法治原则。但由于经验不足,加之受"左"倾错误之影响,同时又规定国家政治保卫局在特殊的情况下,对反革命分子有权不经过法庭而直接处置①,违反了司法机关依法行使审判权的原则,导致了肃反扩大化的沉痛教训,给革命事业造成了不可低估的影响。

2. 注重事实、注重证据,严禁刑讯逼供。中华苏维埃共和国成立后,通过《中华苏维埃共和国中央执行委员会第六号训令》明确规定:必须坚决废除肉刑,而采取搜集确定证据及各种有效办法,试图纠正根据地早期存在的滥施刑罚的做法,努力形成注重事实、注重证据的新原则。

3. 相信群众、依靠群众。相信群众、依靠群众是根据地诉讼审判制度的一条基本原则。《中华苏维埃共和国中央执行委员会第六号训令》规定:豪绅、地主、富农、资本家罪恶昭著,当地工农群众要求处决者,当地政府得迅速执行处决。在该训令的影响下,工农群众对罪大恶极的地主豪绅的处理意见,左右着司法机关对案件的最后处理结果。

(三) 审判制度

根据地政权的审判制度是个不断发展完善的过程。工农民主政权时期曾颁布过《革命法庭工作大纲》等法令,摸索出一套适合根据地实体法要求的新型审判制度。

1. 审级制度。根据地各时期在审判上基本上实行两审终审制度。1934年颁布的《中华苏维埃共和国司法程序》规定:苏维埃法庭为两级审判制,即只限于初审、终审两级。任何案件经过两审后不能再上诉。

---

① 《中华苏维埃共和国临时中央政府人民委员会第五号命令》(1934年2月9号),参见韩延龙、常兆儒编:《中国新民主主义革命时期根据地法制文献选编》(第3卷),中国社会科学出版社1981年版,第319页。

2. 公开审判制度。《中华苏维埃共和国裁判部暂行组织及裁判条例》规定：审判案件必须公开。倘有秘密关系时，可用秘密审判的方式；但在宣布判决之时，仍须公开宣布。其目的是通过公开审判教育他人。

3. 上诉制度。《中华苏维埃共和国司法程序》规定，对一审判决不服的被告人有权上诉，上诉期为七天。但同时又规定，在新区、边区以及敌人进攻的地方，或遇有紧急情况时，对于反革命案件及豪绅地主中的犯罪者，得剥夺其上诉权。

4. 人民陪审制度。人民陪审制度是审判工作民主化的一项重要标志。《中华苏维埃共和国裁判部暂行组织及裁判条例》规定：法庭须由工人组织而成，裁判部长或裁判员为主审，其余两人为陪审员。

5. 辩护制度。《中华苏维埃共和国裁判部暂行组织及裁判条例》规定：被告人为维护本身利益，可以委托辩护人出庭辩护，但需得到法庭的许可。《川陕省革命法庭条例草案》规定：被告的辩护人必须是劳动者，有公民权的人；一切剥削分子没有担任辩护人的资格。

6. 回避制度。《中华苏维埃共和国裁判部暂行组织及裁判条例》规定，审判员和陪审员与当事人有亲属关系或私人关系的，不得参加此案的审理。

7. 复核及再审制度。工农民主政权的法律规定，死刑案件，不论被告人上诉与否，法庭一律报请上级审判机关复核与批准。

二、抗日民主政权的司法制度

（一）司法机关

抗日战争时期，各根据地政权的司法机关和体制大致相同。

1. 边区高等法院。这是抗日根据地的最高审判机关，负责全区的司法审判和司法行政事务，受边区参议会的监督和边区政府的领导。下设刑事审判庭、民事审判庭，执行审判事务，必要时可组织巡回法庭。

2. 高等法院分庭。这是高等法院的派出机构，设立于各分区专员公署所在地，负责审理不服各分区地方法院或司法处判决的上诉案件。分庭庭长由各分区专员兼任。

3. 县司法处。这是地方法院设立以前的县一级司法机关，负责一县的司法行政和审判事务，受理第一审民刑案件。县司法处在县长领导下进行审判。

4. 边区政府审判委员会。为了适应南京国民政府实行的"三级三审制"，1942年8月，陕甘宁边区设立了边区政府审判委员会，由委员五人组成，边区政府正副主席兼任正副委员长。其职权是解释法令，审理不服高等法院判决的刑事、民事、行政上诉案件，审理第二审判决的刑事上诉案件和死刑复核案件。1944年9月因精兵简政而被撤销。

抗日根据地时期亦实行审检合一制，检察机关负责案件的侦查、起诉，以及监督判决的执行。

（二）诉讼制度

抗日根据地政权的诉讼制度是在继承工农民主政权时期诉讼制度的基础上发展而来的。

1. 司法机关行使审判权。司法机关依法行使审判权,其含义有二:首先是指审判权依法由司法机关统一行使;其次是指司法机关行使审判权须依法进行。抗日战争时期,鉴于工农民主政权时期的教训,《陕甘宁边区施政纲领》对此做了进一步强调:除司法系统及公安机关依法执行职务外,任何机关、部队、团体不得对任何人加以逮捕审问或处罚。纠正了工农民主政权时期的错误。

2. 注重证据,严禁刑讯逼供。《陕甘宁边区施政纲领》指出:改进司法制度,坚决废止肉刑,重证据不重口供。《苏中区处理诉讼案件暂行办法》进一步规定:审判人员及陪审员于案情及证据,应直接、间接、公开或秘密进行周密之调查研究,弄清案件事实真相,不应简单地以逼取口供为解决案件方式,禁止刑讯逼供。

3. 依靠群众。依靠群众是中国共产党一切工作的总原则,审判制度也不例外。抗日民主政权将其写入法律文件,使之法律化。如《晋冀鲁豫边区太岳区暂行司法制度》规定:法庭应重视群众反映,采纳群众意见。同时又采取一些具体措施使之制度化。如在锄奸问题上,各边区政府都颁布有《防奸公约》,运用普通语言使惩治汉奸、盗匪条例通俗易懂,让群众直接掌握法律武器,并在基层建立起锄奸委员会和锄奸小组,把广大群众组织起来,有组织地进行锄奸工作。此外,抗日根据地政权还在诉讼中创造了一些依靠群众的具体审判方式。如人民法院在审理案件时采取巡回审判、就地审判等方式,对一些重大案件实行群众公审等。

(三) 审判制度

抗日战争时期,各根据地陆续颁布了一些有关诉讼制度的法令,如晋察冀边区行政委员会的《晋察冀边区陪审制暂行办法》(1940年)、《晋西北巡回审判办法》(1942年)、《陕甘宁边区军民诉讼暂行条例》(1943年)、《晋察冀边区关于特种刑事案件审理程序的决定》(1943年)、《晋察冀边区关于改进司法制度的决定》(1944年)、《苏中区处理诉讼案件暂行办法》(1944年)等,通过这些法令,逐步建立起一整套较为适合根据地实际需要的新型审判制度。在根据地的司法制度中,抗日根据地的司法制度较为完善。这一时期的审判制度主要有以下内容:

1. 审级。抗日根据地政权在审级上实行两审终审制度。为了适应南京国民政府的"三级三审制",陕甘宁边区曾于1942年至1944年一度增设边区政府审判委员会作为第三审级,其余时间均实行两审终审制。

2. 公开审判。抗日民主政权的司法机关审理案件时,除法律另有规定者外,一律实行公开审判,准许群众旁听和发言。重大案件,张贴布告。典型案件的判决书,印发基层,广为宣传。此外,还创造了群众公审这一新的审判方式,即对一些有重大影响的案件,由司法机关和与此案有关的单位群众团体中选出的陪审员共同组成临时法庭进行审理。

3. 人民陪审制度。抗日战争时期人民陪审制度发展为两种形式:一是由司法审判机关就具体案情临时邀请人民群众代表参加陪审,如《晋西北陪审暂行办法》规定:普通民刑及特别刑事案件无秘密必要者,得通知有关群众团体陪审,并聘请公正人士列席陪审。二是山东省及晋察冀边区《陪审办法》规定,由各群众团体选举陪审员若干人,组成陪审团参加陪审,陪审员有一定的任职期限。

4. 上诉制度。抗日战争时期,各根据地政权的诉讼法规、法令都规定了上诉制度。如《陕甘宁边区刑事诉讼条例草案》规定:被告人及其辩护人、近亲属、自诉案件的原告人和公诉案件的被害人均有权提起上诉。上诉的形式分为口头和书面,既可以向原审法院提出,又可以向上级法院提起。民事案件的上诉期一般为二十天,刑事案件一般为十天。

5. 死刑复核。对于死刑,抗日战争时期法律规定:凡拟判死刑之案,应将判决书、卷宗呈送高等法院复核、核准始得宣判。宣判后,不论被告上诉与否,须再呈边区政府复核;经边区政府主席批准后,方得执行。

这一时期的审判制度,还有就地审判和巡回审判。其中巡回审判制度,早在工农民主政权时期就已开始实行,抗日战争时期得到了进一步的发展和完善。巡回审判是为了适应战争环境、方便群众诉讼而创造的一种新型审判方式,其组织形式有二:一是由各级司法机关指派审判人员,定期深入基层,巡回审判各自辖区内的民刑事案件,无固定的巡回法庭组织;二是由政府或法院设立专门巡回法庭或流动法庭,代表该级政府或法院外出巡回审判。巡回审判是司法工作民主化和群众化的重要表现,它担负着以下一些具体任务:及时正确地处理现案件;对下级审判机关的工作进行全面检查和实施监督等。著名的马锡五审判方式,就是在此基础上创造出来的。

6. 马锡五审判方式。马锡五审判方式是在特殊的战争环境、农村环境和法律制度不完备的条件下,由陕甘宁边区陇东专区专员兼高等法院陇东分庭庭长马锡五,在巡回审判实践中创造出的一种灵活实用的审判方式,他用这种方法解决了一批疑难案件,被当地民众称为"马青天"。马锡五的审判方式经官方整理总结,被正式命名为马锡五审判方式,广泛推行于各抗日边区。其特点是:深入基层,调查研究,实事求是地了解案情;方便群众诉讼,手续简便,不拘形式;依靠群众,教育群众,尊重群众意见,依法合理判决案件等。马锡五审判方式的推行,消除了历史上遗留下来的坐堂问案的衙门作风,进一步推动了边区司法的民主化,丰富和发展了巡回审判制度。

7. 人民调解制度。人民调解制度萌芽于工农民主政权时期。1931年11月颁布的《地方苏维埃政府的暂行组织条例》便规定了地方政府的调解职能。抗日战争时期,各根据地政府又制定了一系列法规,如1942年的《晋察冀边区行政村调解工作条例》、1943年的《陕甘宁边区民刑事案件调解条例》等,将人民调解制度进一步制度化、法律化。

(1) 调解的范围。民事纠纷,除法律另有规定外,均可实行调解;轻微刑事案件,也可调解。

(2) 调解的组织形式。调解的组织形式分为民间调解、群众团体调解、政府调解和司法调解四种。民间调解即邻里、村民之间自行调解,化解矛盾和纠纷;群众团体调解即依靠群众团体内的调解委员会等组织,解决团体内的群众纠纷;政府调解就是在基层政府主持下,调解民间纠纷;司法调解则是司法机关处理案件的一种形式,其所达成的调解协议具有强制效力,与前三种调解形式性质不同。

(3) 调解的原则。一是调解必须双方自愿。调解必须以双方自愿为前提,不得强迫命令或威胁。二是调解必须以法律为准绳。调解不是无原则地息事宁人,必须以法律为依据,明辨是非,解决纷争,在此基础上可以适当照顾当地善良风俗。《晋察冀边区行政村调解工作条例》规定:调解成立的内容条件如违背政府禁令,或有碍善良风化,或涉犯罪行为,应系无效。三是调解不是诉讼必经程序,当事人不愿调解,或达不成和解协议时,任何一方都有权向司法机关提起诉讼,任何人和机构不得干涉和阻止。

(4) 调解方式。调解的方式一般分为赔礼、道歉、认错、赔偿损失或抚慰金等。此外,各抗日根据地制定的调解条例中,大都规定了制作和解书的要求。和解书包括双方争执事由、调解成立的方式、双方同意和解的原则及当事人、调解人姓名、签字等内容。

人民调解制度是对审判制度的重要补充。它化解了矛盾,增进了当事人之间的和睦团结,增强了人民的法制观念,减少了纠纷,有利于生产,有利于司法机关集中精力处理重大刑事案件和复杂的民事案件,提高办案质量。

三、解放区民主政权的司法制度

(一) 司法机关

1. 人民法院。解放战争初期由原抗日民主政权发展演变而来的解放区,仍保留着原抗日根据地的司法组织体系。1948年以后,随着各大区人民政府的成立,新的司法系统开始建立。新的司法组织体系分大行政区、省(行署或行政区)和县三级,分别隶属于同级政府,命名方式是统一在地名之前冠以"人民"两字。值得一提的是,华北人民政府还另设华北人民检察院,首次实行审判和检察分离;并另设司法部,负责司法行政事务,将审判与司法行政分离。

2. 人民法庭。为使土地改革顺利进行,根据《中国土地法大纲》的规定,一些解放区人民政府颁布了人民法庭组织法规。如《苏皖边区第二行政区人民法庭组织办法》(1947年12月)、《东北解放区人民法庭条例》(1948年1月)等。根据这些法规,各解放区都设立了人民法庭。人民法庭专门审理破坏《中国土地法大纲》、危害土地改革运动及侵犯人民民主权利的案件。其人员组成不完全由上级政府任命或委派,而是由农民大会或农民代表会选举的、为本地群众信任的代表与上级政府任命或委派的人员联合组成。人民法庭的权力极大,甚至有死刑判决权,但死刑执行须由县政府批准。土地改革结束后,人民法庭即被撤销。

(二) 诉讼审判制度

1. 继续沿用一些行之有效的诉讼审判制度。解放区根据地政权所实行的诉讼审判制度是在继承根据地各个时期诉讼审判制度的基础上发展而来的。其核心是逐渐克服各个时期因认识不足或限于战争环境在实践中暴露出来的轻视司法规律的现象,摸索一条既适合中国国情和中国共产党党情,又体现现代法治要求的司法制度。

就诉讼制度而言,尽管根据地政权早已认识到司法权应该由司法机关依法来行使,并一直为此进行着努力,但基于种种原因,始终未能真正实现。这一时期制定的《陕甘宁边区宪法原则》仍然坚持强调:除司法机关、公安机关依法执行职务外,任何机关团体不得有逮捕审讯的行为。此外,华北人民政府于1948年11月发布的《通令》再次强调了审判工作必须遵守的三个条件,即:禁止肉刑;重证据不重口供;不得指名问供。《哈尔滨特别市民事刑事暂行条例》规定:对当事人或犯人,均不准刑讯或虐待,违者以滥用职权或侵犯人权论罪。

此外,诸如两审终审、公开审判、巡回审判等一些前期一再坚持的审判制度,解放区人民政权也仍在继续沿用。其中值得一提的是对辩护制度的承认。根据地政权自建立后就取消了律师制度,实行由当事人所在地区群众团体派人代为辩护的办法,尽可能保护当事人的权益。1948年晋察冀边区行政委员会发布的《关于人民法庭工作的指示》中规定:允许被告人自己或被告的代理辩护和提出反证,审判人员根据原告提出之控诉、被告之辩护及证据加以研究,然后确定罪状是否成立。

2. 确立新民主主义的司法原则。1949年中国共产党即将在战场上取得全国胜利,新民主主义法制与国民党法制的斗争也到了最后的关头。为了彻底废除国民党政权赖以存在的旧法统,澄清革命队伍中存在的对南京国民政府法律制度的模糊认识,同时也为建立和发展未来中国的法律制度指明方向,1949年2月,中共中央发布了《关于废除国民党的六法全书与确定解放区司法原则的指示》(以下简称《指示》)。该指示的基本内容包括:

(1)揭露和批判了国民党六法全书的阶级本质,明确宣布予以彻底废除。《指示》指出:法律和国家一样,只是保护一定统治阶级利益的工具。国民党的全部法律只是保护地主与买办官僚资产阶级反动统治的工具,是镇压与束缚广大人民群众的武器,……因此,六法全书绝对不能是国民党统治区和解放区均能适用的法律。在解放区内,国民党的六法全书应该被彻底废除。

(2)确定了解放区的司法原则。《指示》规定:解放区的司法工作,必须以新的法律为依据。目前在人民的法律还不完备的情况下,司法机关的办事原则应该是:有纲领、法律、命令、条例、决议规定者,从纲领、法律、命令、条例、决议之规定;无纲领、法律、命令、条例、决议规定者,从新民主主义政策。

(3)要求对所有司法干部进行马克思主义国家观、法律观的教育。《指示》要求各级司法机关,应当经常以蔑视和批判六法全书及国民党其他一切反动法律、法令的精神,以蔑视和批判欧美日本资本主义国家一切反人民法律、法令的精神,以学习和掌握马列主义——毛泽东思想的国家观、法律观及新民主主义的政策、纲领、法律、命令、条例、决议的办法来教育和改造司法干部,提高其理论水平和业务能力。

《指示》的颁布和落实,有效地推动了新民主主义法制在全国的最后胜利,对中华人民共和国的法制建设产生了重大的、不可估量的影响。

关键词

《中华苏维埃共和国宪法大纲》《中华苏维埃共和国土地法》《中国土地法大纲》 马锡五审判方式 人民调解制度

思考题

1. 为什么说具有中国特色的人民代表大会制度是中国人民长期奋斗的成果和历史的选择?

2. 革命根据地的法制建设经验为我国社会主义立法与司法工作确立了哪些基本原则和重要制度?

3. 革命根据地法制建设中有哪些经验和教训值得我们思考?

4. 在当今时代,如何理性客观地评价革命根据地的法制实践?
5. 思考革命根据地土地立法的实施效果。

参考书目

1. 西南政法学院函授部编:《中国新民主主义革命时期法制建设资料选编》(第1—4册),1982年内部印刷。
2. 张希坡主编:《中国法制通史》(第10卷:新民主主义政权),法律出版社1999年版。
3. 张希坡:《马锡五审判方式》,法律出版社1983年版。

第十二章 中华人民共和国的法律思想与制度(下)

第一节 领导集体及法律思想

一、毛泽东思想指引下的党的第一代中央领导集体的法律思想

(一) 人民主权与毛泽东的法律思想

1. 社会主义民主与人民主权。新中国成立初期,百废待兴,社会主义法制在毛泽东等人的倡导和领导下进入了摸索阶段,逐步形成了以毛泽东同志为核心的党的第一代中央领导集体的法律思想,其核心是毛泽东法律思想。在新民主主义革命、社会主义革命和建设、革命军队建设和军事战略、政策和策略、思想政治工作和文化工作、党的建设等理论中,都包含和贯穿着毛泽东等同志关于法律问题的许多论述,形成了毛泽东法律思想体系。其中,在社会主义革命和建设理论中包含的毛泽东法律思想主要有:人民民主专政是建立、实行社会主义法制的前提和基础,进行人民民主专政必须运用社会主义法这一工具;严格区分和正确处理敌我矛盾和人民内部矛盾,是社会主义法正确发挥作用的重要保证;进行社会主义建设,要求建立和加强社会主义法制,以维护革命秩序,保护人民的利益,保护社会主义的经济基础和生产力;等等。

毛泽东的法律思想以人民主体论最具特色,其通过新中国的第一部宪法规定的人民民主制度反映出来。人民主体论就是人民主权思想,即人民民主的法治思想,具体体现为人民代表大会制度。人民主权必然要求在司法上坚持民主司法,这就是以董必武为代表的"人民司法"思想。基层民主制度的建设同样被党的第一代中央领导集体所重视,以谢觉哉为代表的基层民主建设思想也是通过人民主权得到了具体阐释。

2. 人民主权的思想内涵。人民主权思想大致涉及三个问题:首先,法治作为经济基础的上层建筑,同样对经济基础具有巨大的反作用。在马列主义的指导下,以毛泽东同志为核心的党的第一代中央领导集体始终坚持法制建设与经济建设同步发展的法治思想。其次,如何处理好党的领导与法制建设的问题在当时亟待解决,党的第一代中央领导集体始终坚持法律至上,依法办事等原则。最后,为了实现人民主权,必须努力提高全民法律意识和法治观念思想,真正实现人民当家作主。

以毛泽东同志为核心的党的第一代中央领导集体的法律思想具有完全的人民性特

征,使真正的人民民主法治的思想第一次在中国形成,对巩固人民政权起到了巨大的积极作用。

(二) 马克思主义法律思想中国化的第一次创新

1. 党的第一代中央领导集体的法律思想内涵。以人民主权思想为核心,中国共产党第一代中央领导集体的法律思想可以总结概括为十个方面:(1)关于旧司法工作人员的改造问题;(2)要重视司法工作;(3)加强人民代表会议的工作;(4)开创性地提出建立死缓制度;(5)搞宪法是搞科学;(6)不能废除死刑;(7)处理国际法律关系的和平共处五项原则;(8)专政要继续,民主要扩大;(9)依法办事是进一步加强法制的中心环节;(10)正确区分两类不同性质的矛盾,做好审判工作。

2. 毛泽东等人法律思想的历史贡献。以毛泽东同志为核心的党的第一代中央领导集体,把马克思列宁主义普遍原理同中国革命的具体实践和民主自由理念结合起来,用能动的革命的反映论和历史唯物论相统一的观点,创造性地发展了马克思主义的民主法制理论,提出了一系列关于社会主义民主法制建设的思想,是马克思主义法律思想中国化的第一次创新。

二、邓小平理论指引下的党的第二代中央领导集体的法律思想

(一) 健全社会主义法制与邓小平的法律思想

1. 邓小平的法律思想的来源和依据。以邓小平同志为核心的党的第二代中央领导集体拨乱反正,通过对真理标准问题的讨论,重新恢复和确立了党的"解放思想、实事求是"的思想路线,开辟了中国特色社会主义现代化建设的新时期。

在建设有中国特色社会主义事业的实践中,邓小平发表了一系列关于发扬社会主义民主,健全社会主义法制的论述,丰富和发展了马列主义、毛泽东思想理论中的民主法制思想,为依法治国,建设社会主义法制国家奠定了坚实的理论基础。

2. 邓小平的法律思想的体系和内涵。邓小平的法律思想体系具体包含九个方面:(1)法制建设要从初级阶段的基本国情出发;(2)社会主义法制建设的"十六字方针":有法可依,有法必依,执法必严,违法必究;(3)用法律措施维护安定团结的政治局面,制止动乱;(4)改革党和国家领导制度;(5)坚决打击经济犯罪活动;(6)死刑不能废除;(7)一手抓建设和改革,一手抓法制;(8)把"一国两制"的构想法律化;(9)市场经济是法制经济。

邓小平的法律思想主要内涵体现在:(1)一条基本方针,即发展社会主义民主,健全社会主义法制;(2)一个战略思想,即一手抓建设,一手抓法制,把工作重心转移到经济建设上来;(3)一条重要原则,即法律面前人人平等;(4)一个全局性的任务,即加强法制,保证依法办事。

(二) 马克思主义法律思想中国化的第二次创新

1. 邓小平的法律思想的创新。从 1978 年 12 月 13 日邓小平在中央工作会议闭幕式上的重要讲话——《解放思想,实事求是,团结一致向前看》提出社会主义法制建设的"十六字方针"时起,邓小平的法律思想便开始了马克思主义法律思想中国化的重大创新。

邓小平的法律思想是在以毛泽东法律思想为代表的党的第一代中央领导集体的法律思想的基础上发展而来的,其目的是确保人民当家作主,厉行法制;其精髓是从中国实际出发,实事求是,坚持发展社会主义民主法制是党和国家坚定不移的基本方针,从而明确提出了民主法制化和法制民主化的任务。①

2. 民主与法制建设的马克思主义思想中国化创新。以邓小平同志为核心的党的第二代中央领导集体的法律思想最大的贡献是破与立相结合,解放思想,实事求是,将民主同法制紧密结合起来,把法制提到治国的战略高度,是马克思主义思想中国化的第二次创新。

三、"三个代表"重要思想指导下的党的第三代中央领导集体的法治思想

(一) 依法治国与江泽民的法治思想

1. 依法治国。中共十三届四中全会以来,以江泽民为代表的中国共产党人,在邓小平法律思想的基础上,正式提出了"依法治国"的重要思想,确定了"依法治国,建设社会主义法治国家"的治国方略。1997 年 9 月,党的十五大正式提出"依法治国,是党领导人民治理国家的基本方略"。

1999 年 3 月,九届全国人大二次会议通过《宪法修正案》,把"中华人民共和国实行依法治国,建设社会主义法治国家"载入宪法,这意味着我国治国方略的根本转变,为中国在 21 世纪坚定不移地走法治之路,提供了强有力的宪法保障。

2. 法德兼治。进入 21 世纪,价值取向更趋多元化,各种思想文化不可避免地发生激烈碰撞。江泽民提出要在依法治国的同时,实行"以德治国",法德兼治。

在依法治国的进程中,既要以道德涵养法治精神,还要以法治承载道德理念,通过法德结合推进依法治国,这是在总结历史和国内外治国经验基础上得出的科学论断,丰富了江泽民的法治思想。

(二) 马克思主义法律思想中国化的第三次创新

1. 党的第三代中央领导集体的法治思想内涵。以江泽民同志为核心的党的第三代中央领导集体的法治思想,具体可概括为以下六大方面:(1)提出并科学阐述了"三个代表"重要思想,为法理学的理论创新、法律的制度创新提供了科学范式。(2)进一步把法制与社会主义更加紧密地联系起来,在此基础上把法治国家作为全面建设小康社会的基本目标。(3)进一步阐明了党与法治的关系,强调党领导人民制定法律,又自觉地在宪法和法律的范围内活动,作为执政党的共产党必须依法执政。(4)强调只有讲政治,才能把国家的法律法规贯彻到经济建设和各项工作中去,保持正确的发展方向。(5)提出并阐述了"依法治国"与"以德治国"的关系,依法治国属于政治文明,以德治国属于精神文明,二者相辅相成。(6)完成了从"法制"到"法治"的过渡,明确提出并规定了"依法治国,建设社会主义法治国家"的基本方略和奋斗目标,阐述了社会主义法治的基本内容,强调依法治国是社会进步和文明的重要标志。②

---

① 付子堂:《马克思主义法律思想中国化的基本历史轨迹》,载《法制日报》2008 年 7 月 6 日。
② 付子堂:《马克思主义法律思想中国化的第三次创新》,载《法学家》2006 年第 5 期。

2. 建设社会主义法治国家的思想创新。自20世纪90年代以后,在推进社会主义政治文明建设,推进依法治国、建设社会主义法治国家进程的伟大实践中,以江泽民同志为核心的党的第三代中央领导集体,与时俱进、开拓创新,将社会主义民主法治思想阐述得更加明确深入,实现了马克思主义法律思想中国化的第三次创新。

四、科学发展观指导下的中央领导集体的法治思想

(一) 科学发展观与胡锦涛的法治思想

1. 科学发展观与人本法律观。2003年10月14日,党的十六届三中全会通过《中共中央关于完善社会主义市场经济体制若干问题的决定》,首次提出了科学发展观:"坚持以人为本,树立全面、协调、可持续的发展观,促进经济社会和人的全面发展。"由此可见,科学发展观的核心是以人为本,体现在法律和法治思想上,便形成了新的以人为本的法律观,即人本法律观。

2. 人本法律观与社会主义法治理念。胡锦涛提出的人本法律观最重要的内容便是社会主义法治理念。2007年12月25日,胡锦涛在同全国政法工作会议代表和全国大法官、大检察官座谈时提出:"要坚持以依法治国、执法为民、公平正义、服务大局、党的领导为主要内容的社会主义法治理念指引政法工作,充分发挥我国社会主义司法制度的优越性。"因此,社会主义法治理念是一系列观念、信念、理想和价值的集合体,具体包含为五个方面:依法治国、执法为民、公平正义、服务大局、党的领导。五个方面相辅相成,体现了党的领导、人民当家作主和依法治国的有机统一。

总之,社会主义法治理念是以胡锦涛同志为总书记的党中央从社会主义现代化建设事业全局出发作出的一项重大决策,构建了我党法治理论史上完整的理念体系。

(二) 马克思主义法律思想中国化的第四次创新

1. 中央领导集体法治思想体系。党的十六大以来,以胡锦涛同志为总书记的党中央,坚持以马克思主义法学理论为指导,以科学发展观为统领,以构建社会主义和谐社会为目标,在认真总结中国法治建设实践经验、借鉴世界法治文明优秀成果的基础上,提出牢固树立社会主义法治理念。

科学发展观的提出使马克思主义法治思想更加全面、更加具体、更加深化,形成了人本法律观以及在其指导下的和谐法治观、依法执政观、法治理念观、民生法治观等法治思想体系。

2. 人本法律观的马克思主义法律思想中国化创新。人本法律观的理论来源主要是马克思主义关于人的本质和人与法的关系的理论,同时也借鉴了中国古代的民本主义和西方人文主义法律思想,具体要求立法、执法、司法要以人为本、以民为本,尊重和保障人权,促进人的全面发展。这是以胡锦涛同志为总书记的党中央在新世纪、新阶段对马克思主义法律思想中国化的第四次创新。

五、习近平新时代中国特色社会主义思想指导下的中央领导集体的法治新理念新思想新战略

（一）习近平法治新理念新思想新战略

1. 习近平法治新理念新思想新战略的理论体系及思维特征。习近平法治新理念新思想新战略是内容丰富、逻辑严谨的理论体系，其一般理论包括关于坚持和拓展中国特色社会主义法治道路、社会主义法治本质特征、法治中国建设、党法关系、社会主义法治核心价值、社会主义法治体系、法治与改革发展、法治与国家治理体系和治理能力现代化等的理论。

习近平法治新理念新思想新战略具有科学的理论形态和鲜明的理论风格，展现出守正创新的理论思维、高瞻远瞩的战略思维、求真务实的实践思维、运筹全局的改革思维、精准练达的辩证思维等特征。

2. 习近平法治新理念新思想新战略的核心内容。习近平法治新理念新思想新战略的核心内容主要体现在以下十二大方面：(1)完善中国特色社会主义法律体系；(2)强化宪法法律实施；(3)建设法治政府；(4)推进司法建设和司法改革；(5)增进法治文化和法治社会建设；(6)推动法治经济建设；(7)明确权力制约和监督；(8)从严治党和依法反腐；(9)依法治军和建设法治军队；(10)加强法治队伍建设；(11)要求领导干部运用法治思维和法治方式治国理政；(12)推动全球治理体制和治理规则变革。[①]

（二）马克思主义法律思想中国化的第五次创新

1. 全面依法治国与习近平法治新理念新思想新战略。党的十八大以来，以习近平同志为核心的党中央站在党和国家工作全局高度，着眼实现"两个一百年"奋斗目标，立足推进国家治理体系和治理能力现代化，提出全面依法治国的一系列新理念新思想新战略，开启了全面依法治国的新征程。

习近平新时代中国特色社会主义法治新理念新思想新战略紧紧围绕新时代为什么要全面依法治国、怎样全面依法治国、如何建设法治中国等重大问题，从法治理论上作出科学回答，从顶层设计上作出战略部署，从法治实践上着力全面推进，蕴含了统筹布局的战略观、治国理政的方略观、公平正义的价值观、党法统一的政治观、人民为本的主体观、宪法至上的权威观、全面推进的系统观、良法善治的治理观、于法有据的改革观、依法治权的监督观、中华民族伟大复兴的强国观、人类命运共同体的全球观等新理念新思想新战略，成为中国特色社会主义理论体系的重要组成部分。

2. 马克思主义法学的新境界和再创新。习近平新时代中国特色社会主义法治新理念新思想新战略是对毛泽东同志关于人民民主法律思想的时代化丰富和实践性深化，是对邓小平理论、"三个代表"重要思想和科学发展观关于中国特色社会主义法治观念的系统化坚持和理论化创新，[②] 是马克思主义法学中国化进程的重大理论成果，标志着当代中国马克思

[①] 张文显：《习近平法治思想研究》（上、中、下），载《法制与社会发展》2016年第2-4期。

[②] 李林：《习近平新时代中国特色社会主义法治思想的形成和发展》，载《智慧中国》2018年第3期。

主义法学发展的新境界,[①] 实现了马克思主义法律思想中国化的第五次创新。

第二节　法制建设及法治进程

一、中华人民共和国法制的发展与挫折(1949—1976年)

(一) 社会主义法制建设的起步与奠基

自1949年到1957年,中华人民共和国法制建设逐步走向正轨,具体可以分为两个阶段:

1. 社会主义法制建设的起步。1949年到1954年,新中国法制建设正式起步。1949年2月,中共中央发布《关于废除国民党的六法全书与确定解放区的司法原则的指示》;9月29日通过了起临时宪法作用的《中国人民政治协商会议共同纲领》。1950年3月3日,新中国成立后颁布了第一部法律——《婚姻法》,同年,6月28日通过《土地改革法》。

1950年7月,第一届全国司法工作会议提出,在否定国民党司法的同时,要代之以新民主主义的法治观念和道德观念。1951年2月21日,公布了《惩治反革命条例》,查处了一批党的领导干部严重贪污盗窃国家资财案。

2. 社会主义法制建设的奠基。1954年到1957年,新中国法制建设开始奠基。其中以1954年9月20日第一部《中华人民共和国宪法》诞生为标志。1956年9月19日,党的八大第一次提出"有法可依,有法必依"的法制原则,将社会主义法制建设推向高潮。

从1954年9月至1957年上半年,三年时间内共制定规范性法律文件七百三十多件。

(二) 社会主义法制建设的破坏和停滞

1957年春夏之交,"反右"斗争开始,法律虚无主义成为社会的主流,国家立法工作停滞,一些既有的立法也得不到实施;司法机构相继遭到撤销,整个司法体制和司法程序被破坏殆尽。

"文革"期间,全国人民代表大会会议停止十年,全国人大常务委员会会议停止八年多,立法和司法工作全面停滞,冤假错案层出不穷,社会主义法治建设严重倒退。

二、中国特色社会主义法律体系的形成(1977—2010年)

(一) 社会主义法制建设日趋成熟

1978年3月,五届全国人大通过新中国第三部《宪法》。同年底召开的十一届三中全会强调"为了保障人民民主,必须加强社会主义法制",作出了健全社会主义民主和加强社会主义法制的重大决策。1979年9月,中共中央发出《中共中央关于坚决保证刑法、刑事诉讼法切实实施的指示》,第一次在党内使用了"社会主义法治"的概念。

[①] 公丕祥:《当代中国马克思主义法学发展的新境界》,载《光明日报》2016年8月13日。

1980年11月20日至1981年1月25日,依法审判"林彪、江青反革命集团"案件,表明开始注重用法律手段解决政治问题,也表明社会主义法制建设开始走向成熟。

截至1998年,全国人大及其常委会共制定了法律和有关法律问题的决定三百三十三部,国务院制定行政法规七百多部,地方人大及其常委会制定了六千余部地方性法规,国务院部委和省、市地方政府制定行政规章三万余件,社会主义法制建设日趋成熟。

(二) 社会主义法律体系基本形成

从十一届三中全会开始,我国进入了实施依法治国方略的理论准备和初步实践阶段。自六届全国人大起,立法越来越多,开始提出法律需要分类、要考虑法律体系的问题;七届全国人大提出加强经济立法;八届全国人大提出"建立市场经济法律体系";九届全国人大提出初步形成中国特色社会主义法律体系的立法目标;十届全国人大明确提出"以基本形成中国特色社会主义法律体系为目标、以提高立法质量为重点"的立法工作思路;十一届全国人大提出形成并完善中国特色社会主义法律体系的立法工作目标。

截至2009年8月,全国人大及其常委会制定的现行有效的法律共二百二十五件(改革开放后制定二百二十四件)。至2011年3月,以宪法为核心,以法律为主干,包括行政法规、地方性法规等规范性文件在内的,由七个法律部门、三个层次法律规范构成的中国特色社会主义法律体系已经基本形成。

三、中国特色社会主义法律体系新时期(2011年至今)

(一) 社会主义法律体系进一步完善

自2011年中国特色社会主义法律体系基本形成至今,是中国特色社会主义法律体系完善时期。截至2017年9月,我国现行有效法律二百六十部,行政法规七百多部,地方性法规一万余部,中国特色社会主义法律体系得到了进一步完善。

我国"十三五"(2016—2020年)规划纲要在"全面推进法治中国建设"一章中依然将"完善以宪法为核心的中国特色社会主义法律体系"放在首位。近年来,我国更加注重科学立法和民主立法,党的十八届四中全会明确指出,良法是善治之前提,强调用法治思维、法治方式解决治理问题。法治应当成为国家治理的核心行为方式。

(二) 全面推进依法治国的新时代

党的十九大报告对过去全面依法治国实践进行了理论总结,也对新时代法学研究提出了新的任务,应当充分认识到全面推进依法治国是关系我们党执政兴国、关系人民幸福安康、关系党和国家长治久安的重大战略问题,是完善和发展中国特色社会主义制度、推进国家治理体系和治理能力现代化的重要方面,中国特色社会主义法律体系已然进入了新时代。

改革开放以来,中国特色社会主义法治建设实现了从法制到法治,从依法治国到全面推进依法治国,从"有法可依、有法必依、执法必严、违法必究"十六字方针到"科学立法、严格执法、公正司法、全民守法"的新十六字方针,从法律体系到法治体系,从法律之治到良法善治的重大转变,取得了一系列历史性成就。

第三节 法律门类及内容意义

一、宪法与宪法性法律

(一)新中国宪法与社会主义宪法制度

1. 临时宪法与"五四宪法"的制定。1949年9月29日,中国人民政治协商会议第一届全体会议通过了起着临时宪法作用的《中国人民政治协商会议共同纲领》,共七章六十条。1954年,我国第一部社会主义宪法——《中华人民共和国宪法》正式颁布,该法又称"五四宪法",共四章一百零六条。人民民主专政制度、人民代表大会制度、民族区域自治制度等重要国家政治制度,都是这部宪法首先确定下来并一直沿用至今的。

"文革"期间,"五四宪法"所规定的国家机构遭到破坏,人民代表大会停止工作,人民政府被"革命委员会"代替,公民的宪法权利和自由受到冲击,临时性政策代替一切。

2. "七五宪法"与"七八宪法"。1975年1月17日,四届全国人大通过第二部《宪法》,又称"七五宪法"。这部宪法将原有的一百零六条削减到三十条,以"阶级斗争必须年年讲,月月讲,天天讲"的"基本路线"以及"无产阶级专政下继续革命学说"为理论指导。

1978年3月5日,五届全国人大第一次会议通过第三部《宪法》。该宪法又称"七八宪法",共四章六十条,党的十一大制定的新时期总任务被以法律形式肯定下来,开始有意识地清算"文革"遗毒,并部分恢复"五四宪法"规定的公民基本权利。这部宪法既反映了当时拨乱反正的成果,也反映了"两个凡是"的错误思想。

1980年,五届全国人大第三次会议取消"七八宪法"关于公民有"四大自由(大鸣、大放、大辩论、大字报)"的规定,表明了国家建立法律秩序和民主程序的决心。

(二)现行宪法的制定与修改

1. "八二宪法"的制定及内容。随着党的十一届三中全会的召开,我国开始全面拨乱反正。制定一部全面反映新时期党和人民共同意志的新宪法,成为一项迫切的任务。1982年12月4日,五届全国人大第五次会议通过了第四部《宪法》,即现行《宪法》,又称"八二宪法",该宪法为我国立法史上第一部公开表决的法律。

"八二宪法"以"五四宪法"为基础,根据社会主义建设新时期的需要和中共十一届三中全会以来的重要文件,将条文增至一百三十八条,明确规定和阐明了我国的政治制度、经济制度、公民的权利和义务、国家机构的设置和职责范围、今后国家的根本任务等;对"一国两制"的战略构想进行了原则规定;具体指出国家的工作重点应转移到社会主义现代化建设上来;将国家性质由"七五宪法"和"七八宪法"所规定的"无产阶级专政"恢复为"五四宪法"规定的"人民民主专政";将知识分子与工人、农民并列为三支基本的社会力量;恢复设立国家主席;中央军委主席改由全国人大选举;国务院实行总理负责制;规定国家、全国人大、国务院领导人连续任职不得超过两届,取消了领导职务的终身制;新增"公民的人格尊严不受侵犯"的条文;承认国营、集体、个体三种经济都不可缺少,申明国家保护个体经济的合法权益,为我国社会主义法制建设提供了坚实基础,标志着我国开始正式迈出健全和完善社会主义法制的步伐。

2. 历次修宪与宪法修正案。

(1) 历次修宪概况。改革开放以来,宪法与改革呈现良性互动。随着改革的深化,修宪不可避免。"八二宪法"历经1988年、1993年、1999年、2004年和2018年的5次修改和31条宪法修正案,内容从扩大人民民主、对公民的自由和权利作了充分和明确的规定,到确立依法治国、建设社会主义法治国家的基本方略。

历次修宪无不体现了我们党和国家对基本国情和国家根本任务、经济体制、非公有制经济的宪法地位、完善保护公民私有财产的制度、基本治国方略等重大问题认识的不断深化。

(2) 宪法修正案的内容及意义。1988年,我国第一次采用《宪法修正案》的形式修宪,该修正案由七届全国人大第一次会议通过,增加规定"国家允许私营经济在法律规定的范围内存在和发展",同时将有关条款修改为"土地的使用权可以依照法律的规定转让。"

1993年,八届全国人大第一次会议通过第二个《宪法修正案》。"社会主义初级阶段"和"建设有中国特色的社会主义"及"改革开放"入宪,"家庭联产承包为主的责任制"取代了"人民公社","市场经济"则取代了"计划经济"。

1999年,九届全国人大第二次会议通过了第三个《宪法修正案》。"邓小平理论"入宪;确认了我国实行依法治国,建设社会主义法治国家;明确了我国将长期处于社会主义初级阶段,确立了我国社会主义的基本经济制度和分配制度;修改了我国的农村生产经营制度;确立了非公有制经济在社会主义市场经济中的地位;将"反革命的活动"修改为"危害国家安全的犯罪活动"。

2004年,十届全国人大第二次会议通过了第四个《宪法修正案》。"三个代表"重要思想入宪,确立了其在国家政治和社会生活中的指导地位。同时,规定了"公民的合法的私有财产不受侵犯""国家尊重和保障人权""国家鼓励、支持和引导非公有制经济的发展,并对非公有制经济依法实行监督和管理"等内容。

2018年,十三届全国人大第一次会议通过了第五个《宪法修正案》。增加了"科学发展观"与"习近平新时代中国特色社会主义思想",确立习近平新时代中国特色社会主义思想在国家政治和社会生活中的指导地位,以根本法形式将十九大报告中形成的党的主张上升为国家意志;把"中国共产党领导是中国特色社会主义最本质的特征"写入宪法总纲第一条;删去国家主席"连续任职不得超过两届"的具体规定,完善国家主席任期任职制度;宪法宣誓制度入宪;成立宪法和法律委员会,开展合宪性审查工作;深化国家监察体制改革,为监察法的制定提供了宪法依据和保障;等等。总之,这次修宪体现了党和国家事业发展的新成就、新经验、新要求,必将更好地发挥宪法的规范、引领、推动、保障作用,在法治轨道上更好地坚持和发展中国特色社会主义。

当前,我国已开启全面依法治国新时代,正式提出了"依宪治国"和"依宪执政"的理念,凸显了宪法作为国家根本法的崇高地位和至上权威,体现了我国社会主义法治原则的基本要求。

二、行政法律制度

(一) 行政立法与法治政府建设

1. 改革开放之前行政法制的演变。

(1) 行政法制的内容与特点。1949年至1952年,我国颁布的行政法规有一百多部,到1956年激增至七百多部。① 《中国人民政治协商会议共同纲领》第十九条第二款规定:"人民和人民团体有权向人民监察机关或人民司法机关控告任何国家机关和任何公务人员的违法失职行为。"该规定为行政诉讼制度的建立,为现代行政法的创设奠定了宪法基础。然而,这一规定未能在"五四宪法"得到明确。

20世纪50年代至70年代末,我国颁布的行政法规主要是单方面规定行政管理相对人的义务和责任,以及行政机关在行政管理过程中享有的权力,普遍缺少约束行政机关和保护相对人的权利救济规范,结构简单,条文较少。如1951年《印铸刻字业暂行管理规则》仅十条,1965年《边防检查条例》才十二条。

(2) 行政法制发展的亮点与剧变。1954年国务院发布的《海港管理暂行条例》与1957年全国人大常委会制定的《治安管理处罚条例》是改革开放前三十年我国行政法制建设的两个亮点。《海港管理暂行条例》第二十条规定:"港务局如无任何法令根据,擅自下令禁止船舶离港,船舶得向港务局要求赔偿由于禁止离港所受之直接损失,并得保留对港务局之起诉权。"这一条例是我国最早明确规定行政诉讼的单行法规,可惜未能普及和发展。

1957年的《治安管理处罚条例》注重保障被处罚人的权利,在当时的历史条件下非常突出。其中第十八条规定了公安机关执行治安管理处罚时应当遵守的基本程序,明确规定治安管理被处罚人享有申诉权。同时,还规定了从轻和免于处罚的法定情形。

从50年代后期开始,行政立法数量急剧减少:1958年行政法规的数量即由两年前的七百多件锐减到一百四十七部,1960年减至五十部,1966年仅为八部,而在1966年4月至1976年的十年间,除1975年1月有一部外,其余皆为零。在这种情况下,行政依据主要是上级的政策、命令、指示和决定。

2. 改革开放之后行政法制的发展。

(1) 行政内部法制建设。改革开放最初的十年间,行政立法最为活跃,取得了突出成绩。1989年《中华人民共和国法律全书》收录的法律、法规、规章等立法文件即已达到一千二百二十四部,绝大部分是改革开放以后颁布实施的行政立法。1987年4月21日国务院制定了《行政法规制定程序暂行条例》共四章二十一条,这是我国第一部专门规范行政立法活动的立法文件。

这一时期我国对行政组织内部活动的法制建设亦十分重视。例如1979年的《地方各级人民代表大会和地方各级人民政府组织法》和1982年的《国务院组织法》,基本建成我国行政机关组织法体系。此外,国务院还制定了一系列行政法规,规范行政机关内部事务以及行政机关工作人员的人事管理、组织纪律等,如《国家行政机关公文处理办法》(1987年)、《国

---

① 张庆福主编:《行政执法中的问题及对策》,中国人民公安大学出版社1996年版,第5-7页。

家行政机关及其工作人员在国内公务活动中不得赠送和接受礼品的规定》(1988年)、《国家行政机关工作人员贪污贿赂行政处分暂行规定》(1988年)等。

20世纪90年代以后,随着行政权力制约机制的发展与完善,行政法规范迅速成长。以国家公务员和行政监察的法制化为标志,我国行政内部法制建设取得了新的突破。1993年8月14日国务院制定《国家公务员暂行条例》,首次引入"国家公务员"概念,确立了"公开、平等、竞争、择优"以及"分类管理"原则,特别是创立了通过公开竞争考试录用低级初任公务员的制度,这是我国行政机关人事管理制度改革的重大突破。

(2) 单行行政法的制定。早在1990年国务院就制定了《行政监察条例》,以法律形式规定了行政监察的原则、行政监察机关以及行政监察人员的法律地位、职责权限、工作程序、法律责任等。1997年全国人大常委会在该条例的基础上制定《行政监察法》,进一步加强了对行政监察机关的法律规范和保障。

1996年10月1日起施行的《行政处罚法》是我国首部以特定具体行政行为为调整对象的单行法律。该法首次引入现代行政程序规则和听证制度,第一次明确规定违反基本程序规则的行政行为不能成立,从而拉开了我国行政程序法制建设的序幕。同时,首次确立了立法机关在没有上位法规定的情况下自行"设定"某种行政权力的立法权,这是我国立法制度进行的一次重要变革。

为适应加入WTO的要求,我国加速行政审批制度改革,出台了《行政许可法》,有力地推动了行政观念的转变和行政方式的变革,对最终完成计划经济体制向市场经济体制的转型,促进市场经济体制的进一步成熟和完善发挥了重大作用。

(3) 法治政府建设与行政法制。进入21世纪后,党和国家明确提出依法行政的核心是政府守法,法治行政观念在政治上的主导地位全面确立。2000年全国人大颁布《立法法》,进一步明确了行政法的立法体制和机制,特别是系统规定了行政法规和规章的立法制度,进一步改进和完善了立法监督制度。以《立法法》为依据,国务院于2001年分别制定了《行政法规制定程序条例》以及《规章制定程序条例》,形成了规范我国行政立法活动的法律体系和相对完备的法律制度。

2004年10月2日第二次修正通过的《国务院工作规则》第2条提出要"建设法治政府",并将"推进依法行政"专设为一章。一些地方和部门积极开展了政务公开的试点和实践,2007年4月5日,国务院颁布《政府信息公开条例》,在我国历史上第一次全面建立了政府信息公开制度,使我国行政法治建设向前迈进了一大步。2017年6月6日,国务院法制办已经公开了《政府信息公开条例(修订草案征求意见稿)》,共六章五十四条。

自2013年以来,国务院制定或修订行政法规四十三部,根据"放管服"改革要求,先后"一揽子"修订行政法规一百二十五部,在行政立法领域深入推进全面依法治国新征程。

(二) 行政救济与行政诉讼法

1. "民告官"与行政诉讼制度的确立。行政法起源于法院的判例,而非成文法。20世纪80年代我国行政法规规章的立法活动十分频繁,成效显著,但行政法治建设最重要的进展却在于系统建成了具有中国特色的人民法院对行政机关的司法审查(行政诉讼)体系,形成了我国行政法治的基本格局。

1982年试行的《民事诉讼法》初步确立了"民告官"的制度,但其适用的条件严格,范围有限。1987年以前法律允许起诉的行政案件均为经济行政案件,1986年修订的《治安管理处罚条例》突破了行政案件仅限于经济行政案件的状态,将公民的诉权扩展至治安行政案件,是促成行政诉讼普遍化、行政诉讼与民事诉讼完全分离以及制定一部独立的《行政诉讼法》的重要因素。2005年8月该条例上升为《治安管理处罚法》,并于2012年10月进行了修改。2017年1月16日,公安部公布了《治安管理处罚法(修订公开征求意见稿)》,准备对该法进行再次修改。

1989年制定并于1990年施行的《行政诉讼法》建立了普遍、独立的行政诉讼制度,使行政法的性质和作用发生了转折性的变化,从根本上改变了行政法单向约束行政管理相对人的状况,强化了"民告官"机制。

2. 行政诉讼带动的行政救济立法及修改。

(1)行政复议与国家赔偿制度。在行政诉讼制度的带动下,行政复议和国家赔偿制度先后发展起来,有关行政机关需要遵守的实体法规范不断增多和完善。

1988年前后,一些经济行政法律和行政法规开始使用行政复议的法律术语,正式确立了行政复议这样一种新型的行政救济途径。1991年的《行政复议条例》全面构建了我国的行政复议制度,规定了行政复议的范围、程序和法律责任。1999年10月1日起施行的《行政复议法》,第27条规定行政复议机关具有审查具体行政行为的依据是否合法的责任,第28条新增了"确认具体行政行为违法"的处理方式等,是对《行政复议条例》重要的修改和补充。

1989年的《行政诉讼法》第九章专门对行政侵权赔偿责任作了规定,但比较笼统,也未涉及行政侵权以外的其他国家侵权损害行为的赔偿问题。1995年1月1日起施行的《国家赔偿法》则全面建立了国家行政和司法赔偿制度。[①]

(2)行政诉讼法的新发展。2014年11月1日,十二届全国人大常委会第一次修改《行政诉讼法》,扩大了受案范围,立案不受干预,行政首长出庭应诉,可跨区域管辖,起诉期限延长,明确提出要解决的行政争议,增加复议机关作为共同被告等内容。

2017年6月27日十二届全国人大常委会再次修改《行政诉讼法》,正式确立了行政公益诉讼制度,涵盖生态环境和资源保护、食品药品安全、国有财产保护和国有土地使用权出让等行政公益诉讼类型,丰富了我国行政诉讼制度的具体类型,拓展了我国行政诉讼的受案范围,进一步提升了行政诉讼的社会价值。

三、刑事法律制度

(一) 刑法典的制定与修订

1. 1979年《刑法》的制定。

(1)政策与单行刑法并行时期。从1949年到1979年《刑法》的颁布,新中国成立之初的30年内,刑法处于空白状态。这个时期虽然没有刑法,但并不等于没有任何规范性治理。这种规范性治理主要依赖于政策,同时颁布了若干单行刑法,例如《惩治反革命条例》(1951

[①] 冯军:《行政法制六十年:回顾与思考》,载《学习时报》2009年10月12日。

年)、《妨害国家货币治罪暂行条例》(1951年)和《惩治贪污条例》(1952年)。而普通刑事犯罪，例如杀人、放火、强奸、抢劫等，则缺乏应有的刑法规范。

"文革"以后，由于当时还没有统一的刑法典来规定刑罚体系，各地人民法院使用的刑罚名称很不一致，有的是同种异名，有的是同名异种。在这种情况下，1956年最高人民法院对刑事案件的罪名、刑种进行了研究总结，把各地适用过的刑种整理为十个，对我国现行刑法实施以前统一各地人民法院的刑罚起到了重要作用。

(2) 1979年《刑法》的起草与颁行。我国第一部《刑法》虽是1979年颁布的，但其准备工作起始于1978年，刑法草案则可以追溯到1950年。从1950年到1963年，刑法已起草了三十三稿。之后，刑法起草工作长期处于停滞状态。

1979年2月中旬，全国人大常委会法制委员会宣告成立，在彭真的主持下，刑法草案以第三十三稿为基础，结合新情况、新经验和新问题作了较大的修改，最后于7月1日获得通过，自1980年1月1日起施行。

2. "严打"时期的单行刑法。自20世纪80年代初期开始，犯罪形势发生了重大变化，尤其是经济领域的体制改革，使得对1979年《刑法》的修改迫在眉睫。在这一背景下，我国进入了"严打"的刑事周期。1983年、1996年、2001年相继发动了三次"严打"。1979年《刑法》的修改补充，正是在1983年"严打"的背景下展开的。

(1) 有关普通刑事犯罪。1979年《刑法》的修改补充主要采取了单行刑法的方式，立法机关先后颁布了二十四个决定或者补充规定，其中涉及普通刑事犯罪的主要有1988年9月5日《关于惩治泄露国家秘密犯罪的补充规定》、1988年11月8日《关于惩治捕杀国家重点保护的珍贵、濒危野生动物犯罪的补充规定》、1990年6月28日《关于惩治侮辱中华人民共和国国旗国徽罪的决定》、1990年12月28日《关于惩治走私、制作、贩卖、传播淫秽物品的犯罪分子的决定》、1990年12月28日《关于禁毒的决定》、1991年6月29日《关于惩治盗掘古文化遗址古墓葬犯罪的补充规定》、1991年9月4日《关于严惩拐卖、绑架妇女、儿童的犯罪分子的决定》、1991年9月4日《关于严禁卖淫嫖娼的决定》、1992年12月28日《关于惩治劫持航空器犯罪分子的决定》、1994年3月5日《关于严惩组织、运送他人偷越国(边)境犯罪的补充规定》。这些修改和补充有些是对刑法已有规定但已过时的内容的修改，有些是对刑法没有规定但需要规定的内容的补充。

(2) 有关经济刑事犯罪。相对于普通刑事犯罪，1979年《刑法》对经济犯罪的规定更是欠缺。因此，单行刑法还对经济犯罪作了大量的修改补充。二十四个单行刑法涉及经济刑事犯罪的主要有1988年1月21日《关于惩治贪污罪贿赂罪的补充规定》、1988年1月21日《关于惩治走私罪的补充规定》、1992年9月4日《关于惩治偷税、抗税犯罪的补充规定》、1993年2月22日《关于惩治假冒注册商标犯罪的补充规定》、1993年7月2日《关于惩治生产、销售伪劣商品犯罪的决定》、1994年7月5日《关于惩治侵犯著作权的犯罪的决定》、1995年2月28日《关于惩治违反公司法的犯罪的决定》、1995年6月30日《关于惩治破坏金融秩序犯罪的决定》、1995年10月30日《关于惩治虚开、伪造和非法出售增值税专用发票犯罪的决定》。以上单行刑法分为补充规定和决定两种形式。其中，补充规定是对1979年《刑法》原有罪名的修改补充，例如《关于惩治贪污罪贿赂罪的补充规定》。决定是指对1979年《刑法》原来没有规定的内容所作的补充规定，例如《关于惩治虚开、伪造和非法出售增值税专用发票犯罪的决定》。

3. 1997年《刑法》的出台。1997年《刑法》是在我国从计划经济向市场经济体制过渡并已初步建立市场经济的情况下修订的,包括总则、分则、附则三部分,共十五章四百五十二个条文,其修改幅度之大、涉及范围之广,在新中国刑法史上是空前的。

1997年《刑法》将1979年《刑法》没有规定的罪刑法定原则、法律面前人人平等原则和罪刑相适应原则确定为基本原则,是健全我国刑事立法体系的重要标志之一。其内容比1979年《刑法》更为完善,且增强了可操作性,实现了刑法的统一性和完备性,标志着我国刑事立法进入了一个新的历史发展阶段。

(二) 后刑法典时代的刑事法律制度

1. 从单行刑法到刑法修正案。在1997年《刑法》生效一年多时间后,亚洲金融危机爆发,外汇领域出现了大量的违法犯罪。为了有力地打击骗购外汇、逃汇、非法买卖外汇的违法犯罪行为,1998年12月29日,九届全国人大常委会第六次会议通过了《关于惩治骗购外汇、逃汇和非法买卖外汇犯罪的决定》。该决定增设了骗购外汇罪,同时对逃汇罪的主体作了修改,并提高了法定刑。此外,还对非法买卖外汇行为的定罪问题作了规定。

值得注意的是,立法机关对《刑法》采取决定的方式进行修改补充,属于单行刑法,实际上延续了1997年《刑法》修订之前的习惯。

2. 十个刑法修正案。

(1) 刑法修正案的问世与适用。1999年10月18日,九届全国人大常委会委员长会议同意采用修正案方式修改刑法,单行刑法的修改方式被取代,使刑法更便于引用和编纂。从1999年开始,我国分别于1999年、2001年(2次)、2002年、2005年、2006年、2009年、2011年、2015年、2017年颁布了十个刑法修正案。

通常情况下,除非进行正式的刑法修改,一般都不会对总则进行修订。但《刑法修正案(八)》和《刑法修正案(九)》则涉及对刑法总则规范较为重大的修改,其余刑法修正案仅是对刑法分则进行了修改。

(2) 修改总则的刑法修正案。《刑法修正案(八)》和《刑法修正案(九)》主要对刑罚结构进行了调整,具体表现为减少死刑和加重生刑这两个方面。减少死刑主要是废除了部分死刑罪名,其中,《刑法修正案(八)》废除了十三个死刑罪名,《刑法修正案(九)》又废除了九个死刑罪名。加重生刑主要是指提高死缓和无期徒刑的实际执行期限,加大对这两种刑罚的惩治力度,尤其是对于死缓,通过限制减刑和设置终身监禁的方法,延长了实际执行期限。刑法修正案对刑法分则的修改表现为修改旧罪和增设新罪这两方面,其中以增设新罪为主。为了保障2017年施行的《国歌法》,2017年11月4日通过的《刑法修正案(十)》将公共场合侮辱国歌的行为入刑,情节严重的可处三年以下有期徒刑。①

总之,我国刑法经历了从无法可依到有法可依的巨大转变,并且通过刑法的不断修改而日趋完善。

(三) 刑事诉讼法律制度

1. 刑事诉讼法的缺位时期。新中国成立初期并未制定刑事诉讼法典,只在《宪法》和若

---

① 陈兴良:《回顾与展望:中国刑法立法四十年》,载《法学》2018年第6期。

干单行法规中对司法机关体系以及一些刑事诉讼原则和程序作出规定。1954年9月,一届全国人大制定和颁布了《人民法院组织法》《人民检察院组织法》,同年12月颁布了《逮捕拘留条例》,其中就包括一些刑事诉讼原则和制度,这些成为当时刑事诉讼活动的重要依据。与此同时,制定刑事诉讼法的准备工作也在进行,1954年中央人民政府法制委员会起草了《刑事诉讼条例》草案,共七编三百二十五条。1957年,拟出《刑事诉讼法(草稿)》,1963年形成《刑事诉讼法草案(初稿)》,条文数量减到二百条。"文革"期间,立法活动被彻底搁置,导致新中国成立后的三十年间没有刑事诉讼法典。

2. 刑事诉讼法的制定和修改。

(1) 两次刑事诉讼法的修改及内容。1979年2月成立的全国人大常委会法制工作委员会,在1963年《刑事诉讼法草案(初稿)》的基础上,起草了新草案,并于当年6月提请五届全国人大第二次会议审议,后于1979年7月1日通过,自1980年1月1日起实施。1979年《刑法》具体分为四编:第一编,总则;第二编,立案、侦查和提起公诉;第三编,审判;第四编,执行,共一百六十四条。该法对于保证准确及时地惩罚犯罪,保障改革开放和社会主义现代化建设的顺利进行,发挥了重要作用。

早在20世纪80年代,八届全国人大常委会就已将《刑事诉讼法》的修改列入立法规划。1993年,全国人大常委会法制工作委员会开始针对《刑事诉讼法》展开调研,并委托专家提出修改建议稿。在此基础上,1995年全国人大常委会法制工作委员会拟订了《刑事诉讼法修正案(草案)》并提交全国人大常委会。1996年3月5日,再次提交八届全国人大第四次会议审议,1996年3月17日获得通过。修改后的《刑事诉讼法》仍为四编,共二百二十五条,其中修改内容达一百一十多处,增加条文六十一条,重要内容包括:① 完善基本原则;增加规定了未经人民法院依法判决,对任何人不得确定有罪原则;人民检察院对刑事诉讼实行法律监督原则;司法协助原则等。② 对公检法机关的立案管辖作出修改,缩小了人民检察院自行侦查案件的范围。③ 完善强制措施。④ 完善辩护和法律援助,增加规定刑事诉讼代理。⑤ 扩大不起诉的适用范围。⑥ 增设简易程序,对庭审方式和案卷移送作出修改,强化控辩双方的作用。⑦ 完善刑事执行程序。

(2) 第三次刑事诉讼法的修改及内容。与刑事诉讼法相关的一些重要部门法陆续作出修正,例如,2006年修改《未成年人保护法》,2007年修改《律师法》,2010年修改《国家赔偿法》。然而,在这些法律修改实施之后,《刑事诉讼法》中有些规定与上述法律规定不一致甚至存在矛盾。于是,十届全国人大常委会法制工作委员会自2009年开始进行《刑事诉讼法》修改的研究起草工作,并形成了草案。十一届全国人大常委会第二十二次会议审议了《刑事诉讼法修正案(草案)》,于2012年3月14日表决通过。该修正案在总则中明确写入"尊重和保障人权"。这是自宪法有规定以来,我国部门法第一次有了人权规定。2018年第三次修正的《刑事诉讼法》共涉及刑诉法如何与监察法衔接、刑事缺席审判制度与速裁程序入法等三方面内容,不涉及对刑事诉讼法基本原则的修改。

四、民商事法律制度

(一) 民法典的制定与内容

1.《民法通则》的制定历程及其内容。

因民法典编纂时机不成熟,1986年只是通过了《民法通则》,规定了各个民事领域的一般规则。《民法通则》是我国第一部调整民事关系的基本法律,也是我国民法立法发展史上的一个新的里程碑。

《民法通则》确定了民法的基本内容、原则以及基本制度,第一次以基本法的形式明确规定了公民和法人的民事主体地位,并采取列举方式全面规定了公民和法人所享有的财产所有权和与财产所有权有关的财产权、债权、知识产权和人身权,全面宣示公民、法人所享有的民事权利,这在中外民事立法史上是少见的。

《民法通则》以基本法的形式宣示了对公民人身权利的保护,第一次在法律上确认公民依法享有的各项人格权,突出了对人的尊重,体现了以人为本的理念,也充分体现了现代民法所贯彻的人文主义精神。同时,该法第一次在法律上规定了系统、完整的民事责任制度,为民事权利的保护确立了基本规则。总之,《民法通则》的诞生标志着我国民法立法进入了完善化、系统化阶段,为民法典的问世奠定了基础、开辟了道路。

2. 民法典的编纂与《民法总则》的制定。

(1) 民事法律体系发展与民法典编纂。新中国成立以来,分别于1954年、1962年、1979年、2002年四次组织民法典编纂,但基于经济、政治、社会和学术等方面的原因,均未成功。在《民法通则》颁布后,我国民事法治发展突飞猛进,进入了民事法律体系得以全面构建的三十年时期,财产关系和人身关系领域的相关民事立法相继出台。另外,司法解释和一些涉民事领域的公法也使民法规范日渐完善。

2014年,党的十八届四中全会通过的《中共中央关于全面推进依法治国若干重大问题的决定》明确提出要"加强重点领域立法",特别是"加强市场法律制度建设,编纂民法典",这是党中央的文件中第一次提出编纂民法典。自此,立法机关正式重启了民法典编纂工作。

(2)《民法总则》的体系与内容。2017年3月15日,十二届全国人大通过了《民法总则》,实质性地推进了我国民法典的编纂进程。《民法总则》采取"提取公因式"的方式,确立了民商事活动所共同遵循的基本规则,完善了民事主体、民事权利、民事法律行为、代理、民事责任、时效等制度,极大地推进了我国民事立法体系化进程。《民法总则》确立了普遍适用于各个民事立法的基本制度和规则,消除了各个民事立法相互之间的冲突和矛盾,使民事立法体系更加和谐一致。《民法总则》继续采纳《民法通则》的经验,专设"民事权利"一章,集中确认和宣示自然人、法人、非法人组织所享有的各项民事权利,充分彰显了民法对私权保障的功能。该法完善了社会主义市场经济的法律规则,确认了自愿原则,弘扬了私法自治理念,充分保障了民事主体的行为自由,有力地维护了社会主义市场经济的法律环境和法治秩序。该法从维护广大人民群众的根本利益出发,广泛确认了民事主体所享有的各项权益,规定了胎儿利益保护规则、民事行为能力制度、老年监护制度、英烈人格利益保护等,实现了对人"从摇篮到坟墓"各个阶段的保护。

(二) 民商事法律的制定

1. 渐进式的民事立法。

(1) 民事单行法的制定。随着改革开放的深化和社会主义市场经济的发展,我国陆续制定了一系列规范市场活动的民事单行法。例如,1987年颁布《技术合同法》,1988年颁布《中外合作经营企业法》,1990年颁布《著作权法》,1991年颁布《收养法》,1993年颁布《公司法》,1995年颁布《担保法》《保险法》《票据法》,1996年颁布《乡镇企业法》《拍卖法》,1998年颁布《证券法》。尤其具有标志性的民事立法是1999年的《合同法》,该法将《经济合同法》《涉外经济合同法》和《技术合同法》统一,结束了我国合同立法"三足鼎立"导致的相互重复、不协调、凌乱的局面,实现了合同法的统一化和体系化,这在完善社会主义市场经济的法律体系方面迈出了重要一步。

1999年以来,我国又先后制定了一系列的民事法律,例如2002年颁布《农村土地承包法》,2007年颁布《物权法》。其中,《物权法》是我国民事立法史的里程碑,该法的制定历时十三年,经八次审议,创下了法律草案审议之最,全面规定了所有权、用益物权、担保物权,并对国家所有权、集体所有权和私人财产所有权设置了比较完备和明确的法律规范,构建了产权制度的基本框架,有力地维护了社会主义基本经济制度。

《物权法》之后,2009年颁布的《侵权责任法》也是我国民事立法史上的标志性事件,该法是一部系统、全面保护人格权、物权、知识产权等民事权益的法律,标志着我国侵权法与传统债法的成功分离,且构建了具有中国特色、符合时代特征的侵权责任法内在体系。该法针对产品责任、环境污染、高度危险责任、医疗损害责任、缺陷产品召回、医疗器械缺陷等作出了明确规定,适应了我国社会在新的历史时期的特殊需求,为民法典的颁行奠定了基础。

在婚姻继承制度方面,1950年《婚姻法》完成了破旧(废除旧的封建主义的婚姻家庭制度)立新(建立新民主主义的婚姻家庭制度)的伟大使命之后,1980年9月五届全国人大颁布了修改后的《婚姻法》,该法又在2001年进行了重要的修订。另外,1991年颁行了《收养法》,为通过收养形成拟制血亲关系提供了基本的法律规范。1985年制定了《继承法》,明确了私有财产的继承权受法律保护的原则,但当前有进一步修改的必要。

为了满足我国创新型国家建设的需要,我国建立了比较完备的知识产权制度,《著作权法》《商标法》《专利法》对于著作权制度、商标制度和专利制度都作了比较完备的规定,对于激励创新、保护智力成果发挥了重要作用。

(2) 民法典的立法模式。与许多西方国家(如法国、德国等)一次性地颁行民法典不同,我国采用"成熟一个、制定一个"的办法,选择了一条民事单行立法先行,进而统合为民法典的渐进式立法路线,符合我国转型社会的特点。但此种立法模式也存在其局限性,无法对民法立法进行整体性、体系性的考量。目前在《民法总则》制定之后,立法机关正在加紧民法典其他分则的制定,力争在2020年颁行一部符合中国国情、面向21世纪的民法典。①

总之,改革开放以来我国形成了基本齐备的民事法律制度,构建了适应市场经济需要的法律体系和基本的民事权利体系,确立了私法自治等民事基本理念,在体系、制度、概念和理念等方面均有重大创新。

---

① 王利明:《回顾与展望:中国民法立法四十年》,载《法学》2018年第6期。

2. 商事立法的进程。

(1) 商事立法的发展与独立。新中国成立后,为建立以生产资料公有制为基础、高度集中的计划经济体制,全盘否定商品经济和市场,否定商人的地位和价值,从理论上认定"商事"即"营利性行为"是造成资本主义剥削的根源。虽然最初几年里,政策上允许私营工商业继续存在和发展,但1956年以后被彻底否定,商法在我国基本消失。

1978年以后,以营利性为本质特征的商事活动重回中国历史舞台,到1992年,我国商法在六个方面取得了重大的历史飞跃:农村承包经营户的出现;个体工商户的发展;国有、集体企业的改革;合资经营的产生;经济特区的建立;商事审判制度的显现。随着党的十四大提出建立社会主义市场经济体制,中国商法走进了争议与创制期。这个时期大量的商事部门法颁布,商法在与民法、经济法的争论中获得了独立地位。

(2) 商事立法体系与司法机制的完善。2001年至今,随着经济体制改革不断向纵深发展,改革初期制定的商事立法与市场经济的不协调之处日益暴露出来,这些法律法规已无法适应新形势的发展。于是,修订、完善已有的商法成为这一时期商事立法的主要任务。1993年颁布的《公司法》分别于2004、2005、2013、2018年进行修订,其中2005、2013年两次修订最为广泛深入。同样,1998年颁布的《证券法》分别于2004、2005、2013、2014年修改完善。《保险法》在2002、2004、2015年被三次修订,《票据法》也于2004年被修订。2006年废除《企业破产法(试行)》,制定新的《企业破产法》,确立适用于所有企业法人的破产程序。同年修改《合伙企业法》,增加有限合伙制度,明确法人可以参与合伙。最高人民法院也注重总结审判经验,弥补法律漏洞,从2006年至2018年,共颁布了四个《公司法》司法解释以及两个《破产法》司法解释。

在商事审判机制创新方面,2009年4月,最高人民法院首次正式在会议中使用"商事审判"称谓。2010年8月,"商事审判"正式成为人民法院审判工作的重要组成部分。2016年6月,最高人民法院在四个直辖市、十一个省的省会城市和副省级市中级人民法院设立清算与破产审判庭。2017年8月,最高人民法院拟在金融案件相对集中的地区选择部分法院设立金融审判庭,探索实行金融案件的集中管辖。在其他金融案件较多的中级人民法院,可以根据案件情况设立专业化的金融审判庭或者金融审判合议庭。另外,2018年1月23日中央全面深化改革领导小组办公室审议通过《关于建立"一带一路"争端解决机制和机构的意见》,根据设计方案,最高人民法院拟在北京、西安、深圳设立国际商事法庭,涉外商事审判将开启我国商事审判的新时代。①

(三) 民事诉讼法律制度

1. 民事诉讼法制的建立。

(1) 民事案件审判的经验总结。中央人民政府法制委员会于1950年12月31日草拟了《诉讼程序试行通则(草案)》,是新中国第一部诉讼草案,也是我国民事诉讼法制建设的开端。但基于多方面的原因,这部通则未能颁布实施。这部通则除了规定总则外,还对民事诉讼的管辖、起诉、代理、调解、审判、判决、上诉、抗告、再审、执行、监督审判等制度作了规定,为此

---

① 范健:《中国商法四十年(1978—2018)回顾与思考——中国特色市场经济主体与行为制度的形成与发展历程》,载《学术论坛》2018年第2期。

后民事诉讼法律规范的制定打下了良好的基础。

1956年10月,最高人民法院总结了新中国成立以来的民事审判经验,印发了《关于各级人民法院民事案件审判程序总结》,较为全面、系统地规定了民事审判程序,纠正审判实践中存在的错误。其不足在于没有对诉讼管辖作出规定。该总结的出台标志着我国民事诉讼法制将从建立阶段向发展阶段过渡。

(2)民事诉讼立法的起步与重创。1957年下半年开始,"左"的思潮在全国开始泛滥,刚刚起步的民事诉讼法制建设处于停滞状态,某些方面还有倒退。1957年最高人民法院又草拟了《民事案件审判程序(草案)》,但未能通过。

1963年,第一次全国民事审判工作会议提出"调查研究,就地解决,调解为主"的民事审判工作方针。1964年,民事审判工作的方针又进一步发展为"依靠群众,调查研究,就地解决,调解为主",形成了比较完整的民事审判工作方针,国家的民事诉讼法制建设露出了一线生机。但是好景不长,"文革"期间,民事诉讼法制建设遭到重创。

2. 民事诉讼法制的发展。

(1)从试行到1991年《民事诉讼法》。"四人帮"被粉碎之后,为了适应当时审判实践的需要,在国家制定和颁布民事诉讼法典以前,最高人民法院于1979年2月印发了《人民法院审判民事案件程序制度的规定(试行)》,其与1956年最高法院印发的《关于各级人民法院民事案件审判程序总结》基本精神相同,只是对案件的管辖作了规定,弥补了1955年总结的不足。

1979年9月,全国人大法制工作委员会开始起草《民事诉讼法》。1982年通过和颁布了《民事诉讼法(试行)》,标志着我国民事诉讼法制建设的全面恢复和发展。1984年8月,最高人民法院印发了《最高法院关于贯彻执行〈民事诉讼法(试行)〉若干问题的意见》。同时,最高人民法院还通过了《民事诉讼收费办法(试行)》。在《民事诉讼法》试行近十年后,1991年4月9日七届全国人大通过《民事诉讼法》,共四编二十九章二百七十条。

(2)民事诉讼法的三次修正。自《民事诉讼法》颁布以来,最高人民法院先后发布了一百多个相关司法解释,其中有相当一部分已突破了《民事诉讼法》的规定。于是,2003年3月,十届全国人大常委会将《民事诉讼法》的修订工作纳入立法规划。2007年10月28日,十届全国人大常委会通过了《关于修改〈中华人民共和国民事诉讼法〉的决定》,对民事诉讼法进行了第一次修正,主要涉及以下内容:① 扩大了拘留适用的对象,并且提高了罚款数额;② 明确规定当事人向上一级人民法院申请再审,并且规定了再审的审查期间;③ 细化了当事人申请再审的具体事由;④ 明确规定特殊情形下当事人申请再审的期间可以延长;⑤ 完善了检察机关的抗诉制度;⑥ 增加了执行管辖的法院,并且延长了当事人申请执行的期间;⑦ 赋予当事人等相关权利,规范执行行为;⑧ 强化执行措施,促使被执行人依法履行义务。另外,还删去了"企业法人破产还债程序"这一章。

由于此次修改仅立足于局部,难免有局限性。于是,全国人大法制工作委员会从2010年又开始着手《民事诉讼法》的修订,于2011年形成了《民事诉讼法修正案(草案)》。2012年8月31日,十一届全国人大常委会通过了《关于修改〈中华人民共和国民事诉讼法〉的决定(第二次修正)》。此次修改民事诉讼法的决定共六十条,对原《民事诉讼法》的修改和增加共八十多处,主要内容包括:① 完善调解与诉讼相衔接的机制;② 进一步保障当事人的诉讼权利;③ 完善当事人举证制度;④ 完善简易程序;⑤ 强化法律监督;⑥ 完善审判监督程序,使再审审级维持"上调一级"制度;⑦ 完善执行程序,加大对拒不履行的惩处力度。《最高人民法院关于适用〈中华人民共和国民事诉讼法〉的解释》已于2015年2月4日施行。

2017年6月27日,十二届全国人大常委会通过了《关于修改〈中华人民共和国民事诉讼法〉的决定(第三次修正)》,重点确认人民检察院的公益起诉主体资格,完善了公益诉讼的主体内容,对损害社会公共利益的行为起到一定的威慑作用。

五、经济法律制度

(一)改革开放前的经济法制

1. 新中国成立初期到社会主义改造时期的经济法制。新中国成立初期(1949-1952年),由于中央决定迅速恢复在旧中国遭到严重破坏的国民经济,努力争取国家财政经济状况的基本好转,国家在没收官僚资本及清除其他封建关系的同时,重点围绕土地改革和加强财政、金融管理,颁布了一些重要的法律法规,如《土地改革法》(1950年)。经济法制呈现出了显著的实效,在一定程度上增强了国家对控制经济的信心。

在社会主义改造时期(1953-1956年),从1952年下半年开始,国家为了进行社会主义改造,集中对合作社、公私合营企业等进行了一系列立法。这一时期的经济立法,体现了当时的政策,成功建立了以生产资料公有制为基础的社会主义经济制度。

2. 十年社会主义建设时期的经济法制。1957-1966年是十年社会主义建设时期。当时,国家对于社会经济发展十分注重,主要关注点在农业立法、工商业立法和计划与财税立法三大方面。在农业立法方面,1961年制定了《农村人民公社工作条例(草案)》(即"农业60条"),1962年正式公布了《农村人民公社工作条例修正草案》。

在工商业立法方面,1961年颁布了《国营工业企业工作条例(草案)》(即"工业70条")。另外,中共中央于1961年同时颁布了《关于城乡手工业若干政策问题的规定(试行草案)》(即"手工业60条")和《关于改进商业工作的若干规定(试行草案)》(即"商业40条")。随后,国务院于1963年颁布了《商标管理条例》,同年国家工商行政管理局公布了《商标管理条例施行细则》,使得商标管理工作进一步规范化。

在计划与财税立法方面,中央于1961年1月作出《关于调整国家管理体制的暂行规定》,6月批准大幅调低农业税的税率。10月,国家计委提出《关于改进计划工作的几项规定》,中共中央原则上同意这一规定,并转发给各级计委试行。1966年之后进入了法制建设的停滞期。

(二)改革开放后的经济法制

1. 入世之前的经济法制建设。自1979年开始的经济立法大致与我国的经济体制改革密切相关,1979-1991年是市场化和法制化改革的初始阶段。据不完全统计,1979-1991年间全国人大及其常委会通过的法律达一百零四部,其中经济立法四十八部,约占百分之五十,多是有关经济改革、经济管理和外商投资的法律规范。国务院发布或批准的法规达五百九十六部,其中经济法规四百二十五部,约占百分之七十一。

1992-2000年是市场经济体制初步建立阶段。1992年七届全国人大通过的法律法规共十六部,其中经济立法六部。国务院发布或批准的法规性文件共八十四部,其中大部分为经济法规。八届全国人大任内共通过法律八十五部,九届人大在 1998-2000 年间共立法四十九部,其中经济立法就有十部。

2. 入世以来的经济法制发展。2001 年至今是完善社会主义市场经济的阶段。九届全国人大从 2001 年到 2003 年共立法五十三部,其中经济立法就有十五部,包括水法、草原法、农业法等的修订。十届全国人大及其常委会仍然把经济立法作为重点,在七十三部通过的法律中,经济立法达二十二部。

党的十八大以来,我国经济领域立法工作紧跟全面深化改革节奏,一路为经济持续健康发展保驾护航。除了通过《旅游法》外,还通过了《特种设备安全法》以及《消费者权益保护法》《预算法》《安全生产法》等法律修正案,审议了《资产评估法草案》《航道法草案》等。当前,我国经济立法得到极大发展,市场规制立法不断完善,国家宏观调控法律制度得到充实,经济监管法律得到应有重视,中国特色社会主义经济法律体系已经基本形成并不断完善。

六、社会法律制度

(一) 社会立法体系的建立

1. 社会法的内容和新近发展。社会法主要是调整劳动关系、社会保障、社会福利和特殊群体权益保障等方面关系的法律规范的总和,即以社会保障、劳动就业、社会事业、社会组织、社会管理为基本内容。

近年来,我国社会立法紧紧围绕改善和保障民生的目标,积极建立健全社会权利保障体制。

2. 社会立法体系的内容。当前,全国人大及其常委会所制定的法律已经涉及四大类社会立法。包括:(1) 慈善立法类,比如 1993 年制定的《红十字会法》、1999 年制定的《公益事业捐赠法》;(2) 特殊群体福利保障类,这个领域立法相对较多,包括《妇女权益保障法》《残疾人保障法》《老年人权益保障法》《未成年人保护法》,这几部法律都是 2005-2018 年期间制定或修订完成的;(3) 劳动权利保障类,包括 1994 年制定的《劳动法》、2007 年制定的《就业促进法》(2015 年修订)、2012 年修订的《劳动合同法》;(4) 社会保险类,如 2010 年制定的《社会保险法》(2016 年修订)。

在尚未立法的领域,国务院和民政部制定了行政法规和部门规章,以规范、指导相关工作的落实。例如在社会组织管理方面,1998 年国务院制定并于 2016 年修订的《社会团体登记管理条例》、2004 年制定的《基金会管理条例》以及民政部 1999 年制定的《社会福利机构的管理暂行办法》均属此类。社会救助领域则有 2014 年国务院制定实施的《社会救助暂行办法》等。[1] 就此而言,我国社会立法体系已经基本建立,但仍需不断完善。

---

[1] 马怀德:《中国社会立法现状分析》,载《法治社会》2016 年第 1 期。

(二) 劳动与社会保障法制

1. 与计划经济相适应的劳动和社会保障法制。从1949年到1978年,我国建立健全了与计划经济体制相适应的劳动和社会保障制度。例如,1949年11月,中华全国总工会就制定了《关于劳资关系暂行处理办法》和《私营工商企业劳资双方订立集体合同的暂行办法》。1950年11月,原劳动部颁布了《关于劳动争议解决程序的规定》。1950年6月,中央人民政府颁布了《工会法》。1951年2月,政务院颁布了《劳动保险条例》。此外,义务教育、社会救济等制度及农村养老、合作医疗制度也建立起来。

总之,新中国成立后的第一个三十年形成了比较完备的劳动和社会保障制度,使普通劳动者和其他社会弱势群体得到了比较充分的保护。

2. 与市场经济相适应的劳动和社会保障法制。从1978年到2007年,我国逐步建立健全了与市场经济体制相适应的劳动法律体系,社会保障立法工作也得到加强,劳动和社会保障法制工作取得巨大进展。

(1) 恢复了许多在"文革"期间遭到破坏的劳动和社会保障制度。1980年,原国家劳动总局和全国总工会联合发布了《关于整顿和加强劳动保险工作的通知》,使《劳动保险条例》的贯彻得到全面恢复。"八二宪法"对劳动者享有的劳动权、休息权、物质帮助权、教育权等作了全面规定。1987年,国务院颁布《国营企业劳动争议处理暂行规定》,正式恢复了已经中断三十年的劳动争议处理制度。

(2) 开始了与经济体制改革相适应的劳动和社会保障制度改革,并强化了法制建设。1986年,国务院发布了《国营企业招用工人暂行规定》《国营企业实行劳动合同制暂行规定》《国营企业辞退违纪职工暂行规定》和《国营企业职工待业保险暂行规定》。同年,全国人大通过了《义务教育法》(2006年、2015年修订)。1991年,国务院发布了《关于企业职工养老保险制度改革的决定》。1992年,全国人大通过了《工会法》(1992年、2001年、2009年修正)《妇女权益保障法》(2005年、2018年修正)。同年,全国人大常委会通过了《矿山安全法》。1993年,国务院发布了《国有企业职工待业保险规定》和《企业劳动争议处理条例》。1998年,出台了《国务院关于建立城镇职工基本医疗保险制度的决定》,工伤保险、医疗保险和住房制度改革启动改革试点。

(3) 初步形成了与市场经济体制相适应的劳动和社会保障法律法规体系。1994年,全国人大常委会通过了《劳动法》,标志着我国劳动法律体系的框架已经建立起来。1994年,国务院颁布了《农村五保供养工作条例》。1999年,国务院颁布了《失业保险条例》和《城市居民最低生活保障条例》。2003年,国务院颁布了《工伤保险条例》(2010年修订)。2004年,国务院颁布了《劳动保障监察条例》。2007年,全国人大常委会先后通过了《劳动合同法》(2012年修正)《就业促进法》(2015年修正)和《劳动争议调解仲裁法》。此外,农村低保、新型合作医疗等工作也开展起来。党的十六大以来,把劳动与社会保障法制建设提到了一个新的高度,阐明了劳动与社会保障法治建设在和谐社会构建中的重要作用。

(三) 资源与环境保护法制

1. 主要立法领域。1979年9月,第五届全国人大常委会通过《环境保护法(试行)》,标志着我国环境保护开始走上法制化的轨道。自改革开放以来,环境法是发展最快的法律部门之一,基本形成了较为完备的资源与环境保护法体系。

(1)污染防治领域。除了《环境保护法》外,已经颁布了《大气污染防治法》《水污染防治法》《海洋环境保护法》《环境噪声污染防治法》《固体废物污染环境防治法》《放射性污染防治法》《清洁生产促进法》等,其他还有针对化学品安全、农药使用、电磁辐射等控制和管理的行政法规和部门规章以及相关的环境标准,分别适用于恶臭、振动、土壤污染、地面沉降、有害物质控制等领域。

(2)资源保护领域。随着可持续发展观念的传播和影响,自然资源立法出现了越来越多的侧重于资源可持续利用和保护的内容。目前已制定有《森林法》《草原法》《渔业法》《矿产资源法》《土地管理法》《海域使用管理法》《水法》《煤炭法》《海岛保护法》等,基本涵盖了森林、草原、矿产资源、土地、水、海域等主要自然资源。在20世纪90年代末至21世纪初我国环境与资源立法修订热潮中,这些资源立法大多进行了修订,更加注重资源的合理利用和保护、恢复原状。

(3)生态保护领域。主要包括自然区域的法律保护和生物多样性的法律保护,涉及地域环境保护(如自然保护区、风景名胜区、国家森林公园、河流湖泊、自然文化遗迹以及景观舒适度保护等)和野生生物保护。自20世纪90年代以来,我国颁布了《野生动物保护法》及其两个实施条例、《森林和野生动物类型自然保护区管理办法》、《自然保护区条例》、《水土保持法》及其实施条例、《野生植物保护条例》、《植物新品种保护条例》、《农业转基因生物安全管理条例》、《病原微生物实验室生物安全管理条例》、《风景名胜区条例》、《濒危野生动植物进出口管理条例》等。

(4)特别立法领域。主要包括《环境影响评价法》《建设项目环境保护管理条例》《规划环境影响评价条例》《清洁生产促进法》《可再生能源法》《循环经济促进法》《中国人民解放军环境保护条例》《中国人民解放军环境影响评价条例》等。

2. 法典绿化进程。在环保理念的带动下,相关立法开启了"绿化"进程。近年来,其他立法规定环境保护的内容渐增。1997年《刑法》专列一节规定了"破坏环境资源保护罪",并在其他章节规定了环境监管失职罪;《乡镇企业法》有多条规定涉及环境和资源保护;《农业法》专设一章"农业资源与农业环境保护";《物权法》将空间权、资源利用权规定为物权类型,将其纳入调整范围;《侵权责任法》也列专章规定环境侵权责任。[①]

七、军事法律制度

(一)依法治军与军事立法

1. 军事法规体系的基础。1949年,军队最高统帅作出了"依法建军"的战略决策。1955年《兵役法》的通过标志着我国军事法制体系开始建立,依法治军的步伐逐步加快。"八二宪法"明确规定了中央军委的职权和组成,强调武装力量必须遵守宪法和法律,从根本上确定了军队建设的法治化方向。1988年,军委决定成立军委法制局,开启了我军依法治军、从严治军的新时期。

---

① 王灿发:《环境法的辉煌、挑战及前瞻》,载《政法论坛》2010年第3期。

1990 年颁布了《中国人民解放军立法程序暂行条例》,首次明确军事立法的原则、权限划分、立法程序等。同时,依法治军、从严治军思想确立为我军建设的重要指导方针。1990 年修订的《内务条令》首次写入"坚持从严治军、依法治军",2018 年 5 月 1 日《中国人民解放军内务条令(试行)》施行,《内务条令》被废止。1997 年公布并于 2009 年修订的《国防法》规定"中华人民共和国的武装力量必须遵守宪法和法律,坚持依法治军",标志着我军治军理念和方式实现了新突破,填补了国防立法的空白,为建设具有中国特色的军事法体系奠定了基础。

2. 军事法规体系的形成。2002 年,党的十六大首次提出"健全军事法规体系,提高依法治军水平"的任务。为了落实《立法法》的规定,中央军委于 2003 年颁布了《军事法规军事规章条例》①,保证了军事立法工作依照法律法规有序开展。2007 年,党的十七大再次提出"完善军事法规"的要求。在建军八十周年大会上,胡锦涛同志明确指出,我军已经形成了反映现代军事发展规律、体现人民军队性质和优良传统的军事法规体系。

党的十八届三中全会和四中全会分别提出深化国防和军队改革和深入推进依法治军从严治军两项重大议题。2016 年 4 月,中央军委重新规定了军事立法权限,改革创新了"中央军委 – 战区(军兵种、武警部队)"两级军事立法体制。在此立法体制安排下制定出台了军事法规多部,创新发展了军事法规制度体系。

2017 年施行的《国防交通法》是全国人大常委会审议通过的第一部国防军事方面的法律,标志着我国军事法治体系正朝着分工具体、种类细致的方向发展。党的十九大报告明确强调"坚持政治建军、改革强军、科技兴军、依法治军",要求"提高国防和军队建设法治化水平",进一步勾画出新时代中国特色强军之路的前进方向。

(二)军事法规体系的建立

1. 军事法规体系的数量。截至 2014 年 8 月,军事法规制度体系中的法律法规规章数量已达四千多件。其中包括全国人大及其常委会制定的军事法律以及国防和军事方面的决定十八件,国务院、中央军委联合制定的军事行政法规九十九件,中央军委制定的军事法规二百四十二件,各总部和国务院有关部门联合制定的军事行政规章与各总部、军兵种、军区和武警部队制定的军事规章三千七百多件(含部分规范性文件)。

以上表明,我国已经构建起以宪法为统率,以军事基本法为指导,以现行各种军事法规制度为基础的门类齐全、层次分明、衔接紧密、内容完整、形式统一的军事法规体系。

2. 军事法规体系的层次。在法律层面,军事法规体系以《国防法》为龙头,以《兵役法》《国防动员法》《军事设施保护法》《军人保险法》《现役军官法》《预备役军官法》《军官军衔条例》《国防教育法》《人民武装警察法》等为骨干的军事法律体系。

在国务院和中央军委联合制定的军事行政法规层面,目前已出台了《军队参加抢险救灾条例》《现役士兵服役条例》《民兵工作条例》《征兵工作条例》《国防交通条例》《民用运力国防动员条例》《军人抚恤优待条例》等。

在军委制定的军事法规层面,具体分为四方面内容:(1)以《政治工作条例》为核心,以《军队基层建设纲要》《军队党委工作条例》《军队党支部工作条例》《军队干部选拔任用工

---

① 该条例被 2017 年实施的《军事立法工作条例》废止。

作程序规定》《预防犯罪工作条例》等为骨干;(2)以《司令部条例》为核心,以《军事训练条例》《共同条令》《警备条令》《安全条例》《保密条例》等为骨干;(3)以《后勤条例为核心》以《联勤条例》《基层后勤管理条例》《军需条例》《物资条例》《卫生条例》《军事交通运输条例》《审计条例》等为骨干;(4)以《装备条例》为核心,以《装备采购条例》《武器装备管理条例》《装备维修工作条例》《装备科研条例》《装备预先研究条例》等为骨干。

此外,各总部、军兵种、军区根据军事法律法规,结合自身实际,也制定了一大批军事规章。

八、涉外法律制度

(一) 制度建设概况

1. 涉外法律体系建设。党的十一届三中全会之后,我国陆续制定了"外资三法"(《外资企业法》《中外合资经营企业法》《中外合作经营企业法》)、《海关法》、《商检法》、《对外贸易法》、《涉外民事关系法律适用法》、《出境入境管理法》以及《外汇管理条例》等一系列基础性的涉外法律法规,在民刑事等基本法律中也都规定了专门的涉外条款,为对外开放有序进行提供了法律保障,涉外法律建设取得长足进步。

加入 WTO 前后,我国开展了新中国成立以来最大规模的法律法规和政策措施立、改、废工作,涉及三千余件法律文件,从法律上与世界贸易组织规则接轨,基本建立起符合我国国情和世贸组织规则的涉外法律体系,支撑了全方位对外开放新格局。

2. 国际法律合作框架。

(1) 国际公约与条约。20 世纪 80 年代,我国开始较多较快地参加国际公约。其中比较重要的国际公约有《保护工业产权的巴黎公约》《承认和执行外国仲裁裁决公约》《亚洲开发银行协定》《保护世界文化和自然遗产公约》《建立世界知识产权组织公约》《关于难民地位的议定书》等。

20 世纪 90 年代至今,我国更加注意加强国际合作与交流,也更加积极慎重地参加国际公约。其中比较重要的国际公约有《男女同工同酬公约》《关于集成电路的知识产权条约》《联合国儿童权利公约》《伯尔尼保护文学和艺术作品公约》《不扩散核武器公约》《世界版权公约》《生物多样性公约》《联合国气候变化框架公约》《反对劫持人质国际公约》等。

(2) 国际司法合作。进入 21 世纪以来,我国积极同相关国际组织或国际展开司法领域的合作,与上海合作组织其他成员国签署了《打击恐怖主义、分裂主义和极端主义上海公约》,于 2003 年 9 月 23 日参加了《联合国打击跨国有组织犯罪公约》,2005 年 10 月 27 日参加了《联合国反腐败公约》。

截至 2014 年,我国在国际司法协助领域与外国缔结了三十八个引渡条约,六十九个双边民商事及刑事司法协助条约。于 1987 年 7 月 3 日正式成为海牙国际司法会议成员,已参加《关于向国外送达民事或商事司法文书和司法外文书公约》《关于从国外调取民事或商事证据公约》和《跨国收养方面保护儿童及合作公约》三项公约,并于 2017 年 9 月 12 日签署了《选择法院协议公约》,司法协助条约实施的空间范围得到拓展。

(二) 对外贸易法制

1. 对外贸易管理制度的发展。《中国人民政治协商会议共同纲领》第 37 条明确规定我国"实行对外贸易的管制"。该规定奠定了我国对外贸易管理制度的基础。当时的外贸管制以单行法规和部门规章为主并以红头文件的形式出现。

随着对外开放、对内搞活政策的实施，我国对外贸易法制建设进入以法律法规公开透明为特征的基本成型阶段，1994 年《对外贸易法》的颁布并实施是其主要标志。

加入 WTO 至今，我国对整个对外贸易法律制度进行了全面清理。截至 2008 年，我国已同一百五十多个国家和地区签署了双边贸易协定，同八十多个国家签订了避免双重征税协定。

2. 对外贸易法律体系的建立。我国在 2004 年和 2016 年先后两次修改《对外贸易法》，国务院还适时制定和修订了《反倾销条例》《反补贴条例》《保障措施条例》《货物进出口管理条例》《技术进出口管理条例》等若干配套法规。此外，商务部还主持和参与了一系列与对外贸易相关的法规和规章的制定和修改工作。至此，我国已经基本建立了符合世界贸易组织国际多边贸易规则、适应我国社会主义市场经济国情和对外开放需要的对外贸易法律体系。[①]

2016 年 9 月，十二届全国人大常委会对"外资三法"进行了修订，在全国范围内推广复制自贸试验区试点的成功经验，对外商投资实行负面清单管理模式，持续深化涉外投资管理体制改革。

为了适应构建开放型经济新体制的要求，十三届全国人大常委会已计划将原来的"外资三法"整合，制定一部新的促进和保护外商投资的基础性法律。自 2013 年习近平提出"一带一路"倡议以来，党的十九大报告进一步提出"推动构建人类命运共同体"并入宪，将进一步推动我国涉外法制建设。

九、地方法制建设

(一) 较大的市的地方法制

1. 较大的市的立法权由来。在 1982 年修改《地方各级人民代表大会和地方各级人民政府组织法》(简称《地方组织法》)时，全国人大考虑到一些较大的市的政治、经济、文化地位比较重要，需要根据本地方的实际情况制定地方性法规，因此，修改后的《地方组织法》规定省会市和经国务院批准的较大的市的人大常委会"可以拟订本市需要的地方性法规草案"，提请省、自治区的人大常委会制定、公布，并报全国人大常委会和国务院备案，这是较大的市地方立法权的由来。

1986 年再次修改《地方组织法》时，将省会市和较大的市地方性法规草案的"拟订权"修改为"制定权"，但需报省、自治区的人大常委会批准后施行。2000 年制定《立法法》时，又将较大的市的立法权扩大至经济特区所在地的市。

[①] 余敏友、王追林：《改革开放 30 年来我国对外贸易法制的建设与发展》，载《国际贸易》2008 年第 11 期。

1984—1993年,国务院分四次批准了十九个设区的市享有较大的市地方立法权。截至2014年,在全国二百八十二个设区的市中,享有地方性法规制定权的有四十九个,包括二十七个省会市、十八个经国务院批准的较大的市及四个经济特区所在地的市,尚没有地方立法权的设区的市有二百三十三个。

2. 较大的市的立法权扩容。较大的市制定地方性法规,是地方立法的重要组成部分,对于推动本地区经济社会发展和民主法治建设的进步,发挥了积极作用。因此,不少设区的市也提出赋予其较大的市地方立法权的请求。

党的十八届四中全会提出要明确地方立法权限和范围,依法赋予设区的市地方立法权。2015年3月15日修订的《立法法》便赋予了设区的市地方立法权。修法之时,我国共有284个设区的市。在修法前,共有49个享有地方立法权的较大的市,修法后其他235个设区的市获得了地方立法权。修订后的《立法法》明确设区的市可以对"城乡建设与管理、环境保护、历史文化保护"等方面的事项制定地方性法规。

除设区的市以外,同时还赋予自治州和广东省东莞市和中山市、甘肃省嘉峪关市、海南省三沙市四个不设区的地级市地方立法权。

(二) 民族区域自治及特区法制

1. 民族区域自治法制。中华人民共和国成立之前的1947年,在中国共产党领导下,已经解放的蒙古族地区就建立了我国第一个省级少数民族自治地方——内蒙古自治区。中华人民共和国成立后,实行民族区域自治。作为国家的一项重要制度,民族区域自治先后被载入了《中国人民政治协商会议共同纲领》和"五四宪法",开始在少数民族聚居的地方全面推行民族区域自治。1955年10月,新疆维吾尔自治区成立;1958年3月,广西壮族自治区成立;1958年10月,宁夏回族自治区成立;1965年9月,西藏自治区成立。

我国的民族自治地方分为自治区、自治州、自治县三级。三级行政地方的划分依据是少数民族聚居区人口的多少、区域面积的大小。鉴于一些少数民族聚居区地域较小、人口较少并且分散,不宜建立自治地方,《宪法》通过设立民族乡的办法,使这些少数民族也能行使当家作主、管理本民族内部事务的权利。1993年《民族乡行政工作条例》颁布,以保障民族乡制度的实施。

1984年《民族区域自治法》作为国家一部基本法律颁布实施,标志着我国少数民族实行区域自治基本进入有法可依的阶段,为各民族真正实现民族区域自治提供了法律保障。《民族区域自治法》规定"民族自治地方的人民代表大会有权依照当地民族的政治、经济和文化的特点,制定自治条例和单行条例"。1985年延边颁布实施了《延边朝鲜族自治州自治条例》,这是我国第一个制定自治条例的民族自治州。1991年12月,国务院发出了《关于进一步贯彻实施〈中华人民共和国民族区域自治法〉若干问题的通知》,民族自治地方制定了一批自治条例或单行条例。目前,我国共有民族区域自治地方一百五十七个,生效的自治条例有一百三十五部,数量占民族区域自治地方数量的百分之八十六。不过,全国五个自治区的自治条例仍未出台。

2001年2月28日,九届全国人大常委会第二十次会议通过了《关于修改〈中华人民共和国民族区域自治法〉的决定》,主要内容涉及财政、投资、金融、教育等方面,修改后的《民族区域自治法》除序言外,共七章七十四条。这次修改着重强调了要加大国家机关对民族自治地方的支持和帮助,发展民族教育事业,保护民族地区经济建设中的生态环境,指明了新的历史时期下民族区域自治制度的发展方向。

2005年5月19日,国务院审议通过了《国务院实施〈中华人民共和国民族区域自治法〉若干规定》。该规定共三十五条,主要对加强民族团结、维护社会稳定,宣传民族法律、法规和党的民族政策,以及上级人民政府在促进民族自治地方经济发展,帮助民族自治地方教育、科技、医疗卫生事业,扶持少数民族优秀传统文化,培养少数民族干部人才等方面的职责和义务等进行了规范。这是国务院自《民族区域自治法》颁布实施以来制定的第一部配套的行政法规。与此同时,其他法律法规也从各自范畴规定了民族自治地方的自治权。目前,我国已形成了以宪法为基础,以自治法为主干,以自治条例、单行条例、实施规定以及其他相关规定为补充的民族区域自治法律法规体系。

2. 经济特区法制。经济特区立法权的创设是我国立法体制的一次重大创举。以深圳经济特区为例,其分别于1992年和2000年被授予"特区立法权"和"较大的市立法权"。截至2017年7月,深圳市人大及其常委会共制定法规二百二十项,其中特区法规一百八十项,设区的市(较大的市)法规四十项。在这二百二十项法规中,先行先试类一百零五项、创新变通类五十七项,占比高达百分之七十三点六三。而在一百零五项先行先试类法规中,有四十一项早于国家法律、行政法规出台,有六十四项是国家尚无法律、行政法规规定的,填补了国家立法空白。这些立法不仅使特区经济社会发展有法可依,还创造了国内若干个第一,影响了国家重大政策的制定,为社会主义市场经济条件下法律体系的形成作出了重要贡献。

厦门于1994年3月成为继深圳、海南之后取得了立法权的经济特区。本着急用先立、先行先试的原则,厦门在企业登记、资产评估、价格管理、科技进步、校园保护、无偿献血、城市管理、征地拆迁等领域行使地方立法权,相继制定了近六十部特区法规。截至2016年,厦门有效的立法共九十五部,其中经济特区法规六十九部,涉及城建、教育、文化、引进外资、环境保护等方面,这些法规和规章的制定与实施,对于加强厦门民主法制建设,促进特区改革开放和社会主义现代化建设发挥了巨大的作用。

第四节 司法制度与改革发展

一、改革开放之前司法制度的建设历程

新中国成立之时,最高人民法院、最高人民检察署、公安部和司法部即已成立,司法制度建设的雏形基本形成。

(一)人民法院和人民检察院

1. 人民法院的组织架构。1949年12月通过的《最高人民法院试行组织条例》规定了最高人民法院的组织机构设置。1951年9月颁布的《人民法院暂行组织条例》规定,人民法院分为三级,即最高人民法院及其分院、省级人民法院及其分院、县级人民法院,实行三级两审终审制。各级人民法院设立审判委员会决定重大疑难案件和指导审判工作。该条例还规定了公开审理、人民陪审、使用本民族语言等原则和上诉、再审程序以及人民检察院的抗

诉程序。1954年9月颁布的《人民法院组织法》规定，人民法院的组织体系由三级改为四级，即基层人民法院、中级人民法院、高级人民法院和最高人民法院，基层人民法院还设立若干人民法庭作为派出机构，同时，设立军事法院、铁路运输法院和水上运输法院等专门人民法院。

最高人民法院是国家最高审判机关，监督地方各级人民法院和专门人民法院的审判工作。最高人民法院院长由全国人大选举，副院长、审判员、审判委员会委员由全国人大常委会任免。最高人民法院向全国人大及其常委会负责并报告工作。地方各级人民法院分别由本级人大及其常委会产生，并向本级人大及其常委会负责和报告工作。

2. 人民检察院的建设历程。1949年9月27日通过的《中央人民政府组织法》确定了检察制度是我国一项不可或缺的司法制度，12月颁布了《最高人民检察署试行组织条例》。1951年颁布的《最高人民检察署暂行组织条例》和《地方各级人民检察署组织通则》规定，人民检察署是国家的法律监督机关，最高人民检察署是国家的最高检察机关，受中央人民政府直接管辖，并领导下级人民检察署，对各级政府机关、政府工作人员和全国人民严格遵守法律负有检察监督的责任，对司法机关的违法判决提出抗诉，对刑事案件提出公诉，对监狱、监所的违法行为进行监督，代表国家参与有关社会和人民利益的重要民事案件和行政案件。全国检察系统与法院对应设置。1951年底精简国家机关，提出检察机关只保留名义，不设机构，不配备干部，其工作由公安机关兼办。当时在毛泽东同志的干预下检察机关才得以保留。

从"五四宪法"和1954年《人民检察院组织法》的颁布到1957年反右派斗争前，检察工作得到了迅速发展。到1955年底，全国检察机构普遍建立，检察人员由五千六百余人增至两万三千余人，全面开展了批捕、起诉、控诉、劳改检察工作，开展了对贪污、渎职案件的侦查工作，并有重点地开展了一般监督工作，显示了检察工作的重要性。

从1957年开始，检察工作受到冲击和削弱。1960年冬，取消检察机关的声音再次出现，要求公检法合署办公，最高人民检察院归公安部领导。但最终还是保留了检察机构，检察工作有所恢复。1966年，最高人民检察院遭到夺权，工作陷于瘫痪。1968年底，最高人民检察院、军事检察院和地方各级检察院先后被撤销，人民检察制度中断。直到1978年6月1日，最高人民检察院正式挂牌，启用印鉴，恢复办公。

（二）公安和司法行政制度

1. 公安工作。1949年9月，公安部和司法部设于政务院之下。公安部主管刑事案件的侦查工作，地方公安机关主管本辖区的社会治安管理和刑事案件的侦查工作。司法部主管全国的司法行政工作，地方司法行政机关的设置，除了在各大行政区设立行政区司法部外，省和县的司法行政工作由本辖区的人民法院代管。1949年12月通过的《公安部试行组织条例》规定，公安部主管全国公安事宜，主要办理刑事案件。

1951年，公安机关开始承担监所管理职责，在没有设置检察机关的地方，公安机关还代行检察权。1954年通过的《逮捕拘留条例》对于规范公安工作发挥了积极的作用。

2. 司法行政工作。"五四宪法"颁布后，各大行政区撤销，各省级人民政府设立司法厅，行政专署设司法处，县级司法行政工作仍由县人民法院代管。

1950年12月，司法部发出了《关于取缔黑律师及讼棍事件的通报》，解散了旧的律师组织,并停止了旧律师和讼棍的活动。与此同时,开始探索建立新的律师制度,1955年开始逐步建立起律师队伍。1956年1月,国务院正式批准了司法部提出的《关于建立律师工作的请示报告》,该报告建议通过国家立法正式确认律师制度。司法部于1957年上半年完成起草《律师暂行条例(草案)》。到1957年6月,全国共建立了十九个律师协会,八百多个法律顾问处,有专职律师二千五百多人,兼职律师三百多人,律师制度顺利发展。自1957年下半年起,由于受"左"倾思潮影响,律师制度受到极大的冲击,1959年司法部被撤销,律师制度也随之夭折,其间还建立了劳动教养和少年管教制度。

(三) 监察制度

1. 人民监察委员会时期。根据《中国人民政治协商会议共同纲领》第十九条的规定,新中国初期即成立政务院人民监察委员会,是政务院下设的四个委员会之一,地位高于各部、会、院、署、行。地方同时设立了对应的监察机构。1951年,政务院批准施行《各级人民监察委员会通则》。到1953年底,全国共建立大行政区、省(市)、市(专署)、县(市)四级人民监察机构三千五百八十六个。

1952年以后,省(市)以上各级人民政府财经机关和国营财经企业部门建立了监察机构。1954年4月,一些财经部门所属重点企业,实行监察机构受所隶属财经部门监察机关垂直领导的体制。

2. 监察部时期。1954年9月通过的《国务院组织法》将原政务院人民监察委员会改为国务院监察部,地位降至与其他部委平级。

1954年年底,根据《地方各级人民代表大会和地方各级人民委员会组织法》,撤销了县和不设区的市的监察机关,适当地扩大了省、自治区、直辖市、设区的市和专员公署监察机关的组织,并对因工作需要的县和不设区的市,由专员公署或省的监察机关派驻监察组。1955年10月,又对中央和地方财经部门国家监察机关组织设置进行调整,将各企事业单位的监察机关加以调整和收缩,撤销了中、小型企业和某些事业单位的监察机关,在重工业部等十五个部设立国家监察局。同年11月,国务院发布的《监察部组织简则》规定,监察部对国务院各部门、地方各级国家行政机关,以及国营企业、公私合营企业、合作社实施监督。

1959年4月,监察部和各级人民监察机关相继撤销。根据"八二宪法"的规定,由国务院领导和管理民政、公安、司法行政和监察等工作。

(四) 非诉讼制度

1. 仲裁制度。新中国成立后,我国建立了涉外仲裁和国内仲裁两套制度,其中涉外仲裁始于20世纪50年代中期。中国国际贸易促进委员会先后于1956年、1959年设立了对外贸易仲裁委员会(中国国际经济贸易仲裁委员会的前身)、海事仲裁委员会,并制定了相应的仲裁规则,标志着现代仲裁制度的初步建立。涉外仲裁从一开始就遵循国际通行的民间仲裁、自愿仲裁、一裁终局的原则。

在《仲裁法》出台前,我国已有十四部法律、八十二个行政法规和一百九十个地方性法规对仲裁进行了相关规定,但这些规定多数属于行政仲裁。所谓的行政仲裁,是在1955年至1966年期间,为了与计划经济体制相适应,借鉴苏联的模式而建立的,主要针对经济合同纠纷。当事人只能通过经济仲裁委员会进行仲裁和处理,人民法院不能受理。当事人不服一审裁决的,可申请上一级行政机关复审。"文革"期间,国内仲裁全面停止。

2. 调解制度。根据调解的主体不同,我国调解可以分为人民调解、法院调解、行政调解、仲裁调解以及律师调解等。除法院调解属于诉内调解外,其他都属于诉外调解。以人民调解为例,新中国成立后,人民调解制度作为社会主义基层民主政治制度建设的重要内容,得到了党和政府的关怀与支持。

1953 年第二届全国司法工作会议后,全国区、乡党委和基层政权组织建立健全了人民调解组织。1954 年,政务院颁布了《人民调解委员会暂行组织通则》,统一了人民调解组织的性质、名称、设置,规范了人民调解的任务、工作原则和活动方式,明确规定人民调解委员会是群众自治性组织,要求人民调解必须依法及社会公德调解,遵守平等、自愿及不剥夺诉权三原则。该通则的颁布使法院的诉讼调解从人民调解中分立出来,人民调解制度开始独立发展。

1957 年下半年起,不少地区在"左"的指导思想下,将人民调解委员会改为调处委员会,甚至将其同基层治保组织合并,一度产生强迫命令乃至违法乱纪的现象。从 1961 年下半年起,人民调解制度又回到《人民调解委员会暂行组织通则》的轨道上来。1963 年后,人民调解制度获得了较大的发展,对于解决"大跃进"和三年困难时期遗留下来的大量民间纠纷起了重要作用。"文革"期间,人民调解制度被视为"阶级调和"路线的产物被取消。

二、改革开放以来司法制度的改革发展

(一) 司法体制

1. 司法体制的恢复发展与改革。改革开放以来,我国司法制度经历了恢复、重建的过程,同时也拉开了司法改革序幕。起初的近二十年进行了一些局部性或者微观式改革,如审判方式改革,之后体制性改革时代到来。

1997 年党的十五大明确提出:"推进司法改革,从制度上保证司法机关依法独立公正地行使审判权和检察权,建立冤案、错案责任追究制度,加强执法和司法队伍建设。"由此,我国司法制度的发展进入了改革阶段。1999 年起,最高人民法院连续推出"一五""二五""三五""四五"改革纲要,力推司法改革。从某种程度上说,司法去地方化、去行政化和法官职业化构成了我国 21 世纪以来司法改革的主线。

2. 从司法改革到司法体制改革。2002 年党的十六大更加明确地提出要"推进司法体制改革,按照公正司法和严格执法的要求,完善司法机关的机构设置、职权划分和管理制度",用司法体制改革,而不是司法改革来统摄当代司法的发展。2003 年,中央成立中央司法体制改革领导小组,于 2004 年推出了《中央司法体制改革领导小组关于司法体制和工作机制改革的初步意见》,表明我国宏观司法体制改革正积极推进。2007 年党的十七大提出"深化司法体制改革"重大决策,以"建立公正高效权威的中国特色社会主义司法制度"。司法体制改革在强化司法统一、合理和优化配置审判检察等司法职权,推进司法职业化,健全法官职业保障机制等方面大力推进。

党的十八大报告指出,要"进一步深化司法体制改革,坚持和完善中国特色社会主义司法制度,确保审判机关、检察机关依法独立公正行使审判权、检察权"。十八届三中全会以来,

推动地方法院人财物省级统管、成立跨行政区划法院、实行法官员额制、完善司法责任制、推动解决"执行难"问题等改革全面推开,以求有效解决长期以来影响司法独立公正的深层次问题。党的十九大报告进一步指出,要"深化司法体制综合配套改革,全面落实司法责任制,努力让人民群众在每一个司法案件中感受到公平正义",为今后司法体制改革提供了方向。

(二)审判制度

1. 改革开放以来的审判制度改革。1978年以来,审判制度改革的目标是变革一般司法审判工作方法,规范审判行为和诉讼程序。审判逐步由一般工作方法转向司法工作方法,强化了司法的程序性和规范性。在此后大约十年左右的时间,审判方式改革主导了司法改革的进程,主要内容包括:逐步改变职权主义的庭审模式,强调当事人的举证,加强对证据的质证和开庭辩论,充分发挥开庭审理的功能;强化依法适用简易程序,及时处理一般经济纠纷;简化诉讼程序,减少诉讼消耗,以取得最佳的审判效果;扩大合议庭职权,提高依法独立审判水平;等等。审判方式改革的全面推进,有力地推动了庭审模式的深刻转变,促进了审判质量的提高。①

进入21世纪,公正与效率成为审判工作的主题。人民法院从深化审判方式改革、建立符合审判工作规律的审判组织形式以及健全监督机制等方面改革,取得了多方面成效:(1)改革内部机构职能,实行立审分开、审执分离、审监分立;(2)改革审判权行使方式,推行审判长和独任审判员选任制度,还权于合议庭和法官;(3)探索法官职业化建设,推行法官员额和法院人员分类管理;(4)改革司法礼仪,强化法官职业特点;等等。

2. 党的十八大以来的审判制度改革。党的十八大以来,审判制度改革得到了全面推进,包括:(1)深化司法公开,让司法权力在阳光下运行;(2)完善制度机制,有效防范冤假错案发生;(3)健全司法责任制,让审理者裁判,由裁判者负责;(4)推进涉法涉诉信访改革,涉法涉诉信访依法终结;等等。

当前,人民法院积极探索专业类型案件专业化审理机构和方式,开展知识产权民事、行政、刑事案件审判"三合一"改革,完善海事案件专门管辖制度,推进环境资源案件和破产清算案件专业化审判机制建设,构建符合案件审判规律的审判机制。

党的十八大以来,人民法院全面推进以司法责任制为核心的重大基础性改革,积极推动审判体系和审判能力现代化,既取得了明显成效,也对在立法层面健全完善人民法院管理体制、组织体系、队伍建设以及履职保障等提出了要求。为巩固司法改革成果、保障司法改革全面深化,2018年10月26日对《人民法院组织法》再次进行了大幅度的修改,原有的三章四十条扩充至六章五十九条,主要有以下三大变化:一是完善了人民法院工作原则,包括人民法院依法独立行使审判权、审判案件在适用法律上一律平等、坚持司法公正、实行司法公开、实行司法责任制、自觉接受人大及其常委会和人民群众的监督等。二是健全了人民法院组织体系,明确规定了最高人民法院可以设巡回法庭,专门人民法院包括军事法院、海事法院、知识产权法院和金融法院等。三是完善了最高人民法院职能,明确最高人民法院可以审理按照全国人大常委会的规定提起的上诉、抗诉案件,可以发布指导性案例。最高人民法院巡回法庭审理的案件不再限于跨行政区划重大行政、民商事案件。

---

① 公丕祥:《司法改革30年——从审判方式改革向体制性改革的发展》,载《法制日报》2008年11月24日。

（三）检察制度

1. 检察机构和人员的完善。1979年7月，五届全国人大通过《人民检察院组织法》，第一次明确规定人民检察院是国家的法律监督机关，奠定了改革开放以来人民检察制度发展的基础。截至1983年6月，全国县以上都成立了人民检察院。1987年4月，最高人民检察院信访厅改为控告申诉检察厅，主要受理公民向检察机关提出的有关刑事案件方面的控告和申诉案件。1988年3月，深圳市人民检察院创建了全国第一个举报中心。不到一年的时间，各级检察院建立起三千六百多个举报中心。1989年1月，最高人民检察院举报中心成立。同年夏，广东省人民检察院反贪污贿赂工作局挂牌成立。

1995年2月，《检察官法》颁布，《初任检察员、助理检察员考试暂行办法》《检察官等级暂行规定》等七个配套规定先后出台，标志着检察官管理走上正规化和法制化。同年11月，最高人民检察院成立反贪污贿赂总局，地方各级检察院也陆续设立反贪污贿赂工作局。检察机关惩治贪污贿赂工作步入专门化、正规化轨道。2001年6月，九届全国人大常委会通过了修订后的《检察官法》。2003年8月，人民监督员制度试点工作展开。2010年10月，全国检察机关全面实行人民监督员制度，标志着人民监督员制度正式成为中国特色社会主义检察制度的重要组成内容。

2. 检察制度的改革成效。2012年修改后的《刑事诉讼法》大大强化了检察机关对公安、法院、监狱的监督职能，明确了检察院的举证职能。2013年，十八届三中全会部署改革司法管理体制，推动省以下检察院人财物统一管理。

当前，全国检察机关的司法责任制改革基本完成，初步建立了权责明晰、监管有效、保障有力的检察权运行新机制。检察机关提起公益诉讼制度改革取得重大成果，走出了一条具有中国特色的公益司法保护道路。检察权运行监督制约机制不断健全，积极构建阳光司法机制，保障人民参与，接受人民监督。

2018年10月26日修订的《人民检察院组织法》共六章五十三条，条文增加了近一倍，在以下方面进行了修改完善：一是完善了检察工作的基本原则和工作体制。增加了检察院设置法定原则、司法公正原则、司法公开原则、司法责任制原则、接受人民群众监督原则等基本原则。二是完善了人民检察院机构设置的有关规定。明确了省级人民检察院和设区的市级人民检察院可以在辖区内特定区域设立人民检察院作为派出机构。同时规定检察官员额较少的设区的市级检察院和基层人民检察院，可以设综合业务机构。根据检察工作需要，人民检察院可以在监狱、看守所等场所设立检察室，行使派出它的人民检察院的部分职权，也可以对上述场所进行巡回检察。三是完善了人民检察院职权行使的有关规定。规定人民检察院行使的八项职权，最高人民检察院有权对最高人民法院死刑复核活动实行监督；对报请核准追诉的案件进行审查、决定是否追诉；对检察工作中具体应用法律的问题进行解释；发布指导性案例。检察机关行使法律监督职权的主要方式有抗诉、纠正意见和检察建议，有关单位应当及时将采纳纠正意见、检察建议的情况书面回复人民检察院。为防止对检察权的外部干预，领导干部干预司法活动、插手具体案件处理，或者人民检察院内部人员过问案件情况的，应当全面如实记录并报告。四是增加规定检察长或者检察长委托的副检察长可以列席同级人民法院审判委员会会议，完善了独任检察官和检察官办案组运行机制，并增加规定人民监督员对人民检察院的任何办案活动实行监督。

与此同时,为了同2018年颁布实施的《国家监察法》相衔接,修订后的《刑事诉讼法》对人民检察院的职权进行了调整,将原由人民检察院管辖的贪污贿赂犯罪、国家工作人员的渎职犯罪,转由国家监察委员会管辖。这两类犯罪涉及刑法规定的六大类案件:贪污贿赂犯罪;滥用职权犯罪;玩忽职守犯罪;徇私舞弊犯罪;重大责任事故犯罪;公职人员的其他犯罪。人民检察院对于监察机关移送起诉的案件进行审查,认为需要补充核实的,应当退回监察机关补充调查,必要时可以自行补充侦查。对于贪污贿赂犯罪案件,以及需要及时进行审判,经最高人民检察院核准的严重危害国家安全犯罪、恐怖活动犯罪案件,犯罪嫌疑人、被告人在境外,监察机关、公安机关移送起诉,人民检察院认为犯罪事实已经查清,证据确实、充分,依法应当追究刑事责任的,可以向人民法院提起公诉。

(四)律师制度

1. 律师制度的法制化轨道。1978年3月5日,五届全国人大通过的《人民法院组织法》《刑事诉讼法》和《民事诉讼法》对律师参与诉讼活动作了规定。随着司法部和各级司法行政机关的恢复建立,从1979年下半年开始,各地着手依法重建律师队伍,律师制度方面的立法工作有条不紊地进行。

1980年8月26日,五届全国人大常委会通过了《律师暂行条例》共四章二十一条,该条例对律师的性质、任务、职责、权利、义务、资格条件及工作机构等作了明确规定。这是新中国成立以来有关律师制度的第一部法律,使我国律师制度的建立和发展走上了法制化轨道。1985年7月25日,中华全国律师协会成立。

2. 律师法的制定和修改。社会主义市场经济体制的建立促进了律师队伍的壮大、律师业务范围的拓宽,与此同时,律师执业产生的新问题也随之增多,亟须对律师制度加以改革。1996年修改后的《刑事诉讼法》使律师参加刑事诉讼的时间大大提前,扩大了律师在刑事诉讼中的权利。1996年5月,八届全国人大常委会通过了《律师法》,该法对律师的性质、律师的执业条件、律师事务所、律师的业务、执业律师的权利和义务、法律援助、律师协会、律师的法律责任等作了系统规定,许多方面超越了《律师暂行条例》的规定或填补了《律师暂行条例》之不足,律师制度得到了极大的发展和完善。

自1980年律师制度恢复以来,《律师法》经历了4次不同程度的修改。2001年12月29日,九届全国人大常委会对《律师法》进行了小范围的第一次修正。2007年10月28日,十届全国人大常委会通过了修订的《律师法》。2012年10月26日,十一届全国人大常委会对《律师法》进行了第二次修正。2017年9月1日,十二届全国人大常委会对《律师法》进行了第三次修正。修正后的《律师法》共七章六十条,修改主要涉及律师管理体制、律师协会的定位和职能作用、律师事务所组织形式、权益保障、行为规范和律师执业水平评价等内容。

最近十年,我国律师人数保持年均百分之九点五的增速,以每年两万左右的速度增长,律师人数已经超过三十四万。律师事务所达到两万六千多家,保持年均百分之七点五的增速。律师服务领域由传统的诉讼事务为主发展到诉讼、非诉讼事务并重,由国内业务为主发展到国内、涉外业务并举。当前,我国律师人数、律师事务所数量、行业创收、办案量的增量和增速均列世界各国前列,并且仍处于快速增长期。

(五)监察制度

1. 监察机构重建与行政监察法。为了恢复并确立国家行政监察体制,1986年12月,设立监察部。1987年8月,国务院发布《关于在县以上地方各级人民政府设立行政监察机关的通知》,各地随即设立了省(区、市)、市(地、州、盟)、县(市、旗、区)三级行政监察机关,有的地方在乡、镇也设立了行政监察机构。行政监察机关还根据工作需要,向一些政府所属部门派出了监察机构或人员。1993年2月,中央纪委与监察部合署办公。合署后的监察部仍然属于政府序列,继续在国务院领导下工作。

1990年11月,《行政监察条例》颁布。时隔七年后,该条例升格为《行政监察法》,并于2010年6月进行了修改,共七章五十一条,主要扩大了行政监察对象的范围,赋予了监察机关新的监察职责、对举报保密制度作了进一步完善,以更好地保护举报人的合法权益,等等。

2. 监察体制改革与监察法。2016年11月7日,中办印发《关于在北京市、山西省、浙江省开展国家监察体制改革试点方案》,正式拉开了国家监察体制改革的大幕。2017年11月4日,十二届全国人大常委会作出《全国人民代表大会常务委员会关于在全国各地推开国家监察体制改革试点工作的决定》。

2018年3月,十三届全国人大第一次会议通过了《监察法》,共九章六十九条,组建国家监察委员会,选举产生国家监察委员会领导人员,标志着全面深化国家监察体制改革进入新阶段。此次监察体制改革将实现对所有行使公权力的公职人员监察全覆盖,进一步完善了双重领导体制,明确了地方各级监察委员会对本级人民代表大会及其常务委员会和上一级监察委员会负责,并接受其监督。同时,国家监察委员会还将同党的纪律检查机关合署办公。

(六)非诉讼制度

非诉的概念来源于美国的ADR机制。ADR全称是alternative dispute resolution,直译为替代性纠纷解决程序,指使用诉讼以外的方法来解决纠纷,如仲裁、调解等。

1. 仲裁制度。

(1) 从行政仲裁到商事仲裁。1981年《经济合同法》和1983年国务院《经济合同仲裁条例》颁行后,我国成立了各级经济合同仲裁机关,确立了经济合同仲裁制度。这一时期的国内仲裁带有浓重的行政色彩,首先,仲裁机构附设于各级政府的各相关行政主管部门内部,消费者协会也设有仲裁机构;其次,仲裁立法不统一;最后,实行地域管辖和级别管辖,仲裁程序的启动不以仲裁协议为必备条件,仲裁制度上实行只裁不审、一裁两审或两裁两审的制度。

自1991年8月起,正式开始了《仲裁法》起草工作。1994年8月31日,八届全国人大常委会通过了《仲裁法》,具有中国特色社会主义仲裁法律制度开始确立,实现了从行政仲裁向现代商事仲裁制度的转变,仲裁成为经济领域内与诉讼并行的、独立的纠纷解决制度。此前成立的各类经济合同仲裁机构从其所属的行政主管部门撤销,国内仲裁从之前按照不同行业部门和行政级别设立的仲裁机构体系,转变为按照地域(即"设区的市所在地")为基本框架设立的当前的仲裁机构体系。

随着仲裁事业的蓬勃发展,《仲裁法》的修改和完善势在必行。2009年8月27日,十一届全国人大常委会第十次会议通过的《全国人民代表大会常务委员会关于修改部分法律的决定》只是修正了《仲裁法》援引《民事诉讼法》法条的序号,内容上并未做任何修改。2017年9月1日,十二届全国人大会常委会第二十九次会议通过了对《仲裁法》中有关仲裁员资格条件的部分条文的修改。然而,《民事诉讼法》在2009年之后又于2012年和2017年进行了两次修改,法条序号相应进行了重新排列,这就导致《仲裁法》援引《民事诉讼法》的相关法条内容发生了错位。未来《仲裁法》的修订除了调整法条错位之外,当促进国内仲裁与涉外仲裁的"并轨"运行,在吸收借鉴《国际商事仲裁示范法》(联合国国际贸易法委员会于1985年公布,2006年进行了修订)的同时,应保持和发展中国仲裁的特色和优势,包括仲裁机构的管理和监督、高效与低成本、仲裁中的调解等。

(2)仲裁机构的新发展。随着我国融入国际化的进程加速,纠纷解决机制也越来越国际化,仲裁的优越性逐渐显示出来。自《仲裁法》颁布实施以来,我国仲裁事业蓬勃发展,仲裁机构的数量已由最早重新组建的七家(北京、上海、天津、广州、西安、呼和浩特、深圳)发展到2015年的二百四十四家,受案量为十三万余件,仲裁员共有三万多名。自2012年原中国国际经济贸易仲裁委员会华南分会、上海分会宣布独立以来,受自贸区政策及"一带一路"战略等影响,仲裁发展迎来新一轮高潮。

2. 调解制度。

(1)20世纪人民调解制度的发展。党的十一届三中全会以后,人民调解组织和人民调解工作得到迅速发展。到1979年年底,全国已有调解组织四十一万多个,调解工作人员三百万人。自1982年《民事诉讼法(试行)》在基本原则部分对人民调解委员会的法律性质、工作方法、司法监督等作出原则性规定起,人民调解工作与民事司法审判工作开始出现功能分化。1989年国务院颁行了《人民调解委员会组织条例》,1990年司法部颁布了《民间纠纷处理办法》,全面规定了人民调解制度。

进入20世纪90年代后期,人民调解工作受到了前所未有的冲击。1990年以后,人民调解委员会的数量逐年下降,调解案件大幅减少,人民调解员素质偏低等问题突出。目前,人民调解组织随着基层社会结构的松散化,数量持续减少,大约有七十六万六千个,远低于20世纪80年代初的水平。

(2)21世纪人民调解制度的重构。诉讼外替代性纠纷解决机制成为世界性发展趋势,调解作为替代性争端解决的手段之一被大力推广,世界各国关于诉讼外调解的立法也得到了蓬勃发展。2002年9月,《最高人民法院关于审理涉及人民调解协议的民事案件的若干规定》,依法确认调解协议具有民事合同性质并依法确认其效力。同月,司法部出台《人民调解工作若干规定》,对人民调解工作作出了具体规定。

2010年8月《人民调解法》颁布,共三十五条,除总则、附则外,对人民调解组织、人员、程序、协议作出了规定,明确了以下内容:村(居)委会应设立调解委员会,政府应支持和保障调解经费,确立了调解协议司法确认制度,确认调解协议有法律约束力,明确规定人民调解员的条件,规定调解民间纠纷应当就地进行,明确与其他调解形式的衔接机制,等等,全面提升了人民调解工作的法律地位。当下,为了充分发挥人民调解的功能,需要建立人民调解与司法调解、行政调解相互衔接的调解工作格局,并提高人民调解员的素质及其保障水平。

关键词

人民主权　社会主义法律体系　依法治国　地方法治建设　司法制度

思考题

1. 中国共产党法治思想的发展历程及主要内容是什么?
2. 中国特色社会主义法律体系是如何形成和进一步发展的?
3. 中华人民共和国刑事法律制度是如何逐步发展与完善的?
4. 中华人民共和国经济法律制度形成的历史背景和意义分别是什么?
5. 改革开放以来中国司法制度经历了哪些改革和发展?

参考书目

1. 公丕祥、龚廷泰总主编:《马克思主义法律思想通史》(第1—4卷),南京师范大学出版社2014年版。
2. 蒋传光等:《新中国法治简史》,人民出版社2011年版。
3. 杨一凡、陈寒枫、张群主编:《中华人民共和国法制史》,社会科学文献出版社2010年版。
4. 付子堂:《马克思主义法律思想研究》,高等教育出版社2008年版。

参考文献

1. 《史记》。
2. 《尚书》。
3. 《明史·刑法志》。
4. 栗劲:《秦律通论》,山东人民出版社1985年版。
5. 徐世虹主编:《中国法制通史》(第2卷:战国 秦汉),法律出版社1999年版。
6. 翦伯赞:《秦汉史》,北京大学出版社1983年版。
7. [日]大庭脩:《秦汉法制史研究》,林剑鸣等译,上海人民出版社1991年版。
8. 陈寅恪:《陈寅恪集·隋唐制度渊源略论稿 唐代政治史述论稿》,生活·读书·新知三联书店2001年版。
9. 唐长孺:《魏晋南北朝史论拾遗》,人民出版社1983年版。
10. 刘俊文:《唐代法制研究》,文津出版社1999年版。
11. 钱大群:《唐律与唐代法制考辨》,社会科学文献出版社2013年版。
12. 中国社会科学院历史研究所宋辽金元史研究室点校:《名公书判清明集》,中华书局1961年版。
13. 赵晓耕:《宋代法制研究》,中国政法大学出版社1994年版。
14. 戴建国:《宋代法制初探》,黑龙江人民出版社2000年版。
15. 戴建国:《宋代刑法史研究》,上海人民出版社2008年版。
16. 韩玉林主编:《中国法制通史》(第6卷:元),法律出版社1999年版。
17. (清)薛允升撰:《唐明律合编》,怀效锋、李鸣点校,法律出版社1999年版。
18. 杨一凡:《明〈大诰〉研究》,社会科学文献出版社2016年版。
19. 胡留元、冯卓慧:《夏商西周法制史》,商务印书馆2006年版。
20. 瞿同祖:《清代地方政府》,范忠信等译,法律出版社2011年版。
21. [美]D.布迪、C.莫里斯:《中华帝国的法律》,朱勇译,江苏人民出版社1993年版。
22. 故宫博物院明清档案部编:《清末筹备立宪档案》,中华书局1979年版。
23. 张晋藩:《中国法律的传统与近代转型》,法律出版社1997年版。
24. 韩秀桃:《司法独立与近代中国》,清华大学出版社2003年版。
25. 谢振民编著:《中华民国立法史》(上、下册),张知本校订,中国政法大学出版社2000年版。
26. 钱端升等:《民国政制史》(上、下册),上海人民出版社2008年版。

27. 韩延龙、常兆儒编:《中国新民主主义革命时期根据地法制文献选编》(第1—4卷),中国社会科学出版社1981—1984年版。

28. 张希坡主编:《中国法制通史》(第10卷:新民主主义政权),法律出版社1999年版。

29. 公丕祥、龚廷泰总主编:《马克思主义法律思想通史》(第1—4卷),南京师范大学出版社2014年版。

30. 杨一凡、陈寒枫、张群主编:《中华人民共和国法制史》,社会科学文献出版社2010年版。

郑重声明

高等教育出版社依法对本书享有专有出版权。任何未经许可的复制、销售行为均违反《中华人民共和国著作权法》，其行为人将承担相应的民事责任和行政责任；构成犯罪的，将被依法追究刑事责任。为了维护市场秩序，保护读者的合法权益，避免读者误用盗版书造成不良后果，我社将配合行政执法部门和司法机关对违法犯罪的单位和个人进行严厉打击。社会各界人士如发现上述侵权行为，希望及时举报，本社将奖励举报有功人员。

反盗版举报电话　　（010）58581999　58582371　58582488
反盗版举报传真　　（010）82086060
反盗版举报邮箱　　dd@hep.com.cn
通信地址　　北京市西城区德外大街4号
　　　　　　高等教育出版社法律事务与版权管理部
邮政编码　　100120